MEAN Definitivo

com Mongo, Express, Angular e Node

MEAN Definitivo

com Mongo, Express, Angular e Node

Simon Holmes

Novatec

Editor: Rubens Prates
Tradução: Henrique Cesar Ulbrich
Revisão gramatical: Smirna Cavalheiro
Assistente editorial: Priscila A. Yoshimatsu
Editoração eletrônica: Carolina Kuwabata

ISBN: 978-85-7522-491-5

Histórico de impressões:

Abril/2016 Primeira edição

Novatec Editora Ltda.
Rua Luís Antônio dos Santos 110
02460-000 – São Paulo, SP – Brasil
Tel.: +55 11 2959-6529
Email: novatec@novatec.com.br
Site: www.novatec.com.br
Twitter: twitter.com/novateceditora
Facebook: facebook.com/novatec
LinkedIn: linkedin.com/in/novatec
PY20160329

Sumário

Prefácio 9

Agradecimentos 12

Sobre este livro 14

Parte I ▪ As primeiras coisas primeiro 18

Capítulo 1 ▪ Introdução ao desenvolvimento em full-stack 19

1.1 Mas por que eu deveria aprender a desenvolver em full-stack? 20
1.2 Uma introdução ao Node.js: um servidor/plataforma web 25
1.3 Express: o Framework 31
1.4 MongoDB: o Banco de Dados 32
1.5 AngularJS: o framework para o front-end 36
1.6 Elenco de apoio 40
1.7 Juntando tudo em um exemplo prático 43
1.8 Resumo 46

Capítulo 2 ▪ Projetando uma arquitetura baseada em MEAN 47

2.1 A arquitetura mais comum usada com o MEAN 47
2.2 Além das SPAs 49
2.3 Projetando uma arquitetura MEAN flexível 54
2.4 Planejando uma aplicação no mundo real 62
2.5 Desmembrando o desenvolvimento em estágios 69
2.6 Arquitetura de hardware 78
2.7 Resumo 81

Parte II ▪ Criando uma nova aplicação web no Node.js 82

Capítulo 3 ▪ Criando e configurando um projeto MEAN 83

3.1 Uma breve introdução a Express, Node.js e npm 85
3.2 Criando um projeto no Express 88
3.3 Modificando o Express para MVC 97

3.4 Bootstrap: layouts rápidos e responsivos 104
3.5 No ar com o Heroku 109
3.6 Resumo 116

Capítulo 4 ▪ Construindo um site estático com Node.js e Express 117

4.1 Definindo as rotas no Express 119
4.2 Controladores básicos 122
4.3 Criando algumas visões 126
4.4 Adicionando mais visões 140
4.5 Tornando as visões inteligentes 150
4.6 Resumo 168

Capítulo 5 ▪ Construindo um modelo de dados com MongoDB e Mongoose 169

5.1 Conectando a aplicação em Express ao MongoDB usando Mongoose 171
5.2 Por que modelar os dados? 181
5.3 Definindo schemas simples para o Mongoose 187
5.4 Usando o shell do MongoDB para criar um banco e populá-lo com dados 202
5.5 Enviando o banco de dados para o ambiente de produção 209
5.6 Resumo 219

Capítulo 6 ▪ Criando uma API REST: expondo o banco de dados MongoDB para a aplicação 220

6.1 As regras de uma API REST 221
6.2 Configurando a API no Express 227
6.3 Métodos GET: lendo dados a partir do MongoDB 235
6.4 Métodos POST: inserindo dados no MongoDB 253
6.5 Métodos PUT: atualizando dados no MongoDB 262
6.6 Métodos DELETE: apagando dados do MongoDB 268
6.7 Resumo 272

Capítulo 7 ▪ Clientes API REST: usando a API de dentro do Express 273

7.1 Como chamar uma API a partir do Express 274
7.2 Solicitando listas de dados a uma API: a homepage do Loc8r 278
7.3 Resgatando um único documento da API: a página de detalhes do Loc8r 291
7.4 Gravando dados no banco pela API: as resenhas do Loc8r 304
7.5 Protegendo a integridade dos dados com validação 313
7.6 Resumo 322

Parte III ▪ Um front-end dinâmico com o Angular 323

Capítulo 8 ▪ Empregando componentes do Angular em uma aplicação no Express 324

8.1 Conhecendo o Angular 325
8.2 Mostrando e filtrando a lista de estabelecimentos 333

8.3 Obtendo dados da API 350
8.4 Garantindo o funcionamento dos formulários 364
8.5 Resumo 365

Capítulo 9 ■ Construindo uma aplicação de uma única página com o Angular: fundamentos .366

9.1 Construindo as fundações para o Angular SPA 367
9.2 Transferindo o roteamento do Express para o Angular 369
9.3 Adicionando as primeiras visões, controladores e serviços 375
9.4 Melhorando o desempenho do navegador 393
9.5 Resumo 400

Capítulo 10 ■ Construindo uma aplicação de uma única página com o Angular: elevando o nível402

10.1 Uma SPA autônoma: removendo as dependências ao servidor 403
10.2 Adicionando outras páginas e injetando HTML dinamicamente 415
10.3 Visões e rotas mais complexas 423
10.4 Usando componentes do AngularUI para criar um popup modal 435
10.5 Resumo 454

Parte IV ■ Gerenciando autenticação e sessões 455

Capítulo 11 ■ Autenticando usuários, gerenciando seções e garantindo a segurança das APIs 456

11.1 Como funciona a autenticação no MEAN 457
11.2 Criando um schema no MongoDB para os usuários 461
11.3 Criando uma API de autenticação com o Passport 470
11.4 Garantindo a segurança da API 480
11.5 Criando um serviço de autenticação no Angular 487
11.6 Criando as páginas de cadastro e login 492
11.7 Trabalhando com autenticação na aplicação em Angular 501
11.8 Resumo 510

Apêndice A ■ Instalando o MEAN 512

A.1 Instalando Node.js e npm 512
A.2 Instalando o Express de forma global 514
A.3 Instalando o MongoDB 514
A.4 Instalando o Angular 516

Apêndice B ■ Instalando e preparando o elenco de apoio 517

B.1 Bootstrap, a ferramenta de templates do Twitter 517
B.2 Git 519
B.3 Instalando um terminal de linha de comando mais poderoso 519
B.4 Heroku 520

Apêndice C ■ Montando as demais visões 521
C.1 Transferindo os dados das visões para os controladores 521

Apêndice D ■ Reaprendendo JavaScript 529
D.1 Todo mundo sabe JavaScript, certo? 529
D.2 Bons e maus hábitos 532
D.3 Uma introdução ao JSON 550
D.4 JavaScript e seus callbacks 555
D.5 Escrevendo código modular no JavaScript 575
D.6 Resumo 583

Prefácio

Lá pelos idos de 1995 tive meu primeiro "gostinho" de desenvolvimento web, colocando no ar algumas páginas HTML bem simples contendo um trabalho da universidade. Era uma parte muito pequena do meu curso, um misto de engenharia de software e comunicação. Parecia-me, e de fato era, uma fórmula bastante incomum. Aprendi os rudimentos de desenvolvimento de software, modelagem de dados e programação lá – mas também aprendi a importância do público e do usuário final e sobre como me comunicar com eles, tanto de forma verbal como não verbal.

Em 1998, na parte de comunicação da minha graduação, fui instado a criar uma publicação (ou seja, escrever e editar) para uma organização à minha escolha. Decidi criar um prospecto para a escola que minha mãe trabalhava na época. Só que eu decidi fazê-lo como um website. Todo o trabalho era basicamente front-end. Felizmente eu não tenho mais os arquivos desse site, pois basta me lembrar de como era o código para um arrepio gelado percorrer minha espinha. Estamos falando de HTML com frames, layout baseado em tabelas, estilos inline e rudimentos de JavaScript. Perturbador para os padrões atuais, mas naquela época era até meio futurista. Eu fui o primeiro aluno da universidade a apresentar um website como publicação. Eu tive até mesmo que ensinar meus professores como abri-lo nos navegadores a partir do disquete! Depois de terminado, eu vendi o site para a escola retratada nele, e descobri que talvez houvesse um futuro nessa coisa de desenvolvimento web.

Durante os anos seguintes fiz uso de ambas as facetas da minha formação acadêmica trabalhando como "o cara da internet" em uma agência de design de Londres. E por conta de ser uma agência de design, o front-end e a experiência do usuário (muito antes de isso ser chamado de UX) eram cruciais. Obviamente, é preciso haver um back-end que dê apoio ao tal front-end. Como eu era o único "cara da internet" no lugar, acabei tendo que desempenhar os dois papéis, no que chamamos hoje de desenvolvedor full-stack. Não havia muita segregação de funções (ou preocupação com isso). O banco de dados era estreitamente acoplado ao back-end. A lógica do sistema subjacente, a página HTML apresentada ao usuário e a lógica do front-end eram amarrados de tal forma a serem quase indistinguíveis. Isso acontecia porque o projeto como um todo era considerado uma coisa só, única e indivisível: o website.

Muitas das melhores práticas deste livro nasceram do suplício pelo qual atravessamos ao longo dos anos para encontrar a melhor forma de fazer essas coisas. Detalhes que pareciam inofensivos na época, alguns deles definitivamente mais fáceis de implementar, outros que até faziam sentido, podem retornar dos mortos para puxar o seu pé mais tarde. Não deixe que isso o impeça de mergulhar em soluções malucas e experimentá-las. Os erros existem para serem cometidos e – pelo menos nesta seara – são uma formidável maneira de aprender. Dizem por aí que o maior sinal de inteligência é "aprender com os próprios erros". A afirmação é absolutamente verdadeira, mas você estará um passo à frente se aprender com os erros dos outros.

O cenário do desenvolvimento web mudou bastante ao longo dos anos, mas eu sempre estive pesadamente envolvido com a criação – ou com a administração da criação de – websites e aplicações web inteiras. Percebi que existe algo verdadeiramente artístico em "colar" várias aplicações no mesmo bolo, construídas com diferentes tecnologias. É uma habilidade em si mesma; conhecer cada tecnologia e saber o que ela pode oferecer é apenas parte do desafio.

Quando o Node.js apareceu no meu radar eu o adotei imediatamente e abracei a ideia de corpo e alma. Eu já estava tarimbado em "sambar" com o chamado context switching[1] entre várias linguagens, e a ideia de trabalhar me concentrando em (e, por fim, dominando) uma única linguagem parecia bastante atraente. Percebi que, usada da forma correta, poderia simplificar o desenvolvimento ao reduzir essa "dança das linguagens". Brincando com o Node.js comecei a criar meu próprio framework MVC, antes de descobrir o Express. Com o Express, venci uma tonelada de problemas e desafios que enfrentei quando estava iniciando no aprendizado do Node.js e nas primeiras vezes que tentei usá-lo para criar um website ou aplicação web. De inúmeras formas, adotar o Express foi algo natural, nem precisei pensar muito a respeito.

Naturalmente, por trás de praticamente qualquer aplicação web encontraremos um banco de dados. Eu não queria voltar à primeira opção que adotei, o Microsoft SQL Server, pois seu custo torna proibitivo o uso em projetos pessoais ou de pequena escala. Um pouco de pesquisa me levou ao banco de dados NoSQL mais famoso da atualidade, o MongoDB. Ele funciona nativamente com JavaScript!

1 N. do T.: Uma espécie de "colcha de retalhos", com trechos de código em várias linguagens, todos juntos perfazendo um mesmo sistema.

Eu fiquei muito empolgado com ele, mais do que um ser humano normal deveria ficar com um banco de dados. Entretanto, o MongoDB era completamente diferente de tudo o que eu já havia usado antes. Minha experiência anterior abrangia apenas bancos de dados relacionais, e o MongoDB é um banco de dados baseado em documento – os conceitos são bem diferentes, e a maneira de trabalhar com eles, portanto, também é. Tive que retreinar meu cérebro para pensar desse jeito novo, mas, uma vez que os novos conceitos foram assimilados, tudo fez sentido.

Havia apenas uma peça faltando. O JavaScript no navegador já não era mais apenas um meio de melhorar a funcionalidade do sistema, agora ele era parte integrante da *criação* de novas funcionalidades, e até mesmo da administração da lógica da aplicação. De todas as opções disponíveis, eu já estava pendendo para o AngularJS. Quando ouvi de Valeri Karpov, do MongoDB, o termo "MEAN stack", tudo se encaixou. Percebi na hora que tínhamos diante de nós um produto que poderia ser considerado de última geração.

Eu já sabia que o MEAN seria poderoso. Eu já sabia que o MEAN seria flexível. Eu já sabia que o MEAN capturaria corações e mentes dos desenvolvedores. Cada uma das tecnologias individuais do pacote é sensacional, mas, quando as colocamos juntas, temos algo excepcional nas mãos. É nesse contexto que escrevi o *MEAN Definitivo*[2]. Para extrair o máximo do MEAN é preciso mais que apenas conhecer cada uma das tecnologias em separado, é preciso saber como fazê-las trabalhar em uníssono.

2 N. do T.: O título original do livro é *Getting MEAN*, e é um trocadilho. Além de ser um acrônimo com os nomes das tecnologias do stack, a palavra inglesa *mean* quer dizer, literalmente, "malvado", "do mal". "Getting MEAN" seria, portanto, tanto "colocando suas mãos na tecnologia MEAN" como "tornando-se malvado". Mas há uma alegoria interessante: em português como em inglês, "do mal" tem um sentido coloquial inverso. Se alguém disser que alguma coisa é "do mal", normalmente está fazendo um elogio. Por exemplo, quando se diz "Joaquim comprou um carango do mal", o que se quer dizer é que Joaquim comprou um carro bonito, ou potente, ou esportivo. Infelizmente, o trocadilho é intraduzível, e o nome do livro em português ficou bem mais sem graça.

Agradecimentos

Preciso iniciar com as pessoas que significam tudo para mim, que me inspiram a dar sempre o melhor de mim e que fazem tudo valer a pena. Estou falando de minha esposa Sally e de minhas filhas Eri e Bel. Tudo o que eu faço começa e termina nessas três moças.

Gostaria também de agradecer muito à equipe da Manning (editora da edição original, em inglês). Sei que a equipe é muito maior do que esses poucos nomes que citarei, portanto, se você está envolvido, qualquer que seja seu papel, muito obrigado! Registro aqui os nomes das pessoas com quem eu convivi durante o processo.

Desde o comecinho, Robin de Jongh foi fundamental para que o projeto decolasse, e também teve muita "culpa" durante a lapidação do que veio a ser o livro. Muito obrigado também a Bert Bates, por oferecer insights inestimáveis e por sempre me desafiar a justificar minhas opiniões e ideias desde o início. Nossas conversas foram muito divertidas!

Minhas editoras Susie Pitzen, Susanna Kline e Karen Miller foram cruciais para manter o projeto no ar e para ajudar a manter a uniformidade e o estilo do livro. Não poderia também me esquecer do meu editor técnico, Marius Butuc. Obrigado pelos seus olhos atentos, suas grandes ideias e suas críticas construtivas.

As pessoas a seguir me impressionaram muito por seu empenho e pela atenção aos detalhes. Portanto, um grande obrigado a Kevin Sullivan e Jodie Allen pela revisão e por ficarem "em cima" de todo o processo, tendo que obedecer a cronogramas cada vez mais apertados.

Por último, mas de forma nenhuma menos importante, um obrigado enorme a Candace Gillhoolley, que cuidou de toda a parte comercial e de marketing do livro, me informando sempre a quantas andavam as vendas, o que ajudou a me manter motivado.

A Manning também precisa ser parabenizada pelo Manning Early Access Program (MEAP) e o fórum online associado ao livro. Os comentários, correções, sugestões, ideias e críticas dos leitores da versão preliminar foram inestimáveis para aprimorar a qualidade do livro. Infelizmente, não tenho o nome de todo mundo que contribuiu, mas você sabe quem você é. Para você, um enorme obrigado.

Agradeço especialmente às ideias e sugestões dos colegas de profissão que fizeram a revisão dos manuscritos em vários estágios de seu desenvolvimento: Andrea Tarocchi, Andy Knight, Blake Hall, Cynthia Pepper, Davide Molin, Denis Ndwiga, Devang Paliwal, Douglas Duncan, Filip Pravica, Filippo Veneri, Francesco Bianchi, Jesus Rodriguez Rodriguez, Matt Merkes, Rambabu Posa e William E. Wheeler. Também merecedores da minha eterna gratidão são Steven Jenkins e Deepak Vohra pela revisão técnica final dos capítulos, logo antes de irem para a gráfica.

Por fim, gostaria de mandar um "salve" a Tamas Piros e Marek Karwowski, que suportaram pacientemente minhas conversas sobre tecnologia madrugada adentro. Valeu, pessoal!

Sobre este livro

O JavaScript definitivamente saiu da adolescência. Já é possível construir uma aplicação web de ponta a ponta, front-end e back-end, com apenas uma linguagem. O MEAN é composto por uma mistura de tecnologias que são o suprassumo na área. Temos MongoDB como banco de dados, Express como framework para aplicações web no lado do servidor, AngularJS com framework no lado do cliente e Node.js como a plataforma na qual tudo é construído no servidor.

Este livro introduz cada uma das tecnologias, bem como explica como fazê-las trabalhar juntas em um stack. Durante todo o livro desenvolveremos uma aplicação web funcional, nos concentrando em uma tecnologia por vez, e observando como ela se encaixa na arquitetura geral da aplicação. É, portanto, um livro essencialmente prático, pensado para deixá-lo confortável com todas as tecnologias e em como usá-las juntas.

Um tema comum em todo o livro é a "melhor prática" (best practice, em inglês). Este livro tem a pretensão de ser livro-texto e material de consulta a respeito do MEAN, portanto procuramos estimular bons hábitos, fazendo as coisas "do jeito certo" e planejando antes de fazer.

Este livro não ensina HTML, CSS, ou os rudimentos de JavaScript. Um conhecimento prévio nessas três tecnologias é obrigatório. O livro inclui, entretanto, uma introdução bastante resumida do framework CSS do Twitter, o chamado Bootstrap. Providenciamos também um extenso e abrangente apêndice sobre os fundamentos do JavaScript, bem como melhores práticas, dicas e armadilhas. É talvez a parte do livro que você tenha que ler primeiro. Esse apêndice está em português nas páginas finais e pode ser baixado gratuitamente, em inglês, de *www.manning.com/books/getting-mean-with-mongo-express-angular-and-node*.

Roteiro

Este livro nos leva a uma viagem por 11 capítulos:

O capítulo 1 demonstra os benefícios de se desenvolver usando um full-stack e explora os componentes do MEAN.

O capítulo 2 toma o conhecimento que já temos sobre os componentes e discute opções sobre como usá-los juntos para construir diferentes coisas.

O capítulo 3 coloca nossas mãos na massa para criar e configurar um projeto MEAN, nos apresentando ao Express.

O capítulo 4 explica o Express mais a fundo e usa como exercício a criação de uma versão estática de nossa aplicação.

O capítulo 5 toma os dados que já temos em nossa aplicação os usa para nos apresentar ao MongoDB e ao Mongoose para modelar e implementar o banco de dados de que precisamos.

O capítulo 6 mostra os benefícios e o processo de criação de uma API de dados, e criaremos uma API do tipo REST usando Express, MongoDB e Mongoose.

O capítulo 7 amarra essa API REST à aplicação ao associarmos nossa aplicação estática gerada pelo Express.

O capítulo 8 introduz o Angular, e veremos como usá-lo para construir um componente para uma página web existente, incluindo uma chamada à nossa API REST para obter dados.

O capítulo 9 mostra os fundamentos da construção de uma aplicação de uma única página com o Angular, mostrando como construir uma aplicação modular, escalável e de fácil manutenção.

O capítulo 10 continua de onde o capítulo 9 parou, aprimorando nossa aplicação de uma única página ao explicar alguns conceitos cruciais e aumentar a complexidade do nosso código em Angular.

O capítulo 11, por fim, mexe em todos os componentes do MEAN para que possamos adicionar autenticação à aplicação, permitindo que os usuários se inscrevam e possam usá-la.

Convenções de código

Todo e qualquer código-fonte em listagens ou no meio do texto estarão grafadas `em uma fonte fixa como esta` para destacá-los do texto normal. Os métodos e nomes de função, propriedades, elementos JSON e atributos expressos no texto serão representados da mesma forma.

Em alguns casos, o código-fonte original foi reformatado para caber na página. No geral, o código original já foi escrito tendo em mente as limitações de tamanho de página, mas, às vezes, pode-se encontrar pequenas diferenças entre o código que está no livro e o que está disponível para download. Em alguns casos muito raros, nos quais as linhas muito longas não puderam ser reformatadas sem que seu significado fosse prejudicado, as listagens no livro contêm marcadores de continuação de linha.

Muitas das listagens no livro contêm anotações, destacando conceitos importantes. Em muitos casos, marcações numeradas indicam explicações mais detalhadas no texto a seguir[3].

Download do código-fonte

O código-fonte da aplicação sendo construída ao longo do livro está disponível para download no site da Manning: *www.manning.com/books/getting-mean-with-mongoexpress-angular-and-node*. Também está disponível no GitHub, *github.com/simonholmes/getting-MEAN*.

Há uma pasta separada (ou, no jargão do GitHub, um branch) para cada um dos estágios de desenvolvimento da aplicação, normalmente no estado em que se encontra no final do capítulo. As pastas (ou branches) não incluem a subpasta *nodemodules* – como, aliás, prega a melhor prática a esse respeito. Para rodar a aplicação em qualquer uma das pastas é preciso instalar as dependências necessárias usando o comando `npm install`. O livro explica o que é isso e por que é necessário.

O autor na internet (em inglês)

A compra do livro *MEAN Definitivo* inclui acesso a um fórum privativo mantido pela Manning Publications, onde você pode emitir opiniões sobre o livro, fazer perguntas técnicas e receber ajuda do autor e de outros usuários. Para acessar o fórum e se inscrever nele, vá até *www.manning.com/books/gettingmean-with-mongo-express-angular-and-node*. A página contém instruções para inscrição e acesso ao fórum, bem como o tipo de ajuda que você vai encontrar lá e as obrigatórias regras de convivência num ambiente coletivo e online.

3 N. do T.: Para garantir a compatibilidade com o código-fonte disponível para download no site da Manning, os nomes de variáveis, constantes, campos no banco de dados e funções não foram traduzidos. Entretanto, alguns dos comentários e mensagens apresentadas ao usuário foram traduzidas nas páginas deste livro para maior clareza, mas continuam em inglês no código disponível para download!

O compromisso da Manning no fórum é providenciar esse canal de comunicação dos leitores entre si e com o autor. Não há obrigatoriedade nem cota de participação do autor em nenhuma discussão, uma vez que qualquer intervenção do autor é voluntária (e ele não recebe absolutamente nada por isso). Sugerimos que, caso a atenção do autor vagueie para longe, tente perguntar algo realmente desafiador.

O fórum Author Online e os arquivos das discussões existentes desde que o fórum foi aberto serão mantidas no site da editora enquanto o livro estiver sendo publicado.

Lembre-se de que o idioma falado no fórum é exclusivamente o inglês.

Sobre a ilustração da capa

A figura na capa do livro tem o singelo título de "Vestimenta de uma senhora em Constantinopla (por volta de 1730)". A ilustração foi retirada do livro *A Collection of the Dresses of Different Nations, Ancient and Modern* (em quatro volumes, sem tradução para o português), de Thomas Jefferys, publicado em Londres entre 1757 e 1772. A página de título afirma que todas as ilustrações do livro são gravuras em metal coloridas à mão, seladas com goma arábica. Thomas Jefferys (1719-1771) era chamado de "O geógrafo do Rei Jorge III", e era um cartógrafo inglês cujo bureau de mapas era o mais importante das ilhas britânicas. Ele imprimia mapas gravados em metal para o governo e outros órgãos oficiais e produziu uma grande variedade de atlas e mapas comerciais, especialmente da América do Norte. Seu trabalho como cartógrafo acabou despertando o interesse nos costumes de vestuário das terras pesquisadas para seus mapas, e eles foram maravilhosamente reunidos nessa coleção.

A fascinação por terras mais longínquas e as viagens apenas por prazer eram novidades na segunda metade do século XVIII, e coleções como essas eram bastante populares, introduzindo tanto o turista real como o "de poltrona" aos costumes exóticos de outros países. A diversidade dos desenhos nos volumes de Jefferys é um registro vívido da individualidade e singularidade das nações do mundo há duzentos anos. Os códigos de vestimenta mudaram bastante desde então e a diversidade entre regiões e países, tão rica na época, praticamente sumiu. Hoje, é difícil distinguir entre pessoas de dois países, mesmo que morem em continentes diferentes! Talvez, tentando ver a coisa pelo lado bom, tenhamos trocado uma maior diversidade cultural por uma vida pessoal mais variada. Ou, talvez, uma vida intelectual e técnica mais interessante.

Em uma época em que é difícil diferenciar entre dois livros sobre programação, a editora Manning exalta a inventividade e iniciativa de todo o mercado da computação com capas de livros baseadas na rica diversidade regional de dois séculos atrás, trazido de volta à luz pelas gravuras de Jefferys.

PARTE I

As primeiras coisas primeiro

O desenvolvimento em full-stack é muito gratificante quando feito da forma correta. Existem muitas partes móveis em uma aplicação e é obrigação do desenvolvedor fazê-las trabalhar em harmonia. O melhor primeiro passo que se poderia dar é entender cada uma das partes com as quais vai trabalhar e descobrir as diferentes maneiras de combiná-las para obter diferentes resultados.

A parte I do livro trata disso. No capítulo 1 conheceremos os benefícios de desenvolver em full-stack e exploraremos os componentes do MEAN. O capítulo 2 usa o conhecimento que acabamos de adquirir a respeito de cada componente e demonstra como combiná-los para construir aplicações de diversos tipos e usos.

Ao final da parte I você terá um entendimento bastante completo das arquiteturas de software e hardware necessárias (e possíveis) para construir uma aplicação em MEAN. Também veremos em detalhes o plano de construção da aplicação que criaremos ao longo do livro.

CAPÍTULO 1

Introdução ao desenvolvimento em full-stack

Este capítulo descreve:

- Os benefícios do desenvolvimento em full-stack.
- Uma visão geral sobre os componentes do MEAN.
- O que torna o MEAN tão especial.
- Uma descrição de como será a aplicação que construiremos ao longo do livro.

Se você é como eu, deve estar impaciente para mergulhar de cabeça no código e criar alguma coisa que já saia funcionando. Mas vamos relaxar um pouco e "perder" algum tempo para esclarecer o que seria o *desenvolvimento em full-stack*, bem como conhecer as partes componentes do stack para que todos entendamos cada uma delas.

Quando eu falo em desenvolvimento full-stack, me refiro ao desenvolvimento de todas as partes de um site ou aplicação web[1]. A "pilha" de tecnologias começa com um banco de dados e um servidor web no back-end, contém a lógica da aplicação e os controles nas camadas do meio, e termina com a interface do usuário no front-end.

O MEAN é composto por quatro tecnologias principais, com um "elenco de apoio" formado por algumas tecnologias auxiliares:

- **M**ongoDB – o banco de dados.

1 N. do T.: *Stack* é uma palavra inglesa que significa "pilha", "empilhamento", "amontoado de coisas". Em tecnologia, costuma-se usar a palavra stack para descrever um grupo de tecnologias diferentes que trabalham em conjunto, como os músicos de uma orquestra. Em alguns casos, cada "camada" da pilha não se comunica com todas as outras camadas, mas apenas com a que está imediatamente acima ou abaixo dela – é o caso da "pilha de rede" TCP/IP, por exemplo. Neste livro não traduzimos a palavra *stack*, mas é importante que o leitor tenha em mente a noção de empilhamento para entender como um stack funciona.

- Express – o framework para web.
- AngularJS – o framework para a interface com o usuário.
- Node.js – o servidor web.

O MongoDB existe desde 2007, e é ativamente mantido pela empresa MongoDB Inc., anteriormente conhecida como 10gen.

O Express foi lançado em 2009 por T. J. Holowaychuk e, desde então, tornou-se o framework mais popular para o Node.js. Ele tem código aberto e mais de cem programadores estão envolvidos em seu desenvolvimento, além de ter amplo suporte dos desenvolvedores que o usam em seus projetos e da comunidade do software livre em geral.

O AngularJS também é open source e é mantido pela Google. Já existe desde 2010 e está em constante desenvolvimento, com novas funcionalidades sendo adicionadas todos os meses.

O Node.js foi criado em 2009, e seu desenvolvimento e manutenção são financiados pela empresa Joyent. O Node.js usa como base um interpretador JavaScript de alto desempenho chamado V8, desenvolvido pela Google e de código completamente aberto.

1.1 Mas por que eu deveria aprender a desenvolver em full-stack?

É, por quê? Para quem olha de fora, parece uma quantidade monstruosa de trabalho para uma pessoa só! Bem, sim, *é* bastante trabalho, mas todo o esforço compensa no final. Ademais, com o MEAN o trabalho não é tão grande como parece.

1.1.1 Pequena história do desenvolvimento web

Naqueles dias longínquos em que a web foi concebida, as pessoas não tinham tanta expectativa a respeito dos sites. Quase nenhuma ênfase era dada à apresentação, o que mais importava era o que estava por trás. Tipicamente, se você conhecia Perl ou algo parecido e sabia "alguma coisinha" de HTML, já era considerado um desenvolvedor web de fato.

Com a disseminação do uso da internet, as empresas começaram a se interessar em como eram retratadas nos seus cartões de visita online. Os navegadores suportavam com cada vez mais consistência tecnologias como Cascading Style Sheets (CSS) e JavaScript, e, portanto, esse interesse das empresas levou a implementações de front-end cada vez mais complexas. Aquela "alguma coisinha" de HTML já não era mais suficiente; era preciso gastar bastante tempo "penteando" arquivos CSS e JavaScript para ter certeza de que tudo funcionaria como esperado, e em todos os navegadores – algo bem complicado na época, quando eles eram bem menos aderentes às normas do que hoje.

É aí que entra a distinção entre um desenvolvedor de front-end e um de back-end. A figura 1.1 ilustra essa separação ao longo do tempo.

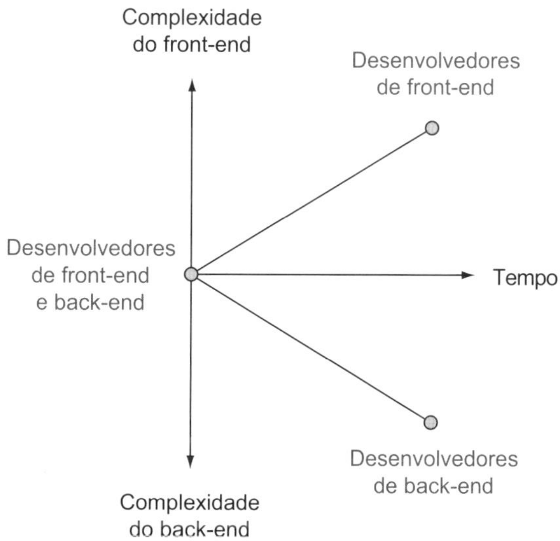

Figura 1.1 – O grande abismo entre os desenvolvedores de front-end e back-end ao longo do tempo.

Enquanto os desenvolvedores de back-end sempre se concentraram na mecânica do site, nos bastidores, os desenvolvedores de front-end ocupavam-se de construir uma boa experiência para o usuário. No decorrer dos anos, ambos os profissionais foram sendo pressionados com expectativas cada vez mais altas, encorajando essa divisão a continuar e até a aumentar a distância entre as especialidades. Um desenvolvedor em início de carreira era praticamente obrigado a escolher um dos campos e se especializar nele.

AUXILIANDO OS DESENVOLVEDORES COM BIBLIOTECAS E FRAMEWORKS

Durante a década de 2000, as bibliotecas de funções e os frameworks começaram a se tornar populares e predominantes a muitas linguagens de programação, tanto no front-end como no back-end. Exemplos não faltam: Dojo e jQuery no JavaScript como front-end, ou o CodeIgniter no PHP e o famoso Ruby on Rails no back-end.

Esses frameworks foram projetados para tornar a vida do desenvolvedor mais fácil, derrubando as barreiras para ingressar na profissão. Uma boa biblioteca ou framework abstrai algumas das complexidades de programação, permitindo que se desenvolva mais rapidamente com menos necessidade de conhecimento sobre como o sistema subjacente funciona. Essa tendência de simplificação resultou em um renascimento dos desenvolvedores em full-stack, ou seja, desenvolvedores que atuam no front-end da aplicação e, ao mesmo tempo, na lógica por trás dele, como mostra a figura 1.2.

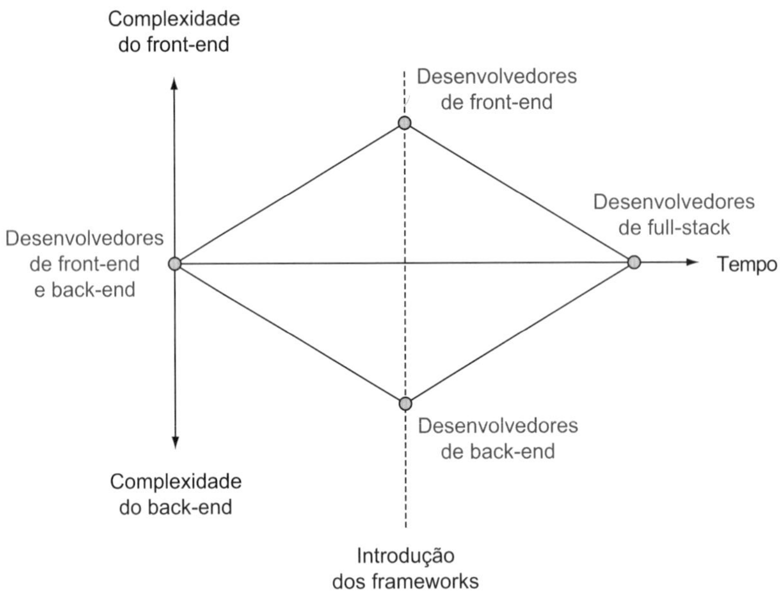

Figura 1.2 – Impacto dos frameworks nas facções separadas de desenvolvimento web.

A figura 1.2 ilustra uma tendência, mas não tem a intenção de afirmar categoricamente que "todos os desenvolvedores web têm que se tornar full-stack". Existiram, é claro, desenvolvedores full-stack durante toda a história da web, e é bem possível que muitos desejem se especializar numa ou noutra área, front-end ou back-end – e não há nada de errado com isso! A intenção do gráfico é apenas mostrar que com o uso de frameworks e ferramentas modernas não é mais necessário escolher um dos lados da moeda para ser um bom desenvolvedor web.

Uma enorme vantagem de abraçar os frameworks é que podemos ser incrivelmente produtivos, e temos uma visão bastante global da aplicação e de como ela foi construída.

DESLOCANDO A APLICAÇÃO PARA AS CAMADAS SUPERIORES DO STACK

Com adoção em massa dos frameworks, nos últimos anos vimos uma tendência crescente de deslocar a lógica da aplicação "mais para a frente", retirando-a do servidor e a implementando no próprio front-end. Podemos pensar na coisa como sendo "programar o back-end no front-end". Alguns dos mais populares frameworks para JavaScript que fazem isso são o AngularJS, o Backbone e o Ember.

O fato de que grande parte do código da aplicação está, agora, no navegador do usuário e não no servidor começou a borrar a tradicional linha divisória entre front-end e back-end. Uma das razões pelas quais as pessoas gostam de usar essa abordagem é a óbvia redução na carga de trabalho dos servidores e, portanto, redução de custos. O que se está, de fato, fazendo é distribuir as tarefas de computação requeridas pela aplicação para os navegadores, fazendo com que cada um deles processe um pouco do que seria o trabalho do servidor, numa espécie de computação distribuída.

Discutiremos os prós e os contras dessa abordagem, e quando é ou não é apropriado usar uma dessas tecnologias mais adiante no livro.

1.1.2 A tendência de se tornar um desenvolvedor full-stack

Como discutido, os caminhos dos desenvolvedores de front-end e back-end estão se encontrando, e é inteiramente possível ser proficiente em ambas as disciplinas. Se você é um freelancer, consultor ou membro de uma pequena equipe, ter essa experiência multidisciplinar é extremamente útil, aumentando o valor que pode entregar para seus clientes. Ser capaz de desenvolver todos os aspectos de um site ou aplicação web dá ao profissional um controle mais abrangente sobre o produto finalizado e pode fazer com que as diferentes partes do sistema trabalhem muito melhor juntas, uma vez que foram construídas pela mesma pessoa e não por equipes trabalhando isoladamente.

Se trabalha com uma equipe maior, é bastante provável que tenha que se especializar (ou, no mínimo, se concentrar) em uma das áreas. Mas sempre é recomendável entender como os seus componentes se ajustam e se comunicam com os outros, proporcionando ao profissional uma visão maior sobre as necessidades e objetivos das outras equipes e do projeto como um todo.

No frigir dos ovos, construir uma aplicação do começo ao fim, em full-stack, é muito gratificante. Cada uma das partes componentes da "pilha" tem seus próprios desafios e problemas a resolver, o que deixa as coisas bastante interessantes.

A tecnologia e as ferramentas disponíveis hoje tornam a experiência bem mais agradável, e permitem construir aplicações web realmente bacanas de forma fácil e rápida.

1.1.3 Vantagens do desenvolvimento full-stack

Vantagens há, e inúmeras. Para começar, sempre é gostoso aprender coisas novas e brincar com novas tecnologias. Há também a satisfação de dominar algo diferente e a emoção de ser capaz de construir e ativar uma aplicação completa, que inclui banco de dados, sozinho.

As vantagens, quando se trabalha em equipe, são várias:

- Uma visão geral muito melhor do sistema, das diferentes áreas e como elas se encaixam.
- Compreensão do que os outros membros da equipe estão fazendo e do que eles precisam para conseguir fazê-lo.
- Os membros da equipe podem se deslocar dentro de cada área mais livremente.

Existem ainda vantagens de se trabalhar sozinho:

- É possível criar aplicações “de cabo a rabo” sozinho, sem ajuda e sem depender de ninguém.
- Mais competências, serviços e capacidades para oferecer a seus clientes.

Existe muito ainda a dizer sobre o desenvolvimento em full-stack. Os desenvolvedores mais capazes que já conheci eram todos full-stack. Sua compreensão abrangente e sua habilidade para ver o problema como um todo são tremendamente bem-vindos.

1.1.4 Mas e por que, especificamente, o MEAN?

O MEAN é um stack que agrupa algumas das melhores “raças” de tecnologias web e as transforma num conjunto bastante poderoso e flexível. Um dos grandes lances do MEAN é o fato de que ele não usa o JavaScript apenas no navegador, mas em todas as camadas da pilha. Usando o MEAN, é possível usar JavaScript tanto no front-end como no back-end.

A tecnologia de base que torna tudo isso possível é o Node.js, que traz o JavaScript ao back-end.

1.2 Uma introdução ao Node.js: um servidor/plataforma web

O Node.js é o N do MEAN. Estar por último no acrônimo não significa ser o menos importante – pelo contrário, o Node.js é a parte fundamental do stack!

Resumidamente, o Node.js é uma plataforma de software que permite criar seu próprio servidor web e construir aplicações em cima dele. O Node.js não é, em si, um servidor web, e também não é uma linguagem de programação. Ele contém um servidor HTTP embutido, o que significa que não é necessário rodar um servidor HTTP à parte, como o Apache ou o Internet Information Services (IIS) da Microsoft. Isso proporciona ao programador um grande controle sobre como o servidor trabalha, mas também aumenta a complexidade para colocá-lo no ar, particularmente em um ambiente que já esteja funcionando e em produção.

Com o PHP, por exemplo, podemos facilmente encontrar um provedor de hospedagem rodando Apache (há até gratuitos), enviar alguns arquivos por FTP e – se tudo correr bem – ter um site funcionando em pouquíssimo tempo. Tudo isso funciona porque o provedor de hospedagem já configurou o Apache e o PHP para todos os usuários. Com o Node.js isso não ocorre, pois o servidor web embutido nele é configurado na própria aplicação. Muitos dos provedores tradicionais de hospedagem estão defasados em relação ao Node.js, mas estão surgindo alguns provedores de Plataforma como Serviço (PaaS – Plattform as a Service) para suprir essa demanda, como, por exemplo, Heroku, Nodejitsu e OpenShift. A forma como os sites são enviados para esses provedores PaaS (o que se costuma chamar de deploy) é bastante diferente do antigo modelo FTP, mas não é difícil depois que se aprende. Ao longo do livro, faremos o deploy de um site em produção para o provedor Heroku.

Uma alternativa para hospedar uma aplicação Node.js é fazer tudo você mesmo em um servidor dedicado, instalando nele tudo o que precisa. Mas a administração de um servidor de produção merece todo um outro livro! Além disso, embora se possa substituir qualquer um dos outros componentes por tecnologias alternativas, se retirarmos o Node.js da equação, todo o resto da pilha precisaria ser substituído também!

1.2.1 JavaScript: a única linguagem em todo o stack

Uma das razões mais importantes para escolher o Node.js é que 100% do código da aplicação será escrito em uma linguagem familiar a todos os desenvolvedores web: o JavaScript. Até agora, se alguém quisesse se tornar um desenvolvedor full-stack, deveria ser proficiente em, pelo menos, duas linguagens: JavaScript no front-end e alguma outra coisa no back-end, como PHP ou Ruby.

A tentativa da Microsoft de colocar JavaScript no back-end

No final da década de 1990 a Microsoft lançou a tecnologia Active Server Pages (conhecida hoje como Classic ASP). O código em ASP poderia ser escrito tanto em VBScript como em JavaScript, mas a versão JavaScript nunca decolou. Isso se deveu grandemente ao fato de que, à época, muitas pessoas programavam em Visual Basic, cuja sintaxe era muito parecida. A maioria dos livros e tutoriais na internet concentrava-se em VBScript, o que levou a um efeito "bola de neve" que a tornaria a linguagem padrão do Classic ASP.

Com o lançamento do Node.js é possível alavancar o conhecimento que o programador já possui em JavaScript para usar no servidor. Uma das coisas mais difíceis ao se aprender uma nova tecnologia como essa é aprender a linguagem – mas se já souber um pouco de JavaScript, já está um passo à frente!

É claro: há uma curva de aprendizado para se lidar com o Node.js, mesmo que já tenhamos experiência em JavaScript no front-end. Os desafios e obstáculos da programação do back-end são diferentes daqueles encontrados no front-end, mas o desenvolvedor iria encontrá-los independentemente da tecnologia usada. No front-end, o grande problema é fazer tudo funcionar do mesmo jeito em diferentes navegadores em diferentes plataformas e em diferentes dispositivos. No servidor, o enfoque maior recai no fluxo de código para assegurar que nada fique congelado e que os recursos do servidor sejam usados com eficiência, sem desperdícios.

1.2.2 Rápido, eficiente e escalável

Outra razão da popularidade do Node.js é que, quando programado de forma correta, é extremamente rápido e usa com bastante eficiência os recursos do sistema. Isso permite que a aplicação em Node.js possa atender mais usuários usando menos recursos do servidor. Os empresários adoram essa parte, pois podem usar o Node.js para reduzir seus custos mesmo em larga escala.

Mas como ele faz isso? O Node.js é econômico nos recursos de sistema porque é singlethread, enquanto os web servers tradicionais são multithread. Vamos ver o que isso significa, começando com o método tradicional multithread.

SERVIDOR WEB TRADICIONAL MULTITHREAD

Muitos dos servidores web atuais, especialmente os mais usados, são multithread, incluindo o Apache e o IIS. Isso significa que para cada novo visitante (ou sessão) é criada uma nova "thread" em separado. Normalmente, cada thread pega para si determinada quantidade de RAM, por volta de 8 MB.

Façamos uma analogia. Imagine duas pessoas entrando num banco. Cada uma quer resolver o seu problema bancário. Em um modelo multithread cada um deles vai para um caixa diferente, que, por sua vez, vai resolver o problema imediatamente (veja a figura 1.3).

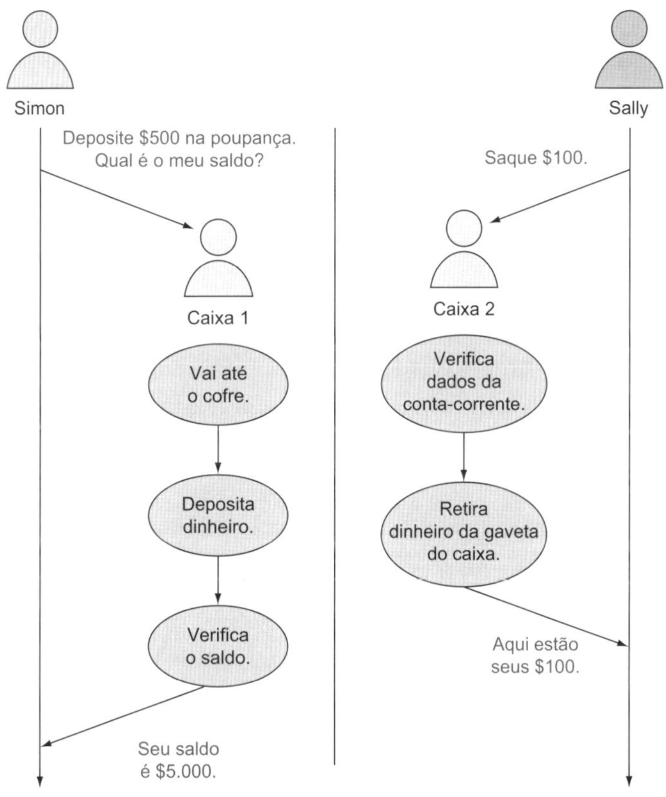

Figura 1.3 – Exemplo de uma abordagem multithread: os correntistas usam recursos separados. Os correntistas e seus recursos dedicados não têm ciência ou contato com os outros correntistas e recursos.

Como podemos ver na figura 1.3, Simon vai ao caixa 1 e Sally ao caixa 2. Nenhum dos dois sabe o que o outro está fazendo, nem suas ações têm impacto na operação do outro. O caixa 1 lida com Simon durante toda a transação, e mais ninguém. Da mesma forma, Sally é atendida exclusivamente pelo caixa 2.

Esse modelo funciona muito bem desde que existam caixas suficientes para atender todo mundo. Quando o banco está cheio e os clientes são em número maior que os caixas disponíveis, o serviço fica mais lento, filas se formam e o cliente tem que esperar. Talvez os bancos não se importem muito com isso, pois parecem felizes em fazê-lo esperar em uma fila. Mas o mesmo não se pode dizer de website. Se um site estiver demorando muito para carregar, o mais provável é que o visitante vá embora e não volte nunca mais.

Essa é uma das razões porque as máquinas que hospedam servidores web são tão potentes e têm tanta RAM, mesmo que não precisem disso tudo 90% do tempo. O hardware é configurado de tal forma a estar preparado para os picos de tráfego, não a média. De volta à analogia do banco, é como se os banqueiros contratassem um exército de atendentes de caixa e colocassem a agência num prédio enorme só porque dois dias por mês na hora do almoço o banco fica cheio.

Obviamente, existe uma maneira melhor. Uma que, por certo, será mais escalável. É aqui que o modelo singlethread vem ao nosso auxílio.

SERVIDOR WEB SINGLETHREAD

Um servidor com o Node.js é singlethread e trabalha de forma diferente. Em vez de dar a cada visitante uma thread única e um contêiner separado de recursos, todos os visitantes interagem com a mesma thread. Um visitante só interage com a thread (ou vice-versa) quando necessário – ou seja, quando o visitante está solicitando alguma coisa ou a thread está atendendo ao pedido.

Mais uma vez voltando à analogia do banco, existiria apenas um caixa para atender a todos os correntistas. Porém, em vez de atender ao pedido de cada cliente do início ao fim, o caixa delega qualquer tarefa que consuma muito tempo para o pessoal do "escritório no primeiro andar" e já começa a trabalhar no pedido do próximo cliente. A figura 1.4 ilustra como isso funcionaria, usando as mesmas duas solicitações de nosso exemplo multithread.

No modelo singlethread mostrado na figura 1.4, Sally e Simon pediram ao mesmo atendente para fazer suas transações. Entretanto, em vez de executar cada transação completamente, do começo ao fim, o atendente pega a primeira solicitação e a delega à pessoa que cuida desse tipo de transação, depois pega a segunda solicitação e faz a mesma coisa. Quando o atendente é informado de que alguma transação foi finalizada, repassa o resultado diretamente ao cliente que a requisitou.

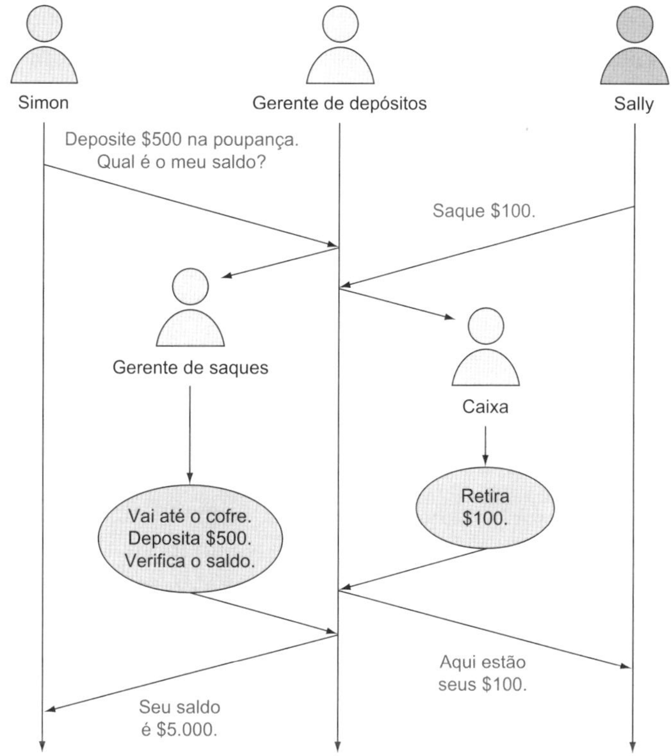

Figura 1.4 – Exemplo do modelo singlethread: os clientes usam o mesmo recurso central. Este precisa ser muito disciplinado para evitar que as transações de um correntista afetem as dos demais.

Código blocante e código não blocante

Com o modelo singlethread, é importante lembrar que todos os usuários fazem uso do mesmo processo central. Para manter constante o fluxo de funcionamento, é preciso certificar-se de que nada no código causará atrasos, bloqueando outra operação. Um exemplo: se o atendente tiver que ir até o cofre para depositar o dinheiro de Simon, a Sally terá que esperar até que ele volte para atender ao pedido dela.

Do mesmo modo, se o processo central for responsável por ler cada arquivo estático (como um arquivo CSS, JavaScript ou imagens) ele não será capaz de atender ao próximo pedido, bloqueando o fluxo. Outra tarefa que comumente bloqueia o fluxo são as interações com o banco de dados. Se o processo central tiver que chamar o banco de dados a cada transação, não será capaz de fazer mais nada durante um longo tempo.

Portanto, para que o modelo singlethread funcione é necessário que o código seja não blocante (ou sem bloqueio). Conseguimos isso facilmente programando as ações blocantes para rodarem de forma assíncrona, evitando que bloqueiem o fluxo do processo principal.

Embora haja apenas um atendente de caixa, nenhum dos visitantes sabe da existência do outro, e a transação de nenhum deles sofre impacto pelas transações dos demais. Esse modelo assegura que o banco não precisa de um número monstruoso de atendentes de caixa. Esse modelo não é infinitamente escalonável, obviamente, mas é muito mais eficiente. É possível fazer mais com menos recursos. Isso não significa que o administrador nunca tenha que adicionar novos recursos.

Esse modelo em particular é possível no Node.js devido à capacidade assíncrona do JavaScript – e o veremos em ação fazendo isso ao longo do livro. Recomendamos estudar com atenção o apêndice D para saber do que o JavaScript é capaz, especialmente a seção sobre callbacks.

1.2.3 Usando pacotes prontos com o npm

O npm é um gerenciador de pacotes de software que é instalado junto com o Node.js. O npm permite baixar e instalar módulos do Node.js para estender a funcionalidade da aplicação. No momento em que escrevo estas linhas, existem mais de 46 mil pacotes disponíveis pelo npm, o que mostra a quantidade absurda de conhecimento e experiência que se pode trazer para dentro da aplicação.

Os pacotes no npm são bastante variados no que entregam. Usaremos alguns deles por todo o livro para fazer com que o framework e o banco de dados usados na aplicação suportem schemas. Outros exemplos: bibliotecas auxiliares como o *Underscore*, frameworks de teste como o *Mocha* e outros utilitários como o *Colors*, que permite aqueles arquivos de log bem coloridos no Node.js.

Estudaremos o npm mais a fundo no capítulo 3, quando começaremos a construir nossa aplicação.

O Node.js é extremamente poderoso e flexível – você já deve ter percebido – mas isso não significa que ele vai facilitar a criação de um site ou aplicação web. Para isso foi criado o Express, que "dá uma mão" para navegar pela complexidade do Node.js. O Express é instalado pelo npm.

1.3 Express: o Framework

O Express é o E do MEAN. Como o Node.js é uma plataforma, não determina como ele mesmo deve ser configurado ou usado. Essa, aliás, é uma das suas grandes vantagens. Porém, ao criar sites e aplicações web, há algumas tarefas comuns que são necessárias o tempo todo. O Express é um framework para aplicações web que funciona em cima do Node.js e foi projetado para se desincumbir dessas tarefas de uma forma reproduzível e muito bem testada.

1.3.1 Facilitando a configuração do servidor

Como já descobrimos, o Node.js é uma plataforma, não um servidor. Isso permite que o programador faça bom uso de sua criatividade e configure o servidor para fazer coisas que outros servidores não conseguem. Por outro lado, colocar um site básico no ar não é nada fácil.

O Express abstrai essa dificuldade ao configurar um servidor web que fique esperando solicitações dos navegadores e retorne respostas relevantes. Além disso, o Express também define uma estrutura de diretórios. Uma das pastas é usada para servir páginas estáticas de forma não blocante – a última coisa que queremos é que a aplicação tenha que esperar porque alguém solicitou um arquivo CSS! É possível configurar isso manualmente no Node.js, mas o Express já faz isso por você.

1.3.2 Conectando URLs e respostas

Um dos grandes recursos do Express é oferecer uma interface simples para encaminhar determinado URL entrante a um trecho específico de código. Se esse trecho vai retornar uma página HTML estática, ler de um banco de dados ou escrever nesse mesmo banco não interessa muito. A interface é simples e consistente.

O que o Express faz é abstrair uma parte da complexidade de fazer essas coisas diretamente no Node.js, para que o programador possa deixar de se preocupar com isso e produzir um código em menos tempo e mais fácil de manter.

1.3.3 Views: respostas em HTML

Com toda certeza, a maioria das respostas a requisições dos navegadores deve ser respondida com algum tipo de HTML. Já não deve ser surpresa para ninguém que o Express torna isso muito mais fácil que implementar essas respostas diretamente no Node.js.

O Express oferece suporte a uma grande quantidade de engines de template, o que torna fácil construir páginas HTML de forma inteligente e empregando componentes reutilizáveis bem como dados dinâmicos na aplicação. O Express compila tudo isso em HTML e devolve ao navegador.

1.3.4 Lembrando dos visitantes: controle de sessão

Sendo singlethread, o Node.js não consegue se lembrar do visitante quando passa de uma requisição para a próxima na fila. Ele não tem uma área na RAM separada para cada sessão. Pelo contrário, a única coisa que o Node.js vê é uma série de requisições HTTP. O HTTP é um protocolo que não tem controle de estado, portanto não existe nele o conceito de armazenar o estado de uma sessão. Assim, é difícil criar uma experiência personalizada no Node.js, ou mesmo providenciar uma área segura na qual o usuário possa "logar-se" – fazer login não faz muito sentido se o site vai esquecer de você no próximo clique. O Node.js não faz, mas é óbvio que você pode arregaçar as mangas e desenvolver isso você mesmo, com seu próprio código.

Ou então (adivinha!) o Express pode fazer isso por você! Ele já tem suporte nativo a *sessões*, possibilitando a identificação de cada usuário ao longo das páginas em que ele navega. Obrigado, Express!

Uma camada acima do Node.js em nossa pilha MEAN, o Express é realmente uma "mão na roda" e um belo ponto de partida para se construir aplicações web. Ele abstrai um sem-número de complexidades e tarefas repetitivas com as quais a maioria de nós não precisa – nem quer! – ficar se preocupando. Nós queremos construir aplicações web!

1.4 MongoDB: o Banco de Dados

A possibilidade de reter e usar dados é vital para a maioria das aplicações. No MEAN, o banco de dados é o MongoDB, o M de nossa pilha. O MongoDB aninha-se confortavelmente na pilha. Assim como o Node.js, ele é conhecido por ser rápido e escalonável.

1.4.1 Bancos de dados: relacionais versus documentais

Quem já usou um banco de dados relacional, ou mesmo uma planilha, está acostumado com o conceito de linhas e colunas em uma tabela. Tipicamente, uma coluna define o nome do campo e o tipo de dados que vai nesse campo, e a linha define um registro, ou seja, a coleção de campos que forma uma entidade de dados no banco. A tabela 1.1 mostra um exemplo.

Tabela 1.1 – Como as linhas e colunas se parecem em uma tabela de um banco de dados relacional

firstName	middleName	lastName	maidenName	nickname
Simon	David	Holmes		Si
Sally	June	Panayiotou		
Rebecca		Norman	Holmes	Bec

O MongoDB *não é assim*! O MongoDB é um banco de dados orientado a documentos, ou documental. O conceito de linhas (ou seja, de registros) ainda existe, mas as colunas sumiram do mapa. Em vez de uma coluna definir o que deve existir em uma linha, cada linha (ou seja, cada registro) é um documento separado, e esse documento não só armazena os dados como também define cada campo. Veja na tabela 1.2 como uma coleção de documentos poderia ser listada. Observe que o layout indentado que mostramos aqui serve apenas para melhorar a legibilidade para nós, humanos limitados, não sendo, portanto, uma visualização em colunas.

Tabela 1.2 – Cada documento em um banco de dados documental define e armazena os dados, sem qualquer ordenação particular

firstName: "Simon"	middleName: "David"	lastName: "Holmes"	nickname: "Si"
lastName: "Panayiotou"	middleName: "June"	firstName: "Sally"	
maidenName: "Holmes"	firstName: "Rebecca"	lastName: "Norman"	nickname: "Bec"

Essa forma bem menos estruturada de armazenar dados significa que nossa coleção de documentos pode ter uma variedade grande de dados dentro deles. Vejamos um exemplo de documento do MongoDB para ter uma ideia melhor do que estamos falando.

1.4.2 Documentos do MongoDB: o armazém de dados do JavaScript

O MongoDB armazena documentos em um formato chamado BSON, que é uma versão binária do JSON (JavaScript Serialized Object Notation, ou Notação Serializada de Objetos do JavaScript). Não se preocupe, por enquanto, se não souber absolutamente nada de JSON há uma seção só sobre ele no já famoso apêndice D. Resumidamente, o JSON é o jeito de o JavaScript armazenar dados – e é por isso mesmo que o MongoDB se encaixa tão bem no MEAN, que é 100% JavaScript!

O trecho de código a seguir mostra um exemplo de documento bem simples do MongoDB:

```
{
    "firstName" : "Simon",
    "lastName" : "Holmes",
    _id : ObjectId("52279effc62ca8b0c1000007")
}
```

Mesmo quem não conhece nada de JSON provavelmente vai entender que este documento armazena meu nome e sobrenome, Simon Holmes! Portanto, em vez do documento guardar uma coleção de dados que corresponde a um conjunto de colunas, o que o documento guarda é um par conhecido como chave:valor (key:value). Isso torna o documento útil por si só, já que não só guarda os dados como também os define.

Uma palavrinha sobre o `_id`, que você deve ter percebido no exemplo anterior. A entidade `_id` é um identificador único que o MongoDB associará a cada novo documento que for criado.

Olharemos com mais cuidado os documentos do MongoDB no capítulo 5, quando começaremos a popular nosso banco de dados para a nossa aplicação.

1.4.3 Mais que simplesmente um banco de dados documental

O MongoDB se destaca de outros bancos de dados orientados a documento por seu suporte à indexação secundária e solicitações de dados (queries) muito mais ricas. Isso significa que é possível criar índices levando em conta não só o campo único de indexação, mas qualquer campo. Além disso, a velocidade de indexação é muito maior, se comparada à de outros bancos. Podemos criar queries realmente complexas contra um banco de dados MongoDB – não no nível dos monstruosos comandos SQL cheios de Joins, mas mais que poderoso para a maioria dos casos.

Ao construir uma aplicação ao longo do livro, nos divertiremos um bocado com isso, e começaremos a entender tudo o que o MongoDB pode fazer.

1.4.4 Mas então, para quais usos o MongoDB não é bom?

O MongoDB não é um banco de dados transacional, e não deve ser usado como tal. Um banco de dados transacional pode efetuar um grande número de operações separadas em uma única transação. Se qualquer uma das operações em uma transação falhar, a transação toda falha, e nenhuma das operações é completada. O MongoDB *não* trabalha assim! O MongoDB executará todas as operações de forma independente. Se uma falhar, falhará sozinha, e as outras operações continuarão.

Isso é importante quando precisamos atualizar múltiplas coleções de documentos de uma vez só. Se estivermos construindo uma loja eletrônica, por exemplo, é preciso certificar-se de que o pagamento foi efetuado e registrado, e que o pedido foi marcado como confirmado para ser processado. Nenhum proprietário de loja online gostaria de descobrir que um cliente já pagou pelo pedido, mas o sistema pensa que não e não dispara o processamento da compra e o envio do produto. Portanto, essas operações precisam, necessariamente, ser amarradas em uma única *transação*. Claro, a estrutura do banco de dados no MongoDB pode ser especialmente criada para permitir que essa checagem de integridade seja feita para uma coleção de dados, ou então o programador pode incluir centenas de verificações e cópias de segurança no próprio código da aplicação – ou, então, você pode simplesmente escolher um banco de dados transacional e não se preocupar com nada disso.

1.4.5 Mongoose: modelação de dados e muito mais

A flexibilidade do MongoDB sobre o que armazenar nos documentos é um de seus pontos fortes. Mas a maioria das aplicações precisa de alguma estrutura mais rígida para seus dados. Observe que é a aplicação que precisa da estrutura mais rígida, e não o banco de dados. Portanto, onde é que faz mais sentido definir a estrutura dos dados da aplicação? Claro, na própria aplicação!

Para isso, a empresa por trás do MongoDB criou o Mongoose. Em suas próprias palavras, o Mongoose oferece uma "modelação de dados elegante ao MongoDB para uso no Node.js" (*http://mongoosejs.com/*).

O QUE É MODELAGEM DE DADOS?

Modelagem de dados, no contexto do Mongoose e do MongoDB, significa definir o que os dados *podem* representar em um documento, e o que os dados *obrigatoriamente devem* representar em um documento. Quando informações sobre o usuário são armazenadas, podemos definir que queremos a possibilidade de gravar o primeiro nome, o sobrenome, o email e o telefone. Mas o que a aplicação *necessariamente precisa* é apenas do nome e email, e o email precisa ser único. Todo o resto é opcional. Esse tipo de definição é configurado no que chamamos de schema, que é usado como base para o modelo de dados.

O QUE MAIS O MONGOOSE OFERECE?

Além de modelagem de dados, o Mongoose adiciona uma camada extra de recursos ao MongoDB que são bastante úteis para criar aplicações web. O Mongoose torna fácil gerenciar as conexões ao banco de dados no MongoDB, bem como para gravar e ler dados. Mais adiante veremos como isso funciona e sujaremos as mãos na prática com o Mongoose. Também veremos como ele permite adicionar recursos de validação de dados ao schema, fazendo com que apenas dados válidos sejam salvos no banco.

O MongoDB é a melhor escolha de banco de dados para a maioria das aplicações web porque está no ponto de equilíbrio entre a velocidade dos bancos de dados puramente documentais e o poder dos bancos de dados relacionais. O fato de os dados serem armazenados em JSON torna-o perfeito para ser o armazém do MEAN.

1.5 AngularJS: o framework para o front-end

O AngularJS é o A do MEAN. Em termos simples, o AngularJS é um framework JavaScript para trabalhar com dados diretamente no front-end.

É possível usar apenas os componentes que já vimos – Node.js, Express e MongoDB – para criar uma aplicação web com suporte a banco de dados perfeitamente funcional e completa. Faremos isso, aliás, neste livro. No entanto, é possível colocar glacê no bolo quando adicionamos o AngularJS ao nosso stack.

A maneira tradicional de fazer as coisas é processar todos os dados e a lógica da aplicação no servidor, que então repassa o resultado formatado em HTML para o navegador. O AngularJS permite mover parte (ou mesmo todo) do processamento e da lógica do sistema para o navegador, às vezes deixando o servidor apenas para acessar o banco de dados. Veremos algo parecido no momento em que discutirmos o que é uma "vinculação de dados de mão dupla", mas primeiro precisamos resolver a questão do porquê escolhemos o AngularJS em vez do jQuery, que é sem sombra de dúvida a biblioteca de front-end para JavaScript mais famosa, mais usada e mais festejada.

1.5.1 No ringue: jQuery versus AngularJS

Se o leitor estiver familiarizado com o jQuery, deve estar se perguntando se o AngularJS trabalha da mesma maneira. A resposta curta é: não, não mesmo! O jQuery normalmente é usado no código de uma página web para adicionar interatividade, depois que o HTML foi enviado ao navegador e o Document Object Model (DOM) estiver completamente carregado. O AngularJS já começa a atuar alguns passos antes disso, ajudando a montar o próprio código HTML baseado nos dados obtidos.

Além disso, o jQuery é uma biblioteca e, como tal, oferece um conjunto de recursos que você pode (ou não) usar da maneira que bem entender. Já o AngularJS é o que se conhece como um framework *dogmático* (do inglês *opinionated*, que também pode ser traduzido como *teimoso*, *obstinado* ou *cheio de razão*). É dogmático no sentido de forçar o programador a aceitar sua opinião e usá-lo estritamente da forma como ele acha que deve ser usado.

Como já dissemos, o AngularJS ajuda a montar o HTML que será enviado ao navegador, baseando-se nos dados fornecidos, mas faz muito mais que isso. Ele também atualiza o HTML automaticamente se os dados mudam, e também atualiza os dados, caso o HTML mude. Isso é conhecido como vinculação de dados de mão dupla, conceito que veremos agora.

1.5.2 Vinculação de dados de mão dupla: trabalhando com os dados na página

Para entender a vinculação de dados de mão dupla (two-way data binding) começaremos examinando o método tradicional: a vinculação de dados de mão única. O one-way data binding é o que temos quando usamos apenas Node.js, Express e MongoDB. O Node.js recupera os dados armazenados no MongoDB, e o Express usa um template para compilar os dados em uma página HTML que será enviada ao servidor, e este, por sua vez, a enviará ao navegador. O processo é ilustrado na figura 1.5.

Esse método de mão única é a base para a maioria dos sites que usam bancos de dados. Por esse método, grande parte do trabalho pesado é feito pelo servidor, enquanto ao navegador é relegado apenas o trabalho de renderizar o HTML e promover qualquer tipo de interatividade programada no JavaScript.

O método two-way data binding é diferente. Primeiro, o template e os dados são mandados separadamente ao navegador. O próprio navegador compila o template em uma visão e os dados em um modelo de dados. A diferença marcante é o fato de que a visão é "ao vivo". A visão é intrinsecamente ligada ao modelo de dados, portanto, se o modelo mudar, a visão muda instantaneamente. De modo inverso, se a visão for alterada, o modelo também muda. O método two-way binding está ilustrado na figura 1.6.

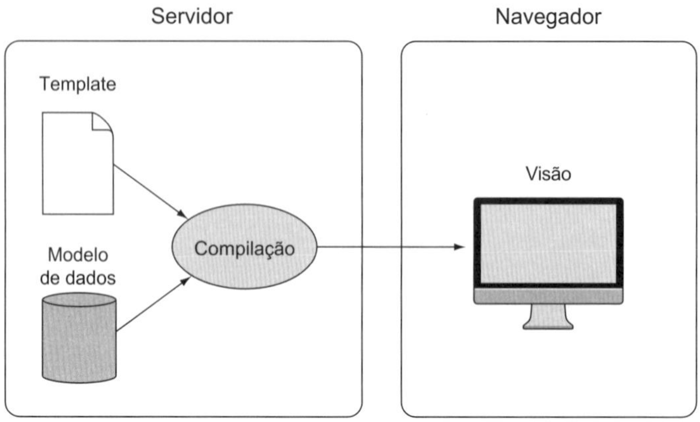

Figura 1.5 – No método one-way data binding, o modelo e o template são compilados no servidor antes de serem enviados ao navegador.

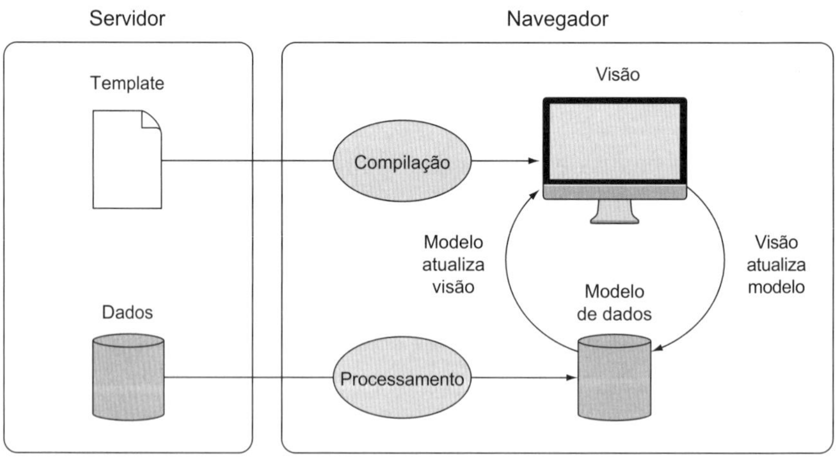

Figura 1.6 – Two-way data binding – o modelo de dados e a visão são processados no navegador e entrelaçados de tal forma que um consegue instantaneamente atualizar o outro.

Como seu armazém de dados em geral será exposto em uma API, em vez de ser acoplado diretamente à aplicação, normalmente há algum processamento envolvido antes de adicioná-lo ao modelo. É preciso certificar-se, portanto, que se está ligando os dados corretos e mais relevantes à visão.

Na parte III do livro, experimentaremos essa ação. Nesse caso, é preciso ver para crer – e, posso garantir, você não se decepcionará.

1.5.3 Usando o AngularJS para carregar novas páginas

Uma das coisas para as quais o AngularJS foi especialmente projetado é o que se chama de *single-page application* (SPA), ou aplicação de uma única página. Em termos práticos, um SPA roda tudo dentro do navegador, e nunca faz uma recarga completa da página. O que isso significa é que toda a lógica da aplicação, processamento de dados, fluxo do usuário e engine de template é administrado no próprio navegador.

Pense no Gmail – o exemplo clássico de SPA. Diferentes visões e conteúdo (ou seja, dados) são mostrados na página, mas a página mesmo jamais é recarregada.

Essa técnica pode reduzir drasticamente a quantidade de recursos utilizados no servidor – o que o Gmail faz é colocar nas costas do usuário (ou melhor, do navegador do usuário) todo o trabalho pesado. O que o servidor faz é, basicamente, enviar páginas estáticas e dados quando solicitado.

A experiência do usuário também será bem melhor ao usar esse expediente. Uma vez que a aplicação já foi completamente carregada no navegador do cliente no primeiro acesso, as chamadas ao servidor diminuirão muito em número e volume de dados, reduzindo a latência.

Ok, tudo isso soa maravilhoso, quase celestial. Onde está a pegadinha? Certamente, há um preço a pagar por tudo isso. Se não fosse assim, tudo seria feito em AngularJS hoje em dia, não acha?

1.5.4 O AngularJS e suas pegadinhas...

Apesar de seus inúmeros benefícios, o AngularJS pode não ser indicado para todo e qualquer site. Às vezes, bibliotecas de front-end como o jQuery são melhores para aprimoramentos progressivos no site. A ideia é que seu site deva funcionar perfeitamente sem o JavaScript, e este só será usado para tornar a experiência do usuário melhor. Esse não é o caso do AngularJS e, na verdade, de nenhum framework SPA. O AngularJS usa o JavaScript para renderizar o HTML a partir dos templates e dos dados, portanto, se seu navegador não suporta JavaScript, ou se existir um bug no código, o site simplesmente não rodará.

A dependência do JavaScript para montar uma página HTML também causa problemas com mecanismos de busca. Quando um mecanismo de busca rastreia seu site, ele não vai rodar nenhum código JavaScript, apenas conteúdo em HTML. Só que, com o AngularJS, a única coisa que existe antes do JavaScript fazer o que foi programado para fazer é um template vazio enviado pelo servidor. Se você quer que seu conteúdo e dados sejam indexados pelos mecanismos de busca, talvez o AngularJS não seja o componente mais apropriado para seu projeto.

Existem maneiras de combater esse problema em SPAs – resumidamente, é preciso que o servidor compile uma parte do HTML da página, deixando apenas o estritamente necessário para o AngularJS montar – mas se você *não tem nenhuma necessidade* de entrar nessa briga, eu recomendo com veemência evitá-la.

Uma das coisas que se pode fazer é usar o AngularJS para algumas páginas e não para outras. Não há nada errado em usar o AngularJS seletivamente no projeto. É possível ter uma aplicação interativa e rica em dados em apenas uma seção de seu site – e usar o AngularJS só nela. Por exemplo, é possível ter um blog ou algumas páginas de marketing em volta da sua aplicação. Essas páginas não precisam ser construídas em AngularJS, já que serão mais bem servidas pelo jeito tradicional de fazer as coisas – ou seja, tudo pelo servidor, no back-end. Portanto, parte do site é servido pelo trio Node.js, Express e MongoDB, enquanto outra parte tem os três e mais o AngularJS fazendo seu papel.

Essa abordagem flexível é um dos aspectos mais poderosos do MEAN. Com um só stack podemos atingir uma variedade fabulosa de objetivos.

1.6 Elenco de apoio

O MEAN proporciona tudo o que se precisa para criar aplicações web interativas e ricas em dados, mas nada impede de se usar outras tecnologias para melhorar o cenário. Por exemplo, podemos empregar o Bootstrap do Twitter para criar uma bela interface com o usuário. O famoso Git facilita e muito a administração do código, e o Heroku pode ajudar ao hospedar a aplicação em um URL válido. Nos capítulos finais, veremos como incorporá-los ao MEAN. Mas, por uma questão de completude, os descreveremos brevemente nas linhas a seguir.

1.6.1 Bootstrap: interfaces de usuário bonitas, graças ao Twitter

Neste livro usaremos o Bootstrap, um projeto do Twitter para criar designs responsivos com um mínimo de esforço. Ele não é de forma alguma essencial ao stack, e se sua aplicação estiver sendo montada sobre um design específico ou um HTML estático já existente, é provável que nem vá precisar do Bootstrap. Mas como nós criaremos a nossa no estilo "prototipagem rápida", queremos passar da ideia à aplicação pronta sem influências externas.

O Bootstrap é um framework de CSS para o front-end que oferece um verdadeiro tesouro de recursos para criar uma interface de usuário impressionante. Dentre esses recursos, o Bootstrap fornece um grid responsivo, estilos-padrão para a maioria dos componentes da interface e a possibilidade de alterar a aparência do site com temas.

GRID RESPONSIVO

Em um layout responsivo, uma única página HTML redimensiona-se sozinha em diferentes dispositivos. Isso é feito pela detecção da resolução de tela em vez de tentar descobrir qual é o dispositivo. O Bootstrap rastreia quatro diferentes pixels no layout, que correspondem aos formatos de tela de smartphones, tablets, laptops e monitores externos. Se o programador planejar com antecedência como organizar as classes no CSS e HTML, é possível usar a mesma página HTML para mostrar o mesmo conteúdo em diferentes layouts que são escolhidos de acordo com o tamanho da tela.

CLASSES CSS E COMPONENTES HTML

O Bootstrap vem com um conjunto de classes CSS predefinidas que podem criar componentes visuais úteis. Dentre eles, cabeçalhos de página, contêineres de mensagens, rótulos e medalhas, listas estilizadas... a lista é grande! O framework foi muito bem projetado e realmente ajuda a construir uma aplicação rapidamente, sem ter que perder muito tempo com o layout HTML e os estilos CSS.

Neste livro não veremos o Bootstrap a fundo, mas para cada recurso que utilizarmos teremos uma breve explicação.

TEMAS

O Bootstrap tem uma aparência-padrão muito agradável e realmente bonita. Só que é tão comumente utilizado que seu site pode acabar se parecendo com milhares de outros. Por isso mesmo, é possível baixar temas para o Bootstrap que dão um gostinho diferente para a aplicação. Baixar um tema normalmente é tão simples quanto substituir o arquivo CSS do Bootstrap. Usaremos um tema gratuito neste livro para construir nossa aplicação, mas é possível comprar temas premium para garantir que seu site seja único.

1.6.2 Controle de código-fonte com o Git

Salvar o código-fonte em seu próprio computador ou em um drive de rede é ótimo e funciona muito bem, mas essa prática só salva a última versão do código. Ela também só permite que você, ou quem estiver pendurado na sua rede, acesse esses arquivos.

O Git é um sistema distribuído de controle de versão combinado com um sistema de administração de código. Isso significa que muitas pessoas podem trabalhar no mesmo código ao mesmo tempo em diferentes computadores e redes. As alterações e novas versões de cada um podem ser combinadas, e todas as alterações ficam registradas para posterior análise e auditoria. Caso algo dê errado, é possível retornar a uma versão anterior que funcione bem.

MODO DE USAR

O Git é usado tipicamente na linha de comando, embora existam algumas interfaces gráficas para facilitar a operação em Windows e no Mac. Ao longo deste livro usaremos a linha de comando, unicamente. O Git é muito poderoso dessa maneira, e nós vamos apenas arranhar a superfície no desenrolar de nossa aplicação exemplo – mas tudo o que fizermos será comentado e explicado.

Tipicamente, o Git tem um repositório local na máquina do programador e um repositório remoto, chamado de repositório-mestre, que centraliza o código. O repositório-mestre pode ser hospedado em serviços especializados como o GitHub ou o BitBucket. É possível baixar o conteúdo do repositório central para o local, ou vice-versa, do local para o remoto. Todas essas operações são realmente fáceis de se fazer pela linha de comando e tanto o GitHub como o BitBucket oferecem interfaces web para que se possa ter um controle visual de tudo o que é enviado.

E PARA QUE USAREMOS O GIT EM NOSSO PROJETO?

Neste livro, usaremos o Git por duas razões.

Primeiro, o código-fonte exemplo do livro está armazenado no GitHub, com diferentes branches para os vários milestones (marcos que indicam objetivos atingidos) dos diferentes capítulos. Há a possibilidade de clonar tanto o master quanto qualquer um dos branches para usar o código correspondente.

Em segundo lugar, usaremos o Git como o método de deploy, ou seja, de envio da aplicação pronta para um ambiente de produção, de forma que o mundo possa usá-lo. Para a hospedagem, usaremos o serviço Heroku.

1.6.3 Hospedando aplicações no Heroku

Hospedar uma aplicação Node.js pode ser complicado, mas não precisa ser. Muitos dos provedores de hospedagem tradicionais não deram muita atenção ao interesse gerado pelo Node.js. Alguns deles instalarão o Node.js para você, de forma que suas aplicações possam rodar, mas os servidores não foram configurados para garantir os requisitos mínimos exigidos pelo Node.js. Para rodar uma aplicação em Node.js com sucesso é preciso ou um servidor que tenha sido montado com isso em mente, ou um provedor PaaS, cujo propósito central é justamente hospedar o Node.js.

Neste livro usaremos a segunda opção. Nosso provedor será o Heroku (*www.heroku.com*), escolhido por seus bons atributos. O Heroku é um dos maiores provedores de aplicações Node.js do mundo, e oferece um excelente plano gratuito do qual faremos bom uso.

As aplicações hospedadas no Heroku são, essencialmente, repositórios Git – o que torna o processo de publicação e deploy extremamente simples. Depois de tudo configurado, basta um único (e bem simples) comando para que sua aplicação seja imediatamente publicada e já saia funcionando:

```
$ git push heroku master
```

Eu não disse que isso não precisava ser complicado?

1.7 Juntando tudo em um exemplo prático

Como já mencionamos algumas vezes, no decorrer do livro construiremos uma aplicação funcional em MEAN. Isso nos dará uma bela base em cada uma das tecnologias que compõem o stack e um entendimento abrangente de como elas se encaixam entre si.

1.7.1 O que nossa aplicação exemplo faz?

A esta altura, você deve estar curioso para saber o que é essa aplicação exemplo de que tanto falamos nas páginas anteriores. Chega de suspense: nossa aplicação será chamada de Loc8r (lê-se "locater" ou, em português, "localizador"). O Loc8r listará os lugares próximos com WiFi público para que as pessoas possam visitar e usar. Chamaremos esses locais de "estabelecimentos comerciais com WiFi" no decorrer do livro, para poder usar a palavra "locais" em outros contextos. A aplicação também mostrará os serviços e estrutura disponíveis (banheiro, lanches etc.), horário de funcionamento, um sistema de classificação por nota e um mapa para cada um dos locais. Os usuários serão capazes de criar uma conta para envio de notas e resenhas.

Essa aplicação tem um pé no mundo real. Aplicações baseadas em localização não são nenhuma novidade, e vêm em diferentes formatos e cores. Dois exemplos extremamente populares são o Facebook e o Foursquare, que listam tudo o que podem em suas páginas de Check In e usam dados dos próprios usuários (o chamado crowdsourcing) para atualizar o banco de dados com novos locais e mais informação. O UrbanSpoon ajuda as pessoas a encontrar lugares para comer, com busca refinada por tipo de culinária ou faixa de preço. Mesmo empresas como o Starbucks e o McDonald's apresentam seções em seus aplicativos que permitem aos clientes encontrar a loja mais próxima.

DADOS REAIS OU FALSOS?

Para o Locat8r usaremos um conjunto de dados falsos, mas sempre será possível obter dados verdadeiros depois, seja de um provedor de dados, ou via crowdsource, ou qualquer outra fonte externa. Para prototipação rápida, normalmente usar dados falsos (e conhecidos) para a primeira versão privada acelera o processo.

PRODUTO FINAL

Usaremos todas as camadas do MEAN para criar o Loc8r, incluindo o Bootstrap do Twitter para criar um layout responsivo. A figura 1.7 mostra algumas capturas de tela do que construiremos ao longo do livro.

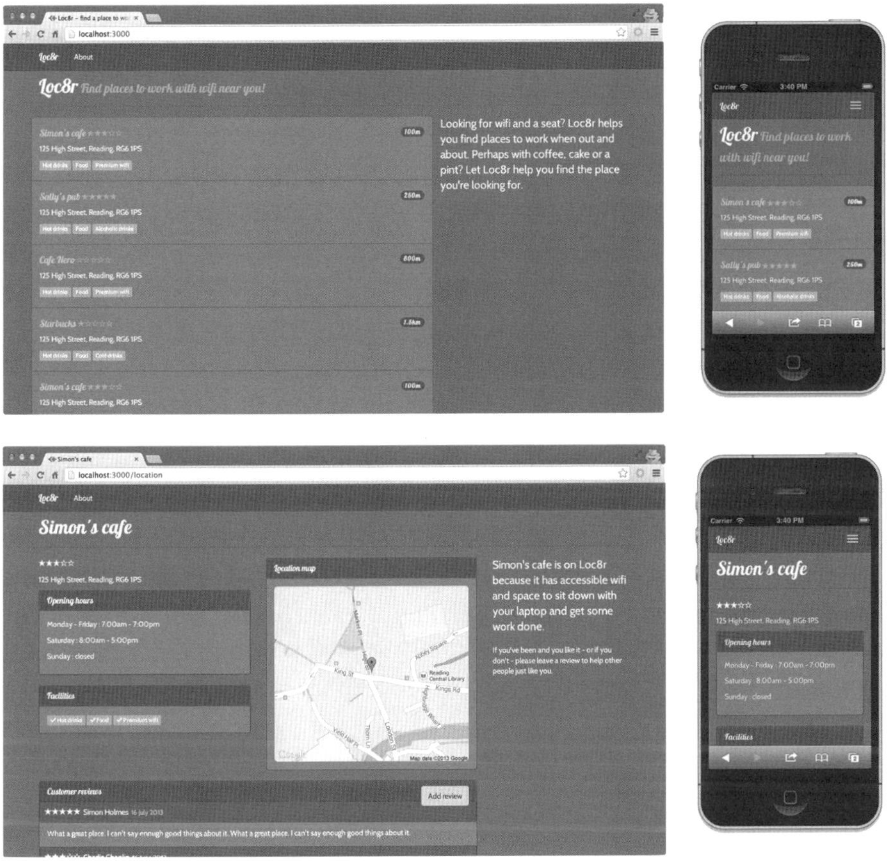

Figura 1.7 – O Loc8r é a aplicação que construiremos ao longo deste livro. Ele será apresentado de forma diferente em dispositivos diversos, mostrando uma lista de locais e detalhes sobre cada um e permitindo que o visitante dê uma nota e escreva resenhas a seu respeito.

1.7.2 Como os componentes do MEAN trabalham em conjunto

Ao final do livro, o leitor terá uma aplicação rodando no stack MEAN e usando o JavaScript do começo ao fim. O MongoDB grava dados em um formato binário derivado do JSON que, através do Mongoose, pode ser consultado como JSON puro. O framework Express fica logo acima do Node.js, no qual o código é todo escrito em JavaScript. No front-end temos o AngularJS, que também é JavaScript. A figura 1.8 ilustra o fluxo e as conexões entre eles.

Exploraremos as várias maneiras de se arquitetar aplicações no MEAN e descreveremos a forma como construiremos o Locat8r no capítulo 2.

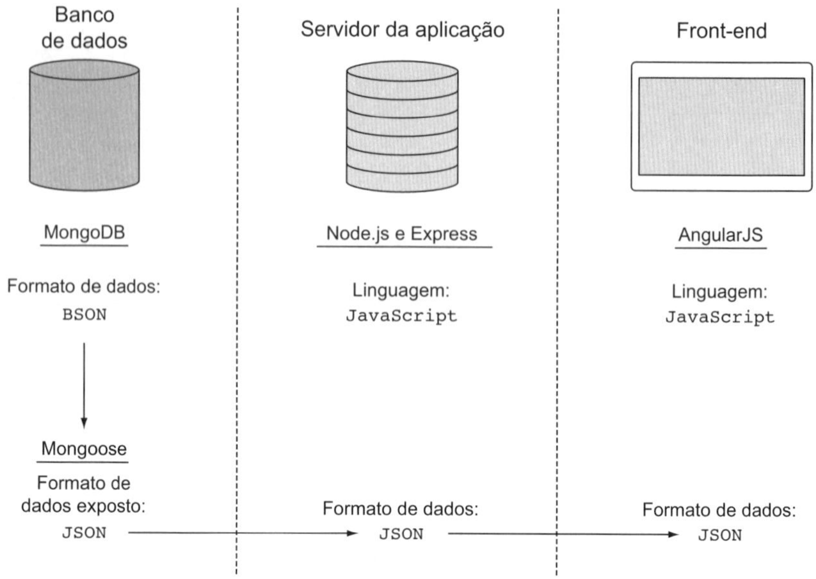

Figura 1.8 – O JavaScript é a linguagem comum a todos os componentes do MEAN, e o JSON o formato de dados.

1.8 Resumo

Neste capítulo vimos:

- as diferentes tecnologias que compõem o stack MEAN;
- MongoDB, a camada de banco de dados;
- Node.js e Express, trabalhando juntos em uma camada como um servidor de aplicações;
- AngularJS, a camada de front-end e vinculação de dados;
- como os componentes do MEAN trabalham juntos;
- algumas maneiras de se estender o MEAN com tecnologias adicionais.

Como o JavaScript é o ator principal em toda a pilha, mais uma vez recomendamos que estude antes de mais nada o apêndice D. O apêndice é importante para refrescar a memória sobre as armadilhas e melhores práticas do JavaScript. Não deixe de lê-lo antes de passar para o próximo capítulo!

No capítulo 2, veremos quão flexível é o MEAN e como podemos arquitetar diferentes soluções para diferentes cenários.

CAPÍTULO 2

Projetando uma arquitetura baseada em MEAN

Neste capítulo veremos:

- Uma introdução à arquitetura MEAN mais comum.
- Considerações sobre aplicações de uma única página (SPA).
- Alternativas à arquitetura padrão MEAN.
- O projeto de arquitetura para uma aplicação real.
- O planejamento da construção baseada no projeto de arquitetura.

No capítulo 1 conhecemos os componentes que compõem o MEAN e como eles combinam entre si. Neste capítulo, veremos mais de perto como eles se encaixam.

Começaremos estudando o que algumas pessoas pensam ser a *arquitetura-padrão* do MEAN, especialmente quando se deparam com ela pela primeira vez. Usando alguns exemplos, exploraremos o porquê de se usar uma arquitetura diferente, mexeremos em algumas coisas aqui e ali e talvez colocaremos outras em lugares inusitados. O MEAN é poderoso e pode ser usado para resolver uma gama bastante grande de problemas... se você tiver criatividade suficiente ao arquitetar suas soluções.

2.1 A arquitetura mais comum usada com o MEAN

Uma das maneiras mais comuns de se arquitetar uma aplicação[1] com MEAN é construir uma API baseada em REST que alimente uma aplicação de uma só

1 N. do T.: em inglês, temos apenas a palavra application. Em português, havia uma convenção muito antiga para a tradução dessa palavra, na qual aplicação seria o problema a ser resolvido, e aplicativo (ou programa aplicativo em jargão ainda mais obsoleto) seria o software propriamente dito. Essa distinção perdeu-se ao longo dos anos, e hoje usa-se aplicação (palavra feminina) indiscriminadamente. Um fantasma dessa convenção permanece de forma curiosa nos apps para dispositivos móveis, que consideramos um termo masculino: o app.

página (SPA) com dados. A API é tipicamente construída com um trio (que veremos com frequência) formado por MongoDB, Express e Node.js. A SPA (nossa aplicação) é construída exclusivamente em AngularJS. Veja que a aplicação está toda no front-end, o trio serve apenas como API e para envio do código ao navegador. Essa arquitetura é particularmente popular para quem começa a usar o MEAN já tendo algum conhecimento prévio de AngularJS e está procurando por um stack que ofereça uma API rápida e responsiva. A figura 2.1 ilustra a configuração básica e o fluxo de dados.

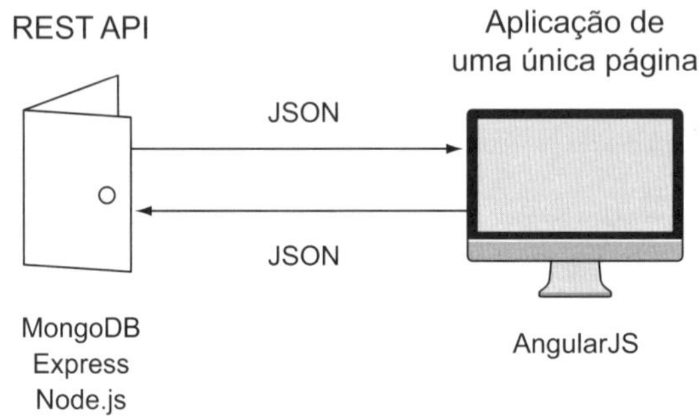

Figura 2.1 – Uma arquitetura MEAN bastante comum, usando MongoDB, Express e Node.js para construir uma API REST que alimenta dados no formato JSON para uma SPA em AngularJS que é executada no navegador.

O que é uma API REST?

A sigla REST vem de REpresentational State Transfer (Transferência de Estado Representacional, em português), que é um estilo arquitetural em vez de um protocolo no sentido estrito. O REST não é orientado a estado (é, portanto, *stateless*), o que quer dizer que ele não tem a menor ideia de qual é o estado atual do usuário, ou seu histórico.

API é uma abreviação para Application Program Interface (Interface de Programação da Aplicação), que permite duas aplicações "conversarem" entre si.

Portanto, uma API do tipo REST é uma interface de comunicação com a sua aplicação que não guarda o estado da sessão (ou do usuário). No caso do MEAN, a API REST é usada para criar uma interface *stateless* com seu banco de dados, permitindo que outras aplicações também possam usar esses dados.

A arquitetura mostrada na figura 2.1 é muitíssimo útil, e ideal se já temos, ou queremos construir, uma SPA. O AngularJS foi criado especificamente para construir SPAs, com capacidade para ler e gravar dados em um banco de dados por meio de uma API REST. MongoDB, Express e Node.js também são extremamente capazes quando o assunto é construir uma API, usando o JSON como idioma de comunicação entre todas as camadas do stack, incluindo o banco de dados.

É dessa forma que muitas pessoas começam a trabalhar com o MEAN, ou seja, procurando uma resposta para a pergunta: "Construí uma aplicação com o AngularJS. Beleza. Agora onde arranjo dados para ela?".

Essa arquitetura é ótima se tudo o que temos é uma SPA. Mas e se não for desejável ou obrigatório que o sistema seja uma SPA? Se essa fosse a única maneira que o programador conseguisse enxergar o MEAN, ele ficaria bastante limitado em suas possibilidades e teria de procurar outra solução. Mas o MEAN é extremamente flexível: todos os quatro componentes são muito poderosos e têm bastante a oferecer.

2.2 Além das SPAs

Criar uma SPA no AngularJS é como dirigir um Porsche conversível com a capota abaixada em uma estrada litorânea com vista para o oceano – ou seja, maravilhoso! Tanto o AngularJS como o Porsche são divertidos, rápidos, sexies, ágeis e muito, muito capazes. É bastante provável que ambos os casos sejam absurdamente melhores do que as coisas com as quais você está acostumado.

Mas, às vezes, nenhum dos dois é a ferramenta mais apropriada. Se a ideia for levar a família inteira na viagem, com bagagem para duas semanas e mais as pranchas de surf, as bicicletas e a caixinha de areia do gato, é provável que não caiba tudo (e todos) no Porsche. Ele pode ser fantástico, seu sonho da vida toda, mas neste caso você vai desejar um carro diferente. Da mesma forma, nem sempre o AngularJS será a melhor ferramenta para uma SPA, mesmo ela sendo sensacional.

Há algumas coisas que se deve sempre ter em mente sobre as SPAs quando estiver projetando uma solução e decidindo se uma SPA completa é mesmo a coisa certa para seu projeto. Não queremos aqui parecer que pertencemos à "Milícia Anti-SPA". SPAs são nossas amigas, e geralmente proporcionam uma experiência do usuário fantástica ao mesmo tempo em que reduzem a carga em nossos servidores e, portanto, nos custos de hospedagem. Nas seções 2.3.1 e 2.3.2 analisaremos um caso de SPA de sucesso e outro caso, este desastroso. Isso deverá deixar claro quando usar e quando não usar. Além disso, nosso projeto modelo, que construiremos ao longo do livro, é uma SPA, portanto ninguém pode nos acusar de detestá-las. Mas é fato: elas têm suas desvantagens.

2.2.1 SPAs são indigestas para os mecanismos de busca

Aplicações em JavaScript são um pesadelo para os mecanismos de busca – sim, eles mesmos: Google, Bing!, Duck Duck Go e assemelhados. Navegar por essas aplicações e indexá-las é muito complicado para os robôs desses buscadores. A maioria dos mecanismos de busca veem o conteúdo HTML de uma página, mas não baixam e muito menos executam qualquer código em JavaScript. Mesmo os mecanismos de busca que têm a boa vontade de executar os scripts não conseguem interpretá-los de forma satisfatória em relação ao conteúdo já renderizado em HTML entregue por um web server tradicional. Se todo o seu conteúdo for entregue ao navegador por meio de uma aplicação em JavaScript, não é possível prever quanto dele será indexado.

Uma desvantagem talvez menos importante, mas relacionada a essa, é que as previsões automáticas em redes sociais como o Facebook, LinkedIn ou Pinterest não vão funcionar muito bem – se funcionarem... Isso acontece porque essas redes sociais baseiam-se no HTML da página que você está compartilhando e tentam extrair dele textos e imagens relevantes. Da mesma forma como nos mecanismos de busca, essas redes sociais não executam o código em JavaScript (até por uma questão de segurança) e, portanto, o conteúdo dinâmico gerado pelo JavaScript será mostrado como um espaço em branco.

TORNANDO UMA SPA INDEXÁVEL

Há dois truques para fazer com que seu site seja indexável pelos buscadores. Em ambos, é necessário criar uma página HTML estática que espelha o conteúdo da sua SPA. No primeiro truque, fazemos com que o servidor (em nosso caso, o Node.js) crie uma versão em HTML com os mesmos dados que a aplicação em JavaScript criaria, e apresenta essa página estática aos robôs dos buscadores. O segundo truque emprega um navegador "fantasma", que não aparece na tela e que serve como intermediário entre o AngularJS e o buscador. Esse navegador fantasma roda a aplicação, executa o JavaScript para criar a página HTML pura e a entrega ao robô do buscador. Um exemplo é o navegador PhantomJS.

Ambas as soluções requerem um certo empenho do programador para serem implementadas, e tendem a se tornar uma dor de cabeça terrível para quem for fazer a manutenção do site ou aplicação posteriormente, caso seja grande ou complexa. Ambas as soluções também são horríveis se levarmos em conta o SEO (Search Engine Optimization), e podem sofrer penalidades por isso. Se o conteúdo estático em HTML for ligeiramente diferente do gerado pela SPA, o site será penalizado. Já o PhantomJS precisa de um tempo para renderizar o HTML a partir do JavaScript, o que pode piorar o desempenho do seu site para o mecanismo de busca, mesmo que esteja ultrarrápido para os usuários. Alguns sites de buscas – e o Google em particular – vão diminuir a sua nota por isso também.

E ISSO TUDO IMPORTA?

Se importa ou não depende do tipo de aplicação que se quer construir. Se o modelo de negócios e crescimento do que quer que esteja sendo construído vem de tráfego de mecanismos de busca ou de compartilhamento em redes sociais, então todos esses problemas são relevantes, e o arquiteto do sistema deve realmente pesar os prós e os contras e estudar bem a arquitetura que deseja usar na aplicação. Se, por outro lado, o sistema for pequeno e ficará pequeno para sempre, os truques funcionam. Mas fique avisado de que, se seu sistema crescer, as dores de cabeça virão.

Por outro lado, se estiver construindo uma aplicação que não precise de SEO – ou, como acontece em alguns casos, é *desejável* que o site seja impossível de rastrear – então isso não é um problema e o desenvolvedor não precisa se preocupar com o assunto. Dependendo da situação, pode até ser uma vantagem!

2.2.2 Análise de tráfego e histórico do navegador

Ferramentas de análise de tráfego como o Google Analytics fazem a contagem de *page views* (visualizações de página) registrando o número de vezes que uma nova página é carregada no navegador, e essa recarga precisa ser iniciada por uma mudança de URL. Mas as SPAs não funcionam desse jeito. Não é à toa que são chamadas de *aplicações de apenas uma página*!

Depois que a primeira página é carregada completamente no navegador, cada página subsequente e as mudanças de conteúdo são gerenciadas internamente pela aplicação. Portanto, o navegador nunca dispara uma recarga completa da página, nada é adicionado ao histórico do navegador, e sua ferramenta de análise de tráfego não tem a menor ideia de quem está acessando o que no seu site.

RECARREGANDO PÁGINAS NUMA SPA

É possível incluir eventos de carregamento de página em uma SPA usando a API de histórico do HTML5. Com isso, podemos agradar ao seu analytics preferido. A grande dificuldade disso tudo é gerenciar esses carregamentos e garantir que tudo esteja sendo rastreado corretamente, o que envolve verificação de relatórios faltantes e itens duplicados.

A boa notícia é que não é necessário construir tudo do zero. Existem inúmeros módulos de analytics para o AngularJS que são open source e estão disponíveis de graça na internet, resolvendo problemas diversos e suportando a maioria das ferramentas de análise de tráfego. O programador ainda precisa integrar esses módulos à aplicação e certificar-se de que tudo está funcionando corretamente, mas ao menos não será necessário reinventar a roda.

ISSO É UM PROBLEMA REAL?

A dimensão desse problema em sua aplicação depende de quão importante é a medição precisa da visitação no site. Se for necessário monitorar tendências no fluxo e nas ações dos visitantes, provavelmente a melhor pedida é recorrer a esses módulos. Todavia, quanto maior o nível de detalhe e precisão desejados, maior será o trabalho para desenvolver a solução e testá-la. Embora seja infinitamente mais simples incluir o código do analytics em cada uma das páginas de um site gerado pelo servidor (por exemplo, um site no WordPress), o trabalho nada pequeno de integrar isso ao AngularJS talvez nem seja a razão pela qual você deva abandoná-lo em favor de uma solução que não seja uma SPA.

2.2.3 Velocidade da carga inicial

Os SPAs demoram bastante para carregar a primeira página, muito mais do que um site ou aplicação baseado no servidor. Isso ocorre porque a primeira página sendo baixada traz junto todo o framework e mais a aplicação completa antes de renderizar a visão apropriada em HTML e mostrá-la na tela do navegador. Uma aplicação baseada no servidor precisa mandar apenas a tela HTML de entrada para o navegador, reduzindo a latência e o tempo de download.

ACELERANDO A CARGA DA PÁGINA

Existem algumas maneiras de se acelerar a carga inicial em uma SPA como, por exemplo, empregar caches ou só carregar os módulos na hora em que forem ser usados (uma técnica conhecida como *lazy loading*). Mas nunca conseguiremos fugir do fato de que é necessário baixar completamente o framework, pelo menos uma parte do código da aplicação, e ainda tem o tempo de download dos dados por intermédio de alguma API, mais o tempo de combinar esses dados com um template para renderizar uma visão em HTML e mostrá-la no navegador.

PRECISAMOS NOS PREOCUPAR MESMO COM VELOCIDADE?

A resposta para a pergunta, especialmente na carga inicial da primeira página, é, mais uma vez, "depende". Depende muito do que se está desenvolvendo e como as pessoas vão interagir com ele.

Novamente, tomemos o Gmail como exemplo. O Gmail é uma SPA e leva um tempo considerável para carregar. Mesmo que seja alguns poucos segundos, é consideravelmente mais que um site "comum". Só que as pessoas no mundo virtual já estão acostumadas com sites rápidos e mostram-se muito impacientes em nossos dias. Elas esperam que tudo seja instantâneo. No entanto, as pessoas não se importam de esperar o Gmail carregar, especialmente ele sendo ligeiro e responsivo uma vez que estamos dentro. E uma vez dentro, tendemos a ficar dentro do Gmail por muito tempo, às vezes várias horas (às vezes de forma permanente).

Mas o Gmail não depende disso para viver. Não é como um blog, cujo tráfego principal vem dos mecanismos de busca ou outros links externos. No caso de um blog, se a página inicial demorar para carregar, mesmo que seja por poucos segundos, é uma catástrofe. As pessoas vão assumir que o site está fora do ar ou muito lento e vão clicar no botão de voltar no navegador antes que tenhamos chance de mostrar alguma coisa na tela. Se eu apostasse que o leitor já fez isso alguma vez, certamente ganharia uns trocados a mais de todos os que compraram este livro, sem exceção!

2.2.4 Então, aposto numa SPA ou deixo para lá?

Só para lembrar que as linhas anteriores não foram um libelo contra as SPAs: isso que discutimos são detalhes normalmente empurrados para um cantinho e esquecidos lá até que seja tarde demais. Os três pontos levantados – mecanismos de busca, integração com ferramentas de análise de tráfego e velocidade de carga da página – são essenciais para se definir quando uma SPA é apropriada e quando fazer algo diferente. Esses pontos devem servir como guias para as decisões do arquiteto do sistema.

Pode ser o caso de nenhuma dessas coisas ser importante para o seu projeto, e que uma SPA é, definitivamente, a melhor maneira de fazer as coisas. Se, por outro lado, algum dos pontos o fez parar e pensar, e talvez seja preciso implementar desvios e muito código externo para todos os três, talvez uma SPA não seja a melhor solução.

Se o projeto estiver em algum lugar no meio desses extremos, será necessário usar bom senso para pesar os prós e contras e, mais importante ainda, buscar a solução ótima para o problema. Como regra, se a solução implicar um grande número de recursos técnicos alternativos (leia-se: gambiarras), é provável que o arquiteto do sistema tenha de repensá-lo.

Mesmo se no fim das contas ficar decidido que um SPA não é o caminho a seguir, isso não significa que devamos deixar o MEAN de lado. Com ele, é possível projetar um leque bastante amplo de diferentes arquiteturas.

2.3 Projetando uma arquitetura MEAN flexível

Se o AngularJS é como um Porsche, os outros componentes do MEAN são como ter um Audi RS6 na garagem. Muitas pessoas só notarão o carro esportivo e sequer perceberão que temos um belo utilitário (mesmo assim bem esportivo) esperando para nos levar ao supermercado. Poucos chegarão a abrir o capô e verificar que o motor é, na verdade, um Lamborghini V10. Esse carro "família" tem muito mais a oferecer do que você pode imaginar, só de olhar da rua.

Usado o nosso já querido trio MongoDB, Express e Node.js apenas para construir uma API REST é como usar o Audi RS6 só para buscar as crianças na escola. Obviamente, o trio de componentes (e o RS6) são eficientes e capazes de desempenhar essa tarefa com galhardia, mas todos têm muito mais a oferecer.

Discorremos um pouco sobre o que cada uma dessas tecnologias pode fazer lá no capítulo 1, mas, resumidamente:

- o MongoDB pode armazenar e transmitir informação em formato binário;
- o Node.js é particularmente bom para conexões em tempo real usando *web sockets*;
- o Express é um framework para aplicações web que suporta nativamente templates, roteamento/distribuição e gerenciamento de sessão.

Há muito mais, e tenho certeza de que não vou conseguir encampar toda a capacidade das tecnologias neste livro. Seriam precisos vários livros para isso! O que posso fazer aqui é dar exemplos simples e mostrar como as peças podem ser encaixadas no MEAN para chegar à melhor solução de arquitetura.

2.3.1 Requisitos para um mecanismo de blog

Vamos analisar uma das aplicações mais populares da internet, o blog. Veremos como usar o MEAN corretamente para construir um.

Uma aplicação de blog tipicamente possui dois rostos. Existe a face que o público enxerga, que serve os artigos e textos aos leitores, e que estão sendo compartilhados e mencionados por toda a internet. Um blog também precisa de uma interface administrativa na qual os donos do blog escrevem os artigos e gerenciam as configurações e detalhes do site. A figura 2.2 mostra algumas das características marcantes dessas duas faces:

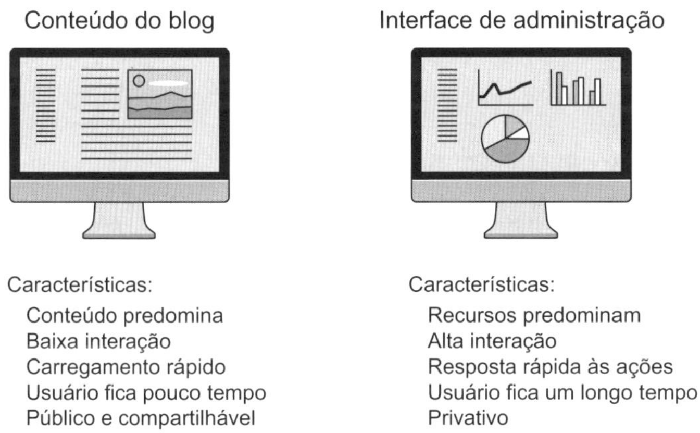

Figura 2.2 – As características conflitantes das duas faces de um blog, a face pública com o conteúdo e a face privativa com a interface de administração.

Basta olhar para as duas listas na figura 2.2 para percebermos de imediato que há um conflito muito grande entre os dois "rostos" de um blog. Na área pública, com o conteúdo, temos baixa interação do usuário e uma permanência pequena em cada página. Na interface de administração há pouco conteúdo, mas ela é pródiga em recursos e interatividade. As postagens no blog precisam carregar rapidamente no navegador do usuário leitor para diminuir a taxa de desistência (o chamado *bounce rate* no jargão do Google Analytics) e precisam ser rastreáveis pelos mecanismos de busca, enquanto a área de administração deve ter resposta rápida aos comandos do usuário administrador. Finalmente, apesar de gastar pouco tempo em cada página, o leitor pode querer compartilhá-la com outros. Já na área administrativa, por ser privativa, a possibilidade de os mecanismos de busca terem acesso a ela deve ser eliminada, e um usuário individual pode estar registrado e usando a interface por longos períodos.

Se tomarmos o que já foi discutido sobre os problemas das SPAs e olharmos as características desejadas em um blog, veremos que o choque é pavoroso. É bastante provável que ninguém em sã consciência usasse uma SPA como página de blog para os leitores. Por outro lado, uma SPA é perfeita para a interface de administração.

Então, o que fazer? Notadamente, a coisa mais importante de todas é manter e aumentar o fluxo de novos visitantes ao blog – se eles não tiverem uma boa experiência de usuário, eles não voltarão nem compartilharão nada. Se um blog não conseguir leitores, o redator vai escolher outra plataforma ou simplesmente parar de escrever. Da mesma forma, uma interface lenta e que trava a toda hora também vai espantar os candidatos a blogueiro, que procurarão o concorrente mais próximo. Então, o que fazer? Como manter todo mundo feliz e a plataforma de blogs faturando?

2.3.2 Arquitetura de uma plataforma de blogs

A resposta está na diversidade. Não existe "o um anel para governar a todos", uma solução de tamanho único. Se você olhar bem, não estamos lidando com apenas uma aplicação. Na realidade, são duas, e o único elo comum entre elas é o banco de dados. Temos uma aplicação pública, cujo conteúdo deve ser processado e entregue diretamente pelo servidor ao navegador, e uma aplicação privativa, a interface de administração, que deve ser interativa e rápida – portanto, será construída como uma SPA. Vamos começar analisando as duas aplicações separadamente, começando com a interface de administração.

INTERFACE DE ADMINISTRAÇÃO: UMA SPA USANDO ANGULARJS

Já chegamos à conclusão de que esta é a situação perfeita para uma SPA em AngularJS. A arquitetura dessa parte do blog nos parece, a esta altura do livro, já bastante familiar: uma API do tipo REST construída com o já famoso trio MongoDB, Express e Node.js, e uma SPA em AngularJS lá na cara do gol. A figura 2.3 mostra como essa solução se parece.

Não há nada de novo na figura 2.3. A aplicação inteira, completa, é construída em torno do AngularJS e roda no navegador, com os dados sendo repassados entre a API REST e o AngularJS no formato JSON.

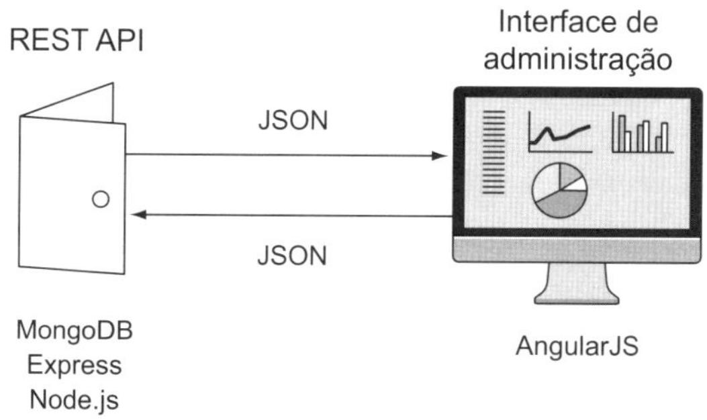

Figura 2.3 – Uma imagem bastante familiar ao leitor a esta altura: a interface de administração será uma SPA construída em torno do AngularJS e uma API REST construída sobre o "power trio" MongoDB, Express e Node.js.

OK, MAS E AS POSTAGENS NO BLOG?

Na outra aplicação de nossa plataforma de blogs, a coisa fica um pouco mais complicada.

Se pensarmos no MEAN como sendo estritamente uma SPA construída no AngularJS e chamando uma API REST, estaremos perdidos. Desenvolver a parte pública do blog como uma SPA, usando JavaScript e MEAN, não é uma solução aceitável. Poderíamos escolher outro stack e desistir do MEAN, mas não queremos fazer isso! Queremos JavaScript de ponta a ponta!

Já que é assim, vamos dar uma nova olhada, com mais carinho, no MEAN. Especificamente, vamos analisar cada um de seus componentes. O Express, por exemplo, é um framework para web. Já sabemos que o Express pode usar templates para gerar os HTMLs diretamente no servidor, e este cuidará de os enviar aos navegadores. Sabemos também que o Express pode fazer roteamento de URL e usar padrões MVC. Hummm... parece que o Express é a resposta!

DISPONIBILIZANDO CONTEÚDO COM O EXPRESS

Nessa parte do blog, entregar o HTML e o conteúdo diretamente do servidor ao navegador é exatamente o que queremos fazer. O Express desempenha esse papel relativamente bem, e até oferece suporte a diversos mecanismos de template nativamente. O conteúdo HTML será gerado a partir dos dados no banco, portanto, usaremos a mesma API REST para tal (mais sobre o porquê disso ser uma boa ideia na seção 2.3.3). A figura 2.4 mostra a base dessa arquitetura.

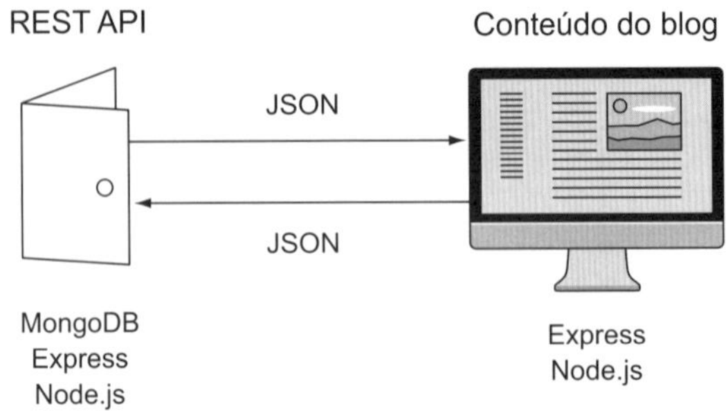

Figura 2.4 – Uma arquitetura para entregar páginas HTML diretamente do servidor: uma aplicação em Express e Node.js interagindo com uma API REST construída em nosso querido trio MongoDB, Express e Node.js.

Esse exemplo demonstra que podemos usar o MEAN, ou pelo menos parte dele, para entregar conteúdo recuperado de bancos de dados diretamente do servidor para o navegador. Mas as maravilhas não precisam parar aí. O MEAN é ainda mais flexível que isso.

CONTROLE DE SESSÃO: EXTRAINDO MUITO MAIS DO MEAN

Já temos uma aplicação em Express entregando o conteúdo do blog aos leitores. Mas podemos fazer mais. Que tal se os visitantes pudessem se cadastrar no site para deixar comentários nos artigos? Para isso, é preciso rastrear as sessões do usuário. Desnecessário dizer, o MEAN é particularmente eficiente nisso. Mais precisamente, a combinação MongoDB e Express.

Também pode ser interessante ter dados dinâmicos na barra lateral, margeando os posts, como artigos relacionados, publicidade ou uma caixa de busca com autocompletar. Dá para implementar isso tudo facilmente com o AngularJS. Lembre-se, ele não serve apenas para SPAs. Na verdade, ele é ótimo para adicionar dados interativos em uma página HTML que, de resto, seria completamente estática.

A figura 2.5 mostra esses recursos opcionais adicionados à parte pública da plataforma de blogs.

Agora temos uma aplicação usando todo o stack MEAN para entregar um conteúdo rico e interativo ao leitor, consumindo dados do banco a partir de uma API REST.

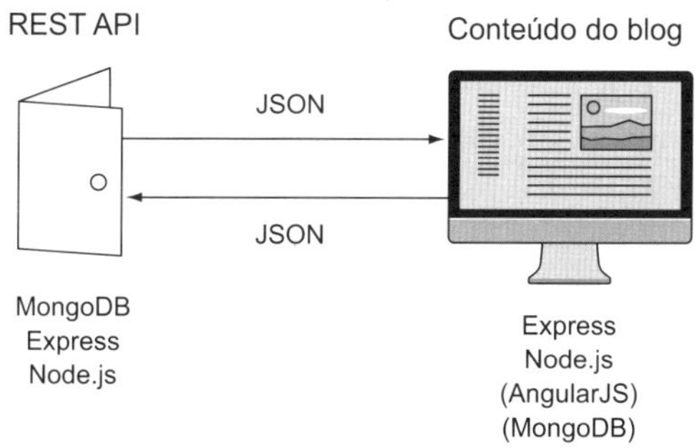

Figura 2.5 – Usando AngularJS e MongoDB como parte da face pública do blog, melhorando a experiência dos usuários.

UMA ARQUITETURA HÍBRIDA PARA NOSSO BLOG

Neste ponto há duas aplicações em separado, cada uma usando uma API REST diferente. Com um pouco de planejamento, essa API REST pode ser apenas uma, usada por ambas as aplicações.

A figura 2.6 mostra como isso pode funcionar. O par de aplicações é agora uma arquitetura única, monolítica, com a API REST interagindo com os dois front-ends, o privativo e o público.

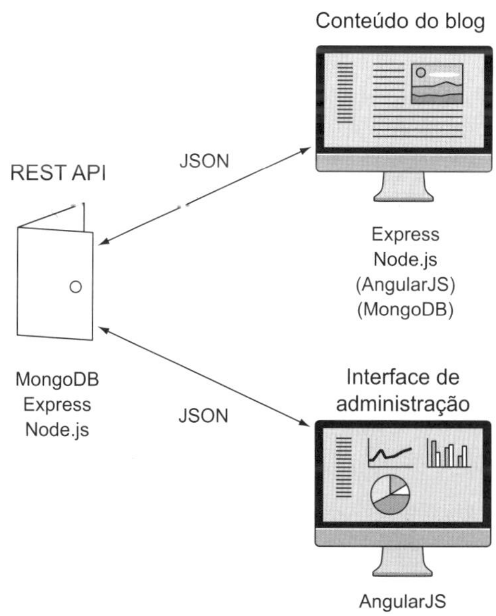

Figura 2.6 – Uma arquitetura MEAN híbrida: uma REST API única que alimenta duas aplicações separadas, combinando diferentes camadas do stack MEAN para obter uma solução mais apropriada e otimizada.

Esse é apenas um exemplo muito simples de como podemos juntar e combinar as várias camadas da pilha MEAN para obter arquiteturas diferentes, e dessa forma resolver diferentes problemas em seus projetos. As opções são limitadas apenas pelo entendimento do que faz individualmente cada componente e sua criatividade para colocá-los a trabalhar juntos. Não existe, em absoluto, uma única arquitetura possível com o MEAN.

2.3.3 Boa prática: construa uma API interna para a camada de dados

É fácil notar nos exemplos anteriores que cada versão da arquitetura incluía uma API para ler e gravar os dados, e permitir interação entre a aplicação principal e o banco. Há uma boa razão para isso.

Seria fácil montar uma aplicação web usando apenas Node.js e Express, servindo o HTML diretamente ao navegador do usuário. Seria também muito fácil fazer com que o código dessa aplicação (que roda no Node.js) acessasse diretamente o banco de dados a partir do próprio Node.js. Quem tem a visão muito curta vai certamente achar que esta é a maneira mais fácil. No entanto, se pensarmos a longo prazo, o que era fácil torna-se um pesadelo: os dados serão estreitamente (e fortemente) ligados e acoplados à aplicação de uma maneira tão intensa e entrelaçada que pode ser impossível outra aplicação usar os mesmos dados – mesmo uma atualização da aplicação existente pode ter dificuldades!

A outra opção é construir uma API própria que fala diretamente com o banco de dados e repassa os dados que a aplicação (ou aplicações) precisam. Sua aplicação rodando no Node.js pode perfeitamente conversar com essa API em vez de diretamente com o banco de dados. A figura 2.7 mostra uma comparação entre as duas arquiteturas.

A figura 2.7 pode nos deixar perguntando se vale mesmo o esforço de construir uma API só para servir de atravessador entre a aplicação e o banco de dados. Afinal de contas, é mais uma bola na árvore de natal e, portanto, mais trabalho. Neste estágio, sim, é mais trabalho. Porém, lembre-se: queremos nos preparar para os dias vindouros. E se quisermos, futuramente, usar os mesmos dados em uma aplicação mobile nativa? Ou num outro front-end com AngularJS? Ou com outro sistema que nem na pilha MEAN está?

Eu garanto ao leitor: não será muito agradável encontrar-se na situação de ter de escrever uma API diferente para cada uma dessas aplicações, com o sistema já em produção. Se uma API for arquitetada e construída já desde o começo, pode-se evitar toda essa dor de cabeça. Se já existir uma API funcional, qualquer nova aplicação pode simplesmente referenciar a API. Não importa se a aplicação é em Node.js, AngularJS ou iOS. Também não é necessário ter uma API pública que qualquer um na internet possa usar, mas uma API que os desenvolvedores internos possam acessar seria maravilhoso.

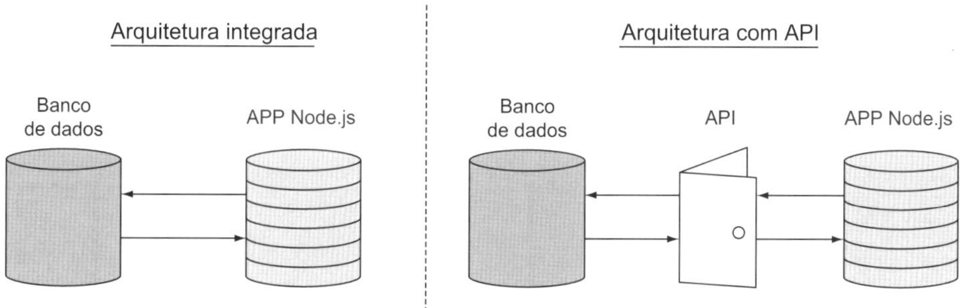

Figura 2.7 – A curto prazo, essas são as duas maneiras de se integrar o banco de dados ao Node.js. Na primeira, enganosamente mais fácil de implementar, o Node.js fala diretamente com o banco de dados. Na segunda, cria-se uma API que interage com o banco de dados, e uma ou mais aplicações no Node.js podem obter dados exclusivamente da API.

A figura 2.8 mostra uma comparação das duas maneiras de fazer a coisa quando temos aplicações Node.js, AngularJS e iOS tentando usar a mesma fonte de dados.

Como a figura 2.8 deixa claro, o que era mais simples antes tornou-se fragmentado e complexo. Existem três integrações de dados para administrar e manter, e, portanto, quaisquer mudanças precisam ser feitas em vários lugares para manter a consistência. Com uma API única, essas preocupações somem. Assim, com um pouquinho de trabalho extra no começo, podemos tornar a manutenção do sistema muito mais fácil durante toda a vida útil da aplicação (ou aplicações). Nós voltaremos ao assunto das APIs internas no capítulo 6.

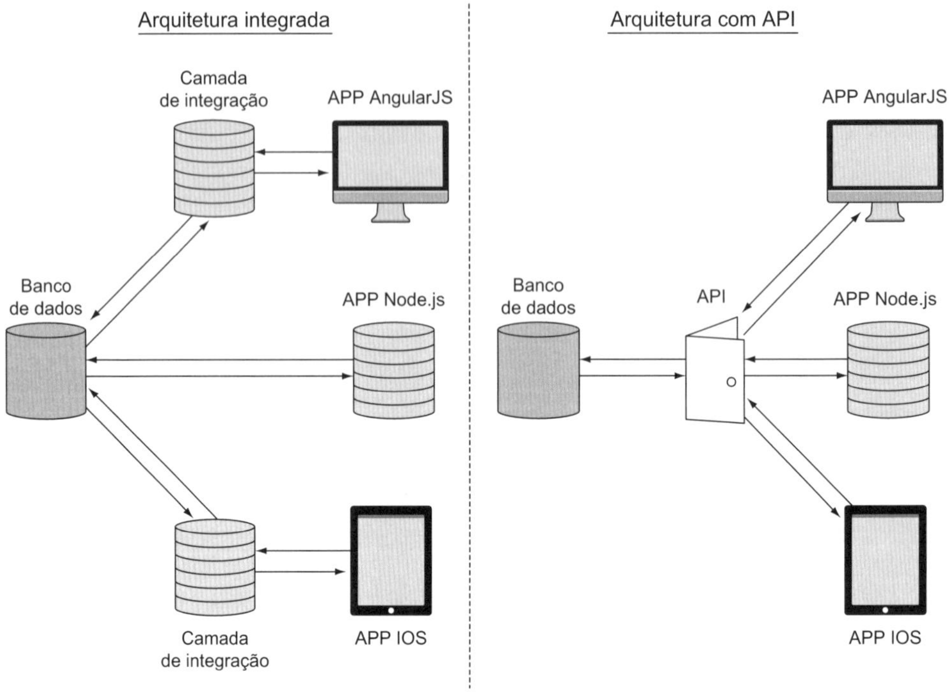

Figura 2.8 – A longo prazo temos aplicações de diversas plataformas integrando-se ao banco de dados: nossa aplicação em Node.js, bem como aplicações adicionais em AngularJS e iOS. A implementação integrada tornou-se por demais fragmentada, enquanto a arquitetura com API é muito mais simples e mais fácil de manter.

2.4 Planejando uma aplicação no mundo real

Como já ventilamos no capítulo 1, ao longo deste livro desenvolveremos uma aplicação MEAN chamada Locat8r, que apresentará uma lista de lugares próximos com WiFi público. A aplicação também mostrará detalhes da infraestrutura (banheiros, alimentação etc.), horário de funcionamento e mapa de localização. Os visitantes poderão criar contas para dar notas aos estabelecimentos e escrever resenhas a respeito.

Para nossa aplicação demonstrativa, usaremos dados falsos, e assim testá-lo de forma rápida e prática. Vamos ao planejamento!

2.4.1 Planejando a aplicação no nível mais alto

O primeiro passo é pensar quais telas precisamos em nossa aplicação. Vamos nos concentrar nas diferentes visões de página e jornadas do usuário. Podemos fazer isso em um nível bastante alto, sem nos preocuparmos com detalhes de implementação ou "o que vai em cada página". É uma boa ideia neste estágio fazer um rascunho em um papel ou em um quadro branco. Isso ajuda a visualizar a aplicação como um todo. Também ajuda a organizar as telas em coleções e fluxos, ao mesmo tempo que serve como ponto de referência para quando começarmos a construir a aplicação propriamente dita. Como não há dados ou lógica inseridos nesse contexto (ainda) é bastante fácil adicionar ou remover partes, mudar o que é mostrado onde, e mesmo rever qual é realmente o número de páginas que queremos para o sistema. Muito provavelmente não conseguiremos fazer tudo certo da primeira vez, mas o segredo é começar, fazer várias iterações e melhoramentos até que estejamos satisfeitos com as páginas individualmente e com o fluxo do usuário no geral.

PLANEJANDO CADA UMA DAS TELAS

Pensemos no problema a ser resolvido pelo Loc8r. Nosso objetivo, como já dissemos, é:

> O Loc8r apresentará uma lista de lugares próximos com WiFi público. A aplicação também mostrará detalhes da infraestrutura (banheiros, alimentação etc.), horário de funcionamento e mapa de localização. Os visitantes poderão criar contas para dar notas aos estabelecimentos e escrever resenhas a respeito.

A partir daí temos uma ideia a respeito de algumas das telas de que vamos precisar:

1. Uma tela que lista os estabelecimentos próximos.
2. Uma tela que mostre os detalhes de um estabelecimento.
3. Uma tela para dar uma nota e escrever uma resenha sobre o local.

   Provavelmente vamos querer explicar ao usuário o que é o Loc8r e por que ele existe, portanto teremos que adicionar mais uma página à lista:

4. A obrigatória página "sobre nós".

DIVIDINDO AS TELAS EM COLEÇÕES

Depois disso, vamos organizar as telas no que chamamos de coleções. Vamos separá-las e classificá-las por tipo, juntando na mesma categoria as que têm coisas em comum. Em nossa aplicação supersimples, as três primeiras telas lidam com localização, portanto estão em uma categoria só. A página institucional "sobre nós" normalmente não combina com ninguém e assim não pertence à coleção alguma. Fique à vontade para classificá-la na coleção Outros. Esse pequeno exercício nos deixa com algo parecido à figura 2.9.

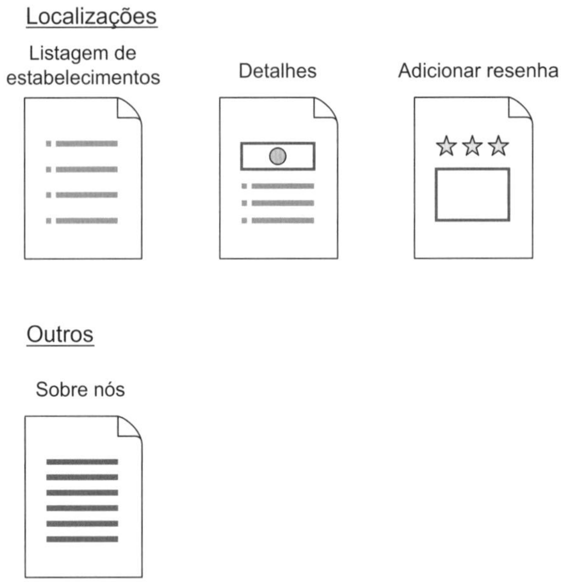

Figura 2.9 – Classifique as telas em coleções que façam algum sentido.

Um esboço rápido como esse é o primeiro estágio do planejamento. Precisamos, necessariamente, passar por esse estágio antes de começar a pensar em arquitetura. É aqui que podemos ter a chance de ver as páginas básicas do sistema e o fluxo do usuário. A figura 2.9, além disso, também mostra uma jornada simples do usuário na coleção Localização, que passa pelas páginas de Lista, depois de Detalhes e, por fim, chega à página de Resenhas.

2.4.2 Projetando uma arquitetura de aplicação

É fácil ver que o Loc8r é uma aplicação simplíssima, com bem poucas telas. Entretanto, ainda precisamos pensar sobre como projetar sua arquitetura, porque a aplicação deve ser capaz de obter dados do banco, processá-los, transferi-los para o navegador, deixar os usuários interagirem com eles e permitir que os dados sejam enviados (já alterados) de volta ao banco de dados.

COMEÇANDO COM A API

Como a aplicação vai usar (e muito) o banco de dados, começaremos construindo a arquitetura a partir do bloco central, o que mais será referenciado pelos outros. A figura 2.10 mostra o ponto de partida, uma API do tipo REST construída com o Express e o Node.js e que permita a qualquer um que fizer uso dela obter e enviar dados ao banco MongoDB.

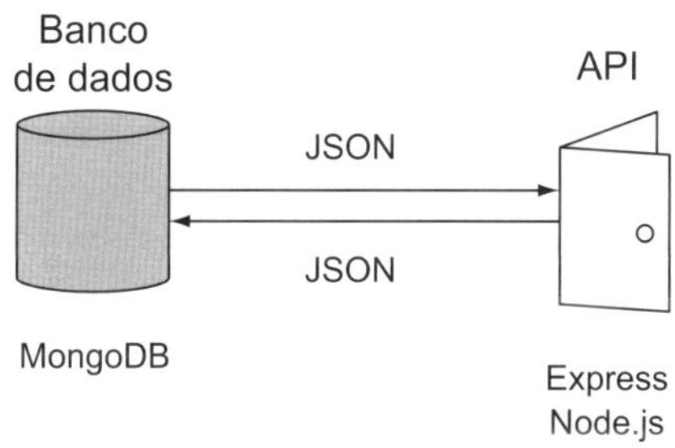

Figura 2.10 – Começaremos com uma API padrão do MEAN, baseada em REST e usando nosso trio parada dura: MongoDB, Express e Node.js.

Como já discutido neste capítulo, estamos fadados a construir uma API para interfacear nossos dados, e essa será uma das pedras fundamentais da nossa arquitetura. Portanto, a pergunta mais importante e difícil é: como arquitetamos a própria aplicação?

OPÇÕES DE ARQUITETURA PARA A APLICAÇÃO

Neste ponto precisamos ter em mente os requisitos específicos da nossa aplicação, e como podemos juntar as peças do MEAN para construir a melhor solução. Precisamos de alguma coisa especial do MongoDB, Express, AngularJS ou Node.js que vai fazer com que a decisão tenda para algum lado? Nosso HTML será entregue diretamente pelo servidor web, ou uma SPA seria a melhor opção?

Não há nada de específico ou fora do comum nos requisitos do Loc8r. A necessidade de ser (ou não) indexado pelos mecanismos de busca depende do plano de crescimento do negócio. Se o objetivo é trazer tráfego a partir de buscas, então SIM, precisamos ser indexáveis. Se o objetivo é promover a aplicação como aplicação mesmo (pense nos apps de seu smartphone), e direcionar o usuário dessa forma, a visibilidade nos mecanismos de busca é um problema menor.

Se voltarmos ao exemplo do blog, podemos imaginar quase instantaneamente três arquiteturas possíveis para a aplicação, como mostradas na figura 2.11:

1. Uma aplicação Node.js e Express.
2. Uma aplicação Node.js e Express com o AngularJS adicionando interatividade.
3. Uma aplicação de uma só página (SPA) em AngularJS.

Com essas três opções em mente, qual seria a melhor para o Loc8r?

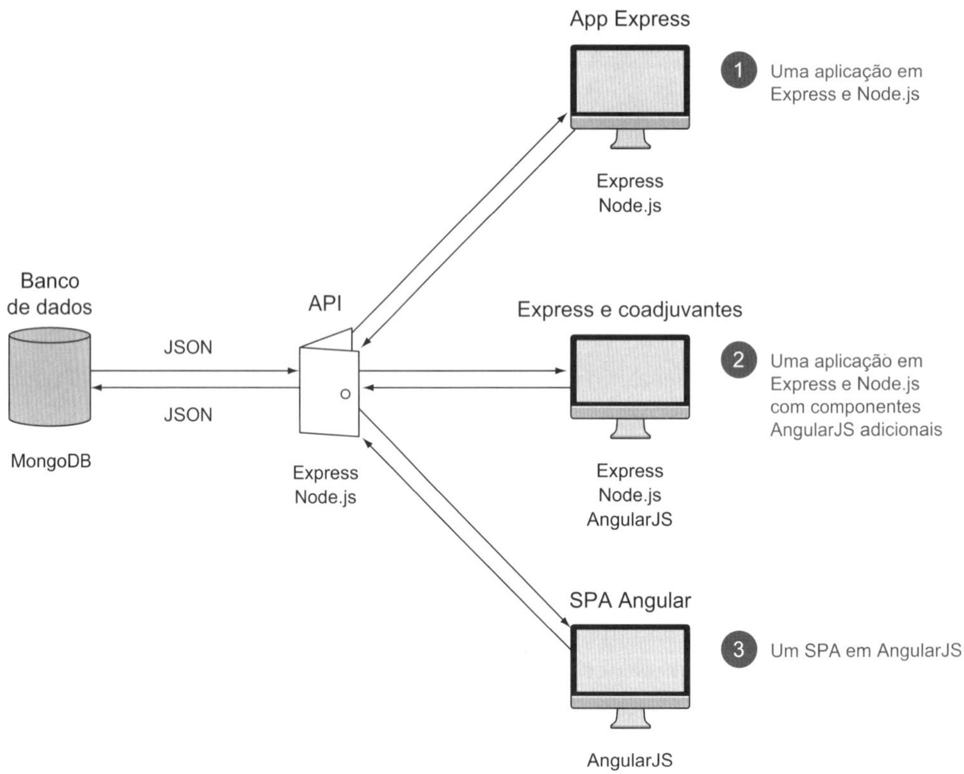

Figura 2.11 – As três opções para construir a aplicação Loc8r, que vão desde o tudo-no-servidor baseado em Express e Node.js ao tudo-no-navegador em uma SPA AngularJS.

ESCOLHENDO UMA ARQUITETURA PARA A APLICAÇÃO

Não existem muitos requisitos de negócio nos pressionando em direção a uma das arquiteturas em particular. Isso não interessa muito: para fins didáticos, faremos as coisas das três maneiras no desenrolar deste livro. Assim, exploraremos como cada uma delas funciona, e isso nos permitirá testemunhar as idas e vindas de cada uma das tecnologias envolvidas. Desenvolveremos nossa aplicação camada a camada.

Construiremos as arquiteturas na ordem como estão sendo mostradas na figura 2.11, começando com o modelo tradicional cliente-servidor que envolve Node.js e Express. Depois, adicionaremos algum tempero de AngularJS, antes de refazer o sistema todo como uma SPA. Obviamente, não é assim que se faz um site na vida real, testando todas as arquiteturas possíveis – normalmente escolhe-se uma. Porém, para o nosso exercício, temos uma oportunidade de ouro para aprender até os aspectos mais recônditos do MEAN. Voltaremos ao assunto brevemente na seção 2.5, quando discutiremos nosso plano mais a fundo.

2.4.3 Embalando tudo como um projeto no Express

Os diagramas de arquitetura que temos visto até agora podem dar a impressão que teremos aplicações separadas em Express para a API e para a aplicação principal. Isso é perfeitamente possível, e é, na verdade, a melhor forma de desenhar a coisa em um projeto de grande escala. Se estamos esperando uma grande quantidade de tráfego, talvez queiramos até que a API e a aplicação estejam em servidores diferentes. Um benefício adicional seria o de ter configurações específicas para cada um desses servidores, visando a um desempenho melhor.

Outra maneira de se imaginar a arquitetura seria manter as coisas simples, menos ambiciosas e contidas em um único projeto no Express. Com essa arquitetura, teremos somente uma aplicação para manter e fazer deploy e um único código-fonte para se preocupar. Faremos isso com o Loc8r, com apenas um projeto em Express contendo algumas subaplicações. A figura 2.12 ilustra essa arquitetura em particular.

É importante organizar bem o código quando resolvemos fazer as coisas dessa maneira "compacta". Mesmo estando tudo encapsulado num único projeto, as diferentes partes e camadas da aplicação precisam estar bem separadas e identificadas. Além de tornar o código mais fácil de manter, também torna fácil separá-los futuramente em projetos diferentes, caso as coisas se encaminhem para esse lado. Esse será um assunto recorrente em todo o livro.

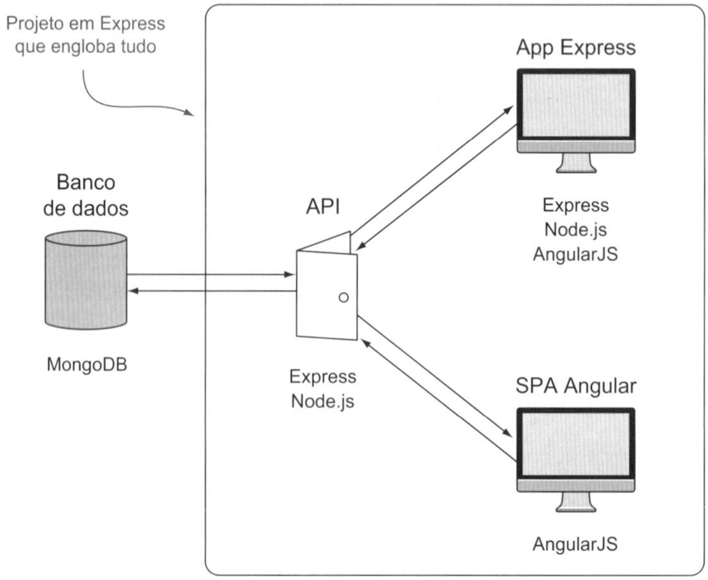

Figura 2.12 – Nesta arquitetura, a API e a lógica da aplicação estão encapsuladas em um único projeto em Express.

2.4.4 O produto final

Como já deve estar óbvio, usaremos todas as camadas da pilha MEAN para criar o Loc8r. Usaremos também o Bootstrap do Twitter para nos ajudar a criar um layout responsivo. A figura 2.13 mostra algumas das telas que criaremos ao longo do livro. Bonitas, não é mesmo?

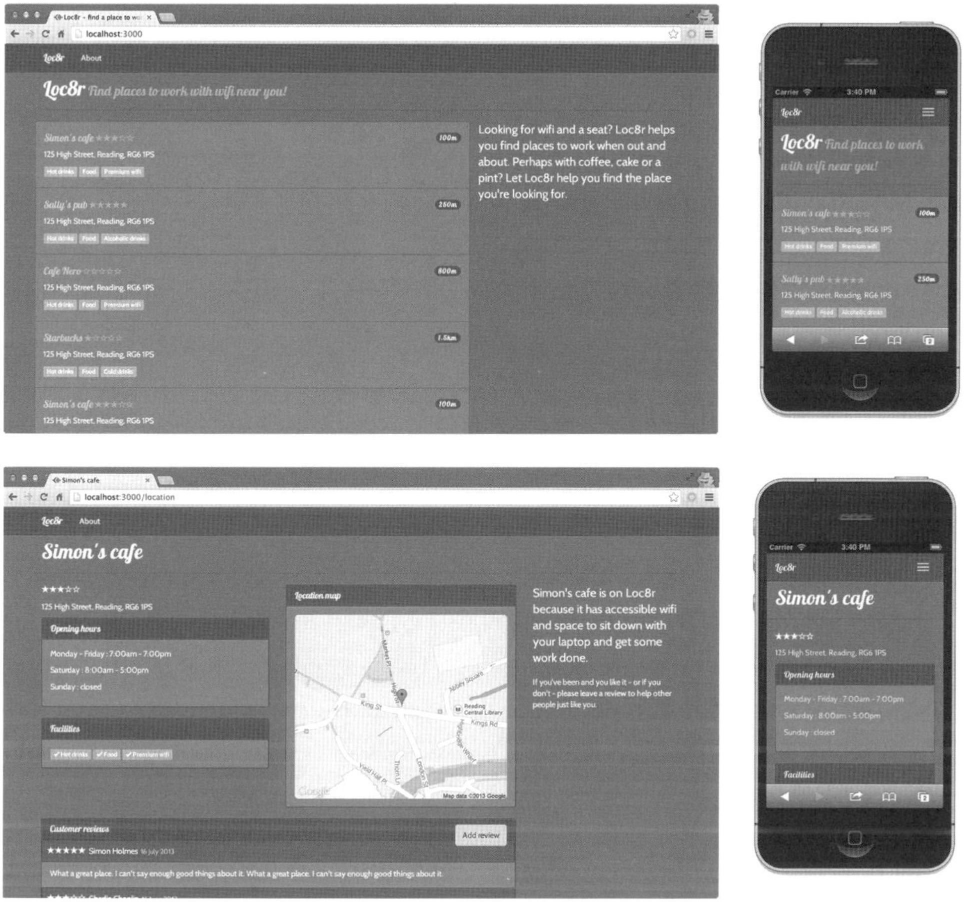

Figura 2.13 – O Loc8r é a aplicação que criaremos ao longo de todo o livro. Ele será exibido de forma diferente em diferentes dispositivos, mostrando uma lista de estabelecimentos e detalhes sobre cada um deles. O sistema permitirá ainda que o visitante faça um cadastro para poder dar uma nota e escrever uma resenha.

2.5 Desmembrando o desenvolvimento em estágios

Neste livro teremos dois objetivos:

1. Construir uma aplicação com o MEAN.
2. Aprender sobre as diferentes camadas durante o caminho.

Usaremos o meu método preferido, que é construir um protótipo simples o mais rapidamente possível – mas faremos algumas "firulas", talvez até desnecessárias, para que possamos explorar todos os recursos do MEAN. Começaremos conhecendo os cinco estágios de desenvolvimento rápido de protótipos e depois aplicaremos esse modelo na construção do Loc8r, camada a camada. Nosso enfoque será direcionado às diferentes tecnologias do stack ao longo de todo o processo.

2.5.1 Os estágios da prototipagem rápida

Desmembraremos o processo em estágios, pois isso nos permitirá concentrar em uma coisa de cada vez – e assim aumentar nossas chances de sucesso. Esse processo em estágios funciona muito bem para tirar uma ideia do papel.

ESTÁGIO 1: UM SITE ESTÁTICO COMO PROTÓTIPO

O primeiro estágio do processo é construir uma versão estática do que será a aplicação – essencialmente, páginas em HTML puro. Os objetivos deste estágio são:

- chegar a um layout funcional de forma rápida;
- certificar-se de que o fluxo do usuário faça algum sentido.

Neste ponto não nos preocuparemos com o banco de dados, nem com efeitos e penduricalhos bonitinhos na interface do usuário. Tudo o que desejamos é criar um protótipo não funcional, ou mocape (do inglês *mockup*), das telas principais e das jornadas que o usuário percorrerá dentro da aplicação.

ESTÁGIO 2: MODELAGEM DE DADOS E CRIAÇÃO DO BANCO

Uma vez construído o protótipo não funcional, e nos certificando de que estamos satisfeitos com ele, o próximo passo é verificar quais das coisas mostradas na tela são parte da interface com o usuário e quais representam o que seriam os dados. Esses dados, uma vez identificados, residirão no banco de dados. Os objetivos deste estágio são:

- definir um modelo de dados que reflita os requisitos da aplicação;
- criar um banco de dados que trabalhe com esse modelo.

A primeira parte disso tudo é definir o modelo de dados. Temos que nos afastar um pouco do quadro para ter uma visão panorâmica sobre o projeto. Sobre quais objetos precisaremos recolher dados? Como os objetos estão conectados entre si? Que dados existem dentro de cada objeto?

Se tentássemos fazer isso antes de construir o protótipo estático, estaríamos lidando com conceitos e ideias bastante abstratos. Com o protótipo, podemos visualizar o que está acontecendo nas diferentes páginas e quais dados são necessários em cada uma. De repente, este estágio fica mais fácil. Sem que tivéssemos percebido, fizemos quase toda a modelagem de dados no protótipo!

ESTÁGIO 3: CRIAÇÃO DA API

Depois dos estágios 1 e 2, temos um site estático de um lado e um banco de dados prontinho do outro. Este estágio e o próximo são etapas naturais para conectá-los. O objetivo deste estágio é:

- criar uma API REST que possibilite à nossa aplicação interagir com o banco de dados.

ESTÁGIO 4: CONEXÃO DO BANCO DE DADOS COM A APLICAÇÃO

Neste estágio temos nosso protótipo ainda estático e um banco de dados que pode ser interfaceado por uma API. O objetivo deste estágio é:

- fazer a aplicação conversar com a API.

Quando tivermos finalizado este estágio, a aplicação nos parecerá idêntica à que tínhamos no estágio anterior. A diferença é que os dados estão sendo recuperados do banco em vez de codificados de forma imutável no código HTML. Quando estivermos no fim do capítulo 4, já teremos uma aplicação baseada em banco de dados!

ESTÁGIO 5: APRIMORAMENTOS

Neste estágio final, "embelezaremos" a aplicação com funcionalidades adicionais, como autenticação, validação de dados e mensagens de erro para o usuário. Poderemos também incluir um pouco mais de interatividade ao front-end ou mesmo melhorar a lógica de negócios da própria aplicação.

Os objetivos deste estágio são:

- adicionar os toques finais à aplicação;
- deixá-la pronta para que as pessoas comuns a usem.

Esses cinco estágios de desenvolvimento descrevem uma metodologia de desenvolvimento de novas aplicações bastante produtiva e fácil de seguir. Vamos aplicá-la ao Loc8r e ver o que acontece.

2.5.2 As etapas de construção do Loc8r

Durante a construção do Loc8r ao longo deste livro, teremos dois objetivos. O primeiro, claro, é construir uma aplicação usando o MEAN. E, em segundo lugar, queremos aprender sobre as diferentes tecnologias, como usá-las e como colocá-las trabalhando juntas em diferentes cenários.

Portanto, ao longo do livro seguiremos sempre esses cinco estágios de desenvolvimento, mas com algumas variações para que possamos ver todas as camadas e os diversos aspectos do stack em ação. Antes de conhecer em detalhes essas etapas, vamos relembrar a arquitetura proposta para o aplicativo, conforme a figura 2.14.

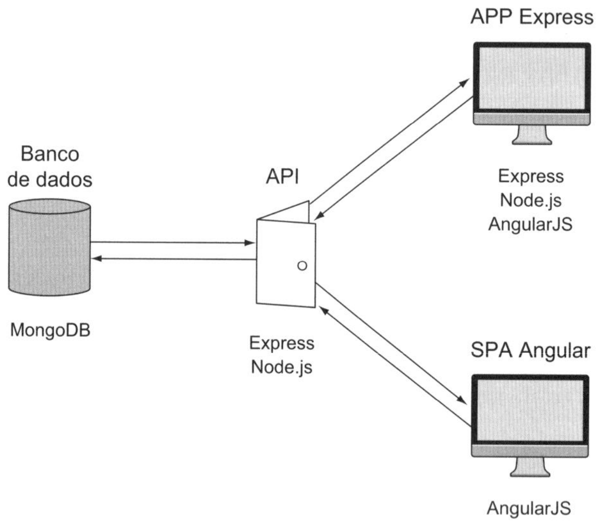

Figura 2.14 – Arquitetura proposta para o Loc8r da forma como o construiremos ao longo do livro.

ETAPA 1: SITE ESTÁTICO

Começaremos seguindo à risca o disposto no estágio 1, construindo um site estático. Recomendo fazê-lo para qualquer aplicação ou site, pois podemos descobrir um número considerável de itens, problemas e detalhes com um mínimo de esforço. Ao construir o site estático já comece pensando no futuro, tendo em mente como a arquitetura final será (ou pode vir a ser). Já definimos a arquitetura do Loc8r na figura 2.14.

Baseados nesta arquitetura, construiremos a aplicação estática em Node.js e Express, usando-os como nosso ponto de partida no MEAN. A figura 2.15 ressalta esta etapa no processo como sendo a primeira coisa a fazer para desenvolver a arquitetura proposta.

Esta etapa será bastante detalhada nos capítulos 3 e 4.

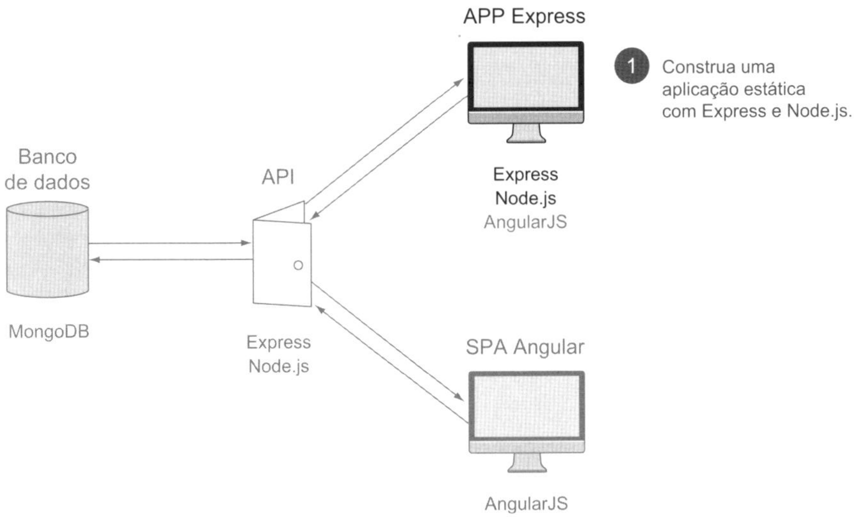

Figura 2.15 – O ponto de partida de nossa aplicação é a própria interface do usuário, que construiremos em Express e Node.js.

ETAPA 2: MODELAGEM DE DADOS E CRIAÇÃO DO BANCO

Na etapa 2, ainda segundo nosso roteiro de cinco estágios, criaremos o banco de dados e desenvolveremos o modelo de dados. Praticamente qualquer aplicação vai precisar dessa etapa, e será muito mais fácil e eficaz ter passado primeiro pela etapa 1.

A figura 2.16 ilustra como esta etapa se encaixa no panorama da arquitetura.

No MEAN usaremos o MongoDB nesta etapa, e o Mongoose será nosso fiel escudeiro para a modelagem dos dados. Os modelos de dados serão definidos na aplicação em Express e não no próprio banco. Esta etapa será abordada no capítulo 5.

ETAPA 3: REST API

Depois de construir o banco de dados e criar os modelos de dados, o próximo passo é criar a API REST para que os dados possam ser acessados por chamadas web. Qualquer aplicação que necessite de dados só tem vantagens ao usar uma API, portanto esse é o próximo passo no nosso projeto.

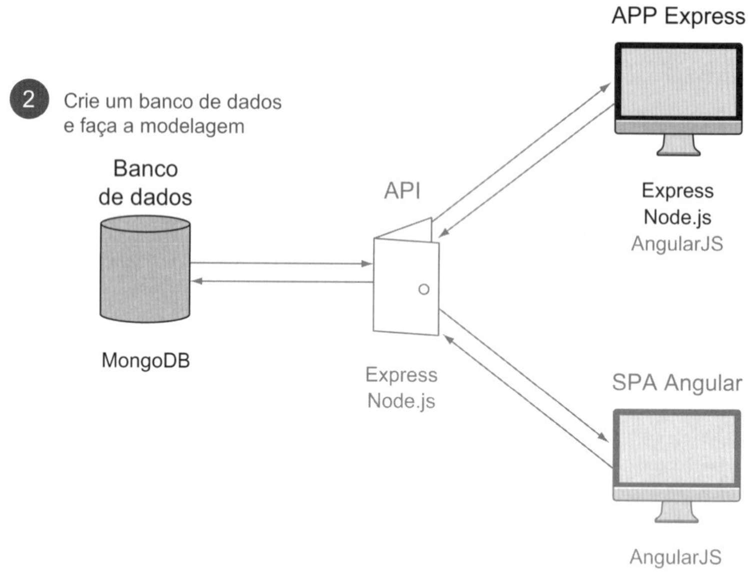

Figura 2.16 – Depois que o site estático estiver no ar, usamos as informações retiradas dele para fazer a modelagem de dados e criar o banco em MongoDB.

Na figura 2.17 vemos onde essa etapa se encaixa no processo.

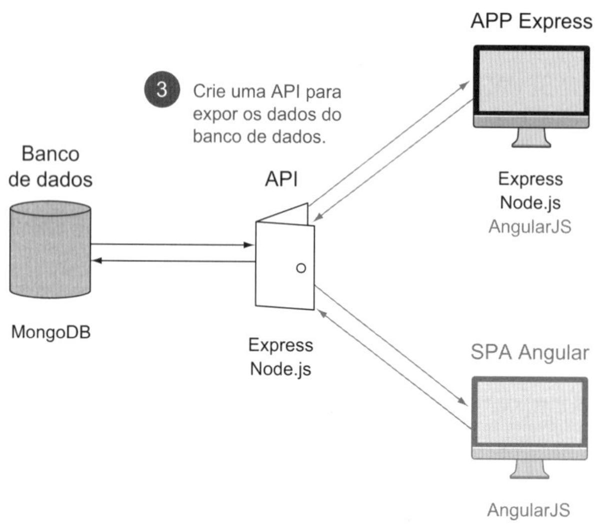

Figura 2.17 – Use Express e Node.js para criar uma API expondo métodos de interação com o banco de dados.

No MEAN esta etapa é montada com Node.js e Express, com alguma ajuda do Mongoose. Usaremos o Mongoose para acessar o MongoDB, em vez de mexer no MongoDB diretamente. Esse assunto será esmiuçado no capítulo 6.

ETAPA 4: INTEGRAÇÃO APLICAÇÃO : API

Esta etapa espelha o estágio 4 da nossa metodologia, e é aqui que o Loc8r começará a tomar forma. A aplicação estática criada na primeira etapa será modificada para usar a API REST criada na etapa 3. Com isso, a aplicação terá acesso ao banco de dados criado na etapa 2.

Para aprender mais sobre todas as partes do MEAN, e as maneiras diferentes de usá-las, usaremos primeiro o Express e o Node.js para fazer as chamadas à API – a construção dessa solução será vista no capítulo 7. Se, no mundo real, for mais interessante construir a aplicação em AngularJS, também mostraremos como. Tudo isso será explicado em detalhes nos capítulos 8, 9 e 10.

No final desta etapa teremos uma aplicação rodando na primeira das três arquiteturas: Express e Node.js. A figura 2.18 mostra como esta etapa aglutina os dois lados da arquitetura.

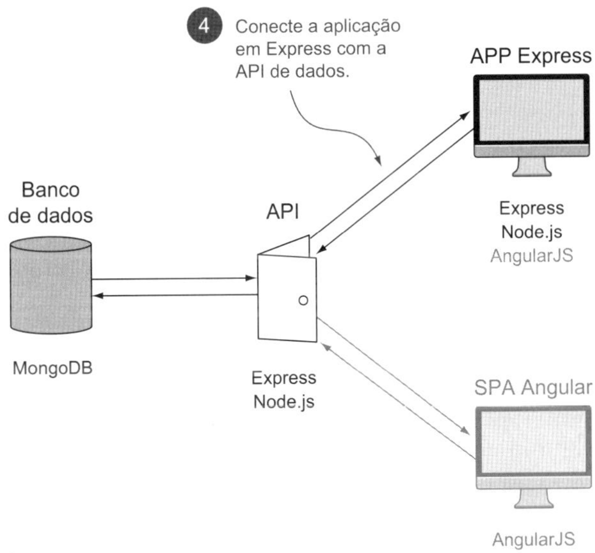

Figura 2.18 – Ao atualizar o aplicativo estático que construímos em Express e criarmos as ligações de dados entre ela e o banco em MongoDB (por meio da API), nossa aplicação magicamente passa a ser alimentada pelo banco!

ETAPA 5: PERFUMARIA

A etapa 5 relaciona-se ao estágio 5 do nosso processo de desenvolvimento, e é aqui que acrescentaremos os toques finais à aplicação. Olharemos com mais carinho para o AngularJS, e veremos como integrar alguns de seus componentes na aplicação que já temos rodando em Express.

A figura 2.19 destaca esta etapa de produção dentro de nosso processo em cinco estágios.

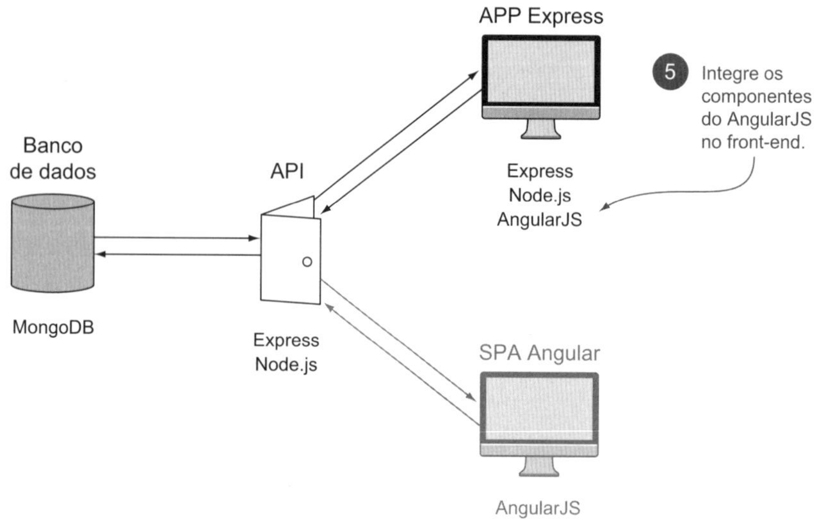

Figura 2.19 – Uma das maneiras de usar o AngularJS em uma aplicação MEAN é adicionar alguns de seus componentes ao front-end da aplicação em Express.

Esse passo está aqui para que o leitor conheça e aprenda a usar o AngularJS, não sendo de forma alguma obrigatória numa situação do mundo real – embora seja na maioria das vezes desejável. Para que tudo funcione a contento, talvez precisemos mexer nas configurações do Node.js e do Express. Veremos como no capítulo 8.

ETAPA 6: SPA EM ANGULARJS

Na etapa 6 mudaremos radicalmente a arquitetura. Abandonaremos a aplicação em Express e reconstruiremos toda a lógica novamente em uma SPA usando o AngularJS. Ao contrário do que fizemos, esta etapa modifica e substitui alguns itens que já estavam prontos nas etapas anteriores, em vez de basear-se nelas como ponto de partida.

Esta etapa é altamente incomum no processo de uma aplicação do mundo real – montar uma aplicação em Express e depois abandonar tudo para refazê-la em AngularJS. Porém, lembre-se: nosso intuito é didático. Já aprendemos a fazê-la no modelo cliente-servidor com o Express, e já sabemos como a aplicação tem que funcionar, então podemos "cortar caminho" e nos concentrar apenas em aprender o AngularJS. De quebra, a API do banco de dados já está pronta.

A figura 2.20 mostra como essa mudança afeta a arquitetura.

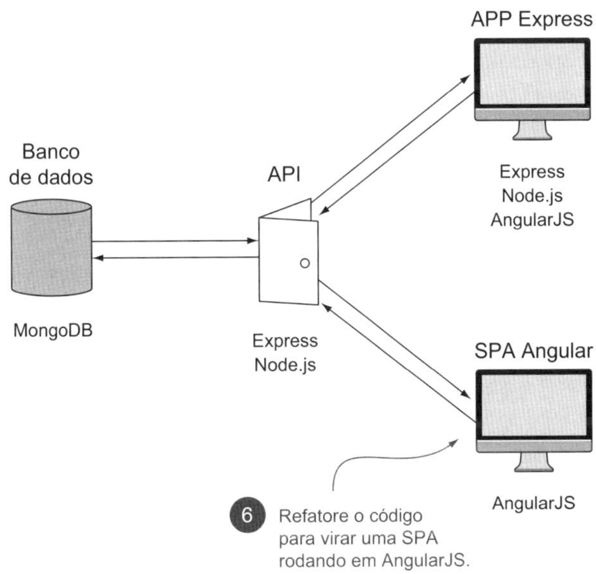

Figura 2.20 – Reescrevendo toda a aplicação como uma SPA em AngularJS.

Esta etapa, com foco exclusivo no AngularJS, será detalhada nos capítulos 9 e 10.

ETAPA 7: AUTENTICAÇÃO

Na sétima etapa proveremos a aplicação com autenticação e permitiremos que os usuários se cadastrem, façam login e possam alimentar o sistema com os próprios dados, os quais também aprenderemos a usar. Usaremos tudo o que já aprendemos até agora e adicionaremos autenticação ao SPA em AngularJS, o que inclui guardar as informações do usuário no banco de dados e criar restrições de segurança na API para que alguns tipos de dados só possam ser acessados por quem estiver autenticado.

A figura 2.21 mostra o resultado.

Nesta etapa, que veremos em detalhes no capítulo 11, trabalharemos com todas as tecnologias do stack MEAN.

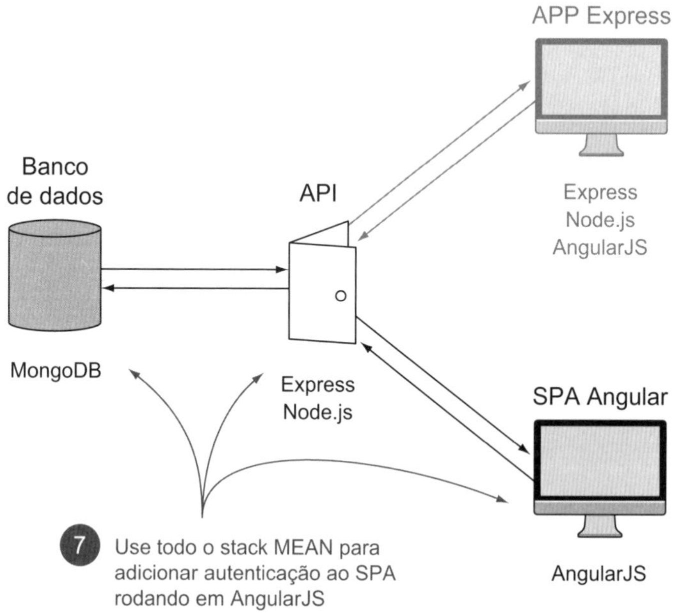

Figura 2.21 – Usando todas as camadas do MEAN para implementar autenticação no SPA em AngularJS.

2.6 Arquitetura de hardware

Nenhuma discussão sobre arquitetura seria completa sem uma seção sobre o hardware. Até aqui vimos como todos os componentes de software e o nosso código podem ser combinados, mas que tipo de hardware seria necessário para empurrar tudo isso?

2.6.1 Requisitos de hardware para desenvolvimento

A boa notícia é que, para desenvolvimento, não precisamos de nada exótico ou heterodoxo. Um notebook simples, ou mesmo uma máquina virtual (VM) são suficientes para desenvolver uma aplicação MEAN. Todos os componentes do stack podem ser instalados em Windows, Mac OS X e quase todas as distribuições de Linux.

Eu mesmo já desenvolvi aplicações em laptops com Windows e em Macbooks com o Mac OS X, bem como em VMs rodando Ubuntu Linux. Pessoalmente, prefiro fazer tudo diretamente no OS X, mas conheço profissionais de renome que juram de pés juntos que não existe no Multiverso nada melhor que usar Linux numa VM.

Se você tem à disposição uma rede local e diferentes máquinas servidoras, pode até distribuir as diferentes partes da aplicação por todas elas. Por exemplo, uma máquina pode hospedar o banco de dados, outra a API em REST e uma terceira a aplicação. Desde que os três servidores consigam se enxergar e conversar entre si, não há nenhum impedimento ou desvantagem.

2.6.2 Requisitos de hardware para o ambiente de produção

Não há realmente muitas diferenças entre o hardware de desenvolvimento e o de produção, a não ser o fato de que o hardware de produção normalmente tem especificações mais robustas e encara a internet de peito aberto para visitação pública.

REQUISITOS INICIAIS

É perfeitamente possível ter todas as partes da aplicação rodando no mesmo servidor. A figura 2.22 mostra um diagrama básico desse cenário.

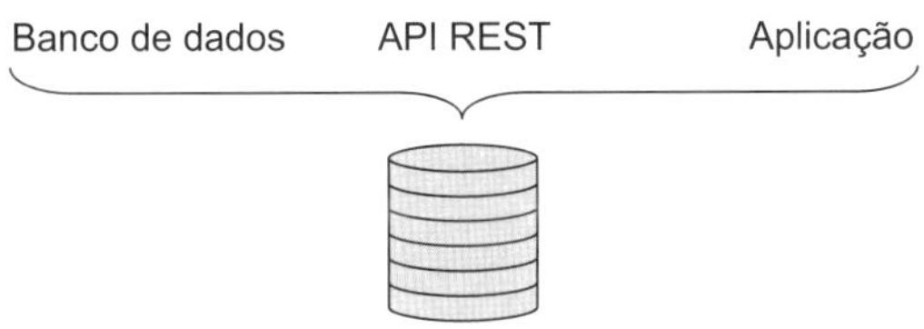

Figura 2.22 – A mais simples das arquiteturas de hardware, com tudo residindo no mesmo servidor.

Esta arquitetura está OK para aplicações com pouco tráfego, mas não é a mais recomendada – especialmente se soubermos que a aplicação vai crescer. Ninguém gostaria de acordar um belo dia e descobrir que a aplicação e o banco amanheceram brigando pelos mesmos recursos de hardware – e inúmeros clientes foram perdidos durante a madrugada por isso.

CRESCENDO: UM SERVIDOR EM SEPARADO PARA O BANCO DE DADOS

A primeira coisa a ser realocada para um servidor dedicado é o banco de dados. A partir de agora teremos dois servidores: um para aplicação+API e outro para o banco. A figura 2.23 ilustra o novo cenário.

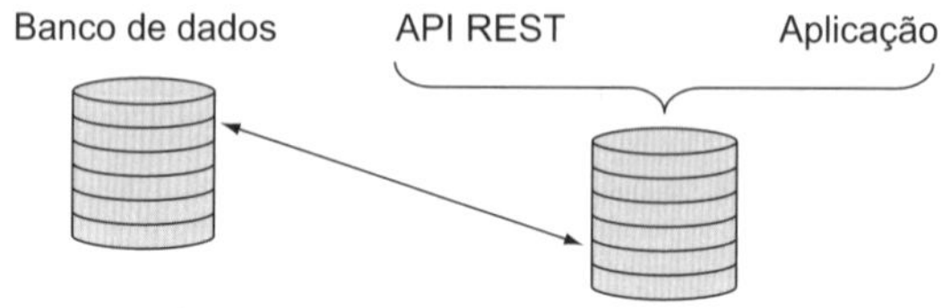

Figura 2.23 – Uma arquitetura bastante comum para o hardware de uma solução web: um servidor roda a aplicação e a API, e o outro, um banco de dados em separado.

Esse é o modelo mais comum, particularmente se terceirizarmos a hospedagem para um provedor de Plataforma como um Serviço (*PaaS - Platform as a Service*). É esse modelo que usaremos no decorrer do livro.

LARGA ESCALA

Como já dissemos, é possível ter um servidor diferente para cada componente da aplicação. Um servidor só para o banco de dados, outro só para a aplicação, e um terceiro que hospedará exclusivamente a API. Com essa jogada, mais tráfego pode ser distribuído pelos três servidores, como mostra a figura 2.24.

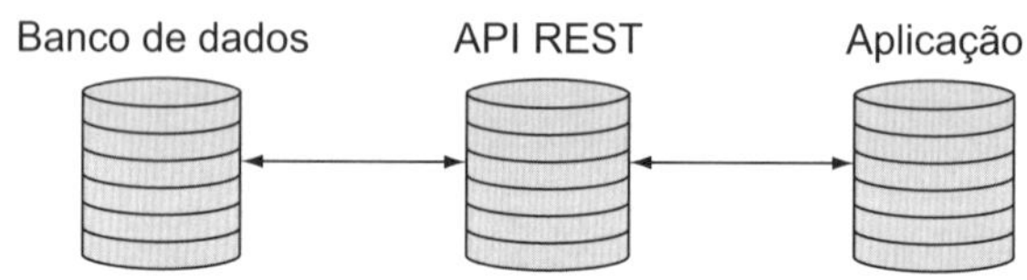

Figura 2.24 – Uma arquitetura de hardware completamente desacoplada, usando três servidores distintos: um para o banco de dados, um para a aplicação, e outro só para a API.

Mas não paramos aqui. Se o tráfego começar a ficar pesado até mesmo para os três servidores, podemos usar múltiplas instâncias desses servidores – os chamados *clusters* –, como mostrado na figura 2.25.

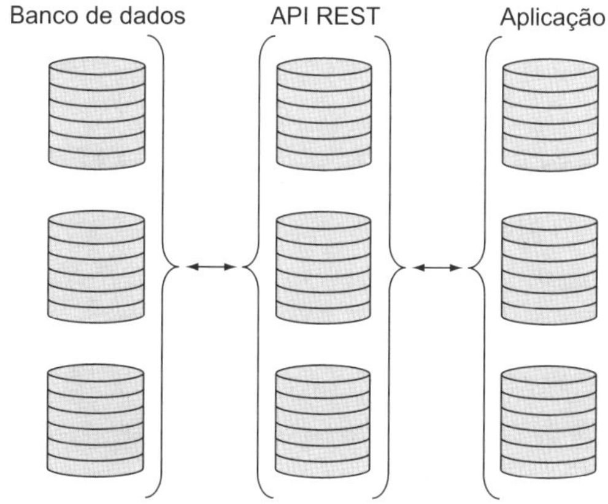

Figura 2.25 – Para que a aplicação MEAN cresça em escala, podemos criar clusters para distribuir a carga em toda a aplicação.

Configurar um cenário desses não é brincadeira, pois é necessário assegurar-se de que o banco de dados tenha consistência e que a carga seja bem distribuída por todos os servidores. Mais uma vez, os provedores de PaaS podem vir a socorrê-lo, pois eles costumam administrar toda essa parte por você.

2.7 Resumo

Neste capítulo vimos:

- uma arquitetura MEAN comum com uma SPA em AngularJS SPA usando uma API REST construída com Node.js, Express e MongoDB;
- pontos a considerar no tocante a SPAs: quando são aplicáveis e quando não são;
- como projetar uma arquitetura flexível com o MEAN;
- a melhor maneira de construir uma API para expor a camada de dados;
- os passos a seguir para construir nossa aplicação modelo, o Loc8r;
- as arquiteturas de hardware para desenvolvimento e produção.

Começaremos nossa jornada no capítulo 3 ao criar nosso projeto em Express, que encapsulará toda a aplicação.

PARTE II

Criando uma nova aplicação web no Node.js

O Node.js é a fundação, o alicerce de qualquer aplicação MEAN, portanto é onde invariavelmente precisamos começar. Por toda a parte II do livro construiremos uma aplicação web usando o trio Node.js, Express e MongoDB. Aprenderemos sobre as tecnologias individuais durante o caminho e construiremos rapidamente uma aplicação web em Node.js até o ponto em que esteja completa e funcional.

No capítulo 3 criaremos e configuraremos um projeto MEAN, e seremos primeiramente apresentados ao Express. Somente depois, no capítulo 4, começaremos a compreendê-lo mais a fundo colocando a mão na massa e construindo a versão estática de nossa aplicação. Com o que já sabemos da aplicação até aqui, no capítulo 5 usaremos o Mongoose para projetar e construir um modelo de dados no MongoDB.

Uma arquitetura decente deve incluir uma API de dados em vez de acoplar a lógica da aplicação diretamente ao banco. No capítulo 6 criaremos uma API REST usando Express, MongoDB e Mongoose e depois conectaremos a aplicação a essa API. No final da parte II já teremos uma aplicação web baseada em banco de dados usando Node.js, Express e MongoDB, bem como uma API REST completamente funcional.

CAPÍTULO 3

Criando e configurando um projeto MEAN

Neste capítulo veremos como:

- Administrar dependências usando um arquivo *package.json*.
- Criar e configurar projetos com o Express.
- Configurar um ambiente MVC.
- Adicionar o Bootstrap do Twitter para gerenciar o layout.
- Publicar a aplicação em um URL público usando Git e Heroku.

Estamos agora prontos para decolar. Neste capítulo iniciaremos a construção de nossa aplicação Loc8r. Ela será uma aplicação web que mostrará uma listagem de endereços próximos ao usuário e convidará as pessoas para se cadastrarem no sistema e escreverem opiniões sobre cada um desses locais.

Obtendo o código-fonte

O código-fonte desta aplicação está no GitHub, em *github.com/simonholmes/getting--MEAN*. Cada capítulo tem seu próprio branch. Eu recomendo fortemente que o leitor se esqueça de que o código pronto existe e digite tudo ele mesmo, ao longo do livro. Entretanto, o código está disponível, se desejar. Para este capítulo, o código está num branch chamado chapter-03. Em uma pasta vazia no terminal, os dois comandos a seguir clonarão o repositório. Obviamente, o Git deve estar instalado.

```
$ git clone -b chapter-03 https://github.com/simonholmes/getting-MEAN.git
```

Isso baixa uma cópia do que está armazenado no GitHub. Para rodar a aplicação, é necessário instalar algumas dependências com os comandos a seguir:

```
$ cd getting-MEAN
$ npm install
```

Não se aborreça se alguns desses comandos não fizerem o menor sentido – ou mesmo se não funcionarem. Durante este mesmo capítulo instalaremos essas tecnologias.

No MEAN, o Express é o framework de aplicações web para o Node.js. Juntos, Node+Express são a fundação e o esqueleto de toda a estrutura, portanto precisamos começar com eles. No tocante à arquitetura da aplicação, a figura 3.1 mostra em que nos concentraremos neste capítulo. Faremos duas coisas:

1. Criar o projeto e encapsulá-lo em uma aplicação do Express que acomodará todas as partes com exceção do banco de dados.
2. Configurar a aplicação principal do Express.

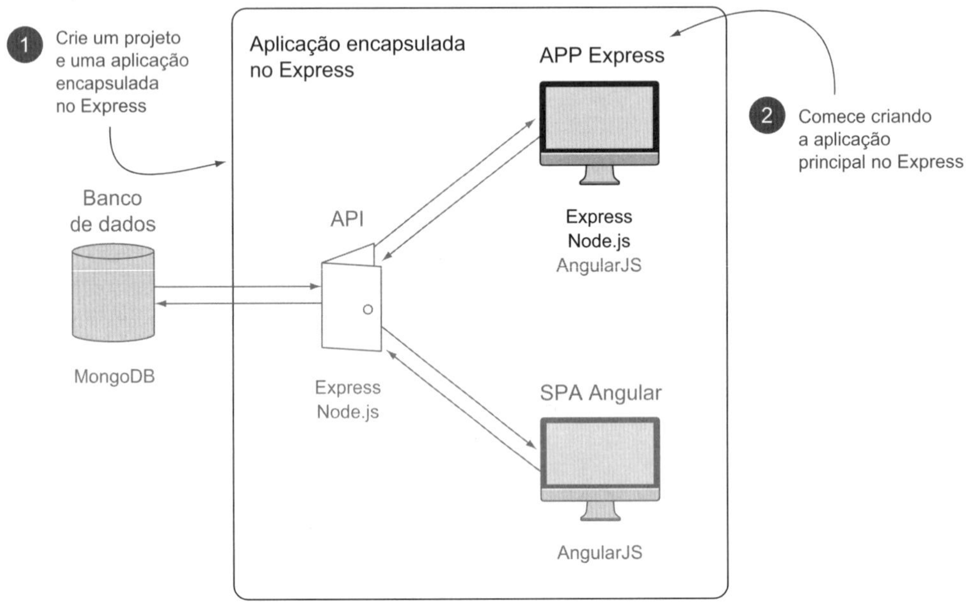

Figura 3.1 – Criando e configurando uma aplicação Express que encapsula tudo.

Começaremos fazendo a lição de casa sobre o Express. Veremos como administrar dependências e módulos usando o npm e um arquivo *package.json*. Precisamos desse conhecimento para depois entender o processo de configurar um projeto no Express.

Antes de mais nada, precisamos nos certificar de que tudo está instalado na máquina. Quando tudo estiver OK aprenderemos como criar projetos em Express a partir da linha de comando, bem como os vários parâmetros que podemos especificar neste ponto.

O Express é maravilhoso, mas podemos torná-lo ainda melhor – e conhecê-lo melhor – se mexermos aqui e ali. Veremos brevemente o que é a arquitetura Modelo-Visão-Controlador (Model-View-Controller ou MVC). Nesse ponto, abriremos o motor do Express para entender como funciona por dentro, e vamos até mesmo modificá-lo para que tenhamos um ambiente claramente MVC.

Quando o framework do Express estiver configurado da maneira que mais satisfaça nossos desejos, passaremos ao Bootstrap, o framework de estilos CSS do Twitter, e tornaremos o site responsivo ao atualizar as bibliotecas Jade. Na etapa final deste capítulo, publicaremos a aplicação MVC em Express – devidamente modificada e agora responsiva – para o Heroku usando o Git, e assim poderemos testá-la em um URL público na internet.

3.1 Uma breve introdução a Express, Node.js e npm

O Express, como já sabemos, é um framework para aplicações web que se apoia na fundação estabelecida pelo Node.js para erguer os pilares e vigas da nossa aplicação. Em termos bem simples, uma aplicação em Express é simplesmente uma aplicação em Node.js que, por acaso, usa o framework Express. Como vimos no capítulo 1, o npm é um gerenciador de pacotes instalado com o Node.js que permite instalar módulos adicionais para estender a funcionalidade de sua aplicação. O Express é, no fim das contas, um módulo do Node.js.

Mas como colocar essas coisas para trabalhar juntas, e como as usamos? Uma peça-chave para entender esse quebra-cabeças é o arquivo *package.json*.

3.1.1 Definindo pacotes com o package.json

Cada aplicação no Node.js precisa de um arquivo *package.json* em sua pasta-raiz. Esse arquivo contém inúmeros metadados sobre o projeto, incluindo os pacotes dos quais depende para rodar. A listagem a seguir mostra um exemplo de *package.json*:

Listagem 3.1 – Arquivo exemplo package.json em um novo projeto no Express[1]

```
{
    "name": "application-name", ❶
```

1 N. do T.: Para maior clareza, traduzimos algumas (mas não todas as) mensagens apresentadas ao usuário nos pequenos exemplos de código, bem como alguns dados JSON, mas não traduzimos nomes de variáveis, funções, constantes e objetos do código. Não traduzimos também as mensagens do Loc8r. Observe ainda que o código original disponível no GitHub está com todas as mensagens em inglês.

```
    "version": "0.0.0",
    "private": true,
    "scripts": {
      "start": "node ./bin/www"
    },
    "dependencies": { ❷
      "express": "~4.9.0",
      "body-parser": "~1.8.1",
      "cookie-parser": "~1.3.3",
      "morgan": "~1.3.0",
      "serve-favicon": "~2.1.3",
      "debug": "~2.0.0",
      "jade": "~1.6.0"
    }
}
```

❶ Metadados para a aplicação.

❷ Dependências necessárias para que a aplicação possa rodar.

A listagem mostra o arquivo completo, e não apenas um trecho. Como podemos ver, não é nada grande e nem um pouco complexo. Há vários metadados no início do arquivo, seguidos da seção que define as dependências. Em nossa instalação-padrão (ou seja, o estado inicial) de um projeto Express, já temos algumas dependências. O Express é bem modular, portanto podemos adicionar mais componentes e mesmo atualizá-los individualmente.

COMO AS VERSÕES DAS DEPENDÊNCIAS FUNCIONAM NO PACKAGE.JSON

Junto ao nome de cada dependência está o número de versão que a aplicação usará. Observe que todas as versões estão prefixadas com um ~.

Vamos olhar com mais atenção para a definição de dependência do Express 4.9.0. Ela especifica uma versão em particular em três níveis:

- Versão principal (4)
- Versão intermediária (9)
- Atualização (0)

Prefixar a versão toda com um ~ é como substituir o número de atualização com um coringa, o que significa que a aplicação sempre usará a atualização mais recente disponível para essa versão do Express. Isso é considerado boa prática, pois as atualizações contêm correções que não causarão impacto na aplicação. Entretanto, versões cheias (seja principal ou intermediária) diferentes podem sim causar problemas para a aplicação, portanto o correto é travar essas versões para que não sejam atualizadas.

3.1.2 Instalando as dependências do Node.js com o npm

Qualquer aplicação ou módulo no Node.js pode ter suas dependências definidas em um arquivo *package.json*. Instalá-los é realmente fácil, e isso é feito da mesma maneira, independentemente se é uma aplicação ou um módulo.

Usando um terminal e navegando até a pasta de um arquivo *package.json*, basta rodar o comando:

```
$ npm install
```

para instalar todas as dependências listadas no arquivo *package.json*. Ao ser executado, o npm baixará todos os pacotes atualizados das dependências listadas, e os instalará em uma pasta específica na aplicação chamada *node_modules*. A figura 3.2 ilustra as três partes cruciais.

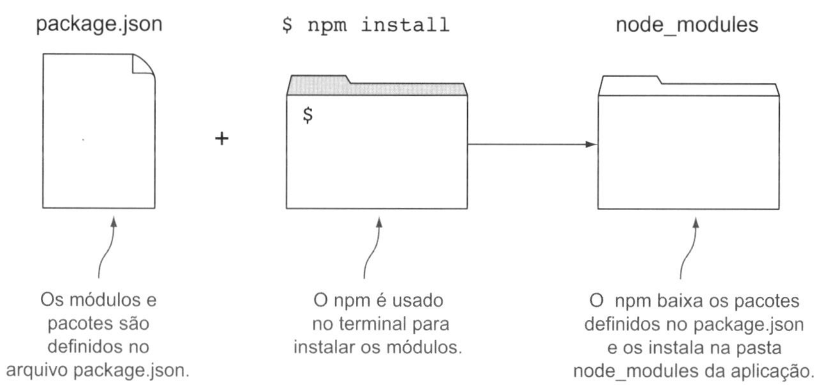

Figura 3.2 – Os módulos definidos em um arquivo package.json são baixados e instalados na pasta node_modules da aplicação quando o comando npm install for executado.

O npm instalará cada pacote em sua própria subpasta porque cada uma é, efetivamente, um pacote Node.js completo e, por isso, tem seu próprio arquivo *package.json* definindo seus próprios metadados e dependências. É bastante comum que um pacote tenha sua própria pasta *node_modules*. Não é preciso que nos preocupemos em instalar manualmente todas as dependências aninhadas, entretanto: todas elas são resolvidas com o comando `npm install` original.

ADICIONANDO MAIS PACOTES A UM PROJETO EXISTENTE

É quase certo que não teremos todas as dependências necessárias para nosso projeto logo de início. Mesmo que instalemos várias delas já de saída, é provável que descobriremos novas necessidades ao longo do caminho.

Usando o npm, é fácil adicionar mais pacotes à aplicação sempre que desejar. Basta descobrir o nome correto do pacote a instalar. Sabendo esse nome, basta rodar o npm na mesma pasta do *package.json* da aplicação, informando ao npm que queremos incluir um módulo novo:

```
$ npm install --save package-name
```

Com esse comando o npm baixará e instalará o novo pacote na pasta *node_modules*. A chave `--save` indica ao npm para também incluir o pacote na lista de dependências do arquivo *package.json*.

ATUALIZANDO OS PACOTES PARA VERSÕES POSTERIORES

O único momento em que o npm baixa e reinstala pacotes existentes é quando as versões principais ou intermediárias precisarem ser atualizadas. Em condições normais, apenas as correções da versão corrente são instaladas. O comando `npm install`, normalmente, verifica todas as dependências e anota o seguinte:

- A versão definida no *package.json*
- A última atualização dessa versão (caso esteja marcada com ~)
- A versão do módulo presente na pasta *node_modules* (se estiver instalado)

Se a versão instalada for diferente da definida no *package.json*, o npm baixará e instalará a versão definida no *package.json*. De forma semelhante, se estivermos usando um coringa para o número da atualização, o npm baixará e instalará a versão mais atual da atualização.

Com esse conhecimento devidamente anotado em nosso caderninho, podemos finalmente criar nosso primeiro projeto no Express.

3.2 Criando um projeto no Express

Todas as jornadas começam em algum recanto do caminho. Para uma aplicação MEAN, o início da estrada é a criação de um projeto no Express. Para isso, precisamos de cinco elementos-chave instalados na máquina de desenvolvimento:

- Node.js e npm
- Express Generator instalado de forma global
- Git
- Heroku
- Um terminal de comandos decente para a tarefa

3.2.1 Instalando cada componente

As instalações do Node.js, npm e do Express estão indicadas no apêndice A. Esses componentes podem ser instalados no Windows, Mac OS X e na maioria das distribuições de Linux[2].

No final deste capítulo usaremos o Git para administrar o código-fonte de nossa aplicação Loc8r e para publicá-la à degustação pública pelo Heroku. Por favor, consulte o apêndice B, que guia a configuração dos dois.

Dependendo do sistema operacional, é preciso instalar um novo console de linha de comando, também conhecido como terminal. O apêndice B orienta se é seu caso ou não.

> **NOTA:** Ao longo do livro, me referirei sempre a *terminal* para indicar linha de comando, console, shell, CLI, interface texto, telinha preta do DOS ou qualquer outro modo que você chame um terminal. Se estiver escrito "rode esse comando no terminal", simplesmente execute-o em qualquer telinha de comandos que estiver usando, seja ela preta, branca, colorida ou transparente. Quando os comandos de terminal estiverem incluídos em trechos de código ao longo do livro, sempre começarão com um `$`. O `$` indica que o marcador de comando ("prompt") do terminal, é o próprio sistema que o coloca na tela e, portanto, não deve ser digitado! Ele está lá simplesmente para denotar que estamos em um terminal. Por exemplo, se no livro estiver grafado `$ echo 'Welcome to Getting MEAN'`, você deve digitar apenas `echo 'Welcome to Getting MEAN'`.

VERIFICANDO A INSTALAÇÃO

Para criar um projeto em Express precisamos ter o Node.js e o npm instalados, e também o Express Generator instalado de forma global. Podemos verificar se temos ou não esses componentes instalados com os comandos abaixo, num terminal:

```
$ node --version
$ npm --version
$ express --version
```

2 N. do T.: Também podem ser instalados no FreeBSD, mas dá um pouco mais de trabalho.

Cada um deles vai devolver a versão numérica do componente correspondente. Se algum deles falhar, volte ao apêndice A e instale-os novamente.

3.2.2 Criando a pasta do projeto

Tudo certo? Ótimo! Vamos criar então uma nova pasta na máquina, chamada *loc8r*. Ela pode estar em sua área de trabalho, em uma pasta de Dropbox, num drive de rede, num pendrive – realmente não interessa, desde que o desenvolvedor tenha acesso completo de leitura e escrita a essa pasta.

Pessoalmente, gosto de desenvolver em MEAN usando pastas de Dropbox, pois o backup é automático e eu posso acessar a pasta de qualquer lugar do mundo. Quem estiver em ambiente corporativo pode não ter tanta liberdade, portanto escolha uma pasta acessível, conveniente e que não fira nenhuma norma da empresa.

3.2.3 Configurando uma instalação de Express

Um projeto em Express é instalado ("gerado") a partir da linha de comando, e a configuração é passada ao Generator usando os parâmetros informados pelo programador. Se não estiver acostumado a usar a linha de comando, não se preocupe: nada neste livro é particularmente complexo, e será bastante fácil de lembrar futuramente. Depois de usar os comandos meia dúzia de vezes, o leitor se apaixonará pela rapidez com que as operações são executadas!

Por exemplo – é só um exemplo, não faça isso ainda! – dá para instalar o Express em uma pasta com um comando para lá de simples:

```
$ express
```

Esse singelo comando instalará todo o framework, com todas as configurações-padrão na mesma pasta em que foi executado. Talvez este até fosse um belo começo, mas não custa nada primeiro dar uma olhada nas opções de configuração.

OPÇÕES DE CONFIGURAÇÃO AO CRIAR UM PROJETO NO EXPRESS

Mas, então, o que pode ser configurado ao criar um projeto no Express? Bem, pela linha de comando podemos especificar de imediato muitas coisas:

- Qual o mecanismo de template HTML.
- Qual o pré-processador de CSS.
- Se o projeto terá ou não suporte a sessões.

Uma instalação-padrão usará o sistema Jade de templates, nenhum pré-processador de CSS e nada de suporte a sessões. As diferentes opções possíveis estão mostradas na tabela 3.1.

Tabela 3.1 – Opções de configuração quando se cria um projeto no Express

Comando	Efeito
`--css less|stylus`	Escolhe um pré-processador de CSS para o projeto, que pode ser Less ou Stylus.
`--ejs`	Escolhe o mecanismo EJS de templates HTML.
`--jshtml`	Escolhe o mecanismo JsHtml de templates HTML.
`--hogan`	Escolhe o mecanismo Hogan de templates HTML.

Por exemplo – novamente, não faça nada! Não é assim que faremos – se quiséssemos criar um projeto que usasse o Less como preprocessador de CSS e o Hogan como mecanismo de templates, o comando no terminal seria:

```
$ express --css less --hogan
```

Para manter as coisas simples no projeto não usaremos um pré-processador de CSS, pois podemos conviver com arquivos CSS "não compilados". Contudo, precisaremos usar um mecanismo de templates, portanto vamos conhecer as opções que temos.

OS DIFERENTES MECANISMOS DE TEMPLATE HTML

No Express, se usado dessa forma, temos quatro opções de template disponíveis: Jade, EJS, JsHtml e Hogan. O fluxo básico de um mecanismo de templates é: criamos um template HTML, colocamos nele marcadores onde os dados variáveis entrarão, e então passamos algum tipo de dado ao template. O software partirá de ambos e compilará um arquivo HTML que o navegador do visitante do site possa receber e renderizar.

Todos os mecanismos de template têm seus méritos e defeitos e se você já usa algum deles, muito bem. Neste livro, usaremos o Jade, que é muito poderoso e oferece todas as funcionalidades que nosso app precisa. Como é o mecanismo de templates original do Express, a maioria dos exemplos e projetos na internet faz uso dele – portanto, é bastante útil estar familiarizado com ele. Por fim, o estilo de código de Jade é bastante enxuto, ideal para os exemplos em um livro impresso.

JADE PARA QUEM NÃO ENTENDE NADA DE JADE

O Jade é bastante incomum se comparado aos outros mecanismos de template. Para começar, ele não contém nenhum código em HTML nos templates. Em vez disso, o Jade é bastante minimalista e usa os nomes das tags, indentação e um método de referência baseado no CSS para definir a estrutura do HTML. A única exceção é a tag `<div>`. Como é extremamente comum, se ela for omitida o Jade vai considerar que você quer um `<div>` ali.

> **DICA:** Os templates do Jade devem obrigatoriamente ser indentados com espaços, jamais com a tecla tab!

O trecho de código a seguir mostra um exemplo simples de um template no Jade e o resultado depois de compilado:

```
#banner.page-header ❶
    h1 My page
    p.lead Welcome to my page!
```

```
<div id="banner" class="page-header"> ❷
    <h1>My page</h1>
    <p class="lead">Welcome to my page!</p>
</div>
```

❶ Um template no Jade não contém nenhuma tag HTML.

❷ O produto compilado é um arquivo HTML dentro dos padrões.

Essas poucas linhas já revelam bastante coisa. Podemos ver que:

- se nenhuma tag for especificada, é criado um `<div>` naquela posição;
- `#banner` no Jade torna-se `id="banner"` no HTML;
- `.page-header` no Jade torna-se `class="page-header"` no HTML.

Com esses rudimentos, chegou a hora de criarmos nosso primeiro projeto!

3.2.4 Criando e testando um projeto em Express

Agora que já sabemos os comandos básicos para criar projetos no Express e decidimos usar as opções-padrão, vamos – finalmente! – criar um projeto. Na seção 3.2.2 criamos uma pasta chamada *loc8r* (se não fez, faça agora!). Navegue até ela pelo terminal e rode o seguinte comando:

```
$ express
```

Isso criará uma porção de pastas dentro de *loc8r* e será a base de nossa aplicação. Mas ainda não estamos prontos. Agora precisamos instalar as dependências. Para isso, como já sabemos, basta rodar o comando a seguir no terminal, na mesma pasta em que está o arquivo *package.json*:

```
$ npm install
```

Depois de rodar o comando veremos o terminal encher-se de nomes e cores indicando as coisas que está baixando e o lugar em que elas estão sendo gravadas. Depois disso, já podemos levar nossa aplicação para um test drive.

PÉ NA ESTRADA

Colocar a aplicação para rodar é moleza. Veremos uma maneira bem melhor de fazer isso daqui a pouco, mas se você está impaciente (eu estou!), quer ver agora mesmo o que esses comandos todos nos deram.

Em um terminal, na pasta *loc8r*, rode o seguinte comando:

```
$ npm start
```

Será mostrada uma mensagem de confirmação parecida com essa:

```
loc8r@0.0.0 start /path/to/your/application/folder
```

Isso significa que a aplicação em Express está no ar! Para ver como ela se parece, abra seu navegador preferido e visite o URL localhost:3000. Se tudo estiver correto, veremos uma página como a da figura 3.3.

Figura 3.3 – A landing page do nosso projeto em Express, por enquanto ainda só pele e osso.

Admito, não é exatamente o site mais fantástico do mundo, mas fazer com que a aplicação em Express fosse criada, configurada e ativada a ponto de responder a um navegador foi particularmente fácil, não foi?

Se voltarmos à janela do terminal, veremos algumas linhas de registro (log) confirmando que a página foi requisitada por um navegador, e que uma folha de estilo também foi solicitada. Para conhecer o Express melhor, vamos dar uma olhada no que está acontecendo aí.

COMO O EXPRESS LIDA COM AS SOLICITAÇÕES

A página inicial padrão do Express é basicamente... simples. Um punhado de HTML, no qual parte do conteúdo é recuperado como dados pela rota do Express. Há também um arquivo CSS. O navegador solicitou um favicon e, como este não existia, apareceu no log com código 404. Os logs no terminal confirmam que o navegador pediu tudo isso ao Express e que ele devolveu o arquivo selecionado ao navegador. Mas como ele faz isso?

Express middleware

No meio do arquivo *app.js* há um grupo de linhas de código que começam com `app.use`. Elas são conhecidas como *middleware*. Quando uma solicitação entra na aplicação, ela é repassada a cada um dos componentes que compõem o middleware, em ordem. Cada um deles pode (ou não) fazer alguma coisa com a solicitação do navegador. Entretanto, a solicitação é passada a todos, sem exceção e em ordem, e só depois é que deve retornar uma resposta à lógica da aplicação que nós mesmos escrevemos.

Tomemos `app.use(express.cookieParser());` como exemplo. Esse middleware analisará a solicitação entrante em busca de alguma informação sobre cookies. Depois, anexará os dados correspondentes à solicitação de forma a ser facilmente referenciável no código do controlador.

Não precisamos realmente saber o que cada trecho de código faz, mas é bem capaz que no futuro adicionemos nosso próprio middleware para atender a alguma necessidade da aplicação.

Todas as solicitações vindas dos navegadores são processadas pelo middleware definido no arquivo *app.js* (ver quadro "Express middleware"). O middleware faz muitas coisas. Uma delas, padrão, procura por caminhos em que existam arquivos estáticos. Quando o middleware encontra um arquivo estático que exista mesmo em um caminho, o Express retornará esse arquivo de forma assíncrona, garantido que o Node.js não ficará congelado até que essa operação termine, bloqueando outras. Quando uma requisição termina de passar por todo o middleware, o Express comparará o caminho da requisição contra as rotas definidas. Veremos isso em detalhes mais adiante neste capítulo.

A figura 3.4 ilustra esse fluxo, usando o exemplo da página default do Express mostrado na figura 3.3.

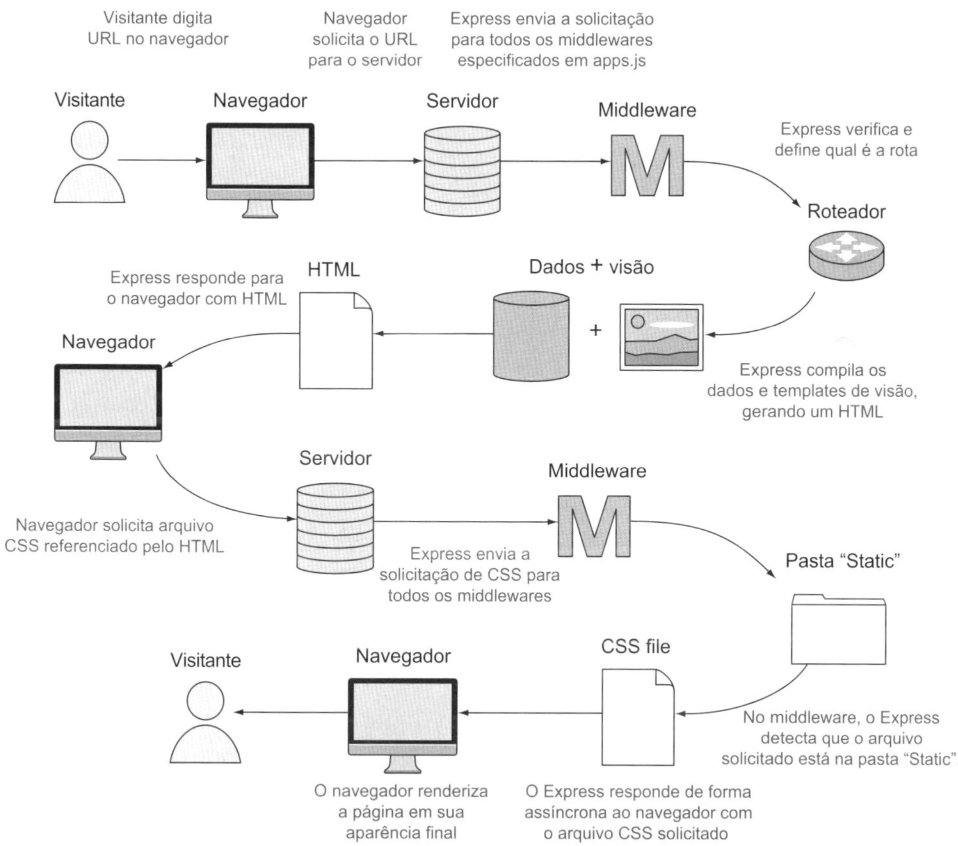

Figura 3.4 – As interações e processos pelos quais o Express passa ao responder a uma requisição para a página default. O HTML da página foi processado pelo Node.js, que compila os dados e um template de visão. O arquivo CSS é servido estaticamente a partir da pasta de arquivos estáticos.

O fluxo na figura 3.4 mostra as solicitações em separado sendo iniciadas e como o Express lida com cada uma delas de forma diferente. Ambas passam pelo middleware como primeira ação, mas os resultados são bastante diferentes.

3.2.5 Reiniciando a aplicação

Uma aplicação em Node.js é compilada antes de rodar, portanto se fizer alterações no código da aplicação enquanto o servidor está rodando, o processo do Node.js deve ser interrompido e reiniciado. Isso é válido apenas para o código da aplicação. Templates do Jade, arquivos CSS e JavaScript que roda no navegador podem ser atualizados com o sistema no ar.

Reiniciar o Node.js é um procedimento de duas etapas. Primeiro, devemos parar o processo em execução. Para isso, basta pressionar Ctrl-C (e confirmar, em algumas plataformas). Depois, inicie novamente o processo no terminal usando o comando `npm start`.

Não parece muito problemático, não é mesmo? Mas quando estamos desenvolvendo ativamente um site e testando a aplicação a toda hora, esse procedimento em duas etapas é tão frustrante quanto parece. Para nosso alívio, existe outra maneira.

REINICIANDO A APLICAÇÃO AUTOMATICAMENTE COM O NODEMON

Existem alguns serviços desenvolvidos para monitorar o código de uma aplicação que reiniciam o processo quando detectam uma mudança. Um desses serviços, o que usaremos neste livro, é o *nodemon*. O que ele faz é, simplesmente, criar uma "casca" em volta da aplicação em Node.js. Além de monitorar as mudanças de arquivo, não causa nenhuma interferência.

Para usar o nodemon, instale-o globalmente da mesma forma que fez com o Express. Mais uma vez, em um terminal, o npm vem ao nosso auxílio:

```
$ npm install -g nodemon
```

Quando a instalação estiver completa, pode usar o nodemon sempre que desejar. Em vez de digitar `node` para iniciar a aplicação, digite `nodemon`. Portanto, certificando-se de que está no terminal e na pasta *loc8r* – e que você parou o Node.js antes! – o comando é:

```
$ nodemon
```

Algumas linhas adicionais são mostradas no terminal, confirmando que o nodemon está executando e que iniciou `node./bin/www`. Volte ao navegador e clique no botão de recarregar a página. O site ainda está no mesmo lugar.

> **NOTA:** O nodemon só deve ser usado no desenvolvimento! Não use no ambiente de produção, sob hipótese alguma!

3.3 Modificando o Express para MVC

Já falamos sobre MVC, inclusive no prefácio. Mas o que é realmente uma arquitetura MVC? A sigla MVC significa Modelo-Visão-Controlador (em inglês, Model-View-Controller), e é uma arquitetura que separa, em diferentes pontos da aplicação, os dados (modelo), o que é mostrado ao usuário (visão) e o que é a lógica da aplicação (controlador). Essa separação visa a remover qualquer justaposição ou entrelaçamento entre os componentes, tornando o sistema mais fácil de manter e de fazer reuso de código. Como bônus, esses componentes assim separados se encaixam perfeitamente em nossa metodologia de prototipagem rápida e permite que nos concentremos em um aspecto da aplicação por vez, enquanto aprendemos sobre os componentes do MEAN.

Existem livros inteiros dedicados às nuanças do MVC, mas não vamos abordar esse assunto tão a fundo aqui. Manteremos a discussão sobre MVC em um nível mais alto e veremos como podemos empregar essa arquitetura no Express para construir nossa aplicação, o Loc8r.

3.3.1 O MVC visto de cima

A maioria dos sites e aplicações que você construirá na vida terão como mecânica básica receber uma solicitação entrante, fazer algo com ela e retornar uma resposta. Em um nível simples, esse laço funciona mais ou menos assim em uma arquitetura MVC:

1 Uma solicitação chega até a aplicação.
2 A solicitação é roteada até um controlador.
3 O controlador, se necessário, faz uma solicitação ao modelo.
4 O modelo responde ao controlador.
5 O controlador envia a resposta para uma visão.
6 A visão envia a resposta para o solicitante original.

Na realidade, dependendo de suas configurações, o controlador pode compilar a visão ele mesmo antes de enviar o produto final ao visitante. O efeito é o mesmo, portanto tenha sempre em mente esse fluxo simples como um auxílio visual para o que vai acontecer em nossa aplicação Loc8r. A figura 3.5 ilustra esse laço.

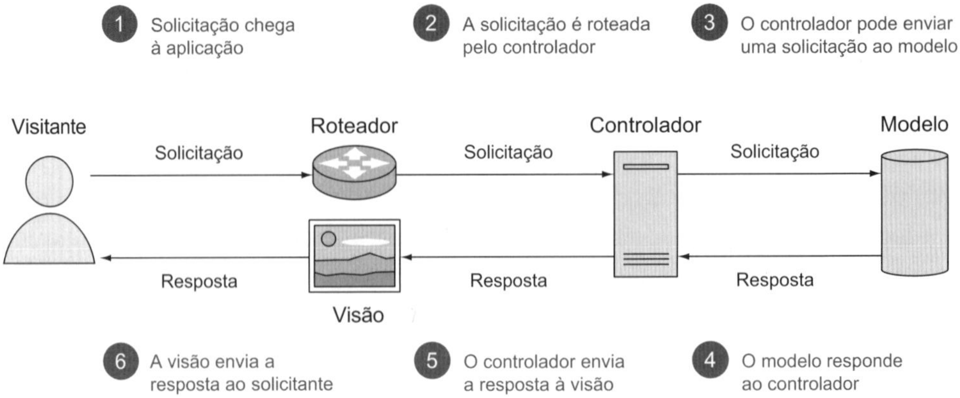

Figura 3.5 – Fluxo de solicitações e respostas de uma arquitetura MVC básica.

A figura 3.5 elenca as partes individuais da arquitetura MVC e como elas se integram. A figura também mostra a necessidade de um mecanismo de roteamento em adição aos componentes modelo, visão e controlador. Agora que já sabemos como gostaríamos que o fluxo básico do Loc8r funcionasse, é hora de modificar o Express para que isso aconteça.

3.3.2 Alterando a estrutura de pastas

Se analisarmos o projeto criado pelo Express na pasta *loc8r*, a estrutura de pastas inclui uma chamada view e outra chamada routes. Mas não há menção a models ou controllers. Em vez de poluir o diretório-raiz da aplicação com mais pastas, vamos tentar manter as coisas mais arrumadinhas com apenas uma pasta para toda a nossa arquitetura MVC. O roteiro de três passos para isso é rápido e simples:

1 Crie uma nova pasta *app_server*.

2 Dentro de *app_server* crie duas novas pastas, models e controllers.

3 Mova as pastas views e routes para a nova pasta *app_server*.

A figura 3.6 ilustra essas mudanças e mostra as estruturas de pasta antes e depois das modificações.

Agora temos uma configuração MVC realmente óbvia na aplicação, o que torna muito mais fácil separar os problemas. Só que... se tentarmos rodar a aplicação agora, ela falhará. Nós acabamos de estragá-la e, portanto, precisamos consertar. O Express não sabe onde estão as pastas agora, nem tem a mais ínfima ideia do que queremos fazer com as pastas novas.

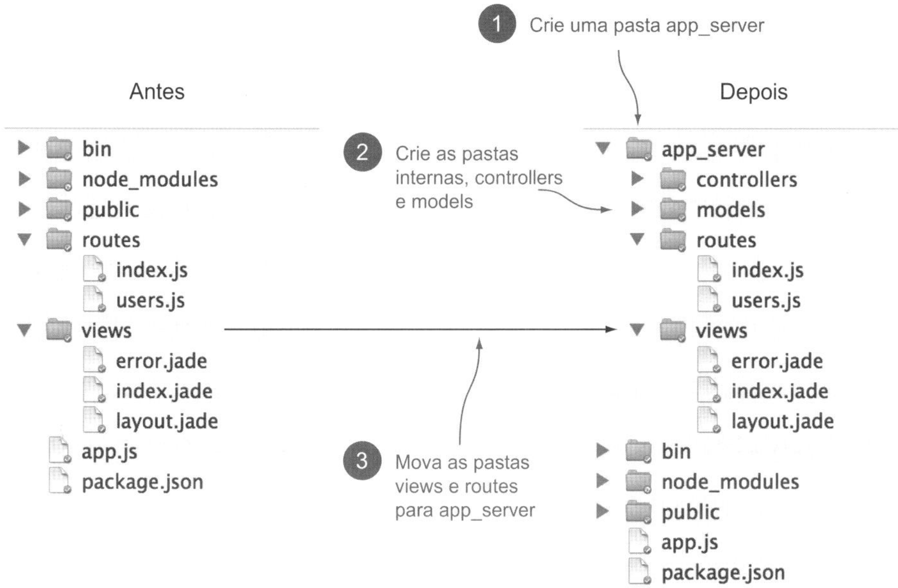

Figura 3.6 – Alterando a estrutura de pastas de um projeto no Express para implementar corretamente uma arquitetura MVC.

3.3.3 Usando as novas pastas views e routes

A primeira coisa que precisamos fazer é contar ao Express que movemos as pastas views e routes para dentro de app_server, pois ele ainda está procurando nos locais antigos.

NOVA LOCALIZAÇÃO DA PASTA VIEWS

O Express espera que a pasta de visões esteja em */views*, em relação à raiz da aplicação, mas nós a colocamos em */app_server/views*. Isso pode ser alterado em *app.js*. Encontre a linha a seguir:

```
app.set('views', path.join(__dirname, 'views'));
```

e altere para o seguinte (o que deve ser modificado está em **negrito**):

```
app.set('views', path.join(__dirname, 'app_server', 'views'));
```

Mas nossa aplicação ainda não vai funcionar, pois também precisamos contar ao Express onde está a pasta routes.

NOVA LOCALIZAÇÃO DA PASTA ROUTES

O Express espera que a pasta de visões esteja em */routes*, em relação à raiz da aplicação, mas nós a colocamos em */app_server/routes*. Novamente no *app.js* encontre as linhas a seguir:

```
var routes = require('./routes/index');
var users = require('./routes/users');
```

e altere para o seguinte (o que deve ser modificado está em **`negrito`**):

```
var routes = require('./app_server/routes/index');
var users = require('./app_server/routes/users');
```

Salve o arquivo. Se iniciarmos a aplicação, veremos que agora ela funciona!

3.3.4 Separando controladores e rotas

Na configuração-padrão do Express, os controladores são basicamente uma parte funcional do sistema de rotas, mas nós queremos separação total. Os controladores devem administrar apenas a lógica da aplicação, e o roteamento deve única e exclusivamente distribuir solicitações de URL ao controlador apropriado.

ENTENDENDO AS DEFINIÇÕES DE ROTA

Para entender como as rotas funcionam, vamos examinar a configuração da rota exemplo, que já foi configurada para entregar a homepage-padrão do Express. Dentro do arquivo *index.js* em *app_server/routes* existe o seguinte trecho de código:

```
/* GET home page. */
router.get('/', function(req, res) { ❶
   res.render('index', { title: 'Express' }); ❷
});
```

❶ Neste ponto o roteador tenta discriminar qual o URL solicitado.

❷ Conteúdo gerado por esse controlador, bastante básico no momento.

O código em ❶ mostra `router.get('/'`, que é onde o roteador procura por uma solicitação `get` no caminho do URL da homepage. Em nosso caso, esse caminho é apenas `'/'`. A função anônima que roda o código ❷ é o controlador. Esse é um exemplo bem básico, no qual nem temos muito código para esmiuçar. As peças ❶ e ❷ são as que queremos separar, uma rota e um controlador.

Em vez de já cair de cabeça e colocar o controlador na pasta controllers, vamos testar a separação aqui dentro deste arquivo. Para isso, transformaremos a função anônima da definição de rota em uma função identificada. Depois, passaremos o nome dessa função através do callback da definição de rota. Ambos os passos estão descritos na listagem a seguir, que deve substituir a listagem anterior em *app_server/routes/index.js*. Cuidado para não apagar o resto do arquivo, antes e depois!

Listagem 3.2 – Tirando o código do controlador de dentro da rota – primeira etapa

```
var homepageController = function (req, res) { ❶
   res.render('index', { title: 'Express' });
};

/* GET home page. */
router.get('/', homepageController); ❷
```

❶ Define a antiga função anônima como uma função identificada.

❷ Passa o nome da função como um callback na definição de rota.

Entendendo o res.render

Trataremos do assunto com mais propriedade no capítulo 4, mas, em termos gerais, o `render` é uma função do Express para compilar um template de visão para gerar o HTML que será enviado ao navegador. O método `render` toma como parâmetros um template de visão e um objeto de dados do JavaScript da seguinte forma:

```
res.render('index', {title:'express'});
                ❶            ❷
```

❶ Nome do arquivo de template a usar – neste exemplo, *index.jade*.

❷ O objeto JavaScript contendo os dados que o template vai usar.

Observe que o arquivo de template não precisa ter a extensão de tipo de arquivo, portanto o *index.jade* pode ser referenciado apenas como *index*. Também não precisamos especificar o caminho até a pasta de visões porque já fizemos isso nas configurações do Express.

Com o novo código, se reiniciarmos a aplicação, esta deve funcionar exatamente como antes. Não alteramos absolutamente nada de como o sistema funciona, apenas separamos problemas diferentes em gavetas diferentes.

Agora que já entendemos como as definições de roteamento funcionam, podemos colocar o código dos controladores no local apropriado.

RETIRANDO OS CONTROLADORES DO ARQUIVO DE ROTAS

No Node.js, para referenciar um arquivo externo, criamos um módulo no novo arquivo e incluímos um `require` no arquivo original. O quadro a seguir mostra os princípios gerais a respeito desse processo.

Criando e usando módulos no Node.js

Retirar algum trecho de código de um arquivo do Node.js para criar um módulo externo é, para nossa alegria, simples. Resumidamente, o que fazemos é criar um arquivo, transplantar o código para ele, escolher quais elementos desse código serão expostos para o arquivo original e então usar `require` para referenciar (ou melhor, criar uma dependência com) o novo arquivo de dentro do arquivo original.

No arquivo do novo módulo, escolhemos as partes a serem expostas ao mundo exterior usando o método `module.exports`:

```
module.exports = function () {
   console.log("This is exposed to the requester");
};
```

Depois, lá no arquivo original, usaremos `require` para "chamar" o novo módulo:

```
require('./yourModule');
```

Se preferir, o módulo pode ter métodos separados sendo expostos. Defina-os de forma nomeada em seu novo arquivo da seguinte maneira:

```
module.exports.logThis = function(message){
   console.log(message);
};
```

Para referenciar isso no arquivo original, associe o módulo a uma variável, depois faça a chamada ao método. Por exemplo, em seu arquivo principal:

```
var yourModule = require('./yourModule');
yourModule.logThis("Hooray, it works!");
```

Esse trecho associa o novo módulo a uma variável chamada `yourModule`. A função exportada `logThis` está agora disponível como um método de `yourModule`.

Quando usar a função `require`, observe que não é necessário especificar a extensão do arquivo. A função `require` procurará pelo módulo em um dos dois formatos a seguir: um arquivo JavaScript com o mesmo nome ou uma pasta com esse nome contendo um arquivo *index.js*.

Portanto, precisamos criar um arquivo para receber o código do controlador. Crie um novo arquivo chamado *main.js* em *app_server/controllers*. Neste arquivo criaremos e exportaremos um método chamado `index`, que usaremos para inserir o código do `res.render`, conforme a listagem a seguir:

Listagem 3.3 – Configurando um controller para a homepage em app_server/controllers/main.js

```
/* GET home page */
module.exports.index = function(req, res){ ❶
   res.render('index', { title: 'Express' }); ❷
};
```

❶ Crie e exporte um método chamado index.

❷ Inclua nesse método o código do controlador para a homepage da aplicação.

Não tem muito mais que isso a fazer para criar um controlador e exportá-lo. O próximo passo é fazer um `require` deste controlador no arquivo de rotas para que possamos usar o método exposto na definição da rota. A listagem a seguir como o arquivo principal de rotas *index.js* deve estar.

Listagem 3.4 – Atualizando o arquivo de rotas para usar um controlador externo

```
var express = require('express');
var router = express.Router();
var ctrlMain = require('../controllers/main'); ❶

/* GET home page. */
router.get('/', ctrlMain.index); ❷

module.exports = router;
```

❶ Cria uma dependência com o arquivo de controlador chamado main.

❷ Cria uma referência ao método index do controlador main na definição de rota.

Com isso, ligamos a rota com o novo controlador, e fazemos isso “requerendo” (ou seja, criando uma dependência com) o arquivo do controlador ❶ e referenciando a função do controlado no segundo parâmetro da função `router.get` ❷.

Temos agora uma arquitetura de roteamento e controladores, conforme mostra a figura 3.7. Observe como *app.js* depende de (ou seja, `require`) *routes/index.js*, que por sua vez depende de (ou `require`) *controllers/main.js*.

Se testarmos a aplicação mais uma vez no navegador, a página-padrão do Express será mostrada corretamente e em toda a sua glória.

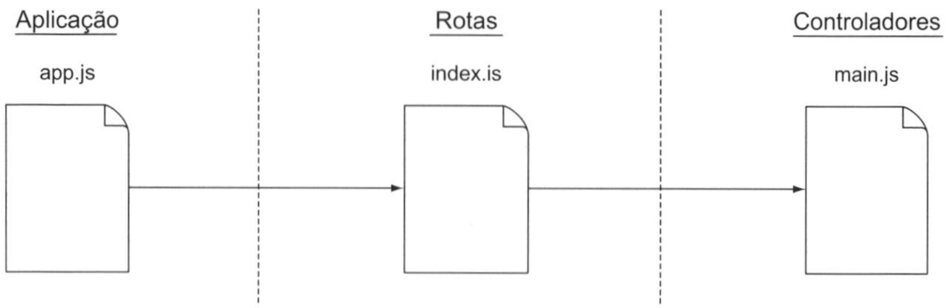

Figura 3.7 – Separando a lógica dos controladores das definições de rota.

Com isso encerramos – por enquanto – a configuração do Express. Podemos começar a construir nossa aplicação. Urra! Mas, antes disso, há alguns pequenos detalhes que precisamos acertar. O primeiro deles é adicionar o Bootstrap do Twitter à aplicação.

3.4 Bootstrap: layouts rápidos e responsivos

Como discutido no capítulo 1, nossa aplicação Loc8r fará uso do framework de estilos do Twitter, o Bootstrap, para acelerar o desenvolvimento de um layout responsivo. Também faremos a aplicação se diferenciar dos milhares de sites que usam o Bootstrap – basta aplicar um tema. O objetivo aqui é ajudar-nos a progredir mais rapidamente no desenvolvimento da aplicação e não nos perdermos com a problemática de criar um design responsivo "na unha".

3.4.1 Baixando o Bootstrap e integrando-o à aplicação

As instruções para baixar o Bootstrap, escolher e obter um tema e adicionar os arquivos à pasta do projeto estão descritas no apêndice B. Um ponto-chave que deve ser observado é que os arquivos do Bootstrap são conteúdo estático que deve ser enviado diretamente ao navegador, não precisando de nenhum processamento por parte do Node.js. A aplicação no Express já possui um local específico para isso: a pasta *public*. Ao terminar, a pasta pública ficará parecida com o mostrado na figura 3.8.

O Bootstrap também precisa da biblioteca jQuery para que alguns dos componentes interativos sejam carregados. Poderíamos referenciá-los diretamente com um CDN, mas escolhemos baixá-lo (*http://jquery.com/download/*). Assim teremos o JQuery completamente integrado à aplicação. Usaremos a versão 1.x mais atual do JQuery, que na época desta tradução era a 1.12.0. Salve o JQuery na pasta *public/javascripts* da aplicação.

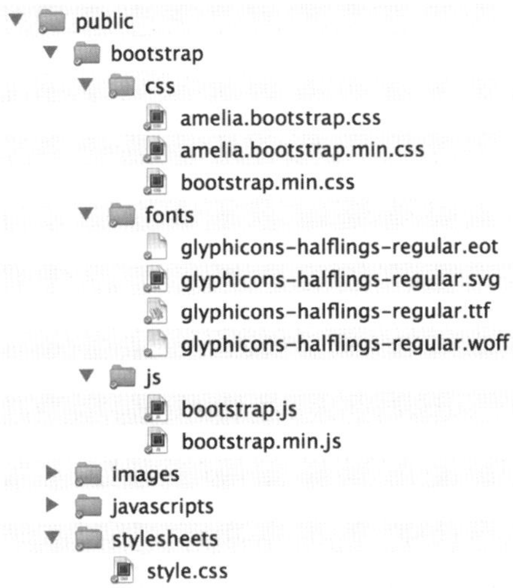

Figura 3.8 – Estrutura da pasta pública depois que o Bootstrap foi adicionado.

3.4.2 Usando o Bootstrap na aplicação

Agora que todas as peças do Bootstrap estão no lugar certo, vamos associá-lo ao front-end. Isso significa que teremos de aprender um pouco sobre como os templates em Jade funcionam.

ESCULPINDO JADE

Os templates do Jade são configurados para ter um arquivo principal de layout que tem áreas definidas para que outros arquivos Jade possam ser incluídos. Para uma aplicação web esse modelo caiu do céu, pois normalmente as diferentes telas ou páginas do sistema têm uma estrutura (ou moldura) semelhante, enquanto a parte central é reservada ao conteúdo variável.

É assim que o Jade se apresenta na instalação-padrão do Express. Se olharmos na pasta views, veremos dois arquivos, *layout.jade* e *index.jade*. O *index.jade* controla o conteúdo da página index da aplicação. Abra-o. Como podemos ver, não tem muita coisa dentro dele – o conteúdo completo está na listagem a seguir:

Listagem 3.5 – O arquivo index.jade completo

```
extends layout ❶

block content ❷
```

```
    h1= title
    p Welcome to #{title.} ❸
```

❶ Informa que este arquivo está estendendo um arquivo de layout.

❷ Informa que a seção a seguir será mostrada em uma área do layout chamada de content.

❸ Envia as tags h1 e p para a área de conteúdo.

Tem mais coisa acontecendo aí do que parece. Logo no início do arquivo há uma declaração dizendo que este arquivo é uma extensão de outro ❶, neste caso o arquivo de layout. Depois dessa, outra declaração define um bloco de código ❷ que pertence a uma área específica no arquivo de layout, chamada `content`. Finalmente, temos o conteúdo mínimo que será mostrado na página index do Express, uma simples tag `<h1>` um único parágrafo `<p>` ❸.

Não há referência a `<head>` ou `<body>` nem a scripts ou folhas de estilo. Tudo isso está na página de layout, então provavelmente é lá que desejaremos adicionar nossos scripts e estilos que devem estar em todas as páginas da aplicação. Feche o index (sem salvar) e abra *layout.jade*. Teremos algo semelhante à listagem 3.6:

Listagem 3.6 – O arquivo layout.jade padrão

```
doctype html
html
  head
    title= title
    link(rel='stylesheet', href='/stylesheets/style.css')
  body
    block content ❶
```

❶ Um bloco com um nome, mas sem conteúdo, para ser usado por outros templates.

A listagem 3.6 mostra o arquivo de layout sendo usado para o arquivo index básico na instalação-padrão do Express. Nós temos tudo o que se espera num arquivo HTML 5: uma definição de doctype, seção `head`, seção `body` e, dentro da seção `body`, uma linha `block` marcando um bloco de conteúdo, batizado de `content`, mas com absolutamente nada dentro. Este `block` pode ser referenciado por outros templates – um deles é o próprio *index.jade* que já vimos na listagem 3.5. O `block content` do arquivo index é "enfiado" dentro da área `block content` no arquivo de layout quando as visões são compiladas.

ADICIONANDO O BOOTSTRAP À APLICAÇÃO COMO UM TODO

Sempre que se queira adicionar referências externas à aplicação toda, uma das maneiras mais práticas é justamente por meio dos arquivos de layout. Portanto, precisamos incluir quatro coisas em nosso arquivo *layout.jade*:

- Uma referência ao arquivo CSS do Bootstrap.
- Uma referência ao arquivo JavaScript do Bootstrap.
- Uma referência ao jQuery, que é uma das dependências do Bootstrap.
- Metadados para os "viewports", para que a página possa se ajustar corretamente a dispositivos mobile.

O arquivo e os metadados do viewport ("escotilha" em português) devem estar no início do documento, e os dois arquivos de script devem estar no final da seção body. A listagem a seguir mostra todas as alterações e adições nos locais apropriados do arquivo *layout.jade*, com as novas linhas em **negrito**.

Listagem 3.7 – Um layout.jade atualizado para incluir as referências ao Bootstrap

```
doctype html
html
  head
    meta(name='viewport', content='width=device-width, initial-scale=1.0') ❶
    title= title
    link(rel='stylesheet', href='/bootstrap/css/amelia.bootstrap.css') ❷
    link(rel='stylesheet', href='/stylesheets/style.css')
  body
    block content
    script(src='/javascripts/jquery-1.12.0.min.js') ❸
    script(src='/bootstrap/js/bootstrap.min.js') ❹
```

❶ Ajuste o metadado do viewport para que funcione melhor em dispositivos móveis.

❷ Inclua o CSS do Bootstrap ou do tema escolhido.

❸ Importe a biblioteca do jQuery, necessária ao Bootstrap. Verifique o nome do arquivo!

❹ Inclua o arquivo JavaScript do Bootstrap.

Completadas as alterações, qualquer template que o programador criar terá o Bootstrap incluído por padrão e se ajustará automaticamente a dispositivos móveis – deste que seus templates estendam o de layout, obviamente.

Finalmente, antes de testar, apague o conteúdo do arquivo *style.css* presente em /*public/stylesheets/*. Assim os estilos-padrão do Express não serão considerados em detrimento do Bootstrap. Mas não apague o arquivo, só o conteúdo: se quisermos futuramente adicionar um estilo nosso, podemos fazê-lo nesse arquivo.

VERIFICANDO SE TUDO FUNCIONA

Se a aplicação estiver rodando com o nodemon não é necessário fazer nada, ele reinicia o Node.js sozinho. Caso negativo, reinicie a aplicação e aponte seu navegador para ela. O conteúdo não mudou, mas a aparência sim. Nossa aplicação parece-se agora com o mostrado na figura 3.9.

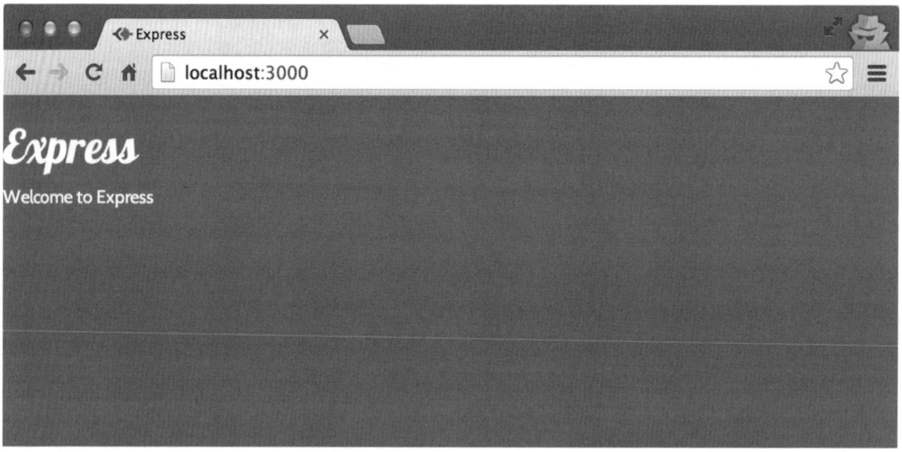

Figura 3.9 – O tema do Bootstrap causando um efeito dramático na página inicial do Express.

Lembre-se de que você pode baixar o código-fonte do que temos até aqui a partir do GitHub, no branch chapter-03. Em uma pasta vazia, o comando a seguir clonará esse branch:

```
$ git clone -b chapter-03 https://github.com/simonholmes/getting-MEAN.git
```

Agora que temos algo para trabalhar localmente (seja digitando tudo manualmente, seja baixando do GitHub), vamos colocar a aplicação rodando em um servidor de produção na internet.

3.5 No ar com o Heroku

Uma dor de cabeça bastante comum com o Node.js é fazer o deploy da aplicação em um servidor de produção. Vamos nos livrar dessa dor de cabeça hospedando nossa aplicação Loc8r em um URL público já configurado. À medida que formos passando pelas diferentes iterações de desenvolvimento e nossa aplicação crescer, podemos continuar enviando as atualizações para lá. Para a fase de prototipação isso é muito bom porque torna fácil mostrar nosso progresso para outras pessoas.

Como mencionado no capítulo 1, existem alguns provedores de Plataforma como um Serviço (PaaS) como o Google Cloud Platform, Nodejitsu, OpenShift e o Heroku. Escolhemos o Heroku para o projeto deste livro, mas não há nada que impeça o leitor de testar outros fornecedores.

3.5.1 Configurando o Heroku

Antes de usar o Heroku, é preciso cadastrar-se para obter uma conta gratuita e instalar o Heroku Toolbelt na máquina de desenvolvimento. O apêndice B traz um guia e informações detalhadas sobre essa instalação. Também precisaremos de um terminal compatível com SSH. O terminal-padrão para o pessoal de Mac e Linux é mais que suficiente, mas a telinha preta do Windows não serve para muita coisa. Quem está no Windows deve utilizar um terminal alternativo como o GitHub Terminal, que é instalado com o GitHub Desktop (consulte o apêndice B).

Uma vez que tenhamos tudo configurado, podemos seguir em frente e ajustar a aplicação para que possa funcionar um ambiente público, a internet.

ATUALIZANDO O ARQUIVO PACKAGE.JSON

O Heroku pode rodar aplicações em inúmeros tipos diferentes de linguagens e frameworks, portanto precisamos dizer a ele sobre o que nossa aplicação está rodando. Precisamos informar várias coisas: que a aplicação roda em Node.js, que usa npm para administrar pacotes, e quais versões estamos rodando para garantir que o ambiente de produção esteja na mesma versão do ambiente de desenvolvimento.

Para saber quais as versões de Node.js e npm estão instaladas na máquina de desenvolvimento, use os comandos:

```
$ node --version
$ npm --version
```

Na época em que o livro foi editado, esses comandos retornavam `v4.2.1` e `2.2.0`, respectivamente. (N. do T.: na data de tradução, as versões eram `v5.4.1` e `3.3.12`). Usando a sintaxe `~` – nosso coringa para a versão de atualização, como vimos anteriormente – precisamos adicionar esses dois componentes à nova seção "engines" do arquivo *package.json*. O arquivo *package.json* completo e já atualizado está listado a seguir, com as novas inclusões em **`negrito`**:

Listagem 3.8 – Inserindo uma seção "engines" ao arquivo package.json

```
{
    "name": "Loc8r",
    "version": "0.0.1",
    "private": true,
    "scripts": {
        "start": "node ./bin/www"
    },
    "engines": { ❶
        "node": "~4.2.1",
        "npm": "~2.2.0"
    },
    "dependencies": {
        "express": "~4.9.0",
        "body-parser": "~1.8.1",
        "cookie-parser": "~1.3.3",
        "morgan": "~1.3.0",
        "serve-favicon": "~2.1.3",
        "debug": "~2.0.0",
        "jade": "~1.6.0"
    }
}
```

❶ Incluir uma nova seção engines no arquivo packages.json, para que o Heroku saiba em qual plataforma sua aplicação roda, e qual versão usar.

Quando enviado ao Heroku, isso informará ao sistema de atualização deles que nossa aplicação usa a última atualização disponível para o Node.js 4.2, e a última atualização disponível para o npm 2.2. Lembre-se de usar os valores mais recentes que você instalou, e não copiar cegamente os valores do livro!

CRIANDO UM ARQUIVO PROCFILE

O arquivo *package.json* dirá ao Heroku que a aplicação roda no Node.js, mas não como iniciá-la. Para isso, usaremos um Procfile. Nesse arquivo pode-se declarar os tipos de processos usados em nossa aplicação, e os comandos usados para iniciá-los.

Para o Loc8r queremos um processo web, e queremos que esse processo rode nossa aplicação. Para isso, crie um arquivo chamado *Procfile* na pasta-raiz da aplicação – o nome do arquivo deve começar com maiúscula e não possui extensão. Insira a linha a seguir no arquivo *Procfile*:

```
web: npm start
```

Depois de enviado ao Heroku, este arquivo informará ao sistema deles que a aplicação precisa de um processo web e que esse processo deve rodar o comando `npm start`.

TESTE PRELIMINAR ANTES DO ENVIO

Versões antigas do Heroku Toolbelt, "cinto de utilidades" do Heroku, vinham com um utilitário em separado chamado Foreman. Ele servia para verificar a configuração e rodar a aplicação localmente antes de enviá-la ao Heroku. O Foreman não é mais distribuído no Heroku Toolbelt como uma ferramenta à parte[3]. Em seu lugar, usa-se o próprio comando `heroku`, com as opções `local web`.

Se a aplicação estiver rodando, interrompa-a pressionando Ctrl-C na janela do terminal que estiver rodando o processo. Então, no mesmo terminal, rode o comando a seguir:

```
$ heroku local web
```

Se tudo estiver certo, a aplicação será iniciada novamente no localhost, mas com uma porta diferente: 5000. A confirmação que temos no terminal se parece com esta:

```
16:09:01 web.1 | started with pid 91976
16:09:02 web.1 | > loc8r@0.0.1 start /path/to/your/application/folder
16:09:02 web.1 | > node ./bin/www
```

Abra o navegador e o aponte para localhost:5000 – observe que a porta é 5000 em vez de 3000. A aplicação deve estar rodando como antes, sem erros.

Agora que já sabemos que nossa aplicação está funcionando e que passou no teste, podemos enviá-la ao Heroku.

---

3 N. do T.: Conforme anunciado no Heroku Devcenter, em https://devcenter.heroku.com/changelog-items/692.

3.5.2 Publicando o site na internet com o Git

O Heroku usa o Git como método de deploy. Quem já usa Git para outros projetos vai adorar. Quem ainda não conhece pode ficar meio apreensivo no começo – o mundo do Git é razoavelmente complexo. Mas não precisa ser, e tenho certeza de que, uma vez familiarizado, também vai se apaixonar!

ARMAZENANDO A APLICAÇÃO NO GIT

A primeira ação é armazenar a aplicação na própria máquina de desenvolvimento usando o Git. Este é um processo em três etapas, pois precisaremos:

1. Inicializar a pasta da aplicação como um repositório Git.
2. Dizer ao Git quais arquivos devem ser adicionados ao repositório.
3. Enviar essas mudanças ao repositório – esta ação é conhecida como "commit".

Parece complicado, mas não é. Precisamos apenas de um único comando no terminal para cada etapa. Se a aplicação estiver rodando localmente, interrompa-a (Ctrl-C no terminal). Então, certificando-se de que ainda está na pasta-raiz da aplicação, rode os comandos a seguir no mesmo terminal.

```
$ git init ❶
$ git add . ❷
$ git commit -m "First commit" ❸
```

❶ Inicializa a pasta como um repositório Git.

❷ Marca tudo o que está nessa pasta para ser adicionado no repositório.

❸ Envia ("commit") as mudanças ao repositório acompanhadas de uma mensagem.

Esses três comandos juntos criarão um repositório local do Git contendo todo o código da aplicação. Quando formos atualizar localmente a aplicação mais adiante, e depois atualizar a aplicação em produção sem tirá-la do ar, usaremos os dois últimos comandos, com uma mensagem diferente, para atualizar o repositório.

Seu repositório local está, agora, pronto para a batalha. É hora de criar uma aplicação no Heroku.

CRIANDO UMA APLICAÇÃO NO HEROKU

Criaremos agora uma aplicação no Heroku, que funcionará como um repositório remoto do Git espelhando o repositório local. Isso é feito com um único comando no terminal:

```
$ heroku create
```

Quando terminar, o comando informará o URL em que a aplicação vai rodar, bem como o endereço do repositório Git e o nome do repositório remoto. Por exemplo:

```
http://shrouded-tor-1673.herokuapp.com/ | git@heroku.com:shrouded-tor-1673.git
Git remote heroku added
```

Abra esse endereço com o navegador. A aplicação, ou, pelo menos, um contêiner para ela, foi criado. Agora que já temos uma casa para morar no Heroku, o próximo passo é enviar a aplicação para lá.

FAZENDO O DEPLOY DA APLICAÇÃO

No momento, temos a aplicação guardada no repositório Git local, e acabamos de criar um repositório remoto no Heroku. O repositório remoto `heroku` está vazio, portanto precisamos enviar o conteúdo do repositório local para ele.

Para quem ainda não conhece o Git, há um único comando que faz o que queremos:

```
$ git push heroku master
        ❶    ❷      ❸
```

❶ Ação que queremos que o Git faça.

❷ Nome do repositório-alvo.

❸ Nome do branch.

Este comando enviará o conteúdo do repositório Git local para o repositório `heroku` remoto. Atualmente, temos apenas um único branch no repositório, que é o master. É ele quem vamos enviar ao Heroku. Consulte o quadro a seguir para mais informações sobre branches no Git.

Durante e execução do push, o terminal mostrará um log de mensagens sobre o processo, terminando com uma confirmação de que a aplicação está rodando e no ar pelo Heroku. Uma das últimas mensagens com o prefixo `remote:` mostrará o URL no qual nossa aplicação pode ser visitada:

```
http://shrouded-tor-1673.herokuapp.com deployed to Heroku
```

O que são os branches do Git?

Branch, em português, significa "galho de árvore" e é um nome bastante sugestivo para o processo de desenvolvimento em equipe. Quando se trabalha com uma única versão do código, enviada para um repositório remoto como o Heroku ou GitHub periodicamente, trabalhamos apenas com um único branch especial chamado *master*. Trabalhar com apenas um "galho" é perfeitamente aceitável quando existe apenas um programador. Se estivermos trabalhando em equipe, entretanto, não vamos querer que todos trabalhem no mesmo código ao mesmo tempo. Em vez disso, cria-se um branch para cada programador, clonado a partir do master, em que cada membro da equipe pode trabalhar em separado. O master continua intocado, um espelho da versão atual em produção, enquanto os programadores podem continuar o desenvolvimento, aplicar correções ou introduzir novas funcionalidades em seu próprio branch. O mesmo acontece com uma aplicação que já esteja em produção. O conteúdo do master é o espelho da versão atual que está no cliente. Para uma nova versão, cria-se um branch baseado no master.

Quando o trabalho em um branch estiver terminado, este pode ser mesclado ("merged") ao master, efetivamente atualizando a versão de produção.

INICIANDO UM WEB DYNO NO HEROKU

O Heroku usa o conceito de dynos para rodar e escalonar uma aplicação. Quanto mais dynos você tiver, mais recursos do sistema estarão disponíveis para a aplicação. Adicionar dynos quando a aplicação crescer e se tornar mais popular é realmente fácil.

O Heroku tem um plano gratuito sensacional, que é perfeito para prototipação e para construir provas de conceito. No plano gratuito, o usuário "ganha" um dyno, o que é perfeito para nossos propósitos. Antes de enxergar a aplicação online é preciso adicionar um web dyno. Abra o terminal e digite:

```
$ heroku ps:scale web=1
```

Depois de executado, o comando mostrará a seguinte confirmação:

```
Scaling web dynos... done, now running 1
```

Agora vamos ver o que acontece no URL público da aplicação, hospedada no Heroku.

VISITANDO A APLICAÇÃO NA INTERNET

Com tudo no lugar certo, a aplicação já está na internet! Podemos visitá-la digitando o URL informado pelo comando heroku na confirmação, ou entrando no site do Heroku e acessando pelo seu perfil, ou ainda usando o seguinte comando no terminal:

```
$ heroku open
```

Esse comando chamará o navegador-padrão e abrirá a aplicação, como na figura 3.10.

Figura 3.10 – Nossa aplicação MVC em Express rodando em um URL público.

O URL da sua aplicação será diferente, é óbvio, e no site do Heroku podemos alterá-lo para usar um subdomínio criado por nós em vez do que nos foi dado, mantendo o domínio *herokuapp.com*. Também é possível fazer isso na página *application settings* em nosso perfil no site do Heroku, bem como adicionar um domínio completo ao aplicativo.

Ter seu protótipo disponível em um URL acessível publicamente pela internet é útil para testes com vários navegadores e dispositivos, bem como para enviá-lo a colegas e parceiros.

UM PROCESSO SIMPLES DE ATUALIZAÇÃO

Agora que a aplicação no Heroku está online, atualizá-la é superfácil. Cada vez que quisermos enviar alterações para o site em produção, basta emitir os três comandos a seguir:

```
$ git add . ❶
$ git commit -m "Commit message here" ❷
$ git push heroku master ❸
```

❶ Marca as alterações para inclusão no repositório Git local.

❷ Grava os arquivos alterados no repositório local com uma mensagem informativa.

❸ Envia as alterações para o repositório remoto no Heroku.

E isso é tudo! Pelo menos por enquanto. As coisas começarão a ficar um tanto mais complexas quando tivermos mais desenvolvedores e branches para administrar, mas o processo de enviar o código ao Heroku usando o Git é o mesmo.

3.6 Resumo

Neste capítulo vimos como:

- criar uma nova aplicação no Express;
- gerenciar as dependências da aplicação com o npm e o arquivo *package.json*;
- modificar o Express para se aproximar de uma arquitetura MVC;
- criar e modificar Rotas e controladores;
- criar módulos para o Node.js;
- publicar a aplicação Express no Heroku usando o Git.

No próximo capítulo conheceremos mais a fundo o Express ao construir um protótipo para a aplicação Loc8r.

CAPÍTULO 4

Construindo um site estático com Node.js e Express

Neste capítulo veremos como:

- Prototipar a aplicação por meio de uma versão estática.
- Definir rotas para URLs da aplicação.
- Criar visões no Express usando Jade e Bootstrap.
- Usar controladores no Express para associar rotas a visões.
- Passar dados dos controladores para as visões.

No capítulo 3 colocamos uma aplicação para funcionar, arquitetada como um MVC, com o Bootstrap auxiliando na construção de layouts de página. O próximo passo é construir sobre essa fundação, criando um site estático que se possa clicar e navegar. Esta é uma etapa muito importante no processo de construir um site ou aplicação web. Mesmo que o designer responsável pelo projeto visual já tenha preparado os wireframes ou mesmo a arte final, o melhor protótipo que existe é sempre o mais próximo do produto final, aquele em que se pode navegar. Alguns detalhes importantes sempre são revelados, em termos de layout ou usabilidade, que não tínhamos notado antes. No protótipo estático, retiraremos os dados falsos que foram colocados diretamente nas visões e os transferiremos para o código-fonte dos controladores. Desta forma, no final deste capítulo teremos visões inteligentes que podem mostrar dados passados a elas. Os controladores, por enquanto, vão passar dados estáticos gravados diretamente no código.

Obtendo o código-fonte

Se fez o que recomendamos e digitou você mesmo o código-fonte no capítulo 3, não precisa baixar nada. Mas caso não tenha passado pelo capítulo 3, pode obter o código-fonte que precisaremos neste ponto a partir do GitHub, repositório *github.com/simonholmes/getting-MEAN*, branch chapter-03. Em uma pasta vazia no terminal, os comandos a seguir clonarão o branch e instalarão as dependências dos módulos com o npm:

```
$ git clone -b chapter-03 https://github.com/simonholmes/getting-MEAN.git
$ cd getting-MEAN
$ npm install
```

O enfoque deste capítulo, com relação à arquitetura da aplicação, estará voltado exclusivamente para o Express, como mostra a figura 4.1.

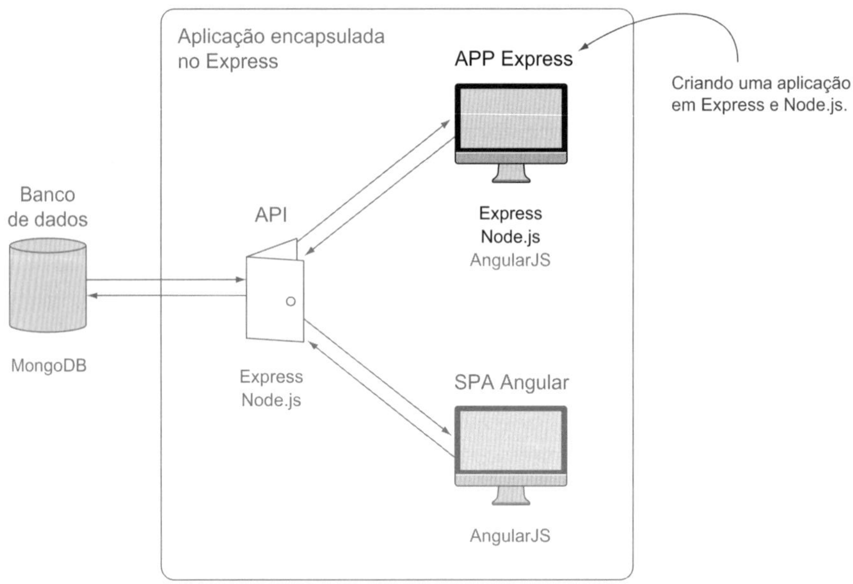

Figura 4.1 – Usando Express e Node.js para construir um site estático com o objetivo de testar as visões.

Como temos duas grandes etapas sendo construídas neste capítulo, temos duas versões disponíveis para o código-fonte. A primeira versão contém todos os dados nas próprias visões e representa a aplicação da maneira como a construímos até o fim da seção 4.4. Este código está disponível no GitHub no branch `chapter-04-views`.

A segunda versão tem os dados codificados de forma fixa nos controladores, no estado em que a aplicação estará no fim do capítulo. Essa versão está disponível no branch `chapter-04`.

Para baixar qualquer uma delas use os comandos a seguir em uma pasta vazia no terminal, lembrando-se de especificar corretamente o branch desejado.

```
$ git clone -b chapter-04 https://github.com/simonholmes/getting-MEAN.git
$ cd getting-MEAN
$ npm install
```

Ok, voltemos ao Express.

4.1 Definindo as rotas no Express

No capítulo 2 planejamos a aplicação e decidimos quais seriam as quatro páginas que construiremos. Há uma coleção de páginas de Localização e uma única página na coleção Outros, como mostrado na figura 4.2.

Figura 4.2 – Coleção das telas que construiremos na aplicação Loc8r.

Ter um conjunto de telas é ótimo, mas elas devem estar relacionadas a URLs entrantes. Antes de fazer qualquer codificação, é uma boa ideia mapear o problema e criar um padrão a ser seguido. A tabela 4.1 mostra uma sugestão de mapeamento bem simples, relacionando telas e URLs. Esta será a base do roteamento de nossa aplicação.

Tabela 4.1 – Definindo um caminho de URL, ou rota, para cada uma das telas do protótipo

Coleção	Tela	Caminho do URL
Localizações	Listagem dos estabelecimentos (nossa homepage)	`/`
Localizações	Detalhes do estabelecimento	`/location`
Localizações	Formulário para escrever resenha	`/location/review/new`
Outros	Sobre o Loc8r	`/about`

Quando alguém visita a homepage de nossa aplicação, queremos mostrar a essa pessoa uma lista de estabelecimentos próximos com WiFi público, mas quando alguém visita o URL */about* queremos mostrar informações a respeito do Loc8r.

4.1.1 Para diferentes coleções, diferentes controladores

No capítulo 3 retiramos toda a lógica dos controladores de dentro das definições de rota e criamos um arquivo externo para a homepage. Olhando para o futuro, sabemos que nossa aplicação crescerá e não queremos ter todos os controladores em um único arquivo. Um dos motivos lógicos pelos quais fizemos isso foi para dividir os controladores em coleções.

Portanto, olhando para as coleções que já decidimos, dividiremos os controladores em Localizações e Outros. Para entender como isso funcionará do ponto de vista da estrutura de arquivos, podemos rabiscar algo parecido com a figura 4.3. Aqui a aplicação inclui os arquivos de rotas que, por sua vez, inclui múltiplos arquivos de controladores, cada um deles batizado de acordo com a coleção relevante.

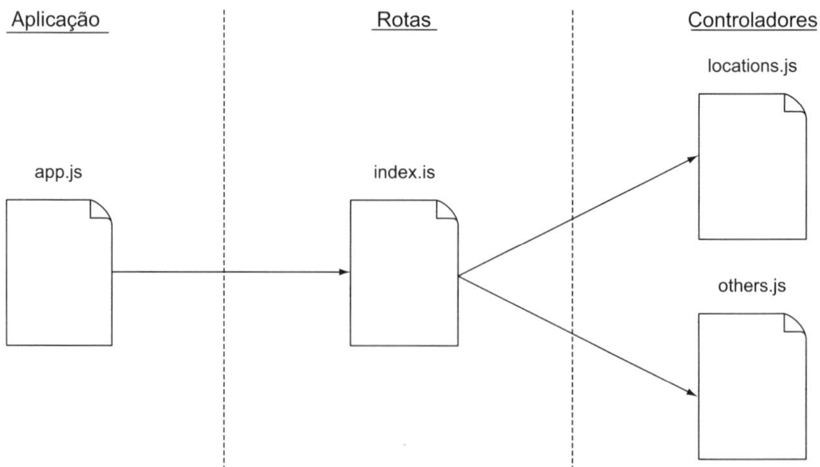

Figura 4.3 – Estrutura de arquivos proposta para rotas e controladores na aplicação.

Na estrutura proposta temos um único arquivo para as rotas e dois arquivos para os controladores, bem como um arquivo para cada coleção de telas. Esta configuração foi pensada para facilitar a organização do código de acordo com a maneira como a aplicação foi organizada. Mais adiante voltaremos aos controladores. Agora, precisamos aprender um pouco sobre as rotas.

O período de planejamento acabou. Agora é hora de botar a mão na massa! Então, abra seu ambiente de desenvolvimento e a aplicação. Começaremos trabalhando no arquivo de rotas *index.js*.

REFERENCIANDO OS ARQUIVOS DE CONTROLADORES

Como mostramos na figura 4.3, queremos referenciar dois arquivos de controladores dentro do arquivo de rotas. Não criamos esses controladores ainda, faremos isso na sequência.

Esses arquivos serão chamados *locations.js e others.js* e serão gravados em *app_server/controllers*. No *index.js* usaremos a declaração `require` para ambos os arquivos de controladores e associaremos cada um deles a uma variável de nome relevante, como mostrado na listagem a seguir:

Listagem 4.1 – Referenciando os arquivos de controladores no routes/index.js

```
var express = require('express');
var router = express.Router();
var ctrlLocations = require('../controllers/locations'); ❶
var ctrlOthers = require('../controllers/others');
```

❶ Substitua a referência existente a ctrlMain pelos dois novos "requires".

Agora temos duas variáveis que podemos referenciar em definições de rota, respeitando as diferentes coleções.

CONFIGURANDO AS ROTAS

No *index.js* incluiremos as rotas para as três telas na coleção Localizações, e também a página Sobre Nós, na coleção Outros. Cada uma dessas rotas precisa de uma referência aos controladores. Lembre-se de que as rotas servem apenas como um serviço de mapeamento, pegando o URL de uma solicitação entrante (vinda de um navegador, por exemplo) e o mapeando para um trecho de código específico, que entregará uma funcionalidade específica da aplicação.

Já vimos na tabela 4.1 quais caminhos queremos mapear, portanto só nos resta implementá-los no arquivo *routes/index.js*. A listagem completa do arquivo é mostrada a seguir:

Listagem 4.2 – Definindo rotas e mapeando-as a controladores

```
var express = require('express');
var router = express.Router();
var ctrlLocations = require('../controllers/locations'); ❶
var ctrlOthers = require('../controllers/others');

/* Locations pages */
router.get('/', ctrlLocations.homelist); ❷
router.get('/location', ctrlLocations.locationInfo);
router.get('/location/review/new', ctrlLocations.addReview);

/* Other pages */
router.get('/about', ctrlOthers.about); ❸

module.exports = router;
```

❶ Cria dependência aos controladores (usando `require`).

❷ Define as rotas de localização e as mapeia para as funções nos controladores.

❸ Define outras rotas.

Este arquivo de roteamento mapeia os URLs definidos para alguns controladores específicos, embora ainda não tenhamos construído esses controladores. É o que vamos fazer agora.

4.2 Controladores básicos

Neste ponto criaremos controladores realmente básicos para que nossa aplicação possa rodar sem reclamar que está faltando alguma coisa. Com esses controladores poderemos testar o roteamento de diferentes URLs.

4.2.1 Criando os controladores

Nós temos apenas um controlador na pasta *app_server/controllers*, o arquivo *main.js* contendo uma única função que controla a homepage. O código atual desse arquivo está reproduzido no trecho de código a seguir:

```
/* GET 'home' page */
module.exports.index = function(req, res){
   res.render('index', { title: 'Express' });
};
```

Não queremos mais usar esse controlador main e poderíamos descartá-lo. No entanto, ele serve muito bem como modelo para outros controladores. Comecemos, pois, renomeando o arquivo para *others.js*.

ADICIONANDO O CONTROLADOR "OUTROS"

Na listagem 4.2 definimos que existirá um controlador no arquivo *others.js* chamado `about`. Renomeie o controlador `index` existente para `about`, mantendo o mesmo template de visão e atualizando o título para algo relevante. Isso ajudará a testar com mais facilidade o funcionamento correto dessa rota. A listagem a seguir mostra o conteúdo completo de *others.js* depois dessas pequenas alterações.

Listagem 4.3 – Arquivo de controladores da coleção "Outros"

```
/* GET 'about' page */
module.exports.about = function(req, res){ ❶
   res.render('index', { title: 'About' });
};
```

❶ Define o roteamento usando a mesma visão, mas mudando o título para About.

O primeiro está feito. Porém, a aplicação não funcionará, pois faltam controladores para as rotas da coleção Localizações.

ADICIONANDO OS CONTROLADORES DE "LOCALIZAÇÕES"

O processo para adicionar as rotas de Localizações é mais ou menos o mesmo. No arquivo de rotas, especificamos o nome do arquivo de controladores e os nomes das três funções de controladoria.

Na pasta *app_server/controllers* crie um arquivo chamado *locations.js* e inclua nele três funções básicas de controle: `homelist`, `locationInfo` e `addReview`. A próxima listagem mostra como o arquivo deve ficar:

Listagem 4.4 – Arquivo de controladores da coleção Localizações

```
/* GET 'home' page */
module.exports.homelist = function(req, res){
   res.render('index', { title: 'Home' });
};

/* GET 'Location info' page */
module.exports.locationInfo = function(req, res){
   res.render('index', { title: 'Location info' });
};

/* GET 'Add review' page */
module.exports.addReview = function(req, res){
   res.render('index', { title: 'Add review' });
};
```

Agora parece que está tudo no lugar. Testemos nossa aplicação.

4.2.2 Testando os controladores e rotas

Agora que as rotas e os controladores básicos estão em seus lugares, já conseguiremos rodar a aplicação para um teste. Se ela já estiver rodando com o nodemon, não precisa fazer nada – ele mesmo reinicia a aplicação para você ao detectar uma mudança de arquivo. Entretanto, se a aplicação estiver parada, abra um terminal, navegue até a pasta da aplicação e digite:

```
$ nodemon
```

Caçando erros

Se estiver encontrando problemas para reiniciar a aplicação neste ponto, a primeira coisa a verificar é se todos os arquivos, funções e referências estão com os nomes corretos. As mensagens de erro que o Node.js joga no terminal costumam dar pistas sobre o que está acontecendo. Às vezes as mensagens são menos informativas, mas vale a pena começar por aí. Veja a seguir alguns erros bastante comuns:

```
module.js:340
   throw err;
         ^
Error: Cannot find module '../controllers/other' ❶
```

```
at Function.Module._resolveFilename (module.js:338:15)
at Function.Module._load (module.js:280:25)
at Module.require (module.js:364:17)
at require (module.js:380:17)
at module.exports (/Users/sholmes/Dropbox/Manning/Getting-MEAN/Code/
    Loc8r/BookCode/routes/index.js:2:3) ❷
at Object.<anonymous> (/Users/sholmes/Dropbox/Manning/Getting-MEAN/
    Code/Loc8r/BookCode/app.js:26:20)
at Module._compile (module.js:456:26)
at Object.Module._extensions..js (module.js:474:10)
at Module.load (module.js:356:32)
at Function.Module._load (module.js:312:12)
```

❶ Pista número um: um módulo não foi encontrado.

❷ Pista número dois: um arquivo gerando vários erros.

Primeiro, percebemos que o módulo `other` não foi encontrado ❶. Mais adiante no relatório de erros podemos ver o arquivo que originou a mensagem ❷. Ao abrir o arquivo *routes/index.js* descobrimos que foi escrito `require('../controllers/other')`, mas o nome correto do arquivo é *others.js*. Para corrigir o problema basta alterar a referência para `require('../controllers/others')`.

Se tudo estiver certo, não serão mostrados erros no terminal, significando que todas as rotas estão apontando para algum controlador. Com o navegador, visite cada um dos URLs e verifique se as rotas criadas para eles funcionam. A homepage está em localhost:3000, a página de cada estabelecimento está em *localhost:3000/location*. Observe que cada controlador envia dados diferentes para o mesmo template de visão. Podemos ver que isso está funcionando corretamente porque o título da página é diferente em cada URL. A figura 4.4 mostra as capturas de tela de nossa aplicação até o momento, com os resultados das diferentes rotas e controladores associados.

Podemos notar que cada rota está recebendo um conteúdo diferente, portanto sabemos que o roteamento e os controladores estão funcionando da maneira como desejamos.

O próximo passo no processo de prototipagem é colocar alguma coisa de HTML, layout e conteúdo em cada tela. Faremos isso usando visões.

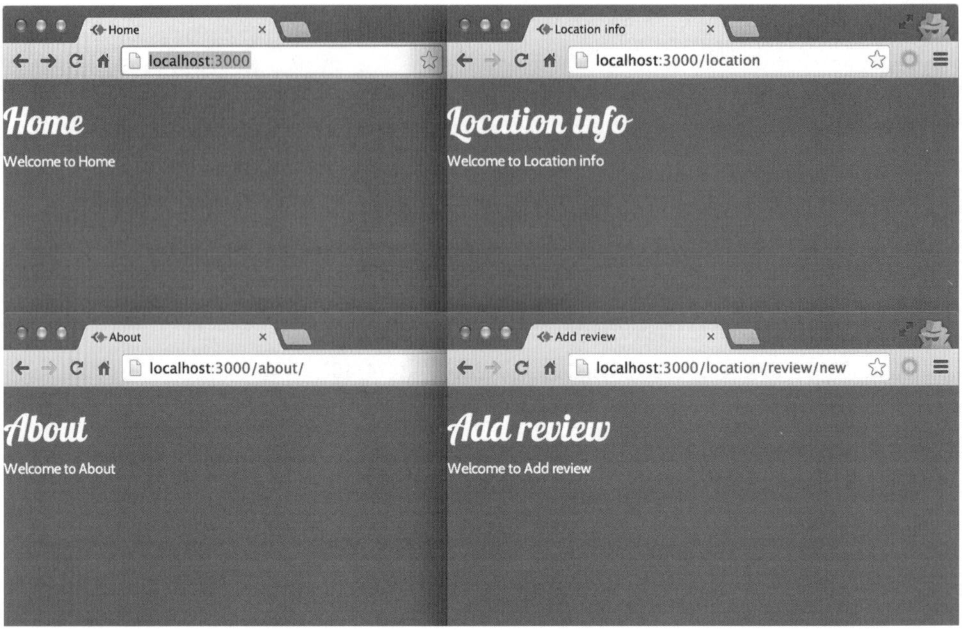

Figura 4.4 – Capturas de tela das quatro rotas até aqui. Observe o texto diferente em cada página, que vem dos controladores associados a cada rota.

4.3 Criando algumas visões

Quando nossas páginas vazias, caminhos e rotas já estiverem funcionando, é hora de inserir algum conteúdo e trabalhar o layout da aplicação. É aqui que as coisas começam a acontecer e podemos ver nossa ideia se tornando realidade. Para esta etapa, usaremos Jade e Bootstrap. Jade é o mecanismo de templates do Express (embora pudéssemos ter escolhido outros três se desejássemos) e o Bootstrap é um framework para front-end que torna as coisas realmente fáceis quando queremos construir um site bonito e responsivo que se apresenta de forma diferente em computadores de mesa e em dispositivos móveis.

4.3.1 Conhecendo o Bootstrap

Antes de iniciar, vamos conhecer melhor o Bootstrap. Não vamos nos aprofundar ao extremo no assunto, mas precisamos pelo menos entender alguns conceitos básicos antes de tentar colocá-lo em um arquivo do Jade.

O GRID RESPONSIVO DO BOOTSTRAP

O Bootstrap usa uma grade (ou grid, no jargão dos designers) de 12 colunas. Teremos sempre 12 colunas, independentemente do tamanho da tela. Em um smartphone cada coluna será bem estreita. Em um monitor com resolução exagerada, cada coluna será bastante larga. O conceito fundamental do Bootstrap é que podemos definir quantas colunas um elemento pode usar, e esse número pode ser diferente para diferentes tamanhos de tela.

O Bootstrap tem várias referências CSS que permitem determinar quatro marcadores (breakpoints) de largura de pixel diferentes para seu layout. Esses breakpoints estão listados na tabela 4.2, bem como um dispositivo de exemplo que será contemplado com cada tamanho.

Tabela 4.2 – Breakpoints do Bootstrap para diferentes dispositivos-alvo

Breakpoint	Referência CSS	Dispositivo exemplo	Largura em pixels
Dispositivos em miniatura	`xs`	Smartphones	Menor que 768
Dispositivos pequenos	`sm`	Tablets	768 ou mais
Dispositivos médios	`md`	Laptops	992 ou mais
Dispositivos grandes	`lg`	Monitores PC/Mac	1.200 ou mais

Para definir a largura de um elemento, combinamos uma das referências CSS da tabela 4.2 com o número de colunas que desejamos ter. Uma classe denotando uma coluna é construída da seguinte maneira.

```
col-sm-6
❶ ❷ ❸
```

❶ Denota que este elemento atuará como uma coluna.

❷ Breakpoint mínimo.

❸ Número de colunas a usar.

Esta classe `col-sm-6` dará ao elemento em que for aplicado uma largura de 6 colunas na tela para dispositivos com resolução `sm` ou maior. Portanto, em tablets, laptops e monitores esta coluna tomará metade da largura disponível.

Para que o lado responsivo das coisas funcione, é possível aplicar mais de uma classe para um mesmo elemento. Se por exemplo precisarmos que um `div` ocupe completamente a largura de tela de um smartphone, mas apenas a metade da tela em tablets e maiores, usa-se o seguinte trecho de código:

```
<div class="col-xs-12 col-sm-6"></div>
```

A classe `col-xs-12` formata o layout para 12 colunas em dispositivos miniatura e `col-sm-6` formata o layout para usar 6 colunas em dispositivos pequenos ou maiores. A figura 4.5 ilustra o efeito em diferentes dispositivos quando temos dois `divs` desse tipo, um depois do outro na página:

```
<div class="col-xs-12 col-sm-6">DIV ONE</div>
<div class="col-xs-12 col-sm-6">DIV TWO</div>
```

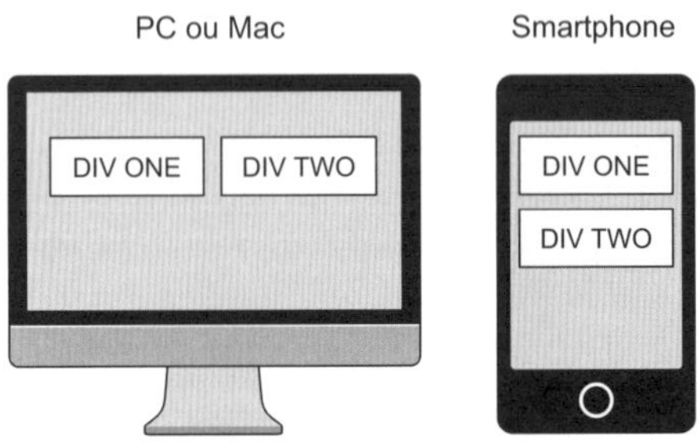

Figura 4.5 – O sistema de colunas responsivas do Bootstrap em um computador com tela grande e em um dispositivo móvel. Classes CSS são usadas para determinar o número de colunas, de um total de 12, que cada elemento vai ocupar em diferentes resoluções de tela.

Este método permite uma fórmula assaz semântica para criar templates responsivos. Basearemo-nos bastante nele para as páginas do Loc8r. Falando nele, que tal começar?

4.3.2 Configurando o framework HTML com Jade e Bootstrap

Existem alguns requisitos comuns a todas as páginas em nossa aplicação. No topo da página queremos uma barra de navegação e um logotipo. Na parte de baixo, teremos uma nota de copyright no rodapé. E, no centro da página, uma área de conteúdo variável. Algo como o mostrado na figura 4.6.

Figura 4.6 – Estrutura básica para um layout reutilizável, com uma barra de navegação padrão e um rodapé fixos, bem como uma área estendível e de conteúdo variável no centro.

Esta estrutura básica para o layout da aplicação é bastante simples, mas resolve todos os nossos problemas. Ela proporcionará um visual consistente ao mesmo tempo que permite qualquer tipo de sublayout, por mais diferente ou maluco que seja, no centro.

Como vimos no capítulo 3, os templates do Jade usam o conceito de layouts extensíveis, permitindo-nos definir esta estrutura repetível apenas uma vez em um arquivo de layout. No próprio arquivo especificamos quais partes podem ser estendidas e, uma vez que este arquivo esteja configurado, pode ser usado infinitas vezes. A criação da estrutura de layout em um arquivo permite que só precisemos fazer isso uma vez e que possamos manter o layout das páginas em apenas um lugar.

O LAYOUT

Para construir essa estrutura visual básica das páginas, precisamos trabalhar com o arquivo *layout.jade* na pasta *app_server/views*. As modificações serão mínimas. O trecho de código abaixo mostra conteúdo atual do arquivo, antes das modificações:

```
doctype html
html
  head
    meta(name='viewport', content='width=device-width, initial-scale=1.0')
    title= title
    link(rel='stylesheet', href='/bootstrap/css/amelia.bootstrap.css')
    link(rel='stylesheet', href='/stylesheets/style.css')
  body
    block content

    script(src='/javascripts/jquery-1.11.1.min.js')
    script(src='/bootstrap/js/bootstrap.min.js')
```

Não há conteúdo HTML no bloco marcado pela tag `body` – ainda! – apenas um único bloco extensível chamado `content` e um par de referências a scripts externos que nós mesmos inserimos no capítulo 3. Manteremos tudo isso, mas precisamos inserir uma barra de navegação sobre o bloco `content` e um rodapé abaixo dele.

INCLUINDO A BARRA DE NAVEGAÇÃO

O Bootstrap possui uma coleção de elementos e classes que podemos usar para criar uma barra de navegação que fique "colada" no topo em telas maiores, mas que se recolha em um menu dropdown em dispositivos móveis. Não exploraremos os detalhes de todas as classes CSS do Bootstrap, pois só precisamos pegar o código exemplo disponível no site do Bootstrap, ajeitar aqui e ali e incluir os links corretos.

Na barra de navegação queremos:

1. O logotipo do Loc8r apontando para a homepage.
2. Um link About (Sobre nós) à esquerda, apontando para o URL */about*.

Tudo isso é providenciado no trecho de código a seguir, que deve ser inserido no arquivo *layout.jade* logo acima da linha `block content`:

```
.navbar.navbar-default.navbar-fixed-top ❶
  .container
    .navbar-header
      a.navbar-brand(href='/') Loc8r ❷
    button.navbar-toggle(type='button', data-toggle='collapse',
      data-target='#navbar-main') ❸
      span.icon-bar
      span.icon-bar
      span.icon-bar
  #navbar-main.navbar-collapse.collapse
    ul.nav.navbar-nav ❹
      li
        a(href='/about/') About
```

❶ Dispara uma barra de navegação padrão do Bootstrap fixa no topo da janela.

❷ Cria um link para uma homepage estilizada como uma marca comercial.

❸ Cria um menu recolhido para navegação em resoluções menores.

❹ Adiciona o link About (Sobre nós) na parte esquerda da barra.

Grave o arquivo, reinicie a aplicação e visite-a com seu navegador. Talvez você note que a barra de navegação encobre o topo da página, ou que o link About ainda não aparece. Isso será consertado mais adiante, quando construirmos os layouts para a área de conteúdo (seções 4.3.3 e 4.4), portanto não nos aborreçamos com isso agora.

> **DICA:** Lembre-se de que o Jade não trabalha com tags HTML abrindo e fechando blocos, e por isso a indentação correta é crítica para obter o resultado desejado.

Para a barra de navegação não há muito mais a acrescentar. Se Jade ou Bootstrap são novidades para você, talvez demore um pouco para entender como a sintaxe funciona. Entretanto, como podemos ver, são ferramentas muito bacanas para obter muito com pouco código.

O CONTEÚDO

Depois do menu, de cima para baixo, a próxima área é o bloco `content`. Não há muito o que se fazer por aqui, uma vez que outros arquivos do Jade decidirão o conteúdo. Entretanto, do jeito que está agora, o bloco `content` está ancorado na margem esquerda e não possui nenhuma contenção, o que significa que ele se "espalhará" por toda a largura de tela em todos os dispositivos e tamanhos.

O Bootstrap, como era de se esperar, soluciona o problema. Basta "embrulhar" o bloco de `content` em um contêiner `div` como este:

```
.container
  block content
```

O `div` com uma classe `container` será centralizado na tela e ajustado dentro de limites visualmente aceitáveis em monitores grandes. O conteúdo do `div` continuará sendo alinhado à esquerda.

O RODAPÉ

Na parte de baixo da página, queremos um rodapé fixo, padrão para todas as páginas do site. Em sites grandes, às vezes vemos um verdadeiro matagal de links, termos e condições, ou mesmo uma política de privacidade, mas por enquanto vamos nos contentar com uma mensagem de copyright e manter as coisas simples. Como o rodapé está codificado diretamente no arquivo de layout, será fácil alterá-lo futuramente.

O trecho de código abaixo é tudo o que precisamos para nosso rodapé simples:

```
footer
  .row
    .col-xs-12
      small &copy; Simon Holmes 2014
```

Esse trecho fica visualmente melhor se for colocado dentro do `div` que envolve o bloco `content`, portanto quando o adicionar tenha certeza de que a linha `footer` esteja alinhada (i.e. no mesmo nível de indentação) com a linha `block content`.

TUDO AO MESMO TEMPO AGORA

Agora que a barra de navegação, a área de conteúdo e o rodapé foram finalizados, o próximo passo para definir nosso layout é... nenhum. O arquivo de layout está completo e finalizado. O código completo do arquivo *layout.jade* está na listagem a seguir, com as modificações em **`negrito`**:

Listagem 4.5 – Código final do arquivo que estrutura o layout da aplicação em app_server/views/layout.jade

```
doctype html
html
  head
    meta(name='viewport', content='width=device-width, initial-scale=1.0')
    title= title
    link(rel='stylesheet', href='/bootstrap/css/amelia.bootstrap.css')
    link(rel='stylesheet', href='/stylesheets/style.css')
  body
    .navbar.navbar-default.navbar-fixed-top ❶
      .container
        .navbar-header
          a.navbar-brand(href='/') Loc8r
          button.navbar-toggle(type='button', data-toggle='collapse',
      ↪ data-target='#navbar-main')
            span.icon-bar
            span.icon-bar
            span.icon-bar
        #navbar-main.navbar-collapse.collapse
          ul.nav.navbar-nav
            li
              a(href='/about/') About

      .container
        block content ❷

        footer ❸
          .row
            .col-xs-12
              small &copy; Simon Holmes 2014
      script(src='/javascripts/jquery-1.11.1.min.js')
      script(src='/bootstrap/js/bootstrap.min.js')
```

❶ O layout começa com uma barra de navegação fixa.

❷ O bloco de conteúdo está agora envolto por um contêiner `div`.

❸ Um rodapé bem simples, contendo uma mensagem de copyright, está dentro do `div` logo abaixo do conteúdo.

Isso é tudo o que precisamos para ter um layout responsivo com Bootstrap, Jade e Express. Se tudo estiver no lugar, ao rodar a aplicação veremos algo parecido com a figura 4.7, dependendo do dispositivo.

Como podemos notar, a barra de navegação encobre as primeiras linhas de conteúdo. Consertaremos isso daqui a pouco, quando começarmos a mexer com os layouts de conteúdo. Mas mesmo esse defeito é um bom indicador de que a navegação está funcionando do jeito que queremos – ou seja, sempre presente e fixa no topo. Observe também como o Bootstrap encolheu o menu de navegação dentro de um menu dropdown na tela do smartphone. Parece bastante profissional e acabado, não parece? Especialmente pela (pouca) quantidade de código que escrevemos!

Figura 4.7 – A homepage depois que o template de layout foi atualizado. O Bootstrap automaticamente recolheu a barra de navegação para caber na tela minúscula do smartphone. A barra de navegação encobre o conteúdo, mas isso será consertado quando os layouts de conteúdo forem criados.

> **DICA:** Se não conseguir acessar seu sistema em desenvolvimento a partir de um smartphone, pode simular essa visão com o próprio navegador do PC ou Mac, redimensionando a janela. O Google Chrome, por exemplo, permite simular vários dispositivos móveis diferentes através do console JavaScript.

Agora que o template genérico de layout está pronto, é hora de começar a montar as páginas reais de nossa aplicação.

4.3.3 Criando templates

Ao criar templates podemos começar por qualquer um. Pode ser o mais complicado ou o mais simples, ou o primeiro na jornada do usuário. Para o Loc8r, um bom lugar para começar é a homepage.

DEFININDO O LAYOUT

O principal objetivo da homepage é mostrar uma lista de estabelecimentos nas redondezas que tenham WiFi público. Cada estabelecimento precisará de um nome, um endereço, a distância que está do usuário, as notas dos outros usuários e uma lista do que o local oferece (banheiros, cafeteria, mesas de trabalho etc.). Também vamos adicionar um cabeçalho à página e algum texto para colocar a lista em algum contexto, para que os visitantes de primeira viagem saibam do que o site se trata.

Você pode achar útil – eu acho, e muito! – fazer um esboço a lápis do layout. Melhor ainda, várias propostas de layout. Isso é realmente útil para criar um ponto de partida, e assim ter certeza de que todo o necessário para o sistema, todas as peças e funções estão no papel antes de mergulhar nas tecnicalidades do código. A figura 4.8 mostra meus rabiscos para a homepage do Loc8r.

Fiz dois layouts, um para computadores desktop e outro para smartphones. Vale a pena já fazer neste ponto a distinção do que queremos em cada aspecto do site responsivo, tendo em mente o que o Bootstrap pode fazer e como ele funciona.

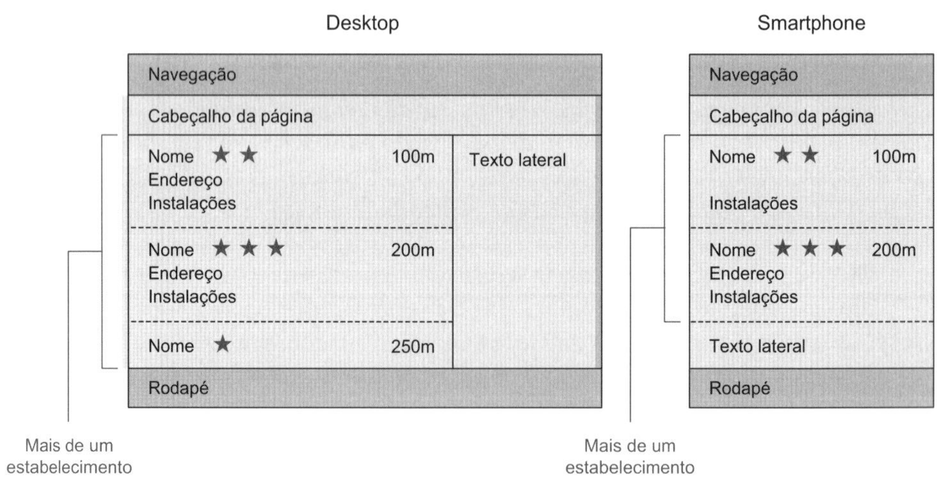

Figura 4.8 – Dois esboços de layout, para computadores desktop e para smartphones, da homepage. Desenhar à mão os layouts é ótimo para tornar palpável a ideia visual do que vamos construir, sem ser distraído pelos intrincados procedimentos do Photoshop ou as tecnicalidades do código.

Neste ponto, os layouts não são finais e podemos muito bem descobrir que vamos mexer muito neles à medida que o código avança. Mas qualquer jornada é mais fácil quando temos em mãos um mapa e sabemos aonde queremos chegar. É por isso que nossos esboços são tão úteis. Podemos começar a parte de programação na direção certa. Os poucos minutos que levamos para fazer esses desenhos já no começo economizam horas e horas de trabalho posterior – reorganizar as partes e blocos do site, ou mesmo jogar tudo fora e começar de novo, é bem menos frustrante em um desenho que em um código gigantesco.

Agora que temos uma ideia básica do que queremos e dos itens de conteúdo necessários, é hora de misturar tudo isso em um novo template.

VISÃO E CONTROLADOR

O primeiro passo é criar um arquivo de visão e associá-lo ao controlador. Na pasta *app_server/views*, faça uma cópia da visão *index.jade* e salve na mesma pasta como *locations-list.jade*. Não é recomendado chamá-lo de "homepage" ou algo parecido, pois, em algum momento, poderemos mudar de ideia sobre o que será mostrado na homepage. Dessa forma, o nome da visão fica bastante claro e pode ser usado em qualquer lugar sem confusão.

O próximo passo é informar ao controlador da homepage que queremos usar essa nova visão. O controlador para a homepage está no arquivo *locations.js* em *app_server/controllers*. Atualize-o para alterar a visão chamada pelo controlador `homelist`. O trecho de código abaixo ilustra as alterações (em **negrito**):

```
module.exports.homelist = function(req, res){
    res.render('locations-list', { title: 'Home' });
};
```

Agora vamos construir o novo template para essa visão.

CRIANDO O TEMPLATE: LAYOUT DE PÁGINA

Quando eu começo a escrever código para layouts, costumo começar pelas peças maiores e só depois ir passando para as menores, até chegar nos detalhes. Como estamos estendendo o arquivo de layout, a barra de navegação e o rodapé já estão prontos, mas ainda temos que nos preocupar com o cabeçalho da página, a área para a lista de estabelecimentos (o conteúdo) e o painel lateral a considerar.

Neste ponto, precisamos nos preocupar pela primeira vez com as 12 colunas do Bootstrap e quantas dessas colunas serão reservadas para cada elemento do site ou aplicação – e isso para cada dispositivo em que serão exibidos! O trecho de código a seguir mostra o layout de três áreas distintas na página do Loc8r que lista os estabelecimentos com WiFi:

```
#banner.page-header ❶
  .row
    .col-lg-6
      h1 Loc8r
        small  Find places to work with wifi near you!
.row
  .col-xs-12.col-sm-8 ❷
    p List area.
  .col-xs-12.col-sm-4
    p.lead Loc8r helps you find places to work when out and about. ❸
```

❶ Cabeçalho de página que ocupa toda a largura disponível, contendo colunas que limitam o texto a 6 colunas em telas maiores para melhor legibilidade.

❷ Contêiner para a lista de estabelecimentos, com largura de 12 colunas em dispositivos ultrapequenos e 8 colunas em dispositivos maiores.

❸ Contêiner para o painel lateral secundário, contendo 12 colunas em dispositivos ultrapequenos e apenas 4 colunas em dispositivos maiores.

Eu testei várias distribuições de colunas em várias resoluções até ficar satisfeito com o resultado. Possuir simuladores de dispositivos acelera o processo, mas apenas alterar a largura da janela do navegador já é uma mão na roda e força o Bootstrap a trabalhar em seus diferentes breakpoints. Quando obtiver algo que considere bom, jogue o resultado no Heroku e teste em um telefone ou tablet real.

CRIANDO O TEMPLATE: A LISTA DE ESTABELECIMENTOS

Agora que os contêineres da homepage estão definidos, é hora de mexer na área de conteúdo. Nós já temos uma ideia do que queremos que apareça aqui, pois já fizemos os esboços do layout. Cada estabelecimento deve mostrar nome, endereço e nota (quantidade de estrelas), bem como uma indicação da distância em metros e da estrutura oferecida (banheiros etc.).

Como estamos criando um protótipo clicável, todos os dados estarão fixos no template – por enquanto. É a maneira mais fácil de escrever um template e assegurar que todas as informações desejadas serão mostradas da maneira que queremos. Nós nos preocuparemos com os dados dinâmicos mais tarde. Se estivermos trabalhando com um conjunto de dados preexistente sabemos que haverá limitações em seu uso, é preciso ter isso em mente ao criar os layouts.

Novamente, é preciso testar bastante até conseguir um layout que nos satisfaça, mas Jade e Bootstrap juntos tornam esse processo consideravelmente mais fácil. O trecho de código a seguir mostra o meu resultado para um único estabelecimento:

```
.row.list-group ❶
  .col-xs-12.list-group-item
    h4
      a(href="/location") Starcups ❷
      small  
        span.glyphicon.glyphicon-star ❸
        span.glyphicon.glyphicon-star
        span.glyphicon.glyphicon-star
        span.glyphicon.glyphicon-star-empty
        span.glyphicon.glyphicon-star-empty
      span.badge.pull-right.badge-default 100m ❹
    p.address 125 High Street, Reading, RG6 1PS ❺
    p
      span.label.label-warning Hot drinks ❻
       
      span.label.label-warning Food
       
      span.label.label-warning Premium wifi
       
```

❶ Grupo de lista do Bootstrap com um único item que preenche todas as 12 colunas.

❷ Nome da listagem e link para o estabelecimento.

❸ Nota em estrela baseado nos glyphicons do Bootstrap.

❹ Item distância afastado pelo uso da classe "badge" do Bootstrap.

❺ Endereço do estabelecimento.

❻ Serviços e estrutura do estabelecimento, usando classes tipo label do Bootstrap.

Novamente, produzimos muito resultado com pouco esforço ou código, graças à combinação Jade + Bootstrap. O trecho de código mostrado renderiza uma tela como a da figura 4.9.

Figura 4.9 – Tela renderizada de um único estabelecimento, na página de Listagem.

Esta seção deve preencher toda largura disponível na área de conteúdo, ou seja, 12 colunas em todos os dispositivos. Lembre-se, entretanto, que esta seção está aninhada dentro de uma coluna responsiva, portanto, "toda largura disponível" refere-se à largura da coluna que a contém e não toda a largura do navegador.

Vamos colocar tudo isso junto para entender melhor.

CRIANDO O TEMPLATE: JUNTANDO TUDO

Temos então o layout dos elementos de página, a estrutura da área de lista e alguns dados fixos. Vamos ver como isso tudo funciona junto. Para ter uma ideia melhor do layout no navegador, duplicaremos os dados na página de listas para ter mais de um estabelecimento aparecendo. O código, incluindo apenas um estabelecimento para maior clareza, está na listagem a seguir:

Listagem 4.6 – Template completo em app_server/views/locations-list.jade

```
extends layout

block content
  #banner.page-header ❶
    .row
      .col-lg-6
        h1 Loc8r
          small  Find places to work with wifi near you!
  .row
    .col-xs-12.col-sm-8 ❷
      .row.list-group
        .col-xs-12.list-group-item ❸
          h4
            a(href="/location") Starcups
            small  
              span.glyphicon.glyphicon-star
              span.glyphicon.glyphicon-star
```

```
          span.glyphicon.glyphicon-star
          span.glyphicon.glyphicon-star-empty
          span.glyphicon.glyphicon-star-empty
        span.badge.pull-right.badge-default 100m
      p.address 125 High Street, Reading, RG6 1PS
      p
        span.label.label-warning Hot drinks
        |  
        span.label.label-warning Food
        |  
        span.label.label-warning Premium wifi
        |  
.col-xs-12.col-sm-4 ❹
  p.lead Looking for wifi and a seat? Loc8r helps you find places to work
when out and about. Perhaps with coffee, cake or a pint? Let Loc8r help
you find the place you're looking for.
```

❶ Começo do cabeçalho.

❷ Começo da seção responsiva da coluna da listagem principal.

❸ Uma listagem individual: duplique esta seção para criar uma lista de múltiplos itens.

❹ Começo da área lateral, com algum conteúdo estático.

Com tudo isso no lugar certo, o template de listagem de estabelecimentos da homepage está completo. Rode a aplicação e aponte seu navegador para localhost:3000. O resultado será parecido com o da figura 4.10.

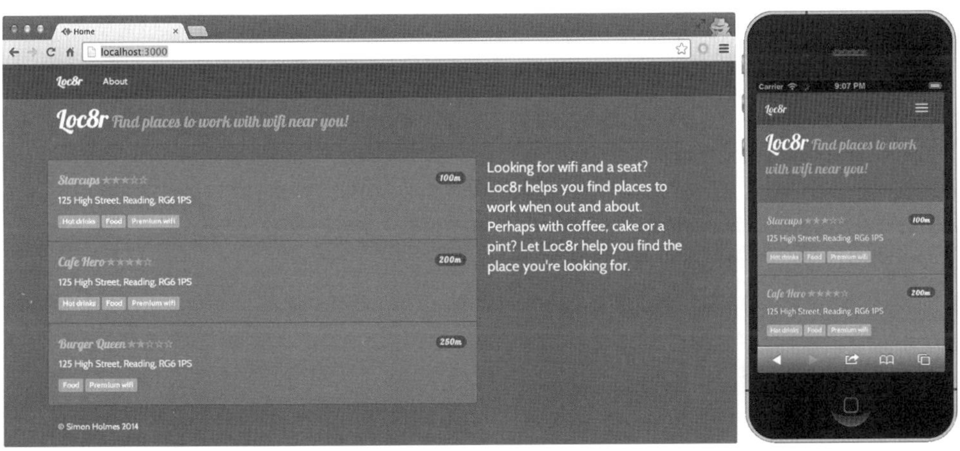

Figura 4.10 – Template responsivo em ação na homepage para os diferentes dispositivos.

Observe como o layout muda bastante da visão desktop para a visão celular. Devemos agradecer ao Bootstrap por isso, bem como nossa escolha de suas classes CSS. Se rolarmos a tela no celular, veremos o painel lateral lá embaixo, depois da lista de estabelecimentos e antes do rodapé. Na tela menor, é mais importante mostrar a lista primeiro, ocupando toda a largura disponível, que o texto.

Pronto! Temos um layout responsivo para a homepage usando Jade e Bootstrap no Express e Node. Vamos então adicionar outras visões, o que faremos com mais rapidez agora que as bases estão sedimentadas.

4.4 Adicionando mais visões

Com a página que lista os estabelecimentos com WiFi, pertencente à coleção Localizações, pronta e rodando podemos adicionar as demais para que os usuários possam navegar pelo nosso protótipo. Nesta seção veremos como adicionar as páginas de:

1. Detalhes do estabelecimento.
2. Escrever resenha.
3. Sobre nós.

Não esmiuçaremos o processo, como fizemos agora há pouco, apenas uma breve explicação, o código e o resultado visual. Você pode baixar o código já pronto a partir do GitHub, se quiser, mas não vai se divertir tanto.

4.4.1 Página de detalhes

O item mais lógico a construir agora seria, sem sombra de dúvida, a página de detalhes do estabelecimento.

Essa página precisa mostrar todas as informações sobre o estabelecimento, incluindo:

- Nome
- Endereço
- Nota (em estrelas)
- Horário de funcionamento
- Serviços e instalações (banheiros, bar etc.)
- Mapa de localização

- Resenhas, cada uma com
  - Nota (em estrelas)
  - Nome do resenhista
  - Data da resenha
  - Texto da resenha
- Botão para enviar uma resenha
- Texto para explicar o contexto da página ao usuário

É bastante informação! Este será o template mais complicado que teremos na aplicação.

PREPARAÇÃO

O primeiro passo para atualizar o controlador para esta página é usar uma visão diferente. Procure pelo controlador `locationInfo` no arquivo *locations.js* presente na pasta *app_server/controllers*. Altere o nome da visão para `location-info`, como no trecho de código a seguir:

```
module.exports.locationInfo = function(req, res){
   res.render('location-info', { title: 'Location info' });
};
```

Lembre-se, rodar a aplicação neste ponto não funcionará, pois o Express não conseguirá encontrar o template da visão – o que parece óbvio, já que não o criamos ainda. É o que faremos a seguir.

A VISÃO

Crie um novo arquivo em *app_server/views* e salve-o como *location-info.jade*. O conteúdo do arquivo está na listagem 4.7, a maior de todo o livro. Lembre-se que para o propósito deste estágio no desenvolvimento do protótipo, estamos criando páginas clicáveis com o conteúdo programado de forma fixa diretamente no código.

Listagem 4.7 – Visão para a página do estabelecimento, em app_server/views/location-info.jade

```
extends layout

block content

   .row.page-header ❶
      .col-lg-12
```

```
    h1 Starcups
.row
  .col-xs-12.col-md-9 ❷
    .row
      .col-xs-12.col-sm-6 ❷
        p.rating
          span.glyphicon.glyphicon-star
          span.glyphicon.glyphicon-star
          span.glyphicon.glyphicon-star
          span.glyphicon.glyphicon-star-empty
          span.glyphicon.glyphicon-star-empty
          p 125 High Street, Reading, RG6 1PS
          .panel.panel-primary ❸
            .panel-heading
              h2.panel-title Opening hours
            .panel-body
              p Monday - Friday : 7:00am - 7:00pm
              p Saturday : 8:00am - 5:00pm
              p Sunday : closed
          .panel.panel-primary
            .panel-heading
              h2.panel-title Facilities
            .panel-body
              span.label.label-warning
                span.glyphicon.glyphicon-ok
                |  Hot drinks
              |  
              span.label.label-warning
                span.glyphicon.glyphicon-ok
                |  Food
              |  
              span.label.label-warning
                span.glyphicon.glyphicon-ok
                |  Premium wifi
              |  
        .col-xs-12.col-sm-6.location-map
          .panel.panel-primary
            .panel-heading
```

```
                  h2.panel-title Location map
                .panel-body
                  img.img-responsive.img-rounded(src='http://maps.
googleapis.com/maps/api/staticmap?center=51.455041,-
0.9690884&zoom=17&size=400x350&sensor=false&markers=51.455041,-
0.9690884&scale=2') ❹
      .row
        .col-xs-12
          .panel.panel-primary.review-panel
            .panel-heading
              a.btn.btn-default.pull-right(
                href='/location/review/new') Add review ❺
              h2.panel-title Customer reviews
            .panel-body.review-container
              .row
                .review
                  .well.well-sm.review-header
                    span.rating
                      span.glyphicon.glyphicon-star
                      span.glyphicon.glyphicon-star
                      span.glyphicon.glyphicon-star
                      span.glyphicon.glyphicon-star
                      span.glyphicon.glyphicon-star
                    span.reviewAuthor Simon Holmes
                    small.reviewTimestamp 16 July 2013
                  .col-xs-12
                    p What a great place. I can't say enough good
things about it.
              .row
                .review
                  .well.well-sm.review-header
                    span.rating
                      span.glyphicon.glyphicon-star
                      span.glyphicon.glyphicon-star
                      span.glyphicon.glyphicon-star
                      span.glyphicon.glyphicon-star-empty
                      span.glyphicon.glyphicon-star-empty
                    span.reviewAuthor Charlie Chaplin
```

```
                    small.reviewTimestamp 16 June 2013
                  .col-xs-12
                    p It was okay. Coffee wasn't great, but the
wifi was fast.
      .col-xs-12.col-md-3 ❻
        p.lead Simon's cafe is on Loc8r because it has accessible wifi and
      space to sit down with your laptop and get some work done.
        p If you've been and you like it - or if you don't - please leave a
      review to help other people just like you.
```

❶ Cabeçalho da página.

❷ Colunas responsivas aninhadas, necessárias ao template.

❸ Um de muitos componentes de painel do Bootstrap usados para definir áreas informativas, neste caso o horário de funcionamento.

❹ Uma imagem estática do Google Maps, incluindo as coordenadas geográficas 51.455041,-0.9690884.

❺ Link para a página Add Review (escrever resenha) usando a classe de botões do Bootstrap.

❻ Coluna responsiva final para as informações do painel lateral.

É um template bastante grande, e logo veremos como resumi-lo. Mas a própria página é complexa, possui um conjunto grande de informações e um punhado colunas responsivas aninhadas. Imagine quão grande ela seria se fosse escrita em HTML puro!

UM TOQUE DE ESTILO

Este template já é bonito do jeito que está, mas possui alguns probleminhas estilísticos que podem ser facilmente resolvidos com uma pitada de CSS. Quando criamos o projeto, resolvemos apagar o conteúdo, mas não o arquivo CSS original do Express. A razão era exatamente esta. O arquivo é chamado de *style.css* e está na pasta *public/stylesheets*. Inclua o trecho de código abaixo no arquivo e salve-o:

```
.review {padding-bottom: 5px;}
.panel-body.review-container {padding-top: 0;}
.review-header {margin-bottom: 10px;}
.reviewAuthor {margin: 0 5px;}
.reviewTimestamp {color: #ccc;}
```

A página de detalhes está, agora, completa! Teste a página com o navegador (*localhost:3000/location*). A figura 4.11 mostra como o layout se apresenta no PC/Mac e no smartphone.

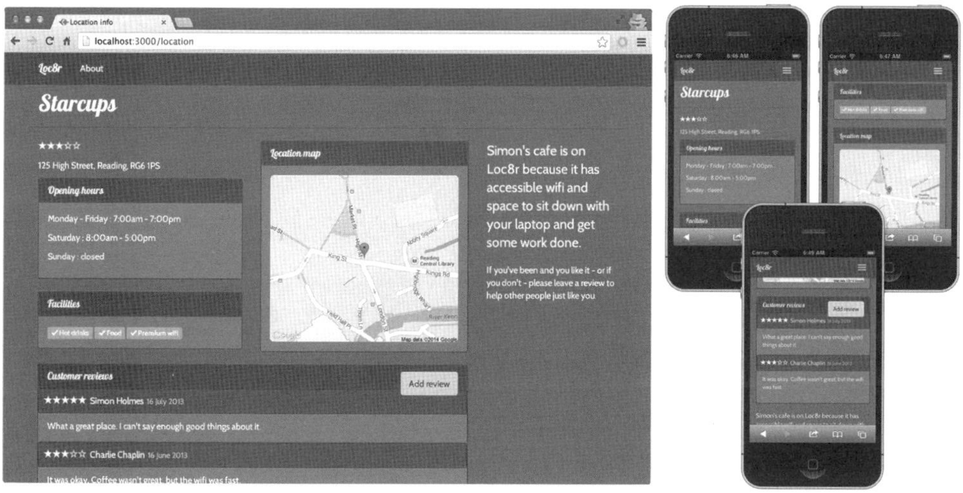

Figura 4.11 – Layout da página de detalhes no desktop e no smartphone.

A próxima etapa na jornada do usuário é a tela Add Review (escrever resenha), que é bem mais simples em termos de layout.

4.4.2 A página de resenhas

Esta será mais direta, contendo apenas um formulário com o nome do usuário e um par de campos para a nota numérica e a resenha.

A primeira coisa a fazer é atualizar o controlador para referenciar a nova visão. No arquivo *app_server/controllers/locations.js* altere o controlador `addReview` para referenciar a nova visão `locationreview-form`, conforme o trecho de código a seguir:

```
module.exports.addReview = function(req, res){
  res.render('location-review-form', { title: 'Add review' });
};
```

O segundo passo é criar essa visão. Na pasta de visões *app_server/views* crie um novo arquivo chamado *location-review-form.jade*. Como este é só um protótipo clicável, não vamos enviar os dados a lugar algum – o objetivo é apenas voltar à página de detalhes do estabelecimento quando o usuário clica no botão de action. No formulário, portanto, definiremos `action="/location"` e o método como `get`. Isso nos dará a funcionalidade de que precisamos por agora. O código completo da página de resenhas está na listagem a seguir:

Listagem 4.8 – Visão para a página de resenhas, em app_server/views/location-review.form.jade

```
extends layout

block content
  .row.page-header
    .col-lg-12
      h1 Review Starcups
  .row
    .col-xs-12.col-md-6
      form.form-horizontal(action="/location", method="get", role="form") ❶
        .form-group
          label.col-xs-10.col-sm-2.control-label(for="name") Name
          .col-xs-12.col-sm-10
            input#name.form-control(name="name") ❷
        .form-group
          label.col-xs-10.col-sm-2.control-label(for="rating") Rating
          .col-xs-12.col-sm-2
            select#rating.form-control.input-sm(name="rating") ❸
              option 5
              option 4
              option 3
              option 2
              option 1
        .form-group
          label.col-sm-2.control-label(for="review") Review
          .col-sm-10
            textarea#review.form-control(name="review", rows="5") ❹
        button.btn.btn-default.pull-right Add my review ❺
    .col-xs-12.col-md-4
```

❶ Ação do formulário: `action="/location"` e método `get`.

❷ Campo de entrada para o avaliador informar o nome.

❸ Menu dropdown para escolher a nota de 1 a 5.

❹ Área de texto para a resenha.

❺ Botão de enviar os dados do formulário ("Submeter").

O Bootstrap possui dezenas de classes para lidar com formulários, que ficam evidentes na Listagem 4.8. Apesar disso, é uma página bastante simples e direta. Quando a aplicação estiver executando, ela deve se parecer com a figura 4.12.

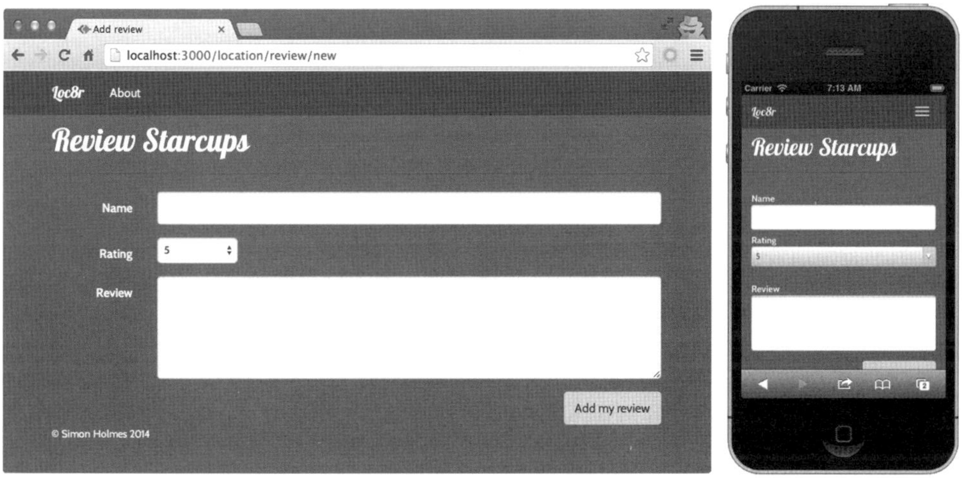

Figura 4.12 – Página Add Review (escrever resenha) completa, nas visões desktop e smartphone.

A página Add Review marca o final da jornada do usuário na coleção de telas Localizações. Só nos resta codificar a página About (Sobre nós).

4.4.3 A página "Sobre nós"

A página final em nosso protótipo estático é a About (Sobre nós). Ela será apenas uma página com o cabeçalho e algum conteúdo, portanto nada muito complicado. O layout pode ser útil para outras páginas no futuro, como a política de privacidade ou os termos e condições. Por isso mesmo, é melhor criar uma página genérica e reutilizável.

O controlador para a página About está no arquivo *others.js* na pasta *app_server/controllers*. Procure pelo controle chamado `about` e altere o nome da visão para `generic-text`, como no trecho de código a seguir:

```
module.exports.about = function(req, res){
   res.render('generic-text', { title: 'About' });
};
```

Depois, crie a visão *generic-text.jade* em *app_server/views*. Será um template bem pequeno e deve se parecer com a listagem a seguir:

Listagem 4.9 – Visão para páginas que contenham apenas texto, app_server/views/generic-text.jade

```
extends layout

block content
  #banner.page-header
    .row
      .col-md-6.col-sm-12
        h1= title
  .row
    .col-md-6.col-sm-12
      p
        | Loc8r was created to help people find places to sit down and get a
bit of work done.
        | <br /><br />
        | Lorem ipsum dolor sit amet, consectetur adipiscing elit. Nunc sed
lorem ac nisi dignissim accumsan.
```

❶ Use o caractere | para criar linhas de texto puro dentro de um parágrafo <p>.

A listagem 4.9 mostra um layout muito simples. Não se preocupe em incluir conteúdo específico em uma visão genérica neste ponto do desenvolvimento. Faremos isso mais tarde, para que a página fique reutilizável. Por enquanto, para o propósito de terminar nosso protótipo estático clicável, está ok.

Provavelmente vamos querer adicionar algum conteúdo de nossa própria lavra, para que pareça um site real. Observe que as linhas começando com o caractere | pode conter tags HTML se você fizer questão delas. A figura 4.13 mostra como isso fica no navegador se rechearmos a página com um pouco mais de conteúdo.

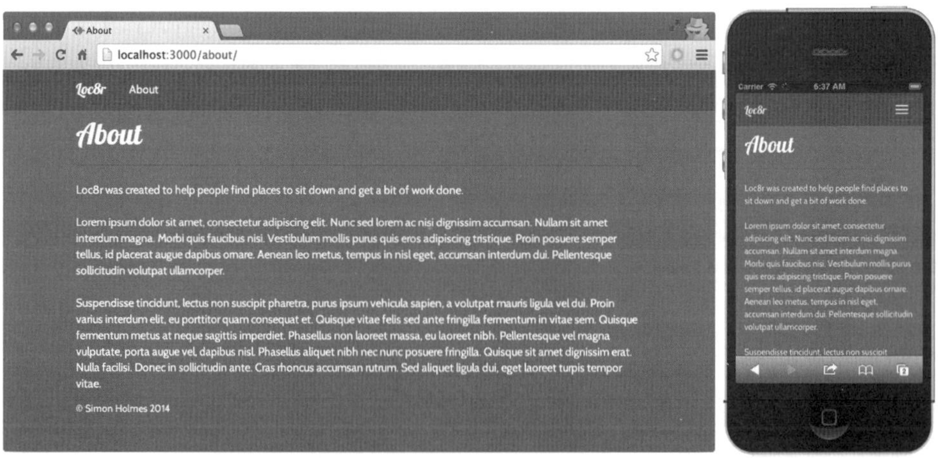

Figura 4.13 – Um template para texto genérico usado na página Sobre nós.

Esta é a última das quatro páginas de que precisaremos para nosso protótipo estático. Podemos agora enviar tudo para o Heroku e convidar as pessoas para visitar o URL e clicar à vontade. Se você se esqueceu de como fazer isso, colocamos os comandos necessários como um lembrete. Obviamente, você já deve ter configurado o Git e o Heroku – caso contrário, consulte os capítulos 2 e 3. Você precisa estar na pasta-raiz da aplicação.

```
$ git add .
$ git commit -m "Adding the view template"
$ git push heroku master
```

Obtendo o código-fonte

O código-fonte, como se encontra neste ponto, pode ser baixado a partir do GitHub, repositório *github.com/simonholmes/getting-MEAN*, branch `chapter-04-views`. Em uma pasta vazia no terminal, os comandos a seguir clonarão o branch e instalarão as dependências dos módulos com o npm:

```
$ git clone -b chapter-04-views https://github.com/simonholmes/getting-MEAN.git
$ cd getting-MEAN
$ npm install
```

O que vem agora? As rotas, visões e controladores estão configurados para um site estático que podemos clicar e navegar. Enviamos o código atualizado para o Heroku para que os outros possam visitar a aplicação. De certa forma, esse é o objetivo final deste estágio. O desenvolvimento do sistema entra numa pausa agora, enquanto nos ocupamos de testar a jornada do usuário e esperar as críticas e sugestões. Este é definitivamente o ponto mais fácil em todo o processo para fazer aquelas revoluções que mudam tudo no aplicativo.

Se o objetivo final era uma SPA em AngularJS e ficamos satisfeitos com o protótipo, provavelmente não iríamos mais adiante no protótipo. Este seria o momento de começar a planejar a aplicação no Angular.

Mas nós não vamos fazer isso. Em vez disso, vamos continuar no caminho atual de criar uma aplicação no Express. Manteremos nosso site estático. Mas o que vamos fazer é retirar os dados que estão fixos nas visões e colocá-los nos controladores.

4.5 Tornando as visões inteligentes

No momento, todo o conteúdo e dados estão "presos" nas visões. Para testar a ideia da aplicação e deslocar os elementos para lá e para cá na interface, não tem nada melhor. Mas é hora de seguir em frente. Um dos objetivos da arquitetura MVC é ter visões completamente desprovidas de conteúdo ou dados. As visões precisam simplesmente ser alimentadas com dados para apresentá-los aos usuários, mas não podem elas mesmas gerar ou conter dados. As visões precisarão conhecer a estrutura dos dados, para saber apresentá-los, mas o conteúdo que vai dentro dessa estrutura não interessa a mínima para uma visão.

Se nos lembrarmos da teoria sobre a arquitetura MVC, o modelo detém os dados, o controlador processa os dados e a visão apresenta os dados processados de uma forma que o leitor possa entender. Como ainda não estamos lidando com o modelo – tenha paciência, o capítulo 5 é todinho sobre ele – tivemos de colocar os dados improvisadamente nas visões. Neste momento, vamos tornar as visões mais inteligentes para que façam o que devem fazer. Para isso precisamos retirar todos os dados e conteúdo de dentro das visões e – novamente de forma improvisada – inseri-los nos controladores. A figura 4.14 ilustra o fluxo de dados em uma arquitetura MVC e as mudanças que queremos fazer para nos deixar um passinho mais perto do resultado que queremos.

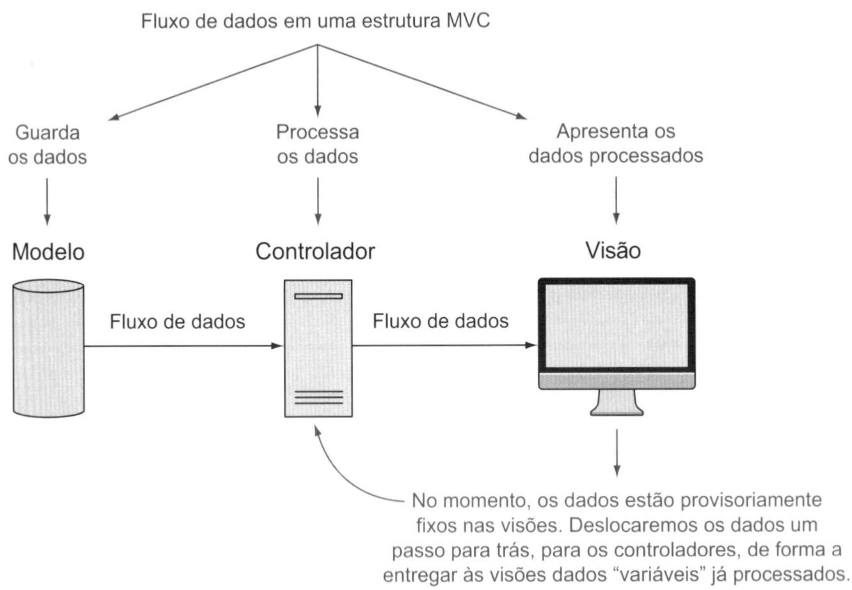

Figura 4.14 – Como os dados devem fluir em uma estrutura MVC: do modelo para o controlador, e do controlador para a visão. Neste ponto do protótipo nossos dados estão na visão, mas os deslocaremos para os controladores em instantes.

Fazer essas mudanças agora permitirá que as visões fiquem prontas para as próximas etapas. Além disso, já começaremos a ter uma ideia de como os dados processados devem ser formatados nos controladores. Portanto, em vez de começar com a estrutura de dados, começamos com o front-end que nos pareceu ideal e a partir de agora faremos uma engenharia reversa pelos degraus do MVC à medida que nosso entendimento dos requisitos se solidificam.

Como faremos isso, então? Começando da homepage, vamos arrancar cada pedacinho de conteúdo de dentro da visão em Jade. Atualizaremos o arquivo Jade para conter variáveis no lugar do conteúdo e, depois, colocaremos o conteúdo como variáveis dentro do controlador. O controlador, então, passa esses valores para a visão. O resultado, no final das coisas, parecerá não ter mudado nada quando visitamos a aplicação pelo navegador – os usuários não devem perceber nenhuma diferença. Os papéis das várias partes e o tráfego de dados para lá e para cá estão mostrados na figura 4.15.

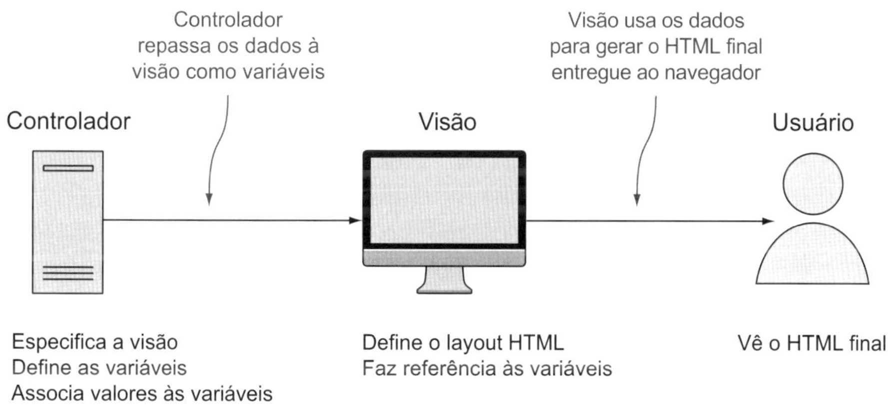

Figura 4.15 – Quando é o controlador quem especifica os dados, estes são passados em forma de variáveis. A visão usa os dados para gerar o HTML final que é entregue ao usuário.

No final deste estágio os dados ainda serão fixos no código, mas estarão nos controladores e não nas visões. As visões serão agora mais inteligentes e capazes de aceitar quaisquer dados que sejam passados a elas – desde que, é claro, estejam no formato correto.

4.5.1 Como deslocar os dados da visão para o controlador

Começando pela homepage, retiraremos os dados da visão *locations-list.jade* e os colocaremos na função `homelist` do arquivo *locations.js*, que possui os controladores da coleção Localizações. Comecemos no topo da página com algo extremamente simples, o cabeçalho. O trecho de código a seguir mostra a seção de cabeçalho da visão *list.jade*, que tem dois itens de conteúdo:

```
#banner.page-header
  .row
    .col-lg-6
      h1 Loc8r ❶
        small  Find places to work with wifi near you! ❷
```

❶ Título da página em fonte grande.

❷ Fonte menor com a "linha fina".

Esses dois itens de conteúdo são a primeira coisa que jogaremos para o controlador, cujo código atual (antes de qualquer alteração) está mostrado a seguir:

```
module.exports.homelist = function(req, res){
  res.render('locations-list', { title: 'Home' });
};
```

Este trecho já está enviando um dado à visão. Como já vimos, o segundo parâmetro na função `render` é um objeto em JavaScript contendo dados para serem enviados à visão. Neste caso, o controlador `homelist` está enviando um objeto de dados `{ title: 'Home' }` para a visão. Esse objeto está sendo usado pelo arquivo de layout para colocar a palavra `Home` no título HTML da página (na tag `<title>`) – o que, convenhamos, não é exatamente o melhor exemplo de texto para se colocar no `<title>` de uma página web.

ATUALIZANDO O CONTROLADOR

Vamos alterar o título para algo mais apropriado à página – e aproveitar para adicionar os dois itens de dados que queremos que apareçam no cabeçalho, o título e a linha fina (identificada no código pela variável `strapline`). Faremos essas mudanças primeiro no controlador, como mostrado a seguir em **negrito**:

```
module.exports.homelist = function(req, res){
  res.render('locations-list', {
    title: 'Loc8r - find a place to work with wifi',
```

```
      pageHeader: { ❶
        title: 'Loc8r',
        strapline: 'Find places to work with wifi near you!'
      }
    });
  };
```

❶ Novo objeto pageHeader aninhado, contendo propriedades para o título e para a linha fina.

Por uma questão semântica (e por ficar mais bonitinho), o título e a linha fina foram agrupados num objeto chamado `pageHeader`. Este é um bom hábito para se cultivar, pois tornam os controladores fáceis de atualizar e manter ao longo da vida útil da aplicação.

ATUALIZANDO A VISÃO

Agora que o controlador está passando adiante esses itens de dados, podemos atualizar a visão para referenciá-los no lugar do conteúdo fixo. Itens aninhados como esses podem ser referenciados usando a sintaxe do ponto. Portanto, para referenciar a linha fina (strapline) do cabeçalho da página na visão *list.jade* usaremos `pageHeader.strapline`. O trecho de código a seguir mostra a seção do cabeçalho de página no arquivo de visão (modificações em **`negrito`**):

```
#banner.page-header
  .row
    .col-lg-6
      h1= pageHeader.title ❶
        small  #{pageHeader.strapline} ❷
```

❶ = significa que o conteúdo é um código em buffer, neste caso um objeto JavaScript.

❷ Os delimitadores #{} são usados para inserir dados em um local específico como, por exemplo, no meio de um texto fixo.

O código mostra o conteúdo dos objetos `pageHeader.title` e `pageHeader.strapline` nos lugares apropriados da visão. O quadro a seguir mostra os diferentes métodos de se referenciar dados em templates do Jade.

Referenciando dados em templates Jade

Há duas sintaxes diferentes para se referenciar dados em templates do Jade. A primeira é chamada de *interpolação* e é tipicamente usada para inserir dados no meio de algum conteúdo existente. Os dados interpolados são definidos pelos delimitadores `#{` para o começo do trecho e `}` para o fim do trecho variável. Normalmente, usa-se assim:

```
h1 Bem-vindo a #{pageHeader.title}
```

Se os dados contiverem HTML, eles serão isolados por razões de segurança com caracteres de escape. Isso significa que os usuários verão todas as tags HTML mostradas como texto no navegador e não serão interpretadas como HTML. Caso seja desejável que o navegador renderize esse HTML contido nos dados, a sintaxe dos delimitadores muda ligeiramente:

```
h1 Bem-vindo a !{pageHeader.title}
```

Se usar essa sintaxe, lembre-se de que ela coloca sua aplicação e o usuário em sérios riscos de segurança, portanto deve ser usada apenas com fontes de dados confiáveis. Jamais permita que qualquer coisa que o usuário possa digitar seja mostrado com esses delimitadores `!{ }`, mesmo que haja verificações de segurança adicionais.

O segundo método de enviar dados é o que chamamos de *código em buffer* (*buffered code*). Em vez de inserir os dados diretamente em uma string existente, a string completa é construída em JavaScript. Isso é feito usando o sinal de igualdade ("`=`") imediatamente após a declaração da tag HTML:

```
h1= "Bem-vindo a " + pageHeader.title
```

Novamente, as tags HTML serão escapadas por uma questão de segurança. Se preferir o HTML sem os escapes, a sintaxe também é ligeiramente diferente:

```
h1!= "Bem-vindo a " + pageHeader.title
```

Mais uma vez, use com critério! Sempre que possível, use um dos métodos isolados com caracteres de escape, para garantir uma rede de segurança adicional.

Se rodarmos a aplicação agora, a única mudança que veremos é que o título (`<title>`) foi atualizado. Todo o restante parece estar do mesmo jeito. Mas agora sabemos que alguns dos dados estão vindo do controlador.

Esta seção foi um exemplo bem simples do que faremos a partir daqui, e como o faremos. A parte complicada da homepage é a seção de Listagem, portanto vamos analisar melhor como lidaremos com ela.

4.5.2 Lidando com dados complexos e repetitivos

A primeira coisa a se ter em mente na lista dos estabelecimentos comerciais com WiFi, ou seja, o quadro no meio da homepage, é que cada estabelecimento segue um padrão de apresentação de dados e um layout idênticos. Da mesma forma que com o cabeçalho da página, analisaremos os dados, depois os removeremos da visão e os inseriremos nos respectivos controladores.

Em termos de dados JavaScript, um padrão repetitivo presta-se lindamente para o conceito de arranjo de dados (data array). Faremos um array contendo múltiplos objetos, e cada objeto conterá todas as informações relevantes para um estabelecimento comercial listado.

ANALISANDO OS DADOS NA VISÃO

Vamos analisar a lista de estabelecimentos para ver que informações precisamos que o controlador envie para a visão. A figura 4.16 mostra como um estabelecimento deve aparecer na lista.

Figura 4.16 – Um dos itens da lista de estabelecimentos, mostrando os dados relevantes.

A partir da imagem, podemos listar os dados necessários para cada local:

- Nome
- Nota numérica
- Distância a partir da posição do usuário
- Endereço
- Serviços e instalações (cafeteria, banheiros etc.)

Tomando como base os dados que retiramos da figura 4.16 e criando um objeto JavaScript a partir deles, nossa estrutura de dados pode ser bem simples, mas, ao mesmo tempo, conter tudo o que precisamos, como no trecho de código a seguir:

```
{
   name: 'Starcups',
   address: '125 High Street, Reading, RG6 1PS',
   rating: 3,
   facilities: ['Hot drinks', 'Food', 'Premium wifi'], ❶
   distance: '100m'
}
```

❶ A lista de serviços e instalações é definida como um vetor de valores string.

Esses são os dados de que precisamos para um único local, reunidos em um único objeto JavaScript. Para nossa lista com vários estabelecimentos, precisamos criar um array desses objetos.

ADICIONANDO O ARRAY DE DADOS REPETITIVOS AO CONTROLADOR

Precisamos criar um array de objetos, cada objeto contendo os dados de um local com WiFi – dados esses retirados da visão em nosso protótipo – e adicionar esse array ao objeto de dados passados à função `render` no controlador. O trecho de código a seguir mostra o controlador `homelist` já atualizado para incluir o array de locais.

```
module.exports.homelist = function(req, res){
   res.render('locations-list', {
      title: 'Loc8r - find a place to work with wifi',
      pageHeader: {
         title: 'Loc8r',
         strapline: 'Find places to work with wifi near you!'
      },
      locations: [{ ❶
         name: 'Starcups',
         address: '125 High Street, Reading, RG6 1PS',
         rating: 3,
         facilities: ['Hot drinks', 'Food', 'Premium wifi'],
         distance: '100m'
      },{
         name: 'Cafe Hero',
         address: '125 High Street, Reading, RG6 1PS',
         rating: 4,
         facilities: ['Hot drinks', 'Food', 'Premium wifi'],
         distance: '200m'
```

```
        },{
            name: 'Burger Queen',
            address: '125 High Street, Reading, RG6 1PS',
            rating: 2,
            facilities: ['Food', 'Premium wifi'],
            distance: '250m'
        }]
    });
};
```

❶ Array de locais sendo passados como "locations" para a visão.

Temos aqui detalhes de três estabelecimentos com WiFi sendo enviados dentro de um array. Podemos incluir muitos mais, claro, mas esses três já são suficientes para nossos testes. Agora precisamos modificar a visão para renderizar essa informação em substituição aos dados que estão codificados diretamente na visão.

MOVENDO-SE DENTRO DO ARRAY EM UMA VISÃO DO JADE

O controlador envia o array para o Jade como uma variável chamada `locations`. A sintaxe para ler todos os elementos do array em ordem é bastante simples no Jade. Em uma linha especificamos qual array usar e qual é o nome da variável usada como chave. A chave é apenas uma referência com um nome, que identifica o item atual no array. Dessa forma, o conteúdo muda à medida que vamos lendo os elementos do array um por um, em loop. A sintaxe para essa construção em laço no Jade é:

```
each location in locations
        ❶            ❷
```

❶ Nome da chave que queremos usar para acessar os dados.

❷ Nome do array que queremos ler ciclicamente.

Qualquer coisa aninhada nesta linha no Jade será lida ou executada a cada iteração no laço de leitura do array. Vejamos um exemplo simples usando essa sintaxe, usando os dados de `locations` e parte da visão que desejamos para a aplicação. No arquivo de visão, cada local começa com o trecho de código abaixo, mas com um nome diferente para cada item:

```
.col-xs-12.list-group-item
    h4
        a(href="/location") Starcups
```

Podemos usar a sintaxe `each/in` do Jade para percorrer em loop todos os locais cadastrados no array `locations` e mostrar os nomes deles. O próximo trecho de código mostra como isso funciona:

```
each location in Localizações ❶
  .col-xs-12.list-group-item ❷
    h4
      a(href="/location")= location.name ❸
```

❶ Inicia um laço, definindo a variável location como chave.

❷ Itens aninhados fazem parte da iteração no laço.

❸ Mostra o nome de cada local, acessando a propriedade `name` em cada local.

Com o controlador que temos no momento, com três locais guardados em um array, o código anterior gerará o seguinte HTML:

```
<div class="col-xs-12 list-group-item">
  <h4>
    <a href="/location">Starcups</a>
  </h4>
</div>
<div class="col-xs-12 list-group-item">
  <h4>
    <a href="/location">Cafe Hero</a>
  </h4>
</div>
<div class="col-xs-12 list-group-item">
  <h4>
    <a href="/location">Burger Queen</a>
  </h4>
</div>
```

Observe: a estrutura aninhada que montamos na visão – as tags `div`, `h4` e `a` – são repetidas três vezes, pois temos três itens no array. Mas o nome do local é diferente em cada um, correspondendo aos dados do controlador.

Portanto, concluímos, é muito fácil criar laços para ler arrays e com essas poucas linhas temos um pequeno primeiro teste que mostra as primeiras linhas de nossa visão inteligente. A partir de agora basta seguir o modelo com o resto dos dados usados em `locations`. Não é possível lidar com as notas numéricas com essa abordagem, e por isso vamos ignorá-la por enquanto.

A partir do restante dos dados podemos produzir o código adicional que os inclui nessa visão. Como o campo facilities (estrutura e serviços) está sendo passado como um vetor (que é uma array unidimensional) precisamos de um laço para lê-lo também.

```
each location in locations
  .col-xs-12.list-group-item
    h4
      a(href="/location")= location.name
      small  
        span.glyphicon.glyphicon-star
        span.glyphicon.glyphicon-star
        span.glyphicon.glyphicon-star
        span.glyphicon.glyphicon-star-empty
        span.glyphicon.glyphicon-star-empty
      span.badge.pull-right.badge-default= location.distance
    p.address= location.address
    p
      each facility in location.facilities ❶
        span.label.label-warning= facility
         
```

❶ Usando um laço (loop) no vetor facilities para obter a lista de serviços.

Empregar um loop para iterar pelo vetor facilities não é nenhum problema e o Jade lida com isso com galhardia. Recuperar os dados diretos como distância e endereço é uma questão de repetir o que já fizemos com o nome, usando as técnicas descritas até aqui.

O único item faltante é a nota numérica, de uma a cinco estrelas. Para lidar com elas, precisaremos de uma pitada de JavaScript.

4.5.3 Manipulando com código os dados e a visão

Para as notas numéricas ("estrelas"), a visão entrega tags `span` com diferentes classes usando o sistema Glyphicon do Bootstrap. Há um total de cinco estrelas, que podem ser sólidas ou vazadas dependendo da nota (não há meio ponto no nosso aplicativo). Por exemplo, a nota cinco mostrará cinco estrelas sólidas, uma nota três mostrará três estrelas sólidas e duas vazadas, como mostrado na figura 4.17. Uma nota zero mostrará cinco estrelas vazadas.

Figura 4.17 – O sistema de notas com estrelas Glyphicon em ação, mostrando que este estabelecimento é nota três de um total de cinco.

Para gerar esse tipo de exibição, colocaremos algum código dentro do template Jade. O código é essencialmente JavaScript, respeitando algumas convenções específicas do Jade. Para incluir uma linha de código inline em um template Jade, basta preceder a linha com um hífen. Com isso, o Jade executa o código JavaScript em vez de passá-lo para o navegador.

Para gerar a imagem com a nota estelar usaremos alguns laços `for`. O primeiro laço gerará o número correto de estrelas sólidas, e o segundo gerará as estrelas vazadas restantes até que a soma seja cinco. O trecho de código a seguir mostra como isso funciona e como se parece no Jade:

```
- for (var i = 1; i <= location.rating; i++)
  span.glyphicon.glyphicon-star
- for (i = location.rating; i < 5; i++)
  span.glyphicon.glyphicon-star-empty
```

Observe que a sintaxe é bastante semelhante à do JavaScript, mas não estamos usando chaves para definir o bloco a ser executado. Em vez disso, o bloco é definido por indentação, como no resto do jade. Perceba também a mistura de JavaScript e Jade. As linhas de código dizem: "sempre que o resultado da expressão for verdadeiro, renderize o código indentado em Jade". Esse é um *modus operandi* realmente bacana, pois não precisamos construir o HTML usando JavaScript.

Com isso, todo o conteúdo e o layout da homepage está providenciado, e poderíamos passar para o próximo tópico. Todavia, ainda há uma última coisa a melhorar na solução que já temos até aqui, e ainda podemos tornar o código mais fácil de reutilizar.

4.5.4 Usando includes e mixins para criar componentes reutilizáveis de layout

O código de apresentação da nota com estrelas que acabamos de escrever pode ser bem útil em outros layouts. Nós o usaremos, por exemplo, na página de detalhes do estabelecimento, e talvez em alguns outros itens no futuro. Não seria muito fácil de manter se tivéssemos de repetir esse código em toda página que precise de estrelas. E se decidirmos que os Glyphicons saíram de moda e queremos mudar essa parte do código? Seria um pesadelo ter que atualizar separadamente cada uma das páginas que mostra uma nota. Mas temos uma solução.

O Jade permite que criemos componentes reusáveis usando as declarações *mixins* e *includes*.

DEFININDO MIXINS NO JADE

Um *mixin* em Jade é, em essência, uma função. Podemos definir um mixin no início do arquivo e usá-lo em inúmeros pontos. Uma declaração de mixin é direta: simplesmente definimos o nome do mixin e depois o conteúdo num bloco indentado. O trecho de código a seguir mostra uma definição de mixin básica:

```
mixin welcome
  p Welcome
```

Esta declaração mostrará o texto "Welcome" dentro de uma tag `<p>` sempre que for chamada.

Os mixins também aceitam parâmetros, como uma função JavaScript. Isso será bastante útil para criar um mixin que mostre a nota em estrelas – o HTML será diferente a depender da nota. O trecho de código a seguir mostra como o mixin funciona, definindo-o na homepage para mostrar a nota em estrelas:

```
mixin outputRating(rating) ❶
  - for (var i = 1; i <= rating; i++) ❷
    span.glyphicon.glyphicon-star
  - for (i = rating; i < 5; i++) ❷
    span.glyphicon.glyphicon-star-empty
```

❶ Define o mixin `outputRating`, que espera um único parâmetro contendo a nota numérica.

❷ Usa o parâmetro numérico dentro de um laço `for` para mostrar o HTML correto.

O mixin, portanto, funciona da mesma maneira que uma função em JavaScript. Quando definimos o mixin, podemos especificar os parâmetros que ele espera receber. Esses parâmetros podem ser usados dentro do mixin. O trecho de código anterior pode ser colocado no topo do arquivo *locations-list.jade*, entre as linhas `extends layout` e `block content`.

CHAMANDO MIXINS NO JADE

Depois de definir o mixin no começo do arquivo, vamos querer usá-lo, obviamente. A sintaxe para chamar um mixin é simplesmente colocar um `+` antes de seu nome. Se for um mixin que não espera parâmetros, como o mixin `welcome` que definimos agora há pouco, uma chamada a ele seria assim:

```
+welcome
```

Essa linha chamará o mixin `welcome` e mostrará o texto "Welcome" dentro de uma tag `<p>`.

Chamar um mixin com parâmetros é tão fácil quanto. Simplesmente enviamos os parâmetros entre parênteses da mesma forma como fazemos ao chamar uma função em JavaScript. No arquivo *locations-list.jade*, no ponto onde estivermos imprimindo as notas, o valor numérico é armazenado na variável `location.rating`, como mostrado no trecho de código a seguir, que é o código presente neste momento no arquivo.

```
small  
  - for (var i = 1; i <= location.rating; i++)
    span.glyphicon.glyphicon-star
  - for (i = location.rating; i < 5; i++)
    span.glyphicon.glyphicon-star-empty
```

Podemos substituir este código por uma chamada ao nosso novo mixin `outputRating`, enviando a variável `location.rating` como parâmetro, como no trecho de código a seguir:

```
small  
  +outputRating(location.rating)
```

Esse código vai gerar o mesmíssimo HTML que tínhamos antes, mas retiramos uma parte do código que estava misturado ao conteúdo do layout e o colocamos numa declaração antes do conteúdo começar, embora no mesmo arquivo Jade. No momento, nosso mixin é reutilizável apenas dentro do mesmo arquivo, mas isso está para mudar.

INCLUDES NO JADE

Para que nosso mixin possa ser chamado a partir de qualquer template Jade, precisamos colocá-lo em um arquivo de include. Novamente, superfácil.

Dentro da pasta *app_server/views*, crie uma subpasta chamada *_includes*. Dentro dessa pasta crie um novo arquivo chamado *sharedHTMLfunctions.jade* e transfira para ele a definição do mixin `outputRating`:

```
mixin outputRating(rating)
  - for (var i = 1; i <= rating; i++)
    span.glyphicon.glyphicon-star
  - for (i = rating; i < 5; i++)
    span.glyphicon.glyphicon-star-empty
```

Salve o arquivo. Pronto! Temos um include. Para usá-lo em um layout Jade basta incluir o arquivo com a palavra `include`, seguido do caminho relativo até o arquivo a ser incluído. Substitua o mixin que colocamos no topo de *locations-list.jade* pela seguinte linha:

```
include _includes/sharedHTMLfunctions
```

Agora, em vez de o mixin estar em linha dentro do template, podemos chamá-lo de um arquivo include. Observe que podemos omitir a extensão *.jade* na declaração do include. A partir de agora, sempre que criarmos um template que precise de notas com estrelas, podemos facilmente referenciar o arquivo de inclusão para chamar o mixin `outputRatings`.

Agora sim, terminamos com a homepage!

4.5.5 A homepage pronta

Fizemos um número considerável de mudanças no decorrer desta seção do livro. O código a seguir mostra a homepage completa. Primeiro, vamos relembrar com ficou o controlador. A listagem a seguir mostra o controlador `homelist` em seu formato final, contendo os dados fixos que retiramos da visão.

Listagem 4.10 – O controlador homelist, passando dados fixos para a visão

```
module.exports.homelist = function(req, res){
  res.render('locations-list', {
    title: 'Loc8r - find a place to work with wifi', ❶
    pageHeader: { ❷
      title: 'Loc8r',
      strapline: 'Find places to work with wifi near you!'
    },
```

```
      sidebar: "Looking for wifi and a seat? Loc8r helps you find places ❸
        to work when out and about. Perhaps with coffee, cake or a pint?
        Let Loc8r help you find the place you're looking for.",
      locations [{ ❹
        name: 'Starcups',
        address: '125 High Street, Reading, RG6 1PS',
        rating: 3,
        facilities: ['Hot drinks', 'Food', 'Premium wifi'],
        distance: '100m'
      },{
        name: 'Cafe Hero',
        address: '125 High Street, Reading, RG6 1PS',
        rating: 4,
        facilities: ['Hot drinks', 'Food', 'Premium wifi'],
        distance: '200m'
      },{
        name: 'Burger Queen',
        address: '125 High Street, Reading, RG6 1PS',
        rating: 2,
        facilities: ['Food', 'Premium wifi'],
        distance: '250m'
      }]
    });
  };
```

❶ Título da página atualizado (tag HTML `<title>`).

❷ Texto no cabeçalho de página, passados como dois itens dentro de um objeto.

❸ Texto para o painel lateral.

❹ Array com um objeto para cada estabelecimento com WiFi na lista.

Agora que podemos ver a listagem completa, começamos a entender para onde vamos daqui. Temos uma ideia bastante clara de todos os dados necessários para a homepage do Loc8r. Isso será bastante útil no próximo capítulo. Este controlador contém o texto para o painel lateral. Não falamos sobre este passo, mas tirá-lo da visão e colocá-lo no controlador é tão simples quanto criar uma variável para ele no controlador e referenciá-la na visão.

A coisa mais importante que conseguimos neste processo foi a remoção de todos os dados que estavam na visão. Construir a visão com os dados fixos foi um excelente primeiro passo, pois permitiu que nos concentrássemos na experiência do usuário sem nos distrairmos com tecnicalidades. Agora, os dados foram transferidos da visão para os controladores, e como resultado já temos visões inteligentes e dinâmicas, capazes de receber dados variáveis. A visão sabe de quais itens de dados precisa, mas não se importa com o dado real que está dentro desse item. A listagem a seguir mostra a visão final para a homepage.

Listagem 4.11 – Visão final para a homepage, app_server/views/locations-list.jade

```
extends layout

include _includes/sharedHTMLfunctions ❶

block content
  #banner.page-header
    .row
      .col-lg-6
        h1= pageHeader.title ❷
          small  #{pageHeader.strapline}
  .row
    .col-xs-12.col-sm-8
      .row.list-group
        each location in locations ❸
          .col-xs-12.list-group-item
            h4
              a(href="/location")= location.name
              small  
                +outputRating(location.rating) ❹
              span.badge.pull-right.badge-default= location.distance
            p.address= location.address
            p
              each facility in location.facilities
                span.label.label-warning= facility
                |  
    .col-xs-12.col-sm-4
      p.lead= sidebar ❺
```

❶ Inclusão do arquivo externo contendo o mixin outputRating.

❷ Cabeçalho da página é mostrado na tela usando diferentes métodos.

❸ Laço para iterar sobre o array `locations`.

❹ Chamada ao mixin `outputRating` para cada estabelecimento comercial da lista, passando o valor da nota do estabelecimento corrente.

❺ Referencia o painel lateral pela variável `sidebar`, definida no controlador.

É um template bastante curto, não é mesmo? Especialmente considerando tudo o que está fazendo. É um testemunho do poder que a dupla Jade e Bootstrap tem quando trabalha junto. Sem contar o efeito colateral de termos removido todo o conteúdo de dentro dos templates (observe nessa última listagem que o conteúdo do painel lateral também está sendo repassado pelo controlador).

Estamos cada vez mais próximos do objetivo do modelo MVC – e do desenvolvimento em geral – que é a segregação dos problemas. Pelo menos com a homepage.

4.5.6 Atualizando o restante das visões e controladores

Passamos pelo processo da homepage tomando nota de uma quantidade bastante grande de detalhes, então não vamos nos aprofundar tanto assim com as outras páginas. Antes de passar ao próximo estágio do desenvolvimento – a construção do modelo de dados – precisamos estruturar as visões em todas as páginas, tornando-as dinâmicas e inteligentes como a homepage. Nosso objetivo é não ter absolutamente nenhum dado nas visões; o código será, portanto, inserido de forma fixa nos controladores relevantes.

O processo para cada página será:

1. Procurar por um item de dados na visão.
2. Criar uma estrutura para esse dado no controlador correspondente.
3. Substituir o dado na visão por uma referência a ele no controlador.
4. Procurar por oportunidades para reutilização de código.
5. Volta ao passo 1 até não restarem mais dados na visão.

O apêndice C cobre o processo para as três páginas remanescentes, mostrando como o código do controlador e da visão devem se parecer para cada um deles. Ao terminar, nenhuma de suas visões deve conter qualquer dado fixo, apenas referências; o controlador de cada página deve estar passando os dados necessários. A figura 4.18 mostra algumas capturas de tela das páginas finais, da forma como deveriam ser ao final do apêndice C.

Nossa primeira fase do desenvolvimento rápido do protótipo termina aqui. Já temos base suficiente para a próxima fase.

Figura 4.18 – Capturas de tela das quatro páginas do protótipo estático, usando visões inteligentes e tendo os dados fixos nos controladores.

Obtendo o código-fonte

O código-fonte para a aplicação, da forma como a temos até aqui, está disponível no GitHub no branch chapter-04 do repositório Getting-MEAN. Em uma pasta vazia no terminal, os comandos a seguir clonarão o repositório e instalarão as dependências:

```
$ git clone -b chapter-04 https://github.com/simonholmes/getting-MEAN.git
$ cd getting-MEAN
$ npm install
```

4.6 Resumo

Neste capítulo vimos como:

- definir e organizar as rotas no Express;
- criar módulos no Node.js para hospedar os controladores;
- usar conjuntos de controladores nas rotas;
- criar visões usando Jade e Bootstrap;
- fazer componentes reutilizáveis no Jade com os mixins;
- mostrar dados dinâmicos em templates Jade;
- passar dados dos controladores para as visões.

No capítulo 5 continuaremos nossa jornada de deslocar os dados mais para trás na arquitetura MVC, usando MongoDB e Mongoose para criar um modelo de dados. Isso mesmo, é hora do banco de dados!

CAPÍTULO 5

Construindo um modelo de dados com MongoDB e Mongoose

Neste capítulo veremos como:

- O Mongoose ajuda a associar uma aplicação em Express/Node com um banco de dados MongoDB.
- Definir esquemas para um modelo de dados usando o Mongoose.
- Conectar a aplicação ao banco de dados.
- Gerenciar bancos de dados com o MongoDB shell.
- Enviar o banco de dados ao ambiente de produção.
- Usar o banco de dados apropriado, dependendo do ambiente, distinguindo entre as versões local (desenvolvimento) e de produção de uma aplicação.

No capítulo 4 transferimos os dados das visões para os controladores, trilhando o caminho da arquitetura MVC de trás para a frente. De fato, é função dos controladores passar os dados para as visões – mas de forma alguma é função deles armazenar esses dados! A figura 5.1 relembra o fluxo de dados no padrão MVC.

Para a guarda dos dados precisaremos de um gerenciador de banco de dados. Especificamente, o MongoDB. Esta será nossa próxima etapa no processo: criar um banco de dados e um modelo.

> **NOTA:** Se o leitor não tiver construído manualmente a aplicação até o capítulo 4, pode baixar o código-fonte a partir do GitHub, branch chapter-04, em *github.com/simonholmes/getting-MEAN*. Em uma pasta vazia no terminal, o comando a seguir criará um clone do código:

```
$ git clone -b chapter-04 https://github.com/simonholmes/getting-MEAN.git
```

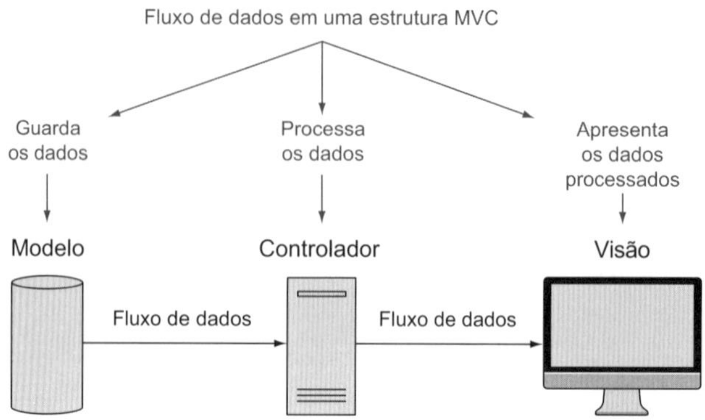

Figura 5.1 – Na arquitetura MVC, os dados são armazenados no modelo, processador por um controlador e então formatados por uma visão.

Começaremos conectando a aplicação ao banco de dados usando o Mongoose para definir schemas e modelos. Quando estivermos felizes com a estrutura, podemos adicionar dados de teste diretamente ao banco de dados MongoDB. Por fim, nos certificaremos de que tudo funciona quando subirmos o banco para o Heroku. A figura 5.2 mostra o fluxo de trabalho que seguiremos:

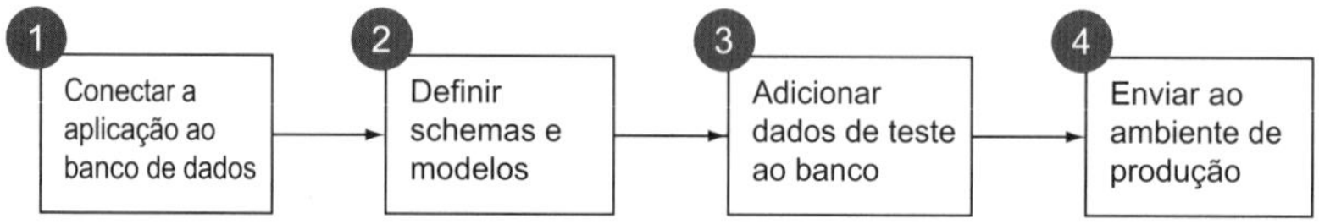

Figura 5.2 – Neste capítulo passaremos por quatro etapas, desde conectar a aplicação ao banco de dados até enviar a coisa toda para o ambiente de produção.

Para os que estão confusos com a ordem das coisas, não se preocupem – é verdade, nós ainda não criamos o banco de dados. Nem precisamos. Ao contrário de outras tecnologias, em que isso pode ser um problema e gerar erros, no MongoDB não é necessário criar um banco de dados antes da aplicação conectar-se a ele. O MongoDB cria o banco dinamicamente na primeira vez que tentamos usá-lo.

A figura 5.3 mostra qual será o enfoque deste capítulo dentro da arquitetura geral da aplicação.

Trabalharemos com o MongoDB no papel de banco de dados. Mas, por incrível que pareça, a maior parte do trabalho se dará no Express e no Node. No capítulo 2 discutimos os benefícios de se desacoplar a integração dos dados por meio da criação de uma API, em vez de integrar o banco de forma estrita dentro de uma aplicação Express. Portanto, trabalharemos com o Express e o Node, ainda dentro da mesma aplicação encapsulada, e nela iniciaremos a fundação do que será nossa camada de API.

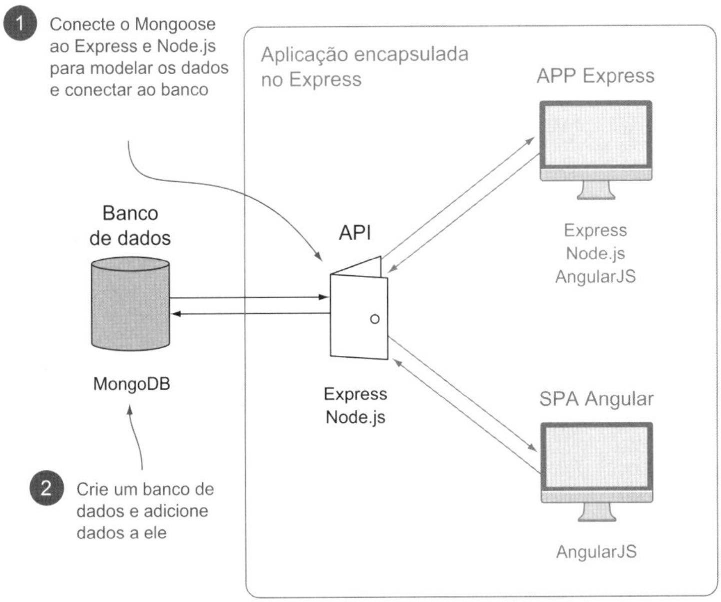

Figura 5.3 – Usando o banco de dados MongoDB e o Mongoose dentro do Express para modelar os dados e gerenciar as conexões ao banco.

NOTA: Para prosseguir com este capítulo é preciso ter o MongoDB instalado. Se ainda não o fez, siga as instruções no apêndice A.

O código-fonte, como estará no final deste capítulo, está no GitHub, branch chapter-05. Em uma pasta vazia no terminal use os comandos a seguir para clonar o código e instalar as dependências necessárias com npm:

```
$ git clone -b chapter-05 https://github.com/simonholmes/getting-MEAN.git
$ cd getting-MEAN
$ npm install
```

5.1 Conectando a aplicação em Express ao MongoDB usando Mongoose

Poderíamos conectar nossa aplicação diretamente ao MongoDB. Os dois interagiriam um com o outro usando os drivers nativos para tal. Embora no Express o driver nativo para acessar o MongoDB seja bastante poderoso, ele não é exatamente fácil de se trabalhar. Ele também não oferece uma maneira prática de definir e manter estruturas de dados. O Mongoose expõe a maioria das funcionalidades do driver nativo, mas de uma maneira muito mais conveniente e destinada a facilitar o fluxo de desenvolvimento de aplicações.

Onde o Mongoose realmente mostra sua excelência, todavia, é na maneira como permite que definamos estruturas e modelos de dados. Ele também facilita a manutenção desses dados e a interação com o banco. Tudo isso feito confortavelmente de dentro do código de nossa aplicação. Como parte desse método o Mongoose inclui a possibilidade de validar nossas definições de dados, significando que não teremos que escrever nós mesmos o código de validação toda vez que formos enviar dados ao banco.

O Mongoose, portanto, se encaixa dentro do Express em nossa representação do stack, atuando como ponto de contato entre a aplicação e o banco de dados, como mostra a figura 5.4.

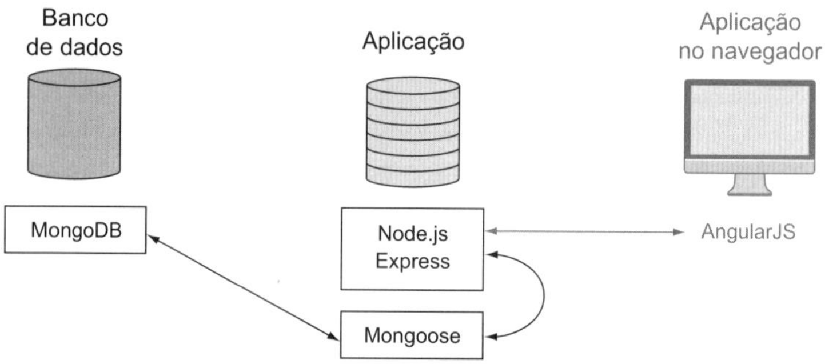

Figura 5.4 – O fluxo de dados no MEAN e a posição em que o Mongoose se insere. A aplicação Node/Express interage com o MongoDB através do Mongoose, e o Node e Express conversam diretamente com o Angular.

O MongoDB conversa apenas com o Mongoose, e o Mongoose repassa a comunicação para a dupla Node/Express. O Angular jamais conversará diretamente com o MongoDB ou o Mongoose, em vez disso obterá seus dados da aplicação em Express.

É preciso que o MongoDB já esteja instalado no sistema (veja o apêndice A), mas não o Mongoose. O Mongoose não é instalado globalmente no sistema e sim na aplicação.

5.1.1 Adicionando o Mongoose à sua aplicação

O Mongoose está disponível como um módulo npm. Como visto no capítulo 3, a maneira mais fácil e rápida de instalar um módulo npm é pela linha de comando. Podemos instalar o Mongoose e adicioná-lo à nossa lista de dependências (*package.json*) com apenas um comando.

Abra o terminal, navegue até a pasta-raiz de sua aplicação (onde está o arquivo *package.json*) e rode o seguinte comando:

```
$ npm install --save mongoose
```

A chave `--save` faz com que o npm adicione o Mongoose à lista de dependências em *package.json*. Quando o comando terminar, surge uma nova pasta *mongoose* dentro de *node_modules*. A seção de dependências do arquivo *package.json* deve se parecer com o trecho abaixo:

```
"dependencies": {
    "express": "~4.9.0",
    "body-parser": "~1.8.1",
    "cookie-parser": "~1.3.3",
    "morgan": "~1.3.0",
    "serve-favicon": "~2.1.3",
    "debug": "~2.0.0",
    "jade": "~1.6.0",
    "mongoose": "~3.8.20"
}
```

Podemos ter versões numéricas diferentes, obviamente, mas durante a redação deste livro a versão estável mais recente do Mongoose era 3.8.20[1]. Com o Mongoose instalado, vamos nos conectar!

5.1.2 Adicionando uma conexão Mongoose à nossa aplicação

Neste estágio conectaremos a aplicação ao banco de dados. Não criamos um banco ainda, mas isso não importa porque o MongoDB o fará na primeira vez em que for usado. Isso pode parecer meio estranho, mas para colocar uma aplicação no ar rapidamente é uma grande vantagem: não precisamos largar o código da aplicação para ir lidar com um ambiente diferente.

CONECTANDO MONGODB E MONGOOSE

O Mongoose abre um conjunto de cinco conexões reutilizáveis quando se conecta ao MongoDB. Esse conjunto de conexões é compartilhado com todas as solicitações. Cinco é apenas o número-padrão, e pode ser aumentado ou diminuído nas opções de conexão, se desejado.

> **BOA PRÁTICA:** Abrir e fechar conexões a bancos de dados pode levar algum tempo, especialmente se o banco for em um servidor separado. Portanto, é melhor executar essas operações apenas quando necessário. A boa prática é abrir a conexão quando a aplicação inicia, e mantê-la aberta durante todo o tempo em que a aplicação estiver funcionando (ou seja, até seu encerramento). Este é o caminho que vamos tomar.

1 N. do T.: A versão à época da tradução era 4.3.7.

O ARQUIVO DE CONEXÃO

Quando reorganizamos a estrutura de arquivos para a aplicação, criamos três pastas dentro de *app_server*: *models*, *views* e *controllers*. Ao trabalhar com os modelos de dados, usaremos predominantemente a pasta *app_server/models*.

Configurar um arquivo de conexão é um processo em duas partes: criar o arquivo e usar `require` para que seja uma dependência da aplicação.

Primeiro, crie um arquivo chamado *db.js* em *app_server/models* e salve. Por enquanto, vamos apenas incluir (com `require`) o Mongoose nesse arquivo, com a linha a seguir:

```
var mongoose = require( 'mongoose' );
```

Depois, vamos usar `require` novamente para chamar esse arquivo em *app.js*. Como o processo de criar uma conexão entre a aplicação e o banco de dados pode tomar um tempo, queremos fazer isso o mais cedo possível ao ativar a aplicação. Modifique a parte superior de *app.js* para que se pareça com o trecho de código abaixo (alterações em **`negrito`**):

```
var express = require('express');
var path  = require('path');
var favicon = require('serve-favicon');
var logger = require('morgan');
var cookieParser = require('cookie-parser');
var bodyParser = require('body-parser');
require('./app_server/models/db');
```

Não vamos exportar nenhuma função de *db.js*, portanto não precisamos passar uma variável no `require`. Precisamos apenas que ele esteja lá na aplicação, mas não precisaremos importar nenhum método para dentro de *app.js*.

Ao reiniciar a aplicação ela deve, na aparência, funcionar exatamente como antes, mas nos bastidores o Mongoose juntou-se à festa. Se o log da aplicação no terminal apresentar algum erro, verifique se o caminho na declaração do `require` para o novo arquivo está correto e se *package.json* inclui a dependência do Mongoose. Experimente também rodar o comando `npm install` em um terminal na pasta-raiz da aplicação para atualizar tudo, antes de continuar.

CRIANDO A CONEXÃO VIA MONGOOSE

Uma conexão Mongoose é algo muito simples. Basta declarar a URI para o banco de dados e passá-la ao método `connect` do Mongoose. Uma URI de banco de dados é uma linha de texto com a seguinte sintaxe:

```
mongodb://username:password@localhost:27027/database
    ❶          ❷              ❸       ❹      ❺
```

❶ Protocolo do MongoDB.

❷ Credenciais de login para o banco de dados.

❸ Endereço do servidor.

❹ Porta.

❺ Nome do banco de dados.

Usuário, senha e porta são opcionais. Na máquina local a URI será, portanto, bastante simples. Por ora, e considerando que o MongoDB já esteja instalado na máquina local, tudo o que precisaremos adicionar ao arquivo *db.js* é o trecho abaixo. Bastará para termos nossa conexão:

```
var dbURI = 'mongodb://localhost/Loc8r';
mongoose.connect(dbURI);
```

Ao reiniciar a aplicação com esta adição ao *db.js*, tudo parecerá como antes. Como saberemos, então, que a conexão está funcionando corretamente? A resposta está nos eventos de conexão.

MONITORANDO A CONEXÃO COM OS EVENTOS DE CONEXÃO DO MONGOOSE

O Mongoose publicará eventos tomando como base os estados de conexão. Esses eventos são fáceis de monitorar por código, portanto podemos ter uma bela ideia do que está acontecendo. Empregaremos os eventos para ver quando a conexão é estabelecida, quando há um erro e quando a conexão é desfeita. Se qualquer um desses eventos acontecer, uma mensagem será mostrada no console. O trecho a seguir indica o código necessário para isso:

```
mongoose.connection.on('connected', function () { ❶
  console.log('Mongoose connected to ' + dbURI);
});
mongoose.connection.on('error',function (err) { ❷
  console.log('Mongoose connection error: ' + err);
});
mongoose.connection.on('disconnected', function () { ❸
  console.log('Mongoose disconnected');
});
```

❶ Monitora as conexões realizadas pelo Mongoose.

❷ Monitora os erros de conexão.

❸ Monitora os eventos de desconexão.

Com isso tudo adicionado ao *db.js*, ao iniciar a aplicação as mensagens abaixo serão mostradas na janela do terminal:

```
Express server listening on port 3000
Mongoose connected to mongodb://localhost/Loc8r
```

Ao reiniciar a aplicação, entretanto, podemos perceber que não aparece nenhuma mensagem de desconexão. Isso ocorre porque o Mongoose não se desconecta automaticamente quando a aplicação para ou reinicia. Precisamos "escutar" as mudanças no processo do Node.js para isso.

FECHANDO UMA CONEXÃO COM O MONGOOSE

Fechar uma conexão com o Mongoose quando uma aplicação é encerrada é obrigatório, e é uma boa prática tanto quanto o é começar a conexão logo no início da carga da aplicação. A conexão tem duas extremidades: uma na aplicação e outra no MongoDB. O MongoDB precisa saber quando desejamos fechar a conexão para que não mantenha conexões redundantes abertas.

Para monitorar quando uma aplicação é encerrada precisamos "escutar" o processo do Node.js, especificamente prestando atenção a um evento chamado SIGINT.

Detectando SIGINT no Windows

O SIGINT é um sinal que aparece no nível do sistema operacional, e é característico de sistemas baseados no Unix como o Linux e o Mac OS X. Ele também está presente em versões mais novas do Windows. Se a aplicação estiver rodando no Windows e o evento de desconexão não aparece, podemos emulá-lo. Para fazê-lo no Windows é preciso adicionar um novo pacote npm à aplicação, chamado `readline`. Portanto, seu *package.json* deve ficar assim na seção de dependências:

```
"dependencies": {
  "express": "3.4.x",
  "jade": "*",
  "mongoose": "3.8.x",
  "readline": "0.0.x"
}
```

Rode o comando `npm install` no terminal, na mesma pasta do arquivo *package.json*, para instalar e atualizar o pacote.

No arquivo *db.js* acima do código do listener, adicione o seguinte:

```
var readLine = require ("readline");
if (process.platform === "win32"){
   var rl = readLine.createInterface ({
      input: process.stdin,
      output: process.stdout
   });
   rl.on ("SIGINT", function (){
      process.emit ("SIGINT");
   });
}
```

Isso emitirá o sinal SIGINT em máquinas Windows quando o processo do Node.js se encerrar, permitindo que possamos capturá-los e fechar graciosamente qualquer coisa antes que o processo se extinga.

Se você estiver usando o nodemon para reiniciar automaticamente a aplicação, precisaremos rastrear um segundo evento do processo do Node.js, chamado SIGUSR2. O Heroku usa ainda um terceiro evento, SIGTERM, portanto teremos que rastreá-lo também.

CAPTURANDO OS EVENTOS DE ENCERRAMENTO DE PROCESSO

Com todos esses eventos, se formos capazes de capturá-los, evitaremos que o comportamento-padrão aconteça, portanto precisamos nos certificar de que reiniciaremos manualmente o comportamento desejado – mas primeiro vamos fechar a conexão com o Mongoose.

Para isso, precisamos de três "escutadores" de eventos e uma função para fechar a conexão do banco de dados. Encerrar essa conexão é uma atividade assíncrona, portanto precisamos passar a função de início ou encerramento do Node.js como um callback. Já que estamos com as mãos nisso, podemos também enviar uma mensagem ao console, confirmando que a conexão foi encerrada e o motivo. Podemos embalar toda essa funcionalidade em uma função chamada `gracefulShutdown` em *db.js*, como no seguinte trecho de código:

```
var gracefulShutdown = function (msg, callback) { ❶
   mongoose.connection.close(function () { ❷
      console.log('Mongoose disconnected through ' + msg); ❸
      callback();
   });
};
```

❶ Define uma função que aceita uma mensagem e uma função em callback.

❷ Encerra a conexão com o Mongoose, passando uma função anônima para que seja executada durante o encerramento.

❸ Mostra a mensagem no log e obtém o retorno da função (callback) quando a conexão com o Mongoose estiver encerrada.

Precisamos agora chamar essa função quando a aplicação se encerra ou quando o nodemon a reinicia. O trecho de código a seguir mostra os dois "listeners" (rastreadores) de eventos necessários ao *db.js* para que isso aconteça:

```
process.once('SIGUSR2', function () { ❶
   gracefulShutdown('nodemon restart', function () { ❷
      process.kill(process.pid, 'SIGUSR2');
   });
});

process.on('SIGINT', function () { ❸
   gracefulShutdown('app termination', function () { ❹
      process.exit(0);
   });
});

process.on('SIGTERM', function() { ❺
   gracefulShutdown('Heroku app shutdown', function () { ❹
      process.exit(0);
   });
});
```

❶ Rastreia sinal SIGUSR2, que o nodemon usa.

❷ Envia uma mensagem à função gracefulShutdown em callback para matar o processo, emitindo o sinal SIGUSR2 novamente.

❸ Rastreia sinal SIGINT emitido quando a aplicação é encerrada.

❹ Envia mensagem à função gracefulShutdown em callback para encerrar o processo do Node.js.

❺ Rastreia sinal SIGTERM emitido pelo Heroku quando este encerra um processo.

Agora quando a aplicação inicia o processo de encerramento, as conexões com o Mongoose são encerradas antes que a própria aplicação feche. De forma semelhante, quando o nodemon reinicia a aplicação devido a mudanças no código-fonte, a aplicação primeiro fecha a conexão com o Mongoose. O rastreador do nodemon está usando `process.once` em vez de `process.on`, pois só queremos detectar o sinal SIGUSR2 uma vez. O nodemon também rastreia esse evento e não queremos capturá-lo duplamente, o que impediria o nodemon de funcionar.

> **DICA:** É importante administrar corretamente a abertura e o fechamento das conexões de banco de dados em todas as aplicações que for criar. Se a aplicação precisar ser hospedada em um ambiente de produção com diferentes sinais de encerramento de processos, é sua obrigação certificar-se de que o código está rastreando todos os sinais relevantes.

O ARQUIVO DE CONEXÃO COMPLETO

Inserimos bastante coisa no arquivo *db.js*, portanto recapitulemos. Até agora já temos:

- uma string para conexão ao banco de dados;
- uma conexão Mongoose sendo aberta quando o processo é iniciado;
- eventos de conexão do Mongoose sendo monitorados;
- eventos do processo Node.js sendo monitorados para que possamos forçar o encerramento de conexões do Mongoose quando a aplicação é fechada.

O arquivo *db.js* completo deve se parecer com a listagem a seguir. Observe que não incluímos o código extra necessário para que o Windows emita o evento SIGINT.

Listagem 5.1 – Arquivo completo de conexão ao banco de dados db.js na pasta app_server/models

```
var mongoose = require( 'mongoose' );
var gracefulShutdown;
var dbURI = 'mongodb://localhost/Loc8r'; ❶
mongoose.connect(dbURI);

mongoose.connection.on('connected', function () { ❷
   console.log('Mongoose connected to ' + dbURI);
});
```

```
mongoose.connection.on('error',function (err) {
   console.log('Mongoose connection error: ' + err);
});
mongoose.connection.on('disconnected', function () {
   console.log('Mongoose disconnected');
});

gracefulShutdown = function (msg, callback) {❸
   mongoose.connection.close(function () {
      console.log('Mongoose disconnected through ' + msg);
      callback();
   });
};

// Para os reinícios do nodemon ❹
process.once('SIGUSR2', function () {
   gracefulShutdown('nodemon restart', function () {
      process.kill(process.pid, 'SIGUSR2');
   });
});
// Para o encerramento da aplicação
process.on('SIGINT', function() {
   gracefulShutdown('app termination', function () {
      process.exit(0);
   });
});
// Para o encerramento da aplicação no Heroku
process.on('SIGTERM', function() {
   gracefulShutdown('Heroku app shutdown', function () {
      process.exit(0);
   });
});
```

❶ Define uma string de conexão para o banco de dados e o usa para abrir uma conexão com o Mongoose.

❷ Rastreia eventos de conexão do Mongoose e envia mensagens de status para o console.

❸ Função reutilizável para encerrar uma conexão com o Mongoose.

❹ Rastreia processos do Node em busca de sinais de encerramento ou reinício e chama a função gracefulShutdown quando apropriado, passando para ela um callback.

Esse é um arquivo que pode ser copiado para outras aplicações indefinidamente, porque os eventos que estamos rastreando serão sempre os mesmos. A única alteração necessária é a string de conexão ao banco de dados. Lembre-se também de que é necessário usar *require* para incluir este arquivo em *app.js*, próximo ao topo, para que a conexão seja aberta logo nos primeiros momentos da vida do aplicativo.

Usando mais de um banco de dados

O que vimos até agora é conhecido como conexão-padrão e é bastante apropriado manter essa conexão aberta durante todo o tempo de uso da aplicação. Mas se quisermos nos conectar com um segundo banco de dados – por exemplo, para registro de log e gerenciamento das sessões do usuário – é possível usar uma conexão nomeada. Em vez do método `mongoose.connect` usaríamos outro, chamado `mongoose.createConnection`, e o associaríamos a uma variável. O trecho de código a seguir é um exemplo:

```
var dbURIlog = 'mongodb://localhost/Loc8rLog';
var logDB = mongoose.createConnection(dbURIlog);
```

Isso cria um novo objeto de conexão ao Mongoose chamado `logDB`. Podemos interagir com ele da mesma maneira que faríamos pelo `mongoose.connection` da conexão-padrão. Eis alguns exemplos:

```
logDB.on('connected', function () { ❶
   console.log('Mongoose connected to ' + dbURIlog);
});
logDB.close(function () { ❷
   console.log('Mongoose log disconnected');
});
```

❶ Monitorando um evento da conexão nomeada.

❷ Fechando uma conexão nomeada.

5.2 Por que modelar os dados?

No capítulo 1 discorremos sobre como o MongoDB é um armazém de documentos, em vez de um banco de dados tradicional baseado em tabelas, linhas e colunas. Isso permite ao MongoDB uma grande liberdade e flexibilidade, mas às vezes queremos – digo mais, *precisamos* – estruturar nossos dados.

Por exemplo, a homepage do Loc8r. A lista de locais com WiFi da figura 5.5 contém um conjunto específico de dados comum a todos os locais.

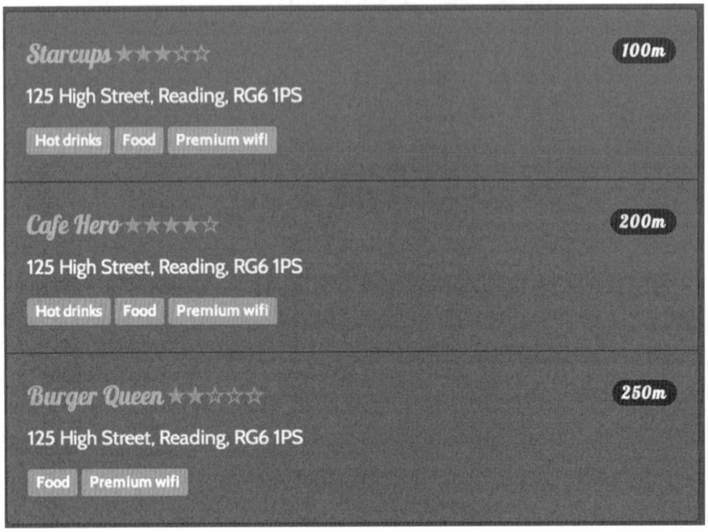

Figura 5.5 – Painel com a lista dos estabelecimentos comerciais de nossa homepage. Observe que temos requisitos bem definidos de estrutura.

A página precisa desses itens para todos os locais e o registro de cada um dos estabelecimentos precisa de uma estrutura bastante consistente, em se tratando dos nomes e tipos dos campos e suas posições no registro. Sem isso a aplicação não será capaz de encontrar os dados e utilizá-los. Neste ponto do desenvolvimento os dados estão fixos no código dos controladores e daí sendo repassados às visões. Em termos da arquitetura MVC, começamos com os dados na *visão* e os deslocamos um estágio em direção ao elemento anterior, o *controlador*. Agora, precisamos deslocá-los ainda mais para trás para que fiquem onde deveriam estar, no *modelo*. A figura 5.6 ilustra o estado atual do aplicativo, e destaca o objetivo final.

Uma das vantagens de fazer essa dança com os dados através da estrutura MVC – primeiro fixos na visão, depois fixos no controlador e, por fim, no modelo, seu local definitivo – é que ajuda a solidificar os requerimentos da estrutura dos dados, garantindo que a estrutura reflita fielmente as necessidades da aplicação. Se tentarmos definir o modelo primeiro, teremos que praticar nossos dotes de premonição para adivinhar como a aplicação se parecerá e como funcionará.

Portanto, quando falamos em modelagem de dados, nos referimos a como os dados são estruturados. Em nossa aplicação poderíamos criar e gerenciar as definições manualmente e fazer todo o trabalho pesado nós mesmos – ou então podemos delegar essa tarefa ao Mongoose e não esquentar a cabeça com isso.

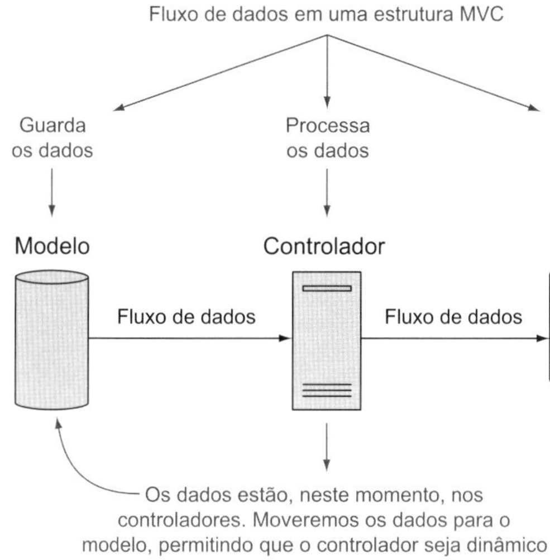

Figura 5.6 – Como os dados devem fluir em uma arquitetura MVC, do modelo para o controlador, e deste para a visão. Neste ponto de nosso protótipo, os dados estão nos controladores, e gostaríamos de transferi-los para seu lugar de direito: o modelo.

5.2.1 O que é o Mongoose e o que ele faz?

O Mongoose foi criado especificamente para ser um *Modelador de Objetos de Documento* (*Object-Document Modeler – ODM*) do MongoDB em aplicações Node.js. Um de seus princípios-chave é gerenciar o modelo de dados de dentro da aplicação. Não precisamos "sujar nossos dedos" mexendo diretamente no banco de dados ou em frameworks externos ou mapas relacionais. Em vez disso, podemos simplesmente definir o modelo de dados no conforto de nossa aplicação.

Primeiramente, vamos definir algumas convenções:

- No MongoDB, cada registro no banco de dados é chamado de *documento*.
- No MongoDB, uma coleção de documentos é chamada de – surpresa! – *coleção* (mas sempre que ler "coleção" por aqui, pode traduzir como "tabela" se seu cérebro estiver muito acostumado a bancos relacionais).
- No Mongoose, a definição de um documento é chamada de *schema*.
- Cada entidade de dados individual em um schema é chamada de *path*[2].

2 N. do T.: A tradução de path seria caminho. Tanto em inglês como em português, a noção de caminho para denotar um nome de campo de um registro no banco de dados parece-nos confusa. Decidimos deixar o nome em inglês para que o contraste ajude a descolar o significado da palavra do contexto em que ela é usada aqui, facilitando a compreensão. Fizemos o mesmo com schema, mas por outro motivo: schema já é um termo consagrado para bancos de dados, embora usado de forma ligeiramente diferente no MongoDB.

Usando como exemplo uma pilha de cartões de visita, a figura 5.7 ilustra essas convenções e como são relacionadas umas com as outras:

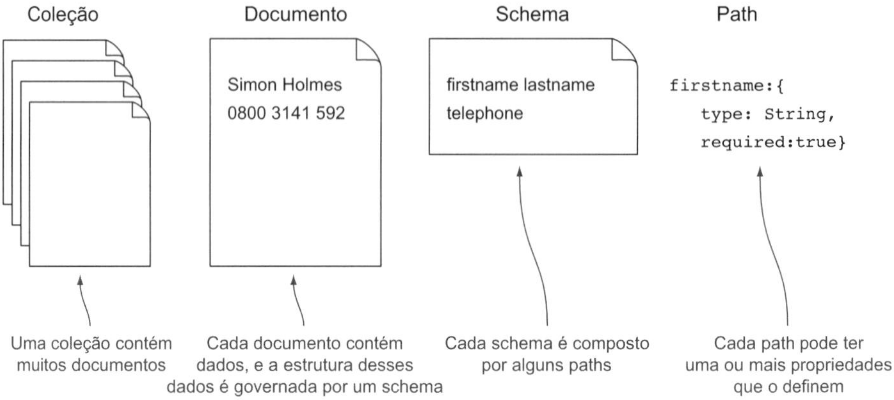

Figura 5.7 – A relação entre coleções, documentos, schemas e paths em MongoDB e Mongoose, usando a metáfora dos cartões de visita.

Uma definição final para modelos. Um *modelo* é uma versão compilada de um schema. Todas as interações de dados usando o Mongoose passam pelo modelo. Trabalharemos bastante com modelos no capítulo 6, mas por ora vamos aprender a construí-los.

COMO O MONGOOSE MODELA OS DADOS?

Ok, vamos definir os dados dentro da aplicação. Mas como fazemos isso? Em JavaScript, claro! Objetos do JavaScript, mais precisamente. Já tivemos um gostinho deles na figura 5.7, mas vamos examinar de perto um documento simples do MongoDB e descobrir como seria um schema do Mongoose apropriado para ele. O trecho de código a seguir mostra um documento do MongoDB, seguido de seu schema no Mongoose:

```
{ ❶
   "firstname" : "Simon",
   "surname" : "Holmes",
   _id : ObjectId("52279effc62ca8b0c1000007")
}

{ ❷
   firstname : String,
   surname : String
}
```

❶ Documento exemplo no MongoDB.

❷ Schema correspondente no Mongoose.

Como podemos ver, o schema é bastante semelhante ao dado guardado no documento – só que sem o dado! O schema define o nome de cada path e o tipo de dado que conterá. Neste exemplo declaramos os caminhos `firstname` e `surname` como variáveis do tipo strings.

Sobre o path _id

Observe que não declaramos o path `_id` no schema. O `_id` é nosso identificador único – ou, se preferir, nossa chave primária – para cada documento. O MongoDB automaticamente cria esse path cada vez que um documento é gerado. O valor de `ObjectId` associado a ele é único em toda a aplicação. O MongoDB assegura a unicidade desse valor combinando o número de segundos decorridos desde o chamado `Unix epoch` (1° de janeiro de 1970) com os números de identificação de processos e de processador, bem como um contador.

É possível usar outro sistema de chave única à sua escolha. Um exemplo em que isso é desejável seria quando formos usar um banco de dados preexistente. Neste livro e com o Loc8r nos ateremos ao `ObjectId` padrão.

DESMEMBRANDO UM PATH EM UM SCHEMA

A primeira estrutura básica para uma definição individual de path é o nome do path seguido de um objeto de propriedade. Em termos simples, é uma notação abreviada que associa um tipo de dados a um path em particular. Portanto, um schema é composto de duas partes, o nome do path e o objeto de propriedade:

```
firstname: {type:String}
    ❶          ❷
```

❶ Nome do path.

❷ Objeto de propriedade.

Tipos permitidos de schema

O tipo de schema é uma propriedade que define um tipo de dados para determinado caminho. É obrigatório para todos os paths. Se a única propriedade de um path é seu tipo, a notação abreviada pode ser usada. Há oito tipos de esquemas que podem ser usados:

- `String` – Qualquer string de texto, codificada em UTF-8.
- `Number` – O Mongoose não suporta números de tamanho longo ou duplo, mas esse suporte pode ser conseguido por meio de plugins; o tipo default é o suficiente na maioria dos casos.
- `Date` – Tipicamente, um objeto `ISODate` do MongoDB.
- `Boolean` – Verdadeiro ou falso.
- `Buffer` – Para informação binária como imagens.
- `Mixed` – Qualquer tipo de dados.
- `Array` – Pode ser tanto um array de dados do mesmo tipo, ou um array de subdocumentos aninhados.
- `ObjectId` – Para um ID único em um path que não seja `_id`; tipicamente usado para fazer referência ao `_id` em outros documentos.

Se precisar de um tipo de schema que não esteja listado aqui, é possível escrever seus próprios tipos ou usar um plugin do Mongoose disponível em *http://plugins.mongoosejs.com*.

O nome do path segue as convenções e requisitos das definições de objetos do JavaScript. Não pode haver espaços ou caracteres especiais nos nomes e deve-se evitar o uso de palavras reservadas. Minha convenção pessoal faz uso da notação camelCase para nomes. Se estiver usando um banco de dados existente use os nomes dos caminhos que já estão nos documentos. Ao criar um banco de dados novo, os nomes no schema serão usados nos documentos, portanto estude bem a situação.

Os objetos de propriedade são, em essência, objetos JavaScript. É o que define as características do objeto implementado no caminho. No mínimo, contém o tipo de dados, mas pode incluir até mesmo características de validação, limites, valores-padrão e muito mais. Exploraremos (e usaremos) algumas dessas opções nos próximos capítulos, quando transformarmos o Loc8r em uma aplicação realmente ligada a um banco de dados.

Começaremos definindo os schemas para nossa aplicação.

5.3 Definindo schemas simples para o Mongoose

Como vimos, um schema do Mongoose é, essencialmente, um objeto JavaScript definido dentro da aplicação. Para começar, precisamos criar um arquivo de definição e incluí-lo na aplicação. Assim, tiramos isso da frente para nos concentrar na criação do schema.

Como era de se esperar, definiremos o schema na pasta dos modelos ao lado de *db.js*. Na verdade, usaremos `require` para incluir o novo arquivo em *db.js* e assim expor seus objetos à aplicação. Na pasta *models* em *app_server* crie um arquivo vazio chamado *locations.js*. É preciso usar o Mongoose para definir um schema, portanto inclua a linha a seguir no *locations.js*:

```
var mongoose = require( 'mongoose' );
```

Traremos esse arquivo para dentro da aplicação usando `require` para incluí-la em *db.js*, portanto no final do arquivo *db.js* adicione a linha a seguir:

```
require('./locations');
```

Com isso, estamos configurados e prontos para os schemas.

5.3.1 Definindo um schema

O Mongoose possui uma função para a definição de novos schemas tipicamente associada a uma variável para que possamos acessá-la posteriormente. Ela se parece com isto:

```
var locationSchema = new mongoose.Schema({ });
```

Esta é a sintaxe exata que usaremos, portanto vá em frente e inclua a linha no modelo *locations.js*, logo abaixo da linha incluindo o Mongoose. O objeto vazio dentro de `mongooseSchema({ })` é onde definiremos nosso schema.

DEFININDO O SCHEMA A PARTIR DOS DADOS DO CONTROLADOR

Uma das coisas bacanas de se retirar os dados da visão e colocá-los no controlador é que a sintaxe usada acaba nos dando uma ideia da estrutura de dados necessária. Comecemos pelo controlador `homelist` no arquivo *app_server/controllers/locations.js*. O controlador `homelist` passa os dados para a visão da homepage. A figura 5.8 mostra como um dos estabelecimentos comerciais listados é mostrado na página.

Figura 5.8 – Um único estabelecimento comercial, da forma como é mostrado na homepage.

O trecho de código a seguir mostra os dados para este local, da forma como o definimos no controlador.

```
locations: [{
   name: 'Starcups', ❶
   address: '125 High Street, Reading, RG6 1PS', ❷
   rating: 3, ❸
   facilities: ['Hot drinks', 'Food', 'Premium wifi'], ❹
   distance: '100m'
}]
```

❶ `name` é uma string.

❷ `address` é outra string.

❸ `rating` é um número.

❹ `facilities` é um array de strings.

Mais adiante falaremos sobre o campo "distância", que precisa ser calculado. Os outros itens de dados são diretos: duas strings, um número e um array de strings. Com o que já sabemos até agora, podemos usar essa informação para definir o schema básico, como no trecho a seguir:

```
var locationSchema = new mongoose.Schema({
   name: String,
   address: String,
   rating: Number,
   facilities: [String] ❶
});
```

❶ Declara um array contendo elementos do mesmo tipo; o tipo dos elementos fica entre colchetes.

Observe como ficou simples declarar o campo facilities como um array ❶. Se o array contiver elementos de apenas um tipo, como por exemplo `String`, basta fechar esse tipo em colchetes.

ASSOCIANDO VALORES DEFAULT

Em alguns casos, é útil definir um valor-padrão quando um novo documento do MongoDB é criado, baseado em um schema. Em `locationSchema` o path `rating` é um belo candidato para isso. Quando um novo estabelecimento comercial é criado, não terá nenhuma resenha ainda e, portanto, não terá nota. Mas nossa visão espera uma nota entre zero e cinco, e é isso o que o controlador precisa repassar a ela.

Portanto, é necessário determinar um valor default de `0` para a nota em cada novo documento. O Mongoose permite que isso seja feito de dentro do schema. Lembre-se: `rating: Number` é uma forma abreviada de `rating: {type: Number}`. É possível adicionar outras opções ao objeto de definição, incluindo um valor-padrão. Em nosso exemplo, poderíamos atualizar o schema como segue:

```
rating: {type: Number, "default": 0}
```

A palavra `default` *não precisa, necessariamente,* estar entre aspas, mas como é uma palavra reservada do JavaScript é boa prática fazê-lo.

VALIDAÇÃO BÁSICA: CAMPOS OBRIGATÓRIOS

Pelo Mongoose é possível criar um sistema de validação rapidamente no próprio schema. Isso ajuda a manter a integridade dos dados e pode proteger seu banco dos males causados por dados faltantes ou malformados. O Mongoose possui recursos auxiliares que tornam muito fácil adicionar as tarefas de validação mais comuns, o que significa que não é preciso escrever ou importar código para isso repetidamente.

O primeiro exemplo desse tipo de validação certifica-se de que os campos não estão vazios antes de salvar o documento no banco. Em vez de escrever um código na própria aplicação que verifique cada um dos campos, podemos simplesmente incluir um `required: true` no objeto de definição de cada path que seja obrigatório. Em nossa aplicação, mais especificamente em `locationSchema`, sabemos que o campo nome deve ser obrigatório, portanto a definição do path *name* deve ser declarada assim:

```
name: {type: String, required: true}
```

Se tentarmos salvar um estabelecimento comercial sem um nome, o Mongoose retornará um erro de validação que pode ser capturado imediatamente em seu código sem precisar uma consulta ao banco de dados.

VALIDAÇÃO BÁSICA: LIMITES NUMÉRICOS

Também podemos usar uma técnica semelhante para definir máximos e mínimos em caminhos do tipo numérico. Essas validações usam as palavras reservadas `max` e `min`. Cada estabelecimento comercial deve ter uma nota associada a ele, cujo valor-padrão é `0`. Esse valor também não pode ser menor que `0` nem maior que `5`, portanto a definição do path `rating` fica assim:

```
rating: {type: Number, "default": 0, min: 0, max: 5}
```

Com essa atualização o Mongoose não vai deixar que nenhum valor seja salvo a não ser que esteja entre `0` e `5`. Um erro de validação será retornado para que o código possa lidar com ele. Uma das grandes vantagens dessa (boa) prática é que a aplicação não precisa consultar o banco de dados para verificar os limites. Outra vantagem é que não é preciso escrever ou importar um código de validação cada vez que for preciso informar, atualizar, calcular ou zerar o valor de uma nota.

5.3.2 Usando dados geográficos no MongoDB e Mongoose

Quando começamos a mapear os dados da aplicação que estão no controller para criar nosso schema no Mongoose, deixamos a questão da distância para depois. Bem, depois é agora. Vamos descobrir como processar informações geográficas.

O MongoDB pode armazenar dados geográficos como latitude e longitude e pode inclusive gerenciar um *índice* baseado neles. Esse recurso, por sua vez, permite que os usuários possam fazer buscas rápidas sobre locais próximos de si, ou próximos de um ponto específico no mapa. Isso é bastante útil para construir uma aplicação baseada em localização. Opa, mas não é justamente o caso do Loc8r?

Sobre os índices do MongoDB

Índices, em qualquer banco de dados digno desse nome, permite buscas rápidas e mais eficientes. O MongoDB não é diferente nesse quesito. Quando um path é indexado, o MongoDB pode usar o índice para recuperar subconjuntos de dados sem ter que pesquisar em todos os documentos da seleção.

Imagine um arquivo, desses de aço, com pastas suspensas recheadas de papéis. Imagine que queiramos encontrar a fatura de um determinado cartão de crédito – o vencimento é hoje! Pode ser que toda a papelada misturada – contas, projetos, poemas, dissertação de mestrado – esteja jogada de qualquer jeito nas gavetas do arquivo, uma bagunça! Para encontrar a fatura, é preciso olhar um a um todos os documentos, por mais irrelevantes que sejam, até que ela apareça. Todavia, se tudo estiver caprichosamente dividido em pastas em ordem alfabética (ou seja, tudo indexado!), podemos encontrar a fatura facilmente na pasta "cartão de crédito". Com a pasta em mãos, a quantidade de documentos a olhar é bem menor, o que acelera bastante todo o processo.

A indexação em um banco de dados é bastante parecida. Entretanto, em um banco de dados, temos mais de um índice para cada documento, permitindo que façamos diversos tipos de buscas e não apenas a "busca alfabética" como no arquivo de aço.

Os índices precisam de manutenção e usam recursos do sistema, da mesma forma como organizar as pastas suspensas no arquivo de aço leva tempo. Portanto, para o melhor desempenho possível, tente limitar a utilização dos índices aos paths que realmente precisam ser indexados e que são usados pela maioria das solicitações de dados.

Os dados para uma localização geográfica são armazenados na especificação de formato GeoJSON, que veremos em ação muito em breve. O Mongoose suporta esse tipo de dado, permitindo que definamos um path geoespacial dentro de um schema. Como o Mongoose é uma camada de abstração sobre o MongoDB, ele tenta sempre facilitar as coisas para o programador. Para adicionar um path GeoJSON ao schema é:

1. Definir o path como um array do tipo `Number`.
2. Definir o path como tendo um índice `2dsphere`.

Para ver tudo isso em ação podemos adicionar um path `coords` para o schema de localização. Depois dos dois passos anteriores, o schema deve ser parecer com o trecho de código a seguir:

```
var locationSchema = new mongoose.Schema({
  name: {type: String, required: true},
  address: String,
  rating: {type: Number, "default": 0, min: 0, max: 5},
  facilities: [String],
  coords: {type: [Number], index: '2dsphere'}
});
```

A parte crítica aqui é `2dsphere`, pois é isso o que permite ao MongoDB fazer os cálculos corretos. Com o índice 2dsphere, o MongoDB pode fazer cálculos geométricos baseados em um objeto esférico. Veremos mais sobre ele no capítulo 6, quando construirmos nossa API e começarmos a interagir com os dados.

> **DICA:** Para atender às especificações GeoJSON, o par de coordenadas deve estar na ordem correta dentro do array: longitude primeiro, latitude depois.

Já temos o básico de nosso schema para o Loc8r, no que se refere à homepage. Agora, passaremos à página de detalhes dos estabelecimentos comerciais. Esta página possui requisitos de dados um tanto mais complexos e precisamos analisar como faremos para que o Mongoose gerencie esses schemas.

5.3.3 Criando schemas mais complexos com subdocumentos

Os dados que usamos até aqui eram bastante diretos e o schema para eles pôde ser bastante "plano". Usamos um par de arrays para a infraestrutura dos estabelecimentos e para as coordenadas geográficas do local, mas eram arrays simples, contendo apenas um tipo de dados cada. Mas e o que acontece em conjuntos de dados ligeiramente mais complicados? Como trabalhar com eles?

Vamos relembrar como é a página de detalhes e os dados mostrados nela. A figura 5.9 mostra uma captura de tela e mostra as diferentes áreas de informação.

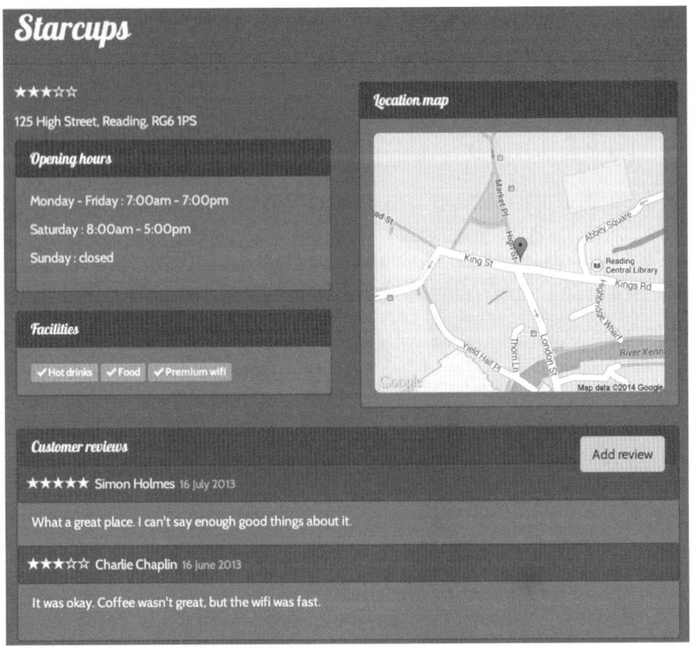

Figura 5.9 – Toda a informação mostrada para um único estabelecimento comercial na página de detalhes.

Nome, nota e endereço estão logo no início, e mais abaixo está a infraestrutura do local (banheiros, bar etc.). No lado direito há um mapa, gerado a partir das coordenadas geográficas. Tudo isso já foi incluído no schema básico. As duas áreas que ainda não estão lá são o *horário de funcionamento* e as *resenhas dos usuários*.

Os dados sendo repassados a essa visão estão no controlador `locationInfo` que está no arquivo *app_server/controllers/locations.js*. O trecho relevante dos dados nesse controlador está mostrado a seguir:

Listagem 5.2 – Dados do controlador repassados à página de detalhes do estabelecimento.

```
location: {
   name: 'Starcups', ❶
   address: '125 High Street, Reading, RG6 1PS',
   rating: 3,
   facilities: ['Hot drinks', 'Food', 'Premium wifi'],
   coords: {lat: 51.455041, lng: -0.9690884},
   openingTimes: [{ ❷
      days: 'Monday - Friday',
      opening: '7:00am',
      closing: '7:00pm',
      closed: false
   },{
      days: 'Saturday',
      opening: '8:00am',
      closing: '5:00pm',
      closed: false
   },{
      days: 'Sunday',
      closed: true
   }],
   reviews: [{ ❸
      author: 'Simon Holmes',
      rating: 5,
      timestamp: '16 July 2013',
      reviewText: 'What a great place. I can\'t say enough good things about it.'
   },{
      author: 'Charlie Chaplin',
      rating: 3,
```

```
        timestamp: '16 June 2013',
        reviewText: 'It was okay. Coffee wasn\'t great, but the wifi was fast.'
    }]
}
```

❶ Já contemplado no schema existente.

❷ Os dados do horário de funcionamento estão em um array de objetos.

❸ As resenhas também são repassadas à visão em um array de objetos.

Temos aqui arrays de objetos para o horário de funcionamento e para as resenhas. Em um banco de dados relacional, criaríamos esses elementos em tabelas separadas e usaríamos `join` para uni-los em uma query quando precisarmos desses dados. Mas não é assim que os bancos de dados baseados em documento funcionam, e isso inclui o MongoDB. Com documentos, qualquer coisa que pertença especificamente a um documento-pai deve estar contido *dentro* daquele documento. A figura 5.10 ilustra a diferença conceitual entre as duas abordagens:

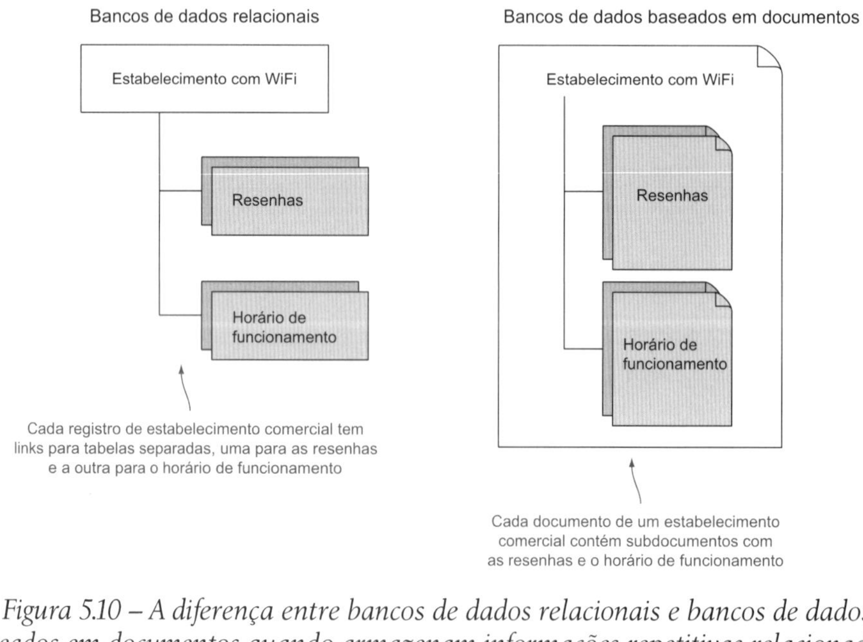

Figura 5.10 – A diferença entre bancos de dados relacionais e bancos de dados baseados em documentos quando armazenam informações repetitivas relacionadas a um elemento-pai.

No MongoDB existe o conceito de *subdocumentos* para guardar dados repetitivos ou aninhados. Subdocumentos são documentos como os outros: têm seu próprio schema e a cada um é dado um `_id` único quando o arquivo é criado pelo MongoDB. Mas os subdocumentos são aninhados dentro de um documento-pai e pode ser acessado apenas como um path desse documento-pai.

USANDO SCHEMAS ANINHADOS NO MONGOOSE PARA DEFINIR SUBDOCUMENTOS

Os subdocumentos podem ser definidos no Mongoose usando schemas aninhados. Por "aninhados" queremos dizer que um schema inteiro foi colocado como um path dentro de outro schema. Vamos criar um agora para ter uma noção de como isso funciona em termos de código. O primeiro passo é definir um novo schema para um subdocumento. Começaremos com o horário de funcionamento. Observe que o trecho de código a seguir, que ilustra o subdocumento, deve estar no mesmo arquivo que a definição de `locationSchema` e, muito importante, deve estar *antes* da definição de `locationSchema`.

```
var openingTimeSchema = new mongoose.Schema({
    days: {type: String, required: true},
    opening: String,
    closing: String,
    closed: {type: Boolean, required: true}
});
```

Opções para armazenamento de dados de horário

No schema destinado ao horário de funcionamento, temos uma situação bastante interessante na qual queremos salvar uma informação de horário, como 7:30, mas sem uma data associada a ele.

Usaremos o método `String`, pois não requer nenhum tipo de processamento antes de ser gravado no banco de dados ou depois de ser lido. Isso também torna o registro fácil de entender. A desvantagem é que o fato de ser uma simples string de texto torna mais difícil fazer cálculos sobre esses dados.

Outra opção seria criar um objeto data, com uma data arbitrária associada a ele e a informação de hora e minuto passada manualmente:

```
var d = new Date();
d.setHours(15);
d.setMinutes(30); ❶
```

❶ d é, agora, `Wed Apr 09 2014 15:30:40 GMT+0100 (BST)`.

Usando esse método podemos facilmente extrair o horário a partir desses dados. A desvantagem é que estamos ocupando espaço em disco armazenando dados inúteis, além de ser tecnicamente incorreto.

Uma terceira opção seria armazenar um valor numérico de minutos desde a meia-noite. Portanto, 7:30 da manhã seria (7 × 60) + 30 = 450. O cálculo disso é simples de se fazer antes de salvar o dado para a base e depois de recuperá-lo para uso posterior. Mas o dado em si, quando não sabemos o contexto, não tem significado algum.

Essa terceira opção seria a minha preferida para tornar esse dado mais inteligente e poderia ser uma boa extensão para testar coisas novas. Por uma questão de legibilidade didática em nosso protótipo, bem como para evitar distrações desnecessárias, usaremos o método `String` por todo o livro.

Esta definição de schema é bem simples e reflete os dados da forma como os construímos no controlador. Nós temos dois campos importados com `require`, a flag booleana `closed` e o campo `days`.

Aninhar este schema dentro do schema dos estabelecimentos comerciais é tarefa simples e direta. Precisamos incluir um novo path ao schema-pai e defini-lo como um array de subdocumentos schema. O trecho de código a seguir mostra como aninhar `openingTimeSchema` dentro de `locationSchema`:

```
var locationSchema = new mongoose.Schema({
    name: {type: String, required: true},
    address: String,
    rating: {type: Number, "default": 0, min: 0, max: 5},
    facilities: [String],
    coords: {type: [Number], index: '2dsphere'},
    openingTimes: [openingTimeSchema] ❶
});
```

❶ Adiciona um schema aninhado como um array de objetos schema.

Podemos agora adicionar múltiplos subdocumentos de horário de funcionamento para um dado estabelecimento comercial: os subdocumentos são armazenados dentro do documento-pai. O trecho de código a seguir mostra um exemplo de documento baseado nesse schema. O subdocumento para o horário de funcionamento está destacado em negrito:

```
{
    "_id": ObjectId("52ef3a9f79c44a86710fe7f5"),
    "name": "Starcups",
    "address": "125 High Street, Reading, RG6 1PS",
    "rating": 3,
    "facilities": ["Hot drinks", "Food", "Premium wifi"],
```

```
    "coords": [-0.9690884, 51.455041],
    "openingTimes": [{ ❶
      "_id": ObjectId("52ef3a9f79c44a86710fe7f6"),
      "days": "Monday - Friday",
      "opening": "7:00am",
      "closing": "7:00pm",
      "closed": false
    }, {
      "_id": ObjectId("52ef3a9f79c44a86710fe7f7"),
      "days": "Saturday",
      "opening": "8:00am",
      "closing": "5:00pm",
      "closed": false
    }, {
      "_id": ObjectId("52ef3a9f79c44a86710fe7f8"),
      "days": "Sunday",
      "closed": true
    }]
  }
```

❶ Vários subdocumentos de horário de funcionamento são aninhados dentro do documento do estabelecimento comercial.

Já temos o schema para o horário de funcionamento. Cuidemos agora do schema para os subdocumentos com as resenhas.

INCLUINDO UM SEGUNDO CONJUNTO DE SUBDOCUMENTOS

Não há limite, nem no MongoDB nem no Mongoose, para o número de paths para subdocumentos em um documento. Podemos, portanto, simplesmente colocar o que já fizemos para o horário de funcionamento e modificá-lo para as resenhas:

1. Analisar os dados usados na resenha, presente no trecho de código a seguir:

```
{
  author: 'Simon Holmes',
  rating: 5,
  timestamp: '16 July 2013',
  reviewText: 'What a great place. I can\'t say enough good things about it.'
}
```

2. Mapear esses dados em um novo schema chamado `reviewSchema` *app_server/models/location.js*:

```
var reviewSchema = new mongoose.Schema({
    author: String,
    rating: {type: Number, required: true, min: 0, max: 5},
    reviewText: String,
    createdOn: {type: Date, "default": Date.now}
});
```

3. Adicionar o schema `reviewSchema` como um novo path em `locationSchema`:

```
var locationSchema = new mongoose.Schema({
    name: {type: String, required: true},
    address: String,
    rating: {type: Number, "default": 0, min: 0, max: 5},
    facilities: [String],
    coords: {type: [Number], index: '2dsphere'},
    openingTimes: [openingTimeSchema],
    reviews: [reviewSchema]
});
```

Uma vez definido o schema para as resenhas e adicionado ao schema-pai de estabelecimentos comerciais, temos tudo o que precisamos para guardar os dados de todos os locais com WiFi de forma estruturada.

5.3.4 Schema finalizado

Por toda esta seção mexemos bastante no arquivo, então vamos ver como fica tudo junto e quem faz o quê. A listagem a seguir mostra o conteúdo de *locations.js* em *app_server/models*:

Listagem 5.3 – Schema finalizado para os estabelecimentos comerciais, incluindo os schemas aninhados.

```
var mongoose = require( 'mongoose' ); ❶

var reviewSchema = new mongoose.Schema({ ❷
    author: String
    rating: {type: Number, required: true, min: 0, max: 5},
    reviewText: String,
    createdOn: {type: Date, default: Date.now}
});
```

```
var openingTimeSchema = new mongoose.Schema({ ❸
    days: {type: String, required: true},
    opening: String,
    closing: String,
    closed: {type: Boolean, required: true}
});
var locationSchema = new mongoose.Schema({ ❹
    name: {type: String, required: true},
    address: String,
    rating: {type: Number, "default": 0, min: 0, max: 5},
    facilities: [String],
    coords: {type: [Number], index: '2dsphere'}, ❺
    openingTimes: [openingTimeSchema],
    reviews: [reviewSchema]
});
```

❶ Inclui o Mongoose para que se possa usar seus métodos.

❷ Define o schema de resenhas.

❸ Define o schema para horário de funcionamento.

❹ Início do schema-pai dos estabelecimentos com WiFi.

❺ Usa 2dsphere para suporte a pares de coordenadas geográficas (longitude e latitude) no formato GeoJSON.

❻ Referencia os schemas de horário de funcionamento e resenhas em subdocumentos aninhados.

Todos os documentos e subdocumentos têm cada um seu próprio schema para definir sua estrutura. Também definimos valores default e validação básica. Para que tudo fique um pouco mais real, a listagem a seguir mostra um exemplo de documento em MongoDB criado a partir desse schema.

Listagem 5.4 – Exemplo de documento em MongoDB criado a partir do schema da listagem 5.3.

```
{
    "_id": ObjectId("52ef3a9f79c44a86710fe7f5"),
    "name": "Starcups",
    "address": "125 High Street, Reading, RG6 1PS",
    "rating": 3,
    "facilities": ["Hot drinks", "Food", "Premium wifi"],
    "coords": [-0.9690884, 51.455041], ❶
```

```
    "openingTimes": [{ ❷
      "_id": ObjectId("52ef3a9f79c44a86710fe7f6"),
      "days": "Monday - Friday",
      "opening": "7:00am",
      "closing": "7:00pm",
      "closed": false
    }, {
      "_id": ObjectId("52ef3a9f79c44a86710fe7f7"),
      "days": "Saturday",
      "opening": "8:00am",
      "closing": "5:00pm",
      "closed": false
    }, {
      "_id": ObjectId("52ef3a9f79c44a86710fe7f8"),
      "days": "Sunday",
      "closed": true
    }],
    "reviews": [{ ❸
      "_id": ObjectId("52ef3a9f79c44a86710fe7f9"),
      "author": "Simon Holmes",
      "rating": 5,
      "createdOn": ISODate("2013-07-15T23:00:00Z"),
      "reviewText": "What a great place. I can't say enough good
      things about it."
    }, {
      "_id": ObjectId("52ef3a9f79c44a86710fe7fa"),
      "author": "Charlie Chaplin",
      "rating": 3,
      "createdOn": ISODate("2013-06-15T23:00:00Z"),
      "reviewText": "It was okay. Coffee wasn't great, but the wifi was fast."
    }]
}
```

❶ As coordenadas geográficas são armazenadas como um par GeoJSON no formato `[longitude, latitude]`.

❷ O horário de funcionamento é armazenado como um array de objetos aninhados – os subdocumentos.

❸ As resenhas também são arrays de subdocumentos.

Com esse exemplo, temos uma ideia de como se parece um documento no MongoDB, incluindo os subdocumentos, quando é baseado num schema conhecido. É um formulário legível, como se fosse um objeto JSON, embora tecnicamente o MongoDB o armazene no formato BSON, que é um JSON binário.

5.3.5 Compilando schemas do Mongoose para obter modelos de dados

A aplicação não interage diretamente com o schema, quando estiver trabalhando com os dados. Essa interação é feita nos modelos.

No Mongoose, um modelo é uma versão compilada de um schema. Uma vez compilado, uma única instância do modelo pode mapear diretamente um único documento no banco de dados. É por meio dessa relação direta um-para-um que o modelo consegue criar, ler, gravar e apagar dados. A figura 5.11 ilustra como isso funciona.

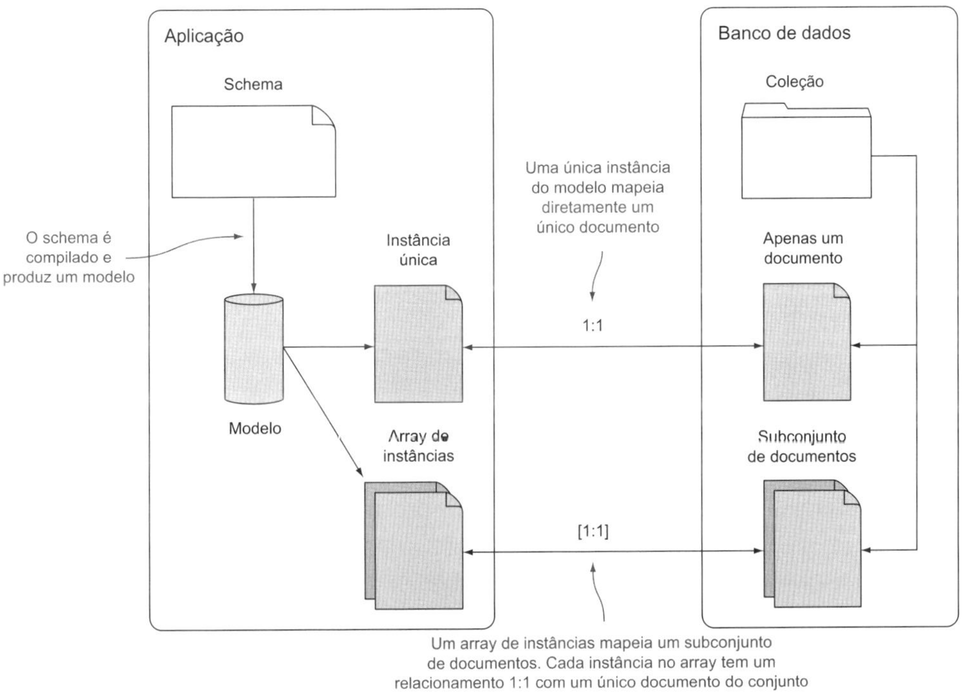

Figura 5.11 – A aplicação e o banco de dados conversam entre si por meio dos modelos. Cada instância de um modelo tem uma relação de um-para-um com um único documento no banco. É esse relacionamento que torna possível criar, gravar, ler, atualizar e apagar dados.

Esse modo de operar torna o Mongoose uma delícia de se usar. Vamos ver quão gostoso é trabalhar com ele no capítulo 6, quando construiremos a API da aplicação.

COMPILANDO UM MODELO A PARTIR DE UM SCHEMA

Qualquer coisa com a palavra "compilar" no meio tende a parecer complicado. Na realidade, compilar um modelo do Mongoose a partir de um schema é uma tarefa simples, de apenas um comando. É preciso se certificar que o schema esteja completo antes de chamar o comando `model`. O comando `model` segue a seguinte sintaxe:

```
mongoose.model('Location', locationSchema, 'Locations');
    ❶              ❷              ❸              ❹
```

❶ Nome da conexão.

❷ Nome do modelo.

❸ Schema a ser usado.

❹ Nome da coleção no MongoDB (opcional).

> **DICA:** O nome da coleção do MongoDB é opcional. Se omitido, o Mongoose usará o nome do modelo no plural. Por exemplo, um modelo de nome `Location` terá uma coleção chamada `locations` a não ser que seja especificado algo diferente.

Como estamos criando um banco de dados novo em vez de usar uma fonte de dados existente, podemos conviver com o nome default da coleção – e, assim, não precisamos nos preocupar em incluir esse parâmetro no comando `model`. Portanto, para construir o modelo de dados dos estabelecimentos com WiFi de nossa aplicação, adicionaremos a linha abaixo imediatamente após `locationSchema`:

```
mongoose.model('Location', locationSchema);
```

E é tudo. Definimos um schema de dados para os estabelecimentos comerciais que serão listados em nossa aplicação e compilamos esse schema em um modelo que poderemos usar na aplicação. Agora só precisamos de alguns dados.

5.4 Usando o shell do MongoDB para criar um banco e populá-lo com dados

Para o Loc8r precisaremos criar um banco de dados e manualmente adicionar dados de teste. Isso significa que criaremos uma versão "paralela" do Loc8r para fins de teste e, ao mesmo tempo, brincaremos diretamente com o MongoDB.

5.4.1 O shell do MongoDB

O shell do MongoDB é um ambiente de linha de comando embutido no próprio MongoDB que permite interagir com qualquer banco de dados do sistema. É bastante poderoso e pode fazer muita coisa – o que veremos aqui é só o elementar necessário para que possamos continuar com o projeto.

INICIANDO O SHELL DO MONGODB

Abra um terminal e digite:

```
$ mongo
```

Devem aparecer duas linhas como as mostradas abaixo, confirmando a versão do shell e que ele está conectado a um banco de dados:

```
MongoDB shell version: 2.4.6
connecting to: test
```

> **DICA:** Assim como o `$`, também chamado de "prompt", indica que você está no terminal do sistema operacional, dentro do shell do MongoDB o prompt é o sinal `> .` Os comandos a seguir são todos executados no shell do MongoDB e por isso todos eles iniciarão com um `>` em vez de um `$` -, mas lembre-se de que o `>`, assim como o `$`, não deve ser digitado.

LISTANDO TODOS OS BANCOS DE DADOS LOCAIS

O comando a seguir lista todos os bancos de dados MongoDB que estão na mesma máquina em que o comando foi emitido:

```
> show dbs
```

Além dos nomes, o comando lista também os tamanhos de cada banco. Se não houver nenhum banco de dados criado até este ponto, veremos apenas os dois bancos default:

```
local 0.078125GB
test (empty)
```

USANDO UM BANCO DE DADOS ESPECÍFICO

Ao iniciar o shell do MongoDB, é estabelecida uma conexão com um banco-padrão chamado "test", que está vazio. Para mudar para um banco diferente, como, por exemplo, o outro banco default chamado "local", basta rodar o comando `use`:

```
> use local
```

O shell responderá com uma mensagem de sucesso (ou erro, dependendo da situação):

```
switched to db local
```

Essa mensagem confirma o nome do banco que o shell se conectou após o comando use.

LISTANDO AS COLEÇÕES EM UM BANCO DE DADOS

Depois de selecionar um banco em particular, podemos querer saber quais são as coleções existentes nesse banco (relembrando, uma coleção é o que você chamaria de tabela em um banco de dados relacional). O comando para listar as coleções é:

```
> show collections
```

Como estamos no banco de dados local, é provável que o terminal mostre apenas uma coleção: `startup_log`.

LISTANDO O CONTEÚDO DE UMA COLEÇÃO

O shell do MongoDB permite fazer pesquisas simples ("queries") nas coleções de um banco de dados. A sintaxe do comando é:

```
db.nomeDaColeção.find(queryObjetoDePesquisa)
       ❶                   ❷
```

❶ Nome da coleção a pesquisar.

❷ Objeto opcional especificando parâmetros para a pesquisa.

Um objeto de pesquisa `query` pode ser usado para especificar o que estamos tentando encontrar na coleção. Veremos inúmeros exemplos do objeto `query` mais tarde, no capítulo 6 (o Mongoose também usa objetos `query`). A mais simples de todas é a pesquisa vazia, que retornará todos os documentos da coleção. Não se preocupe se a coleção for muito grande, o MongoDB retornará um subconjunto de documentos por vez. Usando a coleção `startup_log` como exemplo, o comando de uma query vazia seria:

```
> db.startup_log.find()
```

Esse comando retornará uma grande quantidade de documentos do registro de eventos (log) de inicialização do MongoDB, cujo conteúdo não nos é de nenhum interesse. O comando é útil para verificar se as coisas estão mesmo sendo salvas no banco de dados depois que ele foi criado.

5.4.2 Criando um banco de dados no MongoDB

Não existe isso de *criar manualmente* um banco de dados no MongoDB. Na verdade, basta começar a usá-lo. Para nossa aplicação Loc8r, o mais lógico é que o banco se chame, também, Loc8r. Portanto, no shell, basta rodar o seguinte comando:

```
> use Loc8r
```

Pronto, já estamos usando o banco de dados Loc8r. Mas como, se ele não existia? Pois é, mas agora existe. O comando `show collections` não retornará nada ainda, mas se rodarmos `show dbs` o novo banco Loc8r aparecerá na lista (vazio!):

```
Loc8r    (empty)
local    0.078125GB
test     (empty)
```

Se ele aparecer, significa que foi criado com sucesso pelo comando use.

CRIANDO COLEÇÕES E DOCUMENTOS

Da mesma forma, não é preciso explicitamente criar uma coleção. O MongoDB criará automaticamente uma coleção na primeira vez que algum dado for gravado nela.

Dados de localização mais pessoais

O Loc8r é um aplicativo que se baseia pesadamente em dados de geolocalização. Nossos exemplos são fictícios e geograficamente perto de onde eu moro no Reino Unido. A sua versão do aplicativo pode ficar um pouquinho mais pessoal se mudarmos os nomes, endereços e coordenadas dos estabelecimentos comerciais listados.

Para saber suas coordenadas geográficas visite *http://whatsmylatlng.com*. Há um botão na página para descobrir as suas coordenadas usando JavaScript, que oferecerá uma localização bem mais precisa que a que aparece primeiro quando o site carrega. Observe que as coordenadas são mostradas na ordem latitude-longitude, portanto precisamos invertê-las antes de colocá-las no banco de dados – no MongoDB, a longitude é a primeira coordenada sempre.

Para obter as coordenadas de qualquer endereço visite *http://mygeoposition.com*. Esse site permite informar o endereço físico ou arrastar e soltar um marcador em um mapa, e depois informará as coordenadas corretas. Novamente, lembre-se que o par de coordenadas no MongoDB deve ser primeiro longitude e depois latitude.

Para o modelo `Location` criaremos uma coleção chamada `locations`. Lembre-se de que o nome-padrão para a coleção é o plural em caixa baixa do nome do modelo. Podemos criar e salvar um novo documento passando um objeto de dados ao método `save` de uma coleção, como no trecho de código a seguir:

```
> db.locations.save({ ❶
    name: 'Starcups',
    address: '125 High Street, Reading, RG6 1PS',
    rating: 3,
    facilities: ['Hot drinks', 'Food', 'Premium wifi'],
    coords: [-0.9690884, 51.455041],
    openingTimes: [{
      days: 'Monday - Friday',
      opening: '7:00am',
      closing: '7:00pm',
      closed: false
    }, {
      days: 'Saturday',
      opening: '8:00am',
      closing: '5:00pm',
      closed: false
    }, {
      days: 'Sunday',
      closed: true
    }]
})
```

❶ O nome da coleção é especificado como parte do comando `save`.

Com apenas um comando, criamos uma coleção chamada `locations`, e dentro dela o primeiro documento dessa coleção. Agora, ao rodar o comando `show collections` no shell do MongoDB, veremos a nova coleção `locations` na lista, bem como uma outra coleção `system.indexes` gerada automaticamente:

```
> show collections
locations
system.indexes
```

Se fizermos uma query vazia na coleção, para listar todos os documentos, veremos apenas um por enquanto. O comando é `find` na sintaxe mostrada:

```
> db.locations.find() ❶
{
  "_id": ObjectId("530efe98d382e7fa4345f173"), ❷
  "address": "125 High Street, Reading, RG6 1PS",
  "coords": [-0.9690884, 51.455041],
  "facilities": ["Hot drinks", "Food", "Premium wifi"],
  "name": "Starcups",
  "openingTimes": [{
    "days": "Monday - Friday",
    "opening": "7:00am",
    "closing": "7:00pm",
    "closed": false
  }, {
    "days": "Saturday",
    "opening": "8:00am",
    "closing": "5:00pm",
    "closed": false
  }, {
    "days": "Sunday",
    "closed": true
  }],
  "rating": 3,
}
```

❶ O comando find é um método da própria coleção.

❷ O MongoDB criou automaticamente um identificador único para este documento.

Este trecho de código foi formatado no livro para legibilidade, o documento que o MongoDB retorna não terá nem quebras de linha e muito menos indentação. Mas o shell pode embelezar os dados se adicionarmos `.pretty()` ao final do comando:

```
> db.locations.find().pretty()
```

Observe que a ordem dos dados no documento retornado não precisa ser a mesma de quando foi criado. Como a estrutura de dados não é baseada em colunas e sim em pares chave:valor (ou melhor, path:dado), a ordem não interessa. Os dados sempre estarão disponíveis no path correto. Dados armazenados dentro de arrays, entretanto, mantêm a ordem com que foram criados.

ADICIONANDO SUBDOCUMENTOS

Nosso primeiro documento não inclui todos os dados necessários – não temos os subdocumentos de resenhas ainda. Subdocumentos podem ser incluídos no comando `save` inicial, como fizemos com os horários de funcionamento, mas também podemos atualizar um documento "enfiando" o novo subdocumento nele.

O comando `update` do MongoDB aceita dois argumentos. O primeiro é uma query, para que ele saiba qual documento atualizar, e o segundo contém instruções sobre o que fazer quando encontrar o documento. Faremos uma busca simples pelo nome do estabelecimento (Starcups), pois sabemos que não há duplicatas. Para o objeto de instrução podemos usar `$push` para adicionar um novo objeto ao path de resenhas. Não importa se o path ainda não existe: ele será criado pelo MongoDB como parte da operação de push.

O comando ficaria assim:

```
> db.locations.update({ ❶
    name: 'Starcups'
}, {
    $push: { ❷
        reviews: {
            author: 'Simon Holmes', ❸
            id: ObjectId(),
            rating: 5,
            timestamp: new Date("Jul 16, 2013"),
            reviewText: "What a great place. I can't say enough good
            things about it."
        }
    }
})
```

❶ Objeto de busca (query) para encontrar o documento correto.

❷ Quando o documento for encontrado, insere (push) o subdocumento especificado em um path chamado "reviews".

❸ O subdocumento contém estes dados.

Este comando adicionará uma resenha ao documento, desde que, claro, estejamos no banco de dados `Loc8r`. Podemos repetir o comando várias vezes, alterando os dados para adicionar outras resenhas ao mesmo array.

Observe o comando `new Date` para determinar o horário que a resenha foi salva. O uso desse comando garante que o MongoDB use o formato ISO para as datas, e não uma string – é o que nosso schema espera e permite uma manipulação melhor desse dado no futuro.

REPITA O PROCESSO

Esses poucos comandos foram o suficiente para inserir os dados de um estabelecimento comercial em nossa aplicação, mas precisaremos de alguns mais. Use a imaginação e inclua mais alguns ao banco de dados.

Quando terminar, chegamos a um ponto em que podemos usar esses dados na aplicação. Esta poderia acessar os dados diretamente, mas em vez disso vamos construir uma API – assunto do capítulo 6. Antes disso, entretanto, precisamos acertar um último detalhe. É desejável enviar atualizações regulares ao Heroku e, agora que já temos uma conexão funcional ao banco de dados e modelos de dados para a aplicação, precisamos ter certeza de que eles são suportados pelo Heroku antes de seguir em frente.

5.5 Enviando o banco de dados para o ambiente de produção

Se a aplicação está hospedada num provedor externo, não adianta o banco de dados estar na máquina de desenvolvimento. Nesta seção, aprenderemos a enviar o banco para o ambiente de produção. Também veremos como atualizar a aplicação para que use o banco de dados publicado no ambiente de produção quando for executada lá, e no ambiente de desenvolvimento quando for executada localmente. Em produção, empregaremos o plano gratuito de um serviço chamado MongoLab, que pode ser usado como um plugin do Heroku. Se preferir usar outro serviço ou tiver seu próprio servidor, pode usá-los no lugar do MongoLab. A primeira parte desta seção explica como configurar uma conta no MongoLab, mas as seguintes – migrar os dados e reajustar as strings de conexão na aplicação em Node.js – não são específicas e valem para qualquer plataforma.

5.5.1 Cadastrando-se no MongoLab e obtendo a URI do banco de dados

O primeiro objetivo de obter uma URI pública para o banco de dados é poder enviar dados a ela e adicioná-la à aplicação. Usaremos o MongoLab como exemplo, pois o plano gratuito deles é muito bom, a documentação online é excelente e a equipe de suporte técnico é prestativa e eficiente.

Há duas maneiras de obter um banco de dados no MongoLab. A mais rápida e fácil é usar um plugin do Heroku. Usaremos esse método, mas é necessário um número de cartão de crédito para o cadastro no Heroku. O Heroku opera dessa forma para evitar abusos, mas nada será cobrado do cartão se usarmos o plano gratuito. Quem preferir não usar cartão de crédito algum pode seguir as dicas do quadro a seguir:

Cadastrando-se manualmente no MongoLab

Não é obrigatório usar o sistema de plugins do Heroku. Precisamos simplesmente de um banco de dados MongoDB na nuvem e obter uma string de conexão para ele.

O MongoLab possui uma documentação online muito bem-feita, que guiará no processo: *http://docs.mongolab.com/*.

Resumidamente, os passos a seguir são:

1. Cadastre-se em uma conta gratuita.
2. Crie um novo banco de dados (selecione Single Node, Sandbox para o plano gratuito).
3. Crie um usuário.
4. Obtenha a URI do banco de dados (string de conexão).

A string de conexão é algo parecido com isto:

```
mongodb://dbname:dbpassword@ds059957.mongolab.com:59957/loc8r-dev
```

Obviamente, todos os nomes serão diferentes no seu caso, e será necessário substituir dbname e dbpassword pelos especificados no passo 3.

De posse da string de conexão, é preciso salvá-la como parte da configuração do Heroku. Em um terminal, navegue até a pasta-raiz de sua aplicação e emita o seguinte comando:

```
$ heroku config:set MONGOLAB_URI=your_db_uri
```

Substitua `your_db_uri` pela string informada pelo Heroku, incluindo o protocolo `mongodb://`. Quando usamos o método do plugin, ele automaticamente cria o `MONGOLAB_URI` nas configurações do Heroku. Os passos manuais que mostramos neste quadro fazem o mesmo, e podemos voltar ao texto principal desta seção.

INCLUINDO O MONGOLAB À APLICAÇÃO NO HEROKU

Um comando no terminal é a maneira mais rápida de adicionar o MongoLab como um plugin do Heroku. Navegue até a pasta-raiz da aplicação e emita o seguinte comando:

```
$ heroku addons:add mongolab
```

E depois faça... mais nada! Pronto! Um banco de dados MongoDB já está pronto e disponível na nuvem para ser usado. Para conferir, emita o seguinte comando, que abrirá a interface web do MongoLab em seu navegador:

```
$ heroku addons:open mongolab
```

Para usar o banco, é preciso saber sua URI.

OBTENDO A URI DO BANCO DE DADOS

Podemos obter a URI completa do banco de dados pelo próprio terminal. A resposta será a string de conexão exata a ser usada na aplicação. O comando é:

```
$ heroku config:get MONGOLAB_URI
```

A resposta com a string de conexão se parece com isto:

```
mongodb://heroku_app20110907:4rqhlidfdqq6vgdi06c15jrlpf@ds033669
.mongolab.com:33669/heroku_app20110907
```

Salve essas linhas em um arquivo, pois as usaremos em breve.

DESMEMBRANDO A URI

Parece uma maçaroca aleatória de letras e números, mas se separarmos os componentes uns dos outros conseguiremos entendê-los. Na seção 5.2.2 aprendemos que uma URI é formada por:

```
mongodb://username:password@localhost:27027/database
    ❶          ❷                 ❸      ❹      ❺
```

❶ Protocolo de comunicação do MongoDB.

❷ Credenciais para o banco de dados.

❸ Endereço do servidor.

❹ Porta.

❺ Nome do banco de dados.

Portanto, se analisarmos a URI devolvida pelo MongoLab, teremos:

- Usuário: `heroku_app20110907`
- Senha: `4rqhlidfdqq6vgdi06c15jrlpf`
- Endereço do servidor: `ds033669.mongolab.com`
- Porta: `33669`
- Nome do banco de dados: `heroku_app20110907`

Obviamente, esses valores vieram da URI de exemplo aqui do livro, os valores da sua URI serão diferentes. Anote-os! Eles serão usados depois.

5.5.2 Enviando os dados

Agora que temos um banco de dados acessível na internet e sabemos como nos conectar a ele, podemos enviar dados para lá. Os passos a seguir são:

1. Crie uma pasta temporária para guardar os arquivos de backup.
2. Faça um backup do banco de dados do Loc8r no ambiente de desenvolvimento.
3. Restaure os dados no ambiente de produção.
4. Teste o banco de dados de produção.

Todos esses passos podem ser executados rapidamente no terminal da máquina local. Assim não precisamos ficar pulando de um ambiente a outro.

CRIANDO UMA PASTA TEMPORÁRIA

O primeiro passo é muito simples. Se quiser usar a interface gráfica fique à vontade, mas pelo terminal é mais fácil. O comando a seguir cria uma pasta no Mac e no Linux:

```
$ mkdir -p ~/tmp/mongodump
```

Agora temos um lugar para guardar o backup dos dados.

FAZENDO O BACKUP DO BANCO DE DADOS DE DESENVOLVIMENTO

O processo de backup não apaga os dados do sistema de desenvolvimento, apenas cria uma cópia empacotada deles.

O comando `mongodump` aceita três parâmetros:

- `-h` – Endereço e porta do servidor MongoDB.
- `-d` – Nome do banco de dados.
- `-o` – Pasta onde os dados serão gravados.

A porta-padrão de comunicação do MongoDB é `27017`. Na máquina local, o comando é este:

```
$ mongodump -h localhost:27017 -d Loc8r -o ~/tmp/mongodump
```

Depois de rodar, confira se foi criado um arquivo na pasta *~/tmp/mongodump*.

RESTAURANDO OS DADOS NO AMBIENTE DE PRODUÇÃO

O processo de envio dos dados ao ambiente de produção é semelhante, mas desta vez usando o comando `mongorestore`. O comando aceita os seguintes parâmetros:

- `-h` – Endereço e porta do servidor MongoDB.
- `-d` – Nome do banco de dados.
- `-u` – Usuário do banco de dados.
- `-p` – Senha do banco de dados.
- Caminho para a pasta e o arquivo de backup. Esse parâmetro é executado no fim do comando e não pede uma chave de opção como os outros.

Com a informação que obtivemos a partir da URI, o comando seria este:

```
$ mongorestore -h ds033669.mongolab.com:33669 -d heroku_app20110907 -u
heroku_app20110907 -p 4rqhlidfdqq6vgdi06c15jrlpf ~/tmp/mongodump/Loc8r
```

O seu será ligeiramente diferente, é óbvio, pois terá endereço, nome do banco, usuário e senha diferentes. Lembre-se de que é para usar os dados do ambiente de produção – é para lá que estamos mandando. O comando `mongorestore` enviará os dados do backup e os inserirá no banco de dados de produção.

TESTANDO O AMBIENTE DE PRODUÇÃO

O shell do MongoDB pode acessar bancos em qualquer lugar, não apenas na máquina local. Podemos usar o shell para conectar a bancos externos – basta ter as credenciais corretas.

Para conectar o shell do MongoDB a um banco externo, usamos o mesmo comando `mongo` informando também em qual banco de dados queremos nos conectar. É preciso incluir o endereço do servidor, a porta, o nome do banco e as credenciais (usuário e senha). A sintaxe é:

```
$ mongo hostname:port/database_name -u username -p password
```

Por exemplo, usando o banco que criamos nesta seção, teríamos:

```
$ mongo ds033669.mongolab.com:33669/heroku_app20110907 -u heroku_app20110907
-p 4rqhlidfdqq6vgdi06c15jrlpf
```

Esse comando conecta ao banco de dados remoto (de produção) usando o shell do MongoDB. Depois de a conexão ser estabelecida, podemos usar os comandos que já conhecemos para verificar o banco:

```
> show collections
> db.locations.find()
```

Agora temos dois bancos de dados e duas strings de conexão. A aplicação precisa saber o momento certo de usar cada uma.

5.5.3 Fazendo a aplicação usar o banco de dados correto

Temos dois bancos: o de desenvolvimento na máquina local e o de produção no MongoLab (ou em outro lugar). Queremos que a aplicação use cada um deles quando apropriado, mas o código-fonte da aplicação é o mesmo em ambos os lugares. A figura 5.12 demonstra o problema.

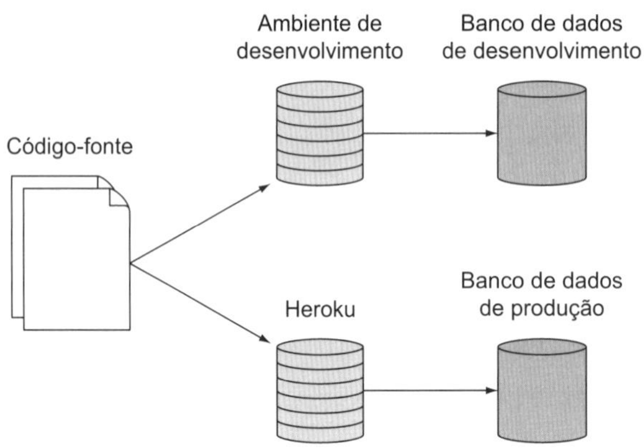

Figura 5.12 – O mesmo código-fonte roda em dois locais, e em cada local conecta-se a um banco de dados diferente.

Temos, portanto, o mesmo código-fonte rodando em dois ambientes diferentes, cada um deles usando um banco de dados diferente. A maneira de lidar com isso é usar uma variável de ambiente do Node.js, chamada `NODE_ENV`.

A VARIÁVEL DE AMBIENTE NODE_ENV

Variáveis de ambiente afetam a forma como o processo central é executado. Uma das variáveis de ambiente de interesse para nós é `NODE_ENV`. A aplicação já usa `NODE_ENV`, embora não tenhamos notado até agora. Por padrão, o Heroku coloca em `NODE_ENV` o valor `production` para que a aplicação em produção saiba onde está.

O Heroku em modo de produção

Em certas instâncias, dependendo de como a aplicação foi ajustada, ela pode erroneamente não estar sendo executada em modo de produção no Heroku. Para garantir que a variável de ambiente do Heroku seja ajustada corretamente, use o seguinte comando:

```
$ heroku config:set NODE_ENV=production
```

Podemos ler a variável `NODE_ENV` de dentro da aplicação usando a seguinte declaração:

```
process.env.NODE_ENV
```

A não ser que esteja especificada no ambiente, essa declaração retornará o valor `undefined`. Podemos especificar quaisquer variáveis de ambiente quando a aplicação Node.js é executada associando a variável a um valor na mesma linha de terminal, logo antes do comando que inicia o Node. Um exemplo:

```
$ NODE_ENV=production nodemon
```

Esse comando inicia a aplicação em modo de produção, pois o valor de `NODE_ENV` foi ajustado para `production` e será lido assim pelo comando `process.env.NODE_ENV`.

> **DICA:** Nunca ajuste o valor det `NODE_ENV` de dentro da aplicação, apenas leia.

AJUSTANDO A URI DO BANCO DE DADOS BASEADA NO AMBIENTE

A string de conexão ao banco de dados em nossa aplicação está no arquivo *db.js*, na pasta *app_server/models*. A declaração de conexão presente nesse arquivo se parece com esta:

```
var dbURI = 'mongodb://localhost/Loc8r';
mongoose.connect(dbURI);
```

Para mudar o valor de `dbURI` baseado no ambiente atual basta um `if` que verifique o valor de `NODE_ENV`. O trecho de código a seguir mostra como isso é feito.

Lembre-se de usar a string de conexão real da sua aplicação e não a que damos aqui no exemplo (modificações em **negrito**):

```
var dbURI = 'mongodb://localhost/Loc8r';
if (process.env.NODE_ENV === 'production') {
   dbURI = 'mongodb://
      heroku_app20110907:4rqhlidfdqq6vgdi06c15jrlpf@ds033669.mongolab.com:3366
      9/heroku_app20110907';
}
mongoose.connect(dbURI);
```

Como o código-fonte residirá em um repositório público, não queremos que as credenciais de acesso ao banco de dados estejam desse jeito, guardadas em texto puro no arquivo. Uma forma de contornar esse problema é definir variáveis de ambiente. Com o MongoLab ou o Heroku já existem variáveis para isso – foi como tivemos acesso à string de conexão quando assinamos o serviço (se a conta foi cadastrada manualmente no MongoLab, é esta a variável de configuração do Heroku que devemos alterar). Se o provedor de banco de dados para o Heroku for outro, e ele não adicionou nada à configuração do Heroku, podemos usar a URI com o comando `heroku config:set`, que já usamos anteriormente, para garantir que o Heroku esteja rodando em modo de produção.

O trecho de código abaixo mostra como usar a string de conexão com a variável de ambiente do MongoLab:

```
var dbURI = 'mongodb://localhost/Loc8r';
if (process.env.NODE_ENV === 'production') {
   dbURI = process.env.MONGOLAB_URI;
}
mongoose.connect(dbURI);
```

Com isso, você pode mostrar o código para qualquer pessoa e mesmo assim só você terá as credenciais do banco de dados.

TESTANDO ANTES DE ENVIAR PARA A PRODUÇÃO

Podemos testar a atualização de código localmente antes de enviá-lo ao Heroku. Basta ajustar a variável de ambiente quando chamar a aplicação no terminal. Os eventos de conexão do Mongoose, que já estamos rastreando com o código adicionado anteriormente, enviam mensagens ao registro do sistema (log) quando uma conexão a um banco de dados é iniciada, verificando a URI usada.

Normalmente, iniciamos a aplicação deste jeito em um terminal:

```
$ nodemon
Express server listening on port 3000
Mongoose connected to mongodb://localhost/Loc8r
```

Para iniciá-la localmente, mas em modo de produção, usamos:

```
$ NODE_ENV=production nodemon
Express server listening on port 3000
Mongoose connected to mongodb://
heroku_app20110907:4rqhlidfdqq6vgdi06c15jrlpf@ds033669.mongolab.com:33669/
heroku_app20110907
```

Ao rodar esses comandos, notamos que a confirmação de conexão no Mongoose demora mais para aparecer no ambiente de produção. Isso ocorre porque existe uma latência bem maior ao usar um servidor de banco de dados separado, e por isso é uma boa ideia abrir essa conexão logo na inicialização da aplicação, e deixá-la aberta enquanto a aplicação estiver rodando.

Observe que esse teste em produção pode falhar em algumas versões do Windows e, mais raramente, do Linux. Isso acontece quando o sistema não consegue baixar as variáveis de configuração do Heroku. Se isso acontecer, basta incluir também a variável `MONGOLAB_URI` ao comando `nodemon start`, como mostrado a seguir (observe que tudo isso é uma única linha!):

```
$ NODE_ENV=production MONGOLAB_URI=mongodb://
<username>:<password>@<hostname>:<port>/<database> nodemon start
```

Qualquer seja o sistema operacional sendo usado, com esse comando deve ser possível conectar-se ao ambiente de produção.

TESTANDO NO HEROKU

Se os testes locais funcionaram e a aplicação local consegue se conectar ao banco de dados remoto com o auxílio das variáveis de ambiente, estamos prontos para enviar o código ao Heroku. Use os mesmos comandos de sempre:

```
$ git add .
$ git commit -m "Commit message here"
$ git push heroku master
```

O Heroku permite vasculhar as 100 últimas linhas do log com um simples comando de terminal. Consultar esses logs permite que saibamos se tudo correu bem no restart da aplicação lá no Heroku. Para ver localmente os logs remotos do Heroku, digite o comando:

```
$ heroku logs
```

As 100 últimas linhas do log serão mostradas, sendo a mais recente a última da lista. Role o terminal para cima até encontrar a mensagem "Mongoose connected to...", que deve se parecer com esta:

```
2014-03-08T08:19:42.269603+00:00 app[web.1]: Mongoose connected to mongodb://
heroku_app20110907:4rqhlidfdqq6vgdi06c15jrlpf@ds033669.mongolab.com:33669/
heroku_app20110907
```

Se isso aparecer, sabemos que a aplicação no Heroku está se conectando corretamente ao banco de dados.

Pronto! Nossos dados estão definidos e modelados, e a aplicação Loc8r está conectada ao banco de dados. Mas, apesar de conectada, a aplicação não interage com os dados ainda – é o que vamos fazer em seguida!

Obtenha o código-fonte

O código-fonte para aplicação, no estado em que está neste momento, está disponível no GitHub, branch chapter-05, no repositório getting-MEAN. No terminal, em uma pasta vazia, os comandos a seguir clonarão o código e instalação as dependências necessárias:

```
$ git clone -b chapter-05 https://github.com/simonholmes/getting-MEAN.git
$ cd getting-MEAN
$ npm install
```

5.6 Resumo

Neste capítulo vimos como:

- usar o Mongoose para conectar uma aplicação em Express a um banco de dados em MongoDB;
- aplicar boas práticas para administrar conexões via Mongoose;
- modelar dados usando schemas no Mongoose;
- compilar schemas para criar modelos;
- usar o shell do MongoDB para manipular o banco de dados diretamente;
- enviar o banco de dados para um servidor remoto de produção (via URI);
- conectar a bancos de dados diferentes em ambientes diferentes.

No capítulo 6 usaremos o Express para criar uma API REST, de forma a ter acesso ao banco de dados por meio de web services.

CAPÍTULO 6

Criando uma API REST: expondo o banco de dados MongoDB para a aplicação

Neste capítulo veremos:

- Regras de uma API do tipo REST.
- Padrões para APIs.
- Funções típicas do modelo CRUD.
- Como usar Express e Mongoose para interagir com o MongoDB.
- Como testar os pontos de conexão da API.

Ao adentrar neste capítulo já temos um banco de dados MongoDB funcionando, mas precisamos operá-lo pelo shell do MongoDB. Durante este capítulo construiremos uma API REST para interagir com o banco de dados por meio de chamadas HTTP, e realizar as funções comuns do modelo CRUD: create, read, update e delete (criar, ler, atualizar e apagar).

A API será montada, basicamente, sobre o Node e o Express, com auxílio do Mongoose para as interações com o MongoDB. A figura 6.1 mostra onde o presente capítulo se encaixa na arquitetura geral.

Antes de começar, é imprescindível conhecermos as regras das APIs do tipo REST. Veremos a importância de definir corretamente a estrutura do URL, os diferentes métodos de solicitação de dados (GET, POST, PUT e DELETE), em quais ações eles devem ser usados e a forma como uma API deve responder a essas solicitações. As respostas devem conter dados e um código apropriado de estado HTTP. Com essas noções poderemos começar a construir nossa API para o Loc8r, abrangendo todas as operações CRUD típicas. À medida que avançarmos na implementação, discorreremos sobre o Mongoose, um pouco de programação diretamente no Node.js e mais sobre o roteamento no Express.

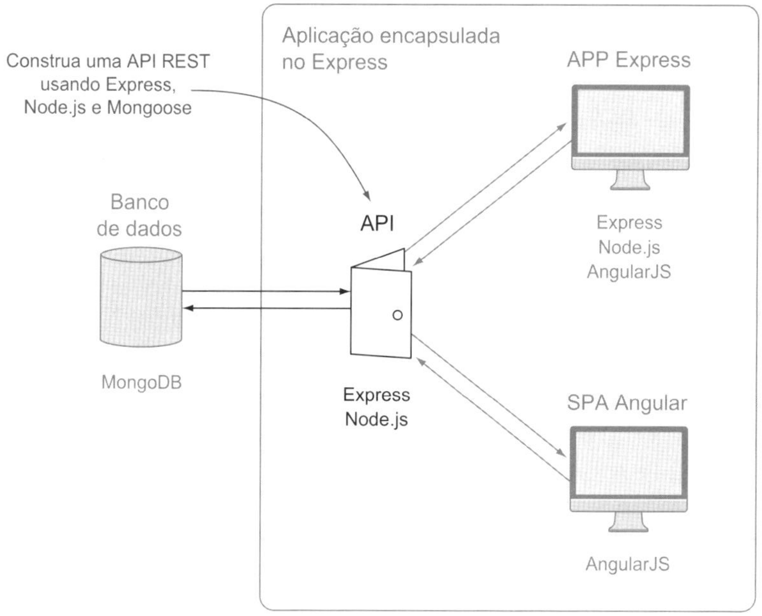

Figura 6.1 – Neste capítulo construiremos a API que interage com o banco de dados, expondo uma interface com a qual a aplicação pode "conversar".

NOTA: Se o leitor não tiver construído manualmente a aplicação até o capítulo 5, pode baixar o código-fonte a partir do GitHub, branch `chapter-05`, em *github.com/simonholmes/getting-MEAN*. Em uma pasta vazia no terminal, o comando a seguir criará um clone do código e instalará as dependências pelo npm:

```
$ git clone -b chapter-05 https://github.com/simonholmes/getting-MEAN.git
$ cd getting-MEAN
$ npm install
```

6.1 As regras de uma API REST

Relembremos o que já foi discutido sobre APIs do tipo REST. No capítulo 2 aprendemos que:

- REST significa REpresentational State Transfer (Transferência de Estado Representacional, em português), muito mais um estilo arquitetural que um protocolo. O REST não é orientado a estado (é, portanto, *stateless*), o que quer dizer que ele não tem a menor ideia de qual é o estado atual do usuário, ou seu histórico;

- API é uma abreviação para Application Program Interface (Interface de Programação da Aplicação), que permite duas aplicações "conversarem" entre si.

Portanto, uma API do tipo REST é uma interface de comunicação com a sua aplicação que não guarda o estado da sessão (ou do usuário). No caso do MEAN, a API REST é usada para criar uma interface stateless com seu banco de dados, permitindo que outras aplicações também possam usar esses dados.

Uma API REST deve ser projetada segundo certos padrões. Como não são normas, não é preciso ater-se a eles quando estiver criando sua própria API – na maioria das vezes, contudo, é melhor segui-los, uma vez que dessa forma garante-se uniformidade em todas as APIs que criar no futuro. Outra vantagem de fazer as coisas "do jeito certo" é a facilidade com que terceiros possam usar sua API, caso ela se torne pública.

Em termos simples, uma API REST "escuta" conexões HTTP entrantes que contêm solicitações diversas, executa algum processamento e envia uma resposta HTTP, como mostrado na figura 6.2.

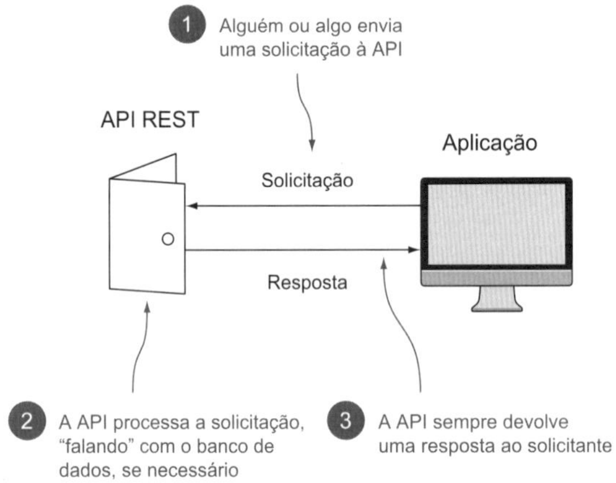

Figura 6.2 – A API REST recebe solicitações HTTP, processa-as e devolve respostas HTTP.

As regras que seguiremos para a implementação do Loc8r giram em torno dessas perguntas e respostas.

6.1.1 URLs de solicitação

Os URLs de solicitação para uma API REST obedecem a um padrão bastante simples. Seguir esse padrão fará com que a API seja fácil de usar e manter.

A melhor forma de atacar o problema é analisar as coleções a serem usadas no banco de dados, pois, tipicamente, usa-se um conjunto diferente de URLs na API para cada coleção. Também teremos um grupo de URLs para cada subdocumento. Cada URL, em um dado conjunto, pode ter parâmetros adicionais.

Em um conjunto de URLs precisamos contemplar certo número de ações, normalmente baseadas no modelo CRUD. As ações mais comuns, e que provavelmente serão necessárias, são:

- criar um item;
- ler uma lista contendo inúmeros itens;
- ler um item específico;
- atualizar um item específico;
- apagar um item específico.

Usando o Loc8r como exemplo, o banco de dados possui uma coleção chamada Locations com a qual queremos interagir. A tabela 6.1 mostra como se parecem os URLs e parâmetros dessa coleção.

Tabela 6.1 – Os URLs e parâmetros em uma API para a coleção Locations; todos usam o mesmo "caminho" de URL e muitos deles têm o mesmo parâmetro de ID do estabelecimento comercial listado

Ação	URL	Parâmetros	Exemplo
Criar um local	`/locations`		*http://loc8r.com/api/locations*
Ler lista de locais	`/locations`		*http://loc8r.com/api/locations*
Ler um local específico	`/locations`	`locationid`	*http://loc8r.com/api/locations/123*
Atualizar um local específico	`/locations`	`locationid`	*http://loc8r.com/api/locations/123*
Apagar um local específico	`/locations`	`locationid`	*http://loc8r.com/api/locations/123*

Como podemos observar na tabela 6.1, todas as ações são enviadas ao mesmo URL, e três delas esperam o mesmo parâmetro para especificar um local – ou seja, um estabelecimento comercial com WiFi em específico. A pergunta óbvia, ao perceber isso, é: como podemos usar o mesmo URL para iniciar ações diferentes? A resposta está nos métodos de solicitação.

6.1.2 Métodos de solicitação

As solicitações HTTP podem ser enviadas usando diferentes métodos, que dizem ao servidor qual ação tomar. O método mais comum é o GET – este é o método usado quando digitamos um URL na barra de endereços do navegador de internet. Outro método comum é o POST, normalmente usado quando clicamos no botão "enviar" de algum formulário.

A tabela 6.2 mostra os métodos que usaremos em nossa API, seus usos típicos e o que se espera que o servidor retorne quando recebe cada um deles:

Tabela 6.2 – Quatro métodos HTTP usados na API REST

Método	Uso	Resposta
POST	Criar dados novos no banco de dados (create)	Novo objeto de dados da forma como criado no banco
GET	Ler dados a partir do banco (read)	O objeto de dados solicitado
PUT	Atualizar o documento no banco de dados (update)	O objeto de dados já atualizado, da forma como ficou no banco após a atualização
DELETE	Apagar o objeto do banco de dados (delete)	Resposta vazia

Os quatro métodos HTTP que usaremos são POST, GET, PUT e DELETE. Observe que as palavras entre parênteses na coluna Uso correspondem às quatro operações CRUD.

> **DICA:** Cada uma das quatro operações CRUD usam um método de solicitação diferente.

O método é importante porque uma API REST bem projetada usará o mesmo URL para diferentes ações. Nesses casos é o método que indica ao servidor que tipo de operação deve ser executada. Ainda neste capítulo veremos como organizar as rotas no Express para desempenhar esse papel.

Se tomarmos os URLs e parâmetros e os mapearmos com o método HTTP apropriado, podemos traçar um plano para nossa API, como mostra a tabela 6.3.

Tabela 6.3 – Os métodos HTTP são usados para mapear o mesmo URL em diferentes ações

Ação	Método	URL	Parâmetros	Exemplo
Criar um local	POST	`/locations`		*http://loc8r.com/api/locations*
Ler a lista de locais	GET	`/locations`		*http://loc8r.com/api/locations*
Ler um local específico	GET	`/locations`	`locationid`	*http://loc8r.com/api/locations/123*
Atualizar um local específico	PUT	`/locations`	`locationid`	*http://loc8r.com/api/locations/123*
Apagar um local específico	DELETE	`/locations`	`locationid`	*http://loc8r.com/api/locations/123*

A tabela 6.3 mostra os URLs e os métodos das solicitações que interagem com os dados dos estabelecimentos comerciais com WiFi (indicado na tabela como “locais”). Como existem cinco ações, mas apenas dois padrões de URLs, usamos os métodos HTTP para obter os resultados desejados.

No momento, o Loc8r possui apenas uma coleção. Esse é o nosso ponto de partida. Porém, os documentos na coleção Locations têm subdocumentos que armazenam as resenhas, portanto também precisamos mapeá-los.

URLS PARA A API DE SUBDOCUMENTOS

Os subdocumentos são tratados de forma semelhante, mas requerem um parâmetro adicional. Cada solicitação precisará especificar o ID do estabelecimento e alguns precisarão indicar o ID da resenha. A tabela 6.4 mostra a lista de ações e os métodos, URLs e parâmetros correspondentes.

Tabela 6.4 – Especificações de URLs na API para interagir com os subdocumentos; cada URL deve conter o ID do documento-pai

Ação	Método	URL	Parâmetros	Exemplo
Criar resenha	POST	`/locations/locationid/reviews`	`locationid`	*http://loc8r.com/api/locations/123/reviews*
Ler uma resenha	GET	`/locations/locationid/reviews`	`locationid` `reviewid`	*http://loc8r.com/api/locations/123/reviews/abc*
Atualizar uma resenha	PUT	`/locations/locationid/reviews`	`locationid` `reviewid`	*http://loc8r.com/api/locations/123/reviews/abc*
Apagar uma resenha	DELETE	`/locations/locationid/reviews`	`locationid` `reviewid`	*http://loc8r.com/api/locations/123/reviews/abc*

Observe que para os subdocumentos não possuímos uma ação “ler a lista de resenhas”. Isso ocorre porque a lista já foi solicitada como parte do documento principal. As tabelas anteriores devem dar uma ideia de como criar uma API básica e suas especificações de solicitação. Os URLs, parâmetros e ações serão diferentes de uma aplicação para a outra, mas a metodologia para criá-los deve se manter consistente.

Sobre solicitações HTTP, isso é tudo. A outra metade do fluxo, antes de nos entregarmos ao código, são as respostas.

6.1.3 Respostas e códigos de estado

Uma boa API é como um bom amigo. Se oferecermos um aperto de mãos, um bom amigo jamais nos deixará com o braço pendurado. Uma API bem planejada se comporta da mesma maneira. Se uma solicitação for enviada, a API deve sempre responder, sem exceção. Esse contraste é mostrado na figura 6.3.

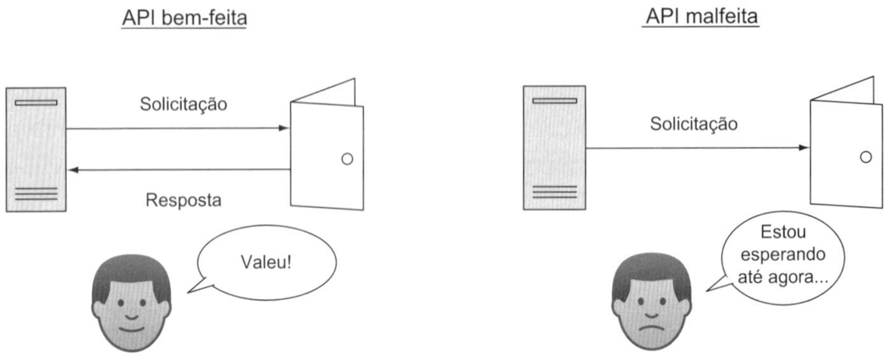

Figura 6.3 – Uma boa API sempre envia uma resposta e não deixa o solicitante esperando.

Para que uma API REST tenha sucesso, definir um padrão para as respostas é tão importante quanto definir um padrão para as solicitações. Os dois componentes-chave em uma resposta são:

- os dados a serem devolvidos;
- o código HTTP de estado.

Combinando os dados devolvidos com o estado apropriado, o código da aplicação saberá enviar ao navegador do usuário as informações corretas.

COMO A API DEVOLVE OS DADOS

A API deve responder em um formato consistente de dados. Em geral, uma API REST devolve dados XML e JSON. Usaremos JSON para nossa API porque é a escolha natural para o MEAN, além de ser mais compacto que o XML – o que diminui os tempos de resposta da API.

Nossa API devolverá uma destas três respostas quando processar uma solicitação:

- Um objeto JSON contendo os dados solicitados
- Um objeto JSON contendo mensagens de erro
- Uma resposta vazia (null response)

Ainda neste capítulo discutiremos como fazer tudo isso à medida que desenvolvemos a API do Loc8r. Junto com os dados, toda API do tipo REST deve sempre devolver um código de estado HTTP.

USANDO OS CÓDIGOS DE ESTADO HTTP

Reforçando a frase anterior: toda API do tipo REST deve sempre devolver o código de estado HTTP correto. Muitas pessoas que já usaram a internet conhecem pelo menos um destes códigos: por exemplo, o `404`, devolvido pelo servidor web quando o usuário solicita uma página que não existe. Talvez esse seja o erro mais comum na internet, mas existem dezenas de outros códigos relativos a erros do navegador, erros do servidor, redirecionamentos e mensagens de ações completadas com sucesso. A tabela 6.5 mostra os dez códigos de estado HTTP mais populares e como eles podem ser úteis em nossa API.

Tabela 6.5 – Os dez códigos de estado HTTP mais populares e como eles podem ser usados nas respostas da API

Código	Nome	Possível uso
`200`	OK	Uma solicitação GET ou PUT foi concluída com sucesso
`201`	Created	Uma solicitação POST foi concluída com sucesso
`204`	No content	Uma solicitação DELETE foi concluída com sucesso
`400`	Bad request	Uma solicitação GET, POST ou PUT não pôde ser concluída devido a conteúdo inválido
`401`	Unauthorized	Tentativa de acessar um URL restrita com credenciais inválidas
`403`	Forbidden	Esta solicitação não é permitida
`404`	Not found	Uma solicitação não pôde ser concluída devido a um parâmetro incorreto no URL
`405`	Method not allowed	Método não permitido para este URL
`409`	Conflict	Uma solicitação POST não pôde ser concluída porque já existe um objeto com os mesmos dados
`500`	Internal server error	Problemas com o servidor web ou com o servidor de banco de dados

Ao longo deste capítulo faremos uso de vários desses códigos de estado na API do Loc8r.

6.2 Configurando a API no Express

Já temos uma bela ideia a respeito das ações que a API deve desempenhar e dos URLs necessários para tal. Como já vimos no capítulo 4, para que o Express faça algo baseado em um URL entrante é necessário criar controladores e rotas. Os controladores executarão a ação e as rotas farão o mapeamento para eles.

Já temos arquivos para rotas e controladores na aplicação, e poderíamos usá-los. Uma opção melhor, entretanto, é manter o código da API separado, para evitar confusão e complicar nossa aplicação. De fato, essa é uma das razões que nos levou a criar a API. Além disso, manter o código da API separado do código da aplicação facilitará sua transferência para outro servidor no futuro, caso seja necessário ou desejável. Queremos desde já facilitar o desacoplamento das diversas partes da aplicação.

A primeira coisa que precisamos fazer, portanto, é criar uma área dentro da aplicação para os arquivos da API. Na pasta-raiz da aplicação, *crie uma pasta chamada app_api*. No Loc8r, caso estejamos seguindo o livro à risca, essa pasta ficará bem ao lado de *app_server*.

A pasta *app_api* guardará tudo o que for específico da API: rotas, controladores e modelos. Depois de criar os arquivos, desenvolveremos também alguns testes para esses pontos de entrada da API.

6.2.1 Criando rotas

Como fizemos com as rotas na aplicação principal dentro do Express, teremos um arquivo *index.js* em *app_api/routes*, responsável por todas as rotas usadas na API. Para começar, precisamos referenciá-lo no arquivo principal da aplicação, *app.js*.

ADICIONANDO AS ROTAS À APLICAÇÃO

Primeiro, informaremos à aplicação que existem novas rotas e o que fazer com elas. Já temos uma linha `require` em *app.js* para incluir as rotas da aplicação. Basta duplicar a linha e modificá-la para as rotas da API:

```
var routes = require('./app_server/routes/index');
var routesApi = require('./app_api/routes/index');
```

Depois, precisamos dizer à aplicação quando usar as rotas. No momento, temos uma linha em *app.js* que manda a aplicação verificar as rotas, independente de como a solicitação foi feita:

```
app.use('/', routes);
```

Observe o `'/'`. Esse parâmetro permite especificar um subconjunto de URLs para os quais as rotas valerão. Por exemplo, podemos definir que todas as rotas da API devem começar com `/api/`. Adicionar a linha a seguir diz ao servidor que todos os URLs iniciados com `/api` devem ser roteados para os controladores da API.

```
app.use('/', routes);
app.use('/api', routesApi);
```

Pronto! Agora, vamos criar os URLs.

ESPECIFICANDO OS MÉTODOS HTTP NAS ROTAS

Até agora só empregamos o método GET nas rotas. Percebê-lo é fácil se analisarmos o trecho de código a seguir, presente no arquivo de rotas da aplicação:

```
router.get('/location', ctrlLocations.locationInfo);
```

Para usar os outros métodos – POST, PUT e DELETE – basta substituir o `get` com a palavra-chave respectiva: `post`, `put` e `delete`. O trecho de código a seguir mostra um exemplo do método POST criando um novo estabelecimento com WiFi:

```
router.post('/locations', ctrlLocations.locationsCreate);
```

Observe que não se deve especificar `/api` na frente do URL. Já especificamos em *app.js* que essas rotas devem ser usadas se o URL começa com `/api`, portanto o sistema considera implícito o prefixo `/api`.

ESPECIFICANDO OS PARÂMETROS OBRIGATÓRIOS DO URL

É bastante comum que os URLs de uma API contenham parâmetros para identificar documentos específicos e subdocumentos – cada estabelecimento com WiFi e cada resenha, no caso do Loc8r. É bastante simples especificar esses parâmetros nas rotas: basta prefixar o nome do parâmetro com um sinal de dois pontos (:) quando definir a rota.

Por exemplo, imagine que queiramos acessar uma resenha cujo código seja `abc` e que pertença ao estabelecimento `123`; o URL seria parecido com este:

```
/api/locations/123/reviews/abc
```

Substituindo os IDs por parâmetros (com o prefixo ":"), teremos um URL parecido com este:

```
/api/locations/:locationid/reviews/:reviewid
```

Dessa forma, o Express conseguirá filtrar URLs que combinam com o padrão. Um locationid (ou seja, o código de registro de um estabelecimento com WiFi) deve ser obrigatoriamente especificado e estar posicionado no URL, entre `locations/` e `/reviews`. O reviewid (código que identifica uma resenha em particular) deve estar obrigatoriamente especificado no fim do URL. Quando um URL como esse chegar ao controlador, os parâmetros estarão disponíveis para serem usados no código, com os nomes especificados no próprio URL – neste caso, `locationid` e `reviewid`.

Descreveremos exatamente como chegar a eles daqui a pouco. Primeiro, precisamos definir as rotas para a API do Loc8r.

DEFININDO AS ROTAS PARA A API DO LOC8R

Já sabemos como definir as rotas para aceitar parâmetros. Sabemos também quais ações, métodos e URLs queremos usar na API. Combinando tudo isso, podemos criar definições de rota para a API do Loc8r.

Se ainda não existir, crie um arquivo *index.js* na pasta *app_api/routes*. Para manter pequeno o tamanho dos arquivos, separaremos os controladores dos estabelecimentos e das resenhas em dois arquivos diferentes. A lista a seguir mostra como as rotas definidas devem se parecer:

Listagem 6.1 – Rotas definidas em app_api/routes/index.js

```
var express = require('express');
var router = express.Router();
var ctrlLocations = require('../controllers/locations'); ❶
var ctrlReviews = require('../controllers/reviews');
// estabelecimentos (locations)
router.get('/locations', ctrlLocations.locationsListByDistance); ❷
router.post('/locations', ctrlLocations.locationsCreate);
router.get('/locations/:locationid', ctrlLocations.locationsReadOne);
router.put('/locations/:locationid', ctrlLocations.locationsUpdateOne);
router.delete('/locations/:locationid', ctrlLocations.locationsDeleteOne);
// resenhas (reviews)
router.post('/locations/:locationid/reviews', ctrlReviews.reviewsCreate); ❸
router.get('/locations/:locationid/reviews/:reviewid',
      ctrlReviews.reviewsReadOne);
router.put('/locations/:locationid/reviews/:reviewid',
      ctrlReviews.reviewsUpdateOne);
router.delete('/locations/:locationid/reviews/:reviewid',
      ctrlReviews.reviewsDeleteOne);
module.exports = router; ❹
```

❶ Inclui os arquivos dos controladores da API (que criaremos a seguir).

❷ Define as rotas da API para os estabelecimentos.

❸ Define as rotas da API para as resenhas.

❹ Exporta as rotas.

Nesse arquivo de rotas da API precisamos incluir (com `require`) os arquivos dos controladores também da API. Esses ainda não foram criados; faremos isso a seguir. É boa prática, pois ao definir aqui todas as rotas e declarar as funções dos controladores correspondentes, teremos uma visão geral de quais controladores serão necessários.

A aplicação agora possui dois conjuntos de rotas: as rotas da aplicação principal e as novas rotas da API. A aplicação será impedida de funcionar se a iniciarmos agora, pois os controladores referenciados pelas rotas da API ainda não existem.

6.2.2 Criando substitutos para os controladores

Para que a aplicação possa ser iniciada com sucesso, criaremos falsos arquivos para os controladores, que chamaremos de substitutos. As funções estarão lá, mas não farão nada, existindo apenas para evitar que a aplicação falhe ao iniciar. Assim, podemos testar parcialmente as funcionalidades da API enquanto é construída.

O primeiro passo, obviamente, é criar os arquivos dos controladores. Já sabemos quais são e como devem ser chamados porque já os declaramos em *app_api/routes*. Precisamos de dois arquivos chamados de *locations.js* e *reviews.js* na pasta *app_api/controllers*.

Criaremos substitutos para cada uma das funções do controlador como uma função vazia. Observe o trecho de código a seguir, que serve como modelo para todas as funções. Lembre-se de colocar cada controlador no arquivo correto, pois há um para os estabelecimentos (locations) e outro para as resenhas (reviews).

```
module.exports.locationsCreate = function (req, res) { };
```

Porém, para testar o roteamento e as funções, precisaremos que elas retornem alguma coisa.

DEVOLVENDO JSON PARA UMA SOLICITAÇÃO DO EXPRESS

Em nossa aplicação no Express, a visão renderiza os dados e o template em uma página HTML, que é enviada ao navegador do usuário. Com a API, o que queremos enviar é um código de estado em um pacote de dados em formato JSON. O Express facilita a tarefa com o comando a seguir:

```
res.status(status); ❶
res.json(content); ❷
```

❶ Responde com um código de estado, como, por exemplo, `200`.

❷ Responde com dados, como, por exemplo, `{"status" : "success"}`.

Podemos usar esses dois comandos nas funções substitutas para testar se estão funcionando, como no trecho de código a seguir:

```
module.exports.locationsCreate = function (req, res) {
    res.status(200);
    res.json({"status" : "success"});
};
```

Devolver dados em JSON e um código de estado é uma tarefa comum para qualquer API, portanto é natural implementar essas duas declarações em uma única função – o que também torna o código mais fácil de testar. Criaremos uma função chamada `sendJsonResponse` nos dois arquivos de controlador e os chamaremos em cada um dos controladores substitutos:

```
var sendJsonResponse = function(res, status, content) { ❶
    res.status(status);
    res.json(content);
};

module.exports.locationsCreate = function (req, res) {
    sendJsonResponse(res, 200, {"status" : "success"}); ❷
};
```

❶ Nova função que aceita um objeto resposta, um código de estado e um objeto de dados.

❷ Nova função sendo chamada em cada função de controlador.

Dessa forma é possível devolver um dado em JSON e o código de estado associado a ele com uma única linha. Esse truque será bastante usado em nossa API!

6.2.3 Incluindo o modelo

É de vital importância que a API consiga conversar com o banco de dados – é para isso que ela foi criada! Novamente precisaremos do Mongoose e, para tal, precisamos incluí-lo (com `require`) nos arquivos dos controladores e, a partir dele, chamar o modelo Location. No início dos arquivos dos controladores, logo acima das funções substitutas, precisamos adicionar as linhas:

```
var mongoose = require('mongoose');
var Loc = mongoose.model('Location');
```

A primeira linha dá aos controladores acesso à conexão com o banco de dados, a segunda chama o modelo para que possamos interagir com a coleção `Locations`.

Se examinarmos a estrutura de arquivos de nossa aplicação, veremos a pasta *app_api/models* contendo a conexão ao banco de dados, enquanto a configuração do Mongoose está em *app_server*. Porém, é a API que está lidando com o banco de dados, não nossa aplicação principal. Se vamos fazer da API uma aplicação separada da aplicação principal, o modelo tem que ser parte da API, portanto é aí que ele deve estar.

Para resolver essa inconsistência, basta mover a pasta *models*, que está em *app_server*, para a pasta *app_api*, e obteremos uma estrutura de arquivos como a mostrada na figura 6.4.

Figura 6.4 – Estrutura de arquivos da aplicação neste ponto do desenvolvimento: app api contém models, controllers e routes, enquanto app_server contém views, controllers e routes.

Precisamos dizer à aplicação que movemos o arquivo para *app_api/models*, portanto é necessário atualizar o arquivo *app.js* na linha que inclui o modelo:

```
require('./app_api/models/db');
```

Com isso, a aplicação deve ser iniciada com sucesso e ainda conectar ao banco de dados. A próxima pergunta é: como testar a API?

6.2.4 Testando a API

É fácil testar as rotas GET com o navegador, basta se dirigir ao URL apropriado, como, por exemplo, *http://localhost:3000/api/locations/1234*. O navegador receberá um código de sucesso, como na figura 6.5.

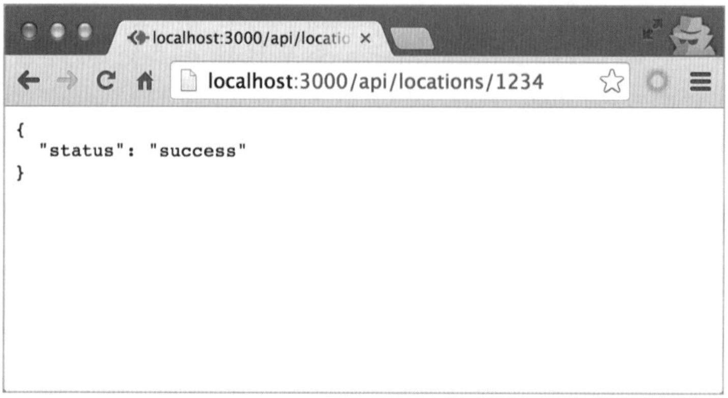

Figura 6.5 – Testando no navegador uma solicitação GET para a API.

Ótimo para solicitações GET, mas não ajuda muito para POST, PUT e DELETE. Existem diversas ferramentas para testar chamadas à API como essa, mas minha favorita é uma extensão do Chrome, chamada Postman REST Client.

O Postman permite testar URLs de API usando diferentes métodos HTTP, permitindo que especifiquemos parâmetros adicionais ou mesmo dados em formulários. Depois de clicar no botão Send, a solicitação será enviada ao URL especificado, com o método desejado, e a resposta contendo dados e código de estado será mostrada.

A figura 6.6 mostra a tela do Postman fazendo uma solicitação PUT no mesmo URL de antes.

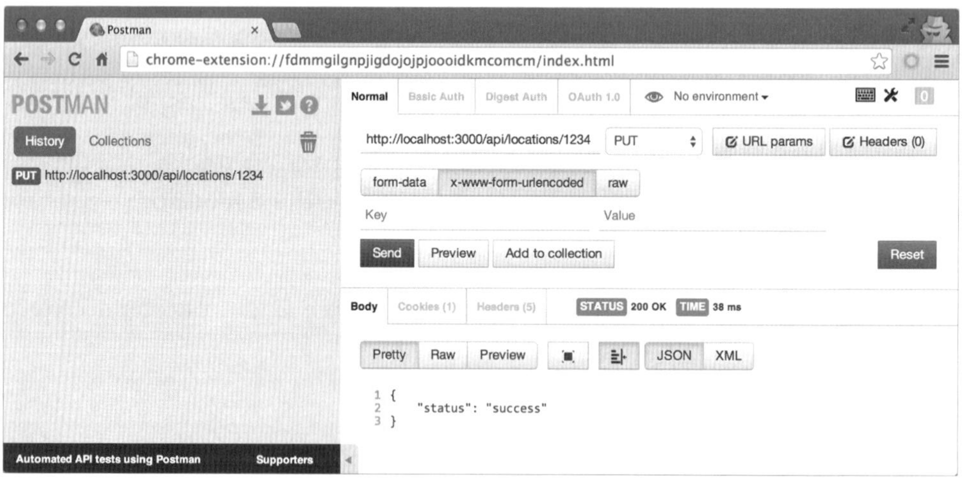

Figura 6.6 – Usando o Postman REST Client no Chrome para testar uma solicitação PUT na API.

Se ainda não instalou o Postman ou outro cliente REST, faça-o agora. Faremos testes desse tipo ao longo do capítulo durante a construção de nossa API. Vamos começar fazendo solicitações GET para ler dados a partir do MongoDB.

6.3 Métodos GET: lendo dados a partir do MongoDB

Os métodos GET existem para solicitar ao banco de dados que nos devolva algum dado. Nas rotas do Loc8r temos três solicitações GET desempenhando tarefas diferentes, conforme a tabela 6.6.

Tabela 6.6 – Três solicitações GET na API do Loc8r

Ação	Método	URL	Parâmetros	Exemplo
Ler lista de locais	GET	`/locations`		*http://loc8r.com/api/locations*
Ler um local específico	GET	`/locations`	`locationid`	*http://loc8r.com/api/locations/123*
Ler uma resenha específica	GET	`/locations/locationid/reviews`	`locationid` `reviewid`	*http://loc8r.com/api/locations/123/reviews/abc*

Veremos primeiro como buscar um estabelecimento com WiFi (indicado na tabela como "local") – é uma excelente maneira de entender como o Mongoose funciona. Depois, localizaremos um documento usando seu ID e expandiremos a busca para múltiplos documentos.

6.3.1 Encontrando um documento no MongoDB usando o Mongoose

O Mongoose interage com o banco de dados por meio de seus modelos, e é por isso que importamos o modelo Locations como `Loc` no início dos arquivos dos controladores. Um modelo do Mongoose possui inúmeros métodos que ajudam a administrar essas interações, como explicado no quadro a seguir.

Para encontrar no MongoDB um documento do qual conhecemos o código de identificação, usaremos um método de busca (query) do Mongoose chamado `findById`.

Métodos de busca no Mongoose

Os modelos do Mongoose contêm diversos métodos para auxiliar nas buscas a documentos no banco de dados. Listamos aqui apenas os mais importantes:

- `find` – Busca genérica com base em um objeto de query fornecido.

- `findById` – Busca por um ID específico.
- `findOne` – Busca o primeiro documento que combine com o filtro de query.
- `geoNear` – Encontra locais geograficamente próximos à latitude e longitude fornecidos.
- `geoSearch` – Adiciona funcionalidade de busca a uma operação `geoNear`.

Usaremos alguns desses métodos (mas não todos) no decorrer do livro.

APLICANDO O MÉTODO FINDBYID AO MODELO

O método `findById` é relativamente direto, aceitando um único parâmetro: o ID que estamos procurando. Como é um método do modelo, é aplicado diretamente a ele:

```
Loc.findById(locationid)
```

O comando não inicia a operação de busca, apenas informa ao modelo qual será a query. Para realmente disparar a busca no Mongoose é preciso usar logo em seguida outro método chamado `exec`.

EXECUTANDO A QUERY COM O MÉTODO EXEC

O método `exec` executa a busca e chama uma função em callback, que será executada depois que a busca for finalizada. A função de callback precisa aceitar dois parâmetros, um objeto de erro e a instância do documento encontrado. Como é uma função de callback, os nomes desses parâmetros podem ser arbitrários.

Os métodos podem ser encadeados:

```
Loc
  .findById(locationid) ❶
  .exec(function(err, location) { ❷
    console.log("findById complete"); ❸
  });
```

❶ Aplica o método `findById` ao método Location usando Loc.

❷ Executa a query.

❸ Envia uma mensagem ao log do sistema quando completada.

Dessa forma, a interação com o banco de dados é assíncrona e não bloqueia o processo do Node.

DICA: Caso deseje conhecer mais sobre callbacks, escopos e de onde vêm as variáveis, consulte o apêndice D, seção D.4, "Entendendo os callbacks do JavaScript".

USANDO O MÉTODO FINDBYID EM UM CONTROLADOR

O controlador com que estamos trabalhando para buscar o ID de um estabelecimento é `locationsReadOne`, no arquivo *locations.js* em *app_api/controllers*.

Já conhecemos a sintaxe básica da operação: aplicamos o método `findById` e, em seguida, `exec` ao modelo Location. Para que a operação funcione no contexto do controlador, precisamos providenciar duas coisas:

- extrair o parâmetro `locationid` do URL e repassá-lo ao método `findById`;
- criar uma função de saída para o método `exec`.

O Express facilita a extração de parâmetros do URL definido nas rotas. Os parâmetros estão contidos em um objeto `params` anexo ao objeto solicitado. Nossa rota está definida assim:

```
app.get('/api/locations/:locationid', ctrlLocations.locationsReadOne);
```

Com isso podemos acessar o parâmetro `locationid` de dentro do controlador com a seguinte declaração:

```
req.params.locationid
```

A função de saída será baseada em outra função, `sendJsonResponse`, que criamos anteriormente. Juntando todos esses elementos temos:

```
module.exports.locationsReadOne = function(req, res) {
  Loc
    .findById(req.params.locationid) ❶
    .exec(function(err, location) { ❷
      sendJsonResponse(res, 200, location); ❸
    });
};
```

❶ Extrai o parâmetro locationid do URL e o repassa ao método findById.

❷ Define um callback que aceite os parâmetros devolvidos.

❸ Devolve em formato JSON o documento encontrado.

Temos agora um controlador de API bastante simples. Podemos testá-lo consultando manualmente o MongoDB para anotar o ID de algum estabelecimento e depois escrevendo no navegador um URL com esse ID ou fazendo uma busca por ele no Postman. Para pesquisar manualmente um ID no banco de dados, use o comando `db.locations.find()` no shell do MongoDB, que listará todos os estabelecimentos já cadastrados, incluindo o valor de seu `_id`. Ao visitar o URL montado com o ID, o resultado devolvido ao navegador deve ser um objeto "estabelecimento com WiFi" da forma como armazenado no MongoDB (figura 6.7).

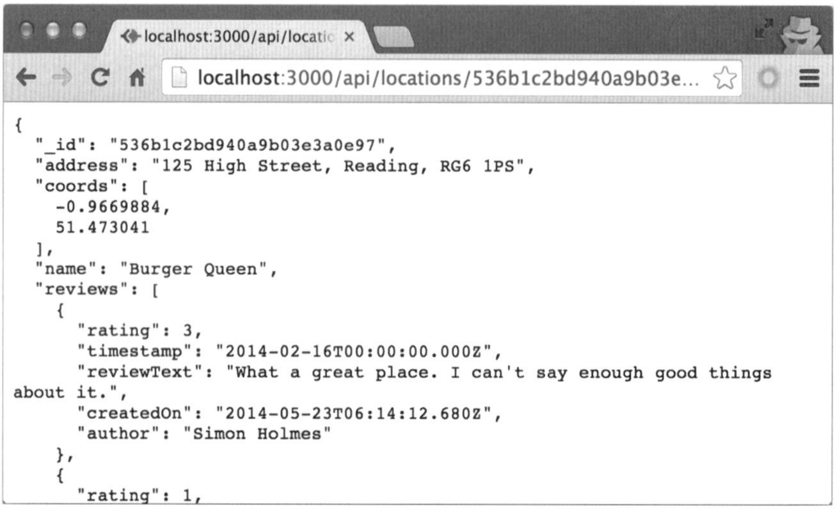

Figura 6.7 – O controlador simples criado até agora pode buscar pelo ID de um estabelecimento e, se for encontrado, devolve um objeto JSON completo ao navegador.

Não deixe de testar nosso controlador simples! Além dos IDs existentes, tente colocar um ID inválido no URL. Observe como nada é devolvido com um ID inválido. Não há mensagens de erro ou avisos de qualquer tipo, apenas um status `200` indicando que tudo foi processado corretamente.

CAPTURANDO ERROS

O problema com nosso controlador simples é que ele devolve apenas um único código HTTP, o `200` indicando sucesso, tendo ou não havido tal sucesso. Uma API não pode se comportar assim. Uma de suas obrigações é devolver um código de erro pertinente quando algo falha.

Para responder com mensagens de erro, o controlador precisa ser configurado para capturar potenciais falhas e enviar a resposta adequada. Malhas de captura de erro nesse estilo normalmente significam muitas declarações `if`. Cada `if` deve ter uma declaração `else` correspondente ou uma declaração `return`.

DICA: O código da API jamais deve deixar uma solicitação sem resposta.

Em nosso controlador básico, há três erros que precisamos capturar:

- o parâmetro de solicitação não inclui `locationid`;
- o método `findById` não devolve um estabelecimento;
- o método `findById` devolve um erro.

O código de erro para uma solicitação GET falha é o famoso `404`. Tendo isso em mente, o código final para que o controlador encontre e devolva um estabelecimento com WiFi é:

Listagem 6.2 – Controlador locationsReadOne

```
module.exports.locationsReadOne = function(req, res) {
  if (req.params && req.params.locationid) { ❶
    Loc
      .findById(req.params.locationid)
      .exec(function(err, location) {
        if (!location) { ❷
          sendJsonResponse(res, 404, {
            "message": "locationid not found"
          });
          return;
        } else if (err) { ❸
          sendJsonResponse(res, 404, err);
          return;
        }
        sendJsonResponse(res, 200, location); ❹
      });
  } else { ❺
    sendJsonResponse(res, 404, {
      "message": "No locationid in request"
    });
  }
};
```

❶ Captura de erro 1: verifica se existe o parâmetro locationid na solicitação.

❷ Captura de erro 2: se o Mongoose não encontrar o estabelecimento solicitado, devolve uma mensagem fixa com o status 404 e sai do escopo da função com uma declaração return.

❸ Captura de erro 3: se o Mongoose encontrar um erro específico, devolve esse erro como mensagem em status 404 e sai do controlador com uma declaração return.

❹ Se o Mongoose não devolver erro algum, continua como antes e envia o objeto estabelecimento em status 200.

❺ Se os parâmetros de busca não incluírem locationid, devolve 404 com a mensagem adequada.

A listagem 6.2 usa ambos os métodos de captura com declarações `if`. A captura 1 ❶ usa o `if` para verificar a existência do objeto `params` dentro do objeto solicitado e que esse objeto `params` contém um valor `locationid`. O `if` é fechado com um `else` ❺ caso o objeto `params` não seja encontrado ou o valor de `locationid` seja nulo. As capturas 2 ❷ e 3 ❸ usam um `if` para verificar se o Mongoose retornou um erro. Cada `if` inclui uma declaração `return`, as quais impedirão a execução do código no escopo do callback. Se nenhum erro for devolvido pelo Mongoose, as declarações `return` são ignoradas e a execução do código salta para o trecho em que envia a resposta de sucesso ❹.

Cada uma dessas capturas oferece uma resposta diferente de sucesso ou falha, não dando margem para a API deixar uma solicitação sem resposta. Se desejar, é saudável incluir algumas declarações `console.log` para que seja mais fácil acompanhar pelo terminal o que está acontecendo – o código no GitHub possui alguns exemplos.

A figura 6.8 mostra a diferença entre solicitações de sucesso e com falha, usando a extensão Postman do Chrome.

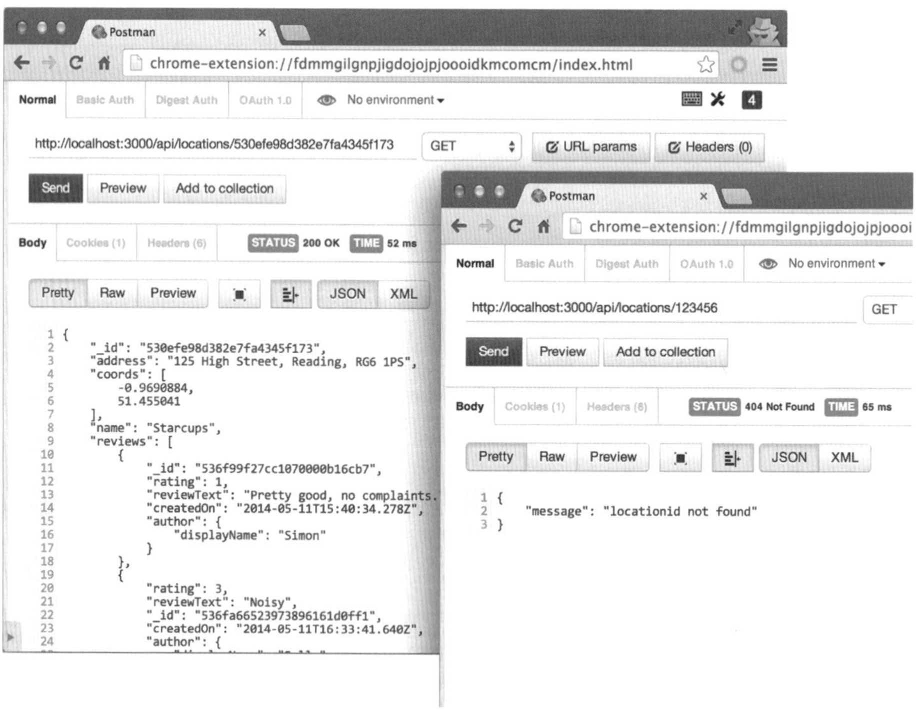

Figura 6.8 – Testando respostas da API com o Postman: sucesso (esquerda) e falha (direita).

Com isso finalizamos uma das rotas da API. Vamos agora examinar a segunda solicitação GET, a que devolve uma resenha específica.

6.3.2 Encontrando um subdocumento baseado em seu ID

Para encontrar um subdocumento é preciso primeiro procurar seu documento-pai da forma como acabamos de fazer, usando o ID. Com o documento em mãos, podemos procurar por um subdocumento específico.

Isso significa que o controlador `locationsReadOne` pode ser usado como ponto de partida para o novo controlador `reviewsReadOne`, com as seguintes modificações:

- aceitar e usar um parâmetro adicional `reviewid` no URL;
- selecionar apenas o nome e as resenhas do documento, em vez de fazer o MongoDB devolver o documento completo;
- procurar pela resenha usando seu ID;
- devolver a resposta JSON apropriada.

Usaremos para esse fim alguns métodos do Mongoose.

LIMITANDO OS PATHS DEVOLVIDOS PELO MONGODB

Quando queremos algum dado armazenado no MongoDB, nem sempre precisamos do documento todo – muitas vezes, apenas um ou dois campos específicos. Limitar a quantidade de dados trafegando pela aplicação ajuda a melhorar o consumo de banda e a velocidade geral.

O Mongoose provê um método `select` que pode ser encadeado à query do modelo. Por exemplo, o trecho de código a seguir diz ao MongoDB que queremos apenas o nome e o conjunto de resenhas de um estabelecimento:

```
Loc
    .findById(req.params.locationid)
    .select('name reviews')
    .exec();
```

O método `select` aceita uma string separada por espaços contendo os paths desejados.

USANDO O MONGOOSE PARA ENCONTRAR UM SUBDOCUMENTO ESPECÍFICO

O Mongoose oferece um método para buscar um subdocumento usando seu ID. Dado um array de subdocumentos, o Mongoose possui um método `id` que aceita o ID que queremos encontrar e devolve o subdocumento correspondente:

```
Loc
    .findById(req.params.locationid)
    .select('name reviews')
    .exec(
        function(err, location) {
            var review;
            review = location.reviews.id(req.params.reviewid); ❶
        }
);
```

❶ Extrai reviewid dos parâmetros do URL e o repassa ao método id.

Nesse trecho de código, uma resenha é devolvida e repassada à variável `review` da função de callback.

ADICIONANDO CAPTURA DE ERROS E JUNTANDO TUDO

Já temos todos os ingredientes necessários para levar o controlador `reviewsReadOne` ao forno. Começaremos copiando o controlador `locationsReadOne` e aplicando modificações a ele para que retorne uma resenha.

A listagem a seguir mostra o controlador `reviewsReadOne` em *review.js* (modificações em **`negrito`**).

Listagem 6.3 – Controlador para buscar uma resenha específica

```
module.exports.reviewsReadOne = function(req, res) {
    if (req.params && req.params.locationid && req.params.reviewid) { ❶
        Loc
            .findById(req.params.locationid)
            .select('name reviews') ❷
            .exec(
                function(err, location) {
                    var response, review;
                    if (!location) {
                        sendJsonResponse(res, 404, {
```

```
                "message": "locationid not found"
            });
            return;
        } else if (err) {
            sendJsonResponse(res, 400, err);
            return;
        }
        if (location.reviews && location.reviews.length > 0) { ❸
            review = location.reviews.id(req.params.reviewid); ❹
            if (!review) { ❺
                sendJsonResponse(res, 404, {
                    "message": "reviewid not found"
                });
            } else { ❻
                response = {
                    location : {
                        name : location.name,
                        id : req.params.locationid
                    },
                    review : review
                };
                sendJsonResponse(res, 200, response);
            }
        } else { ❼
            sendJsonResponse(res, 404, {
                "message": "No reviews found"
            });
        }
    }
  );
 } else {
  sendJsonResponse(res, 404, {
    "message": "Not found, locationid and reviewid are both required"
  });
 }
};
```

❶ Verifica se o parâmetro `reviewid` existe.

❷ Adiciona o método select do Mongoose à query do modelo, informando que queremos apenas o nome e o conjunto de resenhas do documento.

❸ Verifica se o estabelecimento devolvido possui uma ou mais resenhas.

❹ Usa o método subdocument.id do Mongoose para encontrar a resenha com o ID especificado.

❺ Se a resenha não puder ser encontrada, devolve mensagem e status apropriados.

❻ Se a resenha existir, monta um objeto resposta contendo a resenha, o nome do estabelecimento e seu ID.

❼ Se não houver nenhuma resenha, devolve mensagem e status apropriados.

Depois de salvar, teste essas respostas com o Postman. É preciso ter de antemão os valores de ID corretos, que podem ser obtidos diretamente do MongoDB pelo shell. O comando `db.locations.find()` devolve todos os estabelecimentos e suas resenhas. Também precisamos testar o que acontece quando informamos um ID de estabelecimento falso, um ID de resenha falso, e quando usamos o ID de uma resenha pertencente a outro estabelecimento.

6.3.3 Encontrando múltiplos documentos com buscas geoespaciais

A homepage de Loc8r mostra uma lista de locais baseada na posição geográfica do usuário. O MongoDB e o Mongoose possuem alguns métodos de query geoespaciais que podem facilitar a busca por locais próximos.

Usaremos o método `geoNear` do Mongoose para encontrar uma lista de estabelecimentos próximos a um ponto específico, dentro de um raio (em metros) também especificado. O `geoNear` é um método de modelo que aceita três parâmetros:

- Uma coordenada geográfica em formato geoJSON
- Um objeto de opções
- Uma função de callback

O código a seguir mostra a sintaxe básica:

```
Loc.geoNear(point, options, callback);
```

Ao contrário do método `findById`, o `geoNear` não possui um método `exec`. Em vez disso, o `geoNear` é executado imediatamente e o código a ser executado quando terminar é enviado à função de callback.

ENTENDENDO UMA COORDENADA GEOGRÁFICA GEOJSON

O primeiro parâmetro do método `geoNear` é uma coordenada `geoJSON`. A coordenada `geoJSON` é um objeto JSON bastante simples contendo a latitude e a longitude em um array. A sintaxe do `geoJSON` é:

```
var point = { ❶
   type: "Point", ❷
   coordinates: [lng, lat] ❸
};
```

❶ Declara o objeto.

❷ Define o tipo como "Point".

❸ Insere as coordenadas de longitude e latitude em um array, longitude primeiro.

A rota criada por nós para obter a lista de estabelecimentos não traz as coordenadas geográficas como parâmetros no URL. Portanto, precisamos encontrar outra maneira de especificá-los. Uma string de query é ideal para esse tipo de dados, o que deixaria nosso URL assim:

```
api/locations?lng=-0.7992599&lat=51.378091
```

O Express, obviamente, facilita o acesso a valores repassados por strings de query no URL, colocando-os em um objeto `query` anexo ao objeto `request` – por exemplo, `req.query.lng`. Os valores de longitude e latitude serão strings quando extraídos do URL, mas precisam ser transferidos ao objeto `point` como números, não como strings. Fazer a conversão é fácil com a função `parseFloat` do JavaScript. O trecho de código a seguir mostra como extrair as coordenadas da string de query no URL e criar uma coordenada geográfica `geoJSON` que podemos repassar à função `geoNear`:

```
module.exports.locationsListByDistance = function(req, res) {
   var lng = parseFloat(req.query.lng); ❶
   var lat = parseFloat(req.query.lat);
   var point = { ❷
      type: "Point",
      coordinates: [lng, lat]
   };
   Loc.geoNear(point, options, callback); ❸
};
```

❶ Extrai as coordenadas da string de query no URL e converte as strings em números.

❷ Cria a coordenada geoJSON.

❸ Envia a coordenada ao método `geoNear` como seu primeiro parâmetro.

Naturalmente, o controlador não funcionará ainda, uma vez que até então não definimos `options` e `callback`. É o que faremos agora, começando pelas opções.

ADICIONANDO AS OPÇÕES DE QUERY OBRIGATÓRIAS AO GEONEAR

O método `geoNear` tem apenas uma opção obrigatória: `spherical`, que determina se a busca será feita em um objeto esférico ou em um mapa plano. Embora algumas pessoas discordem, hoje em dia é amplamente aceito que a Terra é redonda, então a opção `spherical` será, para nós, `true`.

No trecho de código a seguir criamos um objeto para conter todas as opções:

```
var geoOptions = {
    spherical: true
};
```

A partir de agora, nossas coordenadas serão baseadas em uma esfera.

LIMITANDO O NÚMERO DE RESULTADOS DE GEONEAR

Para manter baixo o consumo de CPU no servidor de API – e a responsividade sentida pelo usuário final – podemos limitar o número de itens em uma lista sendo devolvida. No método `geoNear` a opção `num` faz exatamente isso.

O trecho de código a seguir adiciona a opção ao objeto `geoOptions` que criamos anteriormente, limitando a lista de dados devolvidos pela query a dez objetos:

```
var geoOptions = {
    spherical: true,
    num: 10
};
```

Agora, uma query usando geoOptions devolverá apenas os dez estabelecimentos mais próximos.

LIMITANDO O RAIO DE BUSCA DO GEONEAR

Outro modo de manter o processamento da API sob controle é limitar raio de atuação da busca, ou seja, a distância em torno do ponto central. Teoricamente, bastaria adicionar outra opção ao objeto `geoOptions` chamada `maxDistance`. O problema é que o MongoDB faz os cálculos em radianos e não em metros ou milhas, e, portanto, espera que `maxDistance` seja informado em radianos. O fato de usar um ângulo e não uma distância permite que o MongoDB possa realizar esses cálculos em esferas de qualquer tamanho e não apenas no planeta Terra, mas isso não nos ajuda muito agora.[1]

Os cálculos para a conversão entre distâncias físicas e ângulos em radianos são simples e diretos, como mostrado na figura 6.9.

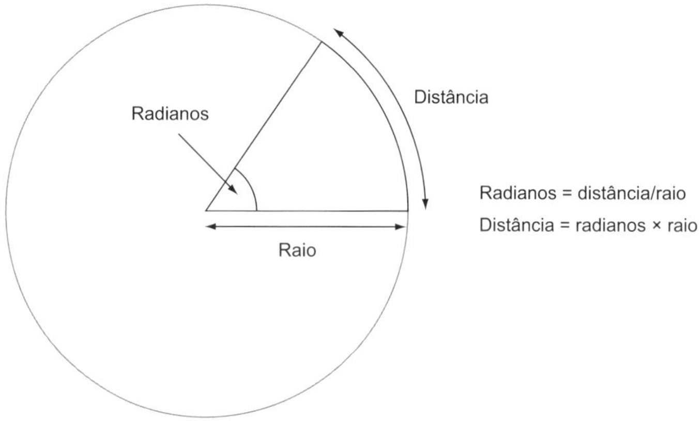

Figura 6.9 – Relação entre a distância e o ângulo em radianos, e como converter de um para outro sabendo-se o raio da esfera.

O raio da Terra é 6.371 quilômetros ou 3.959 milhas. Usaremos quilômetros neste livro porque, francamente, o sistema métrico é muito mais fácil de se trabalhar! Com essa informação em mãos, podemos criar uma função chamada `theEarth` expondo dois métodos de cálculo. O trecho de código a seguir deve estar no início do arquivo controlador da API, *locations.js*, logo após a inclusão do Mongoose e da configuração do modelo:

```
var theEarth = (function(){
   var earthRadius = 6371; // valor em km, em milhas seria 3959 ❶

   var getDistanceFromRads = function(rads) { ❷
      return parseFloat(rads * earthRadius);
   };

   var getRadsFromDistance = function(distance) { ❸
      return parseFloat(distance / earthRadius);
   };

   return {❹
      getDistanceFromRads : getDistanceFromRads,
```

1 N. do T.: no livro, usa-se MongoDB 2 e Mongoose 3. As versões atuais são MongoDB 3 e Mongoose 4, na qual `geoNear` espera que `maxDistance` seja obrigatoriamente expressa em metros.

```
        getRadsFromDistance : getRadsFromDistance
    };
})();
```

❶ Define um valor fixo para o raio da Terra.

❷ Função para converter radianos em metros.

❸ Função para converter metros em radianos.

❹ Expõe as duas funções.

Agora temos algumas funções reutilizáveis para fazer cálculos com distâncias.

> **DICA:** Se não estiver familiarizado com esse estilo de programação, consulte o apêndice D, seção D.5, "Escrevendo Código Modular em JavaScript".

Podemos agora adicionar o valor `maxDistance` às opções e usá-las no controlador:

```
module.exports.locationsListByDistance = function(req, res) {
    var lng = parseFloat(req.query.lng);
    var lat = parseFloat(req.query.lat);
    var point = {
        type: "Point",
        coordinates: [lng, lat]
    };
    var geoOptions = { ❶
        spherical: true,
        maxDistance: theEarth.getRadsFromDistance(20),
        num: 10
    };
    Loc.geoNear(point, geoOptions, callback); ❷
};
```

❶ Cria objetos opção, incluindo uma distância máxima de 20 km.

❷ Atualiza a função geoNear para usar o objeto geoOptions.

Desafio!

Tente fazer com que a distância máxima possa ser informada por uma string de query, em vez de ser fixa no código da função. O código no GitHub para este capítulo traz a resposta para este desafio.

Esta é a última opção que precisaremos para as buscas do banco de dados feitas com `geoNear`. Podemos começar a trabalhar com a saída dos dados.

OS RESULTADOS DE GEONEAR

O callback para o método `geoNear` pede três parâmetros, nesta ordem:

1. Um objeto erro
2. Um objeto resultado
3. Um objeto estatístico

Em uma query completada com sucesso, o objeto erro será indefinido, o objeto resultado conterá um array de resultados e o objeto estatístico conterá informações sobre a query – coisas como o tempo decorrido, número de documentos varridos, distâncias média e máxima dos documentos devolvidos. Começaremos trabalhando com uma query de sucesso antes de implementar as capturas de erros.

Quando uma query `geoNear` é finalizada com sucesso, o MongoDB devolve um array de objetos. Cada objeto contém um valor de distância e um documento lido do banco de dados. Em outras palavras, o MongoDB não adiciona a distância aos dados. O trecho de código a seguir mostra um exemplo de dados lidos do banco, truncados nesta página para maior legibilidade:

```
[{
   dis: 0.002532674663406363,
   obj: {
      name: 'Starcups',
      address: '125 High Street, Reading, RG6 1PS'
   }
}]
```

Este array contém apenas um objeto, embora uma query possa ter dezenas deles. O método `geoNear` devolve o documento completo dentro do objeto `obj`. Podemos observar dois problemas aqui:

- A API não deveria devolver mais dados que o necessário.
- A distância deveria ser devolvida em metros (e não radianos, como no exemplo) e como parte integral do objeto dados.

Portanto, em vez de devolver os dados como estão diretamente ao solicitante, a API precisa fazer algum processamento prévio.

PROCESSANDO A SAÍDA DO GEONEAR

Antes de a API responder ao solicitante, precisamos nos certificar de que ela está devolvendo apenas o necessário, no formato correto. Sabemos quais dados são necessários para a listagem de estabelecimentos na homepage porque já existe um controlador para ela em *app_server/controllers/location.js*. Nele, a função `homelist` envia uma lista de objetos estabelecimento. Um exemplo:

```
{
    name: 'Starcups',
    address: '125 High Street, Reading, RG6 1PS',
    rating: 3,
    facilities: ['Hot drinks', 'Food', 'Premium wifi'],
    distance: '100m'
}
```

Para criar um objeto com essa estrutura, tendo como base os resultados da query, precisamos criar um laço para percorrer os resultados e extrair os resultados relevantes, colocando-os em um novo array. Esses dados processados devem ser devolvidos com uma mensagem de status `200`. A implementação disso está no trecho de código abaixo:

```
Loc.geoNear(point, options, function (err, results, stats) {
    var locations = []; ❶
    results.forEach(function(doc) { ❷
        locations.push({
            distance: theEarth.getDistanceFromRads(doc.dis), ❸
            name: doc.obj.name, ❹
            address: doc.obj.address,
            rating: doc.obj.rating,
            facilities: doc.obj.facilities,
            _id: doc.obj._id
        });
    });
    sendJsonResponse(res, 200, locations); ❺
});
```

❶ Novo array para armazenar os dados processados.

❷ Laço que percorre os resultados da query `geoNear`.

❸ Extrai a distância e converte de radianos para quilômetros, usando a função anteriormente criada.

❹ Coloca o resto dos dados em um objeto de retorno.

❺ Envia os dados processados ao solicitante no formato JSON.

Teste essa rota da API com o Postman – lembre-se de informar longitude e latitude em uma string de query. O resultado será parecido com o mostrado na figura 6.10.

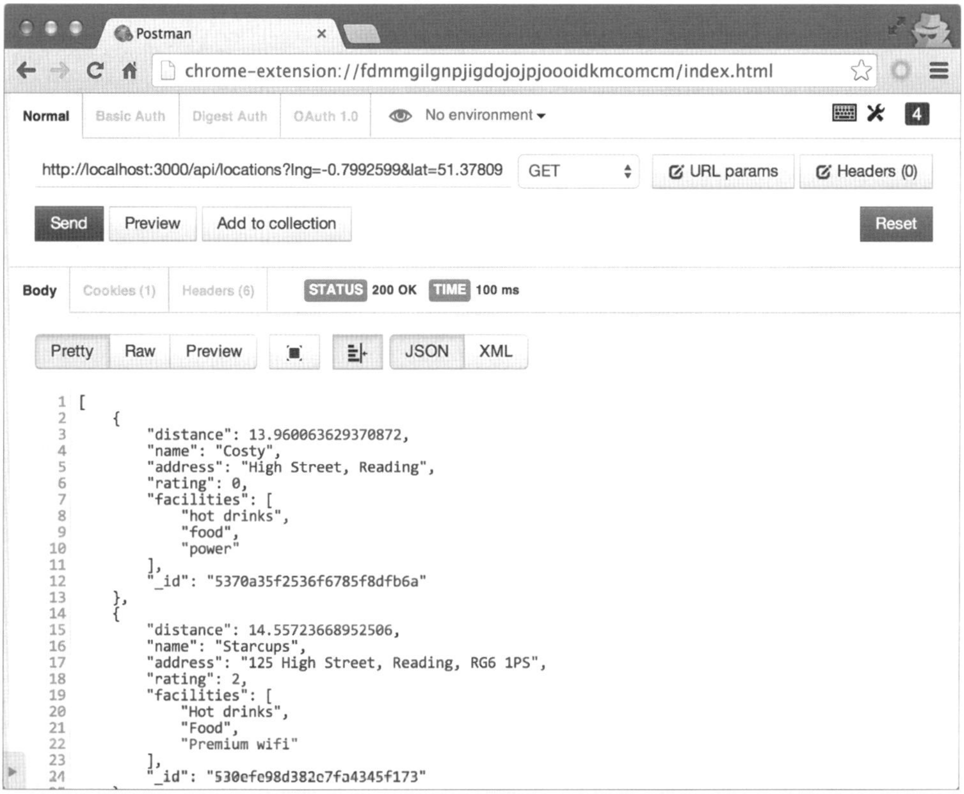

Figura 6.10 – O teste, no Postman, da rota da API que lista os estabelecimentos. O status final deve ser 200 e os resultados devem incluir uma lista dos estabelecimentos próximos à localização informada na string de query.

Desafio!

Tente passar os resultados para uma função identificada externa para construir a lista de estabelecimentos. Essa função deve devolver a lista processada, que pode então ser repassada à resposta em formato JSON.

Para testar esse trecho, envie coordenadas de um ponto que esteja muito mais distante que os dados de teste presentes no banco de dados. Como resposta, o código de status HTTP ainda será `200`, mas o array devolvido estará vazio.

ADICIONANDO CAPTURA DE ERROS

Novamente, começamos por armar a funcionalidade de resposta com sucesso e podemos passar agora para as capturas de erro. Lembre-se: a API deve sempre devolver a resposta mais adequada à solicitação.

A captura de erros deve verificar se:

- os parâmetros foram enviados corretamente;
- a função `geoNear` não retornou um erro.

A listagem na próxima página mostra o código final do controlador, incluindo as capturas de erro:

Listagem 6.4 – Controlador da API para a lista de estabelecimentos, locationsListByDistance

```
module.exports.locationsListByDistance = function(req, res) {
   var lng = parseFloat(req.query.lng);
   var lat = parseFloat(req.query.lat);
   var point = {
      type: "Point",
      coordinates: [lng, lat]
   };
   var geoOptions = {
      spherical: true,
      maxDistance: theEarth.getRadsFromDistance(20),
      num: 10
   };
   if (!lng || !lat) { ❶
      sendJsonResponse(res, 404, {
         "message": "lng and lat query parameters are required"
      });
      return;
   }
   Loc.geoNear(point, geoOptions, function(err, results, stats) {
      var locations = [];
```

```
        if (err) { ❷
          sendJsonResponse(res, 404, err);
        } else {
          results.forEach(function(doc) {
            locations.push({
              distance: theEarth.getDistanceFromRads(doc.dis),
              name: doc.obj.name,
              address: doc.obj.address,
              rating: doc.obj.rating,
              facilities: doc.obj.facilities,
              _id: doc.obj._id
            });
          });
          sendJsonResponse(res, 200, locations);
        }
      });
    };
```

❶ Verifica se os parâmetros lng e lat existem no formato correto; devolve um erro 404 e uma mensagem se não estiverem.

❷ Se a query geoNear devolver um erro, envia esse erro com um status 404.

Com isso, completamos as solicitações GET que nossa API deve oferecer. Sigamos adiante para as solicitações POST.

6.4 Métodos POST: inserindo dados no MongoDB

Os métodos POST servem para criar documentos e subdocumentos no banco de dados e depois devolver os dados salvos como forma de confirmação. Nas rotas para o Loc8r temos duas solicitações POST fazendo coisas diferentes, como mostra a tabela 6.7.

Tabela 6.7 – Na API do Loc8r temos duas solicitações POST

Ação	Método	URL	Parâmetros	Exemplo
Criar novo local	POST	`/locations`		*http://api.loc8r.com/locations*
Criar nova resenha	POST	`/locations/locationid/reviews`	**`locationid`**	*http://api.loc8r.com/locations/123/reviews*

Os métodos POST extraem dados de um formulário e os adicionam ao banco de dados. Da mesma forma que os parâmetros passados em um URL são acessados com `req.params` e as strings de query são acessadas por `req.query`, os controladores do Express acessam dados de formulário por meio de `req.body`.

Antes de mergulhar no código, vejamos como é o processo de criar um documento no MongoDB.

6.4.1 Criando documentos no MongoDB

No banco de dados do Loc8r, cada estabelecimento comercial com WiFi é um documento separado. Nesta seção veremos como criar documentos no MongoDB. Novamente, o Mongoose é o responsável pela tarefa, e vai ser difícil encontrar uma maneira mais fácil do que esta. Basta chamar o modelo, aplicar o método `create`, inserir dados e definir uma função de callback. A sintaxe mostrada a seguir, associada ao nosso modelo `Loc`, não poderia ser menor:

```
Loc.create(dataToSave, callback);
❶    ❷      ❸            ❹
```

❶ Nome do modelo.

❷ O método create.

❸ Objeto JavaScript contendo dados que correspondem à estrutura do schema.

❹ Função executada quando a criação do documento for finalizada; espera dois parâmetros:

- Objeto de erro.
- O próprio documento, da forma como foi gravado no banco

Simples, não? O processo de criação é composto por duas etapas:

1. Extrair os dados enviados pelo formulário e criar com eles um objeto JavaScript que obedeça à estrutura do schema.
2. Enviar uma resposta adequada no callback, dependendo do sucesso ou fracasso de uma operação `create`.

Examinando a primeira etapa, é possível imaginar que podemos extrair os dados usando `req.body`, enquanto a segunda etapa já nos deve ser bastante familiar. Como já temos a bagagem necessária, vamos mergulhar diretamente no código. A listagem a seguir mostra o controlador `locationsCreate` completo:

Listagem 6.5 – Controlador completo para criar um estabelecimento, locationsCreate

```
module.exports.locationsCreate = function(req, res) {
    Loc.create({ ❶
        name: req.body.name,
        address: req.body.address,
        facilities: req.body.facilities.split(","), ❷
        coords: [parseFloat(req.body.lng), parseFloat(req.body.lat)], ❸
        openingTimes: [{
            days: req.body.days1,
            opening: req.body.opening1,
            closing: req.body.closing1,
            closed: req.body.closed1,
        }, {
            days: req.body.days2,
            opening: req.body.opening2,
            closing: req.body.closing2,
            closed: req.body.closed2,
        }]
    }, function(err, location) { ❹
        if (err) {
            sendJsonResponse(res, 400, err);
        } else {
            sendJsonResponse(res, 201, location);
        }
    });
};
```

❶ Aplica o método `create` no modelo.

❷ Cria um array com os itens de infraestrutura e serviços a partir de uma lista separada por vírgula.

❸ Converte as coordenadas de string para números.

❹ Função de callback contendo respostas adequadas para sucesso e falha.

Isso mostra como é fácil criar um documento no MongoDB e gravar dados nele. Para abreviar o exemplo no livro, limitamos o array `openingTimes` a dois itens, mas poderíamos facilmente expandi-lo – ou, melhor ainda, criar um laço para verificar a existência de valores.

Observe que a nota (campo `rating`) não está sendo registrada. Lembre-se de que no schema determinamos um valor-padrão `0`:

```
rating: {type: Number, "default": 0, min: 0, max: 5},
```

Esse valor é aplicado no momento da criação do documento, registrando o valor inicial como `0`. Há ainda outra coisa chamando bastante a atenção: não há validação de dados!

VALIDANDO DADOS COM O MONGOOSE

Esse controlador não tem nenhum mecanismo de validação, portanto qualquer um pode cadastrar centenas de documentos vazios ou incompletos. Como já fizemos na aplicação principal, é possível definir validações diretamente nos schemas do Mongoose, ativando uma flag `required` com o valor `true` nos paths que devem ser obrigatórios. Com essa flag ativa, o Mongoose não enviará os dados ao MongoDB se os paths obrigatórios não estiverem preenchidos.

No schema de estabelecimentos a seguir, por exemplo, podemos ver que os campos `name` e `coords` são obrigatórios:

```
var locationSchema = new mongoose.Schema({
    name: {type: String, required: true},
    address: String,
    rating: {type: Number, "default": 0, min: 0, max: 5},
    facilities: [String],
    coords: {type: [Number], index: '2dsphere', required: true},
    openingTimes: [openingTimeSchema],
    reviews: [reviewSchema]
});
```

Se algum desses dois campos estiver faltando, o método `create` levantará um erro e não salvará o documento no banco.

Um teste desta rota da API no Postman gera um resultado como o da figura 6.11. Observe que o método é `post` e que o tipo de dados (logo acima da lista de nomes e valores) é `x-wwwform-urlencoded`.

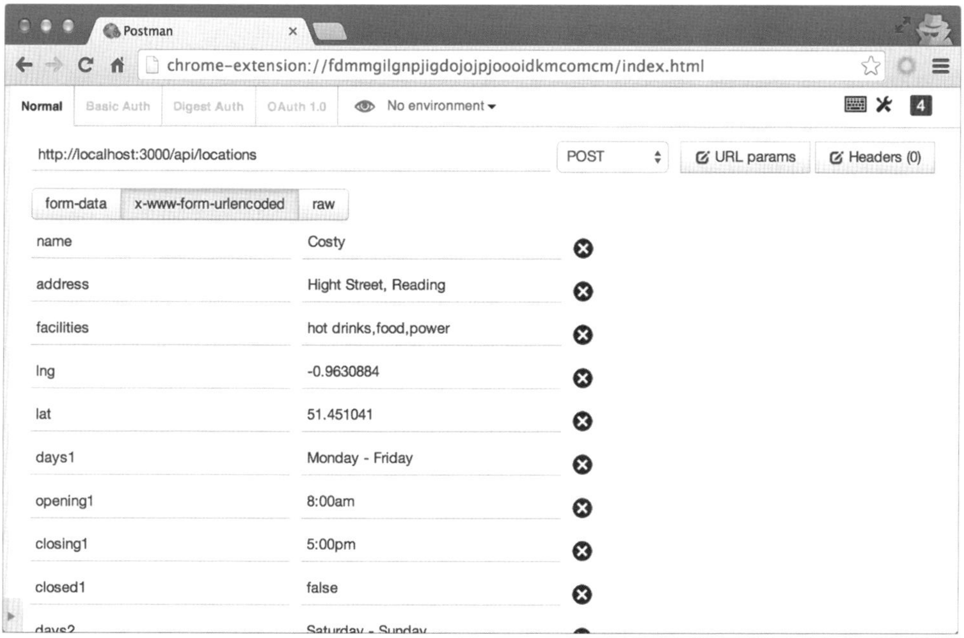

Figura 6.11 – Teste de um método POST no Postman, assegurando que o método e as configurações do formulário estão corretos.

6.4.2 Criando um subdocumento no MongoDB

No contexto dos estabelecimentos comerciais listados no Loc8r, as resenhas são subdocumentos. Estes são criados e armazenados dentro de seu documento-pai. Dito de outra forma, para criar e salvar um subdocumento é preciso:

1. Encontrar o documento-pai correto.
2. Adicionar o novo subdocumento.
3. Salvar o documento-pai.

Encontrar o documento-pai correto não deve ser difícil para nós – já fizemos isso antes e podemos usar o código já pronto como esqueleto para o novo controlador `reviewsCreate`. Ao encontrar o documento-pai correto, usamos uma função externa para adicionar o subdocumento a ele, conforme a listagem a seguir:

Listagem 6.6 – Controlador para criar uma resenha

```
module.exports.reviewsCreate = function(req, res) {
  var locationid = req.params.locationid;
```

```
    if (locationid) {
        Loc
            .findById(locationid)
            .select('reviews')
            .exec(
                function(err, location) {
                    if (err) {
                        sendJsonResponse(res, 400, err);
                    } else {
                        doAddReview(req, res, location); ❶
                    }
                }
        );
    } else {
        sendJsonResponse(res, 404, {
            "message": "Not found, locationid required"
        });
    }
};
```

❶ Se a operação de busca tiver sucesso, chamará a nova função de adicionar resenha, passando a ela os objetos de solicitação, resposta e estabelecimentos.

Nada aqui é particularmente novo; já vimos tudo isso antes. Ao empregar uma função externa, em vez de colocar o procedimento aí mesmo, mantemos o código mais organizado e limpo, pois reduzimos a quantidade de aninhamento e indentação. De quebra, tudo fica mais fácil de testar.

CRIANDO E SALVANDO UM SUBDOCUMENTO

Recuperamos o documento-pai e a lista de seus subdocumentos – podemos agora incluir mais um. Subdocumentos são essencialmente arrays de objetos e a maneira mais fácil de adicionar um novo objeto em um array é usar o método `push` do JavaScript, como demonstrado a seguir:

```
location.reviews.push({
    author: req.body.author,
    rating: req.body.rating,
    reviewText: req.body.reviewText
});
```

Estamos extraindo os dados enviados pelo formulário, por isso `req.body`.

Uma vez que o subdocumento foi adicionado, o documento-pai deve ser salvo – os subdocumentos não podem ser salvos individualmente. Para gravar um documento no Mongoose usa-se o método save, presente no modelo, que requer um callback com dois parâmetros: uma mensagem de erro e um objeto a ser devolvido. O trecho de código a seguir mostra o método em ação:

```
location.save(function(err, location) {
   var thisReview;
   if (err) {
      sendJsonResponse(res, 400, err);
   } else {
      thisReview = location.reviews[location.reviews.length - 1]; ❶
      sendJsonResponse(res, 201, thisReview);
   }
});
```

❶ Encontra a última resenha no array devolvido, pois o MongoDB devolve o documento-pai inteiro, não apenas o novo subdocumento.

O documento devolvido pelo método save é o documento-pai completo, não apenas o novo subdocumento. Porém, não é assim que nossa API deve se comportar (queremos devolver apenas o novo subdocumento ao solicitante), então precisamos recuperar o último subdocumento do array ❶.

Ao adicionar qualquer documento ou subdocumento é preciso ter em mente o impacto que eles podem ter em outros dados. No Loc8r, adicionar uma resenha adicionará também uma nova nota. Essa nova nota (de uma a cinco estrelas) modificará a nota média do documento. Portanto, se a resenha for salva com sucesso, precisamos chamar uma nova função para recalcular e gravar a nota média do estabelecimento.

Juntando na função doAddReview tudo o que discutimos, mais uma pitada de captura de erros, temos a listagem completa a seguir:

Listagem 6.7 – Adicionando e salvando um subdocumento

```
var doAddReview = function(req, res, location) { ❶
   if (!location) {
      sendJsonResponse(res, 404, {
         "message": "locationid not found"
      });
   } else {
```

```
        location.reviews.push({ ❷
          author: req.body.author,
          rating: req.body.rating,
          reviewText: req.body.reviewText
        });
        location.save(function(err, location) { ❸
          var thisReview;
          if (err) {
            sendJsonResponse(res, 400, err);
          } else {
            updateAverageRating(location._id); ❹
            thisReview = location.reviews[location.reviews.length - 1]; ❺
            sendJsonResponse(res, 201, thisReview);
          }
        });
      }
    };
```

❶ Quando a função é alimentada com um documento-pai...

❷ ...salva os novos dados no array de subdocumentos...

❸ ...antes de salvar o documento-pai.

❹ Se a operação de salvar for completada com sucesso, chama a função de atualização da nota média.

❺ Recupera a última resenha do array e a devolve como uma resposta de confirmação em formato JSON.

ATUALIZANDO A NOTA MÉDIA

O cálculo da nota média não é particularmente complicado, portanto, não vamos descrevê-lo em detalhes. Os passos básicos são:

1. Encontrar o documento correto a partir do ID fornecido.
2. Com um laço, percorrer os subdocumentos de resenhas e somar as notas.
3. Calcular a nota média.
4. Atualizar o valor da nota média no documento-pai.
5. Salvar o documento.

Se traduzirmos esses passos em código, teremos algo parecido ao da listagem a seguir, que deve ser incluída no arquivo de controlador *reviews.js* próximo aos outros controladores de resenhas.

Listagem 6.8 – Calculando e atualizando a nota média

```
var updateAverageRating = function(locationid) {
  Loc
    .findById(locationid) ❶
    .select('rating reviews')
    .exec(
      function(err, location) {
        if (!err) {
          doSetAverageRating(location);
        }
      });
};

var doSetAverageRating = function(location) {
  var i, reviewCount, ratingAverage, ratingTotal;
  if (location.reviews && location.reviews.length > 0) {
    reviewCount = location.reviews.length;
    ratingTotal = 0;
    for (i = 0; i < reviewCount; i++) { ❷
      ratingTotal = ratingTotal + location.reviews[i].rating;
    }
    ratingAverage = parseInt(ratingTotal / reviewCount, 10); ❸
    location.rating = ratingAverage; ❹
    location.save(function(err) { ❺
      if (err) {
        console.log(err);
      } else {
        console.log("Average rating updated to", ratingAverage);
      }
    });
  }
};
```

❶ Encontra o documento correto a partir do ID fornecido.

❷ Em um laço, percorre os subdocumentos de resenha e soma as notas.

❸ Calcula a nota média.

❹ Atualiza o path de nota média do documento-pai.

❺ Salva o documento-pai.

Observe que não estamos enviando nenhuma resposta em formato JSON. É óbvio, pois já enviamos essa resposta ao solicitante. Este cálculo de média deve ser feito de forma assíncrona para que não cause impacto no desempenho da API – o solicitante deve receber o mais rápido possível a confirmação de que a resenha foi salva.

Novas resenhas não são os únicos objetos que disparam uma atualização de nota. Por isso mesmo é boa prática tornar essas funções acessíveis a outros controladores, em vez de prendê-las dentro do código de um controlador específico.

Demonstramos aqui o básico sobre como usar o Mongoose para atualizar dados no MongoDB. Sigamos adiante e vejamos como atualizar dados com os métodos PUT da API.

6.5 Métodos PUT: atualizando dados no MongoDB

Os métodos PUT existem para atualizar documentos e subdocumentos no banco de dados, devolvendo os dados atualizados como confirmação. Nas rotas do Loc8r temos solicitações PUT fazendo coisas diferentes, listadas na tabela 6.8.

Tabela 6.8 – Duas solicitações PUT para a API do Loc8r, atualizando estabelecimentos e resenhas

Ação	Método	URL	Parâmetros	Exemplo
Atualizar um local	PUT	`/locations`	`locationid`	*http://loc8r.com/api/locations/123*
Atualizar uma resenha	PUT	`/locations/locationid/reviews`	`locationid` `reviewid`	*http://loc8r.com/api/locations/123/reviews/abc*

Os métodos PUT são bastante semelhantes aos métodos POST porque trabalham com dados fornecidos pelo solicitante. Entretanto, em vez de criar documentos com esses dados, os métodos PUT os usam para alterar documentos existentes.

6.5.1 Usando o Mongoose para atualizar um documento no MongoDB

O Loc8r deve permitir a atualização dos dados de um estabelecimento – por exemplo, para informar a construção de um novo banheiro, novo horário de funcionamento ou uma mudança no cardápio. Como veremos, a atualização de dados em um documento nos parecerá familiar. Os passos a seguir são:

1. Encontrar o documento relevante.
2. Fazer as alterações na instância.
3. Salvar o documento.
4. Enviar uma resposta JSON.

Uma instância de um modelo no Mongoose é mapeada diretamente a um documento no MongoDB. Quando fazemos uma query e encontramos um documento, obtemos uma instância do modelo. Ao modificar o conteúdo dessa instância, o Mongoose atualiza o documento original no banco para refletir as mudanças.

USANDO O MÉTODO SAVE DO MONGOOSE

Já vimos o `save` em ação quando atualizamos o valor médio da nota do estabelecimento. O método `save` é aplicado à instância do modelo que a função `find` devolve, e espera um callback com os parâmetros corriqueiros: um objeto de erro e o objeto com os dados devolvidos.

Um esqueleto simplificado dessa funcionalidade seria:

```
Loc
   .findById(req.params.locationid) ❶
   .exec(
      function(err, location) {
         location.name = req.body.name; ❷
         location.save(function(err, location) { ❸
            if (err) {
               sendJsonResponse(res, 404, err); ❹
            } else {
               sendJsonResponse(res, 200, location); ❹
            }
         });
      }
   );
};
```

❶ Encontra o documento correto.

❷ Altera a instância do modelo, alterando o valor de um path.

❸ Salva o documento com o método save do Mongoose.

❹ Devolve uma resposta de sucesso ou falha.

Podemos observar claramente nesse código os passos individuais de procurar, atualizar, salvar e devolver a resposta. Colocaremos esse esqueleto no controlador `locationsUpdateOne` e o preencheremos com a carne de algumas capturas de erros e o formato de dados que queremos gravar. O resultado é este:

Listagem 6.9 – Alterando documentos existentes no MongoDB

```
module.exports.locationsUpdateOne = function(req, res) {
   if (!req.params.locationid) {
      sendJsonResponse(res, 404, {
         "message": "Not found, locationid is required"
      });
      return;
   }
   Loc
      .findById(req.params.locationid) ❶
      .select('-reviews -rating')
      .exec(
         function(err, location) {
            if (!location) {
               sendJsonResponse(res, 404, {
                  "message": "locationid not found"
               });
               return;
            } else if (err) {
               sendJsonResponse(res, 400, err);
               return;
            }
            location.name = req.body.name; ❷
            location.address = req.body.address;
            location.facilities = req.body.facilities.split(",");
            location.coords = [parseFloat(req.body.lng),
               parseFloat(req.body.lat)];
            location.openingTimes = [{
               days: req.body.days1,
               opening: req.body.opening1,
               closing: req.body.closing1,
               closed: req.body.closed1,
            }, {
```

```
                days: req.body.days2,
                opening: req.body.opening2,
                closing: req.body.closing2,
                closed: req.body.closed2,
            }];
            location.save(function(err, location) { ❸
                if (err) {
                    sendJsonResponse(res, 404, err); ❹
                } else {
                    sendJsonResponse(res, 200, location); ❹
                }
            });
        }
    );
};
```

❶ Encontra o documento correto a partir do ID fornecido.

❷ Atualiza os paths com os dados fornecidos no formulário.

❸ Grava a instância.

❹ Devolve a resposta adequada, dependendo do resultado da operação.

A quantidade de código aumentou bastante em relação ao esqueleto, mas é possível identificar claramente os passos necessários para atualizar o documento.

Os leitores com olhos de lince devem ter percebido algo estranho na declaração do `select`:

```
.select('-reviews -rating')
```

Já havíamos usado o método `select` para indicar os campos que *queríamos* selecionar. Com um sinal de subtração na frente do nome, estamos dizendo que queremos recuperar todos os campos, *menos* os indicados. Neste `select`, portanto, queremos tudo, menos `reviews` e `rating`.

6.5.2 Atualizando um subdocumento existente no MongoDB

Para atualizar um subdocumento o processo é o mesmo – com uma exceção importante. Depois de encontrar o documento, é preciso encontrar dentro dele o subdocumento correto. Depois disso, o método `save` é aplicado ao documento-pai, não ao subdocumento. Os passos para atualizar um subdocumento são:

1. Encontrar o documento relevante.
2. Encontrar o subdocumento relevante.
3. Fazer as alterações no subdocumento.
4. Salvar o documento.
5. Devolver uma resposta JSON.

Para o Loc8r, os subdocumentos a atualizar são as resenhas. Quando uma resenha é alterada, precisamos nos lembrar de recalcular a nota média do estabelecimento no documento-pai – a única atualização adicional além dos cinco passos acima. A próxima listagem mostra o código completo do controlador `reviewsUpdateOne`.

Listagem 6.10 – Atualizando um subdocumento no MongoDB

```
module.exports.reviewsUpdateOne = function(req, res) {
  if (!req.params.locationid || !req.params.reviewid) {
    sendJsonResponse(res, 404, {
      "message": "Not found, locationid and reviewid are both required"
    });
    return;
  }
  Loc
    .findById(req.params.locationid) ❶
    .select('reviews')
    .exec(
      function(err, location) {
      var thisReview;
        if (!location) {
          sendJsonResponse(res, 404, {
            "message": "locationid not found"
          });
          return;
        } else if (err) {
          sendJsonResponse(res, 400, err);
          return;
        }
        if (location.reviews && location.reviews.length > 0) {
          thisReview = location.reviews.id(req.params.reviewid); ❷
          if (!thisReview) {
```

```
              sendJsonResponse(res, 404, {
                "message": "reviewid not found"
              });
            } else {
              thisReview.author = req.body.author; ❸
              thisReview.rating = req.body.rating;
              thisReview.reviewText = req.body.reviewText;
              location.save(function(err, location) { ❹
                if (err) {
                  sendJsonResponse(res, 404, err); ❺
                } else {
                  updateAverageRating(location._id);
                  sendJsonResponse(res, 200, thisReview); ❺
                }
              });
            }
          } else {
            sendJsonResponse(res, 404, {
              "message": "No review to update"
            });
          }
        }
    );
};
```

❶ Encontra o documento-pai.

❷ Encontra o subdocumento.

❸ Altera o subdocumento a partir dos dados de formulário fornecidos.

❹ Salva o documento-pai.

❺ Devolve uma resposta JSON, enviando um objeto subdocumento com base no sucesso ou falha da operação save.

Os cinco passos da atualização são fáceis de enxergar nessa listagem: encontrar o documento, encontrar o subdocumento, fazer as alterações e responder. Novamente, a maioria do código serve para capturar erros, mas isso é vital para construir uma API responsiva e estável. Não queremos gravar dados incorretos, enviar respostas inconsistentes ou apagar dados que não deveriam ser apagados.

6.6 Métodos DELETE: apagando dados do MongoDB

Os métodos DELETE existem, sem nenhuma surpresa, para apagar documentos e subdocumentos no banco de dados. Nas rotas para o Loc8r temos uma solicitação DELETE para apagar um estabelecimento e outra para apagar uma resenha. Veja a tabela 6.9.

Tabela 6.9 – Duas solicitações DELETE na API do Loc8r para apagar estabelecimentos e resenhas

Ação	Método	URL	Parâmetros	Exemplo
Apagar um local	DELETE	`/locations`	`locationid`	*http://loc8r.com/api/locations/123*
Apagar uma resenha	DELETE	`/locations/locationid/reviews`	`locationid` `reviewid`	*http://loc8r.com/api/locations/123/reviews/abc*

Comecemos pelos documentos.

6.6.1 Apagando documentos no MongoDB

O Mongoose faz com que apagar um documento no MongoDB seja extremamente simples, basta usar o método `findByIdAndRemove`. O método espera apenas um único parâmetro – o ID do documento a ser apagado.

A API deve responder com um `404`, em caso de erro, e com `204`, em caso de sucesso. A listagem a seguir mostra o controlador `locationsDeleteOne` completo.

Listagem 6.11 – Apagando um documento no MongoDB a partir do ID fornecido

```
module.exports.locationsDeleteOne = function(req, res) {
  var locationid = req.params.locationid;
  if (locationid) {
    Loc
      .findByIdAndRemove(locationid) ❶
      .exec( ❷
        function(err, location) {
          if (err) {
            sendJsonResponse(res, 404, err); ❸
            return;
          }
          sendJsonResponse(res, 204, null); ❸
        }
```

```
            );
        } else {
            sendJsonResponse(res, 404, {
                "message": "No locationid"
            });
        }
    };
```

❶ Chama o método findByIdAndRemove, passando locationid a ele.

❷ Executa o método.

❸ Devolve mensagem de sucesso ou falha.

Esta seria a maneira fácil e rápida. Se preferir, podemos quebrar o processo em duas etapas, primeiro encontramos o documento e depois o apagamos. Isso nos daria a chance de fazer algo com o documento antes de apagá-lo, caso seja necessário. O código ficaria assim:

```
Loc
    .findById(locationid)
    .exec(
        function (err, location) {
            // Faz algo com o documento
            Loc.remove(function(err, location){
                // Confirma sucesso ou falha
            });
        }
    );
```

Há um nível extra de aninhamento, mas há também um nível extra de flexibilidade, caso precisemos dela no futuro.

6.6.2 Apagando um subdocumento no MongoDB

O processo para apagar um subdocumento não é em nada diferente do que já fizemos para as outras operações com eles – tudo é administrado no documento-pai. Os passos para apagar um subdocumento são:

1. Encontrar o documento-pai.
2. Encontrar o subdocumento relevante.
3. Remover o subdocumento.

4. Salvar o documento-pai.
5. Enviar uma resposta confirmando sucesso ou falha da operação.

O Mongoose também possui um método especialmente criado para apagar um subdocumento, portanto a operação é muito fácil. Já sabemos que é possível encontrar um subdocumento pelo seu ID com o método `id`:

```
location.reviews.id(reviewid)
```

O Mongoose permite "pendurar" o método `remove` no final da declaração do `id`:

```
location.reviews.id(reviewid).remove()
```

Isso apaga o subdocumento de dentro do array. Como de costume, o documento-pai precisa ser salvo depois disso para que as mudanças sejam gravadas no banco de dados. Juntando tudo – e mais uma batelada de capturas de erro – temos a listagem final do controlador `reviewsDeleteOne`:

Listagem 6.12 – Encontrando e apagando um subdocumento no MongoDB

```
module.exports.reviewsDeleteOne = function(req, res) {
  if (!req.params.locationid || !req.params.reviewid) {
    sendJsonResponse(res, 404, {
      "message": "Not found, locationid and reviewid are both required"
    });
    return;
  }
  Loc
    .findById(req.params.locationid) ❶
    .select('reviews')
    .exec(
      function(err, location) {
        if (!location) {
          sendJsonResponse(res, 404, {
            "message": "locationid not found"
          });
          return;
        } else if (err) {
          sendJsonResponse(res, 400, err);
          return;
        }
```

```
            if (location.reviews && location.reviews.length > 0) {
              if (!location.reviews.id(req.params.reviewid)) {
                sendJsonResponse(res, 404, {
                  "message": "reviewid not found"
                });
              } else {
                location.reviews.id(req.params.reviewid).remove(); ❷
                location.save(function(err) { ❸
                  if (err) {
                    sendJsonResponse(res, 404, err); ❹
                  } else {
                    updateAverageRating(location._id);
                    sendJsonResponse(res, 204, null); ❹
                  }
                });
              }
            } else {
              sendJsonResponse(res, 404, {
                "message": "No review to delete"
              });
            }
          }
      );
};
```

❶ Encontra o documento-pai relevante.

❷ Encontra e apaga o subdocumento correto em um único passo.

❸ Salva o documento-pai.

❹ Devolve resposta confirmando sucesso ou falha da operação.

Novamente, a maioria do código faz captura de erros. Há sete respostas possíveis que a API pode dar ao solicitante, e apenas uma delas é de sucesso. A operação de apagar os subdocumentos, em si, é extremamente fácil – só precisamos ter certeza de que estamos apagando o documento correto.

Como estamos apagando uma resenha, que possui uma nota associada, temos de chamar novamente a função `updateAverageRating` para recalcular a nota média do estabelecimento. Mas a função só deve ser chamada se a operação de apagamento teve sucesso.

Nossa API REST está pronta! Ela foi criada em Express e Node e pode aceitar solicitações HTTP com os métodos GET, POST, PUT e DELETE, que correspondem às operações CRUD no banco de dados MongoDB.

6.7 Resumo

Neste capítulo vimos:

- as melhores práticas para se criar uma API REST, incluindo URLs, métodos de solicitação e códigos de resposta;
- como os métodos HTTP POST, GET, PUT e DELETE HTTP podem ser mapeados para as operações CRUD;
- os métodos do Mongoose para criar solicitações HTTP;
- como interagir com os dados através do Mongoose e como uma instância do modelo pode ser mapeada para um documento específico no banco de dados;
- a administração dos subdocumentos por meio de seus documentos-pai, devido à impossibilidade de acessar ou salvar subdocumentos isoladamente;
- como tornar a API robusta fazendo verificações em todas as possibilidades de erros que se possa imaginar, para que uma solicitação jamais fique sem resposta.

No capítulo 7 acessaremos essa API a partir da aplicação do Express, finalmente tornando o Loc8r uma aplicação baseada em banco de dados!

CAPÍTULO 7

Clientes API REST: usando a API de dentro do Express

Neste capítulo veremos como:

- Chamar uma API a partir da aplicação em Express.
- Manipular e usar dados devolvidos pela API.
- Trabalhar com os códigos de resposta da API.
- Enviar dados do navegador para a API.
- Validar dados e captura erros.

Estamos num estágio muito empolgante do processo! Finalmente, o front-end e o back-end serão conectados. Removeremos os dados que estão provisoriamente encrustados nos controladores e os substituiremos por consultas ao banco de dados. Também enviaremos ao banco os dados digitados no navegador, efetivamente usando a API para criar subdocumentos.

Neste capítulo nosso enfoque estará na dupla Node e Express. A figura 7.1 mostra onde o presente capítulo se encaixa na arquitetura geral.

Discutiremos como chamar a API de dentro do Express e como lidar com as respostas. Faremos chamadas à API para ler e escrever no banco de dados. Aprenderemos a tratar erros, processar dados e criar código reutilizável, além de garantir a segregação de problemas. Mais adiante analisaremos as diversas camadas da arquitetura para identificar onde podemos adicionar rotinas de validação, e saber por que cada uma dessas camadas nos é útil.

Começaremos estudando como chamar uma API a partir de uma aplicação no Express.

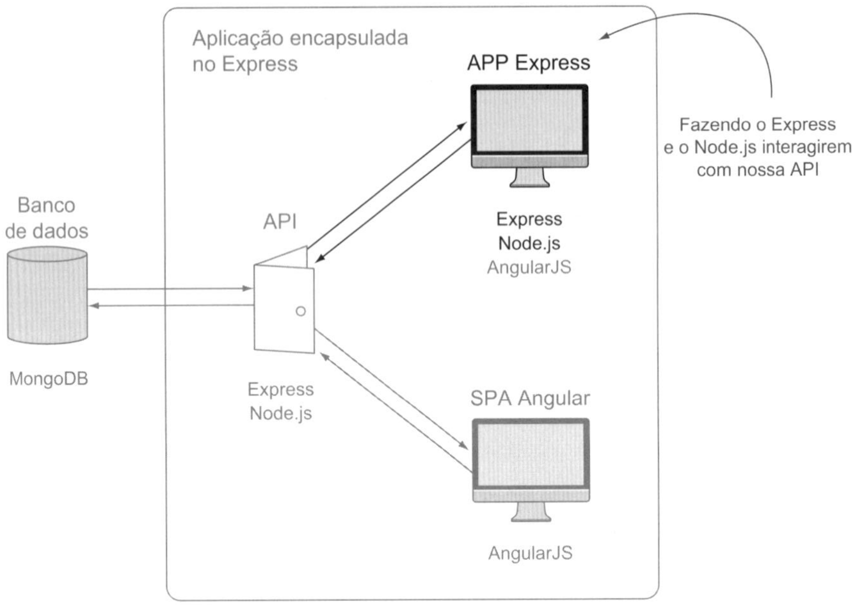

Figura 7.1 – Este capítulo descreve como atualizar a aplicação em Express do capítulo 4 para interagir com a API REST desenvolvida no capítulo 6.

7.1 Como chamar uma API a partir do Express

O primeiro item a aprender é como chamar uma API de dentro do Express. Esse conhecimento pode ser aplicado a qualquer API, não apenas à nossa.

A aplicação em Express precisa ser capaz de chamar os URLs da API que configuramos no capítulo 6 – empregando o método HTTP correto – e ser capaz de interpretar a resposta. Para nos ajudar com a tarefa, empregaremos um módulo chamado `request`.

7.1.1 Incluindo o módulo request no projeto

O módulo `request` se parece com os outros módulos que já usamos até aqui. Para adicioná-lo ao projeto, use o npm. Para instalar a última versão e adicioná-la ao *package.json*, abra o terminal e digite:

```
$ npm install --save request
```

Quando o npm terminar a instalação, basta incluir o `request` nos arquivos que farão uso dele. No Loc8r apenas um arquivo fará solicitações à API, o arquivo com todos os controladores da aplicação: *locations.js*, na pasta *app_server/controllers*. No início do arquivo, adicione a linha `require` a seguir para chamar o módulo `request`:

```
var request = require('request');
```

Já podemos decolar!

7.1.2 Definindo opções default

Toda chamada à API realizada pelo módulo `request` deve conter um URL completamente qualificado, ou seja, deve informar o endereço completo e não apenas um link relativo. Esse URL será diferente nos ambientes de desenvolvimento e produção.

Para que não tenhamos o transtorno de verificar a validade do URL em cada controlador que fizer uma chamada à API, podemos definir uma opção-padrão no início do arquivo de controladores. Para usar o URL correto, dependendo do ambiente, podemos consultar nossa velha amiga, a variável de ambiente `NODE_ENV`.

Na prática, o início do arquivo de controladores deve se parecer com a listagem a seguir:

Listagem 7.1 – Adicionando o módulo request e opções default da API no arquivo locations.js

```
var request = require('request');
var apiOptions = {
   server : "http://localhost:3000"
};
if (process.env.NODE_ENV === 'production') {
   apiOptions.server = "https://getting-mean-loc8r.herokuapp.com";
}
```

❶ Define um URL default para o servidor de desenvolvimento.

❷ Se a aplicação estiver rodando em modo de produção, define outro URL de base; altere para refletir o endereço de produção que sua aplicação estiver usando.

Com isso, nossas chamadas à API podem fazer referência a `apiOptions.server` e serão direcionadas ao URL correto.

7.1.3 Usando o módulo request

A sintaxe básica para fazer uma solicitação com o módulo request é muito simples, um único comando que aceita como parâmetros algumas opções e uma função de callback:

```
request(options, callback)
            ❶         ❷
```

❶ Objeto JavaScript que define a solicitação.

❷ Função a executar quando a resposta é recebida.

As opções especificam toda e qualquer necessidade da solicitação, incluindo o URL, método HTTP, corpo da solicitação e strings de query com parâmetros adicionais. Podem existir outras, mas essas são as opções que usaremos neste capítulo e estão detalhadas na tabela 7.1.

Tabela 7.1 – Quatro opções comuns em chamadas à API

Opção	Descrição	Obrigatória?
`url`	URL completo da solicitação sendo feita, incluindo protocolo, domínio, caminho e parâmetros	Sim
`method`	O método da solicitação: GET, POST, PUT ou DELETE	Não. Se nada for especificado, assume-se o método GET por default
`json`	O corpo da solicitação, passado como um objeto JavaScript; um objeto vazio deve ser enviado, se não houver necessidade de dados	Sim. Assegura que o corpo da resposta também seja formatado em JSON
`qs`	Um objeto JavaScript contendo os parâmetros da string de query	Não

O trecho de código a seguir mostra um exemplo de como fazer uma solicitação GET. O método GET não envia nenhum corpo com dados, mas pode ter uma string de query com parâmetros.

```
var requestOptions = {
   url : "http://yourapi.com/api/path", ❶
   method : "GET", ❷
   json : {}, ❸
   qs : { ❹
      offset : 20
   }
};
```

❶ Define o URL da chamada à API.

❷ Define o método HTTP.

❸ Define o corpo da solicitação; neste caso, um objeto JSON vazio.

❹ Opcionalmente adiciona uma string de query com parâmetros que podem ser usados pela API.

As opções possíveis em uma chamada a APIs em geral não se limitam a essas, mas as quatro apresentadas são as mais comuns – e também são as que usaremos neste capítulo. Para mais informações sobre outras opções possíveis, consulte a referência do módulo no GitHub: *https://github.com/mikeal/request*.

A função de callback é executada somente depois que a resposta vinda da API é recebida, e tem três parâmetros: um objeto de erro, a resposta completa e o corpo da resposta. O objeto de erro terá valor nulo (`null`) a não ser que algum erro seja capturado. Três itens dentre os dados recebidos serão de especial utilidade em nosso código: o status da resposta, o corpo da resposta e qualquer erro que tenha sido gerado. O trecho de código a seguir mostra um exemplo de como estruturar um callback para a função `request`:

```
function(err, response, body) {
   if (err) { ❶
      console.log(err);
   } else if (response.statusCode === 200) { ❷
      console.log(body);
   } else { ❸
      console.log(response.statusCode);
   }
}
```

❶ Se a função receber um erro, faz alguma coisa com ele.

❷ Se o código de status da resposta for 200 (solicitação aceita), mostra o corpo JSON da resposta.

❸ Se o código de status não for 200, faz outra coisa.

O objeto completo de resposta contém uma quantidade bastante grande de informação, e por isso não vamos lidar com ele ainda. Sempre é possível verificar as chamadas à API no log, com uma declaração `console.log`.

Juntando as partes, o esqueleto de uma chamada à API se parece com o seguinte trecho de código:

```
var requestOptions = { ❶
   url : "http://yourapi.com/api/path",
   method : "GET",
   json : {},
   qs : {
      offset : 20
```

```
    }
};
request(requestOptions, function(err, response, body) { ❷
    if (err) {
        console.log(err);
    } else if (response.statusCode === 200) {
        console.log(body);
    } else {
        console.log(response.statusCode);
    }
});
```

❶ Define opções da solicitação.

❷ Faz a solicitação, enviando opções e informando uma função de callback para usar as respostas quando chegarem.

Já temos toda a teoria de que precisamos. Passemos à prática, criando controladores para que o Loc8r use a API que montamos no capítulo 6.

7.2 Solicitando listas de dados a uma API: a homepage do Loc8r

O arquivo de controladores já deve estar com o módulo `request` incluído (com `require`), bem como já deve ter definido alguns valores default. Agora vem a parte divertida: atualizar os controladores para chamar a API e "puxar" do banco os dados mostrados na aplicação.

Temos duas páginas que solicitam dados: a página inicial, mostrando a lista de estabelecimentos comerciais com WiFi, e a página de detalhes do estabelecimento. Comecemos do princípio, pela homepage.

O controlador da homepage possui neste momento uma declaração `res.render` contendo dados fixos no código, que são enviados à visão correspondente. Porém, não é assim que o sistema deve funcionar: a página inicial deve ser renderizada depois que a API devolver dados. O controlador da homepage terá bastante trabalho quando o Loc8r estiver pronto, portanto vamos aliviar sua carga de trabalho transferindo a renderização para sua própria função.

7.2.1 Segregando problemas: transferindo a renderização para uma função identificada

Há algumas boas razões para transferir a renderização para sua própria função. Primeiro, a renderização e a lógica da aplicação podem trabalhar de forma independente. O processo de renderização não precisa saber de onde vem os dados: se eles estiverem no formato correto, serão usados. Implementar uma função separada para a renderização nos deixa um passo mais próximos do ideal de se ter funções que executam uma única tarefa cada. A função também se torna reutilizável, podendo ser chamada a partir de diferentes pontos do código.

A segunda razão para se criar uma função para renderizar a homepage é que essa renderização, da forma como está agora, ocorre dentro da função de callback definida na chamada à API – o que torna o código difícil de ler e de manter. Os níveis de indentação e aninhamento no controlador acabam ficando excessivamente altos. É boa prática evitar essa indentação profunda, complicada de entender – especialmente quando temos que mexer no código meses depois de tê-lo escrito.

O primeiro passo é definir no arquivo *locations.js* (localizado na pasta *app_server/controllers*) uma função chamada `renderHomepage` e transferir o conteúdo do controlador `homelist` para ela. Certifique-se de que os parâmetros `req` e `res` possam ser passados à função. A listagem 7.2 mostra uma versão resumida do que faremos. A função pode agora ser chamada pelo controlador `homelist`, também mostrado na listagem, e as coisas funcionarão da mesma maneira que antes:

Listagem 7.2 – Transferindo o conteúdo do controlador homelist para uma função externa

```
var renderHomepage = function(req, res){
   res.render('locations-list', { ❶
      title: 'Loc8r - find a place to work with wifi',
      ...
   });
};
module.exports.homelist = function(req, res){ ❷
   renderHomepage(req, res);
};
```

❶ Inclui aqui todo o código de res.render que estava no controlador (abreviado para clareza).

❷ Chama a nova função renderHomepage a partir do controlador homelist.

Já é um começo, mas ainda não chegamos lá – queremos dados!

7.2.2 Chamando a API

Para obter os dados necessários, basta pedir à API. Para que isso seja possível, a solicitação precisa ser construída corretamente: precisaremos do URL, método HTTP, corpo em formato JSON e uma string de query. Consultando o capítulo 6 ou mesmo o próprio código da API, chegamos à conclusão mostrada na tabela 7.2.

Tabela 7.2 – Informação necessária para montar a chamada à API para obter a lista de estabelecimentos

Parâmetro	Valor
URL	`SERVIDOR:PORTA/api/locations`
Método	`GET`
Corpo JSON	`Null (vazio)`
String de query	`lng, lat, maxDistance`

Mapear esses dados para montar a solicitação é fácil e direto. Como já vimos, as opções de uma solicitação são, simplesmente, um objeto JavaScript. Por enquanto, os valores de longitude e latitude estarão fixos nas opções, pois assim é mais fácil e rápido para testar. Mais adiante faremos com que a aplicação descubra sua localização e use essa informação aqui. Escolheremos coordenadas geograficamente próximas dos estabelecimentos já cadastrados no banco de dados. A distância máxima será definida como 20 quilômetros.

Ao fazer a solicitação, passaremos os dados por meio de uma função simples de callback que chamará `renderHomepage`, para evitar que o navegador trave ou fique esperando.

O código no controlador `homelist` é mostrado na listagem a seguir:

Listagem 7.3 – Atualizando o controlador homelist para chamar a API antes de renderizar a página

```
module.exports.homelist = function(req, res){
  var requestOptions, path;
  path = '/api/locations'; ❶
  requestOptions = { ❷
    url : apiOptions.server + path,
    method : "GET",
    json : {},
    qs : {
      lng : -0.7992599,
```

```
            lat : 51.378091,
            maxDistance : 20
        }
    };
    request( ❸
        requestOptions,
        function(err, response, body) { ❹
            renderHomepage(req, res);
        }
    );
};
```

❶ Define o caminho para a chamada à API (o servidor já foi definido no início do arquivo).

❷ Define as opções de solicitação, a saber: URL, método, corpo JSON vazio e uma string de query com parâmetros fixos.

❸ Envia a solicitação e suas opções.

❹ Função de callback para renderizar a homepage.

Se salvarmos o arquivo e rodarmos a aplicação novamente, tudo funcionará como antes. Embora já estejamos solicitando dados à API, não faremos absolutamente nada com eles.

7.2.3 Usando os dados devolvidos pela API

Já que a API teve o trabalho de enviar os dados que pedimos, o mínimo que podemos fazer é usá-los. Mais adiante tornaremos todo o processo mais robusto, mas no momento só queremos que funcione – ou seja, vamos considerar que um corpo de resposta é sempre enviado para o callback e, portanto, podemos repassá-lo diretamente (sem validação) à função `renderHomepage`:

Listagem 7.4 – Controlador homelist atualizado para usar os dados devolvidos pela API

```
request(
    requestOptions,
    function(err, response, body) {
        renderHomepage(req, res, body); ❶
    }
);
```

❶ Passa os dados devolvidos pela API diretamente à função `renderHomepage`.

Como definido pelo código da API, o corpo devolvido em resposta à solicitação é um array de estabelecimentos. A função `renderHomepage` precisa de um array desses para enviar à visão, portanto nada mais óbvio que repassar o objeto diretamente, como mostrado a seguir:

Listagem 7.5 – Função renderHomepage atualizada para usar os dados devolvidos pela API

```
var renderHomepage = function(req, res, responseBody){ ❶
  res.render('locations-list', {
    title: 'Loc8r - find a place to work with wifi',
    pageHeader: {
      title: 'Loc8r',
      strapline: 'Find places to work with wifi near you!'
    },
    sidebar: "Looking for wifi and a seat? Loc8r helps you find places to
      work when out and about. Perhaps with coffee, cake or a pint? Let Loc8r
      help you find the place you're looking for.",
    locations: responseBody ❷
  });
};
```

❶ Inclui o parâmetro adicional `responseBody` na declaração da função.

❷ Remove o array fixo de estabelecimentos e repassa `responseBody` em seu lugar.

Não tem como ser mais fácil que isso! Ou tem? Tente visitar a homepage com o navegador e veja o que acontece. Se tudo estiver certo, o resultado deve ser semelhante ao da figura 7.2.

Parece bom, não? Precisamos formatar direitinho a apresentação da distância, mas fora isso os dados estão sendo entregues e apresentados como esperado. "Plugar" os dados via API foi muito fácil porque parte do trabalho pesado já havia sido feito quando desenhamos as visões, construímos os controladores baseados nas visões e desenvolvemos os modelos baseados nos controladores.

Pronto! Já funciona! Agora podemos passar aos refinamentos. O que salta aos olhos, como vimos, é que as distâncias precisam de algum retrabalho. Além disso, ainda não existe nenhum tratamento de erros.

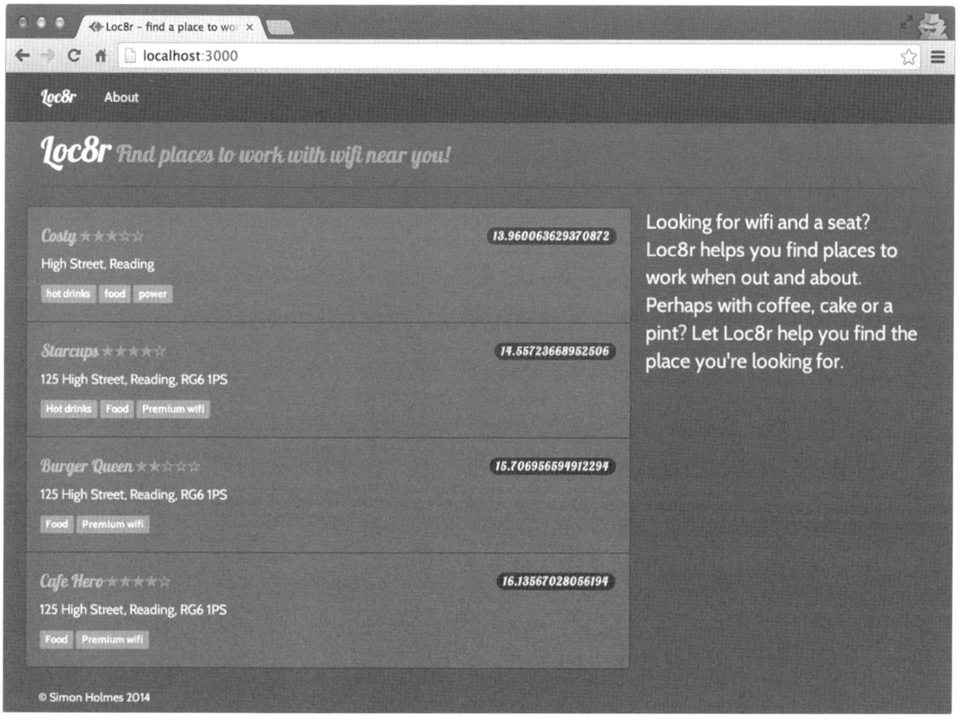

Figura 7.2 – Nosso primeiro acesso à aplicação com os dados sendo entregues pela API – quase lá!

7.2.4 Modificando os dados antes de mostrá-los: refinando as distâncias

No momento, as distâncias são mostradas com 15 casas decimais e sem unidade de medida – ou seja, apesar de altamente precisas, são, para nós, inúteis. Precisamos mostrar se as distâncias estão em metros ou quilômetros e arredondar os números para metros inteiros, ou para quilômetros com uma casa decimal. Isso deve ser feito antes de enviar os dados para a função `renderHomepage`, pois esta presta-se apenas a renderizar a página final e não manipular os dados.

Para isso, precisamos de um laço para varrer o array de estabelecimentos devolvido pela API, formatando o valor distância de cada elemento do array. Em vez de implementar o loop diretamente na rotina principal, faremos uso de uma função externa (no mesmo arquivo), denominada `_formatDistance`, que aceita um valor distância e o devolve lindamente formatado.

A listagem a seguir mostra como fica o código com o que temos até aqui. Observe que o corpo principal do controlador `homelist` foi suprimido na listagem para maior clareza, e que a declaração `request` ainda está dentro do controlador.

Listagem 7.6 – Adicionando e usando uma função para formatar a distância devolvida pela API

```
request(
  requestOptions,
  function(err, response, body) {
    var i, data;
    data = body; ❶
    for (i=0; i<data.length; i++) { ❷
      data[i].distance = _formatDistance(data[i].distance);
    }
    renderHomepage(req, res, data); ❸
  }
);

var _formatDistance = function (distance) {
  var numDistance, unit;
  if (distance > 1) { ❹
    numDistance = parseFloat(distance).toFixed(1);
    unit = 'km';
  } else { ❺
    numDistance = parseInt(distance * 1000,10);
    unit = 'm';
  }
  return numDistance + unit;
};
```

❶ Associa o corpo retornado a uma nova variável.

❷ Com um laço, percorre o array e formata a distância associada ao estabelecimento.

❸ Envia os dados modificados para renderização em vez do corpo original.

❹ Se a distância for superior a 1 quilômetro, arredonda para uma casa decimal e adiciona a unidade km.

❺ Senão, converte para metros, arredonda para metros inteiros e adiciona a unidade m.

Se fizer as modificações e recarregar a página, verá que as distâncias estão agora mais fáceis de ler como mostrado na figura 7.3.

Muito melhor! A homepage já está parecida com o que queremos no final. Como lição de casa, tente incluir algum tratamento de erros na função `_formatDistance` para garantir que o parâmetro `distance` seja sempre passado e que seja um número.

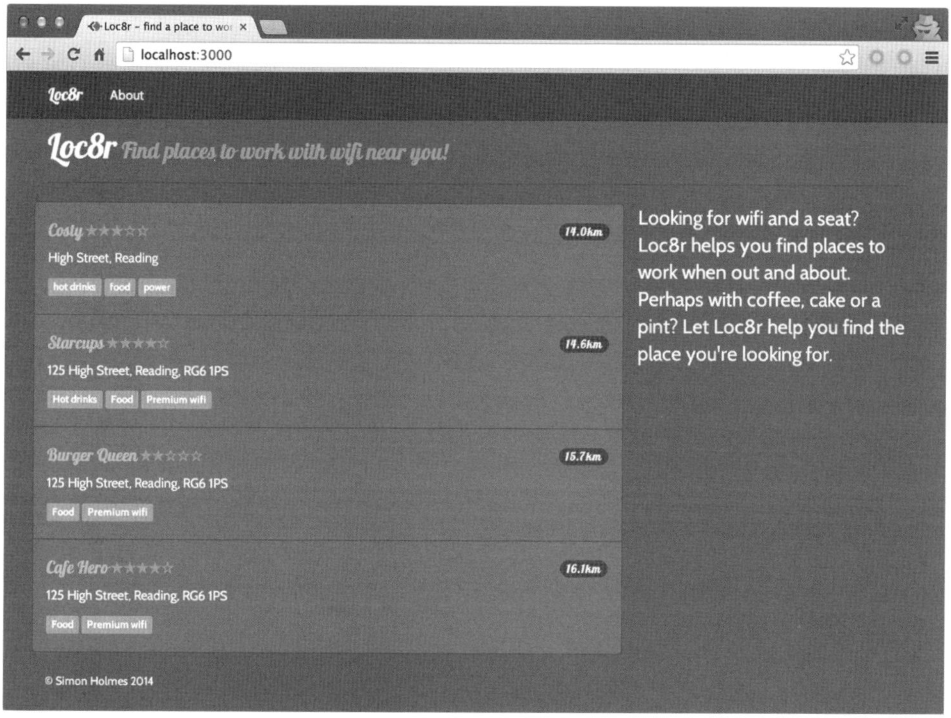

Figura 7.3 – A homepage ficou mais bonita depois que as distâncias devolvidas pela API foram formatadas.

7.2.5 Tratando os erros retornados pela API

Até o momento, consideramos que a API sempre retorna um array de dados com um código `200`, que indica sucesso. Porém, nem sempre esse é o caso. A API que fizemos retorna o status `200` mesmo que não haja estabelecimentos por perto, dentro do raio definido. Quando isso acontece, a homepage é renderizada normalmente, mas sem qualquer conteúdo na área central. Para melhor experiência do usuário, seria bom que a aplicação informasse isso textualmente.

Também sabemos que nossa API devolve status `404`, portanto temos que tratar esses erros adequadamente. Não queremos mostrar a mensagem original, com o código `404` bem grande na tela, porque o erro não é exatamente uma "página não encontrada". A melhor opção seria enviar uma mensagem ao navegador no contexto da homepage.

O tratamento desses erros não é difícil. Vejamos como é feito, começando pelo controlador.

UM CALLBACK MAIS ROBUSTO

Uma das principais razões de se capturar erros é garantir que eles não provoquem falhas no código. O primeiro ponto fraco é a função de callback `request`, na qual manipulamos os dados devolvidos antes do envio para renderização. Se tivéssemos certeza de que os dados serão sempre consistentes, não precisaríamos nos preocupar com isso. Não temos esse luxo, infelizmente.

O callback `request` executa um laço `for` para formatar as distâncias, independentemente de quais dados foram devolvidos pela API. No entanto, deveríamos executar o laço apenas caso a API devolvesse o status `200` e algum resultado não nulo.

A listagem a seguir mostra como atingir esse objetivo com um simples `if`, que verifica o código de status e o tamanho dos dados devolvidos.

Listagem 7.7 – Validação dos dados devolvidos pela API antes de seu uso

```
request(
   requestOptions,
   function(err, response, body) {
      var i, data;
      data = body;
      if (response.statusCode === 200 && data.length) { ➊
         for (i=0; i<data.length; i++) {
            data[i].distance = _formatDistance(data[i].distance);
         }
      }
      renderHomepage(req, res, data);
   }
);
```

➊ O laço só é executado se a API retornar status 200 e dados não nulos.

O código atualizado evita que o callback falhe e produz um erro, caso a API devolva um status diferente de `200`. O próximo elo da corrente é a função `renderHomepage`.

DEFININDO MENSAGENS DE SAÍDA BASEADAS NOS DADOS DEVOLVIDOS

Assim como no callback `request`, criamos uma função `renderHomepage` simples para testar seu funcionamento passando a ela um array válido de estabelecimentos. Mas como essa função pode receber diferentes tipos de dados, precisamos que lide corretamente com as diferentes possibilidades.

O corpo da resposta pode conter um dentre três itens:

- Um array de estabelecimentos
- Um array vazio, quando não existirem estabelecimentos próximos
- Uma string contendo uma mensagem quando a API devolve um erro

Já temos o código para lidar com o array de estabelecimentos, portanto precisamos tratar das outras duas possibilidades. Quando esses erros forem capturados, também é preciso criar uma mensagem para enviar à visão.

Para fazer isso, precisamos atualizar a função `renderHomepage` para que também execute as seguintes tarefas:

- Definir uma variável para a mensagem.
- Verificar se o corpo da resposta é um array; se não for, envia a mensagem adequada.
- Se a resposta for um array vazio (ou seja, não há estabelecimentos próximos), enviar outra mensagem.
- Enviar a mensagem para a visão.

A listagem a seguir mostra como o código fica depois dessas modificações:

Listagem 7.8 – Enviando mensagens caso a API não devolva dados de estabelecimentos

```
var renderHomepage = function(req, res, responseBody){
  var message; ❶
  if (!(responseBody instanceof Array)) { ❷
    message = "API lookup error";
    responseBody = [];
  } else {
    if (!responseBody.length) { ❸
      message = "No places found nearby";
    }
  }
  res.render('locations-list', {
    title: 'Loc8r - find a place to work with wifi',
    pageHeader: {
      title: 'Loc8r',
      strapline: 'Find places to work with wifi near you!'
    },
```

```
        sidebar: "Looking for wifi and a seat? Loc8r helps you find places to
          work when out and about. Perhaps with coffee, cake or a pint? Let Loc8r
          help you find the place you're looking for.",
        locations: responseBody,
        message: message ❹
      });
    };
```

❶ Define uma variável para armazenar a mensagem.

❷ Se a resposta não for um array, define uma mensagem e responseBody como um array vazio.

❸ Se a resposta for um array nulo, define uma mensagem.

❹ Associa a mensagem à variável para envio à visão.

A única surpresa para nós é o fato de que definimos `responseBody` como um array vazio caso a API nos tenha devolvido uma string. Fizemos isso para evitar que a visão gerasse um erro. A visão espera um array na variável `locations`. Se enviarmos um array vazio, este é ignorado, mas se enviarmos uma string, a visão reclamará.

O último elo dessa corrente é a visão. Precisamos atualizá-la para mostrar o erro caso seja enviado.

ATUALIZANDO A VISÃO PARA MOSTRAR MENSAGENS DE ERRO

Já temos a API capturando erros, e agora estamos tratando esses erros para passar algo realmente útil ao usuário. O usuário precisa ser capaz de ver a mensagem na página, e para isso é necessário atualizar o template da visão.

Não é preciso nada muito esotérico aqui – um simples `div` com uma classe de erro para conter quaisquer possíveis mensagens será o suficiente. A listagem a seguir mostra a seção `block content` da visão *locations-list.jade*, presente na pasta *app_server/views*.

Listagem 7.9 – Atualizando a visão para mostrar mensagens de erro, se necessário

```
block content
  #banner.page-header
    .row
      .col-lg-6
        h1= pageHeader.title
          small  #{pageHeader.strapline}
  .row
    .col-xs-12.col-sm-8
```

```
      .error= message ❶
      .row.list-group
        each location in locations
          .col-xs-12.list-group-item
            h4
              a(href="/location")= location.name
              small  
                +outputRating(location.rating)
              span.badge.pull-right.badge-default= location.distance
            p.address= location.address
            p
              each facility in location.facilities
                span.label.label-warning= facility
                 
    .col-xs-12.col-sm-4
      p.lead= sidebar
```

❶ Adiciona um `div` na área central de conteúdo para mostrar uma mensagem, caso seja enviada.

Outra vez, muito fácil – ainda cru, mas fácil. Por ora, será suficiente. Tudo o que nos resta no momento é testá-lo.

TESTANDO A CAPTURA DE ERROS DA API

É preciso garantir que todo novo código incluído no programa funcione. Um modo fácil de fazê-lo é manipular a string de query enviada em `requestOptions`.

Para testar o erro "nenhum estabelecimento próximo foi encontrado", podemos definir `maxDistance` com um número bem pequeno (lembrando que está expresso em quilômetros) ou definir `lng` e `lat` para apontar para uma localidade muito distante. Por exemplo:

```
requestOptions = {
  url : apiOptions.server + path,
  method : "GET",
  json : {},
  qs : {
    lng : 1, ❶
    lat : 1,
    maxDistance : 0.002
  } };
```

❶ Altera os valores da string de query da solicitação para que nenhum resultado seja devolvido.

Um bug muito interessante

Tente testar a captura de erros da API definindo `lng` ou `lat` com o valor `0`. Tentou? Se sim, percebeu que a mensagem "No places found nearby" não foi mostrada. Em seu lugar, apareceu "API lookup error". Isso acontece por conta de uma falha de programação no código de nossa API.

No controlador `locationsListByDistance`, verifique se os parâmetros `lng` e `lat` da string de query foram omitidos pelo uso de um teste de "tudo falso" em JavaScript. O código é simples: `if (!lng || !lat)`.

Em códigos "pega tudo" como este, o JavaScript procura por valores que considera falsos, como uma string vazia, indefinida, nula (`null`) e, importante para nós, `0`. Isso introduz um bug inesperado no código. Se alguém estiver na linha do equador ou no meridiano primário[1], receberia o erro da API.

A correção é simples, basta fazer com que o teste diga "se for falso, excluindo o zero". Traduzindo em código, fica:

```
if ((!lng && lng!==0) || (!lat && lat!==0)).
```

Basta atualizar o código na API para que o bug deixe de incomodar.

Podemos usar uma tática semelhante para testar o erro `404`. A API espera receber todos os parâmetros da string de query, e devolve o status `404` se algum deles estiver faltando. Portanto, um teste rápido pode ser feito se comentarmos um deles conforme mostrado no trecho de código a seguir:

```
requestOptions = {
   url : apiOptions.server + path,
   method : "GET",
   json : {},
   qs : {
      // lng : -0.7992599, ❶
      lat : 51.378091,
      maxDistance : 20
   }
};
```

❶ Comente um dos parâmetros da string de query para testar o que acontece quando a API devolve 404.

1 N. do T.: Ou seja, no meridiano de Greenwich – o que inclui toda a população de Londres.

Faça os dois testes, um de cada vez, recarregando a homepage para ver as diferentes mensagens, como na figura 7.4.

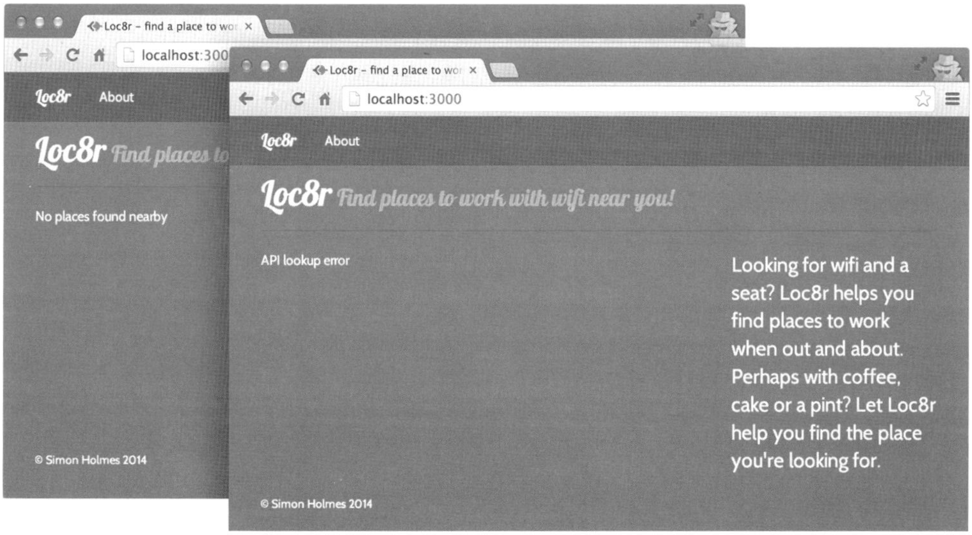

Figura 7.4 – Mensagens mostradas nas visões após os erros correspondentes terem sido capturados e devolvidos pela API.

Esses testes mostram que a homepage está respondendo bem aos erros e funcionando perfeitamente na ausência deles. Nossa aplicação no Express está solicitando dados à API que construímos, que, por sua vez, obtém os dados do MongoDB e os devolve à aplicação. Quando a aplicação recebe uma resposta da API, sabe o que fazer com ela e mostra na página ou os dados solicitados ou uma mensagem.

Façamos o mesmo com a página de detalhes do estabelecimento, desta vez trabalhando com uma única instância dos dados.

7.3 Resgatando um único documento da API: a página de detalhes do Loc8r

A página de detalhes de um estabelecimento comercial deve mostrar todas as informações relativas àquele local, a saber: nome, endereço, resenhas, notas, um mapa do local, bem como instalações e serviços. No momento, esses dados estão fixos no código do controlador, e a aplicação se parece com a mostrada na figura 7.5.

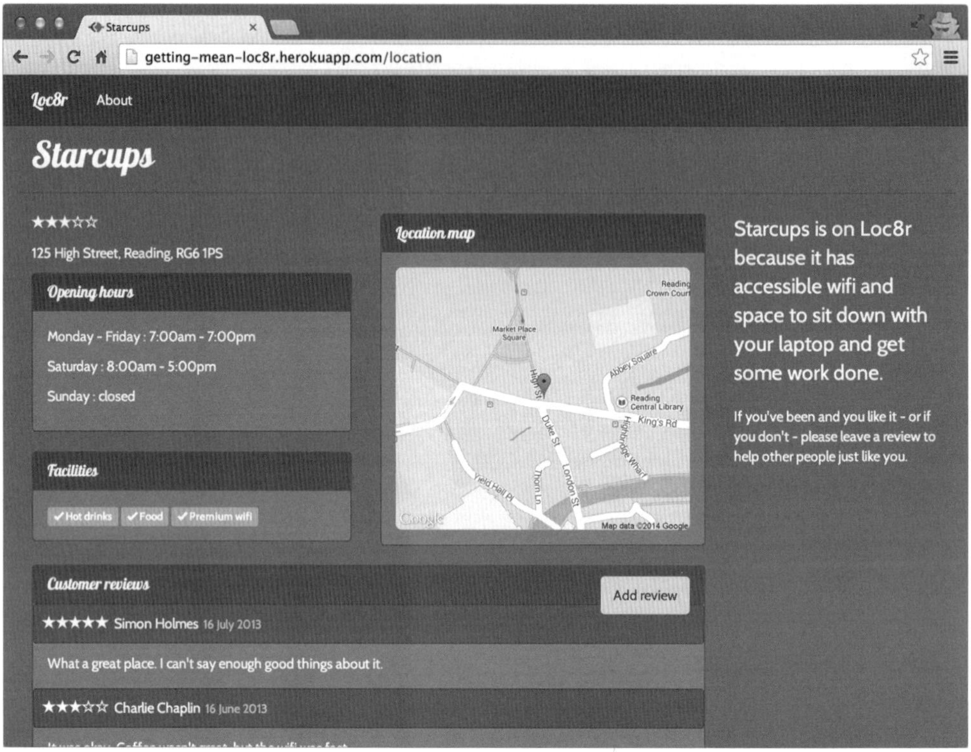

Figura 7.5 – A página de detalhes do estabelecimento como está agora, com os dados fixos no código do controlador.

Nesta seção atualizaremos a aplicação para que possamos especificar de qual local queremos saber mais detalhes, obter esses detalhes da API e mostrá-los no navegador. Também gostaríamos de incluir mais algumas pitadas do sempre saudável tratamento de erros.

7.3.1 Definindo URLs e rotas para acessar documentos específicos no MongoDB

O caminho no URL para a página de detalhes é simplesmente `/location`, o que não oferece uma maneira direta de especificar qual estabelecimento queremos. Para resolver a questão, tomaremos emprestado o modelo adotado nas rotas da API, nas quais especificamos o ID do estabelecimento (ou, antes, do documento que armazena o estabelecimento) como um parâmetro no URL.

A rota da API para um estabelecimento específico é /api/locations/:locationid. Podemos fazer o mesmo com a aplicação no Express e atualizar a rota para considerar o parâmetro `locationid`. As rotas da aplicação principal para os estabelecimentos estão no arquivo *locations.js* da pasta */routes*. O trecho de código a seguir mostra uma alteração muito simples que inclui o parâmetro `locationid` no URL:

```
router.get('/', ctrlLocations.homelist);
router.get('/location/:locationid', ctrlLocations.locationInfo); ❶
router.get('/location/review/new', ctrlLocations.addReview);
```

❶ Define o parâmetro locationid para rotas de um estabelecimento específico.

Ok, bem bacana... mas de onde vamos tirar o ID do estabelecimento? Pensando na aplicação como um todo, a homepage é um belo lugar para começar – afinal, é onde os links para as páginas de detalhes estão.

Quando a API para a homepage devolve um array de estabelecimentos, cada objeto contém um ID único. O objeto completo é repassado à visão, portanto não é nada complicado atualizar a visão da homepage para incluir o ID como parâmetro do URL nos links.

De fato, não é nada difícil mesmo! A listagem a seguir mostra as (poucas) alterações necessárias em *locations-list.jade* para incluir o ID de cada estabelecimento nos links que apontam para a página de detalhes.

Listagem 7.10 – Atualizando a visão de lista para adicionar o ID do estabelecimento aos respectivos links

```
block content
  #banner.page-header
    .row
      .col-lg-6
        h1= pageHeader.title
          small  #{pageHeader.strapline}
  .row
    .col-xs-12.col-sm-8
      .error= message
      .row.list-group
        each location in locations
          .col-xs-12.list-group-item
            h4
              a(href="/location/#{location._id}")= location.name ❶
              small  
                +outputRating(location.rating)
              span.badge.pull-right.badge-default= location.distance
```

```
                p.address= location.address
                p
                   each facility in location.facilities
                      span.label.label-warning= facility
                       
      .col-xs-12.col-sm-4
         p.lead= sidebar
```

❶ À medida que cada estabelecimento no array é varrido pelo laço, o ID único do objeto é lido e adicionado ao final do href com o link apontando para a página de detalhes.

Ah, se tudo na vida fosse fácil assim... A homepage agora contém links únicos e clicáveis para a página de detalhes de cada um dos estabelecimentos listados. Agora, só precisamos nos certificar de que mostrem os dados corretos.

7.3.2 Segregando problemas: transferindo a renderização para uma função identificada

Da mesma forma como fizemos na homepage, retiraremos a renderização da página de detalhes e a colocaremos em sua própria função. Novamente, faremos isso para manter a funcionalidade de renderização separada da chamada à API e do processamento dos dados.

A listagem a seguir mostra uma versão reduzida da nova função `renderDetailPage`, que agora é chamada a partir do controlador `locationInfo`.

Listagem 7.11 – Transferindo o conteúdo do controlador locationInfo para uma função externa

```
var renderDetailPage = function (req, res) { ❶
   res.render('location-info', {
      title: 'Starcups',
      ...
   });
};
module.exports.locationInfo = function(req, res){
   renderDetailPage(req, res); ❷
};
```

❶ Cria uma nova função chamada renderDetailPage e transfere o conteúdo do controlador locationInfo para lá.

❷ Chama a nova função de dentro do controlador, repassando a ela os parâmetros `req` and `res`.

Com isso, o controlador está pronto para fazer solicitações de dados à API.

7.3.3 Fazendo uma query pela API usando o ID único no URL

O URL da chamada à API deve conter o ID do estabelecimento. Nossa página de detalhes agora tem o ID no próprio URL, no parâmetro `locationid`, portanto podemos extrair esse valor usando `req.params` e adicioná-lo à variável `path` nas opções da solicitação. O método usado é GET, e portanto o valor `json` será um objeto vazio.

Com esses dados definidos, podemos usar o padrão que criamos no controlador da homepage para montar e enviar a solicitação à API. Chamaremos a função `renderDetailPage` depois que a API responder. A listagem a seguir mostra como esses elementos ficariam juntos:

Listagem 7.12 – Atualizando o controlador locationInfo para chamar a API

```
module.exports.locationInfo = function(req, res){
  var requestOptions, path;
  path = "/api/locations/" + req.params.locationid; ❶
  requestOptions = { ❷
    url : apiOptions.server + path,
    method : "GET",
    json : {}
  };
  request(
    requestOptions,
    function(err, response, body) {
      renderDetailPage(req, res); ❸
    }
  );
};
```

❶ Extrai o parâmetro locationid a partir do URL da aplicação e o coloca no final do URL da API.

❷ Define todas as opções da solicitação antes de fazer a chamada à API.

❸ Chama a função `renderDetailPage` depois que a API responder.

Se rodarmos a aplicação neste momento, teremos os mesmos dados estáticos de antes, porque ainda não estamos repassando para a visão os dados devolvidos pela API. Podemos adicionar algumas declarações de log no callback da função `request` para ter uma ideia do que está sendo devolvido.

Se tudo estiver funcionando como planejado, é hora de resolver essa pendência.

7.3.4 Repassando para a visão os dados devolvidos pela API

Novamente, vamos considerar que a API está devolvendo os dados corretos – o tratamento de erros será implementado daqui a pouco. Os dados precisam, como na homepage, de algum processamento: as coordenadas são devolvidas como um array, enquanto a visão precisa que eles estejam em um objetos com pares chave:valor.

A listagem a seguir mostra como podemos chegar a esse resultado dentro do contexto da declaração `request`, transformando os dados da API antes de enviá-los à função `renderDetailPage`.

Listagem 7.13 – Pré-processando os dados no controlador

```
request(
  requestOptions,
  function(err, response, body) {
    var data = body; ❶
    data.coords = { ❷
      lng : body.coords[0],
      lat : body.coords[1]
    };
    renderDetailPage(req, res, data); ❸
  }
);
```

❶ Cria uma cópia dos dados devolvidos e os armazena em uma variável.

❷ Recria a propriedade coords como um objeto, redefinindo lng e lat com os valores obtidos da API.

❸ Envia os dados transformados para renderização.

Agora precisamos atualizar a função `renderDetailPage` para usar esses dados em vez dos dados fixos que lá estão. Devemos nos certificar de que a função aceita dados em parâmetros e depois atualizar os valores repassados à visão. A listagem a seguir mostra as alterações necessárias em **negrito**:

Listagem 7.14 – Função renderDetailPage atualizada para aceitar os dados vindos da API

```
var renderDetailPage = function (req, res, locDetail) { ❶
    res.render('location-info', {
        title: locDetail.name, ❷
        pageHeader: {title: locDetail.name},
        sidebar: {
            context: 'is on Loc8r because it has accessible wifi and space to sit
        down with your laptop and get some work done.',
            callToAction: 'If you\'ve been and you like it - or if you don\'t -
        please leave a review to help other people just like you.'
        },
        location: locDetail ❸
    });
};
```

❶ Adiciona novos parâmetros para os dados na definição da função.

❷ Faz referência nos dados a itens específicos necessários à função.

❸ Repassa à visão o objeto de dados `locDetail`, que contém todos os detalhes do estabelecimento.

Observe: os objetos completos são repassados à visão. Isso só é possível porque anteriormente estruturamos o modelo de dados de acordo com o que deveria ser apresentado na visão e manipulado pelos controladores. Se rodarmos a aplicação agora, a página deve ser recarregada com os dados presentes no banco de dados, como mostra a captura de tela da figura 7.6.

Novamente, os leitores com olhos de lince notarão um problema na figura 7.6. As resenhas não possuem datas.

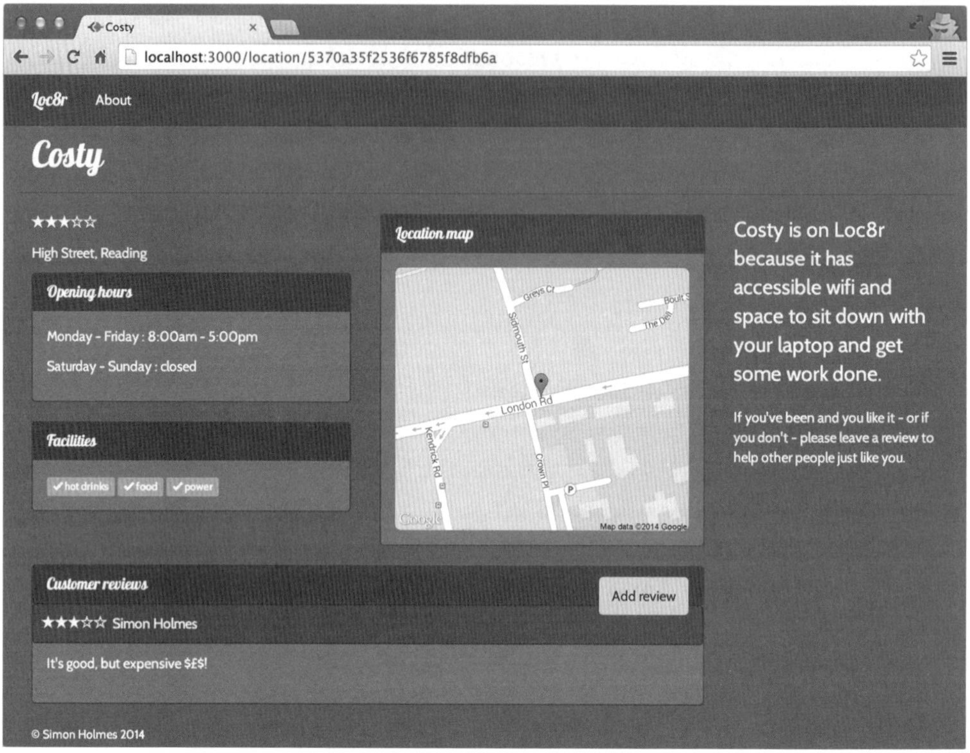

Figura 7.6 – A página de detalhes agora obtém seus dados a partir do MongoDB por meio da API.

7.3.5 Depurando os erros na visão

Pois é, encontramos um bug. A data da resenha não está sendo mostrada corretamente. Talvez tenhamos sido otimistas demais ao confiar em nosso modelo de dados, que foi criado com base no controlador, e este na visão. Só nos resta agora caçar os possíveis erros.

Comecemos examinando o arquivo Jade *location-info.jade* na pasta *app_server/views* – a linha que mostra a data da resenha é esta:

```
small.reviewTimestamp #{review.timestamp}
```

Precisamos verificar o schema para ver se inadvertidamente mudamos alguma coisa ao definir o modelo. O schema para as resenhas está no arquivo *locations.js* em *app_api/models* e se parece com o seguinte trecho de código:

```
var reviewSchema = new mongoose.Schema({
   author: String,
```

```
    rating: {type: Number, required: true, min: 0, max: 5},
    reviewText: String,
    createdOn: {type: Date, "default": Date.now}
});
```

Ah, sim! Nós alteramos o nome do campo. Em vez de timestamp (momento), chamamos esse path de `createdOn` (criado em), pois é um nome bem mais apropriado para a informação que o path armazena.

Atualizando o arquivo Jade usando esses valores, temos:

```
small.reviewTimestamp #{review.createdOn}
```

Aplicando as alterações e recarregando a página, o navegador mostra algo parecido com a figura 7.7.

Figura 7.7 – A data é agora obtida diretamente dos dados devolvidos pela API, mas seu formato ainda não é muito legível.

Sucesso! Ou quase... A data está sendo mostrada, mas em um formato difícil de ler. Podemos consertar o problema no próprio Jade.

FORMATANDO DADOS COM UM MIXIN DO JADE

Lá atrás, quando estávamos criando as visões, usamos um mixin do Jade para mostrar a nota como um conjunto de cinco estrelas em vez da nota numérica armazenada nos dados. No Jade, os mixins são como funções – é possível enviar parâmetros a eles, rodar algum código em JavaScript se necessário e devolver um valor ou objeto de saída.

Formatar datas é algo que certamente será útil em muitos lugares, portanto podemos criar um mixin para isso. Nosso mixin `outputRating` está no arquivo *sharedHTMLfunctions.jade* na pasta *app_server/views/_includes*. Adicionaremos o novo mixin `formatDate` nele.

Nesse mixin usaremos JavaScript para converter os dados, que estão em formato ISO, para um formato mais simples e legível: *Dia Mês Ano* – por exemplo, *24 June 2014*. O objeto data em formato ISO é repassado como uma string, portanto a primeira coisa a fazer é convertê-lo para um objeto de data do JavaScript. Quando estiver terminado, poderemos usar vários métodos JavaScript para acessar várias partes das datas.

A listagem a seguir mostra como isso é feito em um mixin – lembre-se de que as linhas do JavaScript em um arquivo Jade devem ser prefixadas com um traço.

Listagem 7.15 – Criando um mixin em Jade para formatar as datas

```
mixin formatDate(dateString)
  -var date = new Date(dateString); ❶
  -var monthNames = [ "January", "February", "March", "April", "May", "June",
    "July", "August", "September", "October", "November", "December" ]; ❷
  -var d = date.getDate(); ❸
  -var m = monthNames[date.getMonth()];
  -var y = date.getFullYear();
  -var output = d + ' ' + m + ' ' + y; ❹
  =output
```

❶ Converte a data fornecida (em formato string) para um objeto data.

❷ Cria um array de valores com os nomes dos meses.

❸ Usa métodos de data do JavaScript para extrair e converter as partes relevantes da data informada.

❹ Junta as partes no formato desejado e devolve na saída do mixin.

O mixin receberá uma string contendo a data e devolverá na saída uma data no formato apropriado. Como é o mixin que vai renderizar essa saída, podemos simplesmente chamá-lo a partir do local correto no código. O trecho a seguir demonstra como, novamente baseado nas mesmas duas linhas que destacamos no template:

```
span.reviewAuthor #{review.author.displayName}
small.reviewTimestamp
  +formatDate(review.createdOn) ❶
```

❶ Chama o mixin a partir da própria linha em que deve aparecer no HTML, repassando a data da resenha; certifique-se de que a nova linha está indentada corretamente.

A chamada ao mixin deve ser colocada em uma nova linha, portanto tenha cuidado redobrado na indentação – a data deve ser aninhada em uma tag `<small>`.

Agora, a página de detalhes está finalizada e comportando-se como deveria, como mostra a figura 7.8.

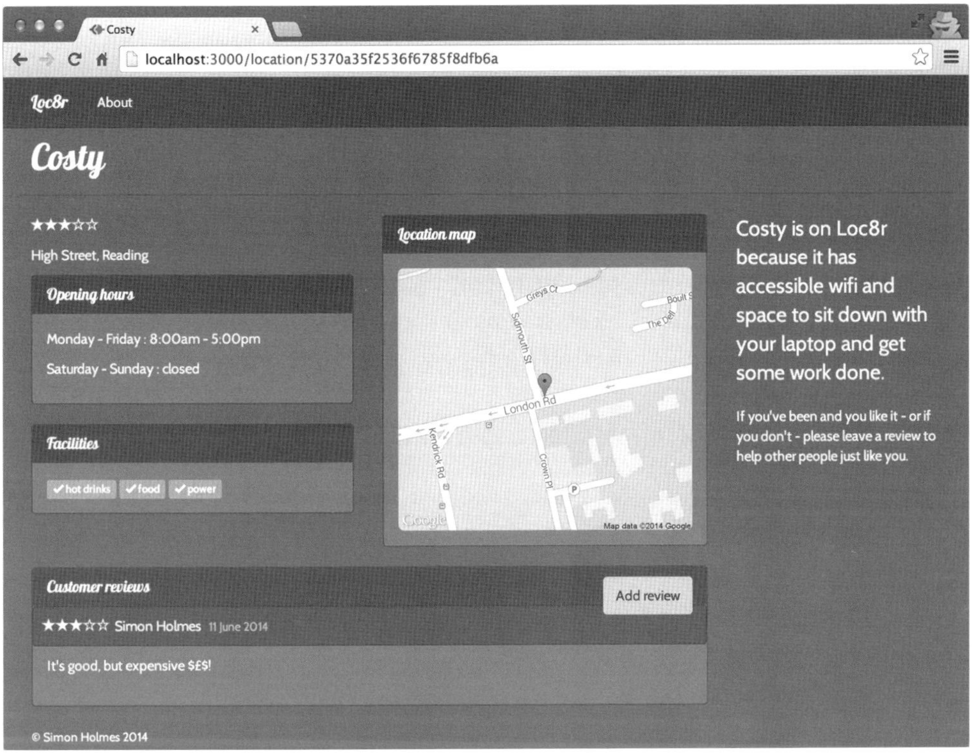

Figura 7.8 – A página de detalhes do estabelecimento, já finalizada. O ID do estabelecimento é extraído do URL da aplicação e repassado à API. Esta obtém os dados do banco e os repassa à página, para serem formatados e renderizados corretamente.

Excelente! Tudo funciona exatamente como queríamos. Se o URL possuir um ID que realmente existe no banco de dados, a página é mostrada lindamente. No entanto, o que acontece se o ID estiver incorreto ou não existir no banco?

7.3.6 Criando páginas de erro específicas para cada código de status

Se o ID presente no URL não for encontrado no banco de dados, a API devolve um erro `404`. Esse erro se origina de um URL no navegador, portanto o servidor web também devolve um `404` – se o ID do estabelecimento não for encontrado, em essência, uma página para ele não é gerada.

Usando as técnicas já discutidas neste capítulo, podemos capturar os erros `404` devolvidos pela API usando a declaração `response.statusCode` no callback `request`. Não gostaríamos de lidar com esses erros dentro do callback, então repassaremos sua resposta a uma nova função, que chamaremos `_showError`.

CAPTURANDO TODOS OS CÓDIGOS DE ERRO

Melhor que capturar apenas o status `404`, podemos fazer um filtro negado, capturando qualquer resposta da API que seja diferente de `200` (que indica sucesso). Podemos passar o código de status à função `_showError` e deixar que ela decida o que fazer. Para que a função `_showError` possa manter o controle, precisamos repassar também os objetos `req` e `res`.

A listagem a seguir mostra como atualizar o callback `request` para renderizar a página de detalhes quando receber uma resposta em status `200` vinda da API, roteando todos os outros status para a função pega-tudo `_showError`.

Listagem 7.16 – Capturando todos os erros devolvidos pela API, excluindo o status 200

```
request(
   requestOptions,
   function(err, response, body) {
      var data = body;
      if (response.statusCode === 200) { ❶
         data.coords = { ❷
            lng : body.coords[0],
            lat : body.coords[1]
         };
         renderDetailPage(req, res, data);
      } else { ❸
         _showError(req, res, response.statusCode);
      }
   }
);
```

❶ Verifica se a resposta da API tem um status 200, indicando sucesso.

❷ Continua renderizando a página se o status for 200.

❸ Se o status for diferente de 200, repassa o erro para a função _showError.

Já temos algo melhor! A página de detalhes do estabelecimento será renderizada somente se a API devolver algo útil para mostrar. E o que faremos com os erros? Por enquanto, apenas enviaremos uma mensagem ao usuário para que ele saiba que algo deu errado.

MOSTRANDO MENSAGENS DE ERRO

Não precisamos de nada complicado aqui. Só queremos que o usuário saiba que algo está acontecendo e tenha uma indicação básica da natureza do problema. Já temos um template do Jade que é perfeito para a tarefa. Seu nome é *generic-text.jade* e os únicos dados que ele espera são o título e algum conteúdo. Para nós, é o suficiente.

Se for desejado, é possível criar uma página única e exclusiva, com seu próprio layout, para cada tipo de erro, mas por enquanto nos satisfaremos apenas em capturar o erro e informar ao usuário que ele existe. Além do usuário, precisamos que o navegador saiba o que está acontecendo, portanto o código de status apropriado deve ser enviado também ao navegador.

A listagem 7.17 descreve a função `_showError`, que aceita um código de status com parâmetro de entrada. Esse código será repassado ao navegador e também será usado para definir o título e o conteúdo da página. Foram implementadas uma mensagem específica para a página `404` e uma mensagem genérica para outros erros que porventura apareçam.

Listagem 7.17 – Função de tratamento de erros para os códigos de status diferentes de 200 vindos da API

```
var _showError = function (req, res, status) {
  var title, content;
  if (status === 404) { ❶
    title = "404, page not found";
    content = "Oh dear. Looks like we can't find this page. Sorry.";
  } else { ❷
    title = status + ", something's gone wrong";
    content = "Something, somewhere, has gone just a little bit wrong.";
  }
  res.status(status); ❸
  res.render('generic-text', { ❹
    title : title,
    content : content
  });
};
```

❶ Se o status repassado for 404, define o título e o conteúdo da página.

❷ Se não, define uma mensagem genérica para todos os outros erros.

❸ Usa o parâmetro `status` para definir o status da resposta.

❹ Envia os dados para a visão compilar e enviar ao navegador.

Essa função pode ser reutilizada em qualquer controlador em que seja útil. Da forma como foi construída, é fácil adicionar páginas específicas para outros códigos de erro, se for necessário.

Para testar o erro `404` basta alterar um único algarismo do ID do estabelecimento no URL. O resultado é o que aparece na figura 7.9.

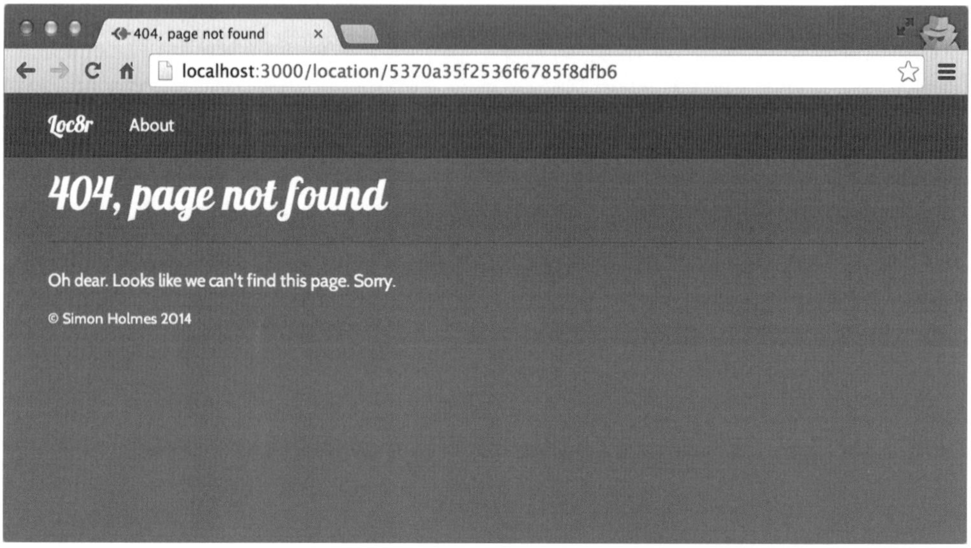

Figura 7.9 – A página de erro 404 é mostrada quando o ID do estabelecimento no URL não existe no banco de dados.

Para a página de detalhes do estabelecimento, é só. Já é possível buscar no banco de dados todas as informações mostradas na página de um estabelecimento específico, e também mostrar um erro `404` ao usuário, caso o estabelecimento não possa ser encontrado.

Seguindo a jornada do usuário, nossa próxima (e última) tarefa neste capítulo é a capacidade de escrever resenhas.

7.4 Gravando dados no banco pela API: as resenhas do Loc8r

Nesta seção veremos como extrair dados de um formulário enviado pelo visitante, processá-lo e postá-lo na API. As resenhas são criadas no Loc8r quando o usuário clica no botão Add Review em uma página de detalhes do estabelecimento. Um formulário é apresentado, e deve ser preenchido e enviado. Já temos telas para isso, mas sem a funcionalidade por trás dela para que funcione. Até agora.

Nossa lista de tarefas para essa página é:

1. Informar ao formulário a qual estabelecimento esta resenha pertence.
2. Criar uma rota POST para conectar o formulário à API.
3. Enviar a nova resenha à API.
4. Mostrar a nova resenha na página de detalhes.

Observe que neste estágio de desenvolvimento ainda não temos um método de autenticação, pois ainda há o conceito de contas do usuário.

7.4.1 Configurando rotas e visões

O primeiro item em nossa lista é simples. O ID do estabelecimento precisa ser informado ao formulário para que este saiba para onde enviar a resenha. A API precisa desse ID para saber onde gravá-la.

A melhor maneira de obter o ID da página é fazer com que esteja contido no URL, como fizemos com a página de detalhes.

DEFININDO AS DUAS ROTAS DE RESENHAS

Para extrair o ID do estabelecimento do URL da aplicação e o inserir no URL da API, precisaremos alterar a rota para a página Add Review e adicionar o parâmetro `locationid`. Ao mesmo tempo, podemos já nos desincumbir do segundo item da lista e criar uma rota para que o formulário possa enviar os dados com o método POST. Idealmente, essa página deve ter o mesmo caminho do formulário, contudo deve ser associado a um controlador e um método HTTP diferentes.

O trecho de código a seguir mostra a implementação das rotas em *index.js* na pasta */routes*:

```
router.get('/', ctrlLocations.homelist);
router.get('/location/:locationid', ctrlLocations.locationInfo);
router.get('/location/:locationid/reviews/new', ctrlLocations.addReview); ❶
router.post('/location/:locationid/reviews/new', ctrlLocations.doAddReview); ❷
```

❶ Inserir o parâmetro `locationid` na rota existente para o formulário.

❷ Cria uma nova rota no mesmo URL, mas usando o método POST e referenciando um controlador diferente.

Só precisaremos dessas duas rotas nesta seção, mas não conseguiremos reiniciar a aplicação porque a rota do POST faz referência a um controlador que ainda não existe. Como já fizemos antes, criaremos um controlador substituto, sem código.

Adicione o trecho de código a seguir no arquivo *locations.js* em *app_server/controllers* para que a aplicação volte a funcionar:

```
module.exports.doAddReview = function(req, res){
};
```

A aplicação funciona, mas se clicarmos no botão para a página Add Review geraremos um erro. Ah, sim: precisamos também atualizar o link para a página Add Review que está presente na página de detalhes.

ATUALIZANDO A VISÃO DA PÁGINA DE DETALHES

É necessário adicionar o ID do estabelecimento ao `href` especificado no botão Add Review da página de detalhes. O controlador para essa página repassa o objeto completo de dados, da forma como foi devolvida pela API. Esse objeto, dentre outros dados, contém o campo `_id`. Esse objeto de dados é chamado de `location` quando repassado para a visão.

O trecho de código a seguir mostra uma das linhas já existentes no template *location-info.jade* presente na pasta *app_server/views*. O código mostra (em negrito) como adicionar o ID no link para o botão Add Review.

```
a.btn.btn-default.pull-right(href="/location/#{location._id}/reviews/new")
| Add review
```

Com isso, já existem elementos clicáveis na página de detalhes que levam ao formulário de resenhas, para cada estabelecimento. Aqui nos deparamos com dois problemas: o formulário ainda não envia os dados para nenhuma entidade e o nome do estabelecimento ainda está fixo no código do controlador.

ATUALIZANDO A VISÃO DO FORMULÁRIO

É preciso garantir que o formulário envie os dados para o URL correto. No momento, quando o formulário é enviado ("submetido"), uma solicitação GET é enviada ao URL `/location` como mostrado no trecho de código a seguir:

```
form.form-horizontal(action="/location", method="get", role="form")
```

A linha foi retirada do arquivo *location-review-form.jade* na pasta *app_server/views*. O URL `/location` não é mais válido em nossa aplicação e, além disso, queremos usar o método POST em vez de GET. O URL correto é, na verdade, o mesmo que usamos para a página Add Review: `/location/:locationid/reviews/new`.

O modo mais fácil de fazê-lo é configurar a action do formulário para uma string vazia e o método como post, como mostrado no trecho de código a seguir:

```
form.form-horizontal(action="", method="post", role="form")
```

Agora, quando o formulário é enviado, será feita uma solicitação POST para o URL do próprio formulário (ou seja, a página atual).

CRIANDO UMA FUNÇÃO PARA RENDERIZAR A PÁGINA ADD REVIEW

Como nas outras páginas, transferiremos sua renderização para uma função identificada em separado, o que permite a segregação de problemas que sempre buscamos em nosso código.

A listagem a seguir mostra como:

Listagem 7.18 – Função externa para abrigar o conteúdo do controlador addReview

```
var renderReviewForm = function (req, res) { ❶
   res.render('location-review-form', {
      title: 'Review Starcups on Loc8r',
      pageHeader: { title: 'Review Starcups' }
   });
};

/* GET 'Add review' page */
module.exports.addReview = function(req, res){
   renderReviewForm(req, res); ❷
};
```

❶ Cria função renderReviewForm e transfere o conteúdo do controlador addReview para ela.

❷ Chama a nova função de dentro do controlador addReview, repassando os mesmos parâmetros.

Parece um tanto estranho criar uma função identificada e fazer com que a única coisa dentro do controlador seja a chamada a ela. Tenha paciência, tudo será explicado em alguns momentos, e o truque se mostrará bastante útil.

OBTENDO OS DETALHES DO ESTABELECIMENTO

Na página Add Review, o nome do estabelecimento deve ser mostrado para que o usuário saiba onde está. Será preciso, portanto, acionar a API mais uma vez, informar o ID do estabelecimento e obter a informação, que será repassada ao controlador e dele à visão. Acabamos de fazer algo parecido para a página de detalhes com um controlador diferente. Se estudarmos bem a situação não precisaremos escrever muito código.

Em vez de duplicar o código e ter de mantê-lo em dois lugares diferentes, usaremos a metodologia DRY (Don't Repeat Yourself, ou Não Se Repita). Ambas as páginas, detalhes do estabelecimento e Add Review, chamam a API para obter informações sobre o estabelecimento. Por que então não criar uma nova função que faça exatamente isso? Já temos quase todo o código necessário no controlador `locationInfo`, só precisamos alterar como ele chama a função. Em vez de explicitamente chamar `renderDetailPage`, faremos uso de um callback.

Portanto, temos uma nova função chamada `getLocationInfo` que faz solicitações à API. Se a consulta tiver sucesso, `getLocationInfo` deve invocar a função de callback definida em seus parâmetros. O controlador `locationInfo` chamará `getLocationInfo` e passará um callback que simplesmente executa `renderDetailPage`. Da mesma forma, o controlador `addReview` pode usar a mesma função `getLocationInfo`, mas definindo um callback diferente, `renderReviewForm`.

Com isso, temos uma única função para chamadas à API, que pode ter diferentes resultados dependendo da função de callback definida em seus parâmetros. A listagem a seguir mostra a ideia:

Listagem 7.19 – Nova função reutilizável para obter a informação sobre os estabelecimentos

```
var getLocationInfo = function (req, res, callback) { ❶
   var requestOptions, path;
   path = "/api/locations/" + req.params.locationid;
   requestOptions = {
      url : apiOptions.server + path,
      method : "GET",
      json : {}
   };
   request(
      requestOptions,
      function(err, response, body) {
         var data = body;
         if (response.statusCode === 200) {
            data.coords = {
               lng : body.coords[0],
               lat : body.coords[1]
            };
```

```
            callback(req, res, data); ❷
         } else {
            _showError(req, res, response.statusCode);
         }
      }
   );
};

module.exports.locationInfo = function(req, res){
   getLocationInfo(req, res, function(req, res, responseData) { ❸
      renderDetailPage(req, res, responseData);
   });
};

module.exports.addReview = function(req, res){ ❹
   getLocationInfo(req, res, function(req, res, responseData) {
      renderReviewForm(req, res, responseData);
   });
};
```

❶ Nova função `getLocationInfo`, que aceita um callback como terceiro parâmetro e contém todo o código usado no controlador locationInfo.

❷ Caso receba resposta positiva da API response, invoca o callback em vez de uma função identificada.

❸ No controlador locationInfo chama a função getLocationInfo, passando um callback para a função renderDetailPage.

❹ Chama também getLocationInfo a partir do controlador addReview, mas desta vez passando a função renderReviewForm como callback.

> **DICA:** Se esse método de criar seus próprios descritores de callback é novo para você, consulte o apêndice D, particularmente a seção D.4, "Entendendo os callbacks do JavaScript".

Pronto! Resolvemos o problema com um pouco de metodologia DRY. Teria sido bem fácil simplesmente copiar o código de um controlador para o outro – e não há nada de errado com isso, especialmente se estamos tentando fazer o código funcionar pela primeira vez. Entretanto, sempre que se deparar com dois trechos de código fazendo quase a mesma coisa, pergunte-se sempre se não é possível aplicar o DRY nele, tornando seu código mais limpo e fácil de manter.

MOSTRANDO O NOME DO ESTABELECIMENTO

Estamos nos esquecendo de um item importante. A função que renderiza o formulário ainda contém dados fixos no código em vez de obtê-los da API. Uma alteração rápida e sutil na função basta para resolver a questão, como ilustrado na listagem a seguir.

Listagem 7.20 – Removendo dados fixos no código da função renderReviewForm

```
var renderReviewForm = function (req, res, locDetail) { ❶
  res.render('location-review-form', {
    title: 'Review ' + locDetail.name + ' on Loc8r',
    pageHeader: { title: 'Review ' + locDetail.name }
  });
};
```

❶ Atualiza a função renderReviewForm para aceitar um novo parâmetro contendo dados.

❷ Substitui os dados "encrustados" no código por referências a dados variáveis.

Com isso, a página Add Review está quase completa, mostrando o nome correto do estabelecimento baseado no ID extraído do URL, como mostrado na figura 7.10.

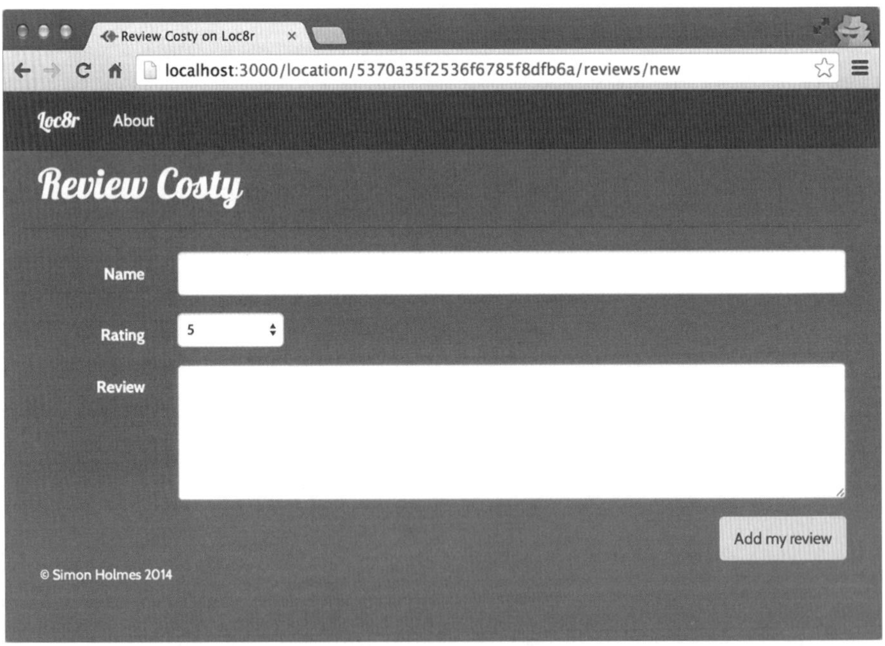

Figura 7.10 – Página Add Review obtendo o nome do estabelecimento da API, baseado no ID contido no URL.

7.4.2 Usando POST para enviar as resenhas à API

Por ora, temos a página Add Review configurada e pronta, incluindo o URL de destino para o método POST. Temos até mesmo uma rota e um controlador para a action de POST do formulário. Entretanto, o controlador `doAddReview` é apenas um substituto vazio.

O plano para este controlador é o seguinte:

1. Extrair o ID presente no URL da aplicação e usá-lo para construir o URL da API.
2. Extrair os dados postados no formulário e os empacotar em formato aceito pela API.
3. Fazer a chamada à API.
4. Mostrar ao usuário que a nova resenha já está na lista, se a gravação no banco tiver sucesso.
5. Mostrar uma página de erro se algum ocorrer.

A única parte de tudo isso que ainda não vimos no livro é o envio de dados da aplicação para a API. Até agora, havíamos repassado à API apenas um objeto JSON vazio para garantir que a resposta também fosse devolvida em formato JSON. Porém, a partir deste momento temos dados de formulário que precisam ser passados para a API para que sejam gravados no MongoDB – e esses dados precisam estar no formato que a API espera. Temos três campos no formulário e três referências de dados na API. Tudo o que precisamos fazer é mapear de um para o outro. Os campos do formulário e paths no modelo de dados estão listados na tabela 7.3.

Tabela 7.3 – Mapeando os nomes dos campos do formulário para os paths do modelo de dados definido para a API

Campo no formulário	Referência na API
`name`	`author`
`rating`	`rating`
`review`	`reviewText`

Traduzir esse mapeamento em um objeto JavaScript é simples e direto, basta criar um objeto contendo o nome das variáveis que a API espera, e usar `req.body` para extrair os valores do formulário enviado. O trecho de código a seguir mostra como fazer isso. Adicionaremos esse código ao controlador mais adiante.

```
var postdata = {
    author: req.body.name,
    rating: parseInt(req.body.rating, 10),
    reviewText: req.body.review
};
```

Leia o código e tente compreendê-lo. Depois que tiver certeza de que entendeu o que ele faz, podemos adaptá-lo ao padrão de código que vínhamos usando desde o começo para os controladores da API para criar o controlador `doAddReview`. Lembre-se de que o código de status indicando sucesso para o método POST é `201`, não o `200` a que estamos acostumados para o método GET. A listagem a seguir mostra o controlador `doAddReview` usando tudo o que já aprendemos até aqui:

Listagem 7.21 – Controlador doAddReview, usado para enviar resenhas à API

```
module.exports.doAddReview = function(req, res){
    var requestOptions, path, locationid, postdata;
    locationid = req.params.locationid; ❶
    path = "/api/locations/" + locationid + '/reviews';
    postdata = { ❷
        author: req.body.name,
        rating: parseInt(req.body.rating, 10),
        reviewText: req.body.review
    };
    requestOptions = {
        url : apiOptions.server + path, ❸
        method : "POST",
        json : postdata
    };
    request( ❹
        requestOptions,
        function(err, response, body) {
            if (response.statusCode === 201) { ❺
                res.redirect('/location/' + locationid);
            } else {
                _showError(req, res, response.statusCode);
            }
        }
    );
};
```

❶ Extrai do URL da aplicação o ID do estabelecimento e o usa para construir o URL da API.

❷ Cria um objeto de dados para enviar à API usando os dados enviados no formulário.

❸ Ajusta as opções da solicitação, incluindo URL, método POST e os dados extraídos do formulário em formato JSON.

❹ Envia a solicitação.

❺ Redireciona para a página de detalhes do estabelecimento se a resenha tiver sido gravada com sucesso ou a uma página de erro, se a API retornar erro.

Agora já podemos criar uma resenha e enviá-la, e depois vê-la na página de detalhes, como mostrado na figura 7.11.

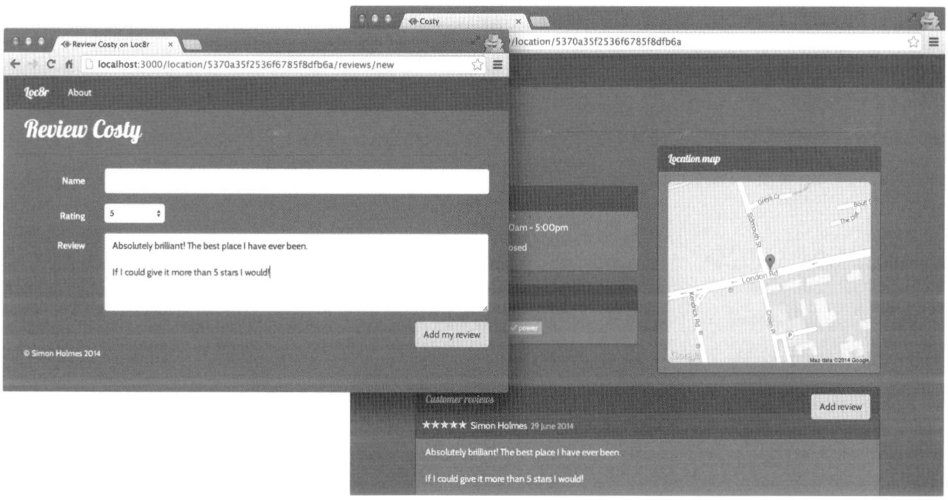

Figura 7.11 – Depois de preencher e enviar o formulário com a nova resenha, esta é mostrada na página de detalhes.

Agora que tudo está funcionando, não podemos nos esquecer das rotinas de validação.

7.5 Protegendo a integridade dos dados com validação

Sempre que uma aplicação aceitar dados fornecidos pelo usuário, especialmente se estes forem gravados no banco, é preciso certificar-se de que eles estão completos e apropriados. A validação deve ser a mais profunda possível, ou, pelo menos, tão profunda quanto valer a pena fazer. Por exemplo, se algum campo pedir um endereço de email, é possível validar o formato do endereço, mas não é possível verificar se o email existe no mundo *real*.

Nesta seção analisaremos as formas possíveis de validação para evitar que sejam enviadas resenhas vazias. A validação pode ser feita em três lugares:

- no schema, usando o Mongoose antes de os dados serem salvos;
- na aplicação, antes que os dados sejam enviados à API;
- no navegador, antes de o formulário ser enviado.

Veremos um pouco de cada um desses.

7.5.1 Validação pelo schema com o Mongoose

Validar os dados antes que sejam salvos é, sem sombra de dúvida, o estágio mais importante. É a etapa final, a última chance para termos certeza de que tudo está o mais correto possível. Este estágio é particularmente importante porque os dados estão expostos pela API. Se não tivermos controle sobre todas as aplicações que acessam a API não poderemos garantir a qualidade dos dados entrantes. Por isso, é importante garantir que os dados sejam válidos antes de gravá-los.

ATUALIZANDO O SCHEMA

Quando criamos o schema no capítulo 5, já adicionamos alguma validação pelo Mongoose. Definimos que o path `rating` deveria ser obrigatório, mas também queremos que `author, displayName e reviewText` o sejam. Se algum desses campos estiver faltando, a resenha não é válida. Adicionar essas validações ao schema é bem simples, como podemos ver na listagem a seguir (o schema está no arquivo *locations.js* na pasta *app_api/model*).

Listagem 7.22 – Validando as resenhas pelo schema

```
var reviewSchema = new mongoose.Schema({
    author: {type: String, required: true} ❶
    rating: {type: Number, required: true, min: 0, max: 5},
    reviewText: {type: String, required: true},
    createdOn: {type: Date, "default": Date.now} ❷
});
```

❶ Torna obrigatórios todos esses paths porque se algum deles estiver faltando a resenha não é válida.

❷ `createdOn` não precisa ser obrigatório porque é o próprio Mongoose quem preenche esse campo quando uma resenha é criada.

Uma vez salvo este arquivo, torna-se impossível enviar uma resenha sem texto. Podemos tentar, mas veremos a mensagem de erro da figura 7.12.

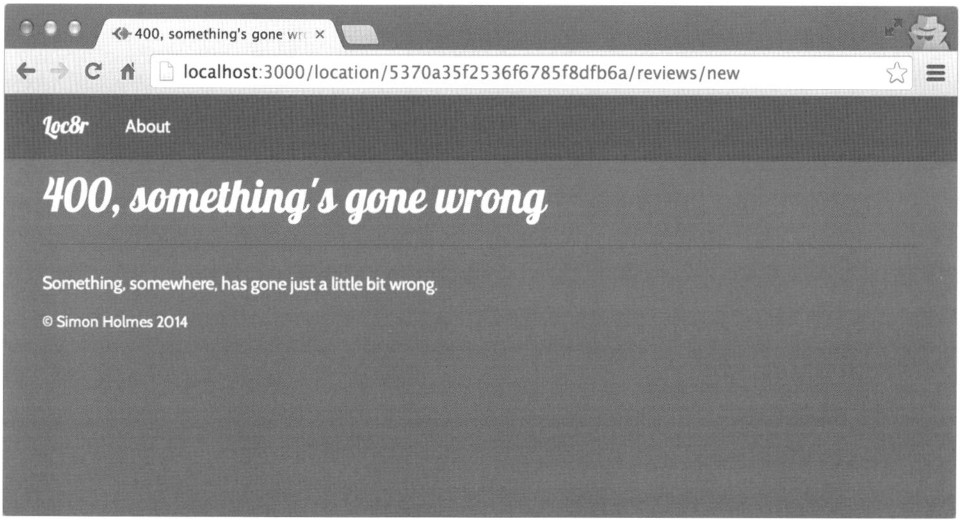

Figura 7.12 – Mensagem de erro mostrada quando tentamos salvar uma resenha sem texto, depois de ajustados os campos obrigatórios no schema.

Se isso é muito bom porque estamos protegendo o banco de dados, a experiência do usuário, infelizmente, é péssima. Precisamos tratar esse erro e fazer o visitante tentar de novo.

TRATANDO ERROS DE VALIDAÇÃO DO MONGOOSE

Se algum dos campos obrigatórios estiver em branco, o Mongoose devolverá um erro. Ele é capaz de gerar esse erro sem precisar fazer uma chamada ao banco de dados, pois é o próprio Mongoose que interpreta o schema e sabe o que é e o que não é obrigatório. O trecho de código a seguir mostra um exemplo desse tipo de mensagem de erro:

```
{
  message: 'Validation failed',
  name: 'ValidationError',
  errors: {
    'reviews.1.reviewText': {
      message: 'Path `reviewText` is required.',
      name: 'ValidatorError',
      path: 'reviewText',
```

```
            type: 'required',
            value: ''
        }
    }
}
```

No fluxo da aplicação, isso acontece dentro do callback da função `save`. Se analisarmos o comando `save` dentro de `doAddReview` (arquivo *locations.js* pasta *app_api/controllers*) podemos identificar onde o erro é capturado e onde definimos o código `400`. O trecho de código a seguir mostra como funciona, incluindo uma declaração de log no console para que vejamos o erro no terminal:

```
location.save(function(err, location) {
    var thisReview;
    if (err) { ❶
        console.log(err);
        sendJSONresponse(res, 400, err);
    } else {
        updateAverageRating(location._id);
        thisReview = location.reviews[location.reviews.length - 1];
        sendJSONresponse(res, 201, thisReview);
    }
});
```

❶ Os erros de validação do Mongoose são devolvidos em um objeto de erro caso a ação de salvar tenha falhado.

Nossa API usa a função `sendJSONresponse` para devolver a mensagem como corpo da resposta, junto com um status `400`. Podemos, portanto, procurar por essa informação em nossa aplicação no corpo de resposta que a API devolve quando o código retornado é `400`. Mais precisamente, na pasta *app_server*, na função `doAddReview` presente no arquivo *controllers/locations.js*.

Depois de capturar o erro de validação, queremos que o usuário possa tentar de novo na página Add Review. Para que a página saiba que o usuário já fez uma tentativa, podemos passar uma flag na string de query.

A listagem a seguir mostra o código que faz isso, dentro do callback da declaração de solicitação da função `doAddReview`.

Listagem 7.23 – Tratando erros de validação devolvidos pela API

```
request(
   requestOptions,
   function(err, response, body) {
      if (response.statusCode === 201) {
         res.redirect('/location/' + locationid);
      } else if (response.statusCode === 400 && body.name && body.name ===
         "ValidationError" ) { ❶
         res.redirect('/location/' + locationid + '/reviews/new?err=val'); ❷
      } else {
         console.log(body);
         _showError(req, res, response.statusCode);
      }
   }
);
```

❶ Verifica se o status é `400`, se o corpo tem um nome e se esse nome é `ValidationError`.

❷ Se verdadeiro, redirecione o usuário para o formulário de resenhas, passando uma flag de erro na string de query.

Quando a API devolver um erro de validação, já somos capazes de tratá-lo, reconduzindo o usuário ao formulário de resenhas. Com a flag na string de query, podemos fazer com que o controlador avise o usuário do problema na última resenha.

MOSTRANDO UMA MENSAGEM DE ERRO NO NAVEGADOR

Para mostrar a mensagem na visão, precisamos enviar a variável à visão se virmos o parâmetro `err` sendo passado na string de query. A função `renderReviewForm` é a responsável por repassar as variáveis à visão. Ao ser chamada, também repassa o objeto `req`, que contém o objeto `query`, o que, por sua vez, torna fácil repassar o parâmetro `err` se ele existir. A listagem a seguir destaca a alteração necessária:

Listagem 7.24 – Atualizando o controlador para repassar à visão a string de query com o parâmetro de erro

```
var renderReviewForm = function (req, res, locDetail) {
   res.render('location-review-form', {
      title: 'Review ' + locDetail.name + ' on Loc8r',
      pageHeader: { title: 'Review ' + locDetail.name },
      error: req.query.err ❶
   }); };
```

❶ Envia a nova variável de erro à visão, passando parâmetros de query quando existirem.

O objeto `query` é sempre parte do objeto `req`, independentemente de ter ou não conteúdo. É por isso que não precisamos capturar erros para verificar sua existência – se o parâmetro `err` não for encontrado, em seu lugar existirá um valor indefinido (undefined).

Só nos resta fazer algo com essa informação na visão para que o usuário saiba qual foi o problema. Mostraremos uma mensagem no topo do formulário caso o erro de validação ocorra. Para mais efeito e presença na página, usaremos um componente de alerta do Bootstrap. É mais simples do que parece: apenas um `div` com as classes e atributos relevantes. O trecho de código a seguir mostra as duas novas linhas necessárias na visão `location-review-form`:

```
form.form-horizontal(action="", method="post", role="form")
  - if (error == "val")
    .alert.alert-danger(role="alert") All fields required, please try again
```

Agora, quando a API devolver um erro de validação, tratamos esse erro e mostramos uma mensagem ao usuário. A figura 7.13 mostra o resultado.

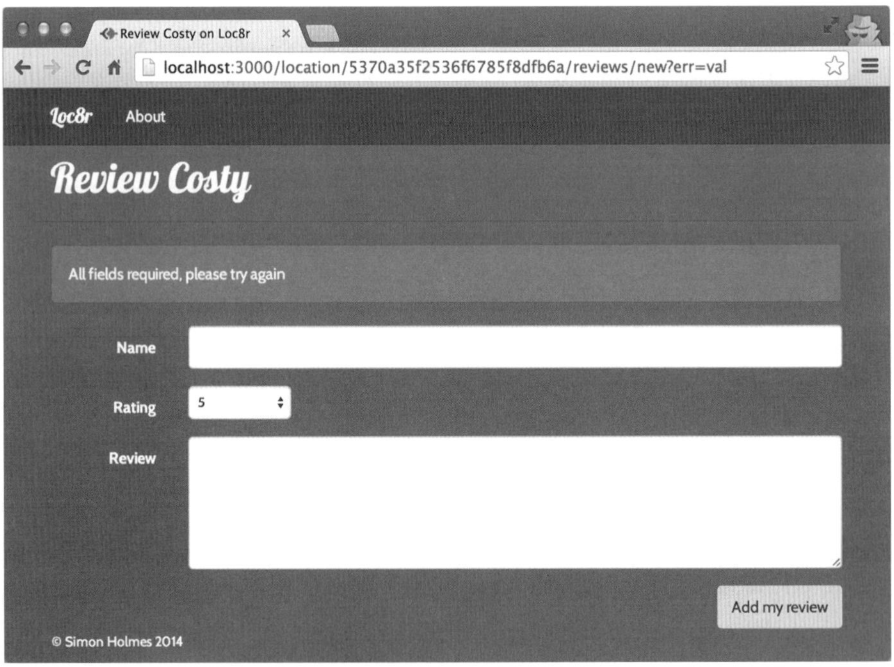

Figura 7.13 – A mensagem de validação de erro sendo mostrada no navegador, num processo que começou quando o Mongoose capturou o erro e o devolveu à API.

Esse tipo de validação na API é importante, e geralmente é o melhor lugar para começar porque protege o banco de dados contra dados inconsistentes ou incompletos, não importando a origem. Entretanto, a experiência para os usuários finais nunca é a melhor – eles precisam enviar os dados, que precisam fazer um bate-e--volta na API antes que a página seja recarregada com a mensagem de erro. Uma melhoria importante seria validar dados já na aplicação, antes de enviá-los à API.

7.5.2 Validação pela aplicação com Node e Express

A validação pelo schema é a estação terminal, a última linha de defesa protegendo o banco de dados. Uma aplicação não pode nem deve confiar unicamente nela, sendo desejável evitar ao máximo chamadas desnecessárias à API. Isso reduz o uso de recursos e melhora o desempenho sentido pelo usuário. Uma das maneiras de fazê-lo é validar dados na própria aplicação, verificando os dados enviados antes de repassá-los à API.

Em nossa aplicação, a validação necessária para uma resenha é muito simples, bastando verificar (e garantir) que cada campo tenha um valor não nulo. Se isso falhar, redirecionaremos o usuário ao formulário, adicionando a mesma flag de erro na string de query. Se as validações tiverem sucesso, permitimos que o controlador prossiga até o método de solicitação. A próxima listagem mostra o que deve ser adicionado ao controlador `doAddReview` no arquivo *locations.js*, pasta *app_server/controllers*.

Listagem 7.25 – Adicionando validações simples a um controlador no Express

```
module.exports.doAddReview = function(req, res){
  var requestOptions, path, locationid, postdata;
  locationid = req.params.locationid;
  path = "/api/locations/" + locationid + '/reviews';
  postdata = {
    author: req.body.name,
    rating: parseInt(req.body.rating, 10),
    reviewText: req.body.review
  };
  requestOptions = {
    url : apiOptions.server + path,
    method : "POST",
    json : postdata
```

```
    };
    if (!postdata.author || !postdata.rating || !postdata.reviewText) { ❶
      res.redirect('/location/' + locationid + '/reviews/new?err=val');
    } else { ❷
      request(
        requestOptions,
        function(err, response, body) {
          if (response.statusCode === 201) {
            res.redirect('/location/' + locationid);
          } else if (response.statusCode === 400 && body.name
            && body.name === "ValidationError" ) {
            res.redirect('/location/' + locationid + '/reviews/new?err=val');
          } else {
            console.log(body);
            _showError(req, res, response.statusCode);
          }
        }
      );
    }
  };
```

❶ Se qualquer um dos três campos obrigatórios estiver vazio (teste retorna falso), redireciona para a página Add Review, adicionando uma string de query usada para disparar a mensagem de erro.

❷ Caso contrário, continua normalmente.

O resultado é o mesmo de antes – se o texto da resenha estiver faltando, uma mensagem explicativa é mostrada ao usuário e este é reconduzido à página Add Review. O usuário não sabe que não estamos mais fazendo chamadas à API, mas sem o bate-e-volta o desempenho da interface é bem melhor. Podemos acelerar esse processamento ainda mais incluindo alguma validação diretamente no navegador.

7.5.3 Validação pelo navegador com jQuery

Assim como a validação na aplicação deixou as coisas mais rápidas, se a implementarmos no navegador tudo fica ainda mais veloz. Os dados são validados no próprio campo, e os erros são apontados antes que o formulário seja enviado, evitando outra chamada. Capturar o erro neste ponto faz com que o usuário não precise ser reconduzido à página – na verdade, nunca sairá dela.

Para que o JavaScript possa funcionar no navegador, é preciso que o código seja salvo em um arquivo na pasta pública da aplicação. O Express trata o conteúdo dessa pasta como sendo estático, portanto qualquer JavaScript presente aí será baixado para o navegador em vez de executado no servidor. Se não existir uma pasta chamada javascripts na pasta pública, crie agora. Dentro dessa nova pasta, crie um arquivo chamado *validation.js*.

VALIDAÇÃO POR JQUERY

Dentro do arquivo *validation.js* colocaremos uma função do jQuery que fará o seguinte:

- Detecta se um evento “submit” foi disparado no formulário das resenhas.
- Verifica se todos os campos obrigatórios foram preenchidos.
- Se algum deles estiver vazio, mostra uma mensagem de erro como a que já definimos para os outros tipos de validação e impede que o formulário seja enviado.

Não mergulharemos na semântica do jQuery. Consideramos que o leitor já tem familiaridade com ele ou outra biblioteca semelhante. Veja a listagem a seguir:

Listagem 7.26 – Validando o formulário com uma função do jQuery

```
$('#addReview').submit(function (e) { ❶
  $('.alert.alert-danger').hide();
  if (!$('input#name').val() || !$('select#rating').val() ||
    !$('textarea#review').val()) { ❷
    if ($('.alert.alert-danger').length) { ❸
          $('.alert.alert-danger').show();
    } else {
          $(this).prepend('<div role="alert" class="alert alert-danger">All
      fields required, please try again</div>');
    }
    return false; ❹
  }
});
```

❶ Detecta um evento “submit” no formulário de resenhas.

❷ Verifica se os valores obrigatórios estão vazios.

❸ Mostra ou injeta a mensagem de erro na página caso afirmativo.

❹ Evita que o formulário seja enviado se algum valor estiver faltando.

Para que isso funcione, precisamos garantir que o formulário possua um ID em `addReview` para que o jQuery possa detectar o evento correto. Precisamos também incluir esse script na página para que o navegador possa executá-lo.

INCLUINDO O JQUERY NA PÁGINA

Incluiremos o arquivo do jQuery no fim do corpo do documento HTML (antes do fechamento da tag `body`), junto com os outros arquivos JavaScript a serem executados pelo navegador. Eles estão na visão *layout.jade* na pasta *app_server/views*, no fim do arquivo:

```
script(src='/bootstrap/js/bootstrap.min.js')
script(src='/javascripts/validation.js')
```

Enfim, terminamos. O formulário será validado no próprio navegador sem que os dados precisem ser enviados, o que economiza tempo, recarregamentos de página e chamadas ao servidor.

> **DICA:** É tentador fazer a validação apenas no navegador, mas os outros dois tipos são vitais para a robustez da aplicação. Algumas pessoas desligam o JavaScript em seus navegadores e, portanto, essa validação pode ser facilmente contornada. Com isso, é possível que dados inválidos sejam enviados à API e gravados no banco.

7.6 Resumo

Neste capítulo vimos como:

- usar o módulo `request` para fazer chamadas à API pelo Express;
- fazer solicitações POST e GET à API;
- segregar problemas ao manter as funções de renderização separadas da lógica de solicitações à API;
- aplicar um padrão simples à lógica da API em cada controlador;
- usar o código de status devolvido pela API para verificar se a operação teve sucesso ou falhou;
- validar dados em três pontos da arquitetura, discutindo quando e por que usar cada um.

No capítulo 8 adicionaremos o Angular à receita, e brincaremos um pouco com componentes interativos de front-end em nossa aplicação Express.

PARTE III

Um front-end dinâmico com o Angular

AngularJS é o nome de uma das tecnologias mais excitantes e de rápido crescimento de nossos dias, e uma peça-chave no MEAN. Já fizemos bastante com o Express, que é o nosso framework de servidor. O Angular é o framework para o front-end. Com ele podemos criar aplicações inteiras que rodam exclusivamente no navegador.

Conheceremos melhor o Angular no capítulo 8, veremos se todo o rebuliço que ele causa é justificado, e aprenderemos seu jargão, semântica e sintaxe. A curva de aprendizado do Angular parece um tanto íngreme, mas não precisa ser. Veremos, ainda no capítulo 8, como construir um componente para uma página web existente, incluindo chamadas à nossa API REST.

Os capítulos 9 e 10 mostrarão como usar o Angular para construir uma aplicação de uma única página (SPA – Single Page Application). Com as noções absorvidas no capítulo 8, recriaremos o Loc8r como uma SPA. Nós nos concentraremos nas melhores práticas do Angular nesses dois capítulos, aprendendo como montar uma aplicação modular que pode ser facilmente mantida e empregando componentes que podem ser facilmente reutilizados. Ao fim da parte III teremos uma SPA completamente funcional e que interage com nossa API REST para ler dados existentes e criar novos.

CAPÍTULO 8

Empregando componentes do Angular em uma aplicação no Express

Neste capítulo veremos:

- Uma apresentação do Angular.
- Como adicionar o Angular a uma aplicação existente.
- Como filtrar listas de dados.
- Como usar uma API para ler dados.
- Um pouco do jargão usado no Angular: controladores, escopo, filtros, diretivas, serviços.

Lá vamos nós! Chegou a hora de conhecer o componente final do MEAN: o AngularJS ou, simplesmente, Angular. Aprenderemos como integrar o Angular à nossa aplicação no Express e desenvolver alguns componentes para melhorar um pouquinho a experiência de usuário do Loc8r. Discutiremos a semântica e alguns termos técnicos cruciais encontrados no mundo do Angular. Diferente de outras partes do stack, o Angular é "cheio de razão" (diz-se que é um opinionated framework), significando que as coisas precisam, necessariamente, ser construídas de uma maneira específica.

A figura 8.1 mostra onde estamos na arquitetura geral, adicionando o Angular no front-end da aplicação Express existente.

Neste capítulo nos concentraremos em como melhorar uma página, projeto ou aplicação preexistente com uma pitada de Angular. Veremos como construir uma aplicação completa com o Angular apenas nos capítulos 9 e 10. Usaremos o capítulo 8 como "desculpa" para conhecer melhor o framework.

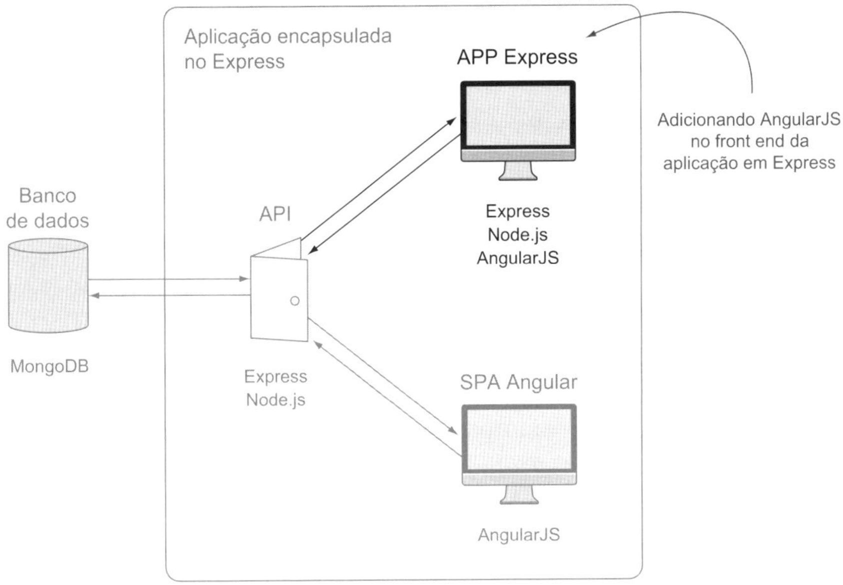

Figura 8.1 – No capítulo 8 usaremos o Angular para adicionar funcionalidade ao front-end de uma aplicação Express existente.

Veremos mais adiante como melhorar a experiência do usuário na homepage. Usaremos o Angular para carregar os dados na lista de estabelecimentos e adicionaremos a possibilidade de o usuário fazer buscas e aplicar filtros à lista. Para começar, usaremos dados estáticos para entender como o Angular funciona antes de acessar nossa API. Usaremos também outras APIs, a saber, as APIs de geolocalização do HTML5 e, com elas, determinar a posição geográfica do usuário.

8.1 Conhecendo o Angular

O Angular é o segundo framework JavaScript do MEAN, o outro é o Express. Como já sabemos, o Express reside e é intimamente ligado ao servidor, enquanto o Angular reside totalmente no navegador do cliente. Como o Express, o Angular ajuda na segregação de problemas, permitindo lidar com visões, dados e lógica em áreas distintas. A arquitetura é bastante parecida com o MVC, mas o Angular é mais conhecido como um framework MVQ, com o Q representando "qualquer coisa, desde que funcione" (em inglês, MVW, sendo o W "whatever works for you"). Às vezes, serão controladores, ou um binômio modelo/visão, ou serviços. Tudo depende do que se quer fazer em determinado ponto do sistema.

Agora que já temos uma ideia de como o Angular funciona, podemos nos divertir um pouco. Começaremos brincando com alguns dos princípios básicos do Angular, sedimentando bem o conceito de vinculação de dados de mão dupla (two-way data binding), incluindo visões, modelos, binômios modelo/visão e controladores.

O Angular é um framework que roda no cliente, dentro do navegador, por isso não há instalação formal. O processo é explicado no apêndice A. Essencialmente, basta baixar a versão estável em *http://angularjs.org* e gravá-la no local adequado dentro da aplicação. Muito simples.

8.1.1 Os mistérios da vinculação de dados de mão dupla

A primeira pergunta que deveríamos fazer é: afinal, o que é esse tal de two-way data binding? No capítulo 1 falamos brevemente sobre como o modelo de dados e a visão são estreitamente vinculados no Angular e que ambos funcionam "ao vivo". Isso significa que uma mudança na visão atualiza imediatamente o modelo, e uma alteração no modelo atualiza imediatamente a visão. Observe que não estamos falando de nenhum tipo de banco de dados aqui – tudo acontece no navegador. A figura 8.2 ilustra o two-way binding.

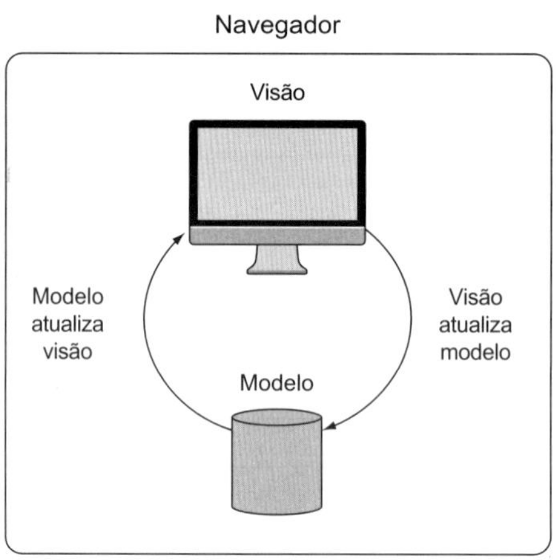

Figura 8.2 – No Angular a visão e o modelo são intimamente ligados na vinculação de mão dupla – e tudo acontece no navegador!

Uma imagem vale mais que mil palavras, mas exemplos são ainda melhores.

UMA PÁGINA EM HTML

Digamos que exista uma página HTML bem simples, com um campo para digitar alguma coisa e algum espaço na página para mostrar o que foi digitado. No trecho de código a seguir temos um campo `input` e uma tag `<h1>` e queremos que qualquer texto digitado no campo seja mostrado imediatamente depois do `Olá` no `h1`:

```
<!DOCTYPE html>
<html>
<head>
    <meta charset="utf-8">
    <title>Angular binding test</title>
</head>
<body>
    <input />
    <h1>Hello </h1>
</body>
</html>
```

Se você tem experiência em JavaScript ou jQuery, provavelmente já está escrevendo o código na cabeça (e possivelmente já está digitando em um editor). O código deve capturar os eventos de pressionamento de teclas no campo `input` e injetar os caracteres correspondentes na tag `<h1>`. É um código possível de fazer e que *não é nem um pouco difícil*. Mas com o Angular podemos fazê-lo sem que seja necessário digitar uma única linha de JavaScript!

UMA PÁGINA EM HTML + ANGULAR

Para converter a página em uma aplicação Angular precisamos incluir o framework na página. O Angular é bastante esperto, mas ainda não consegue ler sua mente! A inclusão é simples, basta baixar um arquivo JavaScript e referenciá-lo no código, ou referenciar diretamente da internet pela versão CDN (Content Delivery Network).

Em nosso exemplo, faremos referência local:

```
<script src="angular.min.js"></script>
```

Referenciar o arquivo não é suficiente. Precisamos dizer ao Angular que esta página é uma aplicação dele. Para isso, adicione um atributo simples, `ng-app`, à tag `<html>` de abertura:

```
<html ng-app>
```

Ao encontrar o parâmetro, o Angular sabe que tudo o que estiver entre as tags `<html>` e `</html>` pode ser considerado parte da aplicação.

> **DICA:** O parâmetro `ng-app` pode ser atribuído a qualquer elemento na página para limitar a área de acesso do Angular. Costuma-se colocar na tag `<html>` para que o Angular possa trabalhar em qualquer lugar dentro da página.

VINCULANDO ENTRADA E SAÍDA

Em nosso exemplo, queremos pegar os dados digitados no formulário (entrada) e mostrá-los imediatamente no HTML sem que seja preciso escrever uma única linha de JavaScript. Parece mentira, mas vamos ver que funciona mesmo! Precisamos apenas vincular um modelo do Angular à entrada e à saída e o Angular fará o resto. Ambos os vínculos precisam fazer referência ao mesmo nome para que o Angular saiba que estão vinculados ao mesmo módulo.

Primeiro, vinculamos a entrada a um modelo por meio de uma variável – em nosso exemplo, `myInput`:

```
<input ng-model="myInput" />
```

Depois, no ponto do HTML em que queremos a saída, referenciamos essa variável. O Angular usa chaves duplas {{ }} para definir esses vínculos:

```
<h1>Olá {{ myInput }}</h1>
```

Juntando tudo, nosso código de exemplo seria:

Listagem 8.1 – Vínculo simples no Angular, ligando um modelo à entrada e à saída

```
<!DOCTYPE html>
<html ng-app>
<head>
<script src="angular.min.js"></script>
    <meta charset="utf-8">
    <title>Angular binding test</title>
</head>
<body>
    <input ng-model="myInput" />
    <h1>Hello {{ myInput }}</h1>
</body>
</html>
```

Não parece muito, não é mesmo? Carregue-o no navegador e brinque um pouco, pois as capturas de tela da figura 8.3 não fazem nenhuma justiça ao efeito conseguido. À medida que você digita, o texto vai aparecendo no H1!

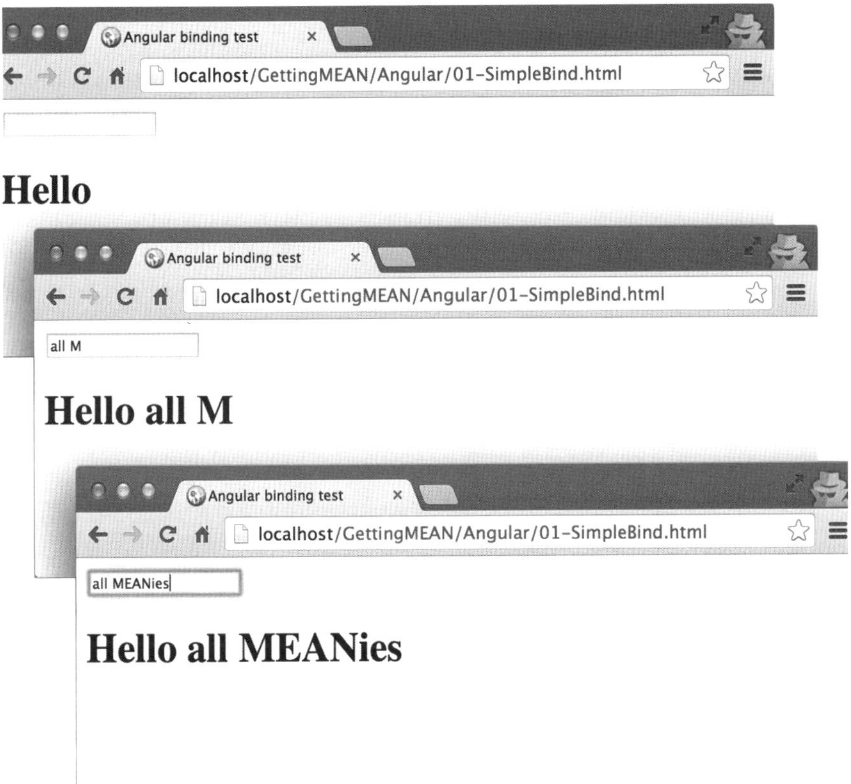

Figura 8.3 – Com uma vinculação mais que simples no Angular, o que é digitado no campo de entrada é mostrado em tempo real na tag <h1>. Tudo isso sem precisar escrever uma única linha de código em JavaScript!

O código funciona porque o modelo do Angular está vinculado tanto à entrada quanto à saída. Há dois elementos na página, mas o modelo que armazena os dados é um só.

Este exemplo é bacana e de bastante efeito, mas tenho certeza de que você quer realizar bem mais com o Angular e, para isso, vamos precisar desenvolver um pouco de código.

8.1.2 Preparando-se para a glória (e para programar em JavaScript)

Para entender os conceitos e jargão necessários ao Angular, começaremos pelo básico: definir um valor default para o modelo `myInput`. Precisamos definir a aplicação em Angular como um módulo e criar um controlador para gerenciar o escopo. Não se preocupe se não tiver a menor ideia do que essas palavras significam – até o fim desta seção elas serão suas velhas amigas.

CRIANDO UMA APLICAÇÃO EM ANGULAR COMO UM MÓDULO

Para criar um código em Angular precisamos definir um módulo. Um módulo é definido em JavaScript com um nome à nossa escolha, que então é referenciado no atributo `ng-app` do HTML.

Não é nada difícil. Adicione o nome desejado para a aplicação ou módulo do Angular como um valor do atributo `ng-app` na tag `<html>`. No trecho de código a seguir estamos informando que usaremos uma aplicação Angular chamada `myApp`:

```
<html ng-app="myApp">
```

Em um arquivo JavaScript externo podemos criar a definição para esta aplicação usando uma declaração simples com um setter (montador). O nome precisa ser, obviamente, o mesmo:

```
angular.module('myApp', []);
```

O uso da sintaxe de setter é boa prática para definir um módulo, mas na internet é comum encontrar módulo sendo definido de outras maneiras. O quadro a seguir mostra a diferença entre as duas abordagens, e por que é melhor usar o setter.

Outra maneira – deselegante – de declarar um módulo

O uso da sintaxe de setter (montador) é considerada a melhor prática para se definir um módulo no Angular:

`angular.module('myApp', []);` ← Isto é bom.

Mas uma maneira bastante popular de definir um módulo é associá-lo a uma variável, desta forma:

`var myApp = angular.module('myApp', []);` ← Isto já não é muito bom.

A abundância desse método em exemplos na internet deve-se em grande parte ao fato de que ele aparece com frequência em versões antigas da documentação do Angular. Isso está sendo lentamente alterado à medida que a documentação é atualizada. A sintaxe de setter é melhor por um número não desprezível de razões. O código de setter pode ser usado como controlador e em outras aplicações que veremos mais adiante. Ela também torna o código mais fácil de ler e reduz o risco de reutilizar uma variável existente.

DEFININDO UM CONTROLADOR

Uma vez que a aplicação foi definida, podemos anexar controladores a ela. Um controlador é definido em JavaScript e associado a um elemento HTML específico. O controlador pode então atuar nos limites impostos por esse elemento.

Por exemplo, associaremos o controlador à tag `body`. Isso é feito usando o atributo `ng-controller` do Angular, batizando-o com um nome à sua escolha. O trecho de código a seguir define um controlador chamado `myController`:

```
<body ng-controller="myController">
```

Agora, precisamos de algum código. Já definimos o módulo da aplicação usando a sintaxe de setter, usaremos agora a sintaxe de getter (extrator) para criar um controlador. O trecho de código a seguir mostra como criar um controlador chamado `myController` e anexá-lo a um módulo do Angular chamado `myApp`:

```
angular ❶
   .module('myApp')
   .controller('myController', function() { ❷
      // o código do controlador vai aqui
   });
```

❶ Extrai o módulo myApp.

❷ Associa a ele o controlador myController, incluindo o código do controlador em uma função anônima.

Funciona. Mas seria melhor para legibilidade, reutilização de código e testabilidade se usarmos uma função identificada em vez de uma função anônima. No trecho de código a seguir faremos exatamente isso, criando uma nova função com o nome `myController` que conterá o código do controlador:

```
var myController = function() { ❶
   // o código do controlador vai aqui
};
angular
   .module('myApp')
   .controller('myController', myController);
```

❶ Coloca os controladores em funções nomeadas, seguindo as boas práticas da programação.

Se recarregarmos a página, nossa miniaplicação ainda deve funcionar, atualizando imediatamente a saída com o que é digitado na entrada. Veremos agora o que é escopo e como dar ao nosso modelo um valor-padrão.

ENTENDENDO O CONCEITO DE ESCOPO

Uma aplicação em Angular contém escopos, da mesma forma que um código em JavaScript tem. Também de forma semelhante ao escopo global do JavaScript, o Angular tem um *rootScope*. O rootScope é o conjunto de tudo o que existe dentro de uma aplicação e é criado implicitamente pela diretiva `ng-app` no HTML. O modelo para a primeira versão de nossa aplicação "Olá Mundo!" estava contida nesse escopo.

Dois outros escopos subordinados, ou escopos-filho, podem estar aninhados no rootScope. Um escopo-filho também é criado implicitamente quando a diretiva `ng-controller` é adicionada ao HTML. Quando incluímos o controlador na aplicação, o que estamos realmente fazendo é transferir o modelo do rootScope para o escopo do controlador.

No Angular, o escopo "amarra" visões, modelos e controladores, pois todos usam o mesmo escopo. Em nosso exemplo anterior, testemunhamos o escopo trabalhando com o modelo e a visão, mesmo que não tenhamos nos dado conta disso. Podemos tornar isso mais óbvio se interagirmos com eles no controlador.

A função do controlador recebe o parâmetro `$scope` porque este já foi criado pelo Angular. Ele deve ser chamado de `$scope` porque, nos bastidores, é dependente do provedor `$scopeProvider`, interno ao Angular. Esse parâmetro `$scope` nos dá acesso direto ao modelo. Portanto, para definir um valor default basta usar a notação padrão do JavaScript, com o ponto, para acessar as propriedades do objeto. O trecho de código a seguir mostra como podemos atualizar a função do controlador para aceitar o parâmetro `$scope` e usá-lo para definir um valor-padrão:

```
var myController = function($scope) { ❶
    $scope.myInput = "world!"; ❷
};
```

❶ Aceita o parâmetro `$scope` para obter acesso ao escopo.

❷ A variável `myInput` é uma propriedade do escopo, portanto é fácil associar um valor a ela.

Nós definimos um valor default, mas ele não é imutável. Quando digitamos no campo `input`, o modelo continua sendo atualizado e mostrado em tempo real, como mostrado na figura 8.4.

No começo desta seção dissemos que definiríamos nossa aplicação em Angular como um módulo e criaríamos um controlador para administrar o escopo. Talvez isso não tivesse feito muito sentido no início do capítulo, mas agora deve fazer. Esses são os fundamentos do Angular.

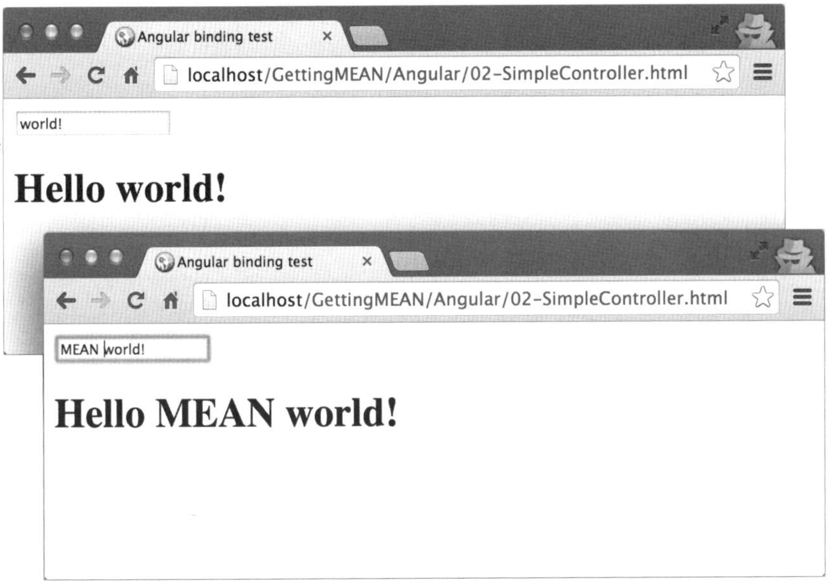

Figura 8.4 – O controlador define um valor-padrão pelo escopo, mas ainda podemos mudar esse valor usando o campo de entrada.

Agora que já sabemos o que estamos fazendo, podemos começar a adicionar alguns componentes do Angular em nossa aplicação Loc8r.

8.2 Mostrando e filtrando a lista de estabelecimentos

Nesta seção adicionaremos um componente do Angular em nossa aplicação já existente. Mais ainda: substituiremos uma funcionalidade já implementada no Express. Teremos de alterar o código da homepage, usando o Angular para mostrar a lista de estabelecimentos em vez de fazer o Express renderizar o HTML. Ao longo desta seção aprenderemos sobre um número razoável de funcionalidades do Angular que serão úteis em muitos outros projetos, incluindo a filtragem de listas, filtros de formato de dados, serviços, injeção de dependências e o uso de diretivas para adicionar HTML reutilizável.

8.2.1 Adicionando o Angular a uma aplicação Express

Pelo que já aprendemos na seção 8.1, sabemos que é preciso adicionar o Angular ao Loc8r. Os passos são:

- baixar o arquivo de biblioteca do Angular;

- criar um arquivo em JavaScript para nosso código;
- incluir esse arquivo no HTML;
- definir a aplicação Angular dentro do HTML.

Tudo isso é muito rápido, como veremos a seguir.

ADICIONANDO ARQUIVOS JAVASCRIPT AO PROJETO

Como o Angular é um framework que funciona no navegador (ou seja, próximo ao usuário e longe do servidor), precisamos garantir que o Express envie ao cliente os arquivos JavaScript em vez de tentar executá-los. Já existe uma pasta pública especialmente para enviar arquivos estáticos e é, portanto, o lugar perfeito para adicionar os novos arquivos JavaScript.

Dentro da pasta pública crie uma nova pasta chamada Angular. Coloque nela o arquivo de biblioteca do Angular que foi baixada do site oficial. Na mesma pasta, crie outro arquivo chamado *loc8rApp.js* – nele estará o código Angular deste capítulo.

Já que estamos aqui, vamos criar o construtor (setter) para o módulo Angular de nossa aplicação, que chamaremos de loc8rApp. Em *loc8rApp.js* insira o trecho de código a seguir e salve o arquivo:

```
angular.module('loc8rApp', []);
```

Por enquanto, é o bastante. Agora, precisamos atualizar as visões para incluir algum JavaScript definir a aplicação Angular.

O ESQUELETO HTML

Atualizar as visões é bastante fácil. Neste estágio, vamos adicionar os itens necessários em *layout.jade* para que todas as páginas da aplicação possam usar o Angular.

Primeiro, adicione dois links para arquivos JavaScript no final do arquivo Jade, junto com os links existentes para outros arquivos, conforme mostrado na listagem a seguir:

Listagem 8.2 – Adicionando a biblioteca do Angular e código à aplicação no HTML

```
script(src='/angular/angular.min.js')
script(src='/angular/loc8rApp.js')
script(src='/javascripts/jquery-1.11.1.min.js')
script(src='/bootstrap/js/bootstrap.min.js')
script(src='/javascript/validation.js')
```

Agora devemos definir a aplicação Angular no HTML, novamente na tag `<html>`. O trecho de código a seguir mostra como fazê-lo na sintaxe do Jade, usando o nome `loc8rApp`:

```
html(ng-app='loc8rApp')
```

Com isso, todas as páginas do Loc8r já estarão prontas para receber o Angular.

8.2.2 Transferindo a entrega de conteúdo do Express para o Angular

Se queremos usar o Angular para mostrar a lista de estabelecimentos, este deve ter acesso aos dados para essa lista. Primeiro validaremos a ideia usando dados fixos no código do Angular – da mesma forma que fizemos com o Express – antes de pensarmos em banco de dados.

Para esse fim, três coisas são necessárias:

- Remover a chamada à API do controlador Express para a homepage.
- Adicionar dados físicos no escopo da aplicação do Angular.
- Atualizar o template de visão para vinculá-lo aos dados do Angular.

Comecemos pelo Express.

REMOVENDO A CHAMADA DO EXPRESS À API NA HOMEPAGE

No momento, quase tudo no controlador da homepage no Express (`homelist` em *app_server/controllers/locations.js*) gira em torno de solicitar dados à API. Podemos remover essas solicitações e chamar apenas a função `renderHomepage`, como mostrado no trecho de código a seguir:

```
module.exports.homelist = function(req, res){
   renderHomepage(req, res);
};
```

A função `renderHomepage` também lida com dados entrantes, o que não é mais necessário. Na listagem a seguir, removemos qualquer referência a `responseBody` e `message`.

Listagem 8.3 – Retirando o conteúdo dinâmico da função renderHomepage do Express

```
var renderHomepage = function(req, res){
   res.render('locations-list', {
      title: 'Loc8r - find a place to work with wifi',
```

```
        pageHeader: {
            title: 'Loc8r',
            strapline: 'Find places to work with wifi near you!'
        },
        sidebar: "Looking for wifi and a seat? Loc8r helps you find places to
            work when out and about. Perhaps with coffee, cake or a pint? Let Loc8r
            help you find the place you're looking for."
    });
};
```

Isso é tudo o que precisamos para a página do controlador. Agora, escreveremos algum código em Angular para adicionar dados fixos ao escopo.

ADICIONANDO DADOS FIXOS NO ESCOPO DO ANGULAR

Começaremos com dados novamente "encrustados" no código – desta vez no escopo do Angular – para que possamos ajustar a visão. O primeiro passo é criar uma função para o controlador em *loc8rApp.js* na pasta */public/angular*. Seu nome será `locationListCtrl` e, nele, passaremos o parâmetro `$scope` e atribuiremos um array de objetos estabelecimento a uma propriedade chamada `data`.

A listagem a seguir mostra um exemplo do código com dois estabelecimentos. Como exercício, adicione mais alguns para que os testes com os filtros sejam mais divertidos.

Listagem 8.4 – Criando um controlador no Angular, incluindo dados para testes, no arquivo loc8rApp.js

```
var locationListCtrl = function ($scope) { ❶
    $scope.data = { ❷
        locations: [{
            name: 'Burger Queen',
            address: '125 High Street, Reading, RG6 1PS',
            rating: 3,
            facilities: ['Hot drinks', 'Food', 'Premium wifi'],
            distance: '0.296456',
            _id: '5370a35f2536f6785f8dfb6a'
        },{
            name: 'Costy',
            address: '125 High Street, Reading, RG6 1PS',
            rating: 5,
```

```
            facilities: ['Hot drinks', 'Food', 'Alcoholic drinks'],
            distance: '0.7865456',
            _id: '5370a35f2536f6785f8dfb6a'
        }]};
};
```

❶ Cria uma função que contém o código do controlador no Angular; lembre-se de que a função precisa aceitar o parâmetro `$scope`.

❷ Cria uma propriedade com dados associada a `$scope` e armazena alguns estabelecimentos comerciais nela.

É tudo o que precisamos no controlador para obter os dados do escopo e entregá-los à visão. Atualizaremos o código daqui a pouco para obter os dados reais do banco. Há mais uma última coisa a fazer: anexar o controlador à aplicação no Angular. Para isso, usaremos a sintaxe de extração (getter) do módulo no final do arquivo *loc8rApp.js*, depois do código do controlador, como mostrado no trecho de código a seguir:

```
angular
    .module('loc8rApp')
    .controller('locationListCtrl', locationListCtrl);
```

Dessa forma, o controlador é anexado à aplicação e pode injetar dados no escopo. Mas a visão ainda não tem o controlador do Angular definido em lugar algum, e ainda usa os vínculos de dados do Express. Portanto, voltemos à aplicação no Express para atualizar a visão da homepage.

ATUALIZANDO A VISÃO NO JADE PARA VINCULÁ-LA AO CONTROLADOR NO ANGULAR

A visão no Jade ainda tenta usar os veículos com o Express – e obviamente falhará, porque deletamos todo o código correspondente no Express. Portanto, precisamos incluir a diretiva `ng-controller` em um elemento relevante, substituir o laço em Jade por um laço em Angular e mudar os vínculos de dados do Jade para vínculos no Angular.

O truque aqui é usar um laço do Angular. Em vez de empregar um laço `for`, o Angular tem uma diretiva chamada `ng-repeat`, que permite varrer um array elemento por elemento, gerando uma saída em HTML com dados variáveis para cada item do array. Confuso? Sim, é. O quadro a seguir tenta dissipar um pouco essa confusão.

Usando um laço ng-repeat para percorrer objetos de dados

A diretiva `ng-repeat` do Angular percorre o array especificado e já renderiza o HTML para cada item. Por exemplo, comecemos com um controlador simples que adiciona um array de dados ao escopo:

```
var myController = function($scope) {
   $scope.items = ["one", "two", "three"];
};
```

Podemos extrair os itens do array usando a diretiva `ng-repeat` assim:

```
<body ng-controller="myController">
   <ul>
      <li ng-repeat="item in items">{{ item }}</li>
   </ul>
</body>
```

O resultado renderizado, omitindo os atributos que o Angular adiciona ao HTML, é assim:

```
<ul>
   <li>one</li>
   <li>two</li>
   <li>three</li>
</ul>
```

Observe que o Angular começa a repetição no elemento que recebe a diretiva `ng-repeat`, portanto precisamos ser cuidadosos e colocar as coisas nos lugares certos. Neste exemplo, seria bem fácil inserir a diretiva na tag `<ul>` em vez da tag `<li>`, o que renderizaria a seguinte saída:

```
<ul>
   <li>one</li>
</ul>
<ul>
   <li>two</li>
</ul>
<ul>
   <li>three</li>
</ul>
```

Imagino que não seja este o resultado desejado. O `ng-repeat` é extremamente útil e muito poderoso, mas devemos tomar cuidado ao empregá-lo.

Tudo o que queremos fazer está contido na coluna principal de conteúdo da página, portanto é uma boa ideia definir o controlador nesse espaço. Dentro desse controlador, todos os laços e vínculos de dados do Jade devem ser substituídos pelo seu equivalente no Angular. A listagem a seguir aponta as **mudanças necessárias em negrito**:

Listagem 8.5 – Substituindo os vínculos em Jade por vínculos em Angular

```
.col-xs-12.col-sm-8(ng-controller="locationListCtrl") ❶
  .error {{ message }}
  .row.list-group
    .col-xs-12.list-group-item(ng-repeat="location in data.locations") ❷
      h4
        a(href="/location/{{ location._id }}") {{ location.name }} ❸
        small {{ location.rating }}
        span.badge.pull-right.badge-default {{ location.distance }}
      p.address {{ location.address }}
      p
        span.label.label-warning.label-facility(ng-repeat="facility in
      location.facilities") ❹
          | {{ facility }}
```

❶ Define o controlador do Angular no `div` da coluna central.

❷ Dispara o `ng-repeat` para cada item no array de estabelecimentos em `$scope.data`.

❸ Mostra os detalhes de cada estabelecimento.

❹ Adiciona um laço ng-repeat aninhado para extrair as instalações e serviços de cada estabelecimento.

Esta é a última peça do quebra-cabeças para nossa primeira versão da homepage motorizada com o Angular. Adicionamos os scripts, definimos a aplicação em HTML e JavaScript, criamos um controlador e vinculamos dados no HTML. Agora, quando recarregamos a página, temos algo parecido com o mostrado na figura 8.5.

Podemos perceber pela figura 8.5 que alguns defeitos de layout precisam de algum retrabalho. Até aqui, usamos o Express para formatar a distância antes de enviá-la à visão, e também usamos um mixin do Jade para calcular as estrelas da nota em vez de mostrar apenas um número. O Angular tem algumas ferramentas para obter esses resultados: filtros e diretivas. Comecemos pelos filtros.

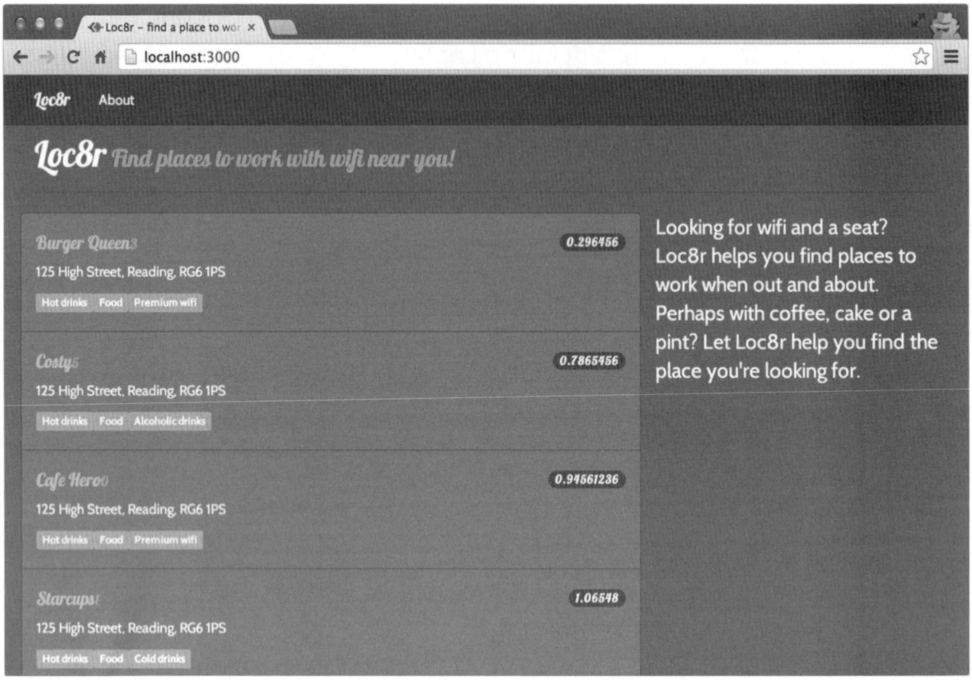

Figura 8.5 – Os dados das homepage estão, agora, sendo fornecidos e renderizados pelo Angular em vez do Express. Ainda há alguns problemas de layout que precisam de atenção.

8.2.3 Usando filtros do Angular para formatar dados

Os filtros permitem que especifiquemos o formato desejado de saída para qualquer item de dados. O Angular possui filtros prontos para formatar datas, moeda e texto. Podemos aplicar esses filtros diretamente nos vínculos de dados do HTML. Para aplicar um desses filtros use o caractere pipe | depois do valor seguido do nome do filtro.

O trecho a seguir mostra um exemplo de uso do filtro `currency`:

```
<div>{{ 123.2345 | currency }}</div>
<!-- A saída é: $123.23 -->
```

Alguns dos filtros permitem especificar opções. O filtro `currency` pode ser configurado para mostrar uma moeda diferente, como mostrado no trecho de código a seguir:

```
<div>{{ 123.2345 + 321.321 | currency:"£" }}</div>
<!-- A saída é: £444.56 -->
```

Os filtros não são um limitador ao trabalho com números, é claro: podemos trabalhar com strings e datas. Alguns exemplos rápidos:

```
<div>{{ "Let's shout" | uppercase }}</div>
<!-- A saída é: LET'S SHOUT -->
{{ timestamp | date:"d MMM yyyy" }} ❶
<!-- A saída é: 21 Aug 2014 -->
```

❶ É obrigatório definir a variável `timestamp` no escopo como um objeto data.

Os filtros internos do Angular são muito bons. Embora seja útil tê-los à mão, às vezes precisamos de algo diferente. É o caso do Loc8r e seu problema recorrente de falta de um formato consistente para as distâncias. A boa notícia é que podemos criar nossos próprios filtros.

CRIANDO UM FILTRO PERSONALIZADO

A API do Loc8r devolve distâncias como números longos (por exemplo, 0,296456). Essa distância em específico está em quilômetros, mas não há nenhuma unidade explícita de medida. Queremos que a apresentação para o usuário seja a melhor possível.

Já solucionamos esse problema no Express, mas agora queremos fazer o mesmo com o Angular. Como estamos usando JavaScript tanto no back-end como no front-end, podemos simplesmente copiar o código correspondente no Express e jogá-lo, com modificações mínimas, no Angular.

No Express, no arquivo *locations.js* da pasta *app_server/controllers*, temos duas funções para formatar dados, `_isNumeric` e `_formatDistance`. Queremos manter intacta a lógica dessas funções. A única mudança que precisamos fazer para adaptá-las ao Angular é mudar a função `formatDistance` para que devolva outra função, é esta segunda função que fará o processamento. A listagem a seguir mostra o código necessário no arquivo *Loc8rApp.js*.

Listagem 8.6 – Criando um filtro personalizado para formatar distâncias

```
var _isNumeric = function (n) { ❶
  return !isNaN(parseFloat(n)) && isFinite(n);
};
var formatDistance = function () { ❷
  return function (distance) {
    var numDistance, unit; ❸
    if (distance && _isNumeric(distance)) {
```

```
            if (distance > 1) {
                numDistance = parseFloat(distance).toFixed(1);
                unit = 'km';
            } else {
                numDistance = parseInt(distance * 1000,10);
                unit = 'm';
            }
            return numDistance + unit;
        } else {
            return "?";
        }
    };
};
```

❶ A função `_isNumeric`, copiada diretamente do código no Express.

❷ Para ser usada como um filtro no Angular, a função `formatDistance` precisa devolver outra função que aceite um parâmetro distância, em vez de aceitar ela mesma esse parâmetro.

❸ O conteúdo da função permanece o mesmo e pode ser copiado diretamente de sua semelhante da aplicação em Express.

Isso mostra como criar um filtro personalizado, mas precisamos agora incluí-lo na aplicação e usá-lo no HTML.

ADICIONANDO E USANDO FILTROS PERSONALIZADOS

Para usar nossos filtros personalizados, precisamos adicioná-lo à aplicação. No final do arquivo *loc8rApp.js* podemos encadeá-lo na sintaxe de getter do Angular, na qual registramos os controladores para a aplicação. O princípio é o mesmo, mas em vez de definir um controlador, desta vez definiremos um filtro.

O trecho de código a seguir mostra como esta seção do arquivo deve se parecer:

```
angular
    .module('loc8rApp')
    .controller('locationListCtrl', locationListCtrl)
    .filter('formatDistance', formatDistance);
```

Com isso, nosso filtro está disponível para a aplicação e pode ser referenciado no código – da mesma forma que os filtros nativos. No trecho de código a seguir adicionamos um filtro no local relevante do template Jade:

```
.col-xs-12.list-group-item(ng-repeat="location in data.locations")
  h4
    a(href="/location/{{ location._id }}") {{ location.name }}
    small {{ location.rating }}
    span.badge.pull-right.badge-default {{ location.distance | formatDistance
      }}
  p.address {{ location.address }}
```

Agora, as distâncias serão formatadas corretamente, como mostra a figura 8.6.

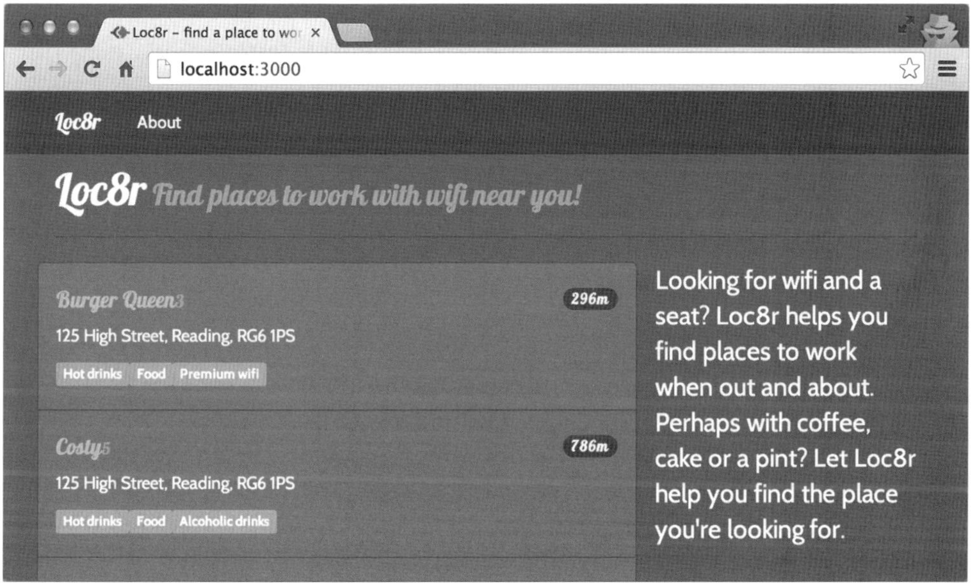

Figura 8.6 – Um filtro personalizado do Angular formata e mostra as distâncias da maneira como queremos.

Isso é tudo o que precisamos saber sobre filtros por ora. Usamos os filtros nativos do Angular e criamos nossos próprios. Passemos então ao próximo item da nossa lista: usando diretivas para criar trechos de HTML que mostrem as notas em formato de estrela.

8.2.4 Usando as diretivas do Angular para criar trechos de HTML

No Angular, as diretivas servem essencialmente para criar trechos de código em HTML. Um único trecho pode ser usado em inúmeros controladores e visões – um recurso bastante útil para que a aplicação seja consistente e fácil de manter.

Como esses trechos de HTML são criados no contexto da aplicação em Angular, eles são dotados de todos os poderes mágicos da vinculação de dados já presenciados por nossos olhos.

Como bônus, os navegadores podem manter em cache um grande número de diretivas, que são salvas como arquivos HTML, ajudando a acelerar a aplicação quando os usuários navegam entre as visões. Vejamos como adicionar uma diretiva à aplicação.

ADICIONANDO UMA DIRETIVA A UMA APLICAÇÃO ANGULAR

Começaremos incluindo em nossa aplicação Angular algum código para uma diretiva básica, que será depois expandida. Uma diretiva é adicionada a uma aplicação em Angular pela já familiar sintaxe de getter, acompanhada de uma função identificada. Como ponto de partida, queremos devolver um template simples que mostra a nota em formato numérico, e, portanto, não mudará muito o que vemos no navegador.

A listagem a seguir mostra os itens a adicionar em *loc8rApp.js*.

Listagem 8.7 – Criando uma diretiva e a adicionando ao módulo no Angular

```
var ratingStars = function () { ❶
   return {
      template: "{{ location.rating }}"
   };
};

angular
   .module('loc8rApp')
   .controller('locationListCtrl', locationListCtrl)
   .filter('formatDistance', formatDistance)
   .directive('ratingStars', ratingStars); ❷
```

❶ Cria uma nova função ratingStars e retornando um template básico vinculado à nota do estabelecimento.

❷ Registra a diretiva na aplicação.

Este template simples é exatamente o mesmo usado no Jade. *É importante que o nome da função esteja em notação camelCase* – veremos por que logo a seguir, quando atualizaremos a visão em Jade parta usar a nova diretiva.

ANEXANDO A DIRETIVA AO TEMPLATE HTML

Com a diretiva declarada no Angular, precisamos dizer ao HTML onde usá-la. A maneira padrão é adicionar um atributo à tag contendo a diretiva.

O nome do atributo é importante e deve ser o mesmo nome usado na diretiva, mas com notação diferente. Diferente do JavaScript, o HTML não diferencia maiúsculas e minúsculas, portanto não adianta usar camelCase. Em vez disso, as letras em caixa alta são convertidas para caixa baixa e prefixadas com um sinal de menos. Assim, a diretiva `ratingStars` seria referenciada no HTML como `rating-stars`.

Em HTML puro, quando aplicado a um `div`, pareceria com isto:

```
<div rating-stars></div>
```

Em nossa página queremos adicionar a diretiva a uma tag `small`. Os templates do Jade permitem adicionar atributos sem um valor, justamente o que precisamos. No trecho de código a seguir fazemos exatamente isso:

```
h4
  a(href="/location/{{ location._id }}") {{ location.name }}
  small(rating-stars) ❶
```

❶ Aplica um atributo vazio à tag small que abrigará a nota do estabelecimento.

Essa mudança simples permite que o Angular vincule a diretiva `ratingStars` à tag `small`, inserindo o conteúdo nos limites dela. Se recarregarmos a página agora não veremos mudança alguma, pois tudo o que fizemos foi alterar a maneira como o Angular mostra o número.

Esse número é um bom ponto de partida, mas a principal vantagem de uma diretiva é ser reutilizável. O que temos agora *é* reutilizável, mas será bem mais flexível se removermos sua dependência de um valor associado a `location.rating` no escopo atual. Usaremos para isso o conceito de *escopo isolado*.

PASSANDO VARIÁVEIS PARA DIRETIVAS USANDO UM ESCOPO ISOLADO

Nosso template atual para mostrar a nota do estabelecimento só funcionará se incluirmos a diretiva em um escopo que contenha um valor para `location.rating`. Aparentemente isso não é um problema, mas e se quisermos mostrar a nota (em estrelas) para cada resenha em uma lista? Não há um objeto chamado `location.rating` em cada item e, mesmo que tenha, não é o item de dados de que precisamos.

Para contornar o problema, criamos um escopo isolado na diretiva. Basta adicionar uma opção de escopo à definição da diretiva. A listagem 8.8 mostra como criar uma variável de escopo `thisRating` para a diretiva. O valor `'=rating'` diz ao Angular que existe um atributo chamado `rating` no mesmo elemento HTML que definiu a diretiva.

Listagem 8.8 – Atualizando a diretiva para incluir um escopo isolado

```
var ratingStars = function () {
  return {
    scope: { ❶
      thisRating : '=rating' ❷
    },
    template : "{{ thisRating }}" ❸
  };
};
```

❶ Inclui a opção de escopo à definição da diretiva, criando um escopo isolado.

❷ Cria uma variável `thisRating` e diz ao Angular que o valor dela vem de um atributo chamado rating.

❸ Atualiza o template para usar a nova variável.

Esta diretiva espera que o elemento do HTML com o qual está vinculado contenha o atributo `rating`, que contém o valor da nota do estabelecimento. O trecho de código a seguir mostra a atualização necessária no template Jade:

```
h4
  a(href="/location/{{ location._id }}") {{ location.name }}
  small(rating-stars, rating="location.rating") ❶
```

❶ Cria um atributo `rating` e passa um valor de nota a ele.

Com esta atualização, sempre que precisamos usar uma nota expressa em estrelas, basta adicionar dois atributos ao elemento HTML desejado, um para vincular a diretiva a esse elemento, outro para passar o valor da nota. Assim, a diretiva não é mais dependente de um valor específico existente no escopo-pai.

Mesmo depois de tudo isso, ainda não enxergamos estrelas.

USANDO UM ARQUIVO HTML EXTERNO COMO TEMPLATE

Como regra, a não ser que o template HTML de uma diretiva seja realmente muito simples, deve ser salvo em um arquivo externo. Nossa diretiva que mostra estrelas é só um pouquinho mais complexa do que mostrar diretamente o número enviado, mas a colocaremos em um arquivo HTML externo mesmo assim.

Da mesma forma como segregamos problemas – separando o HTML da lógica da aplicação – essa metodologia também permite que os navegadores possam guardar os arquivos HTML em seus caches.

Para transferir um template para um arquivo HTML externo, precisamos substituir a declaração `template` por `templateUrl` na definição da diretiva. `templateUrl` deve conter o caminho para o arquivo HTML. A listagem a seguir mostra as atualizações necessárias na diretiva `ratingStars` para usar o arquivo */angular/rating-stars.html*.

Listagem 8.9 – Atualizando a diretiva para usar um arquivo de template externo

```
var ratingStars = function () {
   return {
      scope: {
         thisRating : '=rating'
      },
      templateUrl: '/angular/rating-stars.html' ❶
   };
};
```

❶ Substitui a declaração template por `templateUrl` e define o caminho para o arquivo HTML.

O arquivo HTML ainda não existe. Na pasta */public/angular* crie um arquivo chamado *rating-stars.html*. Dentro dele, incluiremos o HTML necessário para mostrar uma nota. O trecho de código a seguir mostra o código necessário para mostrar uma nota de três estrelas:

```
<span class="glyphicon glyphicon-star"></span> ❶
<span class="glyphicon glyphicon-star"></span>
<span class="glyphicon glyphicon-star"></span>
<span class="glyphicon glyphicon-star-empty"></span> ❷
<span class="glyphicon glyphicon-star-empty"></span>
```

❶ As classes mostram três estrelas sólidas.

❷ As classes mostram duas estrelas vazadas.

Para que o template seja inteligente, podemos usar um vínculo do Angular para inserir o sufixo `-empty` onde for apropriado. Por exemplo, se as notas forem menores que dois, apenas a primeira estrela deve ser sólida, as outras quatro devem ser vazadas. Usaremos o operador ternário do JavaScript (que é uma abreviação de um `if-else`) para obter esse resultado, conforme mostrado na listagem a seguir:

Listagem 8.10 – Criando um template para notas em estrelas com o Angular

```
<span class="glyphicon glyphicon-star{{ thisRating<1 ? '-empty' : ''}}"></span>
<span class="glyphicon glyphicon-star{{ thisRating<2 ? '-empty' : ''}}"></span>
<span class="glyphicon glyphicon-star{{ thisRating<3 ? '-empty' : ''}}"></span>
<span class="glyphicon glyphicon-star{{ thisRating<4 ? '-empty' : ''}}"></span>
<span class="glyphicon glyphicon-star{{ thisRating<5 ? '-empty' : ''}}"></span>
```

Para cada estrela, se `thisRating` for menor que a posição da estrela, o Angular adicionará o sufixo `-empty` à classe. Se recarregarmos a página, teremos nossas estrelas de volta, como na figura 8.7!

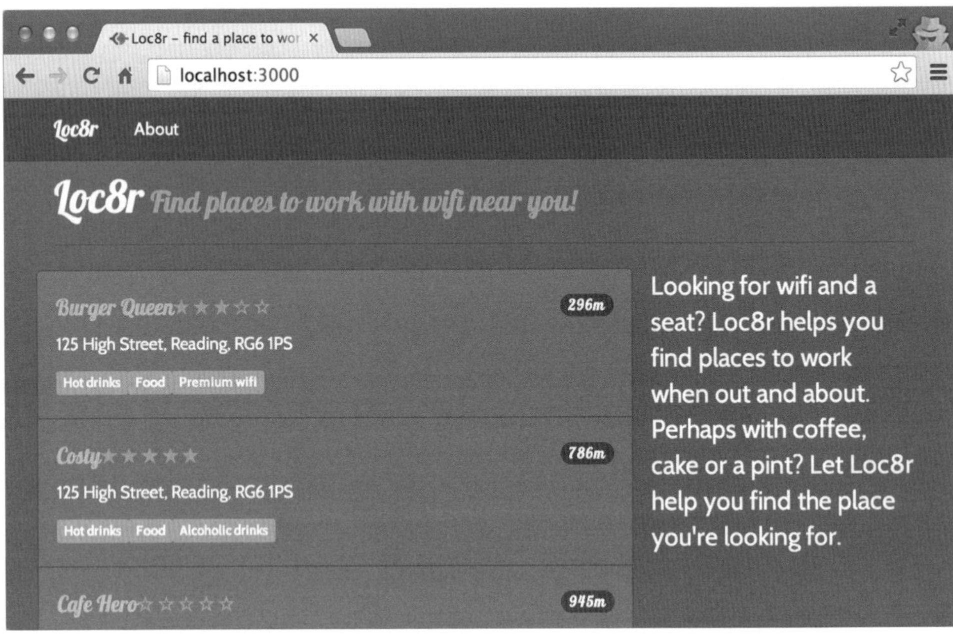

Figura 8.7 – A diretiva do Angular para a nota dos estabelecimentos está, agora, completa, com a volta das cinco estrelas.

Mais um item de nossa lista de problemas, fazer os estabelecimentos serem mostrados corretamente, está corrigido. Porém, ainda precisamos criar um campo de texto para filtrar resultados.

FILTRANDO A LISTA DE RESULTADOS COM O ANGULAR

Vimos mais cedo neste capítulo como alterar a saída de um item de dados em particular usando um filtro. Para nossa alegria e regozijo, podemos fazer o mesmo com a lista de estabelecimentos da homepage – basta adicionar um filtro à diretiva `ng-repeat`. Filtraremos a lista de estabelecimentos na homepage sem uma única linha de código em JavaScript!

O objetivo é que a lista seja filtrada de acordo com o que o usuário digita, portanto criaremos um campo de entrada com a declaração `input` do HTML. Esse campo será vinculado ao modelo e aplicaremos o valor digitado como filtro à diretiva `ng-repeat`. Acredite, é só isso. Simples assim.

A listagem a seguir mostra o template Jade para a homepage, tendo o filtro em mente:

Listagem 8.11 – Criando e aplicando um filtro de texto à lista de estabelecimentos

```
.col-xs-12.col-sm-8(ng-controller="locationListCtrl")
  label(for="filter") Filter results
  input#filter(type="text", name="filter", ng-model="textFilter") ❶
  .error {{ message }}
  .row.list-group
    .col-xs-12.list-group-item(ng-repeat="location in data.locations | filter
    : textFilter") ❷
```

❶ Cria um campo `input` e o vincula ao modelo com um nome, `textFilter`.

❷ Aplica o filtro à diretiva `ng-repeat`, fazendo referência a `textFilter`.

Isso é tudo. Acabou. Pense em todo o trabalho que daria para programar essa funcionalidade "na raça" usando o JavaScript! Antes de capturar a tela para a figura 8.8, que tal uma pitada de CSS em *public/stylesheets/style.css* para que as coisas não aparentem estar empilhadas?

```
#filter {margin-left: 4px;}
```

Agora sim! Veja a figura 8.8.

Acredito que todos vão concordar: ficou bacana, não? Entretanto, não podemos nos esquecer que os dados usados estão atualmente fixos no código do controlador. A próxima seção mostrará como fazer chamadas à API à maneira do Angular.

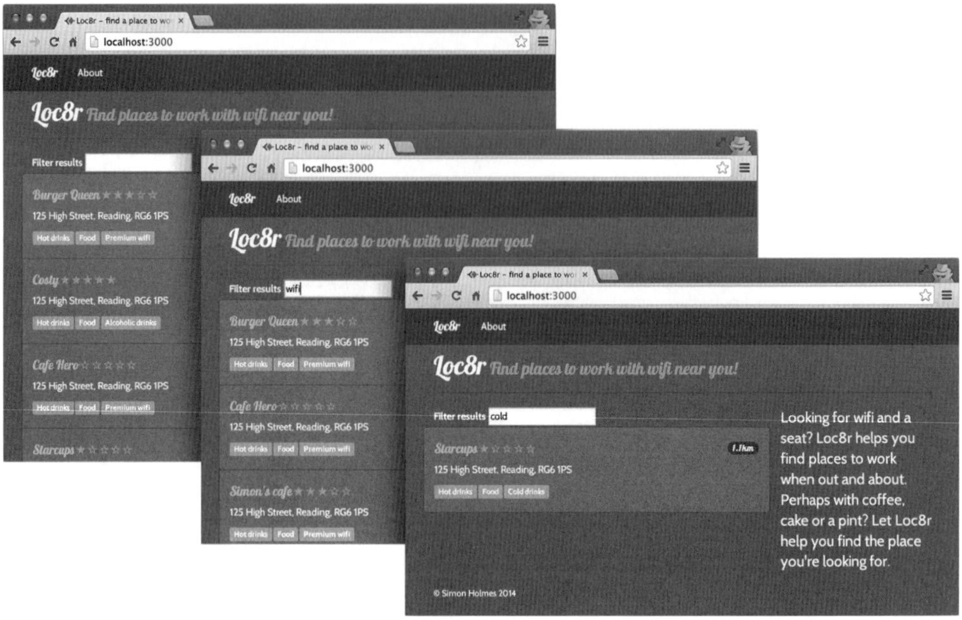

Figura 8.8 – O filtro em ação na homepage, filtrando a lista de resultados à medida que o usuário digita.

8.3 Obtendo dados da API

Nesta seção faremos duas coisas. Primeiro, vamos nos dar tapinhas nas costas por ter tido a ideia de criar de antemão uma API REST para o banco de dados. Passado o entusiasmo, usaremos a API com o Angular para obter dados da homepage. Também faremos a página descobrir sua própria localização geográfica. Isso significa que a página começará a mostrar lugares próximos a você, não apenas perto das coordenadas imutáveis que engastamos no código anteriormente.

Começaremos transferindo os dados que estão no controle para um serviço.

8.3.1 Usando serviços para os dados

Serviços são unidades autocontidas de funcionalidade que podem ser combinadas para adicionar funcionalidades bastante complexas em uma aplicação. Usaremos um bom número de serviços no Angular, pois a maioria da lógica da aplicação deve ser delegada a eles para facilitar seu reuso por múltiplos controladores. Em nosso caso, criaremos um serviço de dados que pode ser usado em qualquer lugar.

Ao acessar dados, um controlador não deveria ter de se preocupar com sua origem – basta tem alguém para quem pedi-los. É o que faremos: transferiremos os dados que estão no controlador para um serviço, e depois faremos o controlador chamar esse serviço.

CRIANDO UM SERVIÇO DE DADOS SIMPLES

A definição de um serviço no Angular não deve ser surpresa para ninguém neste ponto. Criaremos uma função identificada e registraremos o serviço na aplicação.

Primeiro definiremos uma função chamada `loc8rData` e faremos com que ela devolva os dados que atualmente estão no controlador. Depois, registraremos essa função na aplicação. A listagem a seguir mostra ambas as alterações:

Listagem 8.12 – Criando um serviço de dados simples e o adicionando ao módulo

```
var loc8rData = function () {
  return [{
    name: 'Burger Queen',
    address: '125 High Street, Reading, RG6 1PS',
    rating: 3,
    facilities: ['Hot drinks', 'Food', 'Premium wifi'],
    distance: '0.296456',
    _id: '5370a35f2536f6785f8dfb6a'
  }];
};
angular
  .module('loc8rApp')
  .controller('locationListCtrl', locationListCtrl)
  .filter('formatDistance', formatDistance)
  .directive('ratingStars', ratingStars)
  .service('loc8rData', loc8rData); ❷
```

❶ Cria uma função identificada para devolver dados.

❷ Registra o serviço na aplicação.

Parece bem intuitivo, não? E também é consistente com os padrões de programação que temos usado até agora.

USANDO UM SERVIÇO EM UM CONTROLADOR

Para usar o serviço em um controlador, precisamos passar o nome do serviço ao controlador, o que é fácil – basta adicionar o nome do serviço como um parâmetro na definição de função do controlador.

Depois disso, o serviço pode ser usado dentro do controlador, como era de se esperar. O trecho de código a seguir mostra a atualização necessária no controlador para aceitar o serviço e usá-lo:

```
var locationListCtrl = function ($scope, loc8rData) { ❶
    $scope.data = { locations: loc8rData }; ❷
};
```

❶ Passa o nome do serviço ao controlador como parâmetro.

❷ Chama o serviço, que retornará dados.

Recarregando a aplicação, não devemos ver nenhuma mudança na homepage. A mudança que fizemos nos bastidores é apenas preparatória para o próximo passo: obter dados a partir da API.

8.3.2 Solicitações HTTP pelo Angular

Solicitações HTTP usando JavaScript não são nenhuma novidade. O jQuery possui um bom suporte a Ajax há algum tempo e, no capítulo 7, usamos o módulo `request` para fazer solicitações HTTP a partir do Node. O Angular possui um serviço nativo chamado `$http` para lidar com isso.

Usaremos o serviço `$http` para fazer uma chamada à API e recuperar os dados da homepage. A chamada à API será, é claro, assíncrona, portanto precisamos saber como processá-la.

USANDO O SERVIÇO $HTTP

Integrar o serviço `$http` à aplicação é muito fácil – em nosso caso, só precisaremos dele em nosso serviço de dados. Lembre-se de que o controlador não precisa saber de onde os dados são obtidos, apenas para quem pedir.

Existem dois comportamentos a respeito do `$http` que precisamos tem em mente para saber como usar o serviço:

- Ele é repassado a outro serviço pela passagem de parâmetros, como fizemos com o `$scope` no controlador.

- Ele tem um método `get` que espera um único parâmetro – o URL – ao ser chamado.

Se juntarmos esses dois comportamentos, nossa função de dados `loc8rData` ficará parecida com o trecho de código a seguir (lembre-se de usar coordenadas próximas às dos locais que já estão no banco de dados, para facilitar os testes):

```
var loc8rData = function ($http) { ❶
  return $http.get('/api/locations?lng=-0.79&lat=51.3&maxDistance=20'); ❷
}
```

❶ Passa o serviço interno `$http` a uma função existente de serviço.

❷ Remove os dados fixos existentes anteriormente e os substitui por uma chamada a `$http.get`, referenciando o URL correto.

Agora, em vez de devolver os dados fixos, o serviço de dados devolve os dados obtidos pelo método `$http.get`. Se recarregarmos a página esperando ver os dados na homepage, ficaremos desapontados. Podemos ver no console JavaScript do navegador (dependendo do navegador) que uma solicitação XHR foi disparada contra a API, e que dados foram devolvidos como resposta.

Se a API devolveu dados, por que não estão na homepage? Bem, isso ocorre porque o `$http.get` é assíncrono e nosso controlador está tentando usá-lo de forma síncrona. Mas há remédio.

A NATUREZA ASSÍNCRONA DO $HTTP

Como o `$http` lida com serviços web, não é possível saber quanto tempo uma solicitação demorará para ser respondida. Ninguém deseja que o sistema todo em JavaScript fique travado porque estamos esperando uma resposta, portanto é boa prática rodar o `$http` de forma assíncrona.

O código do controlador está assim, atualmente:

```
var locationListCtrl = function ($scope, loc8rData) {
  $scope.data = { locations: loc8rData };
};
```

Nessa sintaxe, ele roda de forma síncrona e já vimos que isso não dá muito certo com o `$http`. O `$http` devolve uma promessa com dois métodos: `success` e `error`. Promessa? Como assim? Em vez de esperar que a chamada a `$http.get` retorne algum dado, o serviço chama um de seus dois métodos internos, `success` ou `error`.

Um pouco hermético? Um exemplo talvez seja melhor que páginas de teoria. A função `loc8rData` retorna o método `$http.get`, vamos começar por aí. Encadearemos os métodos `success` e `error` usando a sintaxe do ponto. Quando o `loc8rData` receber a resposta, invocará um dos dois métodos, `success` ou `error`, dependendo da resposta.

O esqueleto disso é mostrado na listagem a seguir, que também mostra como extrair os dados devolvidos de uma solicitação bem-sucedida e injetá-los no escopo.

Listagem 8.13 – Atualizando o controlador para trabalhar de forma assíncrona com as promessas do $http

```
var locationListCtrl = function ($scope, loc8rData) {
  loc8rData ❶
    .success(function(data) { ❷
      $scope.data = { locations: data }; ❸
  })
    .error(function (e) { ❹
      console.log(e);
    });
};
```

❶ Chama o serviço `loc8rData`, que retorna uma chamada `$http.get`.

❷ Em caso de sucesso, passa os dados devolvidos para a função de callback.

❸ Injeta os dados no escopo.

❹ Se o web service retornar um erro, passa o erro para a função de callback.

Com tudo isso no lugar podemos finalmente ver o sistema funcionando, recuperando dados do banco e os mostrando na homepage. Esta é a funcionalidade mínima, mas como o código é assíncrono, é boa prática informar ao usuário a respeito do que está acontecendo enquanto a página está vazia durante a solicitação do `$http`.

INFORMANDO O USUÁRIO

Um dos problemas com chamadas assíncronas de dados é que o usuário verá a página ser renderizada completamente, mas vazia – ou seja, sem os dados variáveis. Isso pode perdurar por um longo tempo, até que a chamada assíncrona seja completada e devolva algum dado. Péssimo! Se a página mostrar-se vazia, mesmo que seja por poucos instantes, o usuário pode pensar que realmente não há dados, ou que o sistema está com defeito, e clicar no botão de voltar no navegador.

Portanto, sempre que fizer solicitações assíncronas de dados, deixe o cliente saber o que está acontecendo. No Loc8r faremos da forma mais simples: mostraremos uma mensagem curta. Já temos, inclusive, o HTML necessário para tal.

Dentro do template Jade que já temos há um `div` especial para mostrar mensagens de falha, como mostrado **em negrito** no trecho de código a seguir:

```
.col-xs-12.col-sm-8(ng-controller="locationListCtrl")
   label(for="filter") Filter results
   input#filter(type="text", name="filter", ng-model="textFilter")
   .error {{ message }}
```

Esse `div` e a mensagem fazem parte do template Jade original que usamos na aplicação em Express para gerar o HTML final. Aqui, atualizamos `message` para que seja um vínculo Angular com o controlador, e podemos usá-lo em seu escopo. A listagem a seguir mostra como atualizar o escopo para mostrar uma mensagem diferente em diferentes pontos do processo:

Listagem 8.14 – Definindo mensagens informativas em vários pontos do processo

```
var locationListCtrl = function ($scope, loc8rData) {
   $scope.message = "Searching for nearby places"; ❶
   loc8rData
      .success(function(data) {
         $scope.message = data.length > 0 ? "" : "No locations found";
         $scope.data = { locations: data };
      })
      .error(function (e) {
         $scope.message = "Sorry, something's gone wrong ";
      });
};
```

Algo assim simples faz, não obstante, grande diferença na experiência do usuário. Poderíamos até mesmo incluir uma ampulheta animada em Ajax – normalmente um GIF animado – se quiséssemos. O que temos até aqui está de bom tamanho, por enquanto, pois o que vem a seguir será muito bacana.

A seguir, a aplicação aprenderá a descobrir em que ponto da Terra ela se encontra, para que possa buscar os estabelecimentos próximos dela – e não apenas os que estão fixos no código.

8.3.3 Coordenadas de geolocalização em HTML

A principal premissa do Loc8r é ser capaz de listar os estabelecimentos próximos do usuário. Até aqui, fizemos nossos testes na API com coordenadas geográficas imutáveis, fixas no código. A partir de agora, a aplicação repassará à API a localização real do usuário, usando os recursos de geolocalização do HTML5.

Para que funcione, os seguintes itens são necessários:

- Adicionar uma chamada à API de geolocalização do HTML5 na aplicação em Angular.
- Solicitar a lista de estabelecimentos apenas quando já tivermos a localização do usuário.
- Passar as coordenadas ao nosso serviço de dados do Angular, removendo do código a localização fixa.
- Mostrar mensagens para que o usuário saiba o que está acontecendo.

Começando pelo topo da lista, adicionaremos uma função de geolocalização do JavaScript por meio de um novo serviço.

CRIANDO UM SERVIÇO DE GEOLOCALIZAÇÃO NO ANGULAR

Saber a localização do usuário nos parece ser algo que pode ser reutilizado muitas vezes, tanto neste como em outros aplicativos. Parece-nos um grande candidato a um serviço autônomo. Como regra, qualquer código que interaja com APIs, que contenha lógica ou que execute operações deve ser externalizado em serviços. *Faça o controlador interagir com os serviços, em vez de executar a tarefa.*

Não vamos entrar nos detalhes a respeito de como funciona a API de geolocalização da dupla HTML5/JavaScript, não é objetivo deste livro. Basta saber que os navegadores modernos têm um objeto `navigator` que podemos chamar para obter as coordenadas do usuário. O usuário precisa dar permissão para que isso aconteça. O método aceita dois parâmetros, um callback para sucesso e outro em caso de erro:

```
navigator.geolocation.getCurrentPosition(cbSuccess, cbError);
```

O script de geolocalização deve ser envolvido por uma função para que possa ser usado como serviço e também para possibilitar a captura de erros, uma vez que podem existir navegadores que não suportam geolocalização. A listagem a seguir mostra o código necessário para criar o serviço `geolocation` e oferecer um método `getPosition` que o controlador pode usar.

Listagem 8.15 – Criando um serviço de geolocalização que retorna um método para obter a posição atual do usuário

```
var geolocation = function () { ❶
   var getPosition = function (cbSuccess, cbError, cbNoGeo) { ❷
      if (navigator.geolocation) {
         navigator.geolocation.getCurrentPosition(cbSuccess, cbError);
      }
      else {
         cbNoGeo();
      }
   };
   return {
      getPosition : getPosition
   };
};
```

❶ Cria um serviço chamado geolocation.

❷ Define uma função chamada `getPosition` que aceita três funções de callback para sucesso, erro e falta de suporte.

❸ Se a geolocalização for suportada pelo navegador, chama o método nativo, passando a ele callbacks de sucesso e erro.

❹ Se a geolocalização não for suportada pelo navegador, chama o callbacks de falta de suporte.

❺ Devolve a função `getPosition` para que seja chamada pelo controlador.

Esse código nos dá o serviço `geolocation`, com um método `getPosition` ao qual podemos passar três funções de callback. Esse serviço verifica se o navegador suporta geolocalização e tenta obter as coordenadas atuais do usuário. O serviço chama então um dos três callbacks – qual deles é escolhido depende de o navegador ter suporte a geolocalização e, se tiver, se houve sucesso ou falha para obter as coordenadas.

ADICIONANDO O SERVIÇO DE GEOLOCALIZAÇÃO À APLICAÇÃO

Para usar o novo serviço `geolocation`, precisamos registrá-lo na aplicação e injetá-lo no controlador.

O trecho de código a seguir destaca em negrito as alterações que precisamos fazer à definição do módulo:

```
angular
    .module('loc8rApp')
    .controller('locationListCtrl', locationListCtrl)
    .filter('formatDistance', formatDistance)
    .directive('ratingStars', ratingStars)
    .service('loc8rData', loc8rData)
    .service('geolocation', geolocation);
```

Uma vez registrado, o serviço `geolocation` precisa ser injetado no controlador `locationListCtrl` para poder ser usado. Para isso, basta incluir seu nome nos parâmetros que a função do controlador aceita. O trecho de código a seguir demonstra como fazer (o conteúdo do controlador foi omitido para maior clareza):

```
var locationListCtrl = function ($scope, loc8rData, geolocation) { ❶
    // código do controlador
};
```

❶ Inclua o nome do serviço de geolocalização na lista de parâmetros aceitos pela função do controlador.

Essa sintaxe deve ser familiar para o leitor, a esta altura. O próximo passo é fazer o controlador interagir com o serviço.

USANDO O SERVIÇO GEOLOCATION DENTRO DO CONTROLADOR

O controlador, agora, tem acesso ao serviço geolocation, então vamos usá-lo! Chamar o serviço é fácil, basta invocar o método `geolocation.getPosition` e passar os três callbacks que desejamos usar.

Dentro do controlador criaremos três funções, uma para cada uma das três situações possíveis:

- Geolocalização efetuada com sucesso
- Falha na geolocalização
- Geolocalização não suportada pelo navegador

Também atualizaremos as mensagens sendo mostradas ao usuário, para que eles saibam que o sistema está fazendo alguma coisa. Isso é muito importante aqui, porque a geolocalização pode demorar um segundo ou dois.

A listagem a seguir mostra o controlador depois de todas as atualizações, criando as novas funções e chamando o serviço de geolocalização:

Listagem 8.16 – Atualizando o controlador para usar o serviço e geolocalização

```
var locationListCtrl = function ($scope, loc8rData, geolocation) {
  $scope.message = "Checking your location"; ❶

  $scope.getData = function (position) { ❷
    $scope.message = "Searching for nearby places";
    loc8rData
      .success(function(data) {
        $scope.message = data.length > 0 ? "" : "No locations found";
        $scope.data = { locations: data };
      })
      .error(function (e) {
        $scope.message = "Sorry, something's gone wrong";
      });
  };
  $scope.showError = function (error) { ❸
    $scope.$apply(function() {
      $scope.message = error.message;
    });
  };

  $scope.noGeo = function () { ❹
    $scope.$apply(function() {
      $scope.message = "Geolocation not supported by this browser.";
    });
  };

  geolocation.getPosition($scope.getData,$scope.showError,$scope.noGeo); ❺
};
```

❶ Definindo a mensagem principal.

❷ Função a executar, se a geolocalização tiver sucesso.

❸ Função a executar, se a geolocalização for suportada, mas apresentar falha.

❹ Função a executar, se a geolocalização não for suportada pelo navegador.

❺ Passa a função para nosso serviço de geolocalização.

A primeira coisa que fizemos foi informar ao usuário que estamos tentando localizá-lo no mapa ❶. Depois, criamos uma função para ser executada caso a localização tiver sucesso ❷. A geolocalização nativa da API passa um objeto `position` para esse callback. Esta função chama então o serviço `loc8rData` para obter a lista de estabelecimentos comerciais.

Depois, temos uma função que só é executada se a geolocalização for suportada pelo navegador, mas, por algum motivo, falha ❸. A geolocalização nativa da API passa um objeto `error` ao callback contendo uma propriedade de mensagem que será mostrada ao usuário. Observe o `$scope.$apply()` e consulte o quadro a seguir para saber o que ele é e por que está aqui.

A função `noGeo` ❹ é executada caso o navegador não tenha suporte a geolocalização e define uma mensagem apropriada para o usuário. Observe novamente o uso de `$scope.$apply()`.

Finalmente, chamamos o serviço de geolocalização ❺, passando as três funções de callback como parâmetros.

Entendendo o $scope.$apply()

No trecho de código que gerencia a funcionalidade de geolocalização, usamos `$scope.$apply()` em dois dos três callbacks depois de atualizar um valor no escopo. Se não tivéssemos feito isso, as mensagens não teriam sido mostradas no navegador. Mas, por quê? E por que em apenas dois dos callbacks?

O `$scope.$apply()` é usado quando há a possibilidade de o Angular não estar ciente de algumas atualizações do escopo. Isso ocorre tipicamente depois de um evento assíncrono, como um callback ou uma ação do usuário. A finalidade da função é forçar a atualização da visão com as alterações no escopo.

A função `$scope.$apply()` é bastante usada no Angular, mas na maioria das vezes não a vemos. Ela não foi usada na função de callback de sucesso porque nesse caso as mudanças de escopo são feitas dentro das promessas devolvidas pelo serviço `$http`. Nos bastidores, o Angular já envolve essas promessas em uma função `$scope.$apply()` para que não tenhamos que fazê-lo explicitamente. Muitos dos eventos nativos do Angular são, de fato, envoltos em um `$scope.$apply()` automaticamente.

Se atualizarmos a aplicação, o navegador perguntará se deseja compartilhar sua localização, e o usuário pode ou não dar essa permissão. Se a permissão for negada, a função de callback `$scope.showError` será chamada e uma mensagem de erro mostrada na tela. A figura 8.9 mostra como isso se parece no Chrome.

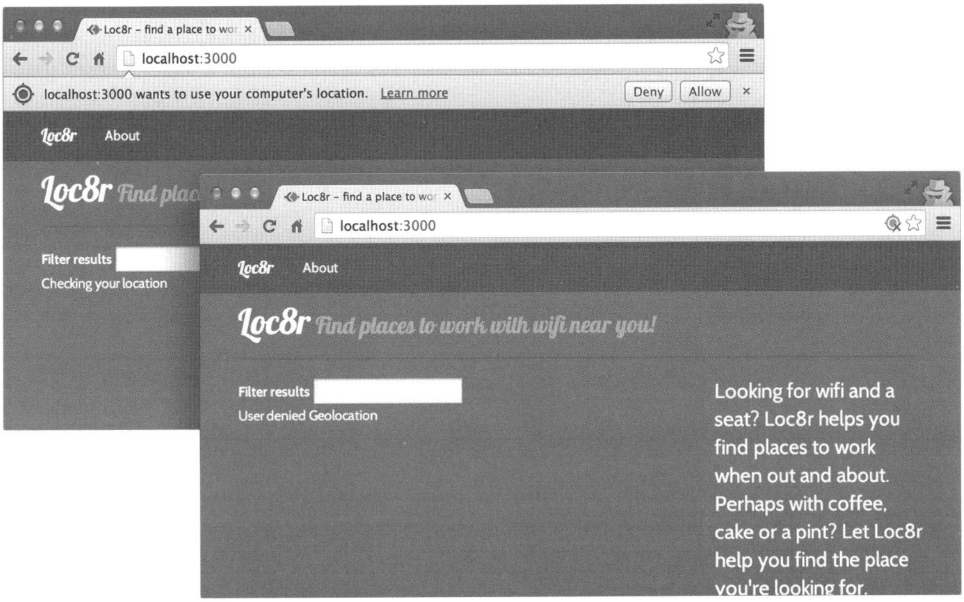

Figura 8.9 – Com a geolocalização, o Loc8r pedirá permissão para saber sua localização. Caso o usuário não dê permissão, uma mensagem é mostrada.

Se dissermos não para testar essa mensagem, o navegador provavelmente vai lembrar disso. Será preciso abrir as configurações do navegador para permitir que testemos a geolocalização completada com sucesso.

Se dissermos sim, a aplicação chamará nosso serviço de dados, que, por sua vez, chamará a API. Parece bom, mas nos esquecemos de uma etapa importante: ainda não passamos as coordenadas ao serviço de dados, que até então está usando os valores fixos de `lat` e `lng`.

PASSANDO COORDENADAS DE GEOLOCALIZAÇÃO PARA O SERVIÇO DE DADOS

Estamos quase lá. O serviço de geolocalização está devolvendo coordenadas para a aplicação no Angular, portanto precisamos alimentar nosso serviço de dados com elas para montar a chamada à API.

A primeira coisa a fazer é modificar o serviço `loc8rData`, envolvendo a chamada à API em uma função para que possamos passar dados a ela. Não é possível passar parâmetros para a função `loc8rData` porque é um construtor de um serviço. Na listagem a seguir usaremos algumas funções aninhadas para aceitar dois parâmetros, `lat` e `lng`, e depois atualizaremos a chamada à API para usá-los.

Listagem 8.17 – Atualizando o serviço loc8rData para devolver uma função em vez de dados

```
var loc8rData = function ($http) {
   var locationByCoords = function (lat, lng) { ❶
      return $http.get('/api/locations?lng=' + lng + '&lat=' + lat +
         '&maxDistance=20'); ❷
   };
   return {
      locationByCoords : locationByCoords ❸
   };
};
```

❶ Cria uma função dentro da função do serviço, aceitando dois parâmetros, `lat` e `lng`.

❷ Remove os valores fixos no código da chamada à API e os substitui pelas variáveis `lng` e `lat`.

❸ Devolve a função `locationByCoords` tornando-a acessível como um método do serviço.

Nosso serviço `loc8rData` agora tem um método `locationByCoords` que os controladores podem acessar, passando a ele as coordenadas. Agora só nos resta atualizar o código do controlador.

Vimos que a API de geolocalização devolve um parâmetro `position` para o callback de sucesso, que neste caso chamamos de `$scope.getData`. Já `position` é um objeto JavaScript contendo vários itens de dados, incluindo um path `coords` que armazena os valores de longitude e latitude.

A listagem a seguir mostra como atualizar a função `$scope.getData` no controlador, modificando a chamada para o serviço de dados para usar um novo método e passar a ele os parâmetros.

Listagem 8.18 – Atualizando o controlador para passar as coordenadas aos serviços

```
$scope.getData = function (position) { ❶
   var lat = position.coords.latitude,
         lng = position.coords.longitude;
   $scope.message = "Searching for nearby places";
   loc8rData.locationByCoords(lat, lng) ❷
      .success(function(data) {
         $scope.message = data.length > 0 ? "" : "No locations found";
         $scope.data = { locations: data };
      })
      .error(function (e) {
```

```
            $scope.message = "Sorry, something's gone wrong";
        });
    };
```

❶ Define variáveis para armazenar latitude e longitude a partir do objeto posição.

❷ Em vez de chamar o serviço `loc8rData`, atualiza o código para chamar o novo método `locationByCoords`, passando as variáveis `lat` e `lng`.

E esta é a última peça do quebra-cabeças. O Loc8r agora sabe sua localização atual e lista os estabelecimentos próximos, o que era a ideia desde o início. Podemos também filtrar os resultados na homepage usando um campo de texto.

A figura 8.10 mostra a homepage neste momento. Não parece muito diferente do que estava no começo do capítulo, mas agora a área de dados variáveis da homepage é um módulo do Angular.

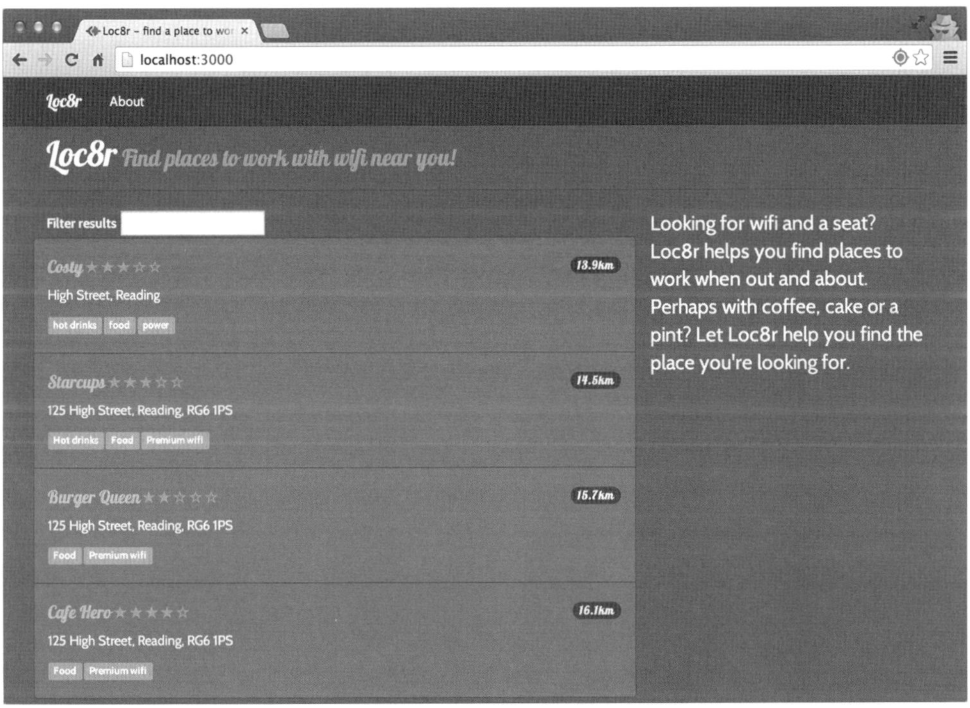

Figura 8.10 – Visualmente a única diferença na homepage, se compararmos com o começo do capítulo, é o campo de texto para o filtro. Sob o capô, entretanto, a área de conteúdo variável agora é administrada pelo Angular, que também está procurando sua localização atual e mostrando os resultados próximos.

E é isso. Ou quase. Como é agora o Angular que administra parte da homepage, um bug foi introduzido na página de resenhas. Consertaremos isso num minuto.

8.4 Garantindo o funcionamento dos formulários

Ao adicionar o Angular ao template *layout.jade*, inadvertidamente criamos um bug no formulário de resenhas. Quando criamos o formulário de resenhas deixamos o `action` em branco, o que quer dizer que o formulário seria submetido para o URL atual. Na época, era exatamente o que queríamos. E funcionava bem até aqui. Então, qual é o problema?

Quando o Angular encontra um formulário sem uma ação definida, ele impede que a ação aconteça. Não é por acaso. Quando criamos uma aplicação no Angular e incluímos um formulário, é provável que queiramos que o Angular cuide do formulário e gerencie o envio e destino. Não queremos ter que evitar manualmente o envio toda vez que o formulário é preenchido, o Angular faz isso para nós.

Isso é muito útil, exceto na situação em que estamos agora. Para consertar as coisas, basta adicionar uma ação ao formulário, impedindo que o Angular interfira com ele.

A primeira coisa a fazer é repassar o URL atual do controlador para o Jade. Uma forma fácil de obter uma representação precisa do URL é usar a propriedade `originalUrl` do objeto `req`. A listagem a seguir mostra a atualização necessária na função `renderReviewForm` presente no arquivo *locations.js* da pasta *app_server/controllers*.

Listagem 8.19 – Passando o URL do formulário de resenhas do controlador

```
var renderReviewForm = function (req, res, locDetail) {
   res.render('location-review-form', {
      title: 'Review ' + locDetail.name + ' on Loc8r',
      pageHeader: { title: 'Review ' + locDetail.name },
      error: req.query.err,
      url: req.originalUrl
   });
};
```

O segundo passo é enviar a saída do parâmetro `url` para o atributo `action` da definição de formulário em *location-review-form.jade* na pasta *app_server/views*. O trecho de código a seguir mostra como:

```
form.form-horizontal(action="#{url}", method="post", role="form")
```

Com essas duas pequenas atualizações no formulário, tudo funcionará como dantes e o Angular ignorará o formulário.

8.5 Resumo

Neste capítulo vimos:

- vinculação simples e vinculação de dados de mão dupla;
- melhores práticas: o uso das sintaxes de getter e setter para definir um módulo e seus componentes;
- como definir controladores no código e em HTML para gerenciar uma aplicação;
- o funcionamento dos escopos no Angular, particularmente o rootScope e os escopos dos controladores;
- como criar trechos de HTML com diretivas;
- filtros para modificar a saída de texto e itens repetitivos no HTML;
- serviços para adicionar funcionalidades reutilizáveis e para trabalhar com dados;
- o serviço `$http`, que faz chamadas assíncronas a uma API;
- quando e por que usar `$scope.$apply()`;
- a API de localização do HTML5 e seu uso no Angular.

No capítulo 9, transformaremos completamente a aplicação Loc8r para que funcione como uma aplicação de uma única página (SPA) usando o Angular. Respire fundo e prepare-se: será divertido!

CAPÍTULO 9

Construindo uma aplicação de uma única página com o Angular: fundamentos

Neste capítulo veremos como:

- Configurar o Express para entregar uma aplicação de uma única página.
- Aplicar boas práticas para organizar o código em uma aplicação Angular de grande envergadura.
- Usar o Angular para fazer o roteamento de URLs em vez do Express.
- Combinar e minificar muitos arquivos do Angular em um só.

Vimos no capítulo 8 como usar o Angular para adicionar um componente a uma página existente. Os próximos dois capítulos levarão o Angular para o próximo estágio, ou seja, para criar uma SPA (aplicação de uma única página). Isso significa que em vez de a lógica da aplicação ser executada no servidor usando o Express, rodará inteiramente no cliente usando Angular. No final deste capítulo teremos o framework básico para um SPA e uma parte da funcionalidade, a saber, o roteamento para a homepage e a visualização de seu conteúdo.

A figura 9.1 mostra onde estamos na arquitetura geral, recriando a aplicação como um SPA em Angular.

Se estivéssemos em um processo normal de desenvolvimento, talvez não perdêssemos tempo criando a aplicação inteiramente no servidor para depois jogar tudo fora e recriá-la como um SPA. O ideal é que no planejamento inicial já tenhamos definido como a aplicação será, se usaremos a abordagem SPA ou não, e já começamos com o pé direito na tecnologia certa. Porém, lembre-se: estamos aprendendo, portanto ter uma ideia de todos os aspectos e formas de desenvolvimento parece ser o caminho mais didático – além de ser um belo atalho, afinal já estamos familiarizados com a funcionalidade do site e com os layouts que nós mesmos já criamos. Isso permitirá que nos concentremos no Angular e em como criar uma SPA com ele.

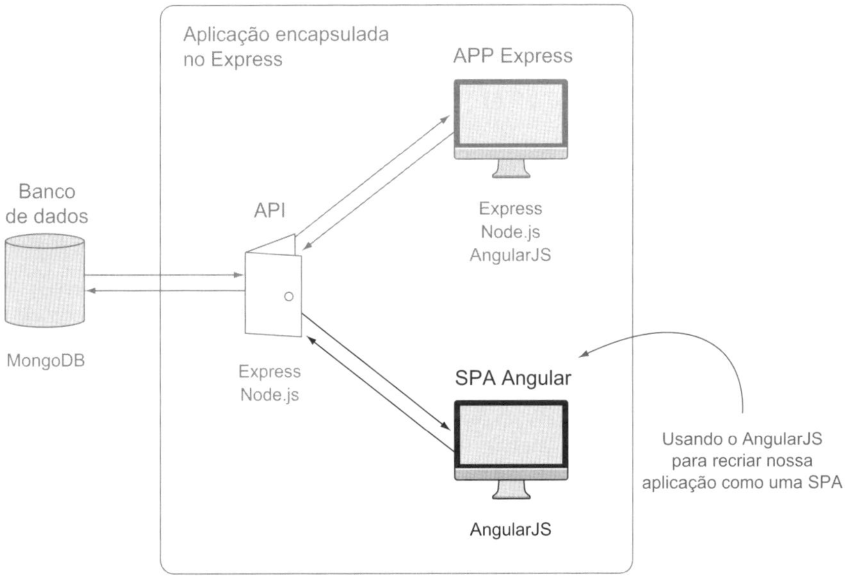

Figura 9.1 – Neste capítulo recriaremos o Loc8r como uma SPA no Angular, transferindo a lógica da aplicação do back-end para o front-end.

Começaremos atualizando a aplicação no Express para incluir uma aplicação de front-end, no navegador do cliente, antes de montar a homepage. À medida que adicionamos controladores, serviços, filtros e diretivas, exploraremos as várias boas práticas associadas ao Angular, como proteger o escopo global, empregar componentes reutilizáveis e minificar o código para melhor desempenho dos navegadores.

9.1 Construindo as fundações para o Angular SPA

Nesta seção configuraremos alguns itens para que depois possamos criar a funcionalidade da SPA. No capítulo anterior colocamos todo o código Angular do componente que criamos para a homepage em um único arquivo. Embora seja perfeitamente aceitável fazer isso para um componente pequeno, usado em um só lugar, notamos que mesmo aí as coisas começaram a ficar fora de controle. Com suas mais de 140 linhas, o arquivo já estava ficando difícil de administrar e de encontrar algum trecho de código.

Para ficar administrável e garantir a qualidade e reutilização do código, a boa prática para construir um SPA em Angular é ter um arquivo para cada funcionalidade.

Portanto, cada controlador, serviço, diretiva e filtro deve ter seu próprio arquivo. Tomaremos esse caminho a partir daqui, e para isso precisamos planejar como os arquivos e o código ficarão organizados.

9.1.1 Organizando a estrutura de arquivos

Precisamos organizar os arquivos da aplicação nos lugares certos para que o desenvolvimento não seja atrapalhado pela bagunça. Começaremos criando uma nova pasta-raiz para o código da SPA.

A PASTA DA APLICAÇÃO

A primeira coisa a fazer é criar um local dentro de nossa aplicação em Express para o SPA em Angular. Já temos uma convenção de nomes para separar as partes principais da aplicação, com pastas chamadas *app_server* e *app_api*. Para consistência, criaremos uma pasta chamada *app_client* na raiz da aplicação.

Nessa pasta residirá todo o código da aplicação em Angular. O código JavaScript colocado aqui deve ser enviado para o navegador e não deve ser executado pelo servidor. Para isso, é preciso dizer ao Express que esta pasta contém arquivos "estáticos", que devem ser entregues ao navegador sem processamento quando solicitados.

No começo do livro, vimos que isso é configurado no arquivo *app.js* do Express. Nele, vimos que a pasta pública já está marcada como estática. No trecho de código a seguir nós duplicamos essa linha no arquivo *app.js* e alteramos a pasta para *app_client*:

```
app.use(express.static(path.join(__dirname, 'public')));
app.use(express.static(path.join(__dirname, 'app_client')));
```

Agora, sempre que o navegador solicitar algo da nova pasta, será entregue diretamente sem processamento no servidor.

O ARQUIVO PRINCIPAL DA APLICAÇÃO

Dentro da pasta *app_client* precisaremos do arquivo principal para a aplicação. Como vimos no capítulo 8, usaremos para isso as sintaxes de getter e setter do JavaScript, e ambas começarão a fazer sentido agora, com múltiplos arquivos. O arquivo principal conterá um, e apenas um, setter para o módulo principal da aplicação.

Na pasta *app_client* crie um novo arquivo chamado *app.js* e adicione o módulo Angular em sintaxe de setter, como a seguir:

```
angular.module('loc8rApp', []);
```

Com o setter do módulo no lugar, podemos adicionar a ele controladores, filtros e outros itens necessários à aplicação. Para isso, usaremos a sintaxe de getter.

O ARQUIVO JADE DE LAYOUT DA APLICAÇÃO

A SPA no Angular será, obviamente, apresentada em um navegador. Todavia, não precisamos mais do componente Angular da homepage que criamos no capítulo 8. Para retirá-lo, altere sua referência no arquivo *layout.jade* (em *app_server/views*):

```
script(src='/angular/angular.min.js')
script(src='/app.js') ❶
```

❶ Substitui a referência a *angular/loc8rApp.js* no arquivo */app.js*.

Já temos nossa fundação, ou seja, um lugar para colocar o código da aplicação. Criamos um setter para o módulo e o adicionamos ao layout em Jade para que ele seja mostrado no navegador.

Todavia, se tentarmos usar a aplicação agora seremos brindados com um erro de JavaScript. A falha ocorre porque estamos tentando usar o template Jade criado para a homepage, que ainda faz referência ao componente em Angular que criamos no capítulo 8 e que acabamos de apagar.

A solução é criar toda a nova aplicação para administrar a homepage inteira. Antes disso, porém, precisamos que o Angular passe a controlar o roteamento.

9.2 Transferindo o roteamento do Express para o Angular

Um dos princípios de uma SPA é que a página jamais é recarregada quando o visitante navega de uma página para a outra. O navegador não faz uma nova solicitação HTTP para o servidor a cada clique. No entanto, queremos que os visitantes possam acessar qualquer URL diretamente, e receberem o conteúdo correto toda vez.

No momento, quando um usuário visita um URL da aplicação, o navegador envia uma solicitação ao servidor e este processa o pedido antes de enviar o HTML da página como resposta. O ciclo 1 da figura 9.2 demonstra o processo. Isso acontece para cada nova página solicitada enquanto o usuário está na aplicação, e o servidor envia uma página completa a cada solicitação do navegador.

Em uma SPA, quando o visitante acessa um URL pela primeira vez, o navegador envia uma solicitação ao servidor. Como mostrado no ciclo 2 da figura 9.2, o servidor devolve a aplicação completa para o navegador, e é a aplicação no cliente que processa a solicitação antes de mostrar a página correta ao visitante. Quando o usuário clica em um link para ir a outra página, a aplicação no navegador processa a solicitação e altera o que o usuário vê, em vez de fazer outra solicitação ao servidor. Esse processo, bastante curto, pode ser visto no ciclo 3 da figura 9.2.

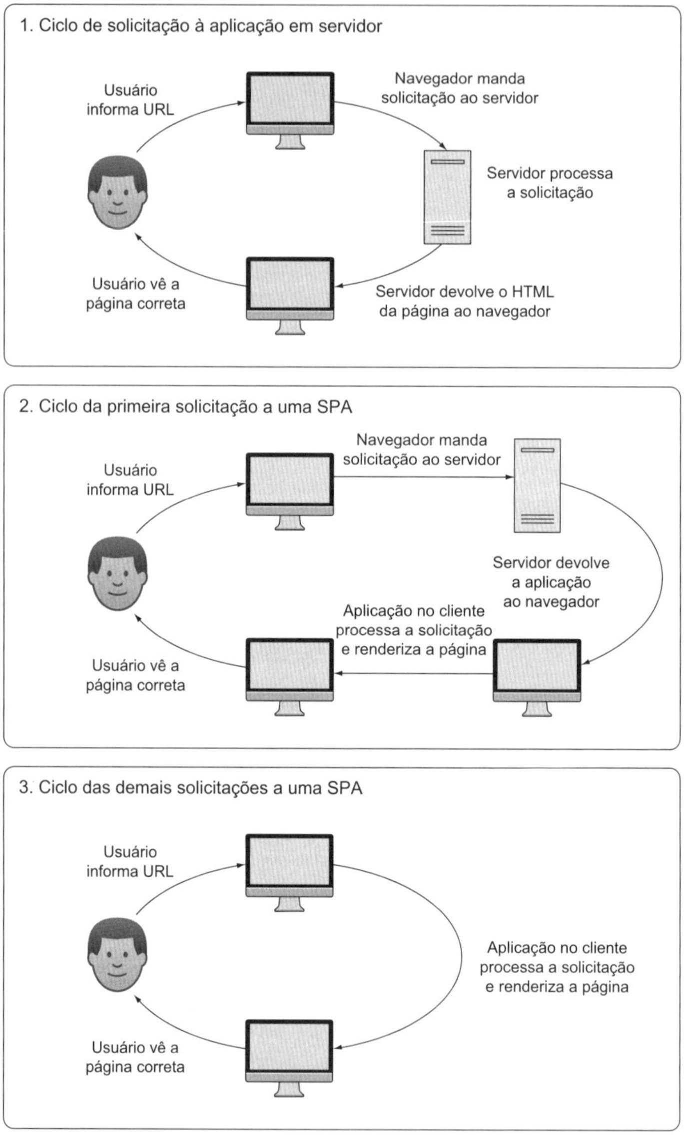

Figura 9.2 – Três diferentes modelos de implementação pedem três diferentes ciclos de solicitação. As aplicações implementadas no servidor fazem uma solicitação a ele a cada vez que o navegador pede uma página. Em uma SPA, o navegador só solicita ao servidor a página completa uma única vez – a primeira. As demais solicitações do navegador são tratadas pela própria SPA.

É interessante observar como o navegador sabe o que mostrar para diferentes URLs. No Express, criamos rotas que apontam para diferentes controladores. É possível fazer algo semelhante no Angular, mas antes de mais nada precisamos silenciar o Express, evitando que este sequestre as solicitações.

9.2.1 Desligando o roteamento no Express

Como mostrado na figura 9.2, toda página solicitada pelo navegador à aplicação é roteada pelo Express. Um URL ingressa no sistema e o Express decide que controlador deve ser usado. Queremos mudar esse comportamento e fazer o Express devolver, todas as vezes, o código da aplicação e mais a página HTML que a contém. Depois de carregada, a aplicação em Angular fará o roteamento.

Para impedir que o Express sequestre o processamento da rota, precisamos fazer duas coisas:

- Criar um controlador no Express que devolva um template básico ao navegador.
- Atualizar a rota da homepage do Express para que use um novo controlador.

DEVOLVENDO UM TEMPLATE DE PÁGINA: UM NOVO CONTROLADOR

Antes de atualizar a rota principal do Express, é necessário criar outro controlador. A pergunta é: o que queremos enviar ao navegador? Em nosso SPA, queremos manter a navegação e o rodapé únicos em todas as páginas, e mudar o conteúdo central clicável. Nosso template *layout.jade* já contém o cabeçalho, o rodapé e um marcador para o conteúdo variável central, e é um candidato mais que perfeito para ser reutilizado.

O trecho de código a seguir mostra o novo controlador, a ser incluído no arquivo *others.js* da pasta *app_server/controllers*:

```
module.exports.angularApp = function(req, res){
  res.render('layout', { title: 'Loc8r' });
};
```

Quando chamado, esse controlador envia o layout ao navegador. Mas, por enquanto, ninguém o chama para nada.

ALTERANDO O ROTEAMENTO DA HOMEPAGE

A rota para a homepage está no arquivo *index.js* em *app_server/routes* e precisa ser atualizada para usar o novo controlador. O trecho de código a seguir mostra o que precisa ser alterado (em **negrito**):

```
router.get('/', ctrlOthers.angularApp); ❶
router.get('/location/:locationid', ctrlLocations.locationInfo);
router.get('/location/:locationid/review/new', ctrlLocations.addReview);
router.post('/location/:locationid/review/new', ctrlLocations.doAddReview);
```

❶ Configura a rota da homepage para usar o novo controlador.

E as outras rotas do Express?

As outras rotas do Express ficaram redundantes depois da atualização e não serão usadas. Você pode apagá-las ou comentá-las para deixar o código mais limpo, se preferir, mas deixá-las aí não vai causar nenhum conflito no roteamento do Angular porque todos os URLs no Angular serão ligeiramente diferentes.

Para evitar recarregamentos de página, o comportamento padrão do Angular é alterar os URL apenas à direita do caractere `#`, que tradicionalmente é uma âncora de página. Quando o HTML foi criado, a função original do `#` em um URL era levar o visitante a outro ponto da mesma página – recurso bastante útil em páginas grandes. O Angular usa esse truque para levar o visitante a pontos específicos de uma aplicação.

Na versão em Express, o URL relativo à página About é assim:

```
/about
```

Com o roteamento do Angular, o URL da mesma página ficaria:

```
/#/about
```

Mais adiante, no capítulo 10, veremos como remover o `#` dos URLs do Angular para links mais limpos.

Ao visitarmos a homepage, somos brindados por uma página bastante espartana, como mostrado na figura 9.3, contendo apenas navegação e rodapé. O rodapé, neste ponto, está escondido atrás da barra de navegação devido à falta de conteúdo.

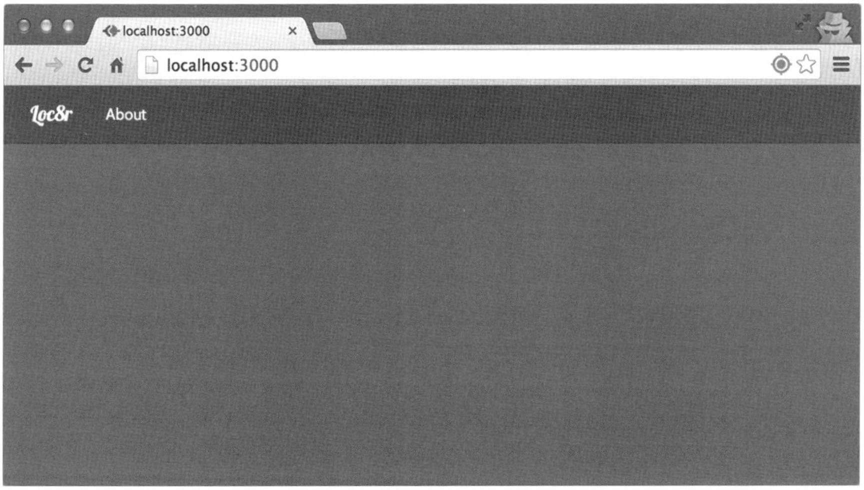

Figura 9.3 – O Express agora renderiza apenas o template layout.jade para envio ao navegador, e por isso a homepage é um tanto vazia – pronta para um pouco de Angular.

O próximo passo é adicionar um pouco de roteamento ao Angular.

9.2.2 Adicionando o ngRoute (angular-route) à aplicação

Versões mais antigas do Angular tinham roteamento embutido na biblioteca principal, mas hoje a funcionalidade foi transferida para uma dependência externa, para ganhar dos desenvolvedores a atenção que merece. Precisamos, portanto, baixar e adicionar à aplicação mais uma biblioteca.

Como faz parte do núcleo do Angular, a biblioteca pode ser obtida em code.angularjs.org. O site mantém uma pasta para cada release do Angular para que possamos sempre baixar a versão correta. Neste livro, estamos usando o Angular 1.2.19, portanto o endereço correspondente é *code.angularjs.org/1.2.19/*. Obviamente, baixe a versão correspondente ao Angular que estiver usando.

O módulo que queremos é chamado de angular-route, e devemos baixar os seguintes arquivos minificados:

- *angular-route.min.js*
- *angular-route.min.js.map*

Já podemos adicionar arquivos à nossa aplicação.

INCLUINDO ARQUIVOS DO ANGULAR-ROUTE NA APLICAÇÃO

Os dois arquivos devem ser gravados na pasta *app_client* que criamos há pouco, e assim o navegador pode usá-las como arquivos estáticos. Para manter a limpeza nas pastas, crie uma pasta chamada *lib* dentro de *app_client* e salve nela os dois arquivos do angular-route. Assim manteremos os arquivos da biblioteca separados do código da aplicação.

O navegador precisa saber como baixar o arquivo JavaScript, então incluiremos mais um link em *layout.jade* como mostrado no trecho de código a seguir:

```
script(src='/angular/angular.min.js')
script(src='/lib/angular-route.min.js')
script(src='/app.js')
```

Agora o navegador sabe que o arquivo JavaScript existe e vai baixá-lo. Este, por sua vez, fará referência ao arquivo *.map* para mostrar mensagens de erro legíveis, se necessário. Isso é bom, mas nossa aplicação no Angular ainda não sabe que queremos usá-lo.

INCLUINDO O ANGULAR-ROUTE NA APLICAÇÃO

Para incluir o angular-route na aplicação em Angular, precisamos adicioná-lo à definição do módulo como uma dependência. O nome do arquivo deve ser angular-route mas o nome do módulo é `ngRoute`, portanto essa é a dependência que deve ser incluída. O módulo gera um provedor chamado `$routeProvider` que podemos passar a uma função `config` do Angular. A função `config` é onde definiremos as diferentes rotas da aplicação.

Juntando tudo na listagem a seguir, temos o conteúdo completo e atualizado do arquivo *app_client/app.js*.

Listagem 9.1 – Adicionando o ngRoute e sua configuração à aplicação no Angular

```
angular.module('loc8rApp', ['ngRoute']); ❶

function config ($routeProvider) { ❷
  $routeProvider
    .when('/', {
    })
    .otherwise({redirectTo: '/'});
}
```

```
angular
    .module('loc8rApp')
    .config(['$routeProvider', config]); ❸
```

❶ Inclui o ngRoute como uma dependência no módulo.

❷ Função de configuração do módulo onde serão definidas as rotas.

❸ Inclui config ao módulo, passando $routeProvider como dependência.

A sintaxe do Angular e o uso de injeção de dependência, módulos e provedores podem fazer o código aparentar mais complicado do que realmente é. Nosso módulo precisa do `ngRoute` para ser capaz de fazer roteamento ❶ e a função `config` ❷ é onde as rotas são definidas. O módulo precisa saber a respeito da função `config` ❸ usando a sintaxe de getter do módulo.

O roteamento, como está, não fará muita coisa, mas a sintaxe é clara. Quando o caminho do URL for '/' – ou seja, a homepage – nada deve ser feito. Se um URL diferente for chamado, será redirecionado à homepage. Ao longo deste capítulo incluiremos mais declarações `.when` a esta configuração para criar rotas a outras páginas. Antes disso, vamos montar uma homepage que faça algo útil.

9.3 Adicionando as primeiras visões, controladores e serviços

Nesta seção, voltaremos a implementar a funcionalidade da homepage. Para isso, precisamos criar uma visão e um controlador para o Angular. Também usaremos os serviços criados no capítulo 8 para geolocalização e para interagir com a API e os dados.

Na seção 9.1 falamos um pouco sobre dividir a funcionalidade em arquivos separados, e é o que faremos agora. Cada visão, controlador e serviço deve estar contido em seu próprio arquivo, agrupados de forma lógica e organizada em pastas com nomes sugestivos. Ou seja, os arquivos devem ser agrupados baseados no que fazem, não pelo tipo de arquivo. Por exemplo, o controlador e a visão da homepage são intimamente ligados, portanto os colocaremos na mesma pasta.

> **DICA: BOA PRÁTICA.** Cada visão, controlador, serviço ou filtro deve estar contido em um arquivo separado. Os arquivos devem obedecer a uma convenção lógica e adequada, e serem agrupados em pastas, cujos nomes refletem a função do grupo.

Com isso em mente, comecemos criando uma pasta chamada *home* dentro de *app_client*. A nova pasta abrigará os arquivos da homepage, começando pela visão.

9.3.1 Criando uma visão para o Angular

Criaremos agora um template HTML para o conteúdo da homepage, incluiremos no roteamento da aplicação no Angular e o mostraremos na página.

O TEMPLATE DA VISÃO

Já sabemos como a homepage deve parecer e se comportar, pois já temos o template para ela e até alguns vínculos do Angular. O template está em formato Jade, mas agora precisamos convertê-lo para HTML e substituir os vínculos em Jade pelos seus equivalentes em Angular. Na pasta *app_client/home*, o novo arquivo de visão será chamado de *home.view.html*.

A listagem 9.2 mostra o conteúdo de *home.view.html* depois de convertido do Jade. Observe que o filtro `formatDistance` foi removido do badge de distância do estabelecimento para que não mostre erros. Voltaremos a ele em breve.

Listagem 9.2 – Template de visão do Angular para a homepage, home.view.html

```
<div id="banner" class="page-header">
  <div class="row">
    <div class="col-lg-6"></div>
      <h1>
        {{ pageHeader.title }} ❶
        <small>{{ pageHeader.strapline }}</small>
      </h1>
  </div>
</div>

<div class="row">
  <div class="col-xs-12 col-sm-8">
    <label for="filter">Filter results</label>
    <input id="filter" type="text", name="filter", ng-model="textFilter">
    <div class="error">{{ message }}</div>
    <div class="row list-group">
      <div class="col-xs-12 list-group-item" ng-repeat="location in
    data.locations | filter : textFilter">
        <h4>
          <a href="/location/{{ location._id }}">{{ location.name }}</a>
          <small class="rating-stars" rating-stars
      rating="location.rating"></small>
```

```
            <span class="badge pull-right badge-default">{{ location.distance
        }}</span> ❷
          </h4>
          <p class="address">{{ location.address }}</p>
          <p>
            <span class="label label-warning label-facility" ng-
        repeat="facility in location.facilities">
              {{ facility }}
            </span>
          </p>
        </div>
      </div>
    </div>
    <div class="col-xs-12 col-sm-4">
      <p class="lead">{{ sidebar.content }}</p> ❸
    </div>
  </div>
```

❶ Atualiza os vínculos de `pageHeader` para o formato do Angular.

❷ Remove o filtro `formatDistance`, por enquanto.

❸ Atualiza o conteúdo do painel lateral para que seja um vínculo no formato do Angular.

Este HTML não faz nada que já não tenhamos visto, e quando os dados forem inseridos teremos de volta nossa velha homepage. O próximo passo é dizer ao módulo do Angular para usar essa visão na homepage.

ASSOCIANDO UMA VISÃO A UMA ROTA

O Angular precisa conhecer o novo template, e quando usá-lo. Para isso, precisamos voltar à função `config`, que define as rotas, presente no arquivo *app_client/app.js*. Dentro da declaração `when`, que define o caminho para a homepage, especificamos a opção `templateUrl` apontando para o novo arquivo HTML:

```
function config ($routeProvider) {
  $routeProvider
    .when('/', {
      templateUrl: 'home/home.view.html' ❶
    })
    .otherwise({redirectTo: '/'});
}
```

❶ Inclui `templateUrl` ao config da rota e especifica qual template usar.

Agora, o Angular deve sempre usar o template *home.view.html* quando o caminho do URL for '/'. Só há um problema: não dissemos ao Angular onde mostrar o template na página. Nada grave, é uma correção simples e pequena no template HTML de base.

DEFININDO ONDE MOSTRAR A VISÃO DO ANGULAR

No capítulo 8, quando retiramos do código principal alguns trechos em HTML e os disponibilizamos em arquivos externos, empregamos diretivas para reintroduzi-los na aplicação. Faremos o mesmo aqui, usando uma diretiva do `ngRoute`. Chamada de `ng-view`, é usada pelo Angular como um contêiner no qual as visões podem ser substituídas.

A alteração é bem mais curta que sua explicação. No arquivo *layout.jade* já temos um `.container` que no momento tem apenas a declaração `block content`, que serve para levar o conteúdo em Jade para as páginas do site. O trecho de código a seguir mostra como adicionar um `div` com o atributo `ng-view` dentro do contêiner para que o Angular possa usá-lo:

```
.container
  div(ng-view) ❶
    block content
```

❶ Adiciona um `div` vazio como um contêiner `ng-view`; neste local o Angular inserirá suas visões.

Recarregue a página para vermos como isso se apresenta no navegador. Não é muito, mas é mais do que tínhamos alguns minutos atrás. Ainda não há dados vinculados à visão, mas podemos pelo menos ver o campo de filtro que já é parte da visão.

Agora, adicionaremos o controlador e incluiremos nele alguns dados fixos.

9.3.2 Adicionando um controlador à rota

O processo de adicionar um controlador à rota não é particularmente difícil. Precisamos:

1. Criar um controlador dentro de seu próprio arquivo.
2. Anexar o controlador à aplicação no Angular.
3. Definir na função `config` quando a rota deve usar o controlador.
4. Anunciar o arquivo para o navegador.

Começando do princípio, criaremos um arquivo para o controlador.

CRIANDO O CONTROLADOR

Na mesma pasta que *home.view.html* criaremos um arquivo chamado *home.controller.js* – nossa convenção de nomes de arquivo não poderia ser mais simples e eficiente! Neste arquivo usaremos a sintaxe de getter do JavaScript para incluir um novo controlador à aplicação e definir um controlador básico que escolhe alguns dados ao escopo para que possamos vê-los no cabeçalho da página e no painel lateral.

Essa etapa não é novidade para nós, então vejamos o conteúdo do novo controlador na listagem a seguir.

Listagem 9.3 – Criando um controlador para a homepage

```
angular ❶
  .module('loc8rApp')
  .controller('homeCtrl', homeCtrl);

function homeCtrl ($scope) { ❷
  $scope.pageHeader = {
    title: 'Loc8r',
    strapline: 'Find places to work with wifi near you!'
  };
  $scope.sidebar = {
    content: "Looking for wifi and a seat etc etc"
  };
}
```

❶ Usa um getter no módulo para incluir um controlador na aplicação.

❷ Define um controlador chamado homeCtrl e vincula alguns dados para o cabeçalho da página e o painel lateral.

O novo controlador `homeCtrl` simplesmente vincula alguns elementos de dados que já usamos antes, quando enviamos dados dos controladores do Express para o Jade. Depois do capítulo 8, nenhuma novidade nisso. Começa a ficar aparente a grande vantagem de usar a sintaxe de setter e getter na hora de construir a aplicação com arquivos separados. Cada controlador, serviço ou filtro pode ser adicionado à aplicação por meio de seu próprio arquivo, e não é necessário administrar uma lista enorme de dependências no arquivo principal da aplicação, *app.js*.

VINCULANDO O CONTROLADOR À ROTA NA FUNÇÃO CONFIG

A função `config` precisa saber qual controlador usar para cada URL. É outro item simples, apenas mais uma opção após o `.when` da função. A opção recebe como uma string o nome do controlador a ser usado:

```
function config ($routeProvider) {
  $routeProvider
    .when('/', {
      templateUrl: 'home/home.view.html',
      controller: 'homeCtrl' ❶
    })
    .otherwise({redirectTo: '/'});
}
```

❶ Opção do controlador para a configuração da rota, o nome do controlador é uma string.

Estamos quase lá – agora precisamos informar a existência do arquivo para o navegador, para que possa baixá-lo.

O NAVEGADOR E O ARQUIVO DO CONTROLADOR

Como era de se esperar, é preciso adicionar a *layout.jade* o arquivo contendo o script para que o navegador possa baixá-lo e o Angular possa usar seu conteúdo. O trecho de código a seguir mostra as alterações necessárias no final do arquivo *layout.jade* para adicionar o novo controlador:

```
script(src='/angular/angular.min.js')
script(src='/lib/angular-route.min.js')
script(src='/app.js')
script(src='/home/home.controller.js')
```

Se recarregarmos a página no navegador, perceberemos que a homepage passou a ter um cabeçalho e painel lateral devidamente preenchidos, como mostrado na figura 9.4.

Antes de seguir adiante, atualizaremos o controlador com algumas pitadas de boas práticas.

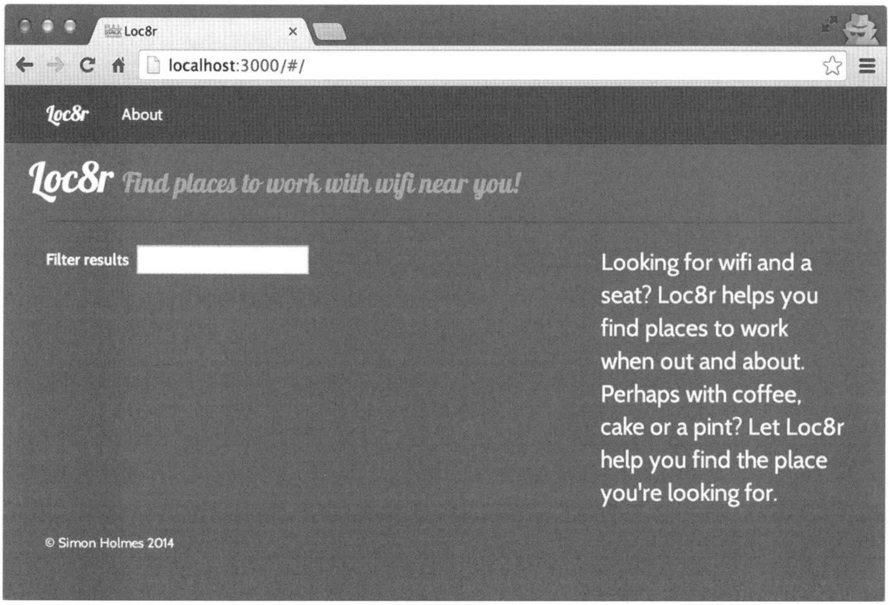

Figura 9.4 – A primeira versão de nossa SPA, com os dados para o cabeçalho da homepage e o painel lateral fixos no controlador homeCtrl

9.3.3 Boa prática: usando a sintaxe controllerAs no controlador

O Angular oferece uma maneira de criar um *modelo de visão* (ViewModel) ao qual podemos vincular dados, em vez de "pendurar" tudo no objeto `$scope`. Há algumas vantagens. Primeiro, força o desenvolvedor a criar limites para os dados, evitando que se associe valores diretamente ao `$scope`. A prática também ajuda a manter limpo o objeto `$scope`, contudo, ele ainda pode ser usado, se for necessário publicar ou se inscrever em seus eventos. Em outras palavras, o `$scope` deve ser empregado apenas em casos especiais e quando realmente necessário, como, por exemplo, ao trabalhar com `$scope.$apply`.

Vejamos, então, como o `controllerAs` funciona e se parece, começando pela definição de rota.

DECLARANDO CONTROLADORES NA DEFINIÇÃO DAS ROTAS

O primeiro passo é dizer ao Angular que este controlador deve ser chamado com a sintaxe `controllerAs`. O controlador é especificado como uma opção `controllerAs` na definição da rota e passando a ele uma string com o nome do ViewModel apropriado.

Outra boa prática é escolher um nome padrão. Muitos desenvolvedores usam vm, abreviatura de ViewModel. O trecho de código a seguir mostra como fica a definição de rota:

```
function config ($routeProvider) {
    $routeProvider
      .when('/', {
        templateUrl: 'home/home.view.html',
        controller: 'homeCtrl',
        controllerAs: 'vm' ❶
      })
      .otherwise({redirectTo: '/'});
}
```

❶ Inclui na definição da rota a opção `controllerAs`, passando em uma string o nome da variável a ser usada.

Usaremos essa variável `vm` tanto no controlador quanto na visão, e colocaremos nela todos os objetos que hoje estão no `$scope`.

DEFININDO O VIEWMODEL NO CONTROLADOR

Internamente, os controladores são gerados em uma aplicação usando o método `new` do JavaScript, criando uma única instância. Quando a sintaxe `controllerAs` é usada, o Angular usa a declaração `this` dentro da função e a vincula ao `$scope`.

Contudo, o `this` do JavaScript pode ser problemático. Para começar, ele é muito sensível ao contexto: cada função aninhada terá seu próprio `this`, em vez de herdá-lo do escopo-pai. Para contornar o problema, simplesmente defina uma variável no início do controlador e atribua a ela o valor `this`.

Para manter a consistência, nossa variável será chamada de `vm` – o que também é boa prática, mas você pode dar o nome que desejar. O nome da variável definida aqui não precisa ser o mesmo que definido na rota.

Depois de declarar que `vm` é igual a `this`, podemos atualizar todos os vínculos, mudando as ocorrências de `$scope` para `vm`. Com o sumiço de todas as referências a `$scope`, podemos inclusive apagá-lo da definição da função. O controlador da homepage atualizado está na listagem a seguir.

Listagem 9.4 – Atualizando o controlador da homepage para usar vm e a sintaxe controllerAs

```
function homeCtrl () { ❶
   var vm = this; ❷
   vm.pageHeader = { ❸
      title: 'Loc8r',
      strapline: 'Find places to work with wifi near you!'
   };
   vm.sidebar = { ❸
      content: "Looking for wifi and a seat? Etc etc..."
   };
}
```

❶ Apaga `$scope` da definição da função.

❷ Atribui `this` à variável `vm`.

❸ Atualiza os vínculos de dados para `vm`, apagando as referências a `$scope`.

USANDO O VIEWMODEL NA VISÃO

Por fim, ao usar a sintaxe `controllerAs` a variável ViewModel também deve ser empregada na visão. Os dados em cada vínculo agora estão dentro do objeto `vm`, portanto precisam ser atualizados. Na listagem a seguir vemos as alterações necessárias no arquivo *home.view.html*.

Listagem 9.5 – Atualizando a visão da homepage para que use os vínculos com a variável vm

```
<div id="banner" class="page-header">
   <div class="row">
      <div class="col-lg-6"></div>
         <h1>
            {{ vm.pageHeader.title }} ❶
            <small>{{ vm.pageHeader.strapline }}</small> ❶
         </h1>
   </div>

</div>
   <div class="row">
      <div class="col-xs-12 col-sm-8">
      <label for="filter">Filter results</label>
```

```
        <input id="filter" type="text", name="filter", ng-model="textFilter">
        <div class="error">{{ vm.message }}</div># ❶
        <div class="row list-group">
          <div class="col-xs-12 list-group-item" ng-repeat="location in
          vm.data.locations | filter : textFilter"> ❶
            <h4>
              <a href="/location/{{ location._id }}">{{ location.name }}</a>
              <small class="rating-stars" rating-stars
          rating="location.rating"></small>
              <span class="badge pull-right badge-default">{{ location.distance
          }}</span>
            </h4>
            <p class="address">{{ location.address }}</p>
            <p>
              <span class="label label-warning label-facility" ng-
          repeat="facility in location.facilities">
                {{ facility }}
              </span>
            </p>
          </div>
        </div>
      </div>
      <div class="col-xs-12 col-sm-4">
        <p class="lead">{{ vm.sidebar.content }}</p> ❶
      </div>
    </div>
```

❶ Atualiza os vínculos de dados, adicionando um `vm` na frente de cada item.

Com isso, a homepage está agora operando com a sintaxe `controllerAs`. Faremos assim em todos os controladores.

Depois desse pequeno desvio, voltamos ao ponto em que estávamos: fazer a homepage funcionar como antes, ou seja, localizando o usuário no mapa e mostrando uma lista com os estabelecimentos comerciais providos de WiFi. No capítulo 8, criamos alguns serviços para trabalhar com geolocalização e dados, e iremos reaproveitá-los em nossa SPA.

9.3.4 Serviços

No capítulo 8, criamos dois serviços, `geolocation` e `loc8rData`. Ambos serão transferidos da aplicação em Express para a SPA. Para cada um dos serviços é necessário:

1. Criar um arquivo.
2. Copiar nele o código do serviço.
3. Registrar o serviço na aplicação.
4. Adicionar o arquivo ao layout.jade.
5. Chamar o serviço a partir do controlador home.

OS ARQUIVOS DE SERVIÇO

Vamos manter nossa metodologia de manter as coisas em arquivos separados, criando um arquivo para cada controlador. Os serviços podem ser reutilizados em todo o site e não são, necessariamente, subcomponentes da homepage. Portanto, em vez de colocá-los na pasta home, criaremos uma nova pasta em *app_client* chamada *common*. Dentro dela, criaremos uma nova pasta chamada *services*, obtendo *app_client/common/services*.

Nessa pasta, deve ser criado um arquivo chamado *loc8rData.service.js* contendo o código do serviço `loc8rData` que desenvolvemos no capítulo 8, como mostrado na listagem a seguir, lembrando sempre de registrá-lo na aplicação em Angular.

Listagem 9.6 – Serviço loc8rData

```
angular
  .module('loc8rApp')
  .service('loc8rData', loc8rData);

function loc8rData ($http) {
  var locationByCoords = function (lat, lng) {
    return $http.get('/api/locations?lng=' + lng + '&lat=' + lat +
      '&maxDistance=20');
  };
  return {
    locationByCoords : locationByCoords
  };
}
```

Agora, adicionaremos o serviço `geolocation` em um novo arquivo chamado *geolocation.service.js*, como mostra a próxima listagem:

Listagem 9.7 – Serviço geolocation

```
angular
  .module('loc8rApp')
  .service('geolocation', geolocation);

function geolocation () {
  var getPosition = function (cbSuccess, cbError, cbNoGeo) {
    if (navigator.geolocation) {
      navigator.geolocation.getCurrentPosition(cbSuccess, cbError);
    }
    else {
      cbNoGeo();
    }
  };
  return {
    getPosition : getPosition
  };
}
```

Não há nenhuma modificação no código, é exatamente o mesmo que criamos no capítulo 8. Nós apenas colocamos cada serviço em seu próprio arquivo e os registramos na aplicação. Agora só nos resta ensinar ao navegador como baixá-los.

ENVIANDO OS ARQUIVOS AO NAVEGADOR

Aqui também não temos novidades: adicionaremos estes dois arquivos à lista de scripts incluídos em *layout.jade*:

```
script(src='/angular/angular.min.js')
script(src='/lib/angular-route.min.js')
script(src='/app.js')
script(src='/home/home.controller.js')
script(src='/common/services/loc8rData.service.js')
script(src='/common/services/geolocation.service.js')
```

Próximo passo: programar o controlador para usar esses serviços.

USANDO SERVIÇOS NO CONTROLADOR

Novamente, todo o trabalho árduo já está feito, pois o código está prontinho esperando por nós – já o criamos no capítulo 8. Basta, agora, transferi-lo de lá para o controlador `homeCtrl` de nossa SPA.

A listagem a seguir mostra o controlador da homepage atualizado, incluindo a substituição de todas as ocorrências de `$scope` por `vm`. Lembre-se, é claro, de passar os nomes dos serviços ao controlador para que possa usá-los.

Listagem 9.8 – Controlador atualizado da homepage, usando dois serviços

```
function homeCtrl (loc8rData, geolocation) { ❶
   var vm = this;
   vm.pageHeader = {
      title: 'Loc8r',
      strapline: 'Find places to work with wifi near you!'
   };
   vm.sidebar = {
      content: "Looking for wifi and a seat? Etc etc"
   };
   vm.message = "Checking your location";
   vm.getData = function (position) { ❷
      var lat = position.coords.latitude,
            lng = position.coords.longitude;
   vm.message = "Searching for nearby places";
   loc8rData.locationByCoords(lat, lng)
         .success(function(data) {
            vm.message = data.length > 0 ? "" : "No locations found nearby";
            vm.data = { locations: data };
         })
         .error(function (e) {
            vm.message = "Sorry, something's gone wrong";
         });
   };

   vm.showError = function (error) {
      vm.$apply(function() {
         vm.message = error.message;
      });
   };
```

```
    vm.noGeo = function () {
      vm.$apply(function() {
        vm.message = "Geolocation is not supported by this browser.";
      });
    };

    geolocation.getPosition(vm.getData,vm.showError,vm.noGeo);

}
```

❶ Passa os nomes dos serviços ao controlador.

❷ Código do controlador do capítulo 8, retirado de lá e colocado aqui; todos os $scope foram substituídos por vm.

Parece bom. Mas tem um pequeno problema: o `$apply` é um método de `$scope`, e `vm` não herda ou acessa nada dele por ser um filho de `$scope`. Nesses casos, precisamos recolocar o `$scope` no controlador.

QUANDO O $SCOPE É NECESSÁRIO

A sintaxe `controllerAs` é excelente para deixar o código menos atravancado e evitar abusar do `$scope`. Só devemos usar o `$scope` quando absolutamente necessário.

Para usar `$scope.$apply` no controlador, precisamos passar o `$scope` como qualquer outra dependência, e alterar as chamadas a `vm.$apply` para `$scope.$apply`. A listagem a seguir mostra as mudanças necessárias (o resto do código foi omitido nesta página para maior clareza, mas deve continuar no arquivo).

Listagem 9.9 – Atualizações necessárias para usar $scope.$apply no controlador da homepage

```
function homeCtrl ($scope, loc8rData, geolocation) { ❶

  vm.showError = function (error) {
    $scope.$apply(function() { ❷
      vm.message = error.message;
    });
  };

  vm.noGeo = function () {
    $scope.$apply(function() { ❷
      vm.message = "Geolocation is not supported by this browser.";
    });
  };
}
```

❶ Referencia `$scope` como uma dependência.

❷ Altera ocorrências de `vm.$apply` para `$scope.$apply`.

Ok, *agora* estamos prontos! O escopo será atualizado imediatamente depois que as tarefas assíncronas do serviço de geolocalização forem completadas.

> **DICA: BOA PRÁTICA.** Use `$scope` apenas quando realmente necessário; use o método Modelo/Visão com `controllerAs` sempre que possível.

Ao recarregar a página, a lista de estabelecimentos é mais uma vez mostrada, como na figura 9.5.

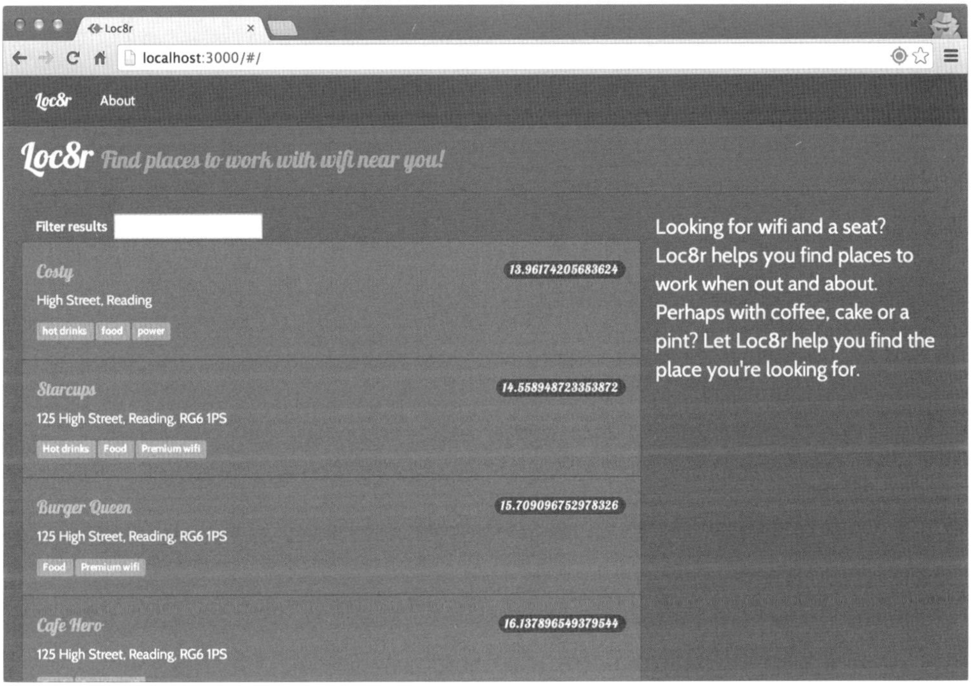

Figura 9.5 – A homepage agora mostra a lista de estabelecimentos usando os serviços geolocation e loc8rData.

Estamos quase lá – precisamos mexer em mais dois detalhes, os filtros e as diretivas, que ainda estão na aplicação do Express.

9.3.5 Filtros e diretivas

A homepage precisa mostrar a nota em estrelas e formatar as distâncias corretamente. No capítulo 8 criamos um filtro `formatDistance` e uma diretiva `ratingStar` para cuidar desses assuntos, e vamos aproveitá-los em nossa SPA. Os dois aplicativos do livro (em Expresse no Angular) foram conduzidos dessa forma para demonstrar o poder e os benefícios de se criar módulos e componentes reutilizáveis que podem ser copiados para lá e para cá e "plugados" em diferentes projetos.

Obedecendo à nossa regra "um componente, um arquivo", o filtro e a diretiva cada qual terá o seu. Certifique-se de enviá-los ao navegador, depois.

O FILTRO FORMATDISTANCE

O filtro `formatDistance` foi projetado para ser reutilizado. Por enquanto o usaremos apenas na homepage, mas ele pode ser usado onde quiser. Portanto, como com os serviços, adicionaremos uma pasta dentro de *app_client/common* chamada *filters* e, dentro dela, um arquivo chamado *formatDistance.filter.js*.

A função `formatDistance` que criamos no capítulo 8 deve ser transferida para esse novo arquivo, bem como a função auxiliar `_isNumeric` que ela usa. Precisamos ainda registrar a função como um filtro na aplicação Angular, usando a sintaxe getter, como mostrado na listagem a seguir.

Listagem 9.10 – O arquivo formatDistance.filter.js

```
angular
  .module('loc8rApp')
  .filter('formatDistance', formatDistance);

var _isNumeric = function (n) {
  return !isNaN(parseFloat(n)) && isFinite(n);
};

function formatDistance () {
  return function (distance) {
    var numDistance, unit;
    if (distance && _isNumeric(distance)) {
      if (distance > 1) {
        numDistance = parseFloat(distance).toFixed(1);
        unit = 'km';
      } else {
        numDistance = parseInt(distance * 1000,10);
        unit = 'm';
      }
      return numDistance + unit;
    } else {
```

```
            return "?";
        }
    };
}
```

A DIRETIVA RATINGSTARS

Uma diretiva requer dois arquivos, o JavaScript definindo a diretiva e o template HTML a ser usado. A diretiva `ratingStars` será usada em vários pontos da aplicação e, por isso, deve estar na pasta *app_client/common*.

Dentro da pasta comum criamos outra chamada *directive* e, dentro dela, uma subpasta *ratingStars*. O caminho completo para ela seria, portanto, *app_client/common/directive/ratingStars*. O arquivo */public/rating-stars.html* que criamos no capítulo 8 deve ser copiado para essa pasta. Para adequar-se à convenção de nomes que adotamos em nossa SPA, renomeie-o como *ratingStars.template.html*.

> **NOTA:** A convenção de nomes e pastas que estamos usando no Angular neste capítulo segue a regra "um componente, um arquivo". Sempre que tivermos apenas uma função em um arquivo, tanto o arquivo como a pasta que o contém terão o nome da função.

Na mesma pasta, criamos um arquivo chamado *ratingStars.directive.js*, no qual ficará o código da diretiva em JavaScript. Obviamente, precisaremos registrar a diretiva na aplicação.

É o que fazemos na listagem a seguir, lembrando sempre de atualizar o caminho para o URL do template.

Listagem 9.11 – A diretiva ratingStars

```
angular
    .module('loc8rApp')
    .directive('ratingStars', ratingStars);

function ratingStars () {
    return {
        restrict: 'EA',
        scope: {
            thisRating : '=rating'
        },
```

```
        templateUrl: '/common/directives/ratingStars/ratingStars.template.html'
    };
}
```

Há algo novo aqui, o atributo `restrict`. Com ele, o Angular tem permissão de usar a diretiva `ratingStars` apenas quando a string `rating-stars` estiver em pontos específicos do código. Em nosso caso, o `E` e o `A` indicam Elemento e Atributo, respectivamente, portanto o `rating-stars` só pode ser ele mesmo elemento ou um atributo de outro elemento. Outras opções seriam `C` para classe e `M` para comentários. A boa prática manda usar apenas `EA`.

Antes de continuar, precisamos incluir referências aos arquivos do filtro `formatDistance` e da diretiva `ratingStars` em *layout.jade* para que o navegador possa baixá-los.

A VISÃO DA HOMEPAGE

Precisamos nos certificar de que a homepage fará uso da diretiva e do filtro. Não fizemos nenhuma mudança no HTML nas notas com estrelas, mas o filtro foi retirado do elemento `distance` para impedir que o Angular gere erros.

O trecho de código a seguir mostra a única alteração necessária em *home.view.html*, reintroduzindo o filtro `formatDistance`:

```
<h4>
    <a href="/location/{{ location._id }}">{{ location.name }}</a>
    <small class="rating-stars" rating-stars rating="location.rating"></small>
    <span class="badge pull-right badge-default">{{ location.distance |
        formatDistance }}</span>
</h4>
```

Com isso terminamos a homepage! Recarregue a página e veja na figura 9.6 que as estrelas estão de volta e as distâncias estão corretas.

Satisfeitos com o que temos até agora? Nossa SPA em Angular já está no ar, e nossa primeira visão funciona. Mas já incluímos no template seis arquivos JavaScript para o navegador baixar – tudo isso apenas para a homepage! É muita requisição para um navegador só. E, o que é pior, todos esses arquivos estão usando variáveis globais. Que tal aproveitar a oportunidade para examinar algumas técnicas e boas práticas que podem ser usadas para resolver esses problemas antes de continuar o desenvolvimento das outras páginas?

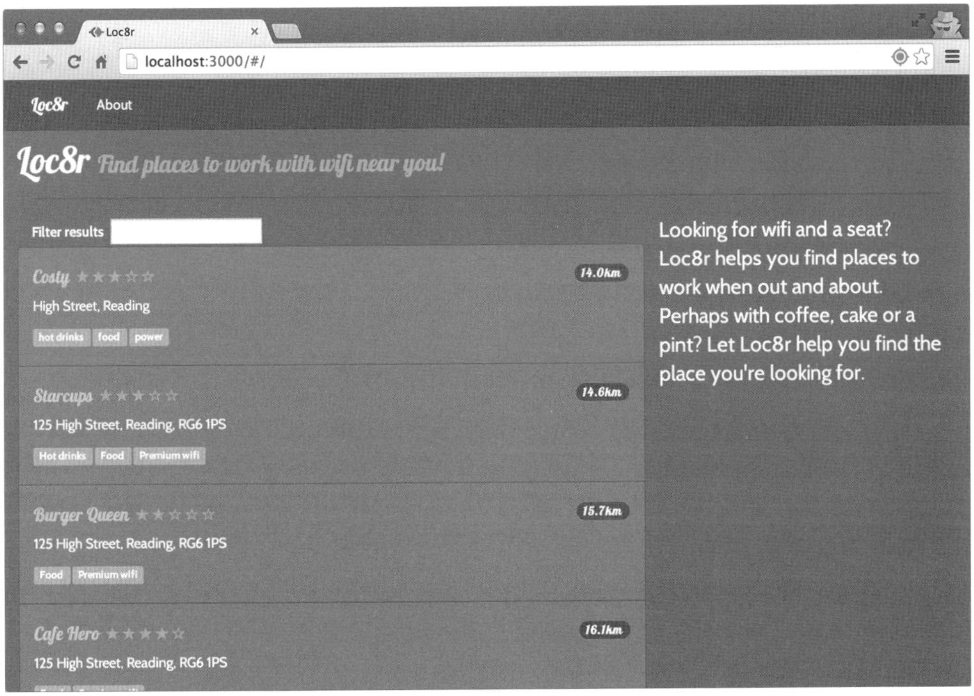

Figura 9.6 – Com a volta do filtro formatDistance e da diretiva ratingStars, a homepage está novamente funcionando como antes.

9.4 Melhorando o desempenho do navegador

A arquitetura modular que adotamos é ótima para garantir a facilidade de manutenção do código, mas tem impacto negativo nos navegadores – afinal, é preciso iniciar inúmeros downloads separados de pequenos arquivos. Já temos vários deles e nem saímos da homepage!

Nesta seção veremos como reduzir:

- o número de variáveis globais;
- o número de arquivos baixados pelo navegador;
- o tamanho dos arquivos em JavaScript.

Comecemos com as variáveis globais. Lidaremos com elas embalando cada arquivo em uma IIFE – *immediately invoked function expression* (expressão imediatamente chamada em uma função).

9.4.1 Envolvendo os arquivos em uma IIFE

A IIFE é um recurso de encapsulamento do código em JavaScript um escopo único, escondendo os componentes do escopo global. No apêndice D o assunto é tratado com mais profundidade, mas, na prática, uma IIFE é implementada como no trecho de código a seguir, no qual estamos envolvendo uma declaração `console.log`:

```
(function() {
   console.log("Output immediately");
})();
```

Esse tipo de sintaxe coloca o `console.log` dentro do escopo de uma função e imediatamente chama essa função. É exatamente o que queremos! No momento, todos os arquivos estão rodando no escopo global – o que é ruim, pois deixa o escopo global poluído, aumenta o risco de colisão de nomes de variável e expõe o código da aplicação ao mundo externo, facilitando seu mau uso.

> **NOTA:** Nossa aplicação em Angular não precisa do escopo global para manter as partes vinculadas entre si, pois tudo está conectado pelas declarações de getter e setter em `angular.module('loc8rApp')`.

A listagem a seguir mostra como fica o IIFE no *app_client/app.js*.

Listagem 9.12 – Envolvendo o arquivo app.js em IIFEs

```
(function () { ❶

   angular.module('loc8rApp', ['ngRoute']);

   function config ($routeProvider) {
      $routeProvider
         .when('/', {
            templateUrl: 'home/home.view.html',
            controller: 'homeCtrl',
            controllerAs: 'vm'
         })
         .otherwise({redirectTo: '/'});
   }

   angular
      .module('loc8rApp')
      .config(['$routeProvider', config]);

})(); ❷
```

❶ Abre o IIFE.

❷ Fecha e imediatamente chama o IIFE.

Não alteramos nada do código, apenas o envolvemos completamente em um IIFE. Precisamos fazer isso com todos os arquivos em JavaScript que criamos neste capítulo:

- */app_client/common/directives/ratingStars/ratingStars.directive.js*
- */app_client/common/filters/formatDistance.filter.js*
- */app_client/common/services/geolocation.service.js*
- */app_client/common/services/loc8rData.service.js*
- */app_client/home/home.controller.js*

Com isso reduzimos o número de variáveis globais. Daqui em diante, neste livro, consideraremos que todos os arquivos em JavaScript do Angular estão envolvidos em um IIFE.

Agora precisamos reduzir o número de arquivos e o tamanho geral da aplicação. Isso significa minificar os scripts. Se fizermos isso agora a aplicação deixará de funcionar. Por quê? O que podemos fazer a respeito?

9.4.2 Injetando dependências manualmente como proteção contra a minificação

Minificar o código que temos agora inutilizará a aplicação. Estamos injetando os nomes das dependências nas funções do controlador e do serviço como parâmetros. Durante a minificação esses nomes são abreviados para um único caractere.

A definição para `homeCtrl`, por exemplo, é assim:

```
function homeCtrl ($scope, loc8rData, geolocation)
```

Depois de minificada fica assim:

```
function homeCtrl(a,b,c){
```

Gostaria de deixar claro que a minificação não quebra o código em JavaScript. As funções que criamos funcionariam do mesmo jeito. O problema ocorre no Angular porque os parâmetros não são meros parâmetros usados unicamente no contexto da função. Pelo contrário, os parâmetros são também referências a nomes em outras partes da aplicação, como os serviços. Examinando os exemplos dos trechos de código anteriores, nossa aplicação sabe que existe um serviço chamado `loc8rData`, mas não tem a mínima ideia do que seja o serviço chamado `b`.

Podemos proteger nosso código contra esse efeito injetando manualmente as dependências como strings, que não são alteradas durante o processo de minificação. Para isso, o Angular oferece o método `$inject`, para ser usado nos construtores de serviços e controladores. O método `$inject` aceita um array de strings. Essas strings são as dependências para um controlador em particular e correspondem aos que seriam passados como parâmetros.

O exemplo a seguir fala por si. Nele adicionamos a injeção de dependências ao controlador da homepage, imediatamente antes da definição da função:

```
homeCtrl.$inject = ['$scope', 'loc8rData', 'geolocation'];
function homeCtrl ($scope, loc8rData, geolocation) {
```

O método `$inject` é aplicado ao nome da função, aceito como um array de dependências. O array deve conter apenas strings, pois elas não são alteradas quando o código é minificado. O conteúdo do array deve estar na mesma ordem dos parâmetros da função.

Um último arremate: injetar `$http` no serviço `loc8rData`:

```
loc8rData.$inject = ['$http'];
function loc8rData ($http) {
```

Desde que seja feito de forma organizada, como mostramos, a injeção de dependências é bastante simples. Lembre-se apenas de fazer isso para todos os controladores e serviços afetados. Agora sim, podemos minificar nossos scripts!

9.4.3 Minificando e concatenando scripts com o UglifyJS

Para minificar e concatenar os scripts de uma aplicação em Angular, usaremos uma ferramenta de terceiros chamada UglifyJS. Quando a aplicação em Node.js é iniciada no Express, o UglifyJS reúne todos os arquivos em JavaScript de nossa aplicação em Angular e os coloca em um único arquivo comprimido. Atualizaremos nossa aplicação para usar esse arquivo solitário de saída em vez da dúzia de arquivos que estamos carregando no momento.

Antes de mais nada, é preciso instalar o UglifyJS.

INSTALANDO O UGLIFYJS

Adicionar um novo módulo com o npm, atualizando o *package.json* no processo, é fácil – já o fizemos inúmeras vezes.

No terminal, navegue até a pasta da aplicação, onde está o arquivo *package.json*. Execute o seguinte comando:

```
$ npm install uglify-js --save
```

Isso instalará o módulo UglifyJS e o adicionará ao *package.json*.

ADICIONANDO O UGLIFYJS À APLICAÇÃO

Depois da instalação, é hora de levar o UglifyJS à aplicação. Isso deve ser feito onde tudo começa, na raiz da aplicação em */app.js*. O UglifyJS precisa ser chamado com `require`, e também precisa ser referenciado em um módulo default do Node chamado `fs`, que manipula o sistema de arquivos. Precisamos de acesso a ele para salvar o arquivo processado pelo UglifyJS.

A listagem a seguir mostra as mudanças necessárias no */app.js* para chamar os dois módulos.

Listagem 9.13 – Adicionando o UglifyJS à aplicação no Node

```
var express = require('express');
var path = require('path');
var favicon = require('serve-favicon');
var logger = require('morgan');
var cookieParser = require('cookie-parser');
var bodyParser = require('body-parser');
require('./app_api/models/db');
var uglifyJs = require("uglify-js");
var fs = require('fs');
```

Ótimo! Tudo está pronto. Vamos "uglificar" (seria melhor dizer "enfeiar") alguns arquivos?

COMPRIMINDO ARQUIVOS JAVASCRIPT

Com o UglifyJS, combinaremos todos os arquivos de nossa aplicação no Angular em um único arquivo, que depois será minificado. Esse processo acontece em memória e, quando finalizado, é gerado um arquivo que é salvo no sistema de arquivos pelo módulo fs.

Queremos que isso aconteça o mais cedo possível quando a aplicação é iniciada, portanto o código tem que ficar quase no início no arquivo *app.js* na pasta-raiz do projeto. Logo abaixo da declaração do mecanismo de visão. Precisamos inserir os itens a seguir em três seções distintas do arquivo:

1. Lista (em um array) de todos os arquivos a combinar.
2. Chamada ao UglifyJS para combinar e minificar o arquivo na memória.
3. Gravação do código uglificado na pasta pública.

Na listagem a seguir podemos ver o código a incluir, começando pela definição do array de arquivos a uglificar.

Listagem 9.14 – Definições para uglificar e salvar o código

```
routeapp.set('views', path.join(__dirname, 'app_server', 'views'));
app.set('view engine', 'jade');
var appClientFiles = [ ❶
   'app_client/app.js',
   'app_client/home/home.controller.js',
   'app_client/common/services/geolocation.service.js',
   'app_client/common/services/loc8rData.service.js',
   'app_client/common/filters/formatDistance.filter.js',
   'app_client/common/directives/ratingStars/ratingStars.directive.js'
];
var uglified = uglifyJs.minify(appClientFiles, { compress : false }); ❷
fs.writeFile('public/angular/loc8r.min.js', uglified.code, function (err){
   if(err) { ❸
      console.log(err);
   } else {
      console.log('Script generated and saved: loc8r.min.js');
   }
});
```

❶ Primeiro passo: define um array com arquivos a uglificar.

❷ Executa o processo uglifyJs.minify no array de arquivos.

❸ Salva o arquivo gerado.

Agora, ao reiniciar o Node, um novo arquivo *loc8r.min.js* é automaticamente gerado na pasta *public/angular*. Neste estágio o arquivo minificado tem 2.160 bytes, menos que os 3.575 dos arquivos individuais. Portanto, além de reduzir o número de solicitações dp navegador, de seis para um, reduzimos também o tamanho do arquivo em 40%. O 1,5 kB economizado não parece muito agora, mas lembre-se de que nossa aplicação é, no momento, muito pequena e só mostra a homepage.

Novamente, o navegador não será beneficiado com a novidade se não a contarmos para ele.

USANDO O ARQUIVO MINIFICADO NO HTML

Chegou a hora de substituir no HTML os inúmeros arquivos pelo minificado. A atualização, bem pequena, é feita no arquivo *layout.jade*, no qual comentamos os arquivos individuais e adicionamos a versão minificada, como mostrado no trecho de código a seguir:

```
script(src='/angular/loc8r.min.js') ❶
//- script(src='/app.js') ❷
//- script(src='/common/services/loc8rData.service.js')
//- script(src='/common/services/geolocation.service.js')
//- script(src='/common/directives/ratingStars/ratingStars.directive.js')
//- script(src='/common/filters/formatDistance.filter.js')
//- script(src='/home/home.controller.js')
```

❶ Inclui referência ao novo arquivo concatenado e minificado.

❷ Comenta os arquivos individuais.

Por que comentá-los em vez de apagar? É muito mais difícil debugar um único arquivo minificado que os arquivos originais. No minificado, todos os erros estarão na linha 1 e as funções e variáveis serão alteradas para nomes incompreensíveis. Se estivermos enfrentando problemas, sempre podemos voltar aos arquivos individuais para depuração, cujos nomes de arquivos, variáveis e funções são mais amigáveis.

É impossível automatizar o processo usando um sistema de montagem ou executor de tarefas como Gulp ou Grunt. Podemos configurá-los para montar apenas o arquivo minificado quando queremos fazer o deploy da aplicação no ambiente de produção. Ou então configurá-los para vigiar se certos arquivos foram modificados e criar sob demanda a versão minificada. Eles podem inclusive gerar um mapa de código-fonte, que mapeia os arquivos minificados em relação aos originais, para facilitar a depuração.

Não abordaremos a fundo o funcionamento da dupla Gulp/Grunt, mas fica a dica: vale a pena explorar suas possibilidades.

EVITANDO UM LAÇO RECURSIVO NO NODEMON

Neste momento, tudo funciona como deveria. Mas se reiniciarmos a aplicação com o nodemon, notaremos que a aplicação é reiniciada um grande número de vezes. O problema decorre de seu próprio comportamento-padrão: o nodemon reinicia a aplicação sempre que um arquivo muda, mas o arquivo minificado é gerado toda vez que a aplicação é iniciada. O laço infinito não é, portanto, nenhuma surpresa.

O bug é fácil de consertar, basta configurar o nodemon para ignorar as mudanças na pasta pública. Essa pasta contém os recursos estáticos que serão entregues pelo servidor ao navegador e, portanto, não precisam de ser "recompilados" para que as alterações neles entrem em vigor.

Para passar opções de configuração ao nodemon, basta criar um arquivo *nodemon.json* na pasta raiz da aplicação. O trecho de código a seguir ativa o modo verboso (que apresenta um grande número de informações no console) e diz ao nodemon para ignorar qualquer coisa que esteja na pasta pública:

```
{
    "verbose": true,
    "ignore": ["public/*"]
}
```

A partir de agora, temos muito mais informação no console para ajudar em diagnósticos e depuração de erros – e, mais importante, não entraremos mais em um laço infinito de reinícios!

No próximo capítulo, voltaremos a construir a aplicação e adicionar algumas páginas.

9.5 Resumo

Neste capítulo vimos como:

- configurar o Express para entregar o SPA ao navegador;
- usar o roteamento do Angular no lugar do Express para entregar as páginas;
- adicionar visões e controladores às rotas;
- usar a sintaxe `controllerAs`;
- usar arquivos separados para tudo (boa prática);

- proteger o escopo global usando IIFEs;
- realizar injeção de dependências;
- minificar e concatenar os arquivos separados em um arquivo menor, contendo toda a aplicação.

No capítulo 10, usaremos a fundação que já temos até aqui para desenvolver SPA, bem como alguns detalhes importantes no mundo real como adicionar novas páginas, remover o # dos URLs, parâmetros de roteamento, componentes embutidos do AngularUI e gravação de dados no banco. Em outras palavras: muita coisa bacana!

CAPÍTULO 10

Construindo uma aplicação de uma única página com o Angular: elevando o nível

Neste capítulo veremos como:

- Embelezar os URLs.
- Adicionar múltiplas visões em uma SPA.
- Navegar entre páginas sem recarregar a aplicação.
- Usar o AngularUI para chamar componentes do Bootstrap pré-configurados como diretivas do Angular.

Continuaremos o trabalho iniciado no capítulo 9, de construir nossa aplicação de uma única página. No final deste capítulo, o Loc8r será uma SPA em Angular que usa nossa API para obter os dados.

A figura 10.1 mostra onde estamos na arquitetura geral, ainda recriando a aplicação como um SPA em Angular.

Começaremos eliminando os últimos vínculos entre a aplicação em Angular e a aplicação no Express – o código em Angular ainda está incorporado em um template Jade. Parte do processo implica deixar os URLs mais bonitos, livrando-se dos `#`. Depois, criaremos as páginas faltantes e sua funcionalidade e veremos como aplicar as seguintes técnicas no código: injetar HTML em um vínculo, usar os parâmetros do URL em rotas e empregar diretivas prontas baseadas em componentes do Bootstrap, a biblioteca de estilos do Twitter. Ao longo do capítulo, conheceremos inúmeras boas práticas de desenvolvimento.

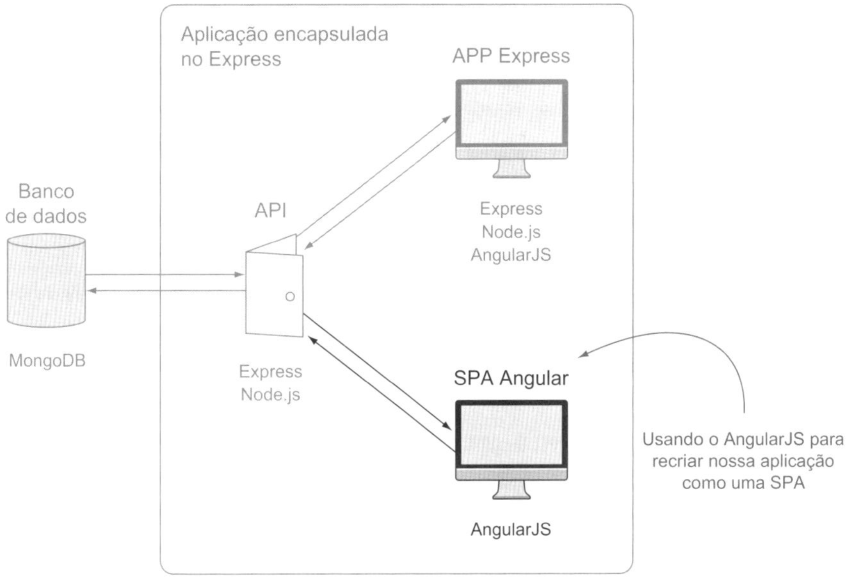

Figura 10.1 – Este capítulo continua o trabalho do anterior, recriando o Loc8r como uma SPA em Angular e transferindo para o front-end a lógica da aplicação que estava no back-end.

10.1 Uma SPA autônoma: removendo as dependências ao servidor

Nossa aplicação, no momento, tem diversos de seus elementos a cargo do servidor: a barra de navegação, moldura da página, cabeçalho e rodapé, todos definidos em um template do Jade. Para usar esse template, temos um controlador em *app_server*. Não é incorreto: funciona bem e pode ser a solução ideal em muitos casos. Porém, uma SPA pura precisa ter responsabilidade total sobre a funcionalidade, e tudo deve ser executado no lado do cliente. Ora, a aplicação client-side está em *app_client*. A ideia é que a SPA possa ser transferida e hospedada em qualquer lugar, caso queiramos retirá-la da aplicação Express que a envolve. Um exemplo prático seria hospedar a aplicação em uma CDN (Content Delivery Network ou Rede de Distribuição de Conteúdo).

Começaremos por criar a página HTML que conterá a aplicação na pasta *app_client*, atualizando o roteamento do Express para apontar para o novo arquivo. Depois, extrairemos cada seção da página HTML e os transformaremos em diretivas reutilizáveis. Por fim, veremos uma maneira de remover o # para deixar os URLs menos horríveis.

10.1.1 Uma página isolada em HTML: o novo lar da aplicação

O primeiro passo será criar uma página de suporte em HTML que conterá a aplicação. Essa página não deve depender das rotas e controladores da aplicação em Express.

INDEX.HTML

O HTML inicial deve ser o mesmo que já está sendo gerado pelo template *layout.jade*. Se tomarmos seu conteúdo e o convertermos para HTML, teremos algo como o da listagem a seguir. Salve o arquivo em *app_client/index.html*.

Listagem 10.1 – Página de suporte convertida para HTML

```
<!DOCTYPE html>
<html ng-app="loc8rApp">
  <head>
    <meta name="viewport" content="width=device-width, initial-scale=1.0">
    <title>Loc8r</title>
    <link rel="stylesheet" href="/bootstrap/css/amelia.bootstrap.css">
    <link rel="stylesheet" href="/stylesheets/style.css">
  </head>
  <body>
    <div class="navbar navbar-default navbar-fixed-top">
      <div class="container">
        <div class="navbar-header"><a href="/" class="navbar-brand">Loc8r</a>
          <button type="button" data-toggle="collapse" data-target="#navbar-
          main" class="navbar-toggle"><span class="icon-bar"></span><span
          class="icon-bar"></span><span class="icon-bar"></span></button>
        </div>
        <div id="navbar-main" class="navbar-collapse collapse">
          <ul class="nav navbar-nav">
            <li><a href="/#about">About</a></li>
          </ul>
        </div>
      </div>
    </div>
    <div class="container">
      <div ng-view>
      </div>
```

```
        <footer>
          <div class="row">
            <div class="col-xs-12"><small>&copy; Simon Holmes 2014</small></div>
          </div>
        </footer>
      </div>
      <script src="/angular/angular.min.js"></script>
      <script src="/lib/angular-route.min.js"></script>
      <script src="/lib/angular-sanitize.min.js"></script>
      <script src="/angular/loc8r.min.js"></script>
      <script src="//ajax.googleapis.com/ajax/libs/jquery/1.10.2/
      jquery.min.js"></script>
      <script src="/bootstrap/js/bootstrap.min.js"></script>
      <script src="/javascript/validation.js"></script>
    </body>
  </html>
```

Nada sobrenatural até aqui, mas precisamos atualizar a aplicação para que use este suporte.

ROTA NO EXPRESS PARA ESTE ARQUIVO ESTÁTICO

Paremos por um momento para refletir sobre os momentos mais adequados de se enviar o arquivo *index.html* para o navegador. Obviamente, quando alguém abre a homepage pela primeira vez é um deles. No entanto, se nosso objetivo for nos livrarmos do # dos URLs, o que faremos mais adiante, precisamos mostrar esse arquivo para todo e qualquer URL.

Se o Angular fizer o roteamento, não precisamos de rotas redundantes no Express. Porém, não queremos que o arquivo HTML seja enviado em todas as solicitações, uma vez que as há chamadas à API também, além de outros elementos estáticos (como CSS, JavaScript e imagens). O que fazer, então?

Como já vimos, o Express escolhe a rota baseado no primeiro padrão que combinar com o URL, depois que todo o middleware for aplicado. Se nenhuma rota combinar com o URL, os testes são feitos até o fim. Podemos usar esse comportamento a nosso favor. Se desabilitarmos todas as rotas em *app_server*, nenhuma solicitação para esses URLs será capturada e, portanto, todas as solicitações chegarão ao final do processo sem roteamento.

No fim, podemos capturar todos os URLs desprezados e enviar a eles nosso arquivo HTML. O trecho de código a seguir mostra as alterações necessárias em *app.js*, com as rotas originais desabilitadas com comentários:

```
// require('./routes')(app); ❶
require('./app_api/routes')(app);

app.use(function(req, res) { ❷
   res.sendfile(path.join(__dirname, 'app_client', 'index.html'));
});
```

❶ Comenta a linha que inclui as rodas da aplicação em Express; apagar a linha tem o mesmo efeito.

❷ Adiciona a função "pega tudo" app.use para responder a quaisquer solicitações que chegarem até aqui e devolver o novo arquivo HTML.

Se reiniciarmos a aplicação e visitarmos a homepage, veremos que tudo funciona como antes. A diferença é que agora não precisamos mais das rotas e controladores da aplicação em Express para enviar a página HTML básica.

> **DICA:** Ao usar esse método, todos os URLs que não combinarem com nada receberão o arquivo HTML que chama a aplicação em Angular. Portanto, é o roteamento no Angular que deve lidar com solicitações desconhecidas.

Agora vamos fazer com que todo esse HTML torne-se parte da aplicação em Angular.

10.1.2 Diretivas reutilizáveis para estrutura de página

Neste ponto o servidor envia uma página HTML básica com a aplicação embutida. O arquivo contém uma quantidade não desprezível de tags e elementos, que poderiam ser mais bem aproveitados se estivessem dentro da aplicação – o que facilita o trabalho com o Angular. Lembre-se de que no Angular queremos construir o DOM, em vez de manipulá-lo depois – como faríamos com o jQuery.

Do HTML retiraremos o rodapé e a barra de navegação e os transformaremos em diretivas. Dessa forma, poderemos inseri-los em qualquer página. Faremos o mesmo com o cabeçalho, que no momento está na visão da homepage.

Uma diretiva é composta de duas partes principais. Cada diretiva tem um arquivo JavaScript e um template e visão para mostrá-la na tela. Os JavaScript de todas as diretivas devem ser referenciados no arquivo *app.js* para que a aplicação possa usá-las, e cada diretiva será inserida como um elemento (ou como atributo de um elemento) nas visões de suporte quando necessário.

DIRETIVA DO RODAPÉ

O rodapé é o componente mais básico da aplicação, pois requer uma quantidade muito pequena de HTML. Mas há uma pegadinha aí. Se quisermos usar uma diretiva como elemento, não podemos batizá-la com o nome de uma tag existente. Portanto, não podemos chamar de `footer` a diretiva de rodapé porque já existe uma tag chamada `<footer>` na especificação oficial do HTML.

Chamaremos nosso rodapé, então, de `footerGeneric` e criaremos uma pasta chamada *footerGeneric* em *app_client/common/directives*. Nessa pasta, colocaremos tanto o HTML como o JavaScript da diretiva.

Começando com o HTML, é preciso criar um arquivo chamado *footerGeneric.template.html* e inserir nele a marcação HTML do rodapé, como mostrado no trecho de código a seguir:

```
<footer>
  <div class="row">
    <div class="col-xs-12"><small>&copy; Simon Holmes 2014</small></div>
  </div>
</footer>
```

Agora precisamos criar o arquivo JavaScript com o nome *footerGeneric.directive.js*. Na listagem a seguir definimos a nova diretiva, a registramos na aplicação e associamos a ela o arquivo HTML que acabamos de criar como template de visão.

Listagem 10.2 – O rodapé genérico definido como uma diretiva: footerGeneric.directive.js

```
(function () {

  angular
    .module('loc8rApp')
    .directive('footerGeneric', footerGeneric);

  function footerGeneric () {
    return {
      restrict: 'EA',
      templateUrl: '/common/directives/footerGeneric/
      ➥ footerGeneric.template.html'
    };
  }

})();
```

Com o arquivo salvo no lugar certo, é preciso adicioná-lo no array `appClientFiles` do arquivo *app.js*. Quando quisermos incluir um rodapé em quaisquer das páginas da aplicação no Angular, basta usar o novo elemento `<footer-generic></footer-generic>`.

DIRETIVA DA BARRA DE NAVEGAÇÃO

A diretiva que contém a barra de navegação é bastante semelhante à do rodapé. Ela contém um pouco mais de HTML, mas não faz nada inteligente com os dados. Para ela, criaremos outra pasta chamada *navigation* no mesmo lugar em que está a diretiva do rodapé, em *app_client/common/directives*.

Essa pasta conterá mais um par de arquivos HTML e JavaScript. A listagem a seguir mostra o HTML necessário para o template de navegação:

Listagem 10.3 – HTML de navegação: navigation.template.html

```
<div class="navbar navbar-default navbar-fixed-top">
  <div class="container">
    <div class="navbar-header"><a href="/" class="navbar-brand">Loc8r</a>
      <button type="button" data-toggle="collapse" data-target="#navbar-main"
      class="navbar-toggle"><span class="icon-bar"></span><span class="icon-
      bar"></span><span class="icon-bar"></span></button>
    </div>
    <div id="navbar-main" class="navbar-collapse collapse">
      <ul class="nav navbar-nav">
        <li><a href="/about">About</a></li>
      </ul>
    </div>
  </div>
</div>
```

A seguir, a listagem mostra a definição em JavaScript para a diretiva de navegação:

Listagem 10.4 – A diretiva de navegação: navigation.directive.js

```
(function () {

  angular
    .module('loc8rApp')
    .directive('navigation', navigation);
```

```
    function navigation () {
      return {
        restrict: 'EA',
        templateUrl: '/common/directives/navigation/navigation.template.html'
      };
    }

})();
```

Lembre-se de adicionar o arquivo JavaScript no array de *app.js*! A principal razão para criar esses arquivos e pastas separadamente é a facilidade de manutenção e reuso de código. Como cada arquivo e pasta faz apenas uma coisa, fica mais fácil encontrar a pasta certa quando for necessário consertar algo. É também muito mais fácil portar um componente de um projeto para outro.

DIRETIVA DO CABEÇALHO DE PÁGINA

O cabeçalho de página apresenta alguns desafios diferentes ao ser implementado como diretiva. É preciso mostrar dados diferentes em cada página. Assim como fizemos na diretiva `rating-stars`, criaremos um escopo isolado no Angular e repassaremos os dados a ele.

Como antes, crie uma nova pasta chamada *pageHeader* e, dentro dela, os arquivos HTML e JavaScript vazios. Iniciaremos com o HTML mostrado no trecho de código a seguir. Podemos copiar esse conteúdo diretamente do template de visão da aplicação em Express, mas antes precisamos alterar os vínculos de dados. Como o escopo será isolado, não é possível ter acesso direto aos dados em `vm`. Em vez disso, os dados do título e linha fina (strapline) serão armazenados em um objeto chamado `content`. Por exemplo:

```
<div id="banner" class="page-header">
  <div class="row">
    <div class="col-lg-6"></div>
      <h1>
        {{ content.title }} ❶
        <small>{{ content.strapline }}</small>
      </h1>
  </div>
```

❶ A diretiva recebe o título e a linha fina, passados como propriedades do objeto content.

Em seguida, basta definir a diretiva da mesma forma como as outras, desta vez adicionando a opção `scope` como mostrado na listagem 10.5. Usaremos a opção `scope` para passar o conteúdo ao objeto `content` e dele ao HTML. Para repassar o objeto `content` completo, a diretiva espera recebê-lo pelo vínculo de dados definido.

Listagem 10.5 – A diretiva do cabeçalho de página: pageHeader.directive.js

```
(function () {

  angular
    .module('loc8rApp')
    .directive('pageHeader', pageHeader);

  function pageHeader () {
    return {
      restrict: 'EA',
      scope: {
        content : '=content' ❶
      },
      templateUrl: '/common/directives/pageHeader/pageHeader.template.html'
    };
  }

})();
```

❶ Define um escopo isolado, para o qual é repassado o objeto content.

Ao usar essa diretiva em uma visão de controlador, precisamos passar o objeto de conteúdo como um atributo do elemento. Por exemplo, assim:

```
<page-header content="vm.pageHeader"></page-header>
```

Com um escopo isolado, a diretiva fica protegida de quaisquer mudanças nos nomes dos escopos. Não interessa para a diretiva como o objeto era chamado antes, desde que o conteúdo seja passado de forma adequada. Uma vantagem colateral, como já aconteceu outras vezes durante o projeto, é tornar o código reutilizável.

Novamente, lembre-se de adicioná-lo ao array `appClientFiles` do arquivo *app.js* no Express.

TEMPLATE DEFINITIVO DA HOMEPAGE

Agora que todas as diretivas estão criadas, podemos adicioná-las ao template de visão da homepage, como mostrado na listagem a seguir. As novas diretivas estão destacadas em negrito, mas, para manter a estrutura do DOM intacta, precisamos incluir também o contêiner definido no arquivo *index.html*.

Listagem 10.6 – Template completo para a visão da homepage

```
<navigation></navigation>

<div class="container">
   <page-header content="vm.pageHeader"></page-header>

   <div class="row">
      <div class="col-xs-12 col-sm-8">
         <label for="filter">Filter results</label>
         <input id="filter" type="text", name="filter", ng-model="textFilter">
         <div class="error">{{ vm.message }}</div>
         <div class="row list-group">
            <div class="col-xs-12 list-group-item" ng-repeat="location in
         vm.data.locations | filter : textFilter">
               <h4>
                  <a href="#/location/{{ location._id }}">{{ location.name }}</a>
                  <small class="rating-stars" rating-stars
         rating="location.rating"></small>
                  <span class="badge pull-right badge-default">{{ location.distance
         | formatDistance }}</span>
               </h4>
               <p class="address">{{ location.address }}</p>
               <p>
                  <span class="label label-warning label-facility" ng-
         repeat="facility in location.facilities">
                     {{ facility }}
                  </span>
               </p>
            </div>
         </div>
      </div>
      <div class="col-xs-12 col-sm-4">
         <p class="lead">{{ vm.sidebar.content }}</p>
      </div>
   </div>

   <footer-generic></footer-generic>
</div>
```

Usar as diretivas dessa forma – contanto que tenham nomes – facilita a compreensão, num relance, da estrutura de nossa visão, pois não somos soterrados por montanhas de tags.

Transferimos para as diretivas e visões grande parte do HTML anteriormente presente em *index.html*. Vejamos o que restou dele.

ARQUIVO INDEX.HTML DEFINITIVO

Como as diretivas e as visões receberam uma generosa porção do que havia no arquivo *index.html*, este nos parece um tanto vazio – exatamente o que pretendíamos! Os controladores e visões estão agora gerenciando o conteúdo da página, então precisamos transferir a diretiva `ng-view` para o elemento `body`.

A listagem a seguir mostra a alteração no (agora minúsculo) arquivo *index.html*.

Listagem 10.7 – Arquivo index.html definitivo

```
<!DOCTYPE html>
<html ng-app="loc8rApp">
  <head>
    <meta name="viewport" content="width=device-width, initial-scale=1.0">
    <title>Loc8r</title>
    <link rel="stylesheet" href="/bootstrap/css/amelia.bootstrap.css">
    <link rel="stylesheet" href="/stylesheets/style.css">
  </head>
  <body ng-view> ❶
    <script src="/angular/angular.min.js"></script>
    <script src="/lib/angular-route.min.js"></script>
    <script src="/angular/loc8r.min.js"></script>
    <script src="//ajax.googleapis.com/ajax/libs/jquery/1.10.2/
    jquery.min.js"></script>
    <script src="/bootstrap/js/bootstrap.min.js"></script>
    <script src="/javascript/validation.js"></script>
  </body>
</html>
```

❶ A diretiva `ng-view` agora está associada à tag body para que o Angular possa controlar todos os aspectos da página.

Agora sim, temos uma SPA! Temos um único arquivo HTML com um mínimo de conteúdo, e tudo o mais é gerenciado pelo Angular. A figura 10.2 mostra a página e o código-fonte HTML vistos do navegador.

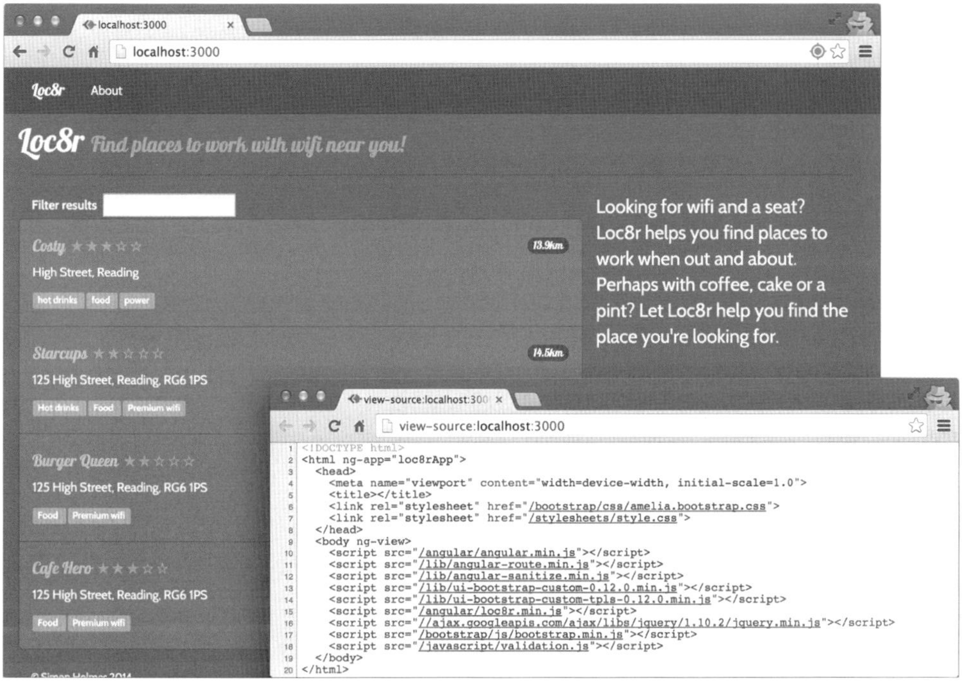

Figura 10.2 – Enfim, o Loc8r é um SPA de verdade, o código-fonte HTML é minúsculo, mas a aplicação é inteiramente funcional.

Discutiremos agora opções para remover o # dos URLs.

10.1.3 Removendo o # dos URLs

Um requisito muito comum no desenvolvimento de SPAs é ter URLs “bonitinhos”. Os URLs que temos agora não são assim tão feios, mas ainda carregam o caractere # no meio deles. O Angular oferece um método para remover esses caracteres da barra de endereços, mas é uma solução que não funciona muito bem com o Internet Explorer 9 e anteriores. Se a aplicação precisa ser compatível com esses navegadores legados, por favor, pule esta seção.

A especificação do HTML5 permite que os navegadores injetem estados no histórico de navegação. A razão principal para isso é, justamente, permitir que um SPA possa funcionar corretamente com o botão de voltar, navegando em seu histórico de páginas em vez de retornar ao site anterior, saindo completamente da aplicação.

O roteamento do Angular pode fazer uso desse recurso, mas, para isso, precisamos ativá-lo.

$LOCATIONPROVIDER E O MODO HTML5

Para fazer uso desse modo HTML5 precisamos adicionar um novo provedor à configuração da aplicação no Angular. Já existe uma rota chamada `$routeProvider`, e agora precisamos passar `$locationProvider`. O recurso é nativo do Angular, portanto não é necessário baixar nenhuma biblioteca adicional.

O modo HTML5 é ativado com uma única linha, assim:

```
$locationProvider.html5Mode(true);
```

Na listagem a seguir há algumas alterações em *app_client/app.js* para atualizar os templates dos URLs, passar `$locationProvider` ao `config` e ajustar `html5Mode` para o valor `true`.

Listagem 10.8 – Ativando a API de histórico do HTML5

```
(function () {

  angular.module('loc8rApp', ['ngRoute']);

  function config ($routeProvider, $locationProvider) { ❶
    $routeProvider
      .when('/', {
        templateUrl: 'home/home.view.html',
        controller: 'homeCtrl',
        controllerAs: 'vm'
      })
      .otherwise({redirectTo: '/'});

    $locationProvider.html5Mode(true); ❷
  }

  angular
    .module('loc8rApp')
    .config(['$routeProvider', '$locationProvider', config]); ❸

})();
```

❶ Aceita `$locationProvider` como um parâmetro em `config`.

❷ Ajusta `html5Mode` para `true`.

❸ Adiciona `$locationProvider` como dependência de `config`.

Ao recarregar a aplicação, em um navegador moderno, o URL da homepage não conterá mais o caractere `#/`. Em vez disso, apenas o domínio é mostrado. Se abrirmos a aplicação no IE9, esta ainda funcionará, mas o `#` ainda será mostrado.

INTERNET EXPLORER

Esse tipo de roteamento não funciona com o IE8 ou 9, pois eles não têm acesso à API do HTML5. A aplicação ainda poderá ser usada e o Angular voltará a mostrar o `#`. Portanto, a navegação será possível, mas ainda teremos o elemento `/#/` no URL.

Entretanto, há problemas nisso. Imagine que alguém copie e cole no IE9 um link que não tenha o `#`. O Internet Explorer não renderizará a página indicada no link e sim a homepage, pois configuramos o roteamento default para se comportar assim.

Vou contar um segredo – não diga para ninguém que fui eu! – para contornar esse problema. É um truque, um pedacinho de código colocado no início do controlador da homepage. Quando esse controlador for chamado, fará uma verificação do caminho no URL. Se não for a homepage – ou seja, se o caminho for diferente de `/` – esse caminho será extraído, receberá um `#` à direita, e o navegador será redirecionado à página correta:

```
if (window.location.pathname !== '/') {
  window.location.href = '/#' + window.location.pathname;
}
```

Alguns podem dizer que se trata de uma gambiarra. Concordo. Se alguém colar no IE9 um URL sem o `#`, verá a homepage começar a carregar antes que o Angular tenha tempo de redirecioná-lo à rota correta. Não é o ideal, e o desenvolvedor deve refletir bastante antes de decidir se aplicará ou não esse truque. Faça isso apenas se precisar que sua SPA suporte versões antigas do Internet Explorer.

Ok, chega de gambiarras! Voltemos à aplicação para adicionar outra página.

10.2 Adicionando outras páginas e injetando HTML dinamicamente

Por definição, em uma SPA o servidor entrega apenas uma página ao navegador, e a aplicação no lado do cliente faz o resto. Nesta seção, veremos como incluir páginas adicionais usando a About como exemplo. Também lidaremos com os problemas que surgem quando tentamos injetar HTML em um vínculo do Angular.

10.2.1 Adicionando novas rotas e páginas à SPA

Já temos uma ideia do processo, adicionando a rota no `config` do arquivo *app.js* apontando para novos template e controlador.

ATUALIZANDO O LINK DE NAVEGAÇÃO

O primeiro passo é atualizar o link para a página About na barra de navegação. Ela atualmente aponta para `/about`, o que não funciona com o roteamento do Angular. Mesmo que estejamos usando o modo HTML5, que esconde o `#` do URL, os caminhos nos links devem todos conter o `#`. É preciso atualizar *navigation.template.html*, inserindo o `#` no link para a página About, como mostrado no trecho de código a seguir:

```
<ul class="nav navbar-nav">
   <li><a href="/#about">About</a></li> ❶
</ul>
```

❶ Adiciona # ao link para a página About.

Como primeiro passo, nada mais fácil. Precisamos agora definir a rota no Angular.

DEFINIÇÃO DE ROTA

É necessário adicionar a rota à configuração `$routeProvider` do Angular no arquivo *app_client/app.js*. Basta duplicar a linha que define a rota da homepage e modificar o caminho, o URL do template e o nome do controlador.

Da mesma forma como na página About da aplicação em Express, definiremos uma visão genérica e reutilizável para páginas simples com apenas texto. Na listagem a seguir podemos ver a rota adicionada ao `config`, com todas as alterações necessárias.

Listagem 10.9 – Nova definição de rota no Angular para a página About

```
function config ($routeProvider, locationProvider) {
   $routeProvider
      .when('/', {
         templateUrl: 'home/home.view.html',
         controller: 'homeCtrl',
         controllerAs: 'vm'
      })
      .when('/about', { ❶
         templateUrl: '/common/views/genericText.view.html', ❷
```

```
            controller: 'aboutCtrl', ❸
            controllerAs: 'vm' ❹
          })
          .otherwise({redirectTo: '/'});
        $locationProvider.html5Mode(true);
    }
```

❶ Novo caminho é `/about`.

❷ Define o caminho para a visão genérica.

❸ Define o controlador `'aboutCtrl'` para essa rota.

❹ Mantém `controllerAs` configurado como `'vm'`.

O código já dá uma ideia do que é preciso fazer a seguir. A rota contém um controlador e um template de visão que ainda não existem. Criemos o controlador primeiro.

CONTROLADOR

Um novo controlador precisa de um novo arquivo. Em *app_client* criamos uma pasta chamada *about* e, dentro dela, um arquivo de nome *about.controller.js*, que conterá o controlador da página About.

Esse arquivo terá uma IIFE para proteger os escopos, adicionar o controlador à aplicação `loc8rApp` e, é claro, definir o controlador. Esse controlador é bastante simples – mostra apenas o título e o conteúdo em texto da página. Para o conteúdo, copiaremos o que já existe na aplicação em Express, que está no `about` do arquivo *app_server/controllers/main.js*. O texto contém quebras de linha indicadas pela sequência `\n`; precisaremos delas no decorrer de toda esta seção do livro.

Na listagem a seguir podemos ver o código completo do arquivo *about.controller.js*. Abreviei o texto na área de conteúdo para economizar tinta e salvar algumas árvores.

Listagem 10.10 – O controlador no Angular para a página About

```
(function () {

  angular
    .module('loc8rApp')
    .controller('aboutCtrl', aboutCtrl);

  function aboutCtrl() {
    var vm = this;
```

```
        vm.pageHeader = {
          title: 'About Loc8r',
        };
        vm.main = {
          content: 'Loc8r was created to help people find places to sit down and
        get a bit of work done.\n\nLorem ipsum dolor sit amet, consectetur
        adipiscing elit.'
        };
      }
    })();
```

No tocante a controladores, este é bastante simples. Não há feitiçaria por aqui, apenas a variável `vm` sendo usada para armazenar os dados do modelo da visão, como fizemos com o controlador da homepage. Precisamos, é óbvio, nos certificar de que a aplicação tenha ciência desse arquivo. O trecho de código a seguir mostra como adicioná-lo ao array `appClientFiles` no arquivo *app.js* do Express:

```
var appClientFiles = [
  'app_client/app.js',
  'app_client/home/home.controller.js',
  'app_client/about/about.controller.js',
  'app_client/common/services/geolocation.service.js',
  'app_client/common/services/loc8rData.service.js',
  'app_client/common/filters/formatDistance.filter.js',
  'app_client/common/directives/ratingStars/ratingStars.directive.js'
];
```

Quando a aplicação no Node reiniciar, o novo controlador será adicionado ao arquivo minificado que a SPA está usando. Se tentarmos ver a página agora, entretanto, seremos brindados com uma tela vazia. Falta criar a visão.

UM TEMPLATE COMUM PARA A VISÃO

Já existe uma rota definida em `config` para este template genérico de texto, e o arquivo indicado é */app_client/common/views/genericText.view.html*. Só nos resta criá-lo. De nossos templates originais em Jade já sabemos como o HTML precisa ser. Convertendo o template em Jade para o formato do Angular e o adicionando ao layout, obtemos o seguinte:

```
<navigation></navigation>

<div class="container">
   <page-header content="vm.pageHeader"></page-header>

   <div class="row">
      <div class="col-md-6 col-sm-12">
         <p>{{ vm.main.content }}/p>
      </div>
   </div>

   <footer-generic></footer-generic>
</div>
```

Nada fora do comum por aqui, apenas HTML e vínculos comuns do Angular. Se visitarmos a página pelo navegador veremos que o conteúdo está sendo exibido, mas as quebras de linha não estão sendo honradas, como mostra a figura 10.3.

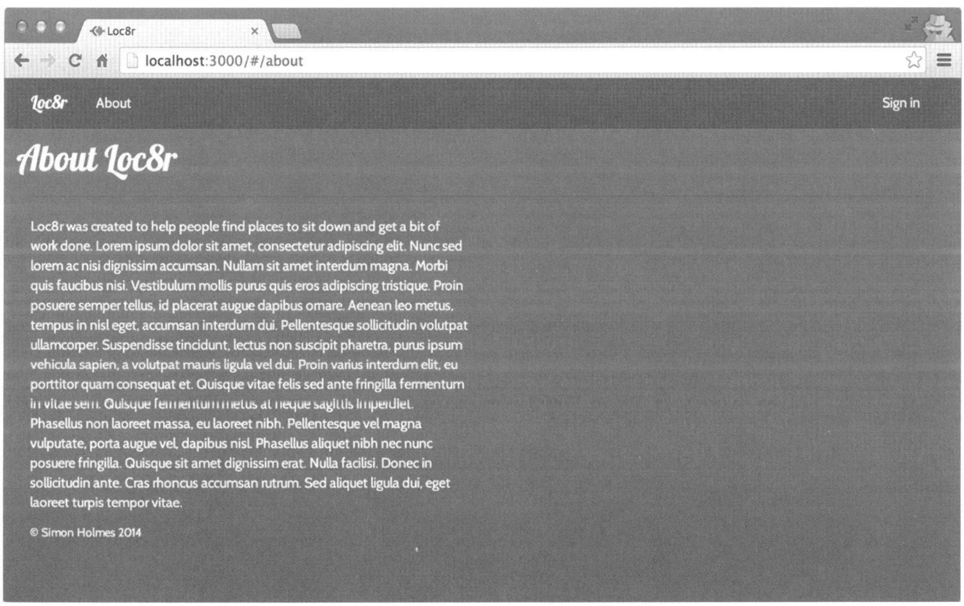

Figura 10.3 – O conteúdo da página About está sendo entregue pelo controlador, mas as quebras de linha são ignoradas.

Muito ruim. Queremos que o texto seja legível e apresentado como no planejamento original. Anteriormente, conseguimos com um filtro ajustar a maneira como as distâncias aparecem na homepage. Por que não usar um filtro para fazer o mesmo com as quebras de linha?

10.2.2 Criando um filtro para transformar as quebras de linha

O problema é simples: precisamos de um filtro que tome o texto fornecido e substitua cada instância de `\n` por uma tag `<br/>`. Já resolvemos esse problema antes em Jade usando o comando `replace` do JavaScript, como mostrado no trecho de código a seguir:

```
p !{(content).replace(/\n/g, '<br/>')}
```

No Angular não é permitido fazê-lo inline; precisamos criar um filtro e aplicá-lo ao vínculo.

FILTRO ADDHTMLLINEBREAKS

É bastante provável que este filtro seja bastante popular dentro da aplicação, portanto o colocaremos na pasta de filtros públicos ao lado de *formatDistance.filter.js*. O conteúdo do arquivo precisa estar envolto em uma IIFE, e o filtro precisa ser registrado na aplicação.

O filtro em si é bastante simples e direto, retornando uma função que aceita um texto e substitui cada `\n` por um `<br/>`. O arquivo deve se chamar *addHtmlLineBreaks.filter.js* e ser preenchido com o trecho de código a seguir:

```
(function () {

  angular
    .module('loc8rApp')
    .filter('addHtmlLineBreaks', addHtmlLineBreaks);

  function addHtmlLineBreaks () {
    return function (text) {
      var output = text.replace(/\n/g, '<br/>');
      return output;
    };
  }

})();
```

Antes de fazer qualquer coisa com o novo filtro, lembre-se de adicioná-lo ao array `appClientFiles` no arquivo *app.js* do Express.

APLICANDO O FILTRO AO VÍNCULO

Aplicar o filtro a um vínculo é simples – já o fizemos algumas vezes. Basta adicionar o caractere pipe (|) no HTML, depois do objeto de dados sendo vinculado, e o nome do filtro à direita, como indicado a seguir:

```
<p>{{ vm.main.content | addHtmlLineBreaks }}</p>
```

Simples, não? Contudo, se formos conferir no navegador, o resultado não será exatamente o que esperávamos. Como podemos ver na figura 10.4, as quebras de linha estão sendo substituídas por <br/>, mas estes estão sendo mostrados literalmente em vez de renderizados em HTML.

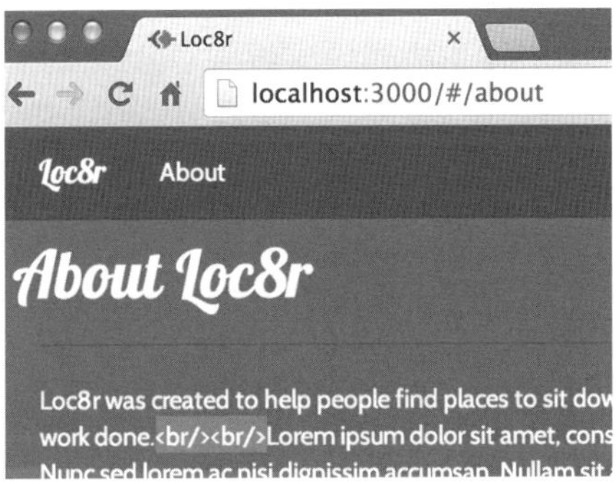

Figura 10.4 – As tags <br/> injetadas pelo nosso filtro são renderizadas como texto em vez de HTML.

Hummm. Isso não está certo, mas, pelo menos, sabemos que o filtro está funcionando! Há uma boa razão para isso estar assim: segurança. O Angular protege a aplicação e os usuários contra ataques ao impedir que HTML seja injetado em um vínculo de dados. Temos um caso aqui mesmo no Loc8r: imagine se permitíssemos que os visitantes colocassem HTML nas resenhas. Um usuário malicioso poderia facilmente inserir uma tag <script> e rodar um código JavaScript para sequestrar a página.

Há uma maneira de contornar esse comportamento e permitir que um subconjunto de tags HTML possa ser injetado em um vínculo.

10.2.3 Enviando HTML por um vínculo do Angular

Não somos os primeiros com uma razão legítima para enviar HTML a um vínculo e, portanto, o Angular oferece uma saída para o dilema. Existe um serviço chamado angular-sanitize (algo como “a faxina do Angular”) que permite injetar um subconjunto de tags HTML em um vínculo de dados.

OBTENDO O NG-SANITIZE

No capítulo 9 baixamos o angular-route de code.angularjs.org; faremos o mesmo com o angular-sanitize. Encontre a versão apropriada para o Angular que estiver usando (no meu caso, 1.2.19) e baixe os dois arquivos minificados do serviço, *angular-sanitize.min.js* e *angular-sanitize.min.js.map*. Salve-os ao lado dos arquivos de angular-route na pasta */app_client/lib*.

Depois, inclua em *index.html* uma referência ao arquivo JavaScript para que o navegador saiba que o serviço existe, como mostrado no trecho de código a seguir:

```
<script src="/angular/angular.min.js"></script>
<script src="/lib/angular-route.min.js"></script>
<script src="/lib/angular-sanitize.min.js"></script>
<script src="/angular/loc8r.min.js"></script>
```

Agora é necessário informar à aplicação que o serviço será usado.

ADICIONANDO NGSANITIZE COMO UMA DEPENDÊNCIA DA APLICAÇÃO

Para que a aplicação saiba que deve usar o serviço angular-sanitize, é preciso seguir o mesmo procedimento empregado em `ngRoute` e adicionar uma dependência no setter do módulo. Neste caso, o nome do serviço exposto à aplicação é `ngSanitize`, portanto é esse o nome a ser incluído no array de dependências de *app_clients/app.js*:

```
angular.module('loc8rApp', ['ngRoute', 'ngSanitize']);
```

Estando o serviço já disponível, não é preciso atualizar o controlador ou o filtro. Porém, não queremos, necessariamente, que todo e qualquer vínculo de dados passe pelo serviço de faxina. Em vez disso, queremos escolher cuidadosamente quais terão conteúdo em HTML. O Angular novamente vem ao nosso auxílio, porque para usar o `ngSanitize` é preciso vincular os dados a uma diretiva, em vez de em uma declaração inline.

VINCULANDO A UM ELEMENTO HTML COMO UMA DIRETIVA

O `ngSanitize` não apenas interfere com todos os vínculos em todos os templates como também expõe a diretiva vinculada a ele. A diretiva é chamada `ng-bind-html`. Como outras diretivas, ela é adicionada como um atributo de um elemento HTML, sendo o vínculo e o filtro passados como valores.

No trecho de código a seguir podemos ver como usar esse mecanismo, passando o vínculo de dados do conteúdo e o filtro `addHtmlLineBreaks`. O arquivo *genericText.view.html* fica assim:

```
<div class="row">
   <div class="col-md-6 col-sm-12">
      <p ng-bind-html="vm.main.content | addHtmlLineBreaks"></p>
   </div>
</div>
```

Desta vez, se a página for recarregada no navegador, as quebras de página estarão nos lugares certos, como na figura 10.5.

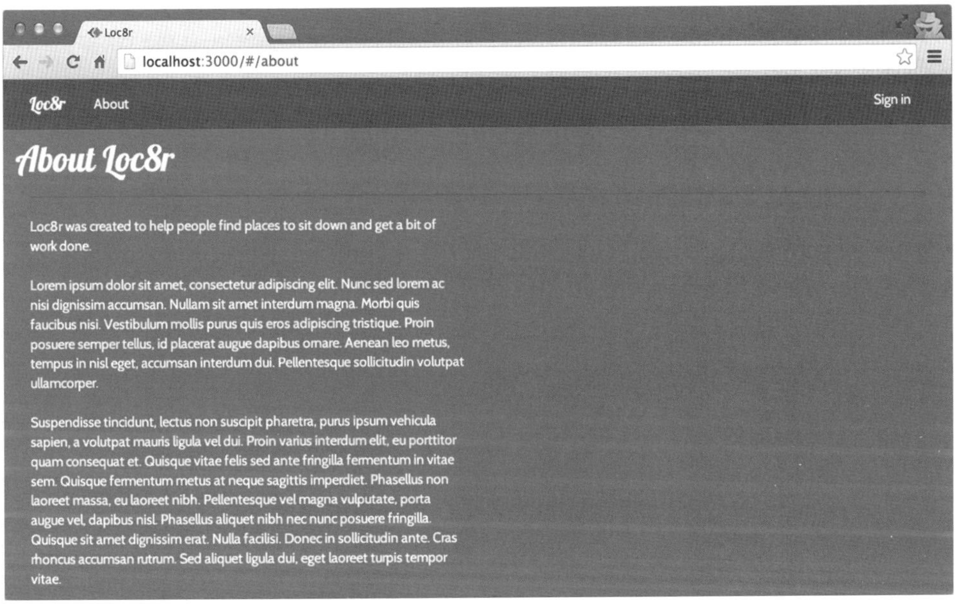

Figura 10.5 – Com o filtro addHtmlLineBreaks e o serviço ngSanitize, as quebras de linha são renderizadas como esperado.

Muito bom! É gratificante vencer um desafio e ver as peças do quebra-cabeças se encaixando. Nesta pequena seção vimos como adicionar uma nova página a um SPA existente, e como injetar HTML em um vínculo do Angular. A seguir, enfrentaremos o desafio um tanto maior apresentado pela página de detalhes do estabelecimento.

10.3 Visões e rotas mais complexas

Nesta seção adicionaremos a página Details ao nosso SPA do Angular. Um dos aspectos cruciais aqui é a obtenção do ID do estabelecimento, que está em um parâmetro do URL para garantir que vamos recuperar os dados corretos. Usar parâmetros de URL é uma prática bastante comum, e conhecê-la mostra-se bastante útil em qualquer framework. Precisaremos atualizar o serviço de dados para solicitar à API dados específicos de um estabelecimento. Ao traduzir a visão em Jade para um template no Angular, descobriremos mais alguns recursos deste que nos ajudarão a ajeitar os elementos na página.

Antes da parte divertida, precisamos criar as versões preliminares da rota, visão e controlador.

10.3.1 Montando o esqueleto da página

Já fizemos isso algumas vezes, então correremos com a matéria. É necessário adicionar a rota ao `config` e criar o controlador e visão definida por ela. O controlador precisa ainda ser adicionado à aplicação para poder ser usado.

ROTA DA PÁGINA DE DETALHES

Em *app_client/app.js*, adicione a nova rota. Como precisamos aceitar um parâmetro de URL, definiremos a rota da mesma maneira que fizemos no Express, com uma variável `locationid` no fim do caminho, precedida pelo sinal de dois pontos. A nova rota *in situ* é mostrada na listagem a seguir.

Listagem 10.11 – Rota da página Details na configuração da aplicação em Angular

```
function config ($routeProvider, locationProvider) {
   $routeProvider
      .when('/', {
         templateUrl: 'home/home.view.html',
         controller: 'homeCtrl',
         controllerAs: 'vm'
      })
      .when('/about', {
         templateUrl: '/common/views/genericText.view.html',
         controller: 'aboutCtrl',
         controllerAs: 'vm'
      })
      .when('/location/:locationid', {
         templateUrl: '/locationDetail/locationDetail.view.html',
         controller: 'locationDetailCtrl',
         controllerAs: 'vm'
      })
      .otherwise({redirectTo: '/'});
```

```
    $locationProvider.html5Mode(true);
}
```

CONTROLADOR

A página de detalhes e o controlador estão intimamente acopladas, e não devem funcionar com qualquer outro template ou controlador. Com isso em mente, salvaremos ambos na mesma pasta, chamada *locationDetail* dentro de *app_client*. O esqueleto do controlador, mostrado na listagem a seguir, deve ser salvo em um arquivo chamado *locationDetail.controller.js*.

Listagem 10.12 – Esqueleto do controlador para a página Details

```
(function () {

  angular
    .module('loc8rApp')
    .controller('locationDetailCtrl', locationDetailCtrl);

  function locationDetailCtrl () {
    var vm = this;

    vm.pageHeader = {
      title: 'Location detail page'
    };
  }

})();
```

O passo crucial, muito fácil de esquecer: inclua o arquivo no array `appClientFiles` do arquivo *app.js* no Express.

TEMPLATE DA VISÃO

Dentro da mesma pasta, o arquivo do template de visão deve chamar-se *locationDetail.view.html*. Por enquanto, só colocaremos nele o esqueleto-padrão, como no trecho de código a seguir:

```
<navigation></navigation>

<div class="container">
  <page-header content="vm.pageHeader"></page-header>

  <footer-generic></footer-generic>
</div>
```

ATUALIZANDO OS LINKS NA LISTA DA HOMEPAGE

Com os arquivos em seus lugares, precisamos ser capazes de navegar até as páginas de detalhes de cada estabelecimento mostrado na lista da homepage. Como fizemos com o link para a página About, é preciso adicionar um `#` aos links para que o Angular possa acessá-los.

No arquivo *home.view.html*, encontre a linha que renderiza o nome do estabelecimento – está aninhada na tag `<h4>`. Como mostrado no trecho de código a seguir, adicione um `/#` em frente do `href`:

```
<h4>
  <a href="/#/location/{{ location._id }}">{{ location.name }}</a>
```

E lá vamos nós, o básico está pronto. Já podemos pensar em extrair o parâmetro do URL e usá-lo para obter os dados corretos.

10.3.2 Usando parâmetros do URL em controladores e serviços

Extrair e usar um parâmetro do URL é um requisito básico em muitas aplicações, portanto não é nenhuma surpresa que o Angular tenha um serviço com esse fim. Chamado de `$routeParams`, é muito fácil de usar.

USANDO O $ROUTEPARAMS PARA EXTRAIR PARÂMETROS DO URL

Para usar `$routeParams` em um controlador, precisamos injetá-lo como dependência e passar a ele a função. Uma vez no controlador, `$routeParams` emerge como um objeto contendo quaisquer parâmetros do URL detectado. Seu uso é muito fácil, e o exemplo falará por si. Aqui, `$routeParams` está atualizando a função `locationDetailCtrl`, como mostrado no trecho de código a seguir:

```
locationDetailCtrl.$inject = ['$routeParams']; ❶
function locationDetailCtrl ($routeParams) { ❷
  var vm = this;
  vm.locationid = $routeParams.locationid; ❸
  vm.pageHeader = {
    title: vm.locationid ❹
  };
}
```

❶ Injeta o serviço `$routeParams` no controlador, protegendo-o contra minificação.

❷ Passa `$routeParams` ao controlador para que possamos usá-lo.

❸ Extrai `locationid` dos `$routeParams` e salva-o no modelo da visão.

❹ Usa `locationid` no título da página.

Viu? Fácil, não? Na figura 10.6 podemos notar que o ID do estabelecimento está sendo extraído do URL e mostrado no cabeçalho da página. Não é aí que queremos que ele apareça, mas é ótimo saber que os dados estão sendo passados.

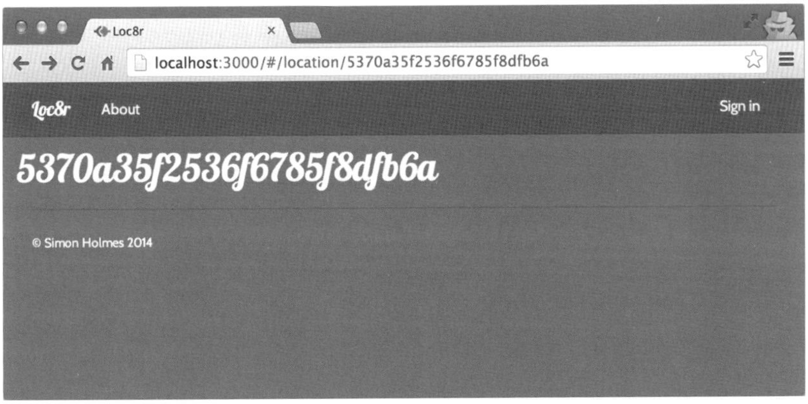

Figura 10.6 – Com o $routeParams é possível extrair do URL o ID do estabelecimento e usá-lo em um controlador, mostrado aqui no cabeçalho da página.

Usaremos esse ID para obter dados da API e, assim, tornar a página útil novamente. Precisaremos criar um serviço de dados para acessar a API correta.

UM SERVIÇO DE DADOS PARA A API

Na API que construímos no capítulo 6 criamos um ponto de inserção que aceita um ID de estabelecimento e devolve os dados associados a ele. O URL relativo para esse ponto é /api/location/:locationid. Para fazer solicitações por meio desse URL é preciso adicionar um novo método ao serviço `loc8rData`.

A listagem a seguir mostra que adicionar e expor o novo método `locationById` é muito simples. Esse método aceita `locationid` como parâmetro. O método usa o `locationid` da solicitação `$http` que se conecta à API.

Listagem 10.13 – Novo método locationById para chamadas à API pelo serviço de dados

```
function loc8rData ($http) {
  var locationByCoords = function (lat, lng) {
    return $http.get('/api/locations?lng=' + lng + '&lat=' + lat +
      '&maxDistance=20');
  };
```

```
    var locationById = function (locationid) { ❶
        return $http.get('/api/locations/' + locationid); ❷
    };

    return {
        locationByCoords : locationByCoords,
        locationById : locationById ❸
    };
}
```

❶ Cria um novo método `locationById`, que aceita `locationid` como parâmetro...

❷ ... que por sua vez usa `locationid` para chamar a API.

❸ Expõe o método `locationById` para que possa ser chamado pelo controlador.

USANDO O SERVIÇO PARA OBTER DADOS

É preciso injetar o serviço `loc8rData` no controlador para que possa ser usado. Uma vez lá, basta seguir o padrão de código usado na homepage para chamar a API e solicitar a lista de estabelecimentos. Lembre-se de que o serviço de dados usa o método `$http` de forma assíncrona. Quando a solicitação for respondida, o método chama uma das duas promessas, `success` ou `error`.

Na listagem a seguir o serviço `loc8rData` é injetado na função `locationDetailCtrl` e chama o método `locationById`, passando o ID do estabelecimento como parâmetro. Se a solicitação for respondida com sucesso, os dados devolvidos são armazenados no modelo de visão `vm.data.location` e o nome do estabelecimento é mostrado no cabeçalho da página.

Listagem 10.14 – Alteração no controlador para recuperar os dados do estabelecimento usando o serviço de dados

```
locationDetailCtrl.$inject = ['$routeParams', 'loc8rData']; ❶
function locationDetailCtrl ($routeParams, loc8rData) {
    var vm = this;
    vm.locationid = $routeParams.locationid;

    loc8rData.locationById(vm.locationid) ❷
        .success(function(data) { ❸
            vm.data = { location: data };
            vm.pageHeader = { ❹
                title: vm.data.location.name
            };
```

```
        })
        .error(function (e) { ❺
            console.log(e);
        });
}
```

❶ Injeta o serviço loc8rData como uma dependência e a repassa ao controlador.

❷ Chama o método `locationById`, passando o ID do estabelecimento como um parâmetro.

❸ Se a solicitação for completada com sucesso, armazena os dados devolvidos no modelo da visão.

❹ Envia o nome do estabelecimento para o cabeçalho da página.

❺ Se a solicitação devolver um erro, envia uma mensagem apropriada ao console do navegador.

O resultado é algo bastante poderoso – e não nada difícil de fazer. A figura 10.7 mostra como ficou a página, com o nome do estabelecimento no cabeçalho da página.

Figura 10.7 – O nome do estabelecimento no cabeçalho da página é uma prova de que os dados estão sendo obtidos por meio da API.

Mais uma etapa cumprida. A próxima é montar a visão.

10.3.3 Montando a visão da página de detalhes

É preciso reconstruir a visão. Temos um template em Jade com seus vínculos que devem ser transformados em HTML com vínculos do Angular. Além dos vínculos, alguns laços com `ng-repeat` também serão necessários. Também (re)usaremos a diretiva `rating-stars` para mostrar a nota média e as notas individuais de cada resenha. Como as resenhas devem permitir quebras de linha, revisitaremos o filtro `addHtmlLineBreaks`.

TEMPLATE PRINCIPAL

A listagem a seguir mostra o template principal com os vínculos em **`negrito`**. O código deve ser adicionado ao arquivo *locationDetail.view.html*, entre o cabeçalho e o rodapé. Alguns itens foram deixados de fora, como o horário de funcionamento, para testar esta parte primeiro. Voltaremos a eles mais adiante.

Listagem 10.15 – A visão em Angular para a página de detalhes

```
<div class="row">
  <div class="col-xs-12 col-md-9">
    <div class="row">
      <div class="col-xs-12 col-sm-6">
        <p class="rating" rating-stars rating="vm.data.location.rating"></p> ❶
        <p>{{ vm.data.location.address }}</p>
        <div class="panel panel-primary">
          <div class="panel-heading">
            <h2 class="panel-title">Opening hours</h2>
          </div>
          <div class="panel-body">
            <!-- O horário de funcionamento vai aqui -->
          </div>
        </div>
        <div class="panel panel-primary">
          <div class="panel-heading">
            <h2 class="panel-title">Facilities</h2>
          </div>
          <div class="panel-body">
            <span class="label label-warning label-facility"
              ng-repeat="facility in vm.data.location.facilities"> ❷
              <span class="glyphicon glyphicon-ok"></span>
              {{ facility }}
            </span>
          </div>
        </div>
      </div>
      <div class="col-xs-12 col-sm-6 location-map">
        <div class="panel panel-primary">
          <div class="panel-heading">
```

```
        <h2 class="panel-title">Location map</h2>
      </div>
      <div class="panel-body">
        <img
        src="http://maps.googleapis.com/maps/api/staticmap?center={{
  vm.data.location.coords[1] }},{{ vm.data.location.coords[0]
  }}&amp;zoom=17&amp;size=400x350&amp;sensor=false&amp;markers={{
  vm.data.location.coords[1] }},{{ vm.data.location.coords[0]
  }}&amp;scale=2" class="img-responsive img-rounded">
      </div>
    </div>
  </div>
</div>
<div class="row">
  <div class="col-xs-12">
    <div class="panel panel-primary review-panel">
      <div class="panel-heading"><a href="" class="btn btn-default pull-
  right">Add review</a>
        <h2 class="panel-title">Customer reviews</h2>
      </div>
      <div class="panel-body review-container">
        <div class="review"
          ng-repeat="review in vm.data.location.reviews"> ❸
          <div class="row">
            <div class="well well-sm review-header">
              <span class="rating" rating-stars
                rating="review.rating"></span> ❹
              <span class="reviewAuthor">{{ review.author }}</span>
              <small class="reviewTimestamp">
                {{ review.createdOn }}</small>
            </div>
            <div class="col-xs-12">
              <p ng-bind-html="review.reviewText
                | addHtmlLineBreaks"></p> ❺
            </div>
          </div>
        </div>
      </div>
```

```
                </div>
            </div>
        </div>
    </div>
    <div class="col-xs-12 col-md-3">
        <p class="lead">{{ vm.data.location.name }} is on Loc8r because it has
        accessible wifi and space to sit down with your laptop and get some work
        done.</p>
        <p>If you've been and you like it - or if you don't - please leave a
        review to help other people just like you.</p>
    </div>
</div>
```

❶ Usa a diretiva rating-stars para mostrar a nota média do estabelecimento.

❷ Laço que varre o array de infraestrutura.

❸ Laço que varre as resenhas.

❹ Usa a diretiva rating-stars para mostrar a nota de cada resenha.

❺ Aplica o filtro `addHtmlLineBreaks` ao texto da resenha e o converte em HTML.

Reconheço: é uma listagem bem longa. No entanto, é o esperado, pois muita coisa acontece na página de detalhes do estabelecimento – e ainda há vários itens a arrumar. O horário de funcionamento ainda não aparece, a primeira resenha mostrada é a mais antiga, e os dados das resenhas precisam de alguma formatação.

USANDO O NG-SWITCH PARA MOSTRAR O HORÁRIO DE FUNCIONAMENTO

É bastante comum incluir algum tipo de lógica `if-else` em um template, permitindo escolher diferentes blocos de HTML, dependendo do parâmetro passado a ele. Para cada horário de funcionamento, queremos mostrar os dias da semana e, à escolha, se está fechado ou os horários de abertura e fechamento. Em nosso template no Jade foi incluído um `if` bem simples que verificava se o parâmetro `closed` tinha o valor `true`, como mostrado no trecho de código a seguir:

```
if time.closed
| closed
else
| #{time.opening} - #{time.closing}
```

Queremos algo semelhante em nossa visão no Angular. Em vez de usar `if`, o Angular prefere o método `switch` do JavaScript, no qual definimos no início qual condição verificar e depois desviamos o processamento para diferentes pontos, dependendo do valor assumido na expressão condicional.

As diretivas que usaremos são `ng-switch-on` para definir uma condição que queiramos ativar, `ng-switch-when` para valores específicos e `ng-switch-default` para definir um valor-padrão caso a condição de teste retorne falso em todos os métodos específicos. Podemos ver todos eles em ação na listagem a seguir, que adiciona o horário de funcionamento à visão em HTML.

Listagem 10.16 – Usando ng-switch para mostrar o horário de funcionamento

```
<div class="panel-heading">
  <h2 class="panel-title">Opening hours</h2>
</div>
<div class="panel-body">
  <p ng-repeat="time in vm.data.location.openingTimes" ng-switch
    on="time.closed"> ❶
    {{ time.days }} :
    <span class="opening-time" ng-switch-when="true">closed</span> ❷
    <span class="opening-time" ng-switch-default>{{ time.opening + " - " +
    time.closing }}</span> ❸
  </p>
</div>
```

❶ Associa o switch ao valor de `time.closed`.

❷ Quando `time.closed` for `true`, mostra Closed na tela.

❸ Do contrário, a ação padrão é mostrar os horários de abertura e fechamento.

Com isso, temos um pouquinho de lógica na visão. Observe que como todos os comandos `ng-switch` são diretivas, precisam ser adicionadas em tags HTML.

ALTERANDO A ORDEM DE EXIBIÇÃO DA LISTA COM O FILTRO ORDERBY

Para ordenar os itens em uma lista `ng-repeat`, o Angular vem com um filtro nativo chamado `orderBy`. Observe que o `orderBy` só pode ser usado em arrays, portanto, para reclassificar qualquer outro objeto, este deve antes ser convertido para um array.

O filtro `orderBy` recebe dois elementos. Primeiro, é preciso especificar qual é o objeto lista a ser ordenado, que pode ser uma função ou uma propriedade. O mais comum é fornecer o nome da propriedade que será usada como índice da lista que se quer ordenar. É o que faremos no Loc8r, usando a propriedade `createdOn` (data de criação) de cada resenha.

O segundo argumento é opcional e define se a ordenação será crescente ou decrescente. O argumento aceita um valor booleano e o default é `false` se omitido. Como queremos a data mais recente em primeiro lugar na lista, ajustaremos o parâmetro para `true`.

A listagem a seguir mostra como o template da visão deve ser alterado para adicionar o filtro à diretiva `ng-repeat`.

Listagem 10.17 – Ordenando as resenhas por data com o filtro orderBy

```
<div class="review" ng-repeat="review in vm.data.location.reviews |
      orderBy:'createdOn':true"> ❶
  <div class="well well-sm review-header">
    <span class="rating" rating-stars rating="review.rating"></span>
    <span class="reviewAuthor">{{ review.author }}</span>
    <small class="reviewTimestamp">{{ review.createdOn }}</small>
  </div>
  <div class="col-xs-12">
    <p ng-bind-html="review.reviewText | addHtmlLineBreaks"></p>
  </div>
</div>
```

❶ Adiciona o filtro `orderBy` à diretiva `ng-repeat`, especificando a propriedade usada como índice e a ordem.

Se revisitarmos a página, as resenhas já estarão na ordem correta, com a mais recente em primeiro lugar – embora o efeito seja difícil de enxergar porque as datas não estão lá muito legíveis.

FORMATANDO DATAS COM O FILTRO DATE

O filtro `date` também está embutido no Angular e formata a data informada no estilo desejado. O único argumento é o formato de data.

O parâmetro de formatação é uma string descrevendo como será o valor de saída. O número de opções é enorme, mas o formato em si é fácil de entender. Para obter “1 December 2014” a string é `'d MMMM yyyy'`, como mostrado na listagem a seguir.

Listagem 10.18 – Aplicando um filtro de datas para formatar as datas das resenhas

```
<div class="review" ng-repeat="review in vm.data.location.reviews |
      orderBy:'createdOn':true">
```

```
    <div class="well well-sm review-header">
      <span class="rating" rating-stars rating="review.rating"></span>
      <span class="reviewAuthor">{{ review.author }}</span>
      <small class="reviewTimestamp">{{ review.createdOn | date : 'd MMMM yyyy'
      }}</small>
    </div>
    <div class="col-xs-12">
      <p ng-bind-html="review.reviewText | addHtmlLineBreaks"></p>
    </div>
  </div>
```

Com isso, finalizamos o layout e a formatação da página de detalhes. A próxima e última etapa é permitir a inclusão de novas resenhas, mas em vez de criar uma página adicional para isso, chamaremos uma caixa de diálogo modal na própria página de detalhes, para um visual mais moderno e melhor desempenho.

10.4 Usando componentes do AngularUI para criar um popup modal

Nesta seção final veremos como adicionar componentes de terceiros a uma aplicação em Angular application, e como usá-lo para postar dados. No Loc8r os usuários poderão adicionar resenhas diretamente da página de detalhes, em um popup modal mostrado quando se clica no botão Add Review. O modal exibirá o formulário de resenha, permitindo que os usuários entrem seu nome, a nota e o texto. Ao serem enviadas, as resenhas serão direcionadas à API com o método HTTP post, para que sejam gravadas no banco de dados. No fim do processo, a nova resenha será mostrada na lista – e tudo acontecerá sem que o navegador saia da página de detalhes.

O primeiro passo é criar um popup modal que seja mostrado sempre que alguém clicar em Add Review.

10.4.1 Incluindo o AngularUI

Em vez de criar o modal do zero e reinventar a roda tentando desenvolver o código de controle subjacente, podemos terceirizar a tarefa para a equipe de desenvolvimento do AngularUI. Eles criaram um conjunto de componentes para Bootstrap escritos em Angular puro. Esses componentes dependem única e exclusivamente do Angular, não havendo nenhuma chamada ao jQuery ou o próprio código em JavaScript do Bootstrap.

OBTENDO O ANGULARUI

O AngularUI está disponível em *http://angular-ui.github.io/bootstrap/*. Podemos baixar a biblioteca toda, que define cerca de 20 componentes, o que é como usar um canhão para matar uma mosca na maioria dos projetos. Se quisermos usar apenas um componente na aplicação, podemos criar uma biblioteca customizada clicando no botão Build. Podemos selecionar os componentes desejados – em nosso caso, apenas o Modal, como mostrado na figura 10.8 – e baixar os módulos.

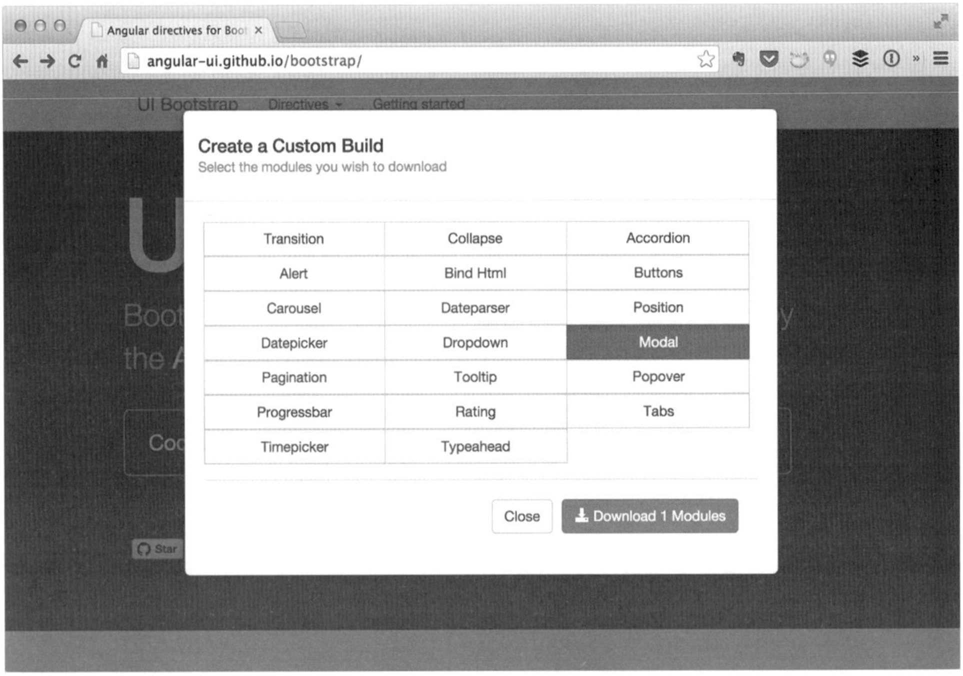

Figura 10.8 – É possível criar pacotes personalizados do AngularUI contendo apenas os componentes desejados.

Com a biblioteca personalizada, o tamanho do arquivo reduz-se dramaticamente – em nosso caso, encolheu de 65 kB para 13 kB. Descompacte o arquivo e copie os dois arquivos JavaScript minificados para a pasta de bibliotecas em *app_client*.

Crie referências a eles no *index.html*, na parte onde estão as outras bibliotecas e antes do arquivo principal da aplicação, como mostrado no trecho de código a seguir:

```
<script src="/angular/angular.min.js"></script>
<script src="/lib/angular-route.min.js"></script>
<script src="/lib/angular-sanitize.min.js"></script>
<script src="/lib/ui-bootstrap-custom-0.12.0.min.js"></script>
```

```
<script src="/lib/ui-bootstrap-custom-tpls-0.12.0.min.js"></script>
<script src="/angular/loc8r.min.js"></script>
```

Já podemos usá-los na aplicação.

USANDO O ANGULARUI NA APLICAÇÃO

Para usar os componentes do AngularUI na aplicação, é preciso defini-lo como dependência nela. Depois, é necessário definir o componente modal como uma dependência do controlador irá chamá-lo.

Para adicionar o AngularUI como uma dependência de aplicação, basta incluir `'ui.bootstrap'` ao array de dependências em *app_client/app.js*, como mostrado no trecho de código a seguir:

```
angular.module('loc8rApp', ['ngRoute', 'ngSanitize', 'ui.bootstrap']);
```

Agora que eles estão na aplicação, o controlador tem que saber que o componente modal será usado por ele. Para isso, injetamos nele uma dependência `$modal`, como mostrado no trecho de código a seguir. Lembre-se de que precisamos passá-lo como parâmetro à função do controlador e adicioná-lo ao array `$inject`.

```
locationDetailCtrl.$inject = ['$routeParams', '$modal', 'loc8rData'];
function locationDetailCtrl ($routeParams, $modal, loc8rData) {
```

Com esses dois elementos no lugar, podemos criar o modal.

10.4.2 Adicionando e usando um sinalizador de cliques

É preciso abrir uma caixa de diálogo modal quando o usuário clica no botão Add Review. Um sinalizador (handler) de cliques associado ao botão e uma função correspondente no controlador são pré-requisitos para criar o modal.

O SINALIZADOR NG-CLICK

Para detectar cliques que chamam métodos em uma aplicação no Angular, em vez de usar `href` ou `onclick`, usa-se o sinalizador de cliques do Angular chamado `ng-click`. Este funciona de forma semelhante ao `onclick`, mas dá acesso aos métodos do modelo da visão.

No trecho de código a seguir um sinalizador `ng-click` é adicionado ao botão Add Review em *locationDetail.view.html*. Um clique no botão chama uma função chamada `popupReviewForm` no template de visão:

```
<a ng-click="vm.popupReviewForm()" class="btn btn-default pull-right">Add
    review</a>
```

Depois, crie o método popupReviewForm no controlador.

ADICIONANDO O MÉTODO CHAMADO PELO SINALIZADOR

Para criar o método no controlador basta declarar vm.popupReviewForm como uma função. Na listagem a seguir adicionamos a nova função e a configuramos para disparar um alerta simples para que possamos testar se o ng-click e o método estão funcionando como esperado.

Listagem 10.19 – Adicionando o método ao controlador

```
function locationDetailCtrl ($routeParams, $modal, loc8rData) {
  var vm = this;
  vm.locationid = $routeParams.locationid;

  loc8rData.locationById(vm.locationid)
    .success(function(data) {
      vm.data = { location: data };
      vm.pageHeader = {
        title: vm.data.location.name
      };
    })
    .error(function (e) {
      console.log(e);
    });

  vm.popupReviewForm = function () {
    alert("Let's add a review!");
  };
}
```

Depois de gravadas as alterações, navegue até a página de detalhes a partir de um link na homepage. Clique no botão Add Review e verifique se o alerta está aparecendo. Se tudo funcionar como na figura 10.9, saberemos que o botão e o método estão vinculados corretamente.

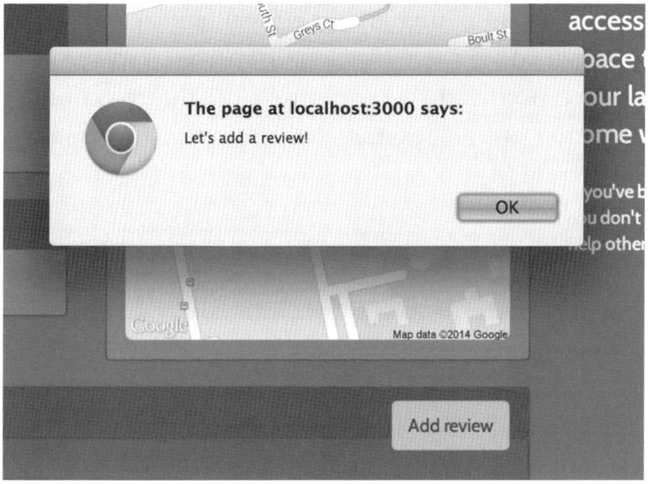

Figura 10.9 – Testando o funcionamento do sinalizador no Add Review com uma caixa de alerta.

10.4.3 Criando o modal em Bootstrap com o AngularUI

Chegou a hora de criar a caixa de diálogo modal. Não é o caso de nossa aplicação, mas é provável que no mundo real haja inúmeras ações e eventos que disparem uma janela modal. Para impedir qualquer contaminação entre os códigos-fonte dos diferentes modais, cada um deve ser criado como uma nova instância, com seus próprios templates e controladores.

Veremos a seguir como definir uma instância e então adicionar a visão e o controlador.

DEFININDO UMA INSTÂNCIA MODAL NO ANGULARUI

Usaremos o sinalizador `popupReviewForm` da seção anterior para definir uma nova instância modal. Um URL de template e um controlador serão associados ao sinalizador da mesma forma como nas diretivas e nas definições de rota.

A sintaxe é a seguinte:

```
vm.popupReviewForm = function () {
   var modalInstance = $modal.open({
      templateUrl: '/reviewModal/reviewModal.view.html',
      controller: 'reviewModalCtrl as vm',
   });
};
```

Observe que estamos usando uma sintaxe ligeiramente diferente para `controllerAs`. O componente modal pode usar a sintaxe, mas não há suporte à opção `controllerAs` para que possa ser especificado. Em vez disso, definimos o nome do modelo de visão na própria linha (inline), exatamente como faríamos se estivéssemos definindo um elemento HTML.

VISÃO DO MODAL

Para criar o HTML do modal de resenhas, combinaremos o formulário de resenhas que já temos da aplicação em Express e a marcação padrão de modal do Bootstrap. Adicionaremos desde já alguns vínculos de dados aos campos do formulário e definiremos uma função para cancelar o modal.

Juntando todos esses itens obtemos a listagem a seguir. Grave o código mostrado em um novo arquivo, cujo nome e caminho estão especificados no template de URL da listagem 10.19: *reviewModal.view.html* em *app_client/reviewModal/*.

Listagem 10.20 – Visão em HTML para o popup modal

```
<div class="modal-content">
  <form id="addReview" name="addReview" role="form" class="form-horizontal">
    <div class="modal-header">
      <button type="button" ng-click="vm.modal.cancel()" class="close"><span
      aria-hidden="true">Å~</span><span class="sr-only">Close</span></button> ❶
      <h4 id="myModalLabel" class="modal-title">Add your review for {{
      vm.locationName }}</h4>
    </div>
    <div class="modal-body">
      <div class="form-group">
        <label for="name" class="col-xs-2 col-sm-2 control-label">Name</label>
        <div class="col-xs-10 col-sm-10">
          <input id="name" name="name" required="required" ng-
      model="vm.formData.name" class="form-control"/> ❷
        </div>
      </div>
      <div class="form-group">
        <label for="rating" class="col-xs-10 col-sm-2 control-label">Rating</
      label>
        <div class="col-xs-12 col-sm-2">
          <select id="rating" name="rating" ng-model="vm.formData.rating" ❷
```

```
            class="form-control input-sm">
                  <option>5</option>
                  <option>4</option>
                  <option>3</option>
                  <option>2</option>
                  <option>1</option>
                </select>
              </div>
            </div>
            <div class="form-group">
              <label for="review" class="col-sm-2 control-label">Review</label>
              <div class="col-sm-10">
                <textarea id="review" name="review" rows="5" required="required"
            ng-model="vm.formData.reviewText" class="form-control"></textarea> ❷
              </div>
            </div>
          </div>
          <div class="modal-footer">
            <button ng-click="vm.modal.cancel()" type="button" class="btn btn- ❸
            default">Cancel</button>
            <button type="submit" class="btn btn-primary">Submit review</button>
          </div>
        </form>
      </div>
```

❶ Adiciona um botão Close (fechar) e especifica qual método o botão dispara no modelo de visão.

❷ Adiciona vínculos de dados do modelo em cada campo do formulário.

❸ No botão Cancel (cancelar) dispara o mesmo método que o botão Close.

Nada muito complexo, apenas muito HTML. Para usar a visão, precisamos criar o controlador.

CONTROLADOR DO MODAL

Quando definimos o modal no controlador dos estabelecimentos, especificamos um nome: `reviewModalCtrl`. Precisamos então criar um modal com esse nome em um arquivo chamado *reviewModal.controller.js*, na mesma pasta da visão que acabamos de criar.

Começaremos com a sintaxe básica de um controlador. O controlador do modal de resenhas é dependente de `$modalInstance` – criado pelo componente do AngularUI – e, portanto, é necessário injetá-la. `$modalInstance` possui um método `dismiss`, que é chamado sempre que os botões Cancel ou Close são clicados. Para isso cria-se um método `vm.modal.cancel`, que é referenciado na visão e usado para cancelar o modal. Tudo isso é amarrado na listagem a seguir.

Listagem 10.21 – Ponto de partida para o controlador do modal de resenhas

```
(function () {

  angular
    .module('loc8rApp')
    .controller('reviewModalCtrl', reviewModalCtrl);

  reviewModalCtrl.$inject = ['$modalInstance']; ❶
  function reviewModalCtrl ($modalInstance) {
    var vm = this;

    vm.modal = { ❷
      cancel : function () {
        $modalInstance.dismiss('cancel');
      }
    };

  }

})();
```

❶ Injeta `$modalInstance` no controlador.

❷ Cria o método `vm.modal.cancel()` e o usa para chamar o método `$modalInstance.dismiss`.

Lembre-se de adicionar o controlador no array de scripts concatenados do arquivo *app.js* no Express. Ao recarregar a página e clicar no botão Add Review, o modal deve ser exibido em um popup, como mostrado na figura 10.10. Clicar no botão Cancel, ou em qualquer lugar fora do modal, cancela-o.

Um grande começo, mas o nome do estabelecimento não está sendo mostrado no cabeçalho do modal. É preciso que o modal extraia dados de algum lugar.

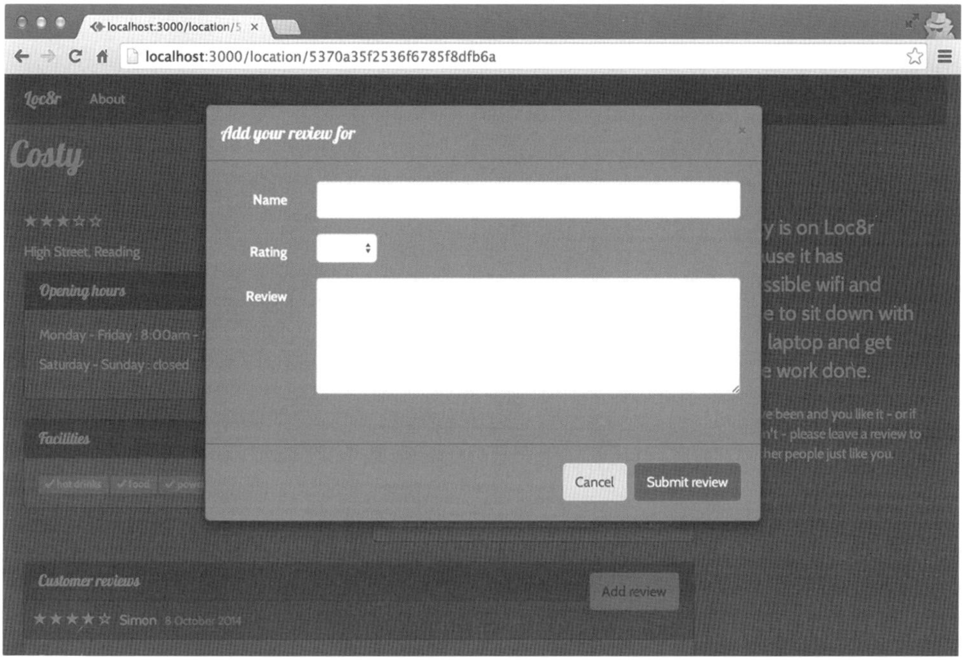

Figura 10.10 – O popup modal em ação, mostrando o formulário de resenhas.

10.4.4 Passando dados para o modal

Para passar dados do controlador da página para o modelo de visão do controlador, devemos seguir um processo em três etapas:

1. Na definição de instância do modal, criar as variáveis apropriadas.
2. Injetá-las como dependências no controlador do modal.
3. Fazer um mapeamento entre elas e o modelo de visão do modal.

VARIÁVEIS NA DEFINIÇÃO DA INSTÂNCIA DO MODAL

O primeiro passo para criar o controlador do modal é passar as variáveis para a definição da instância do modal com a opção `resolve`. A opção `resolve` é mapeada por um objeto contendo um ou mais parâmetros que se quer usar no modal. Cada parâmetro deve ser mapeado para uma função que retorna um valor ou um objeto.

O modal precisa ter acesso ao ID do estabelecimento e seu nome, portanto usaremos o `resolve` para criar um parâmetro chamado `locationData`, que, por sua vez, retorna um objeto contendo ID e nome. A listagem a seguir mostra as alterações necessárias na definição da instância do modal.

Listagem 10.22 – Usando resolve para passar valores de variáveis ao modal

```
var modalInstance = $modal.open({
  templateUrl: '/reviewModal/reviewModal.view.html',
  controller: 'reviewModalCtrl as vm',
  resolve : { ❶
    locationData : function () { ❷
      return { ❸
        locationid : vm.locationid,
        locationName : vm.data.location.name
      };
    }
  }
});
```

❶ Inclui a opção resolve, com mapeamento para um objeto.

❷ Adiciona o parâmetro que mapeia para uma função.

❸ A função deve retornar um objeto ou um valor simples.

Com isso o controlador do modal passa a usar o parâmetro `locationData`, se o injetarmos como uma dependência.

INJETANDO COMO DEPENDÊNCIA OS PARÂMETROS DO RESOLVE

Para que o controlador do modal possa usar os parâmetros que acabamos de criar, precisamos injetá-los como dependências. Como mostrado no trecho de código a seguir, o processo é idêntico ao que já fizemos antes. Aproveitaremos para gravar o parâmetro como uma propriedade no modelo da visão.

```
reviewModalCtrl.$inject = ['$modalInstance', 'locationData']; ❶
function reviewModalCtrl ($modalInstance, locationData) {
  var vm = this;
  vm.locationData = locationData; ❷
```

❶ Injeta o novo parâmetro vindo da definição do modal.

❷ Salva o parâmetro no modelo da visão.

Agora já é possível usar os valores do parâmetro `locationData` no modal.

USANDO OS DADOS REPASSADOS

Os dados, agora disponíveis para o modelo de visão do modal, podem ser usados em um vínculo na visão do modal. O trecho de código a seguir mostra como atualizar o título do modal para mostrar o nome do estabelecimento:

```
<h4 id="myModalLabel" class="modal-title">Add your review for {{
       vm.locationData.locationName }}</h4>
```

Recarregando a página e clicando novamente em Add Review, podemos ver que os dados estão realmente fluindo e aparecendo no modal, como mostrado na figura 10.11.

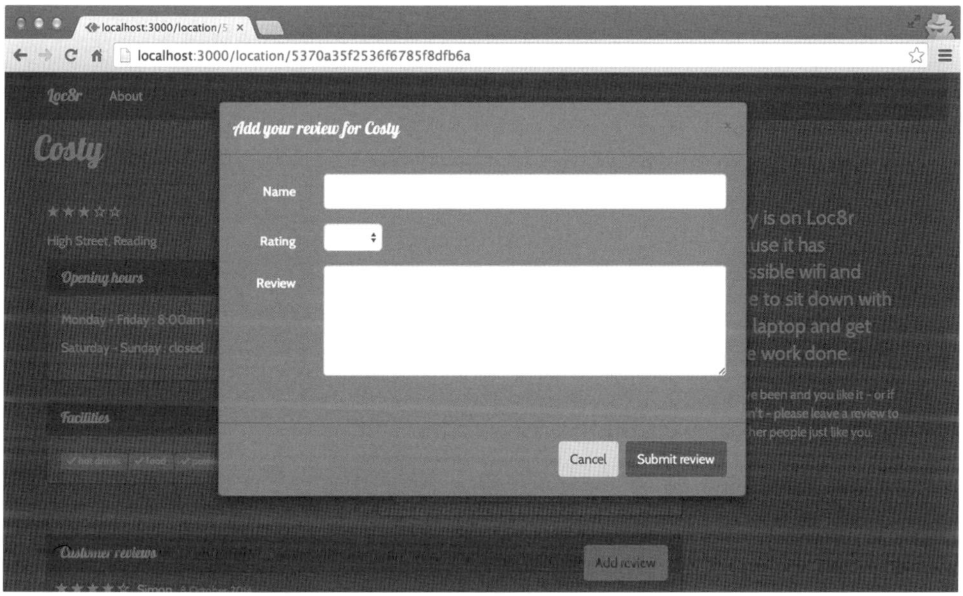

Figura 10.11 – Mostrando o nome do estabelecimento dentro do popup modal.

Até aqui tudo bem. A última coisa a fazer é conectar o formulário para que, quando enviado, a resenha seja salva no banco de dados.

10.4.5 Usando o formulário para enviar uma resenha

Chegou a hora de fazer o formulário de resenhas funcionar, enviando o texto ao banco de dados. Para isso, o processo tem algumas etapas:

1. Fazer o Angular lidar com o formulário quando for submetido.
2. Validar o formulário para aceitar apenas informações completas.

3. Adicionar um sinalizador POST em nosso serviço `loc8rData`.
4. Enviar (pelo método POST) a resenha para o serviço.
5. Inserir a resenha na lista da página de detalhes.

SINALIZADORES DE FORMULÁRIO ONSUBMIT

Formulários HTML tipicamente contêm uma ação e um método, que diz ao navegador para onde enviar os dados e o método HTTP apropriado. Também é possível usar um sinalizador de eventos `onSubmit` caso seja necessário processá-los localmente com JavaScript antes de enviá-los ao destino.

Em uma SPA no Angular não queremos que o formulário envie os dados a um URL diferente, levando-nos a outra página. O Angular deve cuidar de tudo sozinho. Para isso, usaremos o sinalizador o angular `ng-submit` para chamar uma função no modelo de visão. O trecho de código a seguir mostra esta implementação na definição do formulário, chamando uma função no controlador que vamos escrever mais adiante:

```
<form id="addReview" name="addReview" role="form" ng-submit="vm.onSubmit()"
      class="form-horizontal">
```

Depois, é preciso criar a função `onSubmit` correspondente dentro do controlador do modal de resenhas. Para testar se está funcionando, simplesmente desvie os dados do formulário para o log do console e defina `return false` para impedir que o formulário seja realmente enviado. Quando criamos a visão do formulário usamos uma propriedade do modelo de visão em casa entrada. Fizemos ainda melhor: colocamos cada item como uma propriedade-filha de `vm.formData`, o que torna fácil e conveniente obter o conjunto de dados. O trecho de código a seguir mostra o ponto de partida para a função `onSubmit`, a ser adicionada ao controlador do modal de resenhas:

```
vm.onSubmit = function () {
   console.log(vm.formData); ❶
   return false; ❷
};
```

❶ Envia todos os dados para o console, para testar se a função está funcionando.

❷ Retorna `false` para impedir que o formulário seja enviado e a página seja recarregada.

Agora que sabemos que os dados do formulário podem ser capturados, que tal uma pitada de validação?

VALIDANDO OS DADOS ENVIADOS PELO FORMULÁRIO

Antes de enviar cegamente os dados do formulário à API, e dela ao banco de dados, é saudável realizar algumas validações simples para assegurar o preenchimento de todos os campos. Se qualquer um deles não for preenchido, uma mensagem de erro será mostrada. O navegador pode impedir que os formulários sejam enviados com campos vazios, se este for o caso, remova temporariamente o atributo `required` dos campos do formulário para testar a validação do Angular.

Quando um formulário é enviado, devemos remover toda e qualquer mensagem de erro antes de verificar se cada item no formulário é verdadeiro. Se algum deles retornar `false` – ou seja, está em branco – é devolvida uma mensagem de erro no modelo de visão e retornado o valor `false`. Se todos os dados existirem, serão desviados para o console como antes.

A listagem a seguir mostra as mudanças necessárias na função `onSubmit` no controlador do modal de resenhas para que esta validação ocorra.

Listagem 10.23 – Validação básica de dados no sinalizador onSubmit

```
vm.onSubmit = function () {
  vm.formError = ""; ❶
  if(!vm.formData.name || !vm.formData.rating || !vm.formData.reviewText) { ❷
    vm.formError = "All fields required, please try again";
    return false;
  } else { ❸
    console.log(vm.formData);
    return false;
  }
};
```

❶ Apaga quaisquer mensagens de erro existentes.

❷ Se qualquer um dos campos do formulário estiver vazio (retorna falso), devolve uma mensagem de erro.

❸ Senão, desvia os dados do formulário para o console.

Já temos a mensagem de erro, mas ainda não temos como mostrá-la ao usuário quando necessário. É preciso adicionar um `div` de alerta do Bootstrap ao template de visão do modal e vincular a mensagem como conteúdo. O `div` só deve ser mostrado se existir uma mensagem de erro, portanto criaremos uma diretiva no

Angular chamada `ng-show`, que aceita uma expressão como valor. Se a expressão for avaliada ou calculada e resultar verdadeira, o elemento será mostrado. Caso contrário, o `div` será ocultado.

Em nosso caso, a expressão a avaliar é a existência de um valor em `vm.formError`, exibindo o `div` de alerta apenas se existir. O trecho de código a seguir mostra as alterações necessárias no template de visão do modal de resenha, adicionando um alerta perto do topo do corpo do modal:

```
<div class="modal-body">
  <div role="alert" ng-show="vm.formError" class="alert alert-danger">{{
    vm.formError }}</div>
  <div class="form-group">
```

A figura 10.12 mostra o efeito:

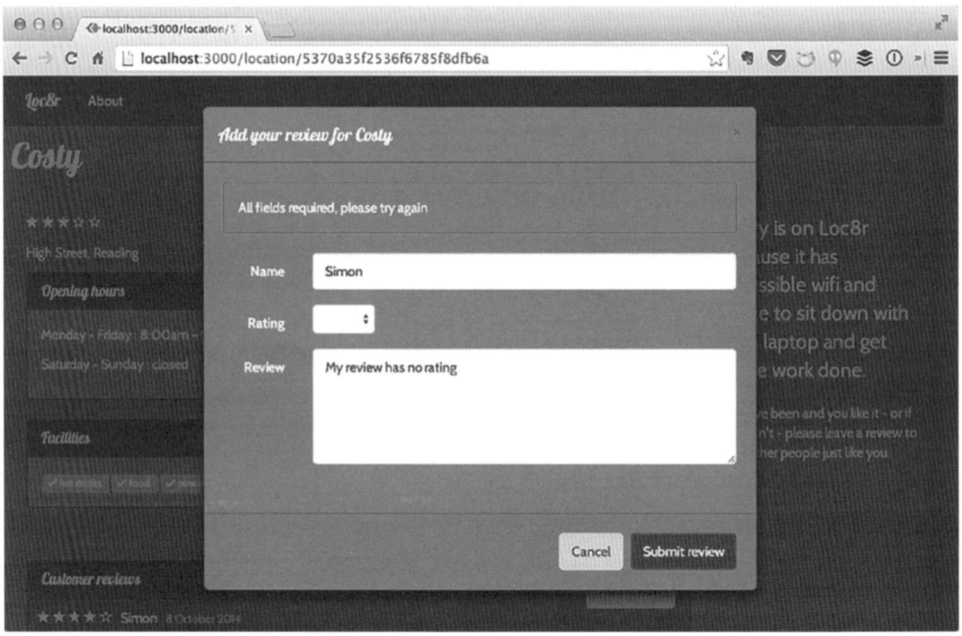

Figura 10.12 – Quando um formulário incompleto é enviado aparece uma mensagem.

ATUALIZANDO O SERVIÇO DE DADOS PARA ACEITAR NOVAS RESENHAS

Antes de poder usar o formulário para postar resenhas no banco de dados, é preciso adicionar um método ao serviço de dados para conectar-se à API. Chamaremos esse novo método de `addReviewById`, que aceita dois parâmetros: o ID do estabelecimento e os dados da resenha.

O conteúdo é o mesmo dos outros do método, exceto que usaremos `post` em vez de `get` para chamar a API. A listagem a seguir destaca em **`negrito`** as mudanças na função `loc8rData`, presente em *loc8rData.service.js*.

Listagem 10.24 – Novo método addReviewById, do serviço de dados

```
function loc8rData ($http) {
   var locationByCoords = function (lat, lng) {
      return $http.get('/api/locations?lng=' + lng + '&lat=' + lat +
         '&maxDistance=20');
   };

   var locationById = function (locationid) {
      return $http.get('/api/locations/' + locationid);
   };

   var addReviewById = function (locationid, data) {
      return $http.post('/api/locations/' + locationid + '/reviews', data);
   };

   return {
      locationByCoords : locationByCoords,
      locationById : locationById,
      addReviewById : addReviewById
   };
}
```

Estupendo! Agora os dados podem ser usados no modal.

ENVIANDO OS DADOS DO FORMULÁRIO PARA O SERVIÇO DE DADOS

Os dados do formulário já estão sendo postados e já temos um serviço de dados de prontidão para repassá-los à API, resta conectá-los. O serviço de dados será usado da mesma forma que antes; este novo método não tem nenhuma diferença a não ser o método HTTP. O método, quando chamado, resolve-se entre uma promessa `success` ou `error`, pois o serviço de dados está usando o método assíncrono `$http`.

Para manter o código organizado, a funcionalidade será transferida para sua própria função chamada `doAddReview`, como mostrado na listagem a seguir. Observe o trecho, muito importante, em que o serviço `loc8rData` é injetado no controlador.

Listagem 10.25 – Enviando todos os dados do formulário para o serviço de dados

```
reviewModalCtrl.$inject = ['$modalInstance', 'loc8rData', 'locationData'];
function reviewModalCtrl ($modalInstance, loc8rData, locationData) { ❶
   var vm = this;
   vm.locationData = locationData;

   vm.onSubmit = function () {
      vm.formError = "";
      if (!vm.formData.name || !vm.formData.rating || !vm.formData.reviewText)
         {
         vm.formError = "All fields required, please try again";
         return false;
      } else {
         vm.doAddReview(vm.locationData.locationid, vm.formData); ❷
      }
   };
   vm.doAddReview = function (locationid, formData) {
      loc8rData.addReviewById(locationid, { ❸
         author : formData.name,
         rating : formData.rating,
         reviewText : formData.reviewText
      })
         .success(function (data) { ❹
            console.log("Success!");
         })
         .error(function (data) { ❺
            vm.formError = "Your review has not been saved, try again";
         });
      return false;
   };

   vm.modal = {
      cancel : function () {
         $modalInstance.dismiss('cancel');
      }
   };

}
```

❶ Injeta o serviço loc8rData como uma dependência.

❷ Se o formulário for enviado com sucesso, envia os detalhes para a nova função.

❸ Nova função formata os dados e os envia para o novo método do serviço.

❹ Se o serviço devolver um resultado de sucesso, envia uma mensagem ao console.

❺ Senão, usa `formError` para mostrar uma mensagem de alerta no modal.

Pronto! Já podemos enviar resenhas ao banco de dados! Um último detalhe: quando enviada, o modal deve ser fechado e a resenha deve aparecer na lista.

FECHANDO O MODAL E MOSTRANDO A RESENHA

Fechar o modal e adicionar a nova resenha na lista são duas ações entrelaçadas. O método `dismiss` poderia ser usado, como já fizemos para os botões Cancel e Close, mas é possível fazer melhor.

A instância do modal tem um método `close`, parecido com o `dismiss`. O método `close` pode passar dados para o controlador-pai. O recurso pode ser usado para passar os dados da resenha do controlador do modal para o controlador da página de detalhes do estabelecimento. Quando uma nova resenha é postada na API, a resposta desta quando a operação tem sucesso é devolver o objeto resenha gravado no banco de dados.

Sabemos que esses dados estão no formato correto para serem mostrados, portanto é a melhor fonte de dados para enviar ao controlador-pai. O método `close` do modal deve ser chamado com um callback `success` para a chamada `addReviewById`. Em vez de chamá-lo diretamente, um método auxiliar será usado, como no botão de cancelar. Veja a listagem a seguir:

Listagem 10.26 – Passando os dados da resenha pelo método close do modal

```
vm.doAddReview = function (locationid, formData) {
   loc8rData.addReviewById(locationid, {
      author : formData.name,
      rating : formData.rating,
      reviewText : formData.reviewText
   })
      .success(function (data) {
         vm.modal.close(data); ❶
      })
```

```
         .error(function (data) {
            vm.formError = "Your review has not been saved, please try again";
         });
      return false;
   };

   vm.modal = {
      close : function (result) { ❷
         $modalInstance.close(result);
      },
      cancel : function () {
         $modalInstance.dismiss('cancel');
      }
   };
```

❶ Ao adicionar novas resenhas ao banco de dados, envia os dados retornados só método `close` do modal.

❷ Cria um método auxiliar para chamar o método `close`, na instância do modal, passando a ele os dados fornecidos.

A questão é: como usar esses dados? É uma boa pergunta! O método `close` retorna uma promessa ao controlador-pai no ponto em que definimos a instância do modal. Podemos nos conectar a essa promessa, e quando estiver resolvida basta enviar a resenha para o array de resenhas, como mostrado na listagem a seguir:

Listagem 10.27 – Resolvendo a promessa da instância do modal para atualizar a lista de resenhas

```
vm.popupReviewForm = function () {
   var modalInstance = $modal.open({
      templateUrl: '/reviewModal/reviewModal.view.html',
      controller: 'reviewModalCtrl as vm',
      resolve : {
         locationData : function () {
            return {
               locationid : vm.locationid,
               locationName : vm.data.location.name
            };
         }
      }
   });
```

```
    modalInstance.result.then(function (data) { ❶
      vm.data.location.reviews.push(data); ❷
    });
  };
```

❶ Quando a promessa do modal é resolvida...

❷ envia os dados devolvidos para o array de resenhas; o vínculo do Angular fará o resto.

Como o array de resenhas está vinculado à visão do modal, o Angular automaticamente atualizará a lista de resenhas na tela. Como a visão classifica a ordem das resenhas colocando a mais recente primeiro, a que acabou de ser criada é a primeira, como mostrado na figura 10.13. Tem como ficar mais fácil?

Figura 10.13 – Quando uma resenha é criada no modal e enviada, o modal fecha e a resenha parece em primeiro lugar na lista sem que a página precise ser recarregada.

Isso é tudo. Nossa SPA em Angular está completa. Vamos, então, relembrar o que aprendemos.

10.5 Resumo

Neste capítulo vimos como:

- transferir todo o código da aplicação para o cliente;
- embelezar os URLs usando a API de histórico do HTML5;
- adicionar múltiplas visões à aplicação;
- vincular com segurança conteúdos que tenham elementos HTML;
- usar parâmetros no URL;
- adicionar lógica `if` nas visões usando `ng-switch` e `ng-show`;
- usar componentes prontos do AngularUI;
- postar dados na API usando o serviço `$http`;

Em nosso derradeiro capítulo, veremos como administrar usuários e sessões autenticadas, permitindo o registro e solicitando login antes de deixar uma resenha.

PARTE IV

Gerenciando autenticação e sessões

A capacidade de identificar cada usuário é uma peça-chave na funcionalidade da maioria das aplicações web. Os visitantes devem se cadastrar para que possam voltar e iniciar uma sessão em data posterior. Quando os usuários cadastrados fazem login, a aplicação deve ser capaz de fazer uso de seus dados.

No capítulo 11 veremos como a autenticação funciona no MEAN, e como geri-la quando todo o código do aplicativo está no navegador como uma SPA em Angular. A autenticação interage com todas as camadas de tecnologia da aplicação: veremos como salvar os dados do usuário no banco de dados, garantir a segurança dos pontos de acesso da API e gerir uma sessão no navegador.

Até o final desta parte o cadastro de novos usuários e o sistema de login estarão em pleno funcionamento em nosso aplicativo Loc8r. Este, por sua vez, usará os dados do usuário ativo durante a sessão.

CAPÍTULO 11

Autenticando usuários, gerenciando seções e garantindo a segurança das APIs

Neste capítulo veremos como:

- Implementar autenticação no MEAN.
- Usar o Passport para gerenciar autenticação no Express.
- Gerar Web Tokens em JSON no Express.
- Cadastrar um usuário e permitir seu login.
- Garantir a segurança dos pontos de conexão da API no Express.
- Usar armazenamento local e o Angular para administrar a sessão do usuário.

Neste capítulo aprimoraremos a aplicação existente, permitindo que os usuários façam login para poder deixar comentários. Este é um tópico importante, pois muitas aplicações web precisam de esquemas de autenticação e gerenciamento de sessão.

A figura 11.1 mostra onde estamos na arquitetura geral, agora trabalhando com o banco de dados MongoDB, a API no Express e a aplicação de uma única página Angular.

Nossa primeira parada será uma visão geral de como abordar a autenticação em uma aplicação MEAN. Só depois atualizaremos o Loc8r item a item, trabalhando na arquitetura de trás para frente. Em seguida, atualizaremos o banco de dados e schemas, depois a API e, finalmente, o front-end. No final do capítulo, a aplicação aceitará o cadastro de novos usuários, seu login, gerenciar sessões e realizar tarefas permitidas somente a usuários registrados.

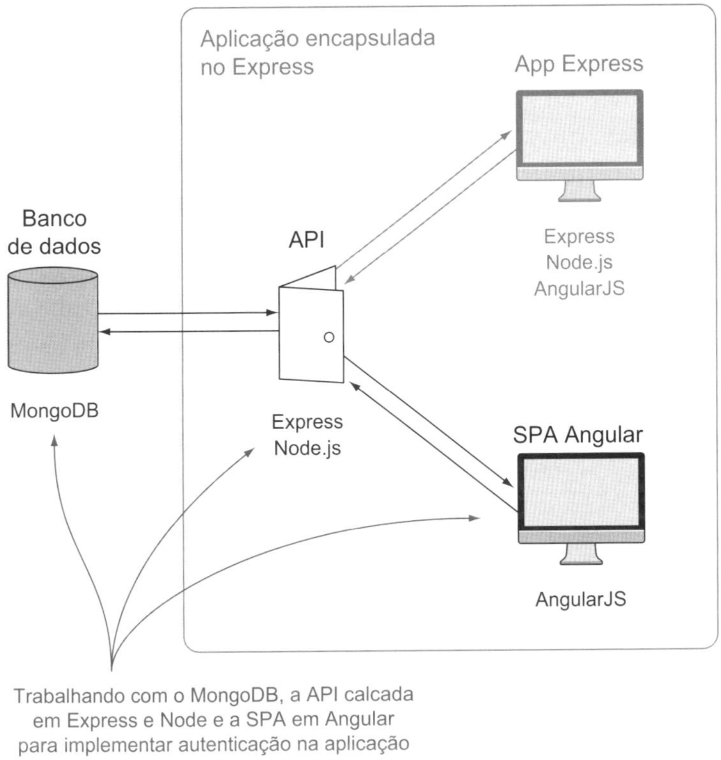

Figura 11.1 – Este capítulo acrescenta um sistema de autenticação à aplicação, que interage com a maioria das partes da arquitetura como o banco de dados, a API e a SPA.

11.1 Como funciona a autenticação no MEAN

A autenticação no MEAN é vista como um dos grandes mistérios da tecnologia, particularmente quando a aplicação é uma SPA. Isso ocorre em grande parte porque o código completo da aplicação é entregue ao navegador. Uma pergunta válida, então, seria: como esconder uma parte dele? Como se pode definir quem pode ver ou fazer o quê?

11.1.1 Aplicação tradicional baseada em servidor

Grande parte da confusão surge porque as pessoas estão muito familiarizadas com a abordagem tradicional de autenticação e gerenciamento de sessão de usuários em um ambiente de servidor.

Em uma configuração tradicional, o código da aplicação reside e é executado no servidor. Os usuários fazem login informando nome e senha em um formulário que é postado para o servidor. O servidor então valida os detalhes de login em um banco de dados. Supondo que o login tenha sucesso, o servidor levantará uma flag ou parâmetro de sessão na tabela de sessões (mantida pelo servidor) para declarar que o usuário está online.

O servidor pode (ou não) enviar um cookie ao navegador do usuário com a sessão de informação. É algo bastante comum, mas, de forma alguma, obrigatório para administrar uma sessão autenticada – é o servidor que mantém as informações vitais da sessão. Esse fluxo está ilustrado na figura 11.2.

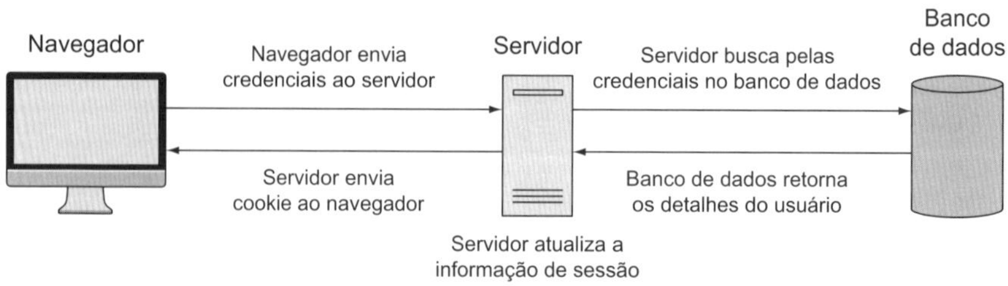

Figura 11.2 – Em uma aplicação tradicional, o servidor e o banco de dados validam as credenciais do usuário e as incluem na tabela se sessões.

Depois disso, qualquer solicitação de recursos ou tentativa de envio de dados ao banco é validada pelo servidor, verificando a sessão e decidindo se honrará ou não a solicitação. Os dois fluxos estão ilustrados nas figuras 11.3 e 11.4.

Figura 11.3 – Em uma aplicação tradicional, o servidor valida a sessão do usuário antes de passar a solicitação adiante.

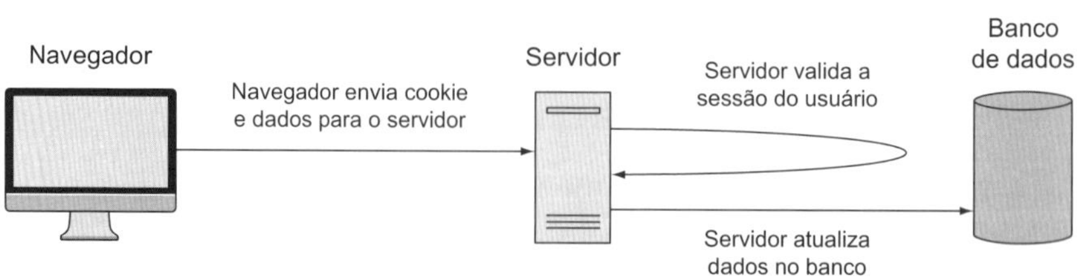

Figura 11.4 – Em uma aplicação tradicional, o servidor valida a sessão do usuário antes de gravar os dados no banco.

A arquitetura tradicional no servidor é assim, mas será que ela funciona para o MEAN?

O MEAN E A ARQUITETURA TRADICIONAL DE SERVIDOR

Essa maneira tradicional de fazer as coisas não é adequada ao MEAN. Nela, o servidor reserva um pacote de recursos para cada usuário, de forma a manter informações de sessão. Como discutido no capítulo 1, a dupla Node e Express não administra as sessões de cada usuário – a aplicação roda em uma única thread que engloba todos os usuários.

É possível improvisar essa arquitetura no MEAN caso a aplicação rode no servidor, baseada no Express – como era o nosso Loc8r até o capítulo 7. Em vez de recursos do servidor, é possível armazenar as informações de sessão no banco de dados. O MongoDB presta-se muito bem para isso; outra opção bastante popular é o Redis, um armazém de pares chave:valor conhecido por ser extremamente veloz.

Não apresentaremos a arquitetura tradicional de servidor neste livro; em vez disso, nos concentraremos no cenário (um tanto mais complicado) da autenticação em uma SPA que consulta APIs para obter seus dados.

11.1.2 Aplicação full-stack no MEAN

A autenticação no MEAN apresenta dois problemas:

- A API é stateless (não orientada a estado), uma vez que o Express e o Node não trabalham com o conceito de sessões de usuário.
- A lógica da aplicação é entregue completa ao navegador, portanto não é possível limitar a exposição do código.

A solução lógica para esse problema é manter algum tipo de estado de sessão no navegador e deixar a aplicação decidir o que pode e o que não pode mostrar ao usuário atual. Essa é a única mudança fundamental nessa abordagem. Há algumas diferenças técnicas, mas essa é a única mudança radical.

Uma maneira bastante eficiente de manter os dados do usuário no próprio navegador para gerir a sessão é empregar um objeto chamado JSON Web Token (JWT). Mais adiante discutiremos o JWT em detalhes. Simplificadamente, o JWT é um objeto JSON criptografado em uma string ilegível para os humanos, mas que pode ser decodificado e entendido tanto pela aplicação quanto pelo servidor.

Veremos como isso funciona no nível mais alto, começando pelo processo de login.

GERENCIANDO O LOGIN

A figura 11.5 ilustra o fluxo do processo de login. Os usuários postam suas credenciais ao servidor (por uma API). O servidor valida os usuários usando um banco de dados e retorna um token ao navegador. O navegador guardará o token para uso futuro.

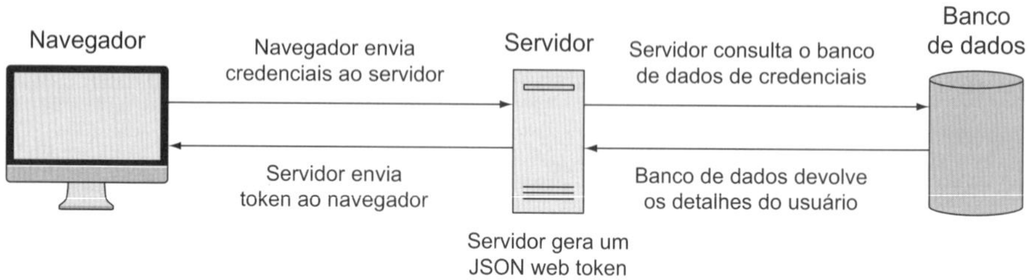

Figura 11.5 – O fluxo de login em uma aplicação MEAN, devolvendo um JSON Web Token ao navegador depois de o servidor validar as credenciais do usuário.

Observe que o modo de operação é muito semelhante ao do modelo tradicional de servidor, mas, em vez de armazenar no servidor as informações de sessão para usuário, estas são salvas no próprio navegador.

NAVEGANDO ENTRE VISÕES EM UMA SESSÃO AUTENTICADA

Durante a sessão, os usuários precisam ser capazes de clicar e carregar outra página ou visão, e a aplicação terá de saber o que esses usuários podem ver na nova página. Conforme ilustrado na figura 11.6, a aplicação decodifica o JWT e usa a informação para mostrar os dados apropriados de cada usuário.

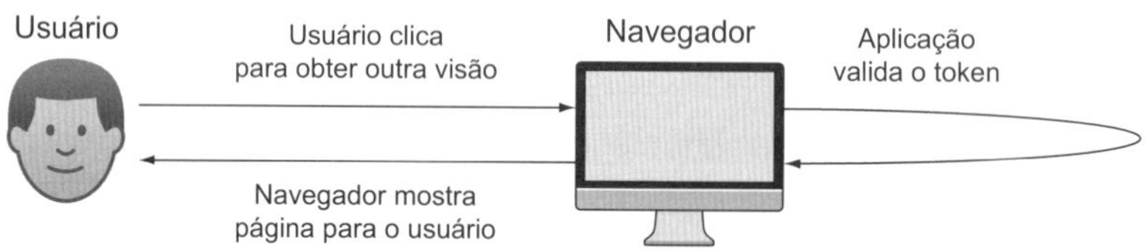

Figura 11.6 – Usando os dados do JWT, a SPA pode determinar quais recursos o usuário pode ver.

Aqui fica óbvia a diferença em relação ao modelo tradicional. O servidor ignora completamente o que o usuário está fazendo, ou mesmo que ele esteja fazendo algo, até que alguma coisa seja solicitada ao banco de dados pela API.

CHAMANDO A API COM SEGURANÇA

Se partes da aplicação são restritas a usuários autenticados, provavelmente há consultas ao banco de dados que apenas um usuário autenticado pode fazer. Como a API não reconhece estados, não tem ideia alguma de quem está fazendo cada solicitação, a não ser que a aplicação informe. Mais uma vez, o JWT resolve a parada. Como mostra a figura 11.7, o token será enviado à API, que o decodificará antes de validar a permissão do usuário para aquela chamada.

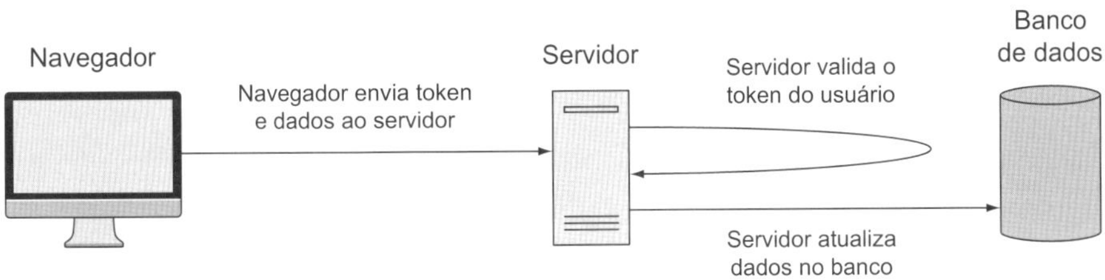

Figura 11.7 – Quando uma API autenticada é chamada, o navegador envia o JWT com os dados; o servidor decodifica o token para validar a solicitação do usuário.

No nível mais alto, é assim que o login funciona e já temos uma ideia do que é preciso. Como primeiro passo para incluir autenticação no Loc8r, o MongoDB será preparado para armazenar detalhes do usuário.

11.2 Criando um schema no MongoDB para os usuários

Nomes de usuário e senhas devem, obviamente, ser gravados no banco de dados. Para a implementação no MEAN, é necessário criar um schema no Mongoose. Senhas jamais – e eu disse jamais – devem ser gravadas em texto puro, o que seria uma descomunal brecha de segurança caso algum dia o banco seja comprometido. Portanto, precisamos de algo mais ao gerar o schema.

11.2.1 Criptografia de mão única para senhas: hashes e uma pitada de sal

A senha precisa ser cifrada com um algoritmo de mão única. A técnica impede que outra pessoa decifre a senha, mas não dificulta a validação de uma senha informada corretamente. Quando um usuário tenha de fazer login, a aplicação criptografa a senha informada novamente e a compara com a senha gravada anteriormente no banco durante o cadastro. Se as duas senhas já criptografadas forem iguais, o usuário é autenticado.

Infelizmente, a cifragem simples não é suficiente. Muitas pessoas insistem em usar senhas fáceis, como, por exemplo, "abc123" "senhasenha". Caso várias pessoas usem a mesma senha (e isso acontece!) o resultado criptografado para todas elas vai ser o mesmo. Qualquer hacker que vasculhe o banco de dados verá que há senhas iguais e que podem, potencialmente, ser uma dessas senhas fáceis.

Neste ponto, o conceito de senha temperada (em inglês, *salt*) é muito bem-vindo. Um salt é uma string aleatória gerada pela aplicação para cada usuário. O salt e a senha são combinados antes da cifragem, resultando em um valor criptografado chamado de *hash*, como ilustrado na figura 11.8.

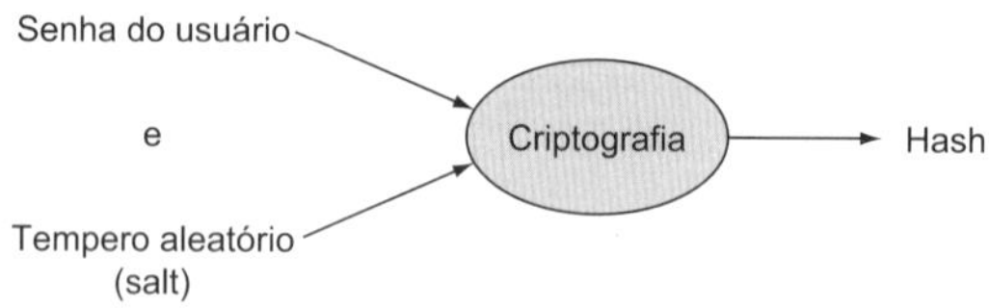

Figura 11.8 – Um hash é o resultado da criptografia da senha temperada do usuário, composta pela senha original e um salt aleatório.

O salt e o hash são armazenados no banco de dados, em vez de um simples campo "senha". Assim, todos os hashes podem ser únicos, e as senhas ficam bem protegidas.

11.2.2 Montando o schema no Mongoose

Começaremos criando o arquivo que conterá o schema e o incluirá (com `require`) na aplicação. Na pasta *app_api/models/*, crie um arquivo chamado *users.js*.

Para chamar esse arquivo na aplicação, referencie-o em *db.js* presente na mesma pasta. Ele deve ser incluído logo abaixo da linha que chama o modelo locations, como mostra o trecho de código a seguir:

```
// CHAMA SEUS SCHEMAS E MODELOS
require('./locations');
require('./users');
```

Depois disso, já é possível construir o schema básico.

SCHEMA BÁSICO DO USUÁRIO

O que é obrigatório em um schema de usuário? Sabemos que é necessário mostrar o nome nas resenhas, e também um hash e um salt para as senhas. Podemos ainda adicionar um endereço de email e elegê-lo como identificador único para que os usuários o usem no campo de login.

No arquivo *user.js* deve haver um `require` para o Mongoose e a definição de um novo `userSchema`, como mostrado na listagem a seguir.

Listagem 11.1 – Schema básico no Mongoose para os usuários

```
var mongoose = require( 'mongoose' );

var userSchema = new mongoose.Schema({
    email: { ❶
        type: String,
        unique: true,
        required: true
    },
    name: { ❷
        type: String,
        required: true
    },
    hash: String, ❸
    salt: String
});
```

❶ O email deve ser obrigatório e único.

❷ O nome também é obrigatório, mas não necessariamente único.

❸ Hash e salt são strings simples.

O email e o nome são informados no formulário de cadastro, enquanto o hash e o salt são criados pelo sistema. O hash é, obviamente, derivado do salt e da senha informada no formulário.

Salt e hash serão gerados por uma funcionalidade do Mongoose que ainda não usamos: métodos.

11.2.3 Paths criptografados usando métodos do Mongoose

O Mongoose permite adicionar métodos a um schema, que ficam expostos como métodos do modelo. Esses métodos oferecem ao código acesso direto aos atributos do modelo.

O ideal é conseguir fazer algo parecido com o pseudocódigo a seguir:

```
var User = mongoose.model('User'); ❶
```

```
var user = new User(); ❷
user.name = "User's name"; ❸
user.email = "test@example.com";
user.setPassword("myPassword"); ❹
user.save(); ❺
```

❶ Instancia o modelo do usuário.

❷ Cria um novo usuário.

❸ Atribui valores para nome e email.

❹ Chama o método `setPassword` para gerar a senha.

❺ Salva o novo usuário.

Veremos como adicionar um método ao Mongoose para conseguir esse efeito.

ADICIONANDO UM MÉTODO AO SCHEMA DO MONGOOSE

Os métodos devem ser adicionados a um schema *depois* de ele ser definido, *antes* de o modelo ser compilado. No código da aplicação, os métodos devem ser usados assim que o modelo for instanciado.

É fácil adicionar um método ao schema, basta encadeá-lo à declaração `.methods` no schema. Também é fácil passar um argumento a ele. Podemos vê-lo em ação no exemplo a seguir, que será o esqueleto de nossa implementação final do método `setPassword`:

```
userSchema.methods.setPassword = function(password){
  this.salt = SALT_VALUE;
  this.hash = HASH_VALUE;
};
```

Um detalhe incomum em se tratando de código JavaScript: `this` em um método do Mongoose refere-se, na verdade, ao modelo. Portanto, no exemplo anterior, `this.salt` e `this.hash` no método fará a atribuição de valores no modelo.

Antes de começar a cadastrar usuários, é necessário gerar um salt aleatório e criptografar o hash. Felizmente, há um módulo nativo do Node para isso: `crypto`.

USANDO O MÓDULO CRYPTO PARA CIFRAR SENHAS

Criptografia é uma necessidade tão básica que existe um módulo nativo do Node chamado `crypto`. Esse módulo oferece inúmeros métodos para administrar a criptografia de dados. Usaremos estes dois:

- `randomBytes` – Gera uma string criptograficamente forte para ser usada como salt.
- `pbkdf2Sync` – Cria um hash a partir da senha e do salt; pbkdf2 significa *password-based key derivation function 2 (função de derivação de chave baseada em senha, versão 2)*, um padrão consagrado.

Usaremos esses métodos para criar a string aleatória do salt e para criptografar a senha e o salt em um hash. O primeiro passo é `require crypto` no início do arquivo *users.js*:

```
var mongoose = require( 'mongoose' );
var crypto = require('crypto');
```

Depois, atualizaremos o método `setPassword` para gerar o salt e o hash para os usuários. Para o salt, empregaremos o método `randomBytes` para gerar uma string aleatória de 16 bits. Depois usaremos `pbkdf2Sync` para criar o hash criptografado a partir da senha e do salt. O código a seguir mostra os dois métodos juntos:

```
userSchema.methods.setPassword = function(password){
    this.salt = crypto.randomBytes(16).toString('hex'); ❶
    this.hash = crypto.pbkdf2Sync(password, this.salt, 1000,
        ↪ 64).toString('hex'); ❷
};
```

❶ Cria a string aleatória para o salt.

❷ Cria um hash criptografado.

Sempre que o método `setPassword` for chamado e alimentado com uma senha, o salt e o hash serão gerados para o usuário e adicionados à instância do modelo. A senha nunca é salva em lugar algum, nem mesmo armazenada na memória.

11.2.4 Validando senhas

O outro aspecto do armazenamento de senhas é a capacidade de validá-la quando os usuários fazem login. Uma vez criptografadas, as senhas jamais poderão ser decifradas. O método mais usual, e que usaremos aqui, é aplicar a mesma criptografia na senha que o usuário está informando na tentativa de login. Se o hash dela for idêntico ao hash gravado, a senha confere.

Tanto o hash como a validação podem ser executados em um método do Mongoose bastante simples. Inclua o método a seguir no *users.js*, que depois será chamado por um controlador no momento em que o email do usuário for encontrado no banco, e devolve `true` ou `false` dependendo da validação do hash:

```
userSchema.methods.validPassword = function(password) {
    var hash = crypto.pbkdf2Sync(password, this.salt, 1000, 64).toString('hex');
    return this.hash === hash;
};
```

Pronto! Simples, não? Veremos esses métodos em ação quando gerarmos os controladores da API.

O último item no qual o controller precisará de ajuda é a geração do JSON Web Token para incluir parte dos dados do modelo.

11.2.5 Gerando um JSON Web Token

Um JWT (pronuncia-se "djót") é usado para transportar dados, em nosso caso entre a API no servidor e a SPA no navegador. Um JWT pode também ser usado pelo servidor que gerou o token para autenticar um usuário, quando é devolvido como resposta a uma solicitação subsequente.

Vejamos como são as três partes de um JWT.

AS TRÊS PARTES DO JWT

Um JWT é composto de três strings separadas por pontos, de aparência aleatória. Eles podem ser bastante longos, como neste exemplo real:


```
eyJ0eXAiOiJKV1QiLCJhbGciOiJIUzI1NiJ9.eyJfaWQiOiI1NTZiZWRmNDhmOTUzOTViMTlhNjc1
ODgiLCJlbWFpbCI6InNpbW9uQGZ1bGxzdGFja3RyYWluaW5nLmNvbSIsIm5hbWUiOiJTaW1vbiBIb
2xtZXMiLCJleHAiOjE0MzUwNDA0MTgsImlhdCI6MTQzNDQzNTYxOH0.GD7UrfnLk295rwvIrCikbk
AKctFFoRCHotLYZwZpdlE
```


Apesar de ilegível aos olhos humanos, é possível enxergar os dois pontos que separam as três partes. Estas são:

- *Cabeçalho (Header)* – Um objeto JSON codificado contendo o tipo e o algoritmo de hash usados.
- *Carga (Payload)* – Um objeto JSON codificado contendo os dados, é o "corpo" do token.
- *Assinatura (Signature)* – Um hash criptografado combinando header e payload, usando uma "senha" que apenas o servidor de origem conhece.

Observe que as duas primeiras partes não são criptografadas, mas sim *codificadas*. Isso significa que é fácil para o navegador – e outras aplicações – decodificá-las. Muitos navegadores modernos têm uma função nativa chamada `atob()`, que decodifica uma string em Base64. A função complementar é `btoa()`, que *codifica* a string em Base64.

A terceira parte, a assinatura, é criptografada. Para decifrá-la é preciso usar uma chave privada que foi criada no servidor. Essa chave deve ser mantida no servidor e jamais ser revelada ao público.

Há bibliotecas que lidam com todas as partes complicadas do processo. O próximo passo, então, será instalar uma dessas bibliotecas na aplicação e criar um método no schema para gerar um JWT.

GERANDO O JWT NO EXPRESS

O primeiro passo para gerar um JWT é instalar pelo npm um módulo chamado `jsonwebtoken`:

```
$ npm install jsonwebtoken --save
```

Depois é necessário incluí-lo (com `require`) no início do arquivo *users.js*:

```
var mongoose = require( 'mongoose' );
var crypto = require('crypto');
var jwt = require('jsonwebtoken');
```

Finalmente, precisamos criar um método para o schema, que chamaremos de `generateJwt`. Para gerar um JWT é preciso informar o payload – ou seja, os dados – e um valor secreto. No payload serão enviados os paths `_id`, `email` e `name`. Devemos determinar sua data de validade, depois da qual o usuário terá de fazer login novamente para gerar outro token. Usaremos para isso `exp`, um campo reservado no payload do JWT que espera a data de expiração em formato Unix.

Para gerar o JWT, é preciso chamar o método `sign`, presente na biblioteca `jsonwebtoken`, enviando o payload como um objeto JSON e a chave secreta como uma string. O método devolve o próprio token pronto, que pode ser então devolvido ao chamador. A listagem a seguir mostra como fica.

Listagem 11.2 – Método no schema para gerar o JWT

```
userSchema.methods.generateJwt = function() {
    var expiry = new Date();
```

```
        expiry.setDate(expiry.getDate() + 7); ❶

        return jwt.sign({ ❷
            _id: this._id, ❸
            email: this.email,
            name: this.name,
            exp: parseInt(expiry.getTime() / 1000), ❹
        }, 'thisIsSecret' ); ❺
    };
```

❶ Cria um objeto de data de validade e atribui sete dias a ele.

❷ Chama o método `jwt.sign` e devolve o que ele retornar.

❸ Passa o payload ao método.

❹ Inclui exp como o tempo em segundos padrão Unix.

❺ Envia a chave secreta para o algoritmo de hashing.

Quando o método `generateJwt` for chamado, usará os dados do modelo do usuário atual para criar um JWT único e devolvê-lo.

Só há um problema com esse código: a chave secreta não deveria estar visível no código.

MANTENDO SECRETA A CHAVE SECRETA: VARIÁVEIS DE AMBIENTE

O código-fonte acaba sendo transportado e copiado para lá e para cá, especialmente em sistemas de controle de versão como o GitHub e assemelhados, e não gostaríamos que a chave secreta fosse publicada. Expor a chave secreta enfraquece de forma dramática o modelo de segurança – de posse da chave, qualquer um poderia enviar tokens falsos que a aplicação acreditaria serem genuínos. Para manter o segredo, uma boa ideia é colocá-lo em variáveis de ambiente.

O procedimento a seguir é fácil de aplicar e permite rastrear as variáveis de ambiente no código presente apenas na máquina do desenvolvedor. Primeiro, crie um arquivo na pasta-raiz do projeto chamado .env e defina a chave secreta assim:

```
JWT_SECRET=thisIsSecret
```

Neste caso, a chave é `thisIsSecret`, mas pode ser o que você bem entender, desde que seja uma string. É necessário certificar-se de que esse arquivo não seja incluído em nenhum commit do Git. Para isso, basta adicionar uma linha no arquivo

.gitignore do projeto. Um .gitignore mínimo deve conter o seguinte:

```
# Dependency directory
node_modules

# Environment variables
.env
```

Para ler e usar esse novo arquivo e realmente definir as variáveis de ambiente, é necessário instalar e usar um novo módulo do npm chamado dotenv. O comando a seguir instala o módulo:

```
$ npm install dotenv --save
```

O módulo dotenv deve ser incluído (com require) no arquivo *app.js* na primeira linha, antes de qualquer outra coisa, como mostrado:

```
require('dotenv').load();
var express = require('express');
```

Basta agora atualizar o schema do usuário para substituir a chave secreta embutida no código pela variável de ambiente, realçada em negrito no trecho de código a seguir:

```
userSchema.methods.generateJwt = function() {
    var expiry = new Date();
    expiry.setDate(expiry.getDate() + 7);

    return jwt.sign({
        _id: this._id,
        email: this.email,
        name: this.name,
        exp: parseInt(expiry.getTime() / 1000),
    }, process.env.JWT_SECRET); ❶
};
```

❶ Jamais mantenha chaves secretas no código; em vez disso use variáveis de ambiente.

É óbvio que o ambiente de produção também precisará conhecer a variável de ambiente. O comando é o mesmo que foi usado antes para definir a variável de ambiente com o URI do banco de dados no Heroku. No terminal, execute:

```
$ heroku config:set JWT_SECRET=thisIsSecret
```

Este é o último passo! Com o MongoDB e o Mongoose já de prontidão, empregaremos o Passport para gerenciar a autenticação.

11.3 Criando uma API de autenticação com o Passport

O Passport é um módulo do Node criado por Jared Hanson para tornar a autenticação em processo fácil. Um dos seus pontos fortes é a possibilidade de acomodar dezenas de diferentes métodos de autenticação, chamados de *estratégias* ou, em inglês, *strategies*. Exemplos dessas estratégias incluem:

- Facebook
- Twitter
- OAuth
- Nome e senha locais.

Para conhecer as dezenas de estratégias disponíveis, procure por "passport" no site do npm. Com o Passport é possível usar uma ou mais estratégias para criar meios de os usuários fazerem login na aplicação. Para o Loc8r, usaremos a estratégia *local*, pois estamos guardando nomes e hashes de senha no banco de dados.

Começaremos instalando os módulos necessários.

11.3.1 Instalando e configurando o Passport

O Passport é dividido em um módulo central (chamado de núcleo) e módulos separados para cada estratégia. Em nosso caso, é preciso instalar o módulo central e o módulo da estratégia local, usando os comandos a seguir no terminal:

```
$ npm install passport --save
$ npm install passport-local --save
```

Depois de instalados, é possível criar a configuração para a estratégia local.

ARQUIVO DE CONFIGURAÇÃO DO PASSPORT

Como é a API da aplicação que usará o Passport, o arquivo de configuração deve ser criado na pasta *app_api*. Dentro de *app_api* crie uma pasta chamada *config*, e dentro dela um novo arquivo chamado *passport.js*.

No início do arquivo, precisamos incluir (com `require`) o Passport e o módulo de estratégia local, bem como o Mongoose e o modelo do usuário, conforme mostrado no trecho de código a seguir:

```
var passport = require('passport');
var LocalStrategy = require('passport-local').Strategy;
```

```
var mongoose = require('mongoose');
var User = mongoose.model('User');
```

Depois disso, é possível configurar a estratégia.

CONFIGURANDO UMA ESTRATÉGIA LOCAL

Para configurar uma estratégia no Passport usamos o método `passport.use`, passando a ele um construtor para uma nova estratégia. O construtor toma como parâmetros um campo de opções e uma função que faz grande parte do trabalho. O esqueleto do método se parece com o trecho a seguir:

```
passport.use(new LocalStrategy({},
   function(username, password, done) {
   }
));
```

Por padrão, a estratégia local do Passport espera os campos `username` e `password`. Temos o campo `password`, mas em vez de `username` usaremos `email`. O Passport permite sobrescrever o campo username no objeto de opções como mostrado no trecho de código a seguir:

```
passport.use(new LocalStrategy(
      usernameField: 'email'
   },
   function(username, password, done) {
   }
));
```

Depois disso vem a função principal que, em verdade, é apenas uma chamada ao Mongoose para buscar pelo usuário baseado no nome e senha informados. A função do Mongoose precisa fazer o seguinte:

- encontrar um usuário que tenha o email informado;
- verificar se a senha é válida;
- devolver o objeto usuário, se ele existir e a senha for válida;
- senão, devolver uma mensagem informando que algo deu errado.

Como o email foi configurado para ser único no schema, é possível usar o método `findOne` do Mongoose. Outro ponto interessante a se ressaltar é que o schema `validPassword` que criamos anteriormente será usado para verificar se a senha está correta.

A listagem a seguir mostra a estratégia local completa:

Listagem 11.3 – Definição completa da estratégia local no Passport

```
passport.use(new LocalStrategy({
      usernameField: 'email'
   },
   function(username, password, done) {
      User.findOne({ email: username }, function (err, user) { ❶
         if (err) { return done(err); }
         if (!user) { ❷
            return done(null, false, {
               message: 'Incorrect username.'
            });
         }
         if (!user.validPassword(password)) { ❸
            return done(null, false, { ❹
               message: 'Incorrect password.'
            });
         }
         return done(null, user); ❺
      });
   }
));
```

❶ Busca o MongoDB por um usuário que contenha o email informado.

❷ Se não encontrar nenhum usuário, devolve falso e uma mensagem.

❸ Chama o método `validPassword`, passando a ele a senha informada.

❹ Se a senha estiver incorreta, devolve falso e uma mensagem.

❺ Se chegar até o fim, devolve um objeto usuário.

Com o Passport instalado e a estratégia configurada, é preciso registrá-los na aplicação.

ADICIONANDO À APLICAÇÃO O PASSAPORTE E A CONFIGURAÇÃO

Para adicionar as configurações do Passport à aplicação precisamos fazer três coisas no *app.js*:

1. Incluir o Passport (com `require`).
2. Incluir a configuração da estratégia (com `require`).
3. Inicializar o Passport.

Não há nada complicado a respeito desses itens. O importante, na verdade, é *onde* eles devem estar no arquivo *app.js*.

O Passport deve ser incluído antes dos modelos do banco de dados, e a configuração após esses modelos. Ambos devem estar situados antes da definição de rotas. Se reorganizarmos levemente o início do arquivo *app.js*, o Passport e a configuração podem ser incluídos assim:

```
require('dotenv').load();
var express = require('express');
var path = require('path');
var favicon = require('serve-favicon');
var logger = require('morgan');
var cookieParser = require('cookie-parser');
var bodyParser = require('body-parser');
var uglifyJs = require("uglify-js");
var fs = require('fs');
var passport = require('passport'); ❶

require('./app_api/models/db');
require('./app_api/config/passport'); ❷

var routes = require('./app_server/routes/index');
var routesApi = require('./app_api/routes/index');
```

❶ Inclui o Passport antes da definição dos modelos.

❷ Inclui a estratégia depois da definição dos modelos.

A estratégia precisa ser definida depois dos modelos porque ela necessita do modelo do usuário para existir.

O Passport deve ser inicializado em *app.js* depois das definições de rotas estáticas e antes das rotas que usarão autenticação – em nosso caso, as rotas de API. O trecho de código a seguir mostra como fica:

```
app.use(express.static(path.join(__dirname, 'public')));
app.use(express.static(path.join(__dirname, 'app_client')));

app.use(passport.initialize());

app.use('/api', routesApi);
```

Com isso, o Passport está instalado, configurado e inicializado em nossa aplicação. O que faremos agora é criar terminações de API para que os usuários possam se cadastrar e fazer login.

11.3.2 Criando terminações de API que devolvem JSON Web Tokens

Para que os usuários possam fazer login e se cadastrar na aplicação via API, é preciso criar dois novos pontos de conexão. Para isso, precisaremos adicionar duas novas definições de rota e dois novos controladores correspondentes. Com os pontos de conexão prontos, faremos testes com o Postman e validaremos o funcionamento do registro usando o Mongo shell para olhar dentro do banco de dados. Em primeiro lugar, definiremos as rotas.

DEFINIÇÕES DAS ROTAS DE AUTENTICAÇÃO

As definições de rotas da API estão no arquivo *index.js* na pasta *app_api/routes*, então é onde começaremos. Nossos controladores estão separados em coleções lógicas, que no momento são "estabelecimentos" e "resenhas". Para segregar as funções, criaremos uma terceira coleção para a autenticação. O trecho de código a seguir mostra as alterações necessárias no início do arquivo:

```
var ctrlLocations = require('../controllers/locations');
var ctrlReviews = require('../controllers/reviews');
var ctrlAuth = require('../controllers/authentication');
```

O arquivo *controllers/authentication* ainda não foi criado. Mais adiante cuidaremos disso, quando criarmos os controladores associados. O próximo passo é adicionar as definições de rota no fim do arquivo (mas antes da linha `module.exports`). São necessários dois, um para cadastro de novos usuários e outro para o login de usuários existentes, que criaremos em */api/register* e */api/login*, respectivamente, como mostrado no trecho de código a seguir:

```
router.post('/register', ctrlAuth.register);
router.post('/login', ctrlAuth.login);
```

Ambos precisam de ações `post`, obviamente, pois devem aceitar dados. Lembre-se de que não precisamos especificar o /api no caminho das rotas, pois ele é adicionado quando as rotas são incluídas no arquivo *app.js*. Por fim, é preciso criar os controladores para poder testar o que temos até aqui.

CONTROLADOR DE CADASTRO

Criaremos inicialmente o controlador de cadastro. A primeira coisa a fazer é criar o arquivo especificado na definição de rota. Na pasta *app_api/controllers* crie um arquivo chamado *authentication.js* e insira o código a seguir para que todos os itens necessários sejam incluídos, bem como a função `sendJSONresponse`:

```
var passport = require('passport');
var mongoose = require('mongoose');
var User = mongoose.model('User');

var sendJSONresponse = function(res, status, content) {
   res.status(status);
   res.json(content);
};
```

O processo de cadastro não usará o Passport, uma vez que tudo pode ser feito diretamente pelo Mongoose – já criamos anteriormente todos os métodos auxiliares no schema.

O controlador de cadastro deve realizar as seguintes tarefas:

1. Validar a existência dos campos obrigatórios.
2. Criar uma instância do modelo `User`.
3. Obter o nome e o email do usuário.
4. Usar o método `setPassword` para criar o hash temperado com o salt.
5. Gravar o usuário.
6. Devolver um JWT se a gravação teve sucesso.

Parece muita coisa, mas felizmente é tudo muito fácil – já fizemos anteriormente o trabalho árduo quando criamos os métodos do Mongoose. Só precisamos amarrar os vários itens. A listagem a seguir mostra o código completo para o controlador de cadastro.

Listagem 11.4 – Controlador de cadastro para a API

```
module.exports.register = function(req, res) {
   if(!req.body.name || !req.body.email || !req.body.password) { ❶
      sendJSONresponse(res, 400, {
         "message": "All fields required"
      });
      return;
   }

   var user = new User(); ❷

   user.name = req.body.name;
   user.email = req.body.email;
```

```
    user.setPassword(req.body.password); ❸

    user.save(function(err) { ❹
      var token;
      if (err) {
        sendJSONresponse(res, 404, err);
      } else {
        token = user.generateJwt(); ❺
        sendJSONresponse(res, 200, {
          "token" : token
        });
      }
    });
};
```

❶ Responde com um código de erro se os campos obrigatórios não estiverem preenchidos.

❷ Cria uma instância do usuário e obtém nome e email.

❸ Emprega o método `setPassword` para gerar o salt e o hash.

❹ Grava o novo usuário no MongoDB.

❺ Gera um JWT usando o método do schema e o envia ao navegador.

Neste trecho de código não há nada particularmente novo ou complexo, mas é uma bela demonstração do poder dos métodos do Mongoose. Este controlador de cadastro poderia ter sido bastante complexo se tivesse sido escrito linha por linha, um processo tentador se estivéssemos começando agora em vez de já ter o Mongoose configurado para tal. Como está, o controlador é simples de ler e manter – qualidades altamente desejáveis quando se trata de código. Próxima parada, o controlador de login.

CONTROLADOR DE LOGIN

O controlador de login baseia-se no Passport para desempenhar as tarefas difíceis. Começaremos por simplesmente validar o preenchimento dos campos obrigatórios. Depois, passaremos o bastão ao Passport, que, por sua vez, fará o que sabe fazer melhor: tentar autenticar o usuário empregando a estratégia indicada – e nos informando se teve ou não sucesso. Em caso afirmativo, a aplicação pode chamar o método `generateJwt` do schema novamente para criar um JWT antes de enviá-lo ao navegador.

Tudo isso, incluindo a sintaxe necessária para iniciar o método `passport.authenticate`, está reunido na listagem a seguir. O código deve ser inserido em um novo arquivo chamado *authentication.js*.

Listagem 11.5 – Controlador de login para a API

```
module.exports.login = function(req, res) {
  if(!req.body.email || !req.body.password) { ❶
    sendJSONresponse(res, 400, {
      "message": "All fields required"
    });
    return;
  }

  passport.authenticate('local', function(err, user, info){ ❷
    var token;

    if (err) { ❸
      sendJSONresponse(res, 404, err);
      return;
    }

    if(user){ ❹
      token = user.generateJwt();
      sendJSONresponse(res, 200, {
        "token" : token
      });
    } else { ❺
      sendJSONresponse(res, 401, info);
    }
  })(req, res); ❻

};
```

❶ Valida a existência dos campos obrigatórios.

❷ Passa o nome da estratégia e um callback para o método de autenticação.

❸ Devolve um erro caso o Passport devolva um erro.

❹ Se o Passport devolver uma instância de usuário, gera e envia um JWT.

❺ Caso contrário devolve uma mensagem informativa (por que a autenticação falhou).

❻ Garante que `req` e `res` estão disponíveis para o Passport.

No controlador de login, podemos perceber que todo o trabalho complicado foi abstraído – desta vez para o Passport. O código assim fica legível, fácil de seguir e simples de entender, um objetivo que deve sempre ser perseguido em qualquer código.

Os pontos de conexão da API estão prontos. É hora de testá-los.

TESTANDO OS PONTOS DE CONEXÃO E VERIFICANDO O BANCO DE DADOS

Quando construímos a fundação da API no capítulo 6, testamos os pontos de conexão com o Postman. Podemos fazer o mesmo aqui. A figura 11.9 mostra o teste do ponto de conexão da API para o cadastro, e como ele devolve um JWT. O URL a ser testado é *localhost:3000/api/register*, criando os campos de formulário `name`, `email` e `password`. Lembre-se de selecionar o tipo de formulário `x-www-form-urlencoded`.

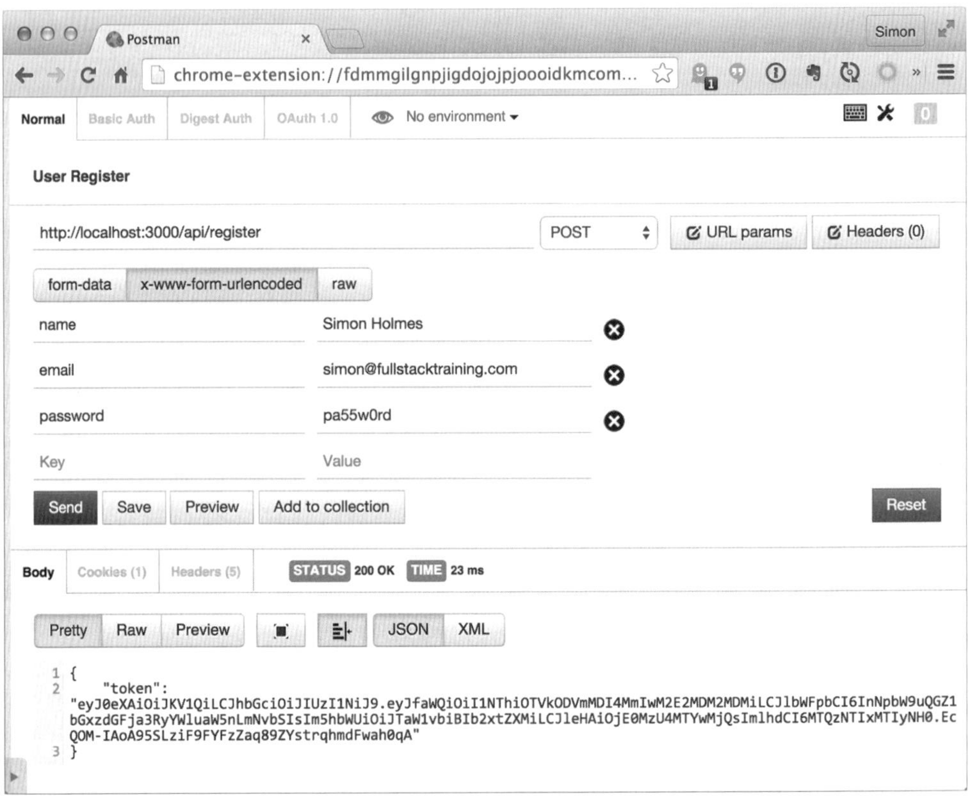

Figura 11.9 – Testando o ponto de conexão /api/register no Postman, devolvendo um JWT em caso de sucesso.

A figura 11.10 mostra os testes do ponto de conexão do login, incluindo a devolução de uma mensagem de erro do Passport bem como um JWT em caso de sucesso. O URL para esse teste é *localhost: 3000/api/register* e os campos `email` e `password` são obrigatórios.

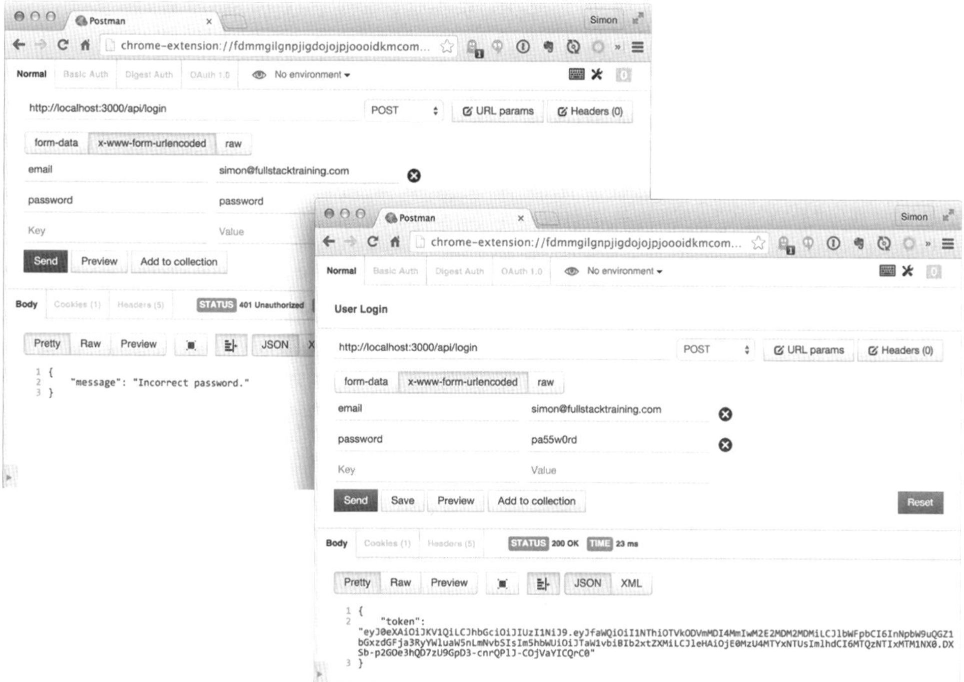

Figura 11.10 – Testando com o Postman credenciais corretas e incorretas no ponto de conexão api/login.

Além de verificar no navegador se os JWTs estão sendo devolvidos corretamente quando isso é esperado, também podemos consultar o banco de dados para verificar se os usuários estão realmente sendo criados. Usaremos o Mongo shell para isso, o que não fazemos há algum tempo:

```
$ mongo
> use Loc8r
> db.users.find()
```

Para procurar um usuário específico, informe o email:

```
> db.users.find({email : "simon@fullstacktraining.com"})
```

Com os dois testes, devemos obter um ou mais documentos do banco de dados, que se parecem com o seguinte:

```
{ "hash" :
"1255e9df3daa899bee8d53a42d4acf3ab8739fa758d533a84da5eb1278412f7a7bdb36e888ae
b80a9eec4fb7bbe9bcef038f01fbbf4e6048e2f4494be44bc3d5", "salt" :
"40368d9155ea690cf9fc08b49f328e38", "email" : "simon@fullstacktraining.com",
"name" : "Simon Holmes", "_id" : ObjectId("558b95d85f0282b03a603603"), "__v"
: 0 }
```

Coloquei os nomes dos paths em negrito para realçá-los na página impressa do livro, mas, como pode perceber, todos os dados estão lá.

Criados os pontos de conexão para cadastro e login, o próximo passo é restringir o acesso aos outros pontos de conexão apenas para usuários autenticados.

11.4 Garantindo a segurança da API

Limitar a usuários autenticados o acesso a alguns dos pontos de conexão da API é um requisito básico em aplicações web. No Loc8r, por exemplo, queremos ter certeza de que apenas usuários cadastrados possam deixar resenhas. Para isso, é preciso garantir duas condições:

- Apenas os usuários que emitirem um JWT válido na chamada têm permissão de acessar a API de resenhas.
- Dentro do controlador, é necessário validar que o usuário existe e que pode criar uma resenha.

Começaremos adicionando autenticação às rotas do Express, antes que cheguem aos controladores.

11.4.1 Middleware de autenticação em rotas do Express

No Express, um middleware (algo como "software intermediário") pode ser adicionado a rotas, como veremos em instantes. Colocamos esse middleware entre a rota e o controlador (daí o nome). Quando uma rota é chamada, o middleware é ativado antes do controlador e pode tanto impedir que o controlador funcione como alterar os dados sendo enviados.

Queremos usar o middleware para validar o JWT fornecido, extrair o payload e adicioná-lo ao objeto `req` para que o controlador possa usá-lo. A esta altura, o leitor não ficará nem um pouco surpreso de saber que há um módulo do npm para isso, chamado `express-jwt`, instalado com o seguinte comando no terminal:

```
$ npm install express-jwt --save
```

Agora podemos usá-lo no arquivo de rotas.

CONFIGURANDO O MIDDLEWARE

Para usar o `express-jwt` precisamos incluí-lo (com `require`) e configurá-lo. O `express-jwt` expõe uma função que pode ser passada em um objeto de opção, que usaremos para enviar a chave secreta e especificar o nome da propriedade que queremos incluir no objeto `req` para armazenar o payload.

A propriedade default adicionada a `req` é `user`, mas em nosso código `user` é uma instância do model `User` do Mongoose. Portanto, atribuiremos `req` ao `payload` para evitar confusão e manter a consistência – ademais, é como esse dado é chamado no Passport e dentro do JWT.

Edite o arquivo de rotas da API, *app_api/routes/index.js*, e faça as alterações no início, realçadas em **negrito** no trecho de código a seguir:

```
var express = require('express');
var router = express.Router();
var jwt = require('express-jwt'); ❶
var auth = jwt({
    secret: process.env.JWT_SECRET, ❷
    userProperty: 'payload' ❸
});
```

❶ Inclui o módulo `express-jwt`.

❷ Define chave secreta usando a mesma variável de ambiente de antes.

❸ Define a propriedade `req` como payload.

Com o middleware configurado, podemos adicionar autenticação às rotas.

ADICIONANDO O MIDDLEWARE DE AUTENTICAÇÃO A ROTAS ESPECÍFICAS

Adicionar o middleware a definições de rota é realmente simples – basta referenciá-la nos comandos das rotas, entre a rota e o controlador.

O trecho de código a seguir mostra como adicioná-lo aos métodos de resenha `post`, `put` e `delete`, deixando o método `get` com acesso livre – o acesso às resenhas deve ser legível para o público:

```
router.post('/locations/:locationid/reviews', auth,
    ➥ ctrlReviews.reviewsCreate);
router.get('/locations/:locationid/reviews/:reviewid',
    ➥ ctrlReviews.reviewsReadOne);
router.put('/locations/:locationid/reviews/:reviewid', auth,
    ➥ ctrlReviews.reviewsUpdateOne);
router.delete('/locations/:locationid/reviews/:reviewid', auth,
    ➥ ctrlReviews.reviewsDeleteOne);
```

Pronto! O middleware está configurado e aplicado. Mais adiante veremos como usar o controlador, mas primeiro vejamos como lidar com um token inválido que foi rejeitado pelo middleware.

TRATANDO AUTENTICAÇÕES REJEITADAS

Quando o token informado for inválido ou inexistente, o middleware devolve um erro para impedir que o código continue a ser executado. É preciso, portanto, capturar esse erro e devolver uma mensagem de acesso não autorizado com o status 401.

O melhor ponto para adicionar a captura é junto com os outros sinalizadores de erros em *app.js*. Adicionaremos o novo sinalizador na primeira posição para que os ponteiros genéricos não o interceptem. O trecho de código a seguir mostra o novo sinalizador de erros em *app.js*:

```
// Sinalizadores (handlers) de erros
// Capturam erros gerados por acesso não autorizado
app.use(function (err, req, res, next) {
  if (err.name === 'UnauthorizedError') {
    res.status(401);
    res.json({"message" : err.name + ": " + err.message});
  }
});
```

Reinicie a aplicação para que possamos testar a ocorrência da rejeição com o Postman, desta vez enviando uma resenha. Use a mesma solicitação POST empregada no primeiro teste da API, e o resultado do teste atual é mostrado na figura 11.11.

Como era de se esperar, chamar o agora protegido ponto de conexão da API sem incluir um JWT resulta em uma mensagem (corretamente emitida) de acesso não autorizado. Agora vejamos o que acontece quando uma solicitação é autorizada pelo middleware e continua em direção ao controlador.

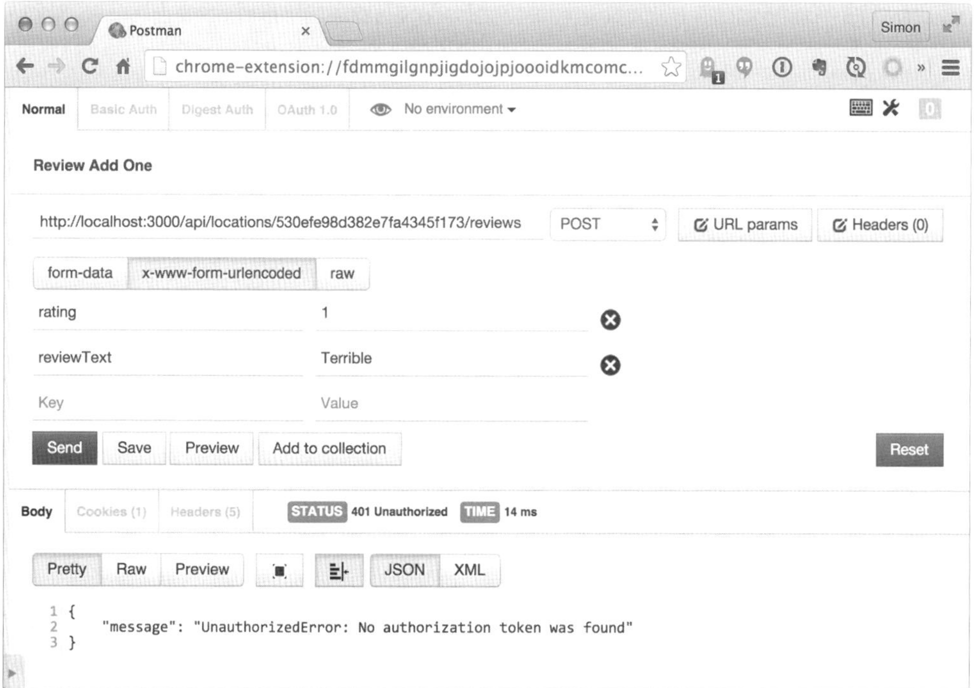

Figura 11.11 – Tentar adicionar uma resenha com um JWT inválido agora resulta em um erro 401.

11.4.2 Usando os dados do JWT dentro do controlador

Nesta seção veremos como usar os dados do JWT extraídos pelo middleware no Express e adicionados ao objeto `req`. O campo email será usado como chave para obter do banco de dados o nome de usuário e adicioná-lo ao documento da resenha.

O CÓDIGO DO CONTROLADOR PRINCIPAL SÓ RODA SE O USUÁRIO EXISTIR

A primeira coisa a fazer, como mostrado na listagem 11.6, é envolver o conteúdo do controlador `reviewsCreate` em uma nova função chamada `getAuthor`. Essa nova função deve aceitar os objetos `req` e `res`, com o código existente do controlador em um callback.

O objetivo da função `getAuthor` é validar a existência do usuário no banco de dados e devolver seu nome para uso no controlador. Podemos passar tudo isso como `userName` para o callback que, por sua vez, repassa à função `doAddReview`.

Listagem 11.6 – Controlador de criação de resenhas atualizado para obter primeiro o nome do usuário

```
module.exports.reviewsCreate = function(req, res) {
  getAuthor(req, res, function (req, res, userName) { ❶
    if (req.params.locationid) {
      Loc
        .findById(req.params.locationid)
        .select('reviews')
        .exec(
          function(err, location) {
            if (err) {
              sendJSONresponse(res, 400, err);
            } else {
              doAddReview(req, res, location, userName); ❷
            }
          }
        );
    } else {
      sendJSONresponse(res, 404, {
        "message": "Not found, locationid required"
      });
    }
  }); ❸
};
```

❶ Chama a função `getAuthor` e passa o código do controlador original como um callback; passa o nome do usuário para o callback.

❷ Passa o nome do usuário para a função `doAddReview`.

❸ Fecha a função `getAuthor`.

O código nos lembra dos dois itens que ainda temos que resolver: escrever a função `getAuthor` e atualizar a função `doAddReview`. Comecemos pela função `getAuthor` para aprender como obter dados do JWT.

VALIDANDO O USUÁRIO E DEVOLVENDO UM NOME

A ideia por trás da função `getAuthor` é validar a associação entre o email informado no login e o usuário cadastrado no sistema, e retornar um nome. A lista de itens a resolver é:

- verificar que existe um email no objeto `req`;
- buscar o usuário usando o email;
- enviar o nome do usuário para a função de callback;
- capturar erros e enviar as mensagens apropriadas.

O código completo da função `getAuthor` está na listagem 11.7. A primeira coisa a fazer é verificar a propriedade `payload` no `req` e em seguida garantir que esta possua uma propriedade `email`. Lembre-se de que `payload` é a propriedade que especificamos quando a autenticação foi associada às rotas do Express. Depois disso, basta usar `req.payload.email` em uma query do Mongoose, passando ao callback o nome do usuário retornado caso a operação tenha sucesso.

Listagem 11.7 – Usando dados do JWT para fazer buscas no banco de dados

```
var User = mongoose.model('User'); ❶
var getAuthor = function(req, res, callback) {
   if (req.payload && req.payload.email) { ❷
      User
         .findOne({ email : req.payload.email }) ❸
         .exec(function(err, user) {
            if (!user) {
               sendJSONresponse(res, 404, {
                  "message": "User not found"
               });
               return;
            } else if (err) {
               console.log(err);
               sendJSONresponse(res, 404, err);
               return;
            }
            callback(req, res, user.name); ❹
         });

   } else {
      sendJSONresponse(res, 404, {
         "message": "User not found"
      });
      return;
   }
};
```

❶ Garante que o modelo `User` está disponível.

❷ Confere se o objeto de solicitação possui as informações do JWT.

❸ Usa o email para encontrar o usuário.

❹ Executa o callback, passando o nome do usuário.

Agora, quando o callback é chamado, ele roda o que antes era o código original do controlador, encontrando o estabelecimento e passando a informação para a função `doAddReview`. Ele também repassa o nome do usuário à função, portanto é necessário atualizar `doAddReview` para usar o nome e o adicioná-lo ao documento de resenha gerado.

APRESENTANDO O NOME DO USUÁRIO NAS RESENHAS

A alteração na função `doAddReview` é simples e mostrada na listagem 11.8. A função já salvava o `author` da resenha, obtendo os dados de `req.body.author`. Agora, temos um novo parâmetro sendo passado à função e podemos usá-lo. As mudanças estão realçadas em **`negrito`**.

Listagem 11.8 – Gravando o nome do usuário na resenha

```
var doAddReview = function(req, res, location, author) { ❶
   if (!location) {
      sendJSONresponse(res, 404, "locationid not found");
   } else {
      location.reviews.push({
         author: author, ❷
         rating: req.body.rating,
         reviewText: req.body.reviewText
      });
      location.save(function(err, location) {
         var thisReview;
         if (err) {
            sendJSONresponse(res, 400, err);
         } else {
            updateAverageRating(location._id);
            thisReview = location.reviews[location.reviews.length - 1];
            sendJSONresponse(res, 201, thisReview);
         }
      });
   }
};
```

❶ Adiciona um parâmetro `author` à definição da função.

❷ Usa o parâmetro `author` ao criar subdocumentos de resenha.

Essa mudança simples é a última que faremos no back-end. Criamos um schema para os usuários, geramos e consumimos JWTs, criamos uma API de autenticação e garantimos a segurança de algumas das rotas da API. Olhe quanta coisa já fizemos! A partir de agora, nos concentraremos no front-end e, em especial, em integrar na aplicação em Angular o que incluímos no back-end.

11.5 Criando um serviço de autenticação no Angular

Em uma aplicação em Angular, como em qualquer outra aplicação, a autenticação será necessária em múltiplos pontos. Portanto, o mais racional a se fazer é criar um serviço de autenticação que possa ser utilizado onde necessário.

O serviço será responsável por tudo o que for relacionado à autenticação, incluindo aí ler e gravar JWTs, devolver dados do usuário atual e chamar os pontos de conexão de cadastro e login da API.

Começaremos aprendendo como gerenciar a sessão do usuário.

11.5.1 Gerenciando uma sessão no Angular

Consideremos por um momento que o usuário acabou de fazer login e a API devolveu um JWT. O que fazemos com o token? Como estamos rodando uma SPA, poderíamos mantê-lo na memória – o que não teria problema algum não fosse o fato de que o usuário pode querer recarregar a página, o que reiniciaria a aplicação e assim perderíamos tudo o que estivesse na memória. Nada bom.

É importante gravar o token em algum lugar um tanto mais robusto, permitindo que a aplicação o leia sempre que necessário. A pergunta é: devemos usar cookies ou armazenamento local?

COOKIES VERSUS ARMAZENAMENTO LOCAL

A abordagem tradicional para o problema seria gravar os dados do usuário em um cookie, uma opção bastante válida. Porém, esses foram criados para aplicações que rodam no servidor, em que cada solicitação é acompanhada de cookies embutidos no cabeçalho HTTP. Em uma SPA não precisamos disso, pois os pontos de conexão da API não guardam estados e, portanto, não podem receber nem enviar cookies.

O armazenamento local, por sua vez, foi criado para aplicações que rodam no cliente. Com armazenamento local os dados ficam no navegador e não são transmitidos nas solicitações. Ele também é fácil de usar com o JavaScript. Veja no trecho a seguir como criar e recuperar dados:

```
window.localStorage['my-data'] = 'Some information';
window.localStorage['my-data']; // Retorna 'Some information'
```

Está decidido: usaremos armazenamento local no Loc8r para salvar o JWT.

SERVIÇO DE LEITURA E GRAVAÇÃO LOCAL DE JWT

A pedra fundamental de nosso serviço de autenticação serão os métodos de gravação e leitura dos JWTs no disco local. Como vimos no exemplo, é muito simples trabalhar com `localStorage` no JavaScript, portanto basta envolvê-lo em um serviço do Angular que expõe dois métodos, `saveToken` e `getToken`.

Obviamente, o método `saveToken` deve aceitar um valor a ser salvo e `getToken` deve devolver um valor. Primeiro, crie um arquivo chamado *authentication.service.js* dentro de *app_client/common/services*. A listagem 11.9 mostra o conteúdo do novo serviço, incluindo os dois primeiros métodos. No Angular, a boa prática manda usar `$window` em vez do objeto nativo `window` – para fins de teste – portanto, será preciso injetá-lo no serviço. Por fim, é preciso registrar o serviço na aplicação e devolver os métodos.

Listagem 11.9 – Serviço de autenticação com os primeiros dois métodos

```
(function () {
  angular ❶
    .module('loc8rApp')
    .service('authentication', authentication);

  authentication.$inject = ['$window']; ❷
  function authentication ($window) {

    var saveToken = function (token) { ❸
      $window.localStorage['loc8r-token'] = token;
    };

    var getToken = function () { ❹
      return $window.localStorage['loc8r-token'];
    };
```

```
        return { ❺
            saveToken : saveToken,
            getToken : getToken
        };
    }
})();
```

❶ Registra o novo serviço na aplicação.

❷ Injeta o serviço `$window`.

❸ Cria o método saveToken para gravar um valor em `localStorage`.

❹ Cria o método getToken para ler o valor de `localStorage`.

❺ Expõe os métodos para a aplicação.

Pronto! Já temos um serviço simples que grava `loc8r-token` em `localStorage` e pode lê-lo de volta. Lembre-se de criar uma referência a este arquivo no array `appClientFiles` de *app.js*!

O próximo passo é a implementação de cadastro e login.

11.5.2 Cadastro e login

Para usar o serviço e permitir aos usuários cadastrarem-se no site e fazerem login, precisamos criar três métodos adicionais. Comecemos pelo cadastro e login.

CHAMANDO A API PARA CADASTRO E LOGIN

Dois novos métodos são necessários para cadastro e login, que postarão os dados do formulário nos pontos de conexão `register` e `login` da API, que criamos neste mesmo capítulo. Ambos devolvem um JWT caso a operação solicitada tenha sucesso, portanto podemos usar o método `saveToken` para gravá-los.

O trecho de código a seguir mostra os dois novos métodos já inclusos no serviço. Lembre-se de que `register` e `login` também devem ser adicionados à declaração `return` para expor os métodos. O código é:

```
register = function(user) {
    return $http.post('/api/register', user).success(function(data){
        saveToken(data.token);
    });
};
```

```
login = function(user) {
   return $http.post('/api/login', user).success(function(data) {
      saveToken(data.token);
   });
};
```

Lembre-se de que `$http` devolve promessas, e por isso é encadeado ao método `success` na solicitação. O conjunto está tomando forma.

APAGANDO O LOCALSTORAGE PARA SAIR DO SISTEMA

A sessão do usuário na aplicação Angular é gerenciada salvando o JWT no `localStorage`. Se o token estiver lá, for válido e não tiver expirado, podemos dizer que o usuário está logado. Não podemos alterar a data de validade do token de dentro do Angular – apenas o servidor pode fazer isso. A única coisa que podemos fazer é apagá-lo.

Portanto, para permitir que os usuários saiam do sistema é preciso criar um método `logout` no serviço de autenticação que remove o JWT do Loc8r, como mostrado no trecho de código a seguir:

```
logout = function() {
   $window.localStorage.removeItem('loc8r-token');
};
```

Com isso, o item `loc8r-token` é sumariamente removido do `localStorage` no navegador. Lembre-se de que `logout` deve ser adicionado à declaração `return` para que possa ser exposta à aplicação.

Neste ponto, o sistema já possui métodos para obter um JWT do servidor, gravá-lo em `localStorage`, lê-lo a partir de `localStorage` e apagá-lo. A pergunta agora é: como usamos esses métodos na aplicação para conferir se um usuário fez login e obter dados a seu respeito?

11.5.3 Usando os dados do JWT no serviço do Angular

O JWT gravado no `localStorage` do navegador é o objeto usado para gerenciar a sessão do usuário. Com ele, o estado da sessão (se o usuário está presente ou não) será validado. Se um usuário fez login, a aplicação também pode ler os dados do usuário gravados.

O primeiro passo é criar um método para verificar se o sujeito já fez login.

VERIFICANDO O ESTADO DE LOGIN

Para verificar se o usuário tem uma sessão válida (i.e. já fez login e ainda não saiu da sessão), é preciso conferir a existência de `loc8r-token` em `localStorage`. Para isso, o método `getToken` mostra-se bastante apropriado. Mas a simples existência do token não é suficiente. Lembre-se de que os JWTs têm prazo de validade, portanto, se o token existir, é necessário conferir se ainda não expirou.

A data de validade do JWT é parte do payload, que é a segunda porção de dados. Lembre-se de que esta parte é apenas um objeto JSON codificado – não está criptografado, apenas em código e, portanto, é possível decodificá-lo. Já mencionamos a função a ser usada: `atob`.

Reunindo tudo, precisamos criar um método que:

1. Obtém o token armazenado.
2. Extrai o payload de dentro do token.
3. Decodifica do payload.
4. Valida a data de expiração.

Este método deve retornar um simples `true` se um usuário está logado e `false` caso não esteja. O trecho de código a seguir mostra o método `isLoggedIn`:

```
var isLoggedIn = function() {
  var token = getToken(); ❶

  if(token){ ❷
    var payload = JSON.parse($window.atob(token.split('.')[1]));

    return payload.exp > Date.now() / 1000; ❸
  } else {
    return false;
  }
};
```

❶ Obtém o token armazenado.

❷ Se o token existir, extrai dele o payload, decodifica-o e formata-o em JSON.

❸ Valida a data de vencimento do JWT.

Não há muito código aí, mas esse pequeno trecho desempenha uma grande quantidade de tarefas. Uma vez referenciado na declaração `return` no serviço, a aplicação poderá verificar rapidamente se um usuário fez login em um determinado momento.

O próximo e último método a incluir no serviço de autenticação extrai as informações do usuário de dentro do JWT.

EXTRAINDO DADOS DO USUÁRIO DO JWT

A aplicação deve ser capaz de obter o email e o nome do usuário a partir do JWT. O método `isLoggedIn` extrai dados do token, e o novo método `currentUser` fará a mesma coisa.

A primeira coisa a fazer é validar que o usuário fez login, para isso chamamos o método `isLoggedIn`. Se o usuário estiver no sistema, obterá um token chamando o método `getToken`, antes de extrair e decodificar o payload e devolver os dados desejados. O trecho de código a seguir mostra como ele se parece:

```
var currentUser = function() {
    if(isLoggedIn()){
        var token = getToken();
        var payload = JSON.parse($window.atob(token.split('.')[1]));
        return {
            email : payload.email,
            name : payload.name
        };
    }
};
```

Com o método pronto e referenciado na declaração `return`, a autenticação pelo Angular estará completa. Olhando o código produzido até agora podemos ver como é quase genérico e fácil de copiar de uma aplicação para a outra. Tudo o que teremos que fazer, provavelmente, é mudar o nome do token e dos URLs da API, portanto temos aqui um belo serviço do Angular altamente reutilizável.

Agora que o serviço está na aplicação, podemos usá-lo. A seguir, as páginas de cadastro e login serão trazidas à luz.

11.6 Criando as páginas de cadastro e login

Tudo o que fizemos até agora é ótimo, mas ainda não há uma maneira de os visitantes realizarem o tal cadastro e fazer o login, portanto por enquanto é tudo inútil! Resolveremos o problema a partir daqui.

Em termos de funcionalidade, queremos uma página de cadastro para novos usuários e uma página de login para usuários existentes. Depois de passar por um desses processos e serem autenticados com sucesso, a aplicação deve enviá-los à página em que estavam quando iniciaram o processo.

Comecemos pelo cadastro.

11.6.1 Construindo a página de cadastro

Para desenvolver uma página de cadastro funcional, é preciso resolver os seguintes itens:

1. Definir a rota na configuração da aplicação no Angular.
2. Criar a visão para a página.
3. Criar o controlador para a página.
4. Fazer com que o usuário seja redirecionado para a página anterior se a operação tiver sucesso.

Obviamente, é importante testá-la quando terminarmos. O primeiro passo é definir a rota.

DEFININDO A ROTA NA APLICAÇÃO ANGULAR

Primeiro, a rota para a página de cadastro deve ser definida nas configurações da aplicação no Angular, que está em *app_client/app.js*. A rota será /register e colocaremos o arquivo de visão em uma nova hierarquia de pastas em *app_client/auth/register/*.

A nova rota, adicionada à configuração, se parece com o trecho a seguir:

```
.when('/register', {
    templateUrl: '/auth/register/register.view.html',
    controller: 'registerCtrl',
    controllerAs: 'vm'
})
```

Não há nada novo ou excitante aqui, assim, grave o arquivo para que possamos prosseguir adiante e criar a visão.

VISÃO DA PÁGINA DE CADASTRO

É preciso criar uma visão para a página de cadastro. Além do cabeçalho e rodapé usuais, precisaremos de mais alguns itens. Primeiramente, um formulário que permita ao visitante informar seu nome, email e uma senha. O formulário precisa ainda de uma área para exibir possíveis erros, e em algum lugar deve haver um link para o formulário de login, para o caso de os usuários já terem cadastro.

A listagem a seguir mostra a visão completa. Observe como os campos de entrada têm as credenciais vinculadas ao modelo de visão usando o `ng-model`.

Listagem 11.10 – Visão completa da página de cadastro

```
<navigation></navigation>

<div class="container">
  <page-header content="vm.pageHeader"></page-header>
  <div class="row">
    <div class="col-md-6 col-sm-12">
      <p class="lead">Already a member? Please <a href="/#login">log in</a>
      ➥ instead.</p> ❶
      <form ng-submit="vm.onSubmit()">
        <div role="alert" ng-show="vm.formError" class="alert alert-
      ➥ danger">{{ vm.formError }}</div> ❷
        <div class="form-group">
          <label for="name">Full name</label> ❸
          <input type="text" class="form-control" id="name"
      ➥ placeholder="Enter your name" ng-model="vm.credentials.name">
        </div>
        <div class="form-group">
          <label for="email">Email address</label> ❹
          <input type="email" class="form-control" id="email"
      ➥ placeholder="Enter email" ng-model="vm.credentials.email">
        </div>
        <div class="form-group">
          <label for="password">Password</label> ❺
          <input type="password" class="form-control" id="password"
      ➥ placeholder="Password" ng-model="vm.credentials.password">
        </div>
        <button type="submit" class="btn btn-default">Register!</button>
      </form>
    </div>
  </div>
  <footer-generic></footer-generic>
</div>
```

❶ Link para a página de login.

❷ Um `div` para exibir erros.

❸ Campo de entrada do nome do usuário.

❹ Campo de entrada do email do usuário.

❺ Campo de entrada para a senha.

Novamente, o aspecto importante a observar aqui é que o nome do usuário, email e senha estão vinculados ao modelo de visão no objeto `vm.credentials`. Agora, é preciso desenvolver a contraparte complementar desta visão, que é seu controlador.

ESQUELETO DO CONTROLADOR DE CADASTRO

Baseado na visão, precisaremos configurar alguns itens no controlador de cadastro. Os requisitos iniciais são: o texto do título no cabeçalho da página e uma função `vm.onSubmit` para processar o envio do formulário. Todas as propriedades de credenciais serão definidas com um valor default vazio em formato string.

A listagem 11.11 mostra tudo isso junto, mas há mais um detalhe inacabado. Depois de os usuários preencherem o cadastro, queremos que eles sejam transportados para a página em que estavam antes. Para isso, usaremos um parâmetro de string de query chamado `page`. Em qualquer página na qual exista um link para o URL do cadastro, é necessário incluir uma string de query declarando o URL atual. Por exemplo, algo assim: */#register?page=/about*.

No controlador, também incluído como parte da listagem 11.11, o objeto é capturado como `vm.returnPage`, e um valor default para a homepage entra em ação caso a string de query não exista. Para extrair a string de query, o serviço `$location` do angular deve ser injetado no controlador.

Listagem 11.11 – Esqueleto do controlador de registro

```
(function () {

  angular
    .module('loc8rApp')
    .controller('registerCtrl', registerCtrl);

  registerCtrl.$inject = ['$location','authentication'];
  function registerCtrl($location, authentication) {
    var vm = this;
```

```
        vm.pageHeader = {
          title: 'Create a new Loc8r account'
        };

        vm.credentials = {
          name : "",
          email : "",
          password : ""
        };

        vm.returnPage = $location.search().page || '/'; ❸

        vm.onSubmit = function () {
        };

    }
})();
```

❶ Injeta `$location` e serviços de autenticação no controlador.

❷ Instancia as credenciais.

❸ Obtém da string de query a página para a qual o usuário deve ser devolvido.

❹ Cria um substituto para a função `onSubmit`.

Digna de nota é a maneira como se obtém o parâmetro `page` a partir da string de query, rodando `search` em `$location`. Uma vez obtido o valor de `returnPage`, é preciso garantir que seja repassado ao outro formulário, caso o usuário escolha clicar no link para o login. A atualização necessária para tal está realçada em negrito no trecho de código da visão, a seguir:

```
<p class="lead">Already a member? Please <a href="/#login?page={{
vm.returnPage }}">log in</a> instead.</p>
```

Com isso, podemos desenvolver a função `onSubmit`.

PROCESSANDO O ENVIO DO FORMULÁRIO DE CADASTRO

Quando o formulário de cadastro é enviado, a primeira coisa que o código deve fazer é conferir o preenchimento de todos os campos. Se algum deles estiver vazio, um erro deve ser mostrado no formulário, da mesma forma como fizemos no formulário de envio de resenhas. Se essa validação básica for atendida, o usuário pode ser cadastrado.

Para isso, o código chama o método `register` no serviço `authentication`, passando a ele as credenciais. Lembre-se de que o método `register` usa o serviço `$http`, portanto retornará uma promessa que pode ser encadeada. Se o método retornar um erro, é possível mostrá-lo no formulário. Porém, se o cadastro tiver sucesso, a string de query é esvaziada e o navegador é redirecionado para o URL contido em `returnPage`, que capturamos no início do cadastro.

Tudo isso é mostrado no trecho de código a seguir, que deve ser adicionado ao controlador do cadastro:

```
vm.onSubmit = function () {
   vm.formError = "";
   if (!vm.credentials.name || !vm.credentials.email ||
      ➥ !vm.credentials.password) { ❶
      vm.formError = "All fields required, please try again";
      return false;
   } else { ❷
      vm.doRegister();
   }
};

vm.doRegister = function() { ❸
   vm.formError = "";
   authentication
      .register(vm.credentials)
      .error(function(err){ ❹
         vm.formError = err;
      })
      .then(function(){ ❺
         $location.search('page', null);
         $location.path(vm.returnPage);
      });
};
```

❶ Se alguma credencial estiver faltando, retorna um erro.

❷ Senão, prossegue com o cadastro.

❸ Chama o método de autenticação, passando as credenciais.

❹ Mostra um erro de formulário se a autenticação falhar.

❺ Se o processo de registro tiver sucesso, limpa a string de query e redireciona o usuário.

Lembre-se de adicionar este controlador ao array `appClientFiles` em *app.js*. Com o controlador pronto, podemos testar a página de cadastro. Reinicie a aplicação e navegue até *http://localhost:3000/register*.

Em caso de sucesso no registro de usuário, abra as ferramentas de desenvolvimento do navegador e procure pelos recursos. Como ilustrado na figura 11.12, deve haver um `loc8r-token` na pasta Local Storage.

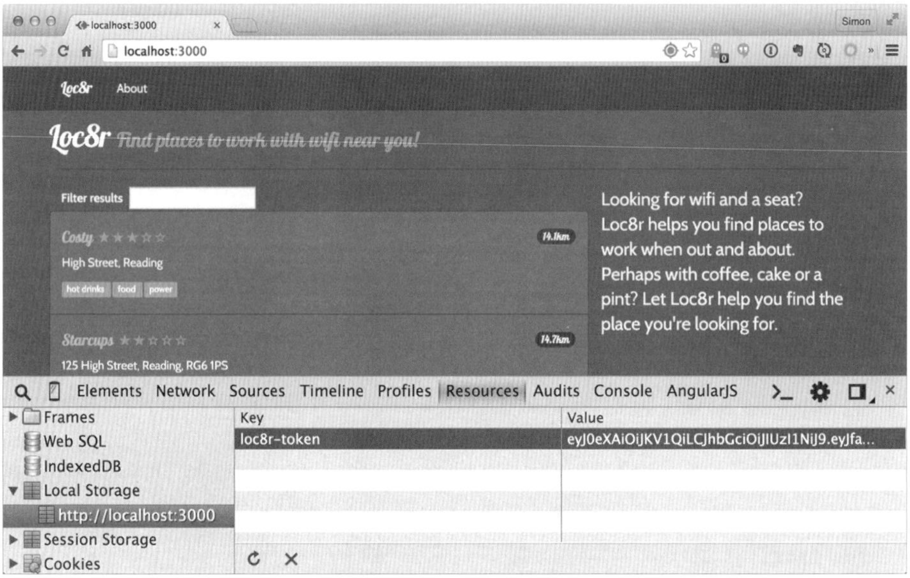

Figura 11.12 – Encontrando o loc8r-token no navegador.

Ok, o usuário já pode se cadastrar. Agora, é preciso cuidar para que usuários existentes possam fazer login.

11.6.2 Construindo a página de login

O conceito da página de login é bastante semelhante ao da página de cadastro. Grande parte do código será quase idêntico, e será uma questão de copiar e colar. Por isso mesmo, passaremos rapidamente pelos passos necessários.

Primeiro, adicione uma nova rota a *app.js*:

```
.when('/login', {
  templateUrl: '/auth/login/login.view.html',
  controller: 'loginCtrl',
  controllerAs: 'vm'
})
```

Depois, crie o arquivo de visão, *login.view.html*. Na rota está especificado o lugar em que deve ser gravado. É muito semelhante à visão do cadastro, portanto provavelmente é mais fácil duplicar aquele arquivo e editá-lo. É preciso remover o campo de entrada do nome e alterar o arquivo em mais dois pontos. O trecho a seguir destaca **em negrito** as alterações para torar a cópia da visão de cadastro na visão definitiva de login:

```
<div class="col-md-6 col-sm-8">
  <p class="lead">Not a member? Please <a href="/#register?page={{
    ➥ vm.returnPage }}">register</a> first.</p> ❶
  <form ng-submit="vm.onSubmit()">
    <div role="alert" ng-show="vm.formError" class="alert alert-danger">{{
    ➥ vm.formError }}</div> ❷
    <div class="form-group">
      <label for="email">Email address</label>
      <input type="email" class="form-control" id="email" placeholder="Enter
    ➥ email" ng-model="vm.credentials.email">
    </div>
    <div class="form-group">
      <label for="password">Password</label>
      <input type="password" class="form-control" id="password"
    ➥ placeholder="Password" ng-model="vm.credentials.password">
    </div>
    <button type="submit" class="btn btn-default">Sign in!</button> ❸
  </form>
</div>
```

❶ Altera o link de login para que passe a apontar para a página de cadastro.

❷ Remove o campo de entrada do nome do usuário.

❸ Altera o texto no botão.

Finalmente, chegamos ao controlador de login, que é muito parecido com o de cadastro. As alterações necessárias são:

- mudança do nome do controlador;
- mudança do título da página;
- remoção das referências ao campo de nome;
- mudança do nome do método `doRegister` para `doLogin`;

- chamada ao método `login` do serviço `authentication` em vez do método `register`.

Portanto, o novo arquivo *login.controller.js* será uma cópia de *register.controller.js* com algumas alterações. O trecho de código a seguir mostra o conteúdo do arquivo (sem o IIFE para maior clareza) e realça **em negrito** as mudanças:

```
angular
  .module('loc8rApp')
  .controller('loginCtrl', loginCtrl); ❶

loginCtrl.$inject = ['$location','authentication'];
function loginCtrl($location, authentication) {
  var vm = this;

  vm.pageHeader = {
    title: 'Sign in to Loc8r' ❷
  };

  vm.credentials = { ❸
    email : "",
    password : ""
  };

  vm.returnPage = $location.search().page || '/';

  vm.onSubmit = function () {
    vm.formError = "";
    if (!vm.credentials.email || !vm.credentials.password) { ❸
      vm.formError = "All fields required, please try again";
      return false;
    } else {
      vm.doLogin(); ❹
    }
  };

  vm.doLogin = function() { ❹
    vm.formError = "";
    authentication
      .login(vm.credentials) ❺
      .error(function(err){
        vm.formError = err;
      })
```

```
            .then(function(){
              $location.search('page', null);
              $location.path(vm.returnPage);
            });
        };
    }
```

❶ Muda o nome para `loginCtrl`.

❷ Muda o título da página.

❸ Remove referências à credencial nome.

❹ Renomeia `doRegister` como `doLogin`.

❺ Chama o método `login` em vez de `register`.

Essa foi fácil! Não há necessidade de aprofundamento aqui, pois, esse controlador funciona da mesma maneira que o de cadastro. Apenas lembre-se de adicionar os controladores ao array `appClientFiles` em *app.js* para que seja incluído no código da aplicação.

Agora podemos nos concentrar no estágio final e, finalmente, fazer uso da sessão autenticada na aplicação em Angular.

11.7 Trabalhando com autenticação na aplicação em Angular

Agora que temos um uma maneira de autenticar usuários, o próximo passo é fazer uso dessa informação. No Loc8r faremos duas coisas:

- Preparar diferentes estruturas de navegação para visitantes logados e não logados.
- Usar as informações dos usuários nas resenhas.

Em primeiro lugar, cuidemos da navegação.

11.7.1 Atualizando a navegação

Um item que ainda falta para a barra de navegação é um link de login. Ele será adicionado na posição mais popular – o topo da tela, à direita. Quando o usuário estiver logado, esse link não deve ser mostrado. Em vez disso, queremos mostrar o nome do usuário nesse ponto, bem como uma opção para sair.

É o que faremos nesta seção, começando por adicionar um item à direita da barra de navegação.

ADICIONANDO UMA SEÇÃO À DIREITA NA BARRA DE NAVEGAÇÃO

A navegação no Loc8r é configurada em uma diretiva que incluímos em todas as páginas; os arquivos estão em *common/directives/navigation*. No trecho de código a seguir, o HTML que precisamos incluir no template para estabelecer um link no lado direito da barra de navegação está realçado **em negrito**:

```
<div id="navbar-main" class="navbar-collapse collapse">
  <ul class="nav navbar-nav">
    <li><a href="/#about">About</a></li>
  </ul>
  <ul class="nav navbar-nav navbar-right">
    <li><a href="/#login/">Sign in</a></li>
  </ul>
</div>
```

Esse é nosso ponto de partida. Todavia, para aplicar alguma lógica por trás disso – por exemplo, para mostrar o nome do usuário quando este fizer login – adicionaremos um controlador à diretiva.

USANDO UM CONTROLADOR COM A DIRETIVA

Até aqui, as diretivas que usamos consistiam em uma definição e um template HTML. No entanto, é possível vincular um controlador a uma diretiva para oferecer ainda mais funcionalidade, e é o que faremos aqui.

Para isso, basta adicionar a propriedade `controller` à definição da diretiva, o que pode ser feito com a versão inline da sintaxe `controllerAs`. Como a diretiva é aninhada nas outras páginas com o modelo de visão já definido, é necessário que o nome do novo modelo de visão seja diferente de `vm` para evitar conflitos. O trecho de código a seguir mostra como adicionar um controlador a uma definição de diretiva, definindo o nome do modelo de visão como `navvm`:

```
function navigation () {
  return {
    restrict: 'EA',
    templateUrl: '/common/directives/navigation/navigation.template.html',
    controller: 'navigationCtrl as navvm'
  };
}
```

Já podemos criar o controlador correspondente.

CRIANDO O CONTROLADOR DE NAVEGAÇÃO

Primeiro, é preciso criar um arquivo na mesma pasta como definição de diretiva e template chamado *navigation.controller.js*; sem esquecer de adicioná-lo ao array `appClientFiles` em *app.js*. Esse controlador precisa executar algumas tarefas e se comunicar constantemente com o serviço `authentication`. A primeira dessas tarefas é obter o URL atual da página e adicioná-lo ao link "Sign in" – lembre-se de que o usuário deve ser devolvido à página original depois do login.

A nova definição de controlador receberá o serviço nativo `$location` e nosso próprio serviço `authentication`, pois ambos serão necessários. Para consistência de código, o modelo de visão será batizado na função `vm` – uma referência interna à função do controlador e não precisa ser a mesma definida no template.

O trecho de código a seguir mostra o ponto de partida para o controlador de navegação e expõe o URL atual como `vm.currentPath`:

```
(function () {
  angular
    .module('loc8rApp')
    .controller('navigationCtrl', navigationCtrl);

  navigationCtrl.$inject = ['$location', 'authentication'];
  function navigationCtrl($location, authentication) {
    var vm = this;

    vm.currentPath = $location.path();

  }
})();
```

Com o endereço da página atual exposto, é possível empregar o template para adicionar o link de login ("Sign in") como uma string de query:

```
<li><a href="/#login/?page={{ navvm.currentPath }}">Sign in</a></li>
```

Agora, quando os usuários fazem login ou cadastro com sucesso, são devolvidos à página em que estavam quando clicaram nos links "Sign in" ou "Register", e poderão continuar o que estavam fazendo antes. O próximo passo é mostrar o nome do usuário que fez login em substituição ao link.

MOSTRANDO O NOME DO USUÁRIO E UM LINK PARA LOGOUT: O CONTROLADOR

Um propósito secundário dessa parte da navegação é informar aos usuários que o login foi realizado com sucesso; fazemos isso mostrando seu nome no lugar onde estava o link de login. No mesmo local, um menu dropdown será mostrado para permitir que os usuários saiam da aplicação.

É aqui que realmente usaremos os métodos de nosso serviço de autenticação e parte dos dados extraídos do JWT que foi gravado no armazenamento local. Esse controlador de navegação precisa saber se o usuário está logado ou não para mostrar o item de navegação correto e, se for o caso, o nome do usuário. A listagem 11.12 mostra o controlador atualizado com as chamadas para os métodos `isLoggedIn` e `currentUser` do serviço de autenticação.

O usuário que fez login também precisa ser capaz de fazer logout, ou seja, sair do sistema. Um novo método para isso deve ser criado no serviço de autenticação, portanto é necessário chamá-lo antes de redirecionar o usuário para a página em que estava quando iniciou o processo. Poderíamos redirecioná-lo para uma página de confirmação, mas, por enquanto, a homepage servirá. Tudo o que descrevemos é parte do código do controlador mostrado na listagem a seguir.

Listagem 11.12 – Usando os métodos do serviço de autenticação no controlador de navegação

```
function navigationCtrl($location, authentication) {
   var vm = this;

   vm.currentPath = $location.path();

   vm.isLoggedIn = authentication.isLoggedIn(); ❶

   vm.currentUser = authentication.currentUser(); ❷

   vm.logout = function() { ❸
      authentication.logout();
      $location.path('/');
   };
}
```

❶ Descobre se o visitante fez login.

❷ Obtém o nome do usuário.

❸ Cria uma função de logout e redireciona o navegador para a homepage depois de terminado.

Com essas funções, podemos atualizar a visão.

MOSTRANDO O NOME DO USUÁRIO E O LINK PARA LOGOUT: O TEMPLATE HTML

Para mostrar o item correto de navegação dependendo do estado do usuário, usaremos diretivas nativas do Angular, `ng-show` e `ng-hide`, e obteremos o valor de isLoggedIn a partir do controlador. Se isLoggedIn for true, o link de login deve ser escondido e o outro bloco de HTML deve ser mostrado.

Criar um menu dropdown com o Bootstrap requer uma quantidade razoável de HTML, portanto o trecho de código a seguir destaca as partes importantes em **negrito**:

```
<ul class="nav navbar-nav navbar-right">
  <li ng-hide="navvm.isLoggedIn"><a href="/#login/?page={{ navvm.currentPath
    ➥ }}">Sign in</a></li> ❶
  <li ng-show="navvm.isLoggedIn" class="dropdown"> ❷
    <a href="" class="dropdown-toggle" data-toggle="dropdown">{{
    ➥ navvm.currentUser.name }} <span class="caret"></span></a> ❸
    <ul class="dropdown-menu" role="menu">
      <li><a href="" ng-click="navvm.logout()">Logout</a></li> ❹
    </ul>
  </li>
</ul>
```

❶ Esconde o link de "Sign in" para usuários logados.

❷ Mostra um menu dropdown para usuários logados.

❸ Mostra o nome do usuário.

❹ Adiciona um link de logout no menu dropdown.

Com isso, a autenticação do Loc8r está completamente funcional, validando o estado do visitante atual e mostrando algumas das informações gravadas pelo navegador. Resta a parte final da funcionalidade: adicionar o nome do usuário na resenha.

11.7.2 Incluindo dados do usuário na resenha

O propósito de o Loc8r ter um sistema de autenticação é justamente aceitar resenhas apenas de usuários cadastrados e que fizeram login. O código pede alguma limpeza como, por exemplo, mostrar apenas o botão Add Review para usuários logados e remover o campo nome do formulário. O novo e importante desafio nesta seção é: como passar o JWT obtido do serviço loc8rData para o ponto de conexão da API? Comecemos com a parte divertida e deixemos a faxina para depois.

PASSANDO UM JWT PARA UM PONTO DE CONEXÃO SEGURO NA API

Um JWT é enviado dentro da chamada ao ponto de conexão da API como um cabeçalho HTTP chamado `Authorization`. No Loc8r, a chamada para adicionar a resenha está no serviço `loc8rData`, que se encontra em *app_client/common/services*. A chamada usa o método `$http.post`.

Para adicionar um cabeçalho HTTP ao método basta incluir o objeto `headers` na chamada, como parte de um parâmetro de opções, como mostrado na listagem 11.13. O parâmetro de opções vem depois dos de URL e dados. Além disso, o conteúdo do cabeçalho Authorization deve ser a palavra `Bearer` seguida de um caractere espaço e do JWT. É preciso injetar o nosso serviço de autenticação nesse outro serviço, para que seja possível obter o token. As modificações no serviço de dados estão realçadas **`em negrito`** na listagem a seguir.

Listagem 11.13 – Atualizando o serviço de dados para repassar o JWT

```
loc8rData.$inject = ['$http', 'authentication']; ❶
function loc8rData ($http, authentication) {
   var locationByCoords = function (lat, lng) {
      return $http.get('/api/locations?lng=' + lng + '&lat=' + lat +
      ➥ '&maxDistance=20');
   };

   var locationById = function (locationid) {
      return $http.get('/api/locations/' + locationid);
   };

   var addReviewById = function (locationid, data) {
      return $http.post('/api/locations/' + locationid + '/reviews', data, {
         headers: { ❷
            Authorization: 'Bearer '+ authentication.getToken()
         }
      });
   };

   return {
      locationByCoords : locationByCoords,
      locationById : locationById,
      addReviewById : addReviewById
   };
}
```

❶ Injeta o serviço de autenticação.

❷ Adiciona um parâmetro de opções para passar o novo cabeçalho HTTP contendo o JWT.

Com esse cabeçalho, o ponto de conexão da API para adicionar uma nova resenha será capaz de ler o JWT que ele requer e validar o usuário associado. Agora, precisamos fazer nossa faxina, mostrando o botão Add Review quando um usuário estiver logado.

MOSTRANDO DIFERENTES BOTÕES COM BASE NO ESTADO ATUAL DO USUÁRIO

Em uma página qualquer do sistema existem diferentes itens de conteúdo a exibir, dependendo do estado do visitante atual no sistema – ou seja, se fez ou não login. Se a página de detalhes de um estabelecimento específico estiver sendo exibida, o botão Add Review só deve ser mostrado se o usuário tiver feito login. Se o usuário não estiver logado, o botão deve ser substituído por uma mensagem solicitando que o login.

O trecho de código a seguir é baseado em algumas coisas desenvolvidas ao longo deste capítulo, como, por exemplo, o uso de `currentPath` e `isLoggedIn` em conjunto com `ng-show` e `ng-hide`. As mudanças, que devem ser aplicadas ao arquivo *locationDetail.view.html*, estão destacadas **em negrito**:

```
<div class="panel-heading">
  <a ng-show="vm.isLoggedIn" ng-click="vm.popupReviewForm()" class="btn
    ➥ btn-default pull-right">Add review</a>
  <a ng-hide="vm.isLoggedIn" href="/#/login?page={{ vm.currentPath }}"
    ➥ class="btn btn-default pull-right">Login to add review</a>
  <h2 class="panel-title">Customer reviews</h2>
</div>
```

É uma implementação bastante direta do ponto de vista da visão. É preciso apenas assegurar que o controlador correspondente tenha os métodos `isLoggedIn` and `currentPath` do modelo de visão. Como mostrado no trecho de código a seguir, é necessário passar apenas os serviços `$location` e `authentication` e definir os métodos. Observe que o trecho mostra apelas uma parte do controlador, o resto do código deve ser deixado como está:

```
locationDetailCtrl.$inject = ['$routeParams', '$location', '$modal',
    ➥ 'loc8rData', 'authentication']; ❶
function locationDetailCtrl ($routeParams, $location, $modal, loc8rData,
    ➥ authentication) {
```

```
var vm = this;
vm.locationid = $routeParams.locationid;
vm.isLoggedIn = authentication.isLoggedIn(); ❷
vm.currentPath = $location.path(); ❸
```

❶ Injeta `$location` e os serviços de autenticação.

❷ Cria o método `isLoggedIn` para obter o estado do visitante atual.

❸ Obtém o URL atual do visitante.

Com essas mudanças, o botão se comportará de forma diferente para usuários que fizerem login. Ambos os estados estão mostrados na figura 11.13.

Figura 11.13 – Os dois diferentes estados do botão Add Review, que depende de o usuário ter feito (ou não) login.

Já está bom, e funciona lindamente. Porém, quando o usuário clica no botão para adicionar uma resenha, o formulário do popup modal ainda contém um campo para o nome do usuário.

REMOVENDO O CAMPO DE NOME DO FORMULÁRIO DE RESENHA

Não é mais necessário que os usuários entrem seus nomes no formulário, pois a API extrairá esse dado do JWT. Portanto, é preciso *apagar* do arquivo *reviewModal.view.html* o código correspondente:

```
<div class="form-group">
   <label for="name" class="col-xs-2 col-sm-2 control-label">Name</label>
   <div class="col-xs-10 col-sm-10">
      <input id="name" name="name" required="required" ngmodel="
      vm.formData.name" class="form-control"/>
   </div>
</div>
```

Uma vez apagado, o campo não precisa mais ser validado, muito menos enviar seu valor para a API, portanto podemos apagar também as referências a ele no controlador. O trecho de código a seguir destaca **em negrito** os itens a serem apagados do arquivo *reviewModal.controller.js*:

```
vm.onSubmit = function () {
  vm.formError = "";
  if (!vm.formData.name || !vm.formData.rating || !vm.formData.reviewText) {
    vm.formError = "All fields required, please try again";
    return false;
  } else {
    vm.doAddReview(vm.locationData.locationid, vm.formData);
  }
};

vm.doAddReview = function (locationid, formData) {
  loc8rData.addReviewById(locationid, {
    author : formData.name,
    rating : formData.rating,
    reviewText : formData.reviewText
  })
    .success(function (data) {
      vm.modal.close(data);
    })
    .error(function (data) {
      vm.formError = "Your review has not been saved, please try again";
    });
  return false;
};
```

A figura 11.14 mostra como o formulário de resenhas fica sem o campo nome.

Com essa mudança, a parte de autenticação está completa. Os usuários precisam fazer login para escrever uma resenha, e o sistema de autenticação proverá o nome correto do usuário.

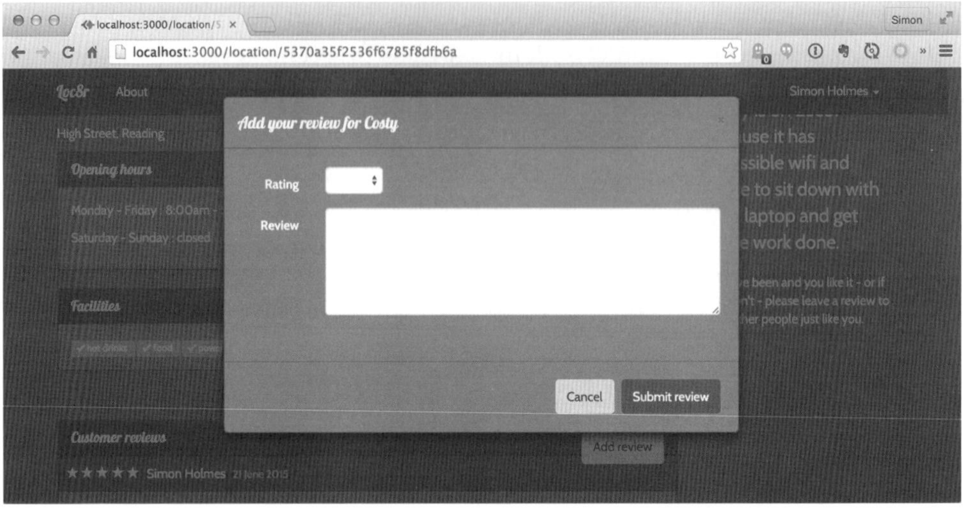

Figura 11.14 – O formulário final de resenhas sem o campo nome. Observe o nome do usuário no topo à direita e a versão "logada" do botão Add Review.

11.8 Resumo

Neste capítulo vimos como:

- abordar a autenticação no MEAN;
- criptografar senhas com hashes e salts;
- usar os métodos dos modelos do Mongoose para adicionar funções aos schemas;
- criar um JSON Web Token com o Express;
- gerir a autenticação no servidor com o Passport;
- criar rotas no Express e disponibilizá-las apenas para os usuários autenticados;
- usar armazenamento local para gerenciar a sessão no navegador;
- usar dados do JWT dentro do Angular;
- incluir controladores em diretivas do Angular;
- passar um JWT vindo do Angular para uma API por meio de cabeçalhos HTTP.

Com isso, chegamos ao final do livro. O leitor deve ter, agora, uma bela ideia sobre o poder e a capacidade do MEAN e pode começar a criar coisas bacanas!

Temos uma plataforma para construir APIs do tipo REST, aplicações web baseadas em servidor e aplicações de uma única página (SPAs) que rodam no navegador, perto do usuário. É possível criar sites que interajam com bancos de dados, APIs e aplicações e publicá-los em ambientes de produção na internet.

Ao iniciar seu próximo projeto, lembre-se de gastar um tempinho para montar a melhor arquitetura possível, bem como uma boa experiência do usuário. O planejamento nunca é tempo perdido, pois o tempo posteriormente gasto com desenvolvimento e testes será muito mais produtivo e divertido. Nunca tenha medo de refazer e aprimorar o código à medida que é desenvolvido.

Se depois desse livro você estiver à procura de novos desafios, dê uma olhada no Gulp (*www.gulpjs.com*), ótimo sistema de montagem de código para automatizar atividades como limpeza, minificação e concatenação. Dependendo do projeto, você pode querer se aprofundar em uma ou mais camadas da pilha, seja em Angular, Express, Node, Mongo ou Mongoose.

Nós apenas arranhamos a superfície do que essas tecnologias sensacionais podem oferecer. Por favor, mergulhe nelas, construa coisas, continue aprendendo e, mais importante de tudo, divirta-se!

APÊNDICE A

Instalando o MEAN

Neste apêndice veremos a instalação de:

- Node.js e npm
- Express de maneira global
- MongoDB
- Angular.js

Antes de construir qualquer coisa no MEAN, é preciso instalar o software-base. A tarefa é realmente muito fácil, independentemente da plataforma: Windows, Mac OS X e as distribuições de Linux mais populares, como o Ubuntu.

Como o Node.js é a fundação da pilha, deve ser instalado primeiro. O próprio Node já vem com o npm, o que facilita instalar o resto do software.

A.1 Instalando Node.js e npm

A melhor maneira de instalar o Node.js e o npm depende do sistema operacional. Sempre que possível, baixe o instalador diretamente do site oficial do Node.js em *http://nodejs.org/download/*. Assim garantimos a instalação da versão mais recente.

A.1.1 Instalando o Node.js no Windows

Como é praxe no Windows, basta baixar e executar o instalador a partir do site do Node.js.

A.1.2 Instalando o Node.js no Mac OS X

A melhor opção para os usuários de Mac OS X é simplesmente baixar o instalador do site do Node.js. Uma alternativa é usar o Homebrew Package Manager – veja instruções (em inglês) no wiki sobre o Node.js mantido pela Joyent no GitHub: *https://github.com/joyent/node/wiki/Installing-Node.js-via-package-manager*.

A.1.3 Instalando o Node.js no Linux

Não há instaladores para Linux. É preciso baixar os programas executáveis e copiá-los manualmente no local adequado do sistema. Os arquivos estão disponíveis no site do Node.js. Se você se sente confortável administrando sua máquina Linux, isso não deve ser um problema.

Alternativamente, os usuários de Linux podem instalar o Node.js a partir de seus repositórios de software ("lojas de aplicativos"). Todavia, eles nem sempre possuem a versão mais atual do Node.js – os repositórios oficiais do Ubuntu, por exemplo, são particularmente desatualizados. Se usá-los, esteja ciente disso. No wiki sobre o Node.js mantido pela Joyent no GitHub (*https://github.com/joyent/node/wiki/Installing-Node.js-via-package-manager*) há instruções (em inglês) de instalação do Node.js usando a maioria dos gerenciadores de software das distribuições mais populares, incluindo um repositório alternativo (e atualizado!) para o Ubuntu[1].

A.1.4 Verificando a versão instalada

Depois de ter o Node.js e o npm instalados, verifique as versões com os comandos a seguir:

```
$ node --version
$ npm --version
```

Ambos os comandos mostrarão a versão do Node.js e do npm instalados na máquina. O código deste livro foi construído usando a versão 4.2.1 do Node.js e 2.2.0 do npm[2].

1 N. do E.: O Node.js e o MongoDB também estão disponíveis no FreeBSD e OpenBSD pelos repositórios do ports e do pkg/pkg-ng e funcionam perfeitamente nesses sistemas. Mas tenha em mente que, ao contrário do Node.js, que suporta oficialmente esses BSDs, o MongoDB não possui suporte oficial.

2 N. do T.: A versão disponível na data de tradução é 5.4.1 para o Node.js e 3.3.12 para o npm.

A.2 Instalando o Express de forma global

Para poder criar aplicações em Express instantaneamente a partir da linha de comando, é preciso instalar o Express Generator. Usando o npm, podemos instalá-lo em todas as plataformas. Abra um terminal e rode o comando a seguir:

```
$ npm install -g express-generator
```

Se isso falhar e o sistema reclamar de permissões insuficientes ou algo parecido, será necessário rodar o comando como administrador. No Windows, clique com o botão direito no ícone do prompt de comandos (CMD) e selecione Executar como Administrador. Dentro da nova janela, tente o comando novamente. No Mac e no Linux basta preceder o comando com `sudo`, como mostrado a seguir. O sistema pedirá uma senha, que pode ser a do root ou do próprio usuário, dependendo de qual sabor de Linux se está usando.

```
$ sudo npm install -g express-generator
```

Quando o Express estiver instalado, podemos verificar se está tudo correto com um comando para mostrar a versão do software. Em um terminal, digite:

```
$ express --version
```

A versão do Express que usamos nos exemplos de código deste livro é a 4.9.0[3].

Se ocorrerem problemas no processo de instalação, consulte a documentação completa do Express, disponível no site oficial: *http://expressjs.com/*.

A.3 Instalando o MongoDB

O MongoDB também está disponível no Windows, Mac OS X e Linux. Instruções detalhadas sobre todas as opções a seguir podem ser encontradas na documentação online do MongDB em *http://docs.mongodb.org/manual/installation/*.

A.3.1 Instalando o MongoDB no Windows

Para Windows, basta baixar o executável apropriado a partir de *http://docs.mongodb.org/manual/installation/*. Certifique-se de ler as instruções e baixar a versão apropriada para a sua versão de Windows!

3 N. do T.: A versão disponível na data de tradução é 4.13.1.

A.3.2 Instalando o MongoDB no Mac OS X

A maneira mais fácil de instalar o MongoDB no Mac OS X é usar o Homebrew Package Manager, mas, se preferir, pode instalar o MongoDB manualmente.

A.3.3 Instalando o MongoDB no Linux

Existem pacotes disponíveis para algumas das mais importantes distribuições de Linux. As instruções detalhadas para cada uma estão disponíveis em *http://docs.mongodb.org/manual/installation/*. Se a sua distribuição de Linux preferida não possuir um pacote de instalação do MongoDB prontinho, sempre será possível instalar tudo manualmente.

A.3.4 Rodando o MongoDB como um serviço

Uma vez instalado, o MongoDB pode ser configurado para rodar como um serviço do sistema, para que seja automaticamente ativado sempre que a máquina for ligada. Há instruções para isso, em todas as plataformas suportadas, na documentação de instalação do MongoDB.

A.3.5 Verificando a versão do MongoDB

O MongoDB instala não só o servidor de banco de dados como também o Mongo Shell, um console de comandos para que possamos interagir manualmente com o banco. Podemos checar as versões do MongoDB e do Mongo Shell de forma independente. Para verificar a versão do Shell, rode o seguinte comando no terminal:

```
$ mongo --version
```

Para verificar a versão do MongoDB, o comando é:

```
$ mongod --version
```

Neste livro, usamos a versão 2.4.6, tanto do MongoDB como do Mongo Shell[4].

4 N. do T.: A versão disponível na data de tradução para ambos é 3.2.1.

A.4 Instalando o Angular

O Angular não tem muito segredo para instalar, pois ele é, na verdade, apenas um arquivo de biblioteca. Basta baixá-lo e salvar no lugar certo da estrutura de pastas do seu projeto. O Angular está disponível para download em seu site oficial: *http://angularjs.org/*.

O site oferecerá algumas opções de download. A que queremos é a chamada versão *minified* da árvore *stable*. A versão usada ao longo deste livro é a 1.2.19[5].

Depois de baixar o AngularJS, crie uma nova pasta chamada angular dentro da pasta pública de sua aplicação e coloque o arquivo JavaScript lá dentro.

5 N. do T.: A versão disponível na data de tradução é 1.5.0.

APÊNDICE B

Instalando e preparando o elenco de apoio

Neste apêndice veremos como instalar e usar:

- Bootstrap do Twitter e como adicionar um tema a ele
- Git
- Terminal alternativo de linha de comando
- Heroku
- O "cinto de utilidades" do Heroku

Há inúmeras tecnologias que podem auxiliar o programador durante o desenvolvimento do MEAN, desde layouts prontos para front-end até ferramentas de deploy. Este apêndice mostra a instalação e configuração das tecnologias de apoio usadas durante todo o livro. Como as instruções de instalação tendem a mudar com o tempo, vamos indicar aqui os melhores sites para obtê-las e qualquer outra informação necessária.

B.1 Bootstrap, a ferramenta de templates do Twitter

O Bootstrap não é bem algo que possamos instalar. Na verdade, é um conjunto de arquivos que adicionamos à aplicação. O processo é simples: após o download, descompactamos os arquivos e os colocamos nos lugares apropriados dentro da aplicação.

O primeiro passo é baixar o Bootstrap de *www.getbootstrap.com*. Baixe a distribuição compilada (botão "Download Bootstrap") e não o código-fonte. O Bootstrap usado nos exemplos deste livro está na versão 3.0.2[1]. Depois de descompactado, o pacote possui três pastas: *css*, *fonts*, and *js*.

Uma vez baixado e descompactado, é necessário mover a estrutura de pastas do Bootstrap para a pasta pública da aplicação no Express. Para manter os arquivos

1 N. do T.: Na data de tradução, a versão disponível era a 3.3.6.

agrupados e deixar a pasta pública menos entulhada, crie lá uma subpasta chamada *bootstrap* e copie as pastas do Bootstrap para lá. A pasta pública de sua aplicação deve se parecer com o mostrado na figura B.1.

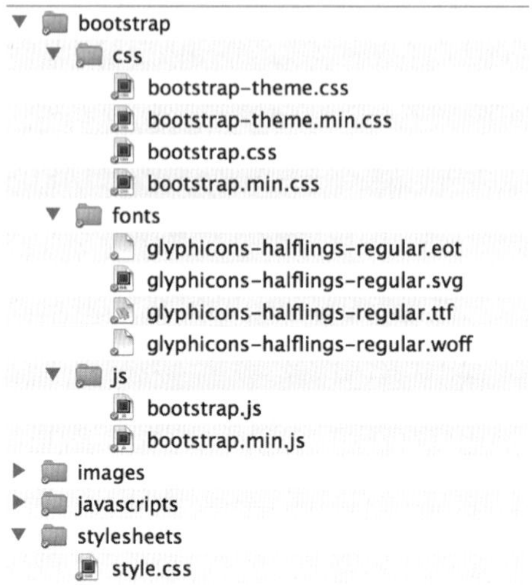

Figura B.1 – A estrutura e conteúdo da pasta pública depois que o Bootstrap foi adicionado.

Isso dará acesso à aparência-padrão do Bootstrap. Como há milhares de sites usando essa aparência, desejamos que nossa aplicação se diferencie um pouquinho da multidão. Podemos consegui-lo adicionando um tema.

B.1.1 O tema Amelia

A aplicação Loc8r, que desenvolveremos neste livro, usa um tema de Bootstrap chamado Amelia, que obtivemos do site Bootswatch. Como o Bootswatch por alguma razão removeu o tema Amelia após nossa primeira edição, disponibilizei o arquivo CSS original e a versão minificada no meu repositório no GitHub: *https://github.com/simonholmes/amelia*. Depois de baixar os arquivos *amelia.bootstrap.css* e *amelia.bootstrap.min.css*, basta copiá-los na pasta */public/bootstrap/css* de sua aplicação.

B.1.2 Fazendo uma faxina nas pastas

Se desejar, é possível fazer uma bela faxina na pasta *bootstrap* e remover alguns arquivos duplicados. Como se pode notar, há versões legíveis e versões minificadas (ou seja, compiladas) dos arquivos CSS e JavaScript, e também um par de arquivos CSS com o tema-padrão do Bootstrap. A não ser que você deseje personalizar os arquivos a seu gosto, só precisaremos das versões minificadas.

B.2 Git

O código-fonte deste livro será administrado com o Git, portanto a maneira mais fácil de ter acesso a ele é com o próprio. Além disso, o Heroku depende do Git para gerenciar o processo de deploy e para transferir o código do ambiente de desenvolvimento para o de produção. Portanto, se seu sistema operacional ainda não possuir o Git, é necessário instalá-lo.

Para verificar se seu sistema já possui o Git, abra um terminal e emita o comando:

```
$ git --version
```

Se o sistema responder com uma versão numérica, o Git já está presente na máquina. Nesse caso, vá para a seção B.3. Se o Git não estiver instalado, faremos isso já!

Um bom ponto de partida para Mac OS X e Windows, especialmente para os que nunca trabalharam com Git, é baixar e instalar a interface gráfica do GitHub a partir de *https://help.github.com/articles/set-up-git*. O comando Git é instalado junto com a interface gráfica, portanto não é necessário instalá-lo novamente.

Mas o melhor mesmo é não usar a interface gráfica e sim a linha de comando. Quem não tem medo de digitar comandos na telinha preta pode instalar apenas o Git usando as instruções encontradas no site oficial do Git: *http://git-scm.com/downloads*.

B.3 Instalando um terminal de linha de comando mais poderoso

Só conseguiremos extrair o máximo do Git se o usarmos na linha de comando, mesmo que tivermos instalado uma interface gráfica. Alguns sistemas operacionais têm terminais nativos de linha de comando melhores que outros. Em particular, a linha de comando do Windows, o CMD.exe, é absolutamente inútil. Se você está no Windows, é obrigado a usar um terminal alternativo. A lista a seguir mostra os terminais de linha de comando que eu gosto de usar em diferentes ambientes:

- Mac OS X Mavericks e posterior: o terminal que vem no próprio OS X.
- Mac OS X antes do Mavericks (10.8.5 ou anterior): iTerm.
- Windows: GitHub Shell (é instalado junto com o GitHub GUI do item B.2).
- Ubuntu (e outros Linux): terminal que vem no próprio Linux.

Mas não sou dogmático! Se você usa ou gosta de outros terminais e o comando Git funciona bem neles, continue trabalhando com eles, da forma com que você está acostumado.

B.4 Heroku

Este livro usa o Heroku para hospedar o Loc8r em um ambiente de produção. O serviço é gratuito, portanto o leitor pode usá-lo em todos os seus projetos depois que terminar o livro. Basta se cadastrar no site, instalar o cinto de utilidades e logar-se pelo terminal.

B.4.1 Fazendo o cadastro no Heroku

Para usar o Heroku é preciso cadastrar-se no site. Para a aplicação que construiremos no livro, uma conta gratuita serve perfeitamente. Vá até *www.heroku.com* e siga as instruções para cadastro.

B.4.2 Instalando o cinto de utilidades do Heroku

O chamado *Heroku toolbelt* (ou "cinto de utilidades" do Heroku) contém o terminal de linha de comando para operar o serviço (comando *heroku*) e mais um utilitário chamado Foreman[2]. Essa linha de comando, ou *shell*, é o que usaremos para administrar o deploy da aplicação no Heroku. Já o Foreman é útil para certificar-se de que o código compilado em sua máquina está configurado para rodar corretamente no Heroku. O cinto de utilidades tem versões para Mac OS X, Windows e Linux e pode ser baixado de *toolbelt.heroku.com*.

B.4.3 Conectando-se ao Heroku pelo terminal

Uma vez cadastrado no site e instalado o cinto de utilidades, o último passo é entrar no Heroku pelo terminal. O comando é:

```
$ heroku login
```

Na primeira vez que é rodado, o instalador baixa e instala os utilitários. Depois de alguns minutos, pede suas credenciais (login e senha) do site Heroku e, por fim, gera – silenciosamente – o par de chaves SSH (pública e privada) e envia ao site. Pronto! Já podemos usar o Heroku.

2 N. do T.: Esse utilitário foi descontinuado nas versões recentes do cinto de utilidades e sua funcionalidade foi incluída no próprio comando *heroku*.

APÊNDICE C

Montando as demais visões

Neste apêndice veremos como:

- Remover os dados de todas as visões, exceto da homepage.
- Transferir os dados para os controladores.

No capítulo 4 montamos os controladores e as visões para construir um protótipo estático e clicável. "Como" e "por que" estão descritos detalhadamente naquele capítulo. Este apêndice mostra apenas quais os resultados esperados.

C.1 Transferindo os dados das visões para os controladores

Parte de nossos objetivos dependem de, em nossa implementação "de trás para a frente" do fluxo MVC, retirar os dados que estão nas visões e os colocar nos controladores. No capítulo 4 fizemos isso somente com a homepage do Loc8r, portanto chegou a hora de fazê-lo nas outras páginas. Comecemos pela página de detalhes.

C.1.1 Página de detalhes do estabelecimento

A página de detalhes do estabelecimento é a maior e mais complexa de todas, com a maior parte dos requisitos de dados. Todavia, depois da homepage, é o item mais importante a finalizar. O primeiro passo é definir o controlador.

DEFININDO O CONTROLADOR

O controlador para esta página, `locationInfo`, está no arquivo *locations.js* da pasta *app_server/controllers*. Depois de analisar os dados da visão e os reunir em um objeto JavaScript, o controlador se parecerá com a listagem a seguir:

Listagem C.1 – Controlador locationInfo

```
module.exports.locationInfo = function(req, res){
   res.render('location-info', {
      title: 'Starcups',
      pageHeader: {title: 'Starcups'},
      sidebar: {
         context: 'is on Loc8r because it has accessible wifi and space to sit
         ➥ down with your laptop and get some work done.',
         callToAction: 'If you\'ve been and you like it - or if you don\'t -
         ➥ please leave a review to help other people just like you.'
      },
      location: {
         name: 'Starcups',
         address: '125 High Street, Reading, RG6 1PS',
         rating: 3,
         facilities: ['Hot drinks', 'Food', 'Premium wifi'],
         coords: {lat: 51.455041, lng: -0.9690884}, ❶
         openingTimes: [{ ❷
            days: 'Monday - Friday',
            opening: '7:00am',
            closing: '7:00pm',
            closed: false
         },{
            days: 'Saturday',
            opening: '8:00am',
            closing: '5:00pm',
            closed: false
         },{
            days: 'Sunday',
            closed: true
         }],
         reviews: [{ ❸
            author: 'Simon Holmes',
            rating: 5,
            timestamp: '16 July 2013',
            reviewText: 'What a great place. I can\'t say enough good things
         ➥ about it.'
```

```
            },{
                author: 'Charlie Chaplin',
                rating: 3,
                timestamp: '16 June 2013',
                reviewText: 'It was okay. Coffee wasn\'t great, but the wifi was
            ➥ fast.'
            }]
        }
    });
};
```

❶ Inclui coordenadas de latitude e longitude para o mapa do Google Maps.

❷ Adiciona um array para o horário de funcionamento, permitindo que se especifique horários diferentes para cada dia da semana.

❸ Array para as resenhas deixadas pelos outros usuários.

Observe como o par latitude e longitude é enviado. É possível obter a latitude e longitude do usuário em *http://www.where-am-i.net/*.

Para obter as coordenadas de um endereço, acesse *http://www.latlong.net/convert-address-to-lat-long.html*. As visões usarão `lat` e `lng` para mostrar uma imagem do Google Maps com as localizações exatas do usuário e do estabelecimento, portanto vale a pena já fazer isso funcionar no protótipo.

ATUALIZANDO A VISÃO

Como esta é a página mais complexa e com mais dados, terá também o maior template. Já vimos a maioria das tecnicalidades necessárias no layout da homepage, como, por exemplo, usar laços (loops) para varrer os arrays ou como definir e chamar mixins, todavia existem dois truques adicionais que usaremos apenas neste template, com notas explicativas e código realçado em **`negrito`**.

Primeiro, este template usa uma declaração condicional `if-else`. Parece muito com a sintaxe do JavaScript, mas sem as chaves. Segundo, este template usa a função `replace` do JavaScript para substituir todas as quebras de linha no texto das resenhas por tags `<br/>`. Uma expressão regular bem simples procura pelas ocorrências do caractere `\n` no texto. A listagem a seguir mostra o arquivo completo do template *location-info.jade*, na pasta *app_server/views*.

Listagem C.2 – Template em Jade completo para a visão da página de detalhes, location-info.jade

```
extends layout

include _includes/sharedHTMLfunctions ❶

block content
  .row.page-header: .col-lg-12
    h1= pageHeader.title
  .row
    .col-xs-12.col-md-9
      .row
        .col-xs-12.col-sm-6
          p.rating
            +outputRating(location.rating) ❷
          p= location.address
          .panel.panel-primary
            .panel-heading
              h2.panel-title Opening hours
            .panel-body
              each time in location.openingTimes ❸
                p
                  | #{time.days} :
                  if time.closed
                    | closed
                  else
                    | #{time.opening} - #{time.closing}
          .panel.panel-primary
            .panel-heading
              h2.panel-title Facilities
            .panel-body
              each facility in location.facilities
              span.label.label-warning
                span.glyphicon.glyphicon-ok
                |  #{facility}
              |  
        .col-xs-12.col-sm-6.location-map
          .panel.panel-primary
            .panel-heading
```

```
            h2.panel-title Location map
          .panel-body
            img.img-responsive.img-rounded(src="http://maps.googleapis.com/
➥ maps/api/
➥ staticmap?center=#{location.coords.lat},#{location.coords.lng}&
➥ zoom=17&size=400x350&sensor=false&markers=#{location.coords.lat},
➥ #{location.coords.lng}&scale=2") ❹
    .row
      .col-xs-12
        .panel.panel-primary.review-panel
          .panel-heading
            a.btn.btn-default.pull-right(href="/location/review/new") Add
➥ review
            h2.panel-title Customer reviews
          .panel-body.review-container
            each review in location.reviews ❺
              .row
                .review
                  .well.well-sm.review-header
                    span.rating
                      +outputRating(review.rating) ❺
                    span.reviewAuthor #{review.author}
                    small.reviewTimestamp #{review.timestamp}
                  .col-xs-12
                    p !{(review.reviewText).replace(/\n/g, '<br/>')} ❻
  .col-xs-12.col-md-3
    p.lead #{location.name} #{sidebar.context}
    p= sidebar.callToAction
```

❶ Inclui `sharedHTMLfunctions`, que contém o mixin `outputRating`.

❷ Chama o mixin `outputRating`, enviando a nota do estabelecimento atual.

❸ Varre com um laço o array de horário de funcionamento, verificando com uma declaração if-else se o estabelecimento está fechado neste momento.

❹ Monta o URL para a imagem estática do Google Maps, inserindo `lat` e `lng` usando variáveis do Jade.

❺ Varre com um laço cada resenha, chamando o mixin `outputRating` novamente para gerar o HTML das estrelas.

❻ Substitui quaisquer quebras de linha no texto da resenha por uma tag <br/>, para que o HTML seja renderizado da forma como o autor da resenha escreveu.

Uma pergunta válida é: por que substituir as quebras de linha por tag `<br/>` cada vez que a resenha é mostrada? Por que não salvar os dados já com a substituição, pois dessa forma só seria preciso executar a função `replace` uma única vez, quando a resenha fosse salva? A resposta é simples: o HTML é apenas uma das muitas maneiras de se renderizar um texto. Por acaso, é a maneira que estamos usando aqui. Mais adiante, talvez você queira usar essa informação em uma aplicação nativa para celular, que não usa HTML. A resposta, portanto, é que fazemos isso para manter os dados "limpos".

C.1.2 Página de adicionar resenha

A página Add Review, no momento, é muito simples. Há apenas um item de dados nela: o título no cabeçalho da página. Portanto, adicionar o controlador não deve apresentar muitos problemas. A listagem a seguir mostra o código completo do controlador `addReview` no arquivo *locations.js*, pasta *app_server/controllers folder*.

Listagem C.3 – O controlador addReview

```
module.exports.addReview = function(req, res){
   res.render('location-review-form', {
      title: 'Review Starcups on Loc8r',
      pageHeader: { title: 'Review Starcups' }
   });
};
```

Não há muito o que dizer aqui, tudo o que fizemos foi atualizar o texto nos títulos. A listagem a seguir mostra a visão correspondente, *location-review-form.jade*, na pasta *app_server/views*.

Listagem C.4 – O template location-review-form.jade

```
extends layout

block content
   .row.page-header
      .col-lg-12
         h1= pageHeader.title
   .row
```

```
        .col-xs-12.col-md-6
          form.form-horizontal(action="/location", method="get", role="form")
            .form-group
              label.col-xs-2.col-sm-2.control-label(for="name") Name
              .col-xs-10.col-sm-10
                input#name.form-control(name="name")
              label.col-xs-10.col-sm-2.control-label(for="rating") Rating
              .col-xs-12.col-sm-2
                select.form-control.input-sm(name="rating")
                  option 5
                  option 4
                  option 3
                  option 2
                  option 1
            .form-group
              label.col-sm-2.control-label(for="review") Review
                .col-sm-10
                  textarea#review.form-control(name="review", rows="5")
            button.btn.btn-default.pull-right Add my review
        .col-xs-12.col-md-4
```

Novamente, nada complicado ou novo. Passemos à página About (Sobre nós).

C.1.3 Página About

A página About não contém um grande número de dados, apenas o título e algum conteúdo, então não teremos problemas em transferi-los para o controlador. Observe que o conteúdo na visão possui algumas tags `<br/>`, que devem ser substituídas por `\n` quando colocadas no controlador. Essas mudanças estão destacadas em negrito na listagem do controlador `about` a seguir, no arquivo *app_server/controllers/others.js*.

Listagem C.5 – O controlador about

```
module.exports.about = function(req, res){
  res.render('generic-text', {
    title: 'About Loc8r',
    content: 'Loc8r was created to help people find places to sit down and
    ➥ get a bit of work done.\n\nLorem ipsum dolor sit amet, consectetur
```

```
        ➥ adipiscing elit. Nunc sed lorem ac nisi dignissim accumsan. Nullam
        ➥ sit amet interdum magna. Morbi quis faucibus nisi. Vestibulum mollis
        ➥ purus quis eros adipiscing tristique. Proin posuere semper tellus, id
        ➥ placerat augue dapibus ornare. Aenean leo metus, tempus in nisl eget,
        ➥ accumsan interdum dui. Pellentesque sollicitudin volutpat ullamcorper.'
    });
};
```

Além de remover o HTML do conteúdo, não há mais muita coisa a ser feita. Basta agora alterar levemente a visão e esta etapa da aplicação estará pronta. A listagem a seguir mostra a visão genérica final, *generic-text.jade*, usada para a página About e localizada em *app_server/views* – a visão usa o mesmo código que vimos na seção de resenhas para substituir as quebras de linha `\n` por tags HTML `<br/>`.

Listagem C.6 – O template generic-text.jade

```
extends layout

block content
  #banner.page-header
    .row
      .col-md-6.col-sm-12
        h1= title
  .row
    .col-md-6.col-sm-12
      p !{(content).replace(/\n/g, '<br/>')} ❶
```

❶ Substitui todas as quebras de linha por tags `<br/>` ao renderizar o HTML.

Esse é um template muito simples, pequeno e reutilizável para as situações em que tudo o que queremos é mostrar algum texto em uma página.

APÊNDICE D

Reaprendendo JavaScript

Neste apêndice veremos:

- As melhores práticas para escrever código em JavaScript.
- Maneiras eficientes de repassar dados com o JSON.
- O que são callbacks e como escapar do "inferno dos callbacks".
- Como escrever código modular em JavaScript com fechamentos (closures) e padrões (patterns).

O JavaScript é parte tão fundamental do MEAN que empregaremos algum tempo para investigá-lo. Precisamos entender seus fundamentos porque dependemos disso para desenvolver de forma eficiente em MEAN. O JavaScript é tão comum que, aparentemente, todo mundo sabe programar um pouco com ele. Isso se deve, parcialmente, ao fato de que o JavaScript é realmente fácil de começar a aprender, além de ser bastante indulgente quanto ao estilo usado pelo programador. Infelizmente, essa "frouxidão" e as poucas barreiras para os iniciantes podem encorajar maus hábitos de programação e, às vezes, leva a resultados inesperados.

O objetivo deste apêndice não é ensinar os fundamentos do JavaScript; se o leitor não conhecer nada de JavaScript terá dificuldade em seguir o texto. Por outro lado, nem todos precisarão lê-lo do início ao fim, particularmente desenvolvedores experientes em JavaScript. Se você é um deles, ainda assim vale a pena folhear todo o apêndice para conferir se há algo que ainda não conhece.

D.1 Todo mundo sabe JavaScript, certo?

Nem todo mundo sabe programar em JavaScript, mas a vasta maioria de desenvolvedores web já o usaram em algum momento. Naturalmente, cada um tem um nível diferente de conhecimento e experiência. Como um teste rápido, veja a listagem D.1. Ela contém um trecho de código em JavaScript, cujo propósito é mostrar algumas mensagens no console. Se você entendeu a maneira como o código foi escrito, pode dizer corretamente como serão as mensagens e, mais importante, entender por que elas são assim, está liberado para apenas folhear o apêndice!

Listagem D.1 – Arquivo exemplo em JavaScript com erros intencionais

```
var myName = {
        first: 'Simon',
        last: 'Holmes'
    },
    age = 37,
    country = 'UK';

console.log("1:", myName.first, myName.last);

var changeDetails = (function () {
    console.log("2:", age, country);
    var age = 35;
    country = 'United Kingdom';
    console.log("3:", age, country);

    var reduceAge = function (step) {
        age = age - step;
        console.log("4: Age:", age);
    };

    var doAgeIncrease = function (step) {
        for (var i = 0; i <= step; i++){
            window.age += 1;
        }
        console.log("5: Age:", window.age);
    },

    increaseAge = function (step) {
        var waitForIncrease = setTimeout(function(){
            doAgeIncrease(step);
        },step * 200);
    };

    console.log("6:",myName.first, myName.last, age, country);

    return {
```

```
        reduceAge : reduceAge,
        increaseAge : increaseAge
    };
})();

changeDetails.increaseAge(5);
console.log("7:", age, country);
changeDetails.reduceAge(5);
console.log("8:", age, country);
```

Você conseguiu resolver o mistério? Há alguns "bugs" intencionais na listagem D.1 que o JavaScript permite serem cometidos. O código acima é válido para o JavaScript e rodará sem apresentar nenhum erro – rode-o em seu navegador para conferir. Os "bugs" destacam como é fácil obter resultados inesperados e, ao mesmo tempo, como é difícil encontrá-los se não soubermos o que estamos procurando.

Quer saber qual é a saída desse código? Se já não o tiver executado, o resultado é:

```
1: Simon Holmes
2: undefined UK ❶
3: 35 United Kingdom
6: Simon Holmes 35 United Kingdom
7: 37 United Kingdom ❷
4: Age: 30 ❸
8: 37 United Kingdom
5: Age: 43 ❹
```

❶ A idade não consegue ser identificada por conta de conflitos de escopo e elevação de variáveis.

❷ O país não mudou, mas a idade sim, devido aos escopos das variáveis.

❸ Roda quando for chamado, não quando definido; usa variáveis locais e não as globais.

❹ Tem a execução postergada por conta do `setTimeout`; a idade está errada por conta de um "engano" no laço `for`.

Entre outras coisas, este código mostra um closure privativo que expõe métodos públicos, problemas no escopo das variáveis, variáveis sem definição quando deveriam ser definidas, os efeitos dos atrasos em códigos assíncronos e um erro bastante fácil de cometer em um laço `for`. Portanto, existiam inúmeros bugs que deveriam ter sido descobertos na leitura do código.

Se não estiver muito certo do que tudo isso significa, ou não obteve na leitura do código o resultado correto, leia com atenção este apêndice – falaremos de todos esses itens.

D.2 Bons e maus hábitos

O JavaScript é uma linguagem bastante fácil de usar e aprender, pelo menos no início. Basta copiar um trecho encontrado na internet, colá-lo no HTML, e a viagem começou. Uma das razões pelas quais ele é tão simples de aprender é o fato de não ser tão rigoroso quanto deveria. Ele permite que façamos coisas que não deveríamos, e isso leva a maus hábitos de programação. Nesta seção veremos alguns deles e os transformaremos em bons hábitos.

D.2.1 Variáveis, funções e escopos

A primeira parada em nossa viagem será entre as variáveis, funções e escopos. Todas essas coisas estão estreitamente amarradas. No JavaScript há dois tipos de escopo: o global e o de função. Um escopo de função também é conhecido como escopo local. O JavaScript também tem o conceito de herança de escopo. Se uma variável for declarada no escopo global, ela é acessível por qualquer coisa, mas se for declarada dentro de uma função, está disponível apenas para essa função e para tudo o mais dentro dela.

ESCOPO GLOBAL, ESCOPO LOCAL E HERANÇA

Comecemos com um exemplo bem simples no qual o escopo foi usado incorretamente:

```
var firstname = 'Simon'; ❶
var addSurname = function(){
  var surname = 'Holmes'; ❷
  console.log(firstname + ' ' + surname); ❸
};
addSurname();
console.log(firstname + ' ' + surname); ❹
```

❶ Variável declarada no escopo global.

❷ Variável declarada no escopo local.

❸ Mostra "Simon Holmes" no log.

❹ Mostra um erro no log porque a variável `surname` não está definida.

Esse pequeno código levanta um erro porque está tentando usar a variável `surname` no escopo global, mas ela foi definida no escopo local da função `addSurname`. Uma boa maneira de visualizar o conceito de escopo é desenhar um grupo de círculos concêntricos. Na figura D.1, o círculo externo representa o escopo global, e o círculo interno o escopo local.

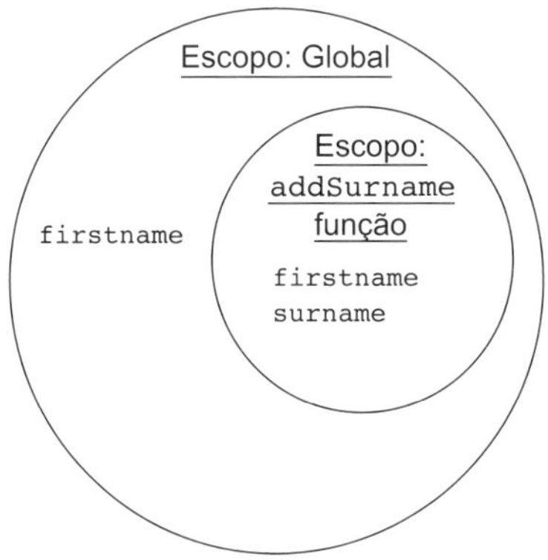

Figura D.1 – Círculos representando o escopo global versus o escopo local e a herança de escopos.

Na figura D.1 podemos ver que o escopo global dá acesso apenas à variável `firstname`, e que o escopo local da função `addSurname` tem acesso à variável global `firstname` e à variável local `surname`.

Para que o escopo global possa mostrar o nome completo na saída e ainda manter o sobrenome privado dentro da função, é necessário uma forma de injetar o valor no escopo global. Em nossos círculos de escopo, o objetivo é o mostrado na figura D.2. Uma nova variável `fullname` pode ser usada em ambos os escopos.

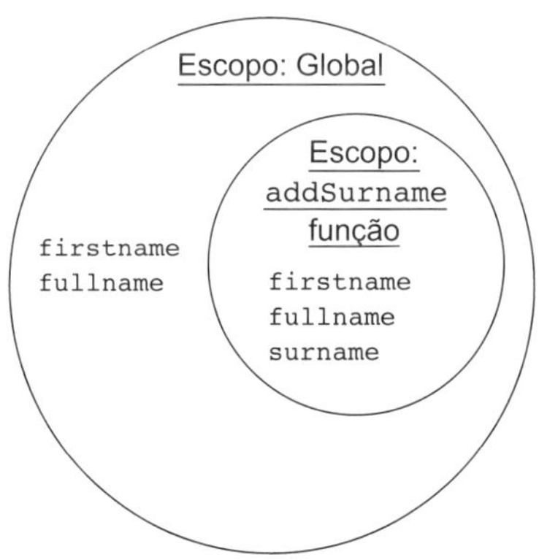

Figura D.2 – Usando uma variável adicional no escopo global para retornar os dados do escopo global.

DO LOCAL PARA O GLOBAL: A MANEIRA ERRADA

Uma maneira de fazê-lo – e aviso desde já que essa é uma péssima prática – é definir dentro do escopo local uma variável pertencente ao escopo global. No navegador, o escopo global é o objeto `window`, no Node.js é `global`. Por enquanto, vamos nos ater a exemplos diretamente no navegador. Vejamos como atualizar o código para usar a variável `fullname`:

```
var firstname = 'Simon';
var addSurname = function(){
   var surname = 'Holmes';
   window.fullname = firstname + ' ' + surname; ❶
   console.log(fullname);
};
addSurname();
console.log(fullname); ❷
```

❶ A variável `fullname` é definida num objeto `window`.

❷ O escopo global pode agora mostrar o nome completo.

Esse código mostra como adicionar, dentro do escopo local, uma variável pertencente ao escopo global, mas isso não é nada bom. Há dois problemas. Primeiro, se alguma coisa der errado com a função `addSurname` e a variável não for definida, um erro será gerado quando o escopo global tentar usá-la. O segundo problema torna-se óbvio quando o código fica maior. Imagine que existam dezenas de funções, todas criando escopos diferentes. Como manter tudo sob controle? Como testar o conjunto? Como explicar para outra pessoa o que está acontecendo? A resposta a todas essas perguntas é: *com muita dificuldade*.

DO LOCAL PARA O GLOBAL: A MANEIRA CORRETA

Se declarar a variável global dentro do escopo local é errado, então qual é o certo? A regra máxima é: *sempre declare variáveis no escopo em que elas pertencem*. Portanto, se é necessário uma variável global, esta deve ser definida no escopo global:

```
var firstname = 'Simon',
   fullname; ❶
var addSurname = function(){
   var surname = 'Holmes';
   window.fullname = firstname + ' ' + surname;
   console.log(fullname);
```

```
};
addSurname();
console.log(fullname);
```

❶ Variável declarada no escopo global, mesmo não tendo um valor atribuído.

O exemplo deixa óbvio que o escopo global agora contém a variável `fullname`. O código escrito dessa forma fica mais fácil de ler e entender quando o revisitarmos no futuro.

REFERENCIANDO VARIÁVEIS GLOBAIS NO ESCOPO LOCAL

É possível notar que o código dentro da função referencia a variável global usando seu nome completo, `window.fullname`. Esta é uma boa prática sempre que estamos referenciando uma variável global de dentro do código no escopo local. Isso também torna o código mais fácil de depurar quando voltamos a ele em uma data posterior, porque podemos ver explicitamente qual variável está sendo referenciada. O código deve, portanto, se parecer com este:

```
var firstname = 'Simon',
      fullname;
var addSurname = function(){
   var surname = 'Holmes';
   window.fullname = window.firstname + ' ' + surname; ❶
   console.log(window.fullname);
};
addSurname();
console.log(fullname);
```

❶ Ao usar variáveis globais em escopos locais, sempre empregue a referência completa.

Agir dessa forma pode aumentar um pouco a quantidade de caracteres no código, mas torna muito mais óbvio a qual variável estamos fazendo referência e de onde ela vem. Há outra razão para isso, particularmente quando atribuímos um valor para a variável.

ESCOPO GLOBAL IMPLÍCITO

O JavaScript permite que se declare uma variável no momento do uso, sem que seja preciso usar a declaração `var`. Isso é uma péssima prática! Pior ainda, se declaramos a variável implicitamente, sem `var`, o JavaScript entende que esta pertence ao escopo global. Por exemplo:

```
var firstname = 'Simon';
var addSurname = function(){
   surname = 'Holmes'; ❶
   fullname = firstname + ' ' + surname;
   console.log(fullname);
};
addSurname();
console.log(firstname + surname); ❷
console.log(fullname);
```

❶ `surname` e `fullname` são definidas implicitamente no escopo global...

❷ ... e, portanto, podem ser usadas no escopo global.

É fácil perceber que isso torna o código confuso e é, portanto, má prática. Assim, a regra é *sempre declare variáveis no escopo ao qual pertencem usando a declaração `var`*.

O PROBLEMA DA ELEVAÇÃO DE VARIÁVEIS

Você provavelmente já deve ter ouvido por aí que em JavaScript as variáveis devem ser declaradas logo no início do escopo. Isso está correto, e a razão principal é a chamada *elevação de variáveis*. Esse termo assustador significa que o JavaScript declara "na marra" todas as variáveis no topo, sem contar para você! Isso pode levar a resultados inesperados.

O trecho de código a seguir mostra um exemplo de como o efeito se manifesta. Na função `addSurname`, é declarado um valor global de `firstname` e, depois, é atribuído um outro valor no escopo local:

```
var firstname = 'Simon';
var addSurname = function(){
   var surname = 'Holmes';
   var fullname = firstname + ' ' + surname; ❶
   var firstname = 'David';
   console.log(fullname); ❷
};
addSurname();
```

❶ Espera-se que a variável global seja usada aqui...

❷ ... porém, a saída é, na verdade, "undefined Holmes".

Por que a saída não funcionou? O JavaScript "eleva" todas as declarações de variável para o início do escopo em que foram chamadas. Portanto, enquanto nós enxergamos o trecho de código anterior, o JavaScript enxerga o seguinte:

```
var firstname = 'Simon';
var addSurname = function(){
    var firstname, ❶
        surname,
        fullname;
    surname = 'Holmes';
    fullname = firstname + ' ' + surname; ❷
    firstname = 'David';
    console.log(fullname);
};
addSurname();
```

❶ O JavaScript transferiu todas as declarações de variável para o início do escopo da função.

❷ Não foi atribuído um valor para `firstname` antes de ser usado, portanto está indefinido.

Quando percebemos o que o JavaScript está fazendo, o "bug" fica um pouquinho mais óbvio. O JavaScript declarou a variável `firstname` no início do escopo, mas não há um valor associado a ele. Isso o deixa indefinido quando a variável é usada pela primeira vez.

É preciso ter isso em mente sempre que estiver escrevendo código. O código que os humanos podem ver deve ser exatamente igual ao que o JavaScript vê. Quando vemos as coisas pela mesma perspectiva, há menos espaço para erros e problemas inesperados.

NÃO HÁ CONCEITO DE BLOCO

Em algumas linguagens de programação há o conceito de escopo de bloco. Por exemplo, o escopo dentro de uma declaração `if` ou um laço `for`. O JavaScript não reconhece escopo de bloco. O trecho de código a seguir está incorreto em JavaScript:

```
var addSurname = function () {
    if (firstname === 'Simon') {
        var surname = 'Holmes'; ❶
    } else if (firstname === 'Sally') {
        var surname = 'Panayiotou'; ❶
    }
};
```

❶ Declarar variáveis dentro de blocos é errado em JavaScript.

O JavaScript permite que isso seja feito, mas é tecnicamente incorreto e má prática. Corre o risco de parecer um velho elepê roscado, as variáveis devem sempre ser declaradas no início do escopo ao qual pertencem. O trecho de código a seguir mostra a melhor prática para fazê-lo:

```
var addSurname = function () {
    var surname; ❶
    if (firstname === 'Simon') {
        surname = 'Holmes'; ❷
    } else if (firstname === 'Sally') {
        surname = 'Panayiotou'; ❷
    }
};
```

❶ As variáveis estão declaradas no topo...

❷ ... e apenas referenciadas nos dois `if`.

Essa maneira é bem melhor, pois é mais próxima de como o JavaScript realmente interpreta o código.

FUNÇÕES SÃO VARIÁVEIS

Nos trechos de código anteriores podemos notar que a função `addSurname` foi declarada como uma variável. Novamente, essa é uma boa prática. Primeiro, porque é como o JavaScript a enxerga, de qualquer modo, e, em segundo lugar, porque torna bastante claro em que escopo a função está.

Embora seja permitido declarar a função neste formato:

```
function addSurname() {}
```

O JavaScript interpreta-o da seguinte maneira, sempre:

```
var addSurname = function() {}
```

Portanto, é boa prática definir as funções como variáveis.

O USO DO ESCOPO GLOBAL DEVE SER LIMITADO

Até aqui falamos bastante sobre o uso correto do escopo global, mas na realidade devemos evitar ao máximo usar as variáveis globais. Um de nossos objetivos deve ser sempre manter o escopo global o mais limpo possível. Isso torna-se importante à medida que a aplicação cresce. É bastante provável que queiramos adicionar um número razoável de bibliotecas e módulos de terceiros. Se todos usarem os mesmos nomes de variável no escopo global, sua aplicação pode simplesmente derreter.

Variáveis globais não são "a encarnação do mal", como alguns querem que você acredite, mas devemos ser cuidadosos ao usá-las. Quando precisamos realmente de uma variável global, um bom método é criar um objeto contêiner no escopo global e colocar tudo lá. Façamos isso com o código de exemplo que estivemos usando até agora para ver como ficaria criar um objeto `nameSetup` no escopo global e usá-lo para conter todo o resto. Por exemplo:

```
var nameSetup = { ❶
   firstname : 'Simon',
   fullname : '',
   addSurname : function(){
      var surname = 'Holmes'; ❷
      nameSetup.fullname = nameSetup.firstname + ' ' + surname; ❸
      console.log(nameSetup.fullname);
   }
};
nameSetup.addSurname();
console.log(nameSetup.fullname); ❸
```

❶ Declara uma variável global como um objeto.

❷ As variáveis locais ainda podem ser usadas dentro de funções.

❸ Os valores do objeto sempre devem ser acessados com o nome completo.

Quando o código é escrito dessa maneira, todas as variáveis são agrupadas como propriedades de um objeto, mantendo o espaço global limpo e arrumado. Trabalhando dessa maneira, minimizamos o risco de ter variáveis globais conflitantes. Podemos, é claro, adicionar mais propriedades ao objeto depois de declarado, e até mesmo novas funções. O trecho de código a seguir mostra como:

```
nameSetup.addInitial = function (initial) { ❶
   nameSetup.fullname = nameSetup.fullname.replace(" ", " " + initial + " ");
};
nameSetup.addInitial('D'); ❷
console.log(nameSetup.fullname); ❸
```

❶ Define uma nova função dentro do objeto global.

❷ Chama a função e envia um parâmetro.

❸ A saída é "Simon D Holmes".

Trabalhando dessa forma, temos controle total sobre o nosso JavaScript e reduzimos as chances de o código produzir surpresas desagradáveis. Lembre-se sempre de declarar as variáveis no escopo apropriado e no momento certo, e agrupe-as em objetos sempre que possível.

D.2.2 Fluxo de execução e laços de repetição

Veremos agora as melhores práticas para os padrões de código comumente usados para declarações `if` e laços `for`. O texto considera que o leitor esteja familiarizado com eles.

DECLARAÇÕES CONDICIONAIS: TRABALHANDO COM IF

O JavaScript é bastante solícito com o programador no caso de declarações `if`. Se existir apenas uma expressão dentro do bloco do `if` não é necessário envolvê-lo entre chaves `{}`. É possível até mesmo empregar um `else` imediatamente após. O trecho de código a seguir é válido em JavaScript:

```
var firstname = 'Simon', surname, fullname;
if (firstname === 'Simon')
   surname = 'Holmes'; ❶
else if (firstname === 'Sally')
   surname = 'Panayiotou'; ❶
fullname = firstname + ' ' + surname;
console.log(fullname);
```

❶ Má prática! Omitir os `{ }` em volta de blocos `if` contendo uma única expressão é um convite à confusão.

Sim, o JavaScript permite que isso seja feito, mas não devemos fazê-lo jamais! Esse estilo de código considera que o layout do código está legível, e nem sempre esse é o caso. Pior: o que acontece se inserirmos mais algumas linhas de código no bloco do `if`? Comecemos por dar a Sally a inicial de seu segundo nome. Veja o trecho de código a seguir, que mostra uma tentativa absolutamente lógica do programador para conseguir isso:

```
var firstname = 'Simon', surname, initial = '', fullname;
if (firstname === 'Simon')
   surname = 'Holmes';
else if (firstname === 'Sally')
   initial = 'J'; ❶
   surname = 'Panayiotou';
fullname = firstname + ' ' + initial + ' ' + surname;
console.log(fullname); ❷
```

❶ Adiciona uma linha ao bloco `if`.

❷ A saída é "Simon Panayiotou".

O que tem de errado aqui? Simples: sem as chaves abrindo e fechando o bloco, apenas a primeira expressão é considerada parte do bloco, e todas as demais são interpretadas como estando fora dele. Portanto, se `firstname` for Sally, `initial` torna-se J, mas a variável `surname`, mesmo estando indentada dentro do bloco else, está logicamente fora dele e, portanto, torna-se Panayiotou em qualquer situação.

O trecho de código a seguir mostra a maneira correta de definir blocos:

```
var firstname = 'Simon', surname, initial = '', fullname;
if (firstname === 'Simon') { ❶
  surname = 'Holmes';
} else if (firstname === 'Sally') { ❶
  initial = 'J';
  surname = 'Panayiotou';
} ❶
fullname = firstname + ' ' + initial + ' ' + surname;
console.log(fullname);
```

❶ Boa prática: sempre usar { } para definir blocos `if`.

Ao empregar a sintaxe mais clara e correta possível, o desenvolvedor certifica-se de enxergar exatamente o que o interpretador do JavaScript vê, e assim reduz o risco de erros inesperados. É produtivo ter como alvo um código o mais explícito possível e não deixar nada aberto a interpretações. A (boa) prática contribuirá tanto para a qualidade do código quanto para a possibilidade de entendê-lo daqui a um ano, quando o autor ou outra pessoa revisitá-lo após ter trabalhado em outros projetos.

Quantos símbolos = usar

Nos trechos de código que mostramos até aqui, salta aos olhos que, em cada declaração `if`, foi usada a comparação === para verificar a condição. Além de boa prática, é um bom hábito a cultivar.

O operador === é bem mais rigoroso que o ==. 0 === devolve uma resposta positiva apenas quando os dois operandos são do mesmo tipo, como número, string ou boolean. O == tenta a coerção de tipos para ver se os valores são semelhantes, mesmo sendo de tipos diferentes. Isso pode levar a alguns resultados interessantes e inesperados.

No trecho de código a seguir há alguns casos que poderiam fazer alguns programadores tropeçar:

```
var number = '';
number == 0; ❶
number === 0; ❷
number = 1;
number == '1'; ❸
number === '1'; ❹
```

❶ Verdadeiro.

❷ Falso.

❸ Verdadeiro.

❹ Falso.

Há algumas situações em que aparentemente o comportamento do pode parecer útil, mas é muito melhor ser claro e específico a respeito do que se considera uma resposta positiva a uma condição de teste, em vez do que o JavaScript possa interpretar como uma comparação duvidosamente verdadeira. Se em alguma situação for indiferente para o código a tipificação de `number` como string ou número, podemos simplesmente propor duas condições de teste unidas por uma conjunção, como, por exemplo:

```
number === 0 || number === '';
```

A chave aqui é *sempre usar o operador exato* `===`. O mesmo ocorre com os operadores de *diferença*: é sempre melhor usar a versão exata `!==` que a permissiva `!=`.

LAÇOS DE REPETIÇÃO: TRABALHANDO COM O FOR

O método mais comum de varrer um grupo de itens emprega o laço `for`. O JavaScript é bastante eficiente nisso, mas há algumas armadilhas a evitar e boas práticas a seguir.

Primeiro, como na declaração `if`, o JavaScript permite que as chaves `{}` que abrem e fecham o bloco sejam omitidas caso haja apenas uma expressão nele. Como já percebemos, é uma péssima ideia, tanto aqui como no `if`. O trecho de código a seguir mostra exemplos que o JavaScript considera válidos, mas que não entregam os resultados esperados:

```
for (var i = 0; i < 3; i++)
    console.log(i);
    console.log(i*5); ❶

// Resultado mostrado no console
// 0
// 1
// 2
// 15 ❶
```

❶ A segunda declaração está fora do laço, portanto só é executada uma vez.

A indentação nos dá a falsa impressão de que ambos os comandos `console.log` serão executados em todas as três iterações do laço. O JavaScript interpreta o trecho anterior da seguinte maneira:

```
for (var i = 0; i < 3; i++) {
    console.log(i);
}
console.log(i*5);
```

Sei que estou me repetindo, mas certificar-se de que o código seja escrito da mesma forma com que o JavaScript o interpreta ajuda bastante! Com isso em mente, e também a boa prática da declaração de variáveis que vimos no início, jamais deveríamos ver um `var` dentro de um `for` condicional. Atualizando o trecho de código anterior para refletir essas boas práticas, temos:

```
var i; ❶
for (i = 0; i < 3; i++) {
    console.log(i);
}
console.log(i*5);
```

❶ As variáveis devem ser declaradas fora do `for`.

Como a declaração de variáveis deve estar no início do escopo, pode haver inúmeras linhas de código entre a declaração e seu primeiro uso no laço. Todavia, como o JavaScript enxergará o código como se a variável realmente estivesse lá no início, é lá que ela deve estar.

Um uso comum para um laço `for` é varrer o conteúdo de um array. Veremos a seguir algumas das boas práticas e armadilhas que podemos encontrar a esse respeito.

LAÇOS E ARRAYS

A chave para empregar laços `for` em arrays é lembrar-se de que, nos arrays, o índice começa em zero. O efeito óbvio é que o primeiro objeto do array tem índice 0. O efeito às vezes não tão óbvio é que o último objeto do array tem como índice o tamanho do array menos 1. Parece mais complicado do que realmente é. Um array simples se parece com isto:

```
                        ❶
var myArray = ["one","two","three"];
                   ❷     ❸     ❹
```

❶ O tamanho do array é o número de itens (neste caso, três)

❷ Posição 0.

❸ Posição 1.

❹ Posição 2.

O código típico comumente encontrado para a declaração de um array desse tipo e depois varrê-lo é mostrado no trecho de código a seguir:

```
var i, myArray;
myArray = ["one","two","three"];
for (i = 0; i < myArray.length; i++) { ❶
   console.log(myArray[i]);
}
```

❶ Começa a contagem em 0, e continua contando enquanto for menor que o comprimento do array.

Funciona bem e varre o array corretamente, começando na posição 0 e iterando até a posição 2. Algumas pessoas não gostam de usar o `i++` para autoincrementar variáveis porque pode tornar o código difícil de entender. Pessoalmente, acredito que os laços `for` são uma exceção à regra, e tornam o código mais fácil de ler, em lugar de adicionar um incremento manual dentro do próprio laço.

Há uma alteração que pode melhorar o desempenho do código. A cada "volta" do laço, o JavaScript verifica o tamanho de `myArray`. Seria mais rápido se ele verificasse uma variável simples, portanto é boa prática declarar uma variável que contenha o tamanho do array. A alteração é mostrada no trecho de código a seguir:

```
var i, myArray, arrayLength; ❶
myArray = ["one","two","three"];
for (i = 0, arrayLength = myArray.length; i < arrayLength; i++) { ❷
   console.log(myArray[i]);
}
```

❶ Declara a variável `arrayLength` com as outras, no local correto.

❷ Atribui o tamanho do array a `arrayLength` na própria definição do laço.

Temos agora uma nova variável `arrayLength`, a quem foi atribuído o tamanho do array a ser varrido pelo laço. Isso significa que o script só precisa verificar o tamanho do laço uma única vez, e não em cada iteração do laço.

D.2.3 Práticas de formatação

Os exemplos de código usados neste livro empregam minhas preferências pessoais de formatação. Algumas delas são o que mandam as boas práticas, outras uso porque, em minha opinião, melhoram a legibilidade. Se seu estilo pessoal for diferente, pode usar tranquilamente – desde que o código produzido esteja absolutamente correto. O importante é ter consistência.

As razões para minha preocupação com formatação e estilo são:

- produzir um código JavaScript sintaticamente correto;
- garantir que o código funcione corretamente quando minificado;
- tornar o código legível para você e os outros de sua equipe.

Comecemos com a prática mais comum de formatação: indentação.

INDENTAÇÃO DE CÓDIGO

A única razão verdadeira para se indentar código é torná-lo consideravelmente mais fácil para os humanos lerem. O interpretador do JavaScript realmente não dá a mínima e rodaria o código mesmo que não tivesse indentação ou quebras de linha.

Uma das boas práticas sobre indentação é usar apenas espaços, nunca tabulações. Isso se deve ao fato de que não existe um padrão para o tamanho das tabulações. Quantos espaços usar depende de preferência pessoal. Eu prefiro dois espaços. Eu acho que um único espaço torna o código difícil de seguir em um relance pois a diferença não é das grandes. Quatro espaços é excessivo e torna o código muito espaçoso, em minha opinião. Gosto de equilibrar a legibilidade obtida com indentação e os benefícios de maximizar a quantidade de código que se pode ver na tela ao mesmo tempo. Bem, isso tudo é combinado com meu desgosto de ter que rolar a tela horizontalmente.

POSIÇÃO DAS CHAVES PARA FUNÇÕES E BLOCOS

Uma boa prática à qual você deve se acostumar é colocar a chave de abertura do bloco de código no fim da declaração que começa o bloco. O quê? Todos os exemplos de código até aqui foram escritos assim, e o trecho a seguir mostra a maneira correta (e também a errada) de usar as chaves:

```
var firstname = "Simon", surname;
if (firstname === "Simon") {   ❶
   surname = "Holmes";
   console.log(firstname + " " + surname);
}
if (firstname === "Simon")
{   ❷
   surname = "Holmes";
   console.log(firstname + " " + surname);
}
```

❶ Certo: chave de abertura na mesma linha da declaração.

❷ Errado: chave de abertura na linha seguinte à da declaração.

Em 99% do tempo, a segunda maneira não causará problemas. O jeito certo, entretanto, não causará nenhum problema em 100% do tempo. Prefiro adotá-lo que perder tempo depurando código, você não?

Quer um exemplo desse 1% em que o jeito errado causa problemas? Considere o trecho de código a seguir usando a declaração `return`:

```
return
{
   name : "name"
};
```

Se colocarmos a chave de abertura em uma linha diferente, o JavaScript vai considerar que o programador esqueceu de colocar um ponto e vírgula logo depois do comando `return` e vai adicionar um por conta própria. Portanto, para o JavaScript, o código é assim:

```
return; ❶
{
   name:"name"
};
```

❶ O JavaScript insere um ponto e vírgula depois da declaração return e ignora o código posterior.

Por causa da inserção do ponto e vírgula pelo JavaScript, o objeto definido não será devolvido – em vez disso, será retornado um valor `undefined`. Vejamos então como usar o ponto e vírgula em nosso código e como a inserção automática pelo JavaScript funciona.

PONTO E VÍRGULA: COMO USAR CORRETAMENTE

O JavaScript usa o ponto e vírgula como marcador de fim de declarações, também chamado de terminador. Seu interpretador tenta ser solícito com o programador tornando o ponto e vírgula opcional e injetando seus próprios terminadores em tempo de execução, caso pense ser necessário. Como podemos imaginar, isso não é nada bom.

Ao empregar o ponto e vírgula para terminar as declarações, devemos nos ater à nossa meta de enxergar o código da exata maneira como o interpretador do JavaScript o vê, sem deixar margem para o acaso. Eu jamais trato os terminadores ponto e vírgula como opcionais e, para mim, o código parece errado se eles não estão presentes.

Muitas das linhas do código em JavaScript terão ponto e vírgula no final, mas nem todas – isso seria muito fácil! Todos os tipos de declaração a seguir devem ser terminados com ponto e vírgula:

```
var firstname = "Simon", surname;
surname = "Holmes";
console.log(firstname + " " + surname);
var addSurname = function() {};
alert("Hello");
var nameSetup = { firstname : 'Simon', fullname : ''};
```

❶ Use o ponto e vírgula para terminar a maioria das declarações.

Todavia, blocos de código não devem terminar com um ponto e vírgula – a saber, os blocos de código associados a `if`, `switch`, `for`, `while`, `try`, `catch` e `function` (quando não estiverem sendo atribuídos a uma variável). Por exemplo:

```
if (firstname === 'Simon') {
  ...
} ❶
function addSurname() {
  ...
} ❶
for (i = 0; i < 3; i++) {
  ...
} ❶
```

❶ Não se usa ponto e vírgula para fechar um bloco.

A regra, entretanto, não é tão direta. Não é possível ordenar, enfaticamente, para "não usar ponto e vírgula após o fechamento de chaves". Se a função ou o objeto estiverem sendo atribuídos a uma variável, colocar o ponto e vírgula depois da chave de fechamento passa a ser *obrigatório*. Vimos algumas ocorrências desse caso nos exemplos anteriores e com bastante frequência por todo o livro.

```
var addSurname = function() {
    ...
}; ❶
var nameSetup = {
    firstname : 'Simon'
}; ❶
```

❶ Na associação de uma função a uma variável, o ponto e vírgula depois do fechamento da chave é obrigatório.

Pode levar algum tempo para se acostumar, mas o esforço vale a pena e torna-se costume.

ONDE COLOCAR AS VÍRGULAS EM UMA LISTA

Ao definir uma longa lista de variáveis no início do escopo, o estilo mais comum é escrever um nome de variável por linha. Isso torna fácil ver em um relance quais variáveis foram criadas. O local clássico para a colocação da vírgula que separa os nomes é no fim da linha, como no trecho de código a seguir:

```
var firstname = 'Simon', ❶
    surname,
    initial = '',
    fullname;
```

❶ A vírgula no fim da linha, separando-a da próxima declaração de variável.

Pessoalmente, prefiro dessa forma, que já uso há 15 anos. Outras pessoas apreciam o visual proporcionado pela vírgula na frente de cada linha, assim:

```
var firstname = 'Simon'
    , surname ❶
    , initial = ''
    , fullname;
```

❶ A vírgula no início da linha, separando-a da declaração de variável anterior.

Esse estilo é perfeitamente válido em JavaScript e, uma vez minificado, será reduzido a uma única linha idêntica à do primeiro exemplo. Eu tentei me acostumar com ele, mas não consegui. Ele me parece muito, muito errado!

Há argumentos contra e a favor de ambos os estilos de vírgula, e no final é apenas uma questão de preferência pessoal. No meu caso, aprecio as vírgulas no fim das linhas e é assim que está neste livro. Mas não vou começar uma briga de rua com você caso o manual de estilo de código da empresa em que trabalha o obriga a usar vírgula no começo da linha. O importante é ter um padrão e ater-se a ele.

NÃO TENHA MEDO DOS ESPAÇOS EM BRANCO

Um pouquinho de espaços em branco entre conjuntos de chaves não causarão nenhum problema para o JavaScript. Novamente, há exemplos disso por todo o livro. Também é possível adicionar ou remover espaços em branco entre grande parte dos operadores do JavaScript. Veja o exemplo a seguir, que mostra o mesmo trecho de código com e sem os espaços extras:

```
var firstname = "Simon", surname;
if (firstname === "Simon") {        ❶
   surname = "Holmes";
   console.log(firstname + " " + surname);
}
var firstname="Simon",surname;
if(firstname==="Simon"){            ❷
   surname="Holmes";
   console.log(firstname+" "+surname);
}
```

❶ Exemplo em JavaScript empregando espaços em branco para melhor legibilidade.

❷ Mesmo trecho sem os espaços em branco (mas mantendo a indentação).

Em quase todos os idiomas humanos, o espaço em branco é usado com delimitador de palavras, e isso se aplica também à nossa leitura de código. O exemplo sem espaços é simples e pode ser entendido sem problemas pelo leitor, pois nele há muitas marcas sintáticas que agem como delimitadores. Contudo, é inegável que o exemplo "espaçoso" é mais fácil de ler e entender. O interpretador do JavaScript simplesmente ignora os espaços em branco. Há a preocupação, bastante pertinente, de que os espaços aumentem o tamanho dos arquivos a serem enviados ao navegador – mas, lembre-se, o código pode ser sempre minificado antes do envio ao ambiente de produção.

FERRAMENTAS PARA ESCREVER UM BOM CÓDIGO EM JAVASCRIPT

Existem dois verificadores de qualidade de código muito bons chamados JSLint e JSHint. Ambos estão disponíveis na internet e verificam a qualidade e consistência do código. Alguns IDEs e bons editores de texto têm plugins ou extensões para um ou outro, portanto o código pode ser validado continuamente enquanto é criado. Muito útil para apontar algum ponto e vírgula faltante ou uma vírgula no lugar errado.

D.3 Uma introdução ao JSON

O JavaScript Object Notation (JSON) é o mecanismo de transferência de dados nativo do JavaScript. É muito mais enxuto que o XML, mais flexível e fácil de ler. O JSON é baseado na estrutura dos objetos do JavaScript, mas independe de linguagem e pode ser usado para transportar dados entre inúmeras tecnologias diferentes.

Já mostramos alguns objetos neste livro, e como o JSON é baseado em objetos do JavaScript, comecemos relembrando o que são e como funcionam.

D.3.1 Recapitulando: objetos do JavaScript

No JavaScript qualquer coisa que não sejam os tipos mais simples de dados – a saber, string, number, boolean, null e undefined – é um objeto. Arrays e funções, por exemplo, são objetos. Os descritores dos objetos são o que a maioria das pessoas reconhece como os próprios objetos do JavaScript. Normalmente usados para armazenar dados, podem conter funções – como já vimos em inúmeros exemplos.

CONTEÚDO DE UM OBJETO JAVASCRIPT

Um objeto JavaScript é essencialmente uma coleção de pares chave:valor (key:value), normalmente propriedades desse objeto. Toda chave deve ter um valor associado.

As regras para uma chave são simples:

- Seu nome é uma string.
- A string deve ser envolvida em aspas duplas, se for uma palavra reservada do JavaScript ou um nome ilegal, segundo as regras do JavaScript.

O valor pode ser qualquer um válido em JavaScript, incluindo funções, arrays e outros objetos, que dizemos estar aninhados ao primeiro. A listagem a seguir mostra um descritor válido de objeto do JavaScript baseado nessas regras:

Listagem D.2 – Exemplo de descritor de um objeto JavaScript

```
var nameSetup = {
    firstname: 'Simon',
    fullname: '',
    age: 37,
    married: true,
    "clean-shaven": null,
    addSurname: function(){
        var surname = 'Holmes';
        nameSetup.fullname = nameSetup.firstname + ' ' + surname;
    },
    children: [{
        firstname: 'Erica'
    }, {
        firstname: 'Isobel'
    }]
};
```

Todas as chaves[1] no objeto são strings, mas os valores são uma salada de tipos: string, number, boolean, null, function e array.

ACESSO ÀS PROPRIEDADES DO DESCRITOR DE UM OBJETO

A maneira canônica de acessar as propriedades de um objeto é usar a notação do ponto (.). Exemplos:

```
nameSetup.firstname
nameSetup.fullname
```

Essa notação pode ser usada tanto para obter quanto para definir os valores da propriedade. Se uma propriedade não existir quando se tenta *ler* seu valor, o JavaScript devolve o valor especial undefined (indefinido). Se uma propriedade não existir e tentamos *gravar* nela, o JavaScript criará automaticamente a propriedade no objeto.

A notação do ponto não pode ser empregada quando o nome da chave é uma palavra reservada ou um nome ilegal pelas regras do JavaScript. Para acessar essas propriedades é preciso envolver a string da chave entre colchetes [ ]. Dois exemplos:

1 N. do T.: em português, "chave" pode ser tanto o nome do caractere delimitador de bloco {} ("curly braces", em inglês) como o identificador de um par chave:valor (em inglês, "key:value"). É preciso tomar cuidado para não confundir os termos, especialmente neste exemplo em que ambos são empregados.

```
nameSetup["clean-shaven"]
nameSetup["var"]
```

Novamente, essas referências podem ser usadas para ler ou gravar valores. Agora que recapitulamos o básico dos descritores de objetos, podemos analisar sua correspondência com o JSON.

D.3.2 Diferenças entre objetos e o JSON

O JSON é baseado na notação dos descritores de objetos do JavaScript, mas como foi criado para ser independente de linguagem de programação há duas diferenças importantes:

- Obrigatoriamente, todos os nomes de chaves e valores que forem strings precisam ser envolvidos com aspas duplas.
- Funções não podem ser usadas como tipo de dado.

Essas duas diferenças existem em grande parte porque não se sabe qual tecnologia interpretará o JSON. Outras linguagens de programação não poderão processar funções do JavaScript e, provavelmente, terão conjuntos totalmente diversos de palavras reservadas e restrição a nomes. Se todos os nomes forem strings, o problema acaba.

TIPOS DE DADOS PERMITIDOS NO JSON

Não é possível enviar funções com o JSON, mas como é um formato de intercâmbio de dados isso acaba sendo desejável. Os tipos de dados que podem ser transmitidos são:

- Strings
- Numbers
- Objects
- Arrays
- Booleans
- O valor `null`

Comparando esta lista com a dos tipos de dados da listagem D.2, percebemos que basta remover a propriedade `function` de um objeto JavaScript para convertê-lo em JSON.

O FORMATO DE DADOS JSON

Diferentemente do JavaScript, não se está atribuindo os dados a uma variável, nem é necessário colocar ponto e vírgula no final das linhas. Se tomarmos um objeto e envolvermos todos os nomes de chaves e as strings em aspas duplas – é obrigatório que sejam aspas duplas – criamos a listagem a seguir:

Listagem D.3 – Um JSON formatado corretamente

```
{
   "firstname": "Simon", ❶
   "fullname": "", ❷
   "age": 37, ❸
   "married": true, ❹
   "has-own-hair": null, ❺
   "children": [{ ❻
      "firstname": "Erica"
   }, {
      "firstname": "Isobel"
   }]
}
```

❶ Com o JSON é possível enviar strings.

❷ Strings vazias.

❸ Números.

❹ Valores booleanos.

❺ Valores nulos (Null).

❻ Arrays com outros objetos JSON.

A listagem mostra alguns JSON válidos. Esses dados podem ser transferidos entre aplicações e linguagens de programação sem problemas. Também são fáceis de serem lidos e rapidamente entendidos por nós, humanos.

Strings contendo aspas duplas

O JSON especifica que todas as strings devem ser envolvidas em aspas duplas. Contudo, há um problema: e se suas strings já contiverem aspas duplas? A primeira aspa dupla que o interpretador encontrar dentro da string será considerada como o delimitador de fim de string, portanto o que vier depois não é JSON válido e causará um erro.

O trecho de código a seguir mostra um exemplo disso. Há um par de aspas duplas dentro da string:

```
"line": "So she said "Hello Simon""
```

A solução é escapar as aspas que fazem parte do texto com o caractere barra invertida (\ ). O valor ficaria assim:

```
"line": "So she said \"Hello Simon\""
```

O caractere de escape diz ao interpretador do JSON para desconsiderar o próximo símbolo como parte do código: é parte do valor, e deve ser ignorado.

COMPACTANDO O JSON PARA TRANSFERÊNCIA PELA INTERNET

O espaçamento e a indentação da listagem D.3 existem unicamente para auxiliar na legibilidade para nós, humanos. As linguagens de programação não precisam disso e é possível reduzir a quantidade de informação sendo transmitida removendo os espaços em branco desnecessários antes de enviar.

O trecho de código a seguir mostra uma versão minificada da listagem D.3, bem parecida com o que se espera encontrar em uma transferência entre aplicações:

```
{"firstname":"Simon","fullname":"","age":37,"married":true,"has-own-hair":
null,"children":[{"firstname":"Erica"},{"firstname":"Isobel"}]}
```

O conteúdo é exatamente o mesmo da listagem D.3, só que muito mais compacto.

D.3.3 Por que o JSON é tão bom?

A popularidade do JSON como veículo para transporte de dados precede a criação do Node.js em alguns anos. O JSON começou a florescer à medida que cresceu a capacidade dos navegadores para rodar programas complexos em JavaScript. Existir um formato (quase) nativamente suportado foi extremamente útil na época e tornou consideravelmente mais fácil a vida dos desenvolvedores de front-end.

Antes do JSON, o formato preferido para intercâmbio era o XML. Comparado ao JSON, o XML é mais difícil de ler em um relance, é mais rígido e gera arquivos consideravelmente maiores, o que causa impacto quando são transmitidos pela internet. Como podemos observar no exemplo do JSON, não há muito espaço desperdiçado com sintaxe. A quantidade de caracteres usada pelo JSON é a mínima necessária para armazenar e estruturar os dados, sem espaço para gordura.

Combinado ao MEAN, o JSON é o ideal para a comunicação entre as camadas da pilha. O MongoDB vai ainda mais longe e armazena os dados em um formato chamado JSON Binário (BSON). Node e Express o interpretam e enviam para o AngularJS, que também é um usuário nativo do JSON. Todas as partes do MEAN, incluindo o banco de dados, usam o mesmo formato – em outras palavras, não é preciso se preocupar com transformações e traduções.

D.4 JavaScript e seus callbacks

O próximo aspecto importante da programação em JavaScript que precisamos estudar são os callbacks. Eles parecem um tanto confusos e complicados no começo, mas quando entendemos como funcionam, tornam-se simples e diretos. É possível que você já os tenha usado sem saber.

Os callbacks (em português, literalmente, "chamada de retorno") são tipicamente usados para rodar algum código quando um determinado evento ocorrer. Esse evento pode ser um clique do mouse em um link, dados sendo gravados no banco, ou outro item de código que acabou de ser executado. O evento usado para disparar o callback não é importante, pode ser quase qualquer coisa. Uma função de callback é, normalmente, uma *função anônima* – ou seja, uma função declarada sem um nome – que é passada diretamente à função chamadora como um parâmetro. Não se preocupe se o jargão estiver incompreensível no momento: tudo ficará claro nos exemplos mais adiante.

D.4.1 Use setTimeout para executar um código mais tarde

Na maioria das vezes, usamos callbacks para rodar código imediatamente depois que alguma coisa acontece. Para entender o conceito, podemos empregar uma função embutida no JavaScript: `setTimeout`. É possível que você já a tenha usado anteriormente. Resumidamente, `setTimeout` rodará a função de callback depois que decorrerem os milissegundos indicados. A sintaxe básica é a seguinte:

```
        ❶
var myTimer = setTimeout(callback, delay);
                            ❷        ❸
```

❶ Variável que encerra o tempo de espera.

❷ Função a ser executada depois de decorrido o tempo de espera.

❸ Tempo de espera (em milissegundos).

Em primeiro lugar, `setTimeout` foi declarada dentro de uma variável para que possa ser novamente acessada e cancelada, se for o caso. Como mencionamos, um callback é, tipicamente, uma função anônima. Se quiséssemos enviar uma mensagem ao console do JavaScript depois de dois segundos, precisaríamos deste trecho de código:

```
var waitForIt = setTimeout(function(){
   console.log("My name is Simon");
}, 2000);
```

Cancelando um setTimeout

Se uma declaração `setTimeout` for associada a uma variável, podemos usá-la para zerar o tempo de espera e impedir que dispare o callback, desde que ainda não tenha chegado ao fim. Para isso, usa-se a função `clearTimeout()`, que funciona da seguinte maneira:

```
var waitForIt = setTimeout(function(){
   console.log("My name is Simon Holmes");
}, 2000);
clearTimeout(waitForIt);
```

Este trecho de código não enviaria nada para o console, pois o temporizador `waitForIt` foi zerado antes que tivesse a chance de chegar ao fim da contagem.

NOTA: Os callbacks são assíncronos, ou seja, serão executados quando for necessário e não na ordem em que aparecem no código.

Tendo em mente sua natureza assíncrona, que resultados poderíamos esperar do trecho de código a seguir?

```
console.log("Hello, what's your name?");
var waitForIt = setTimeout(function(){
   console.log("My name is Simon");
}, 2000);
console.log("Nice to meet you Simon");
```

Lendo o código de cima para baixo, poderia parecer lógico que as mensagens fossem mostradas na ordem correta (pergunta, resposta, cumprimento). Contudo, como a função `setTimeout` é um callback – e, portanto, assíncrono – ele não impede a continuação do processamento do código, assim, a ordem das mensagens acaba sendo:

```
Hello, what's your name?
Nice to meet you Simon
My name is Simon
```

Em uma conversação, essa não seria a ordem que se espera. É essencial prestar atenção no fluxo de código da aplicação, pois de outra forma sua qualidade pode decair muito rápido.

Como sabemos, esse comportamento assíncrono é fundamental para o trabalho com o Node. Precisamos, portanto, estudá-lo mais a fundo.

D.4.2 Código assíncrono

Antes de cair de cabeça no código assíncrono, vamos relembrar da analogia dos caixas de banco que usamos no capítulo 1. A figura D.3 mostra como um único caixa de banco pode lidar com inúmeras solicitações repassando as tarefas que consomem tempo para outras pessoas.

O caixa do banco consegue responder ao pedido da Sally porque repassou a responsabilidade do pedido de Simon para o gerente de depósitos. O caixa não quer saber o que o gerente faz, nem como, ou quanto tempo leva. Esse é o método assíncrono.

É possível reproduzir esse mesmo processo no JavaScript, demonstrando com a função `setTimeout` como a assincronia funciona. Só precisamos de algumas declarações `console.log` para marcar a atividade do caixa do banco e um par de timeouts para representar as tarefas delegadas. A simulação está no trecho de código a seguir, que considera um tempo de três segundos (3.000 milissegundos) para a tarefa solicitada por Simon ser realizada, enquanto a tarefa pedida por Sally demora apenas um segundo.

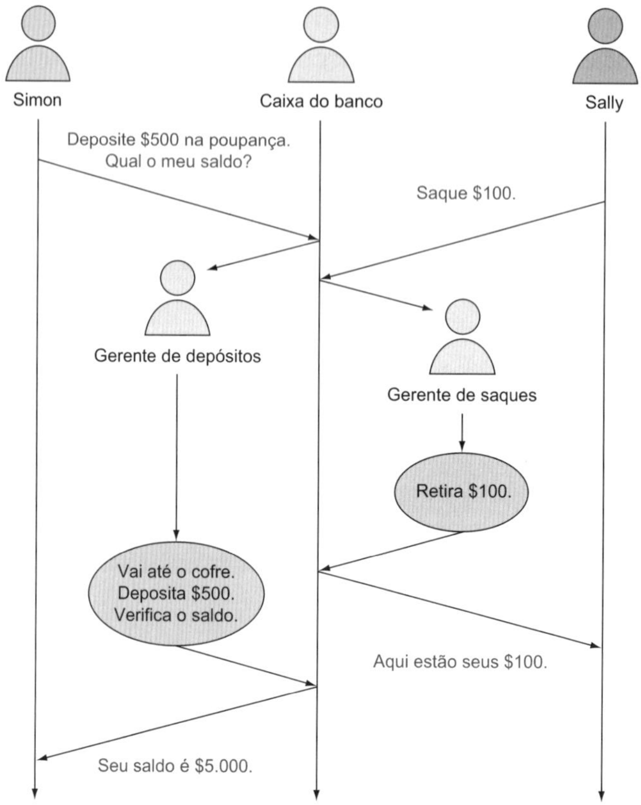

Figura D.3 – Lidando com solicitações múltiplas.

```
console.log("Taking Simon's request"); ❶
var requestA = setTimeout(function(){
   console.log("Simon: money's in the safe, you have $5000");
}, 3000);

console.log("Taking Sally's request"); ❷
var requestB = setTimeout(function(){
   console.log("Sally: Here's your $100");
}, 1000);

console.log("Free to take another request"); ❸
// ** Mensagens mostradas pelo console.log, na ordem em que aparecem **
// Recebendo a solicitação de Simon
// Recebendo a solicitação de Sally
// Livre para receber outra solicitação
// Sally: aqui estão seus $100 ❹
// Simon: depósito efetuado, seu saldo é $5000 ❺
```

❶ Primeira solicitação.

❷ Segunda solicitação.

❸ Pronto para a próxima solicitação.

❹ Resposta para Sally aparece depois de um segundo.

❺ Resposta para Simon aparece dois segundos após a da Sally.

Este código contém três blocos distintos, a solicitação de Simon e seu despacho ❶; a solicitação da Sally e seu despacho ❷; e o estado de prontidão para uma nova solicitação ❸. Se esse código fosse síncrono, como veríamos no PHP ou .NET, seria preciso lidar primeiro com a solicitação de Simon até o fim, antes mesmo de receber a solicitação de Sally, que só poderia acontecer três segundos depois.

Em modo assíncrono, o código não precisa esperar por nada ser terminado antes de seguir em frente no fluxo. Rode esse código no navegador e perceba como funciona – tanto faz colocá-lo em uma página HTML ou copiá-lo diretamente no console JavaScript.

É fácil notar que o código imita com perfeição o cenário que descrevemos no início desta seção. A solicitação do Simon entrou primeiro, mas como tomou mais tempo para ser completada, não retornou imediatamente. Embora alguém ainda estivesse processando a solicitação de Simon, a de Sally já pôde ser recebida. Enquanto a solicitação de Sally estava sendo processada, o caixa imediatamente ficou disponível para uma nova solicitação. O pedido de Sally levou menos tempo para ser completado e por isso foi respondido primeiro, enquanto o de Simon demorou bem mais. Nem Sally nem Simon ficaram retidos pela solicitação do outro.

Vamos agora olhar mais de perto para analisar o que acontece *dentro* da função `setTimeout`.

D.4.3 Executando uma função de callback

Não vamos chegar ao ponto de olhar diretamente o código-fonte de `setTimeout`, mas analisaremos um esqueleto de como criar uma função com um callback. Simplesmente declare uma nova função `setTimeout` que aceita os parâmetros `callback` e `delay`; os nomes não são importantes – podem ser qualquer coisa. O trecho de código a seguir demonstra o efeito (observe que não é possível rodar o código abaixo no console do JavaScript):

```
var setTimeout = function(callback, delay){
   ... ❶
   ...
   callback(); ❷
};

var requestB = setTimeout(function(){   ❸
   console.log("Sally: Here's your $100");
}, 1000);
```

❶ Atrasa o processamento por um número especificado de milissegundos.

❷ Roda a função de callback.

❸ Envia a função anônima e o atraso.

A função espera que o parâmetro `callback` seja outra função, que pode ser invocada em um ponto específico da função `setTimeout` ❷. Neste caso estamos passando uma função anônima simples ❸ que escreverá uma mensagem no console. Portanto, quando a função `setTimeout` achar apropriado, chamará o callback e a mensagem será enviada ao console. Não é difícil, é?

Se o JavaScript for sua primeira linguagem de programação, talvez você não tenha ideia de como o conceito de passar funções anônimas a outras funções é bizarro para quem vem de outras linguagens. Entretanto, ter essa ferramenta em mãos é um dos pontos fortes do JavaScript.

Tipicamente, não olhamos dentro das funções que chamam os callbacks, seja `setTimeout`, `ready` do jQuery ou `createServer` do Node.js. A documentação de todas elas informam quais os parâmetros esperados e quais serão devolvidos.

Por que setTimeout é tão incomum?

A função `setTimeout` é incomum no sentido de que o programador especifica o atraso após o qual o callback será disparado. Tipicamente, é a própria função (e não o programador) quem decide quando um callback deve ser iniciado. No método `ready` do jQuery o disparo acontece quando o jQuery detecta o carregamento do DOM; em uma operação `save` do Node, isso ocorre quando o dado é gravado no banco e uma confirmação é devolvida.

ESCOPO DO CALLBACK

Uma coisa a se ter em mente quando se repassa funções anônimas a outras funções é que o callback não herda o escopo da função ao qual ele é passado. A função de callback não é declarada dentro da função de destino, esta meramente a invoca. *Uma função de callback herda o escopo no qual foi definida.*

Voltemos à ideia dos círculos de escopo para visualizar como isso seria na figura D.4.

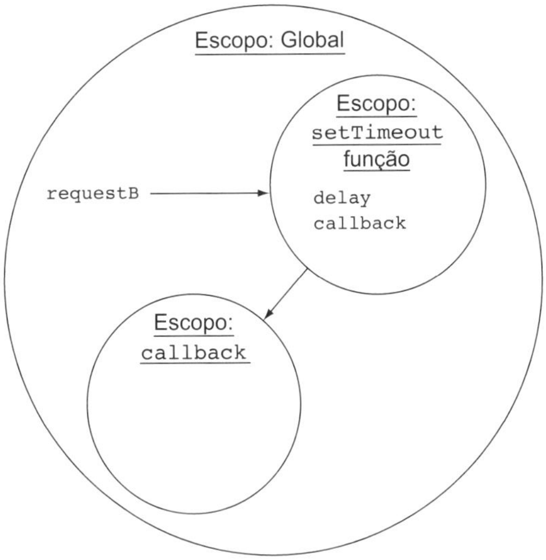

Figura D.4 – Um callback tem seu próprio escopo local.

Observe que o callback possui seu próprio escopo dentro do escopo global, pois é aí que `requestB` é definida. Isso funciona muito bem se tudo o que o callback precisa acessar é seu escopo herdado, mas e se for necessário algo um pouco mais inteligente? Por exemplo, e se quisermos usar dados da função assíncrona no callback?

No momento, a função callback de exemplo tem um valor em dólar imutável, parte da string, dentro dele. Mas e se quiséssemos que esse valor fosse dinâmico, uma variável? Considerando que esse calor é definido na função `setTimeout`, como repassá-lo ao callback? Uma opção é salvar o valor em uma variável global, mas já sabemos que isso seria péssimo. Precisamos, portanto, passá-lo como parâmetro da função de callback. Isso deve gerar círculos de escopo como os mostrados na figura D.5.

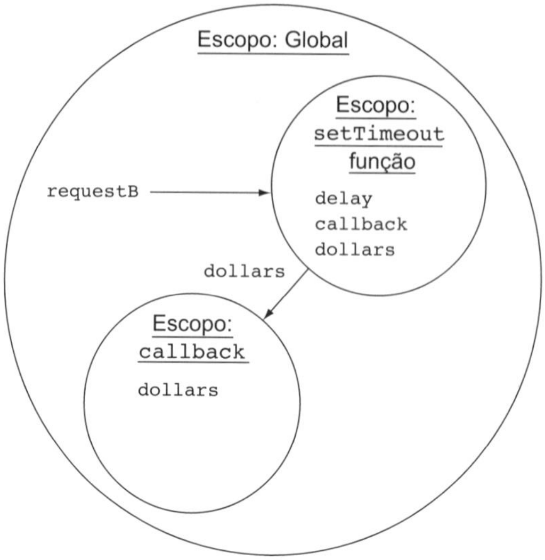

Figura D.5 – Definindo uma variável para passar ao callback.

Fazendo a mesma coisa em código, ficaria assim:

```
var setTimeout = function(callback, delay){
   var dollars = 100; ❶
   ...
callback(dollars); ❷
};

var requestB = setTimeout(function(dollars){ ❸
   console.log("Sally: Here's your $" + dollars);
}, 1000);
```

❶ Declara a variável no escopo da função.

❷ Passa a variável como um parâmetro do callback.

❸ Aceita uma variável como parâmetro de callback e o usa.

O trecho de código mostrado mostra no console a mesma mensagem de antes. A diferença é que, agora, o valor em dólar está sendo definido na função `setTimeout` e passado no callback.

É importante que você entenda como isso funciona, pois a grande maioria dos códigos de exemplo do Node encontrados na internet são callbacks assíncronos dessa natureza. Todavia, há dois problemas em potencial com essa maneira de fazer a passagem de valor, especialmente quando a aplicação cresce e fica mais complexa. Primeiramente, a dependência exagerada de funções de callback anônimas passadas para cá e para lá indiscriminadamente podem tornar o código difícil de ler e seguir, especialmente quando há callbacks aninhados em outros callbacks. Isso também deixa os testes muito mais difíceis, pois não é possível chamar nenhuma dessas funções pelo nome – elas são anônimas. Não abordamos testes de unidade neste livro, mas, resumidamente, a ideia é que cada item de código possa ser testado em separado com resultados repetíveis e esperados.

Porém, há uma saída: callbacks nomeados.

D.4.4 Callbacks nomeados

Callbacks nomeados diferem dos callbacks inline em pelo menos um aspecto fundamental. Em vez de o código que se quer executar ser colocado diretamente no callback, o colocamos dentro de uma função definida. Então, em vez de passar o código diretamente como uma função anônima, podemos passar apenas o nome da função. Em outras palavras, em vez de passar o código diretamente, estamos passando uma *referência* ao código. Usando o exemplo que estivemos trabalhando até aqui, adicione uma nova função `onCompletion`, que servirá como função de callback. A figura D.6 mostra como isso se parece em nosso diagrama de círculos de escopo.

Parece-se muito com o exemplo anterior, exceto que o escopo do callback agora possui um nome. Assim como no callback anônimo, um callback nomeado pode ser chamado sem qualquer parâmetro, como mostrado na figura D.6.

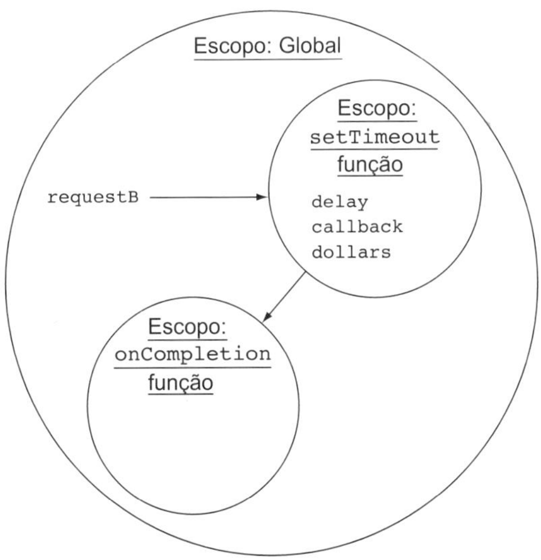

Figura D.6 – O escopo se altera quando o callback tem um nome.

O trecho de código a seguir mostra como declarar e invocar um callback nomeado, colocando em código o que vemos na figura D.6:

```
var setTimeout = function(callback, delay){
    var dollars = 100;
    ...
    callback();
};

var onCompletion = function(){
    console.log("Sally: Here's your $100"); ❶
};

var requestB = setTimeout(
    onCompletion, ❷
    1000);
```

❶ Declara uma função identificada em um escopo distinto.

❷ Enviando um nome de função como callback.

A função identificada ❶ agora existe como uma entidade independente em seu próprio escopo. Observe como não existe mais uma função anônima, e em vez disso o nome da função ❷ é repassado como referência.

PASSANDO VARIÁVEIS ENTRE ESCOPOS

O trecho de código anterior mostra novamente no console um valor de dólar fixo. Como nos callbacks anônimos, passar a variável de um escopo para outro é simples, basta passar os parâmetros necessários para a função identificada. A figura D.7 mostra como isso se parece nos círculos de escopo.

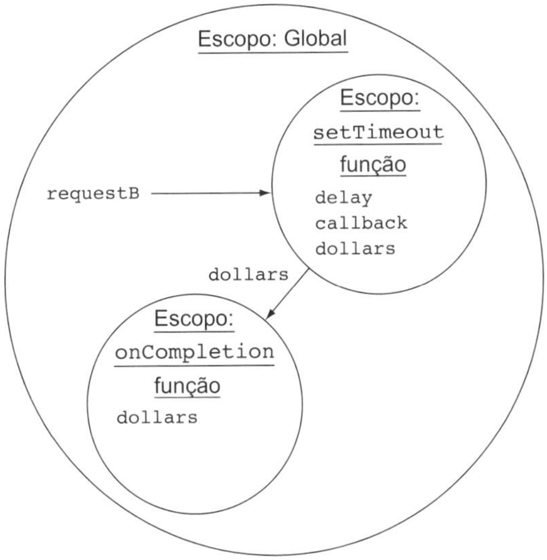

Figura D.7 – Passando o parâmetro desejado para um novo escopo de função.

Basta então passar a variável `dollars` de `setTimeout` para a função `onCompletion`. Isso pode ser feito sem que seja preciso mudar coisa alguma na chamada da função; observe o trecho de código a seguir:

```
var setTimeout = function(callback, delay){
   var dollars = 100;
   ...
   callback(dollars); ❶
};

var onCompletion = function(dollars){  ❷
   console.log("Sally: Here's your $" + dollars);
};

var requestB = setTimeout(
   onCompletion, ❸
   1000);
```

❶ Envia a variável `dollars` como um parâmetro de callback.

❷ Função identificada aceita e usa o parâmetro.

❸ Nenhuma mudança é feita quando o callback é enviado.

Aqui a função `setTimeout` está enviando a variável `dollars` para a função `onCompletion` como um parâmetro. Normalmente, não temos nenhum controle sobre os parâmetros enviados ao callback, pois em geral as funções assíncronas como `setTimeout` são disponibilizadas assim. Mas de vez em quando é necessário usar dentro do callback variáveis vindas de outros escopos e não apenas as que a função assíncrona oferece. Vejamos então como enviar os parâmetros desejados para o callback.

VARIÁVEIS VINDO DE ESCOPOS DIFERENTES

Digamos, por exemplo, que seja necessário passar como parâmetro ao callback um nome que tenha sido devolvido como saída de outra função. A função atualizada ficaria assim:

```
var onCompletion = function(dollars,name){
   console.log(name + ": Here's your $" + dollars);
};
```

O problema é que a função `setTimeout` passa apenas um parâmetro, `dollars`, ao callback. Podemos contornar o problema usando novamente uma função anônima como callback, lembrando que esta herdará o escopo no qual foi definida. Para demonstrar o efeito disso em um escopo que não é o global, envolva a chamada em uma nova função `getMoney`, que aceita um único parâmetro, `name`:

```
var getMoney = function (name) {
   var requestB = setTimeout(function(dollars){ ❶
      onCompletion(dollars,name); ❷
   }, 1000);
};
getMoney('Simon');
```

❶ Função anônima que aceita apenas o parâmetro `dollars`.

❷ Callback nomeado aceita `dollars` da função anônima e `name` do escopo `getMoney`.

Nos círculos de escopo, isso funciona como na figura D.8.

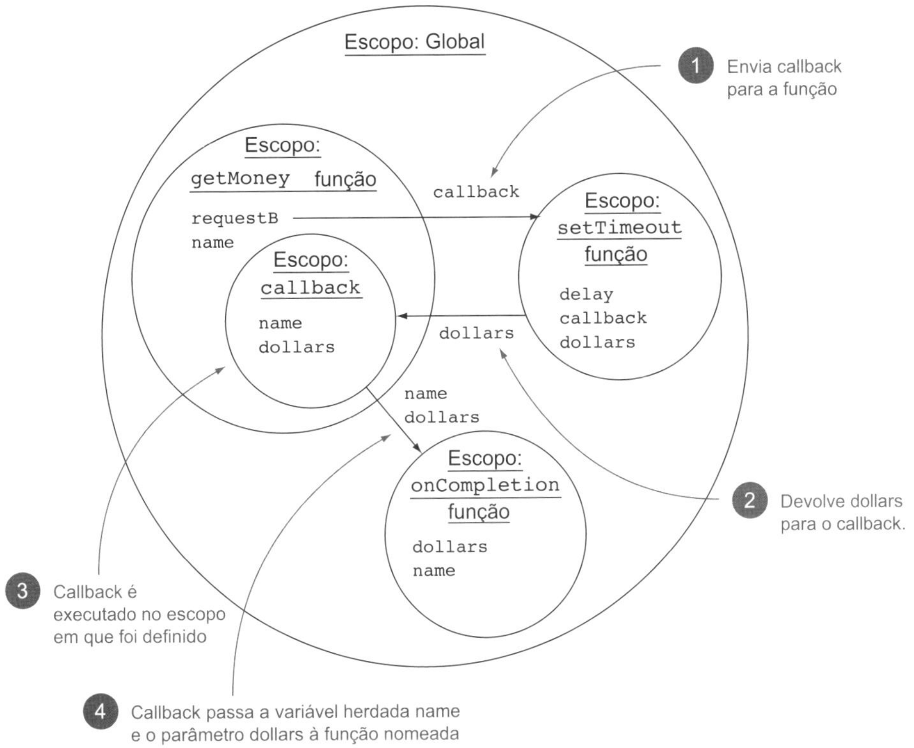

Figura D.8 – O processo de enviar variáveis de diferentes escopos para um callback nomeado.

Colocando todo o código junto, temos o seguinte:

```
var setTimeout = function(callback, delay){
    var dollars = 100;
    ...
    callback(dollars); ❶
};

var onCompletion = function(dollars,name){
    console.log(name + ": Here's your $" + dollars);
};

var getMoney = function (name) {
    var requestB = setTimeout(function(dollars){ ❷
        onCompletion(dollars,name); ❸
    }, 1000);
};
getMoney('Simon');
```

❶ Envia o callback para a função `setTimeout`.

❷ Chama a função de callback e envia a variável `dollars`.

❸ Chama a função identificada, passando `dollars` e `name` como parâmetros.

A maneira simples de pensar nisso é que, quando a função identificada é chamada de dentro do callback anônimo, é possível capturar qualquer coisa que seja necessária a partir do escopo-pai (`getMoney` neste caso) e passá-lo explicitamente para a função identificada (`onCompletion`).

Assista ao fluxo em ação

É possível ver em tempo real o fluxo do código descrito, basta incluir uma declaração debugger, rodar o código no navegador e executar as linhas uma a uma (step). É possível visualizar quais variáveis e valores estão sendo definidos e quando isso acontece. O código fica:

```
var mySetTimeout = function(callback, delay){
    var dollars = 100;
    callback(dollars);
};

var onCompletion = function(dollars,name){
    console.log(name + ": Here's your $" + dollars);
};

var getMoney = function (name) {
    debugger;
    var requestB = mySetTimeout(function(dollars){
        onCompletion(dollars,name);
    }, 1000);
};
getMoney('Simon');
```

Observe que, ao adicionar a declaração debugger, é boa prática mudar o nome da função setTimeout para que não interfira com a função nativa.

Lembre-se de que normalmente não se tem acesso ao código dentro da função que invoca o callback e que o callback normalmente é chamado com um conjunto imutável de parâmetros (ou nenhum, como é o caso de `setTimeout`). Portanto, qualquer coisa extra que precise ser adicionada deve empregar o artifício do callback anônimo extra.

MELHOR LEGIBILIDADE E TESTES

Definir funções nomeadas dessa forma torna o escopo e o código da função fáceis de ler e compreender em um relance, especialmente se as funções tiverem nomes bem informativos. Nosso exemplo, simples e curto, pode dar a entender que o fluxo dessa forma – ou seja, movendo o código para sua própria função – é mais difícil de entender. No caso do exemplo, isso pode até ser verdade! Contudo, quando o código cresce, fica complexo e temos muitas linhas de código dentro de múltiplos callbacks aninhados um dentro do outro, a vantagem dessa organização fica bastante aparente.

Outra vantagem de ser capaz de ver o que a função `onCompletion` deve fazer e quais parâmetros espera é que ela fica muito mais fácil de testar. Por exemplo, agora podemos dizer "quando um valor em dólar e um nome forem repassados à função `onCompletion`, esta deve enviar uma mensagem ao console informando esses dois valores". É um exemplo simples, mas podemos ver a grande utilidade disso.

Chegamos ao fim de nosso mergulho, do ponto de vista do código, nos callbacks. Agora que temos uma boa ideia de como os callbacks são definidos e usados, vejamos porque eles são tão úteis no Node.

D.4.5 Callbacks no Node

No navegador, muitos eventos são baseados na interação com o usuário, à espera de coisas que o código não consegue controlar. O conceito de esperar que alguma coisa aconteça é semelhante no lado do servidor. A diferença é que nele os eventos são normalmente atividades que acontecem ao seu redor, mesmo que seja em um servidor diferente – por exemplo, ler um arquivo ou gravar dados em um banco. No navegador, entretanto, o código aguarda eventos ligados diretamente ao usuário, como cliques do mouse e envios de formulário.

Essa é a grande diferença. No navegador, é normalmente um usuário individual que inicia o evento e espera por uma resposta. Lá no servidor, o código central normalmente inicia o evento e espera a resposta. Conforme discutimos no capítulo 1, só há uma thread rodando no Node, o que significa que o código central tem que parar e esperar por uma resposta – e, portanto, todos os visitantes do site têm que esperar sua vez na fila. Isso não é nada bom, e é por isso que o entendimento dos callbacks é tão importante. O Node usa callbacks para delegar a espera para outros processos, tornando assíncrono o sistema todo.

Vejamos um exemplo de uso dos callbacks no Node.

UM CALLBACK NO NODE

Usar callbacks no Node não é nem um pouco diferente do que usá-lo no navegador. Ao gravar dados, não queremos que o processo principal do Node se encarregue disso, assim como o caixa do nosso banco hipotético não se preocupava com depósitos e delegava a tarefa para o gerente de depósitos. Portanto, é necessário usar funções assíncronas nos callbacks. Todos os drivers de banco de dados do Node têm essa capacidade; vimos como criar e gravar dados por todo o livro. Por ora, nos satisfaremos com um exemplo simplificado. O trecho de código a seguir mostra um exemplo de gravação assíncrona de dados com `mySafe` que mostra uma mensagem de confirmação no console sempre que o banco de dados finaliza o processo e envia uma resposta:

```
mySafe.save(
   function (err, savedData) {
      console.log("Data saved: " + savedData);
   }
);
```

Aqui a função `save` espera uma função de callback que aceite dois parâmetros, um objeto de erro, `err`, e os dados devolvidos pelo banco de dados depois que a operação de gravação foi finalizada, `savedData`. Normalmente, há mais que isso, mas a sintaxe básica é bastante simples.

RODANDO CALLBACKS UM DEPOIS DO OUTRO

Já temos uma noção de como rodar um callback, mas o que faremos quando é preciso rodar outra operação assíncrona quando o callback tiver terminado? Voltando à metáfora do banco, digamos que Simon queira o valor consolidado de todas as suas contas depois que o depósito for efetuado no cofre. O Simon não precisa saber que há inúmeros passos e pessoas envolvidos e o caixa não precisa tomar conhecimento do que está acontecendo até que a operação esteja completada. O fluxo de eventos está representado na figura D.9.

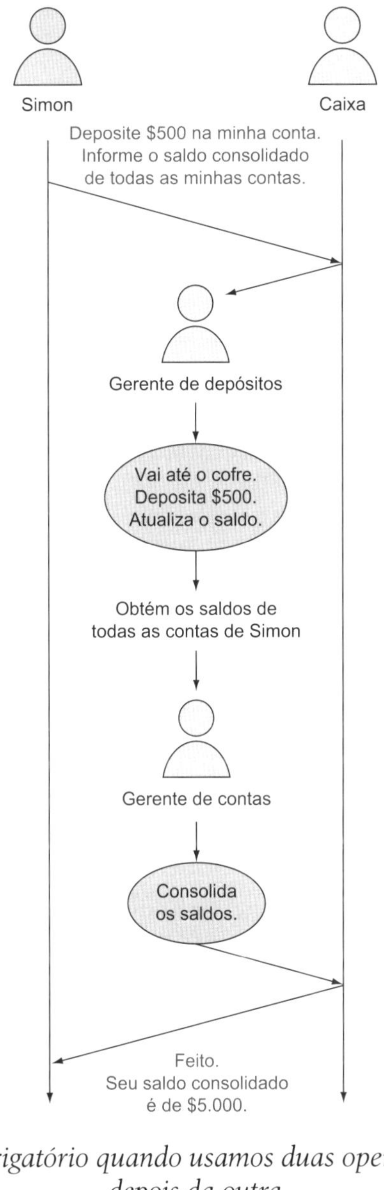

Figura D.9 – Fluxo obrigatório quando usamos duas operações assíncronas, uma depois da outra.

Fica claro que serão necessárias duas operações e, portanto, que será necessário uma chamada assíncrona adicional ao banco de dados. Com base no que já discutimos, sabemos que não podemos simplesmente colocar o código após a função `save`, como no trecho de código a seguir:

```
mySafe.save(
   function (err, savedData) {
      console.log("Data saved: " + savedData);
   }
);
myAccounts.findTotal( ❶
   function (err, accountsData) {
      console.log("Your total: " +
         accountsData);
   }
);
// ** Mensagens mostradas pelo console.log, na ordem mais provável **
// Your total: 4500
// Data saved: {dataObject}
```

❶ A segunda função será disparada antes de a função `save` ser finalizada, portanto o resultado de `accountsData` não será o correto.

Isso não vai funcionar porque a função `myAccounts.findTotal` rodará imediatamente, e não quando `mySafe.save` terminar. Por isso, o valor de retorno tem grande possibilidade de estar incorreto, uma vez que não leva em consideração o montante sendo depositado. É necessário garantir que a segunda operação seja executada apenas quando se sabe com certeza de que a primeira terminou. A solução é simples: basta chamar a segunda função de dentro do primeiro callback. A técnica é conhecida como *aninhamento* (*nesting*) de callbacks.

Callbacks aninhados são usados para rodar funções assíncronas uma depois da outra. A segunda função deve ser posta dentro do callback da primeira, como mostra o exemplo a seguir:

```
mySafe.save(
   function (err, savedData) {
      console.log("Data saved: " + savedData);
      myAccounts.findTotal( ❶
         function (err, accountsData) {
            console.log("Your total: " + accountsData.total);
         }
      );
   }
);
```

```
// ** Mensagens mostradas pelo console.log, na ordem em que aparecem **
// Data saved: {dataObject}
// Your total: 5000
```

❶ A segunda operação assíncrona está aninhada no callback da primeira.

Com isso, garantimos que a função `myAccounts.findTotal` será executada no momento apropriado, o que por sua vez garante que possamos prever corretamente a resposta.

Isso é muito importante. O Node é inerentemente assíncrono, pulando de solicitação em solicitação, de usuário a usuário. Contudo, às vezes, precisamos que as tarefas sejam executadas de forma sequencial, uma depois da outra. Aninhar callbacks é uma excelente maneira de consegui-lo, usando apenas a sintaxe nativa do JavaScript.

A desvantagem dos callbacks aninhados é a complexidade. É fácil perceber que, com apenas um nível de aninhamento, nosso código já é um tanto difícil de ler. Seguir o fluxo sequencial tornou-se um exercício mental um pouco mais difícil. O problema é multiplicado à medida que o código fica mais complexo e acabamos com vários níveis de callback aninhados no colo. O problema é tão grande que ficou conhecido como *callback hell*. Essa é uma das razões pelas quais algumas pessoas acusam o Node de ser particularmente difícil de aprender e uma dor de cabeça para manter, e usam isso como argumento contra a tecnologia. Sejamos justos: a maioria dos exemplos de encontrados na internet sofrem desse mal, o que não ajuda em nada no combate a essa opinião. É muito fácil que tudo acabe em callback hell ao desenvolver para o Node, mas também é fácil evitá-lo se começarmos do jeito certo.

Já temos a solução para o callback hell: callbacks nomeados. Vejamos então por que eles são úteis nesse ponto.

Promessas: uma solução alternativa

Uma alternativa ao uso de callbacks aninhados e callbacks nomeados é o emprego de promessas (promises). As promessas resolvem imediatamente o conflito entre a natureza assíncrona do Node e as necessidades sequenciais de muitas aplicações.

Há muito mais sobre promessas que o exposto aqui, mas elas podem simplificar o controle de fluxo. Veja:

```
myData.save()
    .then(myAccounts.findTotal)
    .then(doSomethingElseAsynchronous)
```

O problema é que as promessas requerem o uso de bibliotecas de terceiros, coisa que não exploraremos neste livro. Essas bibliotecas são ótimas, não é questão de qualidade. Entretanto, os callbacks ainda são muito mais comuns e exemplos são encontrados aos borbotões nos repositórios públicos, portanto é importante que nos concentremos em solidificar o entendimento neles.

Quando estiver confortável com a maneira como os callbacks funcionam, dê uma olhadinha nos módulos de promessas disponíveis para o Node.

CALLBACKS NOMEADOS: A CURA PARA O CALLBACK HELL

Os callbacks nomeados podem evitar o inferno dos callbacks aninhados porque com ele é possível separar cada passo em uma entidade de código distinta, com sua funcionalidade particular. Nós, humanos, tendemos a achar isso mais fácil de ler e entender.

Recordando, para usar um callback nomeado é preciso tomar o conteúdo de uma função de callback e declará-la como uma função separada. No exemplo de callbacks aninhados há dois callbacks, portanto precisaremos de duas funções, uma para quando a operação `mySafe.save` for completada e a outra para quando `myAccounts.findTotal` terminar. Se elas chamarem `onSave` e `onFindTotal`, respectivamente, o código resultante se parece com este:

```
mySafe.save(
   function (err, savedData) {
      onSave(err, savedData); ❶
   }
);

var onSave = function (err, savedData) {
   console.log("Data saved: " + savedData);
   myAccounts.findTotal( ❷
      function (err, accountsData) {
         onFindTotal(err, accountsData); ❸
      }
   );
};

var onFindTotal = function (err, accountsData) {
   console.log("Your total: " + accountsData.total);
};
```

❶ Chama a primeira função identificada de dentro da operação `mySafe.save`.

❷ Inicia a segunda operação assíncrona de dentro do primeiro callback nomeado.

❸ Chama a segunda função identificada.

Agora que cada item de funcionalidade está em uma função separada, é fácil olhar para cada parte isoladamente e entender o que fazem. Podemos ver claramente quais parâmetros a função recebe e qual o resultado devolvido por ela. No mundo real, os resultados costumam ser mais complexos que as simples declarações `console.log` de nossos exemplos, mas a ideia é essa. É também mais fácil seguir o fluxo do programa e visualizar o escopo de cada função.

Portanto, usar callbacks nomeados pode reduzir a complexidade percebida em relação ao Node, bem como tornar o código mais fácil de ler e manter. Uma segunda vantagem, muito importante, é que as funções individuais podem ser testadas com mais facilidade – cada item define entradas e saídas, com resultados esperados e comportamento repetível.

D.5 Escrevendo código modular no JavaScript

Alguns dias atrás algum anônimo enviou uma mensagem pelo Twitter que, na minha opinião, é genial:

> *O segredo para escrever apps de grande porte no JavaScript é não escrever apps de grande porte. Escreva várias aplicações pequenas que conversem entre si.*

Essa frase faz muito sentido sob inúmeros aspectos. Muitas aplicações compartilham recursos comuns, como administração de usuários e autenticação, comentários, resenhas e muitas outras. Quanto mais fácil for pegar um recurso de uma aplicação e simplesmente jogar em outra, mais eficiente você será – principalmente porque esse recurso já foi testado antes e é garantido que funcione.

É aqui que o JavaScript modular entra. Aplicações em JavaScript não precisam ser escritas em um só arquivo gigantesco contendo funções, lógica e variáveis globais voando descontroladas por todo lugar. É possível enclausurar cada funcionalidade separadamente em módulos estanques.

D.5.1 Closures

Um closure (fechamento) essencialmente dá acesso ao conjunto de variáveis em uma função depois que ela foi executada por completo e devolveu um objeto ao solicitante. É uma maneira de se evitar empurrar variáveis para o escopo global. Ela também oferece certo grau de proteção para a variável e seu valor, pois não é possível sobrescrevê-la – como seria o caso de uma variável global.

Soa um tanto bizarro? Um exemplo pode clarificar a ideia. O trecho de código a seguir demonstra como enviar um valor a uma função e depois recuperá-lo:

```
var user = {};

var setAge = function (myAge) {
   return {    ❶
      getAge: function () {
         return myAge;
      }
   };
};

user.age = setAge(30); ❷
console.log(user.age); ❸
console.log(user.age.getAge()); ❹
```

❶ Retorna uma função que, por sua vez, retorna um parâmetro.

❷ Chama a função e a atribui à propriedade age do usuário.

❸ Devolve `"Object {getAge: function}"`.

❹ Recupera o valor usando o método `getAge()`; o resultado é `"30"`.

Ok, além de a ideia parecer bizarra, o código também o é! O que acontece é o seguinte: a função `getAge` é devolvida como um método da função `setAge`. O método `getAge` tem acesso ao escopo em que foi criado. Portanto, `getAge` e apenas `getAge`, tem acesso ao parâmetro `myAge`. Como já discutido neste apêndice, quando uma função é criada, ela cria junto seu próprio escopo. Nada fora dessa função tem acesso a esse escopo.

Portanto, `myAge` também é uma variável compartilhada, que pode ser usada uma única vez. Podemos chamar a função novamente – criando um segundo escopo para a segunda instância – para definir e depois obter a idade de um segundo usuário. Rode o trecho de código a seguir depois do anterior, criando um segundo usuário e dando a ele uma idade diferente:

```
var usertwo = {};
usertwo.age = setAge(35); ❶
console.log(usertwo.age.getAge()); ❷
console.log(user.age.getAge()); ❸
```

❶ Atribui a função `setAge` a um novo usuário com uma idade diferente.

❷ Mostra `"usertwo's age: 35"`.

❸ Mostra a idade do usuário original: 30.

Cada usuário possui uma idade diferente que não é perturbada pela outra. O closure protege de interferências externas o valor da variável. O pulo do gato aqui é que *o método devolvido tem acesso ao escopo no qual foi criado*.

O closure é um belo começo, mas evoluiu para padrões mais úteis. Começaremos estudando o pattern de módulo.

D.5.2 Pattern de módulo

O padrão de módulo (module pattern) leva o conceito de closure mais longe, tipicamente empacotando uma coleção de código, funções e funcionalidade em um *módulo*. A ideia é que ele seja autocontido e use apenas os dados passados a ele, bem como apenas revele dados expressamente solicitados.

Immediately Invoked Function Expression (IIFE)

O padrão de módulo usa um elemento conhecido por Immediately Invoked Function Expression (expressão imediatamente chamada em uma função), ou IIFE. As funções que usamos até agora foram criadas por declaração. Essas funções podem ser chamadas mais adiante no código. A IIFE cria uma função e imediatamente a invoca, tipicamente retornando valores ou métodos.

Para escrever uma IIFE, a sintaxe manda envolver a função entre parênteses e chamá-la imediatamente usando outro par de parênteses, como mostrado no trecho de código a seguir:

```
var myFunc = (function () { ❶
   return {
      myString: "a string"
   };
})();
console.log(myFunc.myString); ❷
```

❶ Associa a IIFE a uma variável.

❷ Acessa os métodos devolvidos como propriedades de variável.

Esse é o uso típico, mas não o único. A IIFE foi atribuída a uma variável ❶. Com isso, os métodos retornados pela função tornam-se propriedades da variável ❷.

Isso é possível pelo uso de uma IIFE (consulte o quadro anterior para saber mais sobre IIFEs). Como num closure básico, o padrão do módulo devolve funções e variáveis como propriedade da variável à qual foi atribuído. Todavia, diferente do closure básico, o padrão do módulo não precisa ser iniciado manualmente; o módulo imediatamente chama a si mesmo assim que é definido.

O trecho de código a seguir mostra um exemplo pequeno e utilizável de padrão de módulo:

```
var user = {firstname: "Simon"};
var userAge = (function () { ❶
    var myAge; ❷
    return {
        setAge: function (initAge) { ❸
            myAge = initAge;
        },
        getAge: function () { ❹
            return myAge;
        }
    };
})();

userAge.setAge(30); ❺
user.age = userAge.getAge();
console.log(user.age); ❻
```

❶ Atribui o módulo a uma variável.

❷ Define a variável no escopo do módulo.

❸ Define um método a ser devolvido; o método pode aceitar parâmetros e modificar variáveis do módulo.

❹ Define um método a ser devolvido que pode acessar uma variável do módulo.

❺ Chama os métodos set e get para a variável do módulo.

❻ A saída é `"30"`.

Neste exemplo, a variável `myAge` existe dentro do escopo do módulo e não é exposta diretamente ao mundo exterior, Só é possível interagir com a variável `myAge` com os métodos expostos. No trecho de código anterior temos apenas get e set, mas é claro que podemos fazer mais. Podemos, por exemplo, adicionar um método `happyBirthday` ao módulo `userAge` que atualiza (incrementa) o valor de `myAge` em uma unidade e retorna o novo valor. Veja o trecho de código a seguir, com as alterações **em negrito**:

```
var user = {firstname: "Simon"};
var userAge = (function () {
   var myAge;
   return {
      setAge: function (initAge) {
         myAge = initAge;
      },
      getAge: function () {
         return myAge;
      },
      happyBirthday: function () { ❶
         myAge = myAge + 1;
         return myAge;
      }
   };
})();
userAge.setAge(30);
user.age = userAge.getAge();
console.log(user.age);
user.age = userAge.happyBirthday(); ❷
console.log(user.age); ❸
user.age = userAge.getAge();
console.log(user.age);
```

❶ Novo método que incrementa myAge em uma unidade e devolve o novo valor.

❷ Chama o novo método e o atribui a `user.age`.

❸ A saída é `"31"`.

O novo método `happyBirthday` incrementa o valor de `myAge` em uma unidade e retorna o novo valor. Isso é possível porque a variável `myAge` existe no escopo da função do módulo, assim como a função devolvida, `happyBirthday`. Portanto, o novo valor de `myAge` persiste dentro do escopo do módulo.

D.5.3 Revealing module patterns

O que vimos até aqui sobre os padrões de módulo nos levam muito perto de um conceito chamado de revealing module pattern, ou padrão de módulo revelador. Um revealing module pattern é, essencialmente, um "glacê" de sintaxe cobrindo a complexidade do padrão de módulo. O objetivo é tornar óbvio o que é exposto ao público e o que continua sendo privativo ao módulo.

CONVENÇÃO DE NOMES DE VARIÁVEL USANDO UNDERSCORE

O primeiro aspecto desse padrão é, em verdade, uma simples convenção. Não há uma rigorosa necessidade técnica de empregá-la, mas ela torna a manutenção do código mais fácil, especialmente se mais de uma pessoa estiver envolvida. Dentro do módulo, as variáveis que devem continuar privativas têm de ser grafadas com um caractere de sublinhado (underscore). Por exemplo:

```
var _privateVariable; ❶
var publicVariable; ❷
```

❶ Variável que não deve ser exposta fora do módulo.

❷ Variável a ser exposta ao mundo externo.

Tudo o que o underscore faz é melhorar a legibilidade do código, para que o programador saiba num relance se a variável será exposta pela declaração `return`. Podemos ignorar essa convenção, uma vez que ela não é obrigatória, mas segui-la vai tornar sua vida bem mais fácil.

DECLARAÇÃO RETURN SEM CÓDIGO

Esta é outra convenção estilística que novamente ajuda a entender melhor o código quando se volta a ele depois de um tempo. Quando usamos essa convenção, a declaração `return` deve conter apenas a lista das funções a serem retornadas, sem o código delas. Esse código deve ser declarado acima e antes do `return` – mas ainda dentro do mesmo módulo, obviamente. O trecho de código a seguir mostra um exemplo:

```
var userAge = (function () {
    var _myAge;
    var setAge = function (initAge) { ❶
            _myAge = initAge;
    };
    return {
```

```
        setAge: setAge ❷
    };
})();
```

❶ A função `setAge` foi transferida para fora da declaração `return`.

❷ O `return` agora faz referência à função `setAge` e não contém código algum.

É fácil perceber os benefícios de seguir essa convenção, mesmo em um exemplo tão pequeno. Veremos um exemplo maior mais adiante, que deixará tudo mais claro, mas o desenvolvedor só perceberá o alcance desses benefícios quando tiver em mãos um módulo com várias centenas de linhas de código. Assim como reunir todas as variáveis no início do escopo torna realmente óbvio quais variáveis estão sendo usadas, retirar o código do `return` faz com que saibamos num relance quais funções estão sendo expostas. Se houver mais de meia dúzia de funções a retornar, cada um com dezenas de linhas de código, não será possível enxergar toda a declaração `return` em uma única tela.

O importante na declaração `return`, o que devemos sempre almejar, é definir quais métodos devem ser expostos. No contexto da declaração `return`, não estamos interessados no funcionamento interno de cada método. Portanto, compartimentalizar o código dessa maneira é boa prática e proporciona um estilo claro, limpo, legível e fácil de manter.

EXEMPLO COMPLETO DE UM PATTERN

Vejamos, pois, como seria um pattern maior, usando o módulo `userAge` como exemplo. A listagem a seguir mostra um revealing module pattern, com as variáveis privativas obedecendo à convenção do underscore é sem qualquer código na declaração `return`.

Listagem D.4 – Exemplo de revealing module pattern

```
var user = {};
var userAge = (function () {
    var _myAge; ❶
    var setAge = function (initAge) {
        _myAge = initAge;
    };

    var getAge = function () {
        return _myAge;
    };
```

```
    var _addYear = function () {  ❷
      _myAge = _myAge + 1;
    }; ❸

    var happyBirthday = function () {
      _addYear(); ❸
      return _myAge;
    };

    return { ❹
      setAge: setAge,
      getAge: getAge,
      happyBirthday: happyBirthday
    };
  })();

  userAge.setAge(30);
  user.age = userAge.getAge();
  user.age = userAge.happyBirthday(); ❺
```

❶ Contém um underscore, pois nunca é diretamente exposto fora do módulo.

❷ Função privada que não é exposta.

❸ Pode ser chamado por uma função pública que esteja exposta.

❹ A declaração `return` age como uma referência para métodos expostos.

❺ `user.age` e `_myAge` valem, agora, 31.

A listagem D.4 demonstra alguns pontos interessantes. Primeiro, observe que o nome da variável `_myAge` ❶ contém um underscore (sublinhado) inicial. Como a variável nunca é exposta fora do módulo, fica marcada como tal. O valor da variável pode ser devolvido por meio de inúmeros métodos, mas ela própria permanece privativa dentro do módulo.

Da mesma forma, temos funções privativas. Elas são também são denotadas por um sublinhado inicial, como se pode notar em `_addYear` ❷. Funções privativas podem facilmente ser chamadas por métodos públicos ❸, o underscore denota apenas que ela própria não está exposta.

A declaração `return` ❹ é mantida simples e limpa, listando apenas os métodos sendo expostos pelo módulo. Agora, o `return` serve como uma bela referência, fácil de ser consultada em um relance.

A rigor, a ordem das funções dentro do módulo não é importante, desde que sejam definidas antes da declaração `return`. Qualquer coisa abaixo de `return` jamais será executada. Ao escrever módulos muito grandes, pode ser produtivo agrupar funções com propósitos relacionados. Se for conveniente para o que se está desenvolvendo, podemos até mesmo criar um módulo aninhado, ou um módulo separado com um método público exposto para o primeiro, para que possam conversar entre si.

Lembre-se da citação no início desta seção:

> *O segredo para escrever apps de grande porte no JavaScript é não escrever apps de grande porte. Escreva várias aplicações pequenas que conversem entre si.*

Não é preciso esperar por uma encomenda de grande porte para aplicar essa máxima. Faça isso em seus módulos e funções. Mantê-los pequenos e diretos ao ponto é o caminho para escrever código irretocável.

D.6 Resumo

O JavaScript é uma linguagem permissiva, o que a torna fácil para iniciantes, mas com frequência induz maus hábitos. Quando cometemos um pequeno erro no código, o JavaScript às vezes vai pensar "humm, acho que ele quis dizer isso, então é isso o que eu vou fazer". Às vezes ele acerta, muitas vezes ele erra. Isto é inaceitável! Jamais pode existir código de boa qualidade de uma situação como essa, logo é importante ser específico a respeito do que o código tem que fazer. A maneira de alcançar esse objetivo é uma só: escrevê-lo da maneira como o interpretador do JavaScript o vê.

A chave para liberar todo o poder do JavaScript é entender o conceito de escopo. Há o escopo global e os escopos das funções. Não existe nenhum outro tipo de escopo no JavaScript. É crucial evitar o uso do escopo global a todo custo. Quando for absolutamente necessário usá-lo, tudo deve ser feito da maneira mais limpa e contida possível. A herança de escopos é transmitida em cascata desde o escopo global, o que pode dificultar sua manutenção se não formos cuidadosos.

O JSON nasceu do JavaScript mas não é JavaScript. Do contrário, é agnóstico quanto às linguagens usadas e pode transferir dados entre tecnologias diferentes. O JSON não contém código do JavaScript e é capaz de transferir com galhardia dados entre um servidor PHP e outro rodando .NET. A presença do JavaScript sequer é necessária para que o JSON possa ser interpretado.

Callbacks são vitais para a perfeita execução de aplicações baseadas no Node.js porque permitem que o processo núcleo delegue tarefas que poderiam travá-lo. Em outras palavras, os callbacks permitem que usemos operações síncronas sequenciais em um ambiente assíncrono. Contudo, os callbacks não são o paraíso e têm seus pecados e falhas. Pelo contrário, largo e espaçoso é o caminho que conduz ao inferno dos callbacks, o famoso callback hell. Múltiplos callbacks aninhados com escopos herdados e sobrepostos tornam o código difícil de ler, testar, depurar e manter. Felizmente, o problema pode ser amenizado em todos os níveis com o uso de callbacks nomeados, desde que nos lembremos de que os callbacks nomeados não herdam escopo como seus primos anônimos.

Closures e module patterns oferecem maneiras de escrever código autocontido e reutilizável entre projetos. Um closure permite definir um conjunto de funções e variáveis dentro de seu próprio e distinto escopo, que pode ser revisitado e sofrer interações por meio de seus métodos expostos. Eles nos levam aos revealing module patterns, que obedecem a convenções específicas para estabelecer fronteiras bem definidas sobre o que é privativo e o que é público. Os módulos são perfeitos para escrever código autocontido que podem interagir com outras partes da aplicação sem tropeçar em conflitos de escopo.